KB116594

조선의 개화사상과 내셔널리즘

조선의 개화사상과 내셔널리즘

쓰키아시 다쓰히코 지음 | 최덕수 옮김

일러두기

1. 일본에서 한국과 관련하여 사용하고 있는 용어의 경우 한국의 실정에 맞게 표현을 수정하였다.
   예) 조선사→한국사, 조선반도→한반도, 조선개화사상→개화사상, 일청·일러→청일·러일
2. 저자가 활용하고 있는 「西遊見聞」, 「독립신문」, 「皇城新聞」, 「大韓每日申報」 등의 1차 자료는 해당 원문을 찾아서
   직접 인용하였다. 본문에서 인용한 신문 기사 가운데 「大韓每日申報」는 국한문판, 「대한매일신보」는 한글판을
   가리킨다.

이 책은 실로 꿰매어 제본하는 정통적인 사철 방식으로 만들어졌습니다.
사철 방식으로 제본된 책은 오랫동안 보관해도 손상되지 않습니다.

한국어판 서문

이 책은 2009년 3월 도쿄대학출판회에서 발행한『朝鮮開化思想とナショナリズム』의 한국어판이다. 이 책은 저자가 1985년 학부에서 졸업 논문을 쓴 이래, 한국사에 대하여 공부해 온 것을 한 권의 책으로 정리한 것이다. 이번에 본서가 한국에서 근대사 연구자인 고려대학교의 최덕수 선생님을 통해서 번역된 것은 저자에게 있어 큰 영광이다.

본서를 읽어 보면 알겠지만 나의 기본적인 연구 입장은 내셔널리즘과 국민 국가(민족 국가라고 해도 좋다)에 대한 비판, 더욱이 그러한 것들을 만들어 낸 근대라고 하는 시대에 대한 비판이다. 일본인 연구자가 일본의 내셔널리즘을 비판한다고 하면 당연하겠지만, 어째서 일본이 침략한 대상이었던 한국의 내셔널리즘까지 비판하는지 의아해할 독자들도 많으리라고 생각한다. 이 책에 수록된 각각의 논문이 작성된 과정에 대해서는 「후기」에 적어 두었으므로, 서문에서는 내가 어떻게 한국의 역사를 연구하게 되었는지를 뒤돌아보면서 한국 근대사 연구에 대한 필자의 문제의식을 적어 보고자 한다.

저자가 한국사를 공부하기 시작한 것은 1981년 도쿄외국어대학 조선어학과에 입학하면서부터였다. 지금은 일본의 여러 대학에서 한국어를 가르치고 있지만, 당시 일본의 대학에서 한국어를 가르치는 곳은 거의 없었다. 한국어를 전공하는 학과가 있던 대학은 도쿄와 오사카의 국립외국어대학과 덴리대학(天理大學) 세 군데뿐으로, 정원은 각각 15명이었다. 그럼에도 내가 전국에서 45명만 모집하는 한국어학과에 지원하게 된 데는 중·고교 시절에 겪은 경험이 크게 작용했다.

내가 중학교에 입학했던 1970년대 중반, 같은 시기의 한국에서는 생각하기 어려운 일이었겠지만, 일본의 일부 소년들 사이에서는 단파 라디오로 해외의 방송을 듣는 것이 유행이었다. 해외 라디오국의 일본어 방송 가운데 특히 내게 인상적이었던 것은 중국의 베이징방송과 북한의 조선중앙방송의 일본어 방송이었다. 사회주의라고 하는, 내가 전혀 모르는 체제의 우월성을 도도하게 이야기하고, 일본이 얼마나 악랄한 짓을 자신들에게 저질렀는지를 성토하는 아나운서의 말에 중학생이던 나는 크게 놀랄 수밖에 없었다. 그 무렵부터 장차 동아시아의 언어를 공부해야겠다고 생각하기 시작했다. 그러나 솔직히 한국에 대해서는 그다지 좋은 인상을 가지고 있지 않았다.

고등학교 2학년 때인 1979년에 일어난 10·26 사건은 처음으로 조선중앙방송을 들었을 때 못지않게 충격적이었다. 이 사건으로 한반도의 정세는 좋은 방향으로 변하리라고 생각하여 텔레비전 뉴스를 보았는데 서울의 거리에서 많은 사람들, 특히 중년의 여성들이 대통령의 죽음을 슬퍼하면서 울고 있었다. 이 경험이야말로 내가 어떠한 일에 있어서 어느 한쪽의 주장만을 듣고 그것이 옳다고 바로 믿어서는 안 되겠다는 생각을 가지게 된 계기라고 할 수 있을 것이다. 물론, 텔레비전의 화면에 비친 10·26 이후 서울의 풍경도 한국 전체 상황의 극히 일부에 지나지 않았을 것이다.

이리하여 스스로의 힘으로 한반도를 이해하려면 우선 한국어를 배워야겠다는 생각이 들어 대학에서 한국어를 전공하기로 마음먹었다. 대학에는 한국에서 초빙한 객원 교수 선생님들이 계셨고, 당시 아직 인원수가 적었지만 한국인 유학생도 있어서 처음으로 실제 한국인을 접할 수 있었다. 대학에 입학한 지 1년이 지난 1982년 3월에는 동기와 함께 11일간 한국 여행도 다녀왔다. 1981년은 국제올림픽위원회에서 88 서울 올림픽의 개최가 결정된 해였고, 실제로 방문한 한국은 올림픽 개최를 대비하며 개발의 열기로 들끓고 있었다. 한국과 한국인을 직접 접하면서, 일본과 한국의 관계는 가해자와 피해자, 선진과 후진이라는 단순한 관계만으로는 파악할 수 없다고 생각하게 되었다.

대학에서 3학년이 되면 학생은 관심 분야의 세미나에 참가하게 된다. 나는 일본과 한반도 역사의 전환점이 되는 근대에 대하여 공부하기 위해 한국 근대사 세미나에 참가하여 졸업 논문을 쓰기로 했다. 세미나에서는 유길준의 『西遊見聞』을 정독하고, 세미나의 지도 교수가 담당하는 강의에서는 선생님의 강의를 듣는 것이 아니라 서강대학교 교수였던 이광린(李光麟) 선생의 『韓國開化思想研究』를 강독하곤 했다. 역시 이광린 선생의 논문이고 이 책에서 참고한 바 있는 「兪吉濬의 開化思想」은 『西遊見聞』과 후쿠자와 유키치(福澤諭吉)의 저작의 관계에 대하여 처음으로 본격적인 고찰을 한 글로, 나도 여기에서 영향을 받아 후쿠자와 유키치에 관한 공부를 시작하여 졸업 논문에서는 유길준과 후쿠자와 유키치의 개화사상을 비교하기로 하였다.

그러나 졸업 논문의 작성은 순조롭게 진행되지 않았다. 「후기」에 적어둔 대로 결국 2년 안에 졸업 논문을 완성하지는 못하였으며 3년의 시간이 걸리게 되었다. 여기서 내가 도달한 결론은 유길준과 후쿠자와의 개화사상 중 어느 쪽이 나은지, 아니면 어느 쪽이 좀 더 올바른지가 아니라, 각자의 사상은 역사가 규정한 결과로부터 나오게 되었다는 것이다. 이 결론은 현재로서는 앞서 썼던 나 자신의 고등학생 시절 이래 경험에 기인하고 있을 것이다.

나는 도쿄도립대학 박사 과정 3년차인 1990년부터 1992년까지 2년간 한국에서 생활했다. 한국에서 이때는 정치적으로 1987년 민주화 운동을 거쳐 민주화를 달성하고, 경제적으로는 1인당 국민 소득이 1만 달러를 넘은 시기였다. 처음으로 한국을 여행했던 1982년에 비해 정치도 크게 변화하였고, 경제적으로도 풍요로워졌음을 실감했다. 그러나 한편으로는 거품 경제 시대에 분출되었던 일본 사회의 문제가 한국 사회에서도 나타나고 있는 것이 아닌가 위구심을 느낀 것도 사실이다. 서울의 거리에는 중국에서 온 조선족이나 아시아에서 이주한 노동자들의 모습도 눈에 띄기 시작하였는데, 거기서 발생하는 민족적 갈등도 남의 일 같지는 않았다.

나와 한국의 관계는 처음부터 가해국의 국민, 혹은 선진국의 국민이라는 일방적인 의식에 따른 것은 아니었지만, 2년간의 유학 생활을 통하여 그러한 확신은 좀 더 강해졌다. 서로 다양한 문제나 모순을 내포하고 있는 국민국가의 구성원으로서 일본과 한국이 각자의 입장에서 그러한 문제나 모순을 생각하여 함께 논의할 수 있게 되면 좋겠다는 것이 이 책에서 내가 기본적으로 가지는 문제의식이다.

최덕수 선생님이 이 책을 번역하신 것을 계기로, 내 연구에 대하여 한국의 독자들로부터 많은 비판을 기대한다. 원저에는 교정상 충분하지 않은 점들이 있었는데, 최덕수 선생님께서 인용한 사료의 출전에 대한 확인 등 번거로운 작업을 진행해 주셨다. 이 자리를 빌려 죄송하다는 말씀과 더불어 번역하느라 수고해 주신 점에 대해 다시 한 번 감사하다는 말씀을 드린다. 또한 출판을 맡아 주신 〈열린책들〉의 관계자 분들께도 감사드린다.

2013년 6월 도쿄 고마바(駒場) 연구실에서
쓰키아시 다쓰히코

차례

제1부 개화사상의 형성과 유길준

제1장 조선의 국민 국가 창출론 형성:
　　　유길준의 대외관과 〈국민〉 창출론

제2부 조선 내셔널리즘의 형성과 대한제국

제9장 「애국 계몽 운동의 문명관·일본관」 재고:
근대 조선 내셔널리즘 연구의 관점에서

서 장
개화사상 연구의 역사와 과제

1. 내재적 발전론과 개화사상

이 책은 19세기 말부터 20세기 초 한국사를 개화파와 개화사상 중심으로 고찰한 것이다. 개화파는 개설서에서는 17~18세기에 활동하였던 〈실학파〉를 계승하고, 1876년 「조일수호조규」(강화도조약) 전후에 형성되어 1880년대 이후 조선의 정치 무대에 등장하였다고 서술해 왔다. 특히 1884년 김옥균 등이 중심이 되어 일으켰던 갑신정변은 종래 한국 근대사 연구 가운데 중요한 사건으로 다루었다.

1945년 이전의 한국사 연구가 일본인 연구자 중심으로 이루어졌다는 점은 주지의 사실이다. 일본의 패전 그리고 한국의 해방 이후 남북한과 일본에서는 그 이전의 연구를 비판·극복하고 새로운 한국사 상을 정립하려는 노력이 시작되었다. 학문의 틀이 크게 변할 때 그 이전의 틀을 단순화하는 경향은 흔히 있는데, 1945년 이전의 이른바 〈식민사학〉의 문제점은 〈타율성 사관〉과 〈조선 사회 정체론〉으로 정리되었다. 즉, 조선은 반도라는 지리적 요인 때문에 항상 대륙의 동향에 좌우되었고, 또한 서구나 일본과 같은 〈봉건제〉가 존재하지 않았기 때문에 조선은 자주적으로 〈근대〉를 달성할 수 없었다는 것이다. 해방 이후의 연구는 한국의 역사를 〈타율적〉이 아닌 〈내재적〉인 것으로, 〈정체적〉이 아닌 〈발전적〉으로 묘사함으로써 〈식민사학〉을 극복하려 했다. 이와 같은 한국사 연구의 방법을 북한과 일본의 학계에서는 〈내재적 발전론〉이라고 불렀다. 특히 주목되는 것은 〈자본주의 맹아론〉과 〈부르주아 사상 맹아론〉이다. 그러한 사정은 일본의 조선사연구회가 1974년에 간행하였던 통사의 「서장」에서 잘 드러난다.

조선은 정체, 낙후되어 있었는가, 그렇지 않았는가? 이것은 다시 한 번 묻고 바로잡아야 할 문제이다. 최근 연구에 의하면 근대 열강과 접촉하기 이전 조선 사회의 태내에는 오래된 사회의 틀을 깨부수는 자본주의적 요소가 배태되어 있었다. 농업과 공업 부문에서 그리고 사상 면에서 근대를 지향하는 것이 태동하고 있었다. 조선의 민중은 잠들어 있지 않았으며, 구사회를 뛰어넘어 새로운 사회를 만들기 위해 노력하고 있었다. 민중 생활 속에는 성숙한 것은 아니었다고 하더라도 자본주의를 지향하는 변화가 일어나고 있었다. 그러나 그 정상적인 발전은 저해되었다. 일본을 선두로 하는 열강의 침략이 근대화의 맹아를 뽑아 버리고, 낡은 사회 경제 체제를 온존, 재편했기 때문이다. 이러한 점들을 최근 연구를 통해 알게 되었다.[1]

여기서 말하는 최근의 연구란 당연히 한국과 북한에서의 연구가 그 주요한 부분을 차지한다. 특히 북한의 연구는 한국사도 마르크스주의 역사 발

---

1 朝鮮史硏究會 編, 『朝鮮の歷史』, 三省堂, 1974년, 「序章」(旗田巍 집필).

전의 합법칙성이 관철되었음을 해명하려고 해왔다. 개화파·개화사상에 대해서는 1960년대 북한에서 〈사회주의 건설의 역사적 필연성〉을 논증한다는 〈정치적〉 필요성 때문에 갑신정변과 그 지도자로서 김옥균을 재평가하게 되었다.[2] 1964년에 간행되었던 사회과학원 역사연구소의 『김옥균』은 갑신정변의 성격을 〈부르주아적 성격〉과 〈애국주의적 반침략적 성격〉으로 규정했고,[3] 이것은 그 후 북한의 갑신정변 평가로 계속 이어졌다.

이러한 북한의 연구 동향을 비판적으로 받아들인 강재언(姜在彥)은 17~18세기 실학에서 기원을 갖는 〈자유 민권 사상〉(〈부르주아 민주주의 사상〉)으로서의 개화사상 형성, 그 후 독립협회 운동, 애국 계몽 운동, 3·1 운동에 이르러 〈근대적 민족주의〉로의 발전이라고 하는 체계를 제시했다. 1960~1970년대 강재언에 의해 지극히 명쾌한 〈내재적 발전〉의 근대 조선 사상사 상이 완성되었다고 해도 좋을 것이다.[4] 그와 같은 〈내재적 발전〉 사상사의 〈명쾌함〉은 개화사상에 체현된 〈근대〉란 가치에 대해 의문을 품지 않는 것으로부터 유래한다고 말할 수 있다. 그러나 그렇기 때문에 〈내재적 발전론〉은 〈식민사학〉과 일견 대립하면서도 〈(서구적) 근대〉를 기준으로 한국사의 〈발전〉과 〈정체〉를 논하고 있다는 점에서 같은 시각에 서 있으며, 실제로 이 점이 나중에 〈내재적 발전론〉의 모순으로 지적되었다.

내재적 발전론은 마르크스주의 역사의 발전 법칙에 입각하여 사회주의

2 북한에서의 김옥균 평가의 배경에 대해서는 梶村秀樹, 「朝鮮近代史と金玉均の評價」(梶村秀樹著作集刊行委員會. 編集委員會, 『梶村秀樹著作集2 朝鮮史の方法』, 明石書店, 1993년 수록) 참조.
3 사회과학원 역사연구소 편, 『김옥균』, 사회과학원 출판사, 평양, 1964년.
4 그것을 집대성한 것이 姜在彦, 『朝鮮の開化思想』, 岩波書店, 1980년이다. 여기에 姜在彦, 「思想史からみた三·一運動」, 『朝鮮史叢』5·6, 1982년 1월을 추가하면 근대 지향적 성격을 지닌 17, 18세기의 실학으로부터 〈근대적 민족주의〉 정립으로서의 3·1 운동까지라고 하는 장대한 사상사 체계가 제시된다.

적 변혁을 지향하면서 한국사를 발전적으로 파악하려고 한 것인데, 한국에서도 일본이나 북한과는 다른 배경을 가지고 한국 근대사를 발전적으로 평가하는 연구가 이루어졌다. 특히 독립협회와 만민공동회의 운동을 〈자주독립 사상〉, 〈자주 민권 사상〉, 〈자강 개혁 사상〉에 기초한 것으로서 높이 평가하였던 신용하(愼鏞廈)의 연구[5]는 오늘날까지 한국의 근대사 연구에 영향력을 행사하고 있다.

그러나 같은 시기 한국의 역사학계에서는 일본과 손잡고 정변을 시도하였던 개화파에 대하여 북한처럼 높이 평가하기를 회피하는 경향도 있었다. 일본과 결탁하여 조선의 〈근대화〉를 추진하였던 인물이나 사건을 〈애국적〉으로 평가하기를 주저하게 만드는 현실이 존재하였기 때문이다. 사회 경제적 측면에서 김용섭(金容燮)은 조선 후기 농업 문제가 〈봉건지주층과 무전무전(無田無佃)의 소작농민층·임노동층의 대립 관계로 집약〉된다고 한 다음, 개화파의 농업 개혁 법안은 지주제를 중심으로 하는 기존의 농업 체제를 온존시킨 채로 그것을 서양의 경제 사상에 따라 근대적 농업 체제로 전환시키려 한 것이었다고 했다. 따라서 지주층을 기반으로 하는 개화파는 농민층의 지지를 얻지 못했을 뿐 아니라 〈외세〉(일본)에 의존하여 그들을 탄압했다고 하였다.[6]

또한 국가와 민족의 문제에 대하여 강만길(姜萬吉)은 개화파가 군주권을 철저하게 부정하지 못했고, 국민 주권에 기초한 국민 국가의 수립에 실패했다는 점이 한국이 일본의 식민지로 전락하였던 근본 원인이라고 서술했다. 그리고 〈분단 시대 극복을 위한〉 〈국사학〉은 20세기 전반까지의 민족 독립·국민 국가 수립을 위한 〈국민주의적 민족사학〉이 아니라, 주체가 민

---

5 愼鏞廈, 『獨立協會研究』, 一潮閣, 1976년.
6 金容燮, 『韓國近代農業史研究』下, 一潮閣, 1984년 증보판, 102쪽.

족 구성원 전체로 확대된 〈민족주의적 민족사학〉이 되어야 한다고 했다. 여기서 말하는 〈주체〉로서의 〈민족 구성원 전체〉란 〈민중〉을 의미하였다.[7]

이러한 연구의 흐름 속에서 1980년대 한국에서는 〈일제 식민 지배 시기의 민족 해방, 민주주의적 변혁이란 과제의 담당 주체를 민중으로 파악〉하는 〈민중적 민족주의〉가 대두하였다.[8] 이 시기는 마침 민주화 투쟁을 하던 시기였고, 덧붙여 1994년 〈동학 농민 운동〉 100주년을 맞이하여 민중사 연구가 한국의 근대사 연구에서 가장 주목받았던 분야가 되었고, 이것은 〈민중사학〉이라고도 부른다. 그것과는 대조적으로 개화파 연구는 침체하였고, 동시에 북한이나 강재언의 갑신정변 평가와는 전혀 다른 입장에서 〈반민족〉·〈반민중적〉 성격이 지적되었다. 예를 들어 민주화 투쟁 시대 한국 근대사 연구의 집대성이라고 할 수 있는 『1894년 농민전쟁연구』에서는 〈갑신정변은 한국 근대사에서 긍정적 의미를 지닌 사건으로 평가하기 어렵고〉, 〈개화파가 주체적 역량과 객관적 정세에 대한 정확한 파악 없이 감행한 모험적 책동에 의하여 한국 변혁 운동에 나쁜 영향을 초래했다〉고 하여 갑신정변을 변혁의 저해 요인으로 평가하였다.[9]

그런데 이와 같이 〈민중적 민족주의〉로 수렴되는 연구 시각은 〈근대〉와 관련하여 어떻게 평가할 수 있을 것인가? 김용섭이 추출한 개화파의 농업론은 사적 소유권의 보호를 출발점으로 하는 지극히 근대적인 것이었다. 그와 같은 개화파의 〈근대성〉을 비판하는 견해는 〈반근대〉를 지향하는 것

---

7 姜萬吉, 『分斷時代의 歷史認識』, 창작과비평사, 1978년.
8 鄭昌烈·朴玄埰, 『韓國民族主義論Ⅲ 民衆的民族主義』, 창작과비평사, 1985년, 12~13쪽. 그러나 〈한말〉의 〈변혁 운동〉의 여러 부류를 〈민중적 민족주의〉에서 평가한다는 방향은 鄭昌烈, 「韓末 變革運動의 政治社會的 性格」, 宋建鎬·姜萬吉 編, 『韓國民族主義論』Ⅰ, 창작과비평사, 1982년에서 이미 제시되었다.
9 주진오, 「개화파의 성립 과정과 정치·사상적 동향」, 한국역사연구회 편, 『1894년 농민전쟁연구』3, 역사비평사, 1993년, 185쪽.

이 당연하다고 생각되는데, 〈근대〉로의 〈지주적 코스〉와 더불어 〈농민적 코스〉가 설정됨으로써 논리적으로는 〈지주적〉이 아닌 〈농민적 근대〉가 설정되었다. 그러나 개화파의 반민족·반민중적 성격을 강조하고 변혁 주체를 어디까지나 민중으로 파악했다는 점에서 〈민중적 민족주의〉 내지 〈민중사학〉은 강재언이나 신용하의 시각과 대립한다. 하지만 민중이 주체가 되어 수행해야만 하는 과제는 앞에서 본 것처럼 〈민족 해방〉과 〈민주주의〉라고 하는 〈근대〉적인 것이다. 따라서 김용섭, 강만길의 〈민중적 민족주의〉 내지 〈민중사학〉에 이르는 한국의 연구 시각은 〈내재적 발전론〉의 범주에 있었다고 말할 수 있을 것이다.

2. 〈근대주의〉 비판과 〈근대〉 비판

한국에서 〈민중적 민족주의〉가 제창된 것과 거의 같은 무렵에 일본의 한국사학계에서는 〈내재적 발전론〉의 〈근대주의〉적 성격에 대한 비판이 등장했다. 조선사연구회는 1984년 연례 학술회의 주제를 〈갑신정변 100년〉으로 정하고, 기존의 개화파·개화사상 연구를 총괄함과 동시에 그에 대한 새로운 문제 제기를 시도했다. 그 가운데 특히 미야지마 히로시(宮嶋博史)와 조경달(趙景達)의 발표는 〈내재적 발전론〉에 기초한 개화파·개화사상 연구의 〈근대주의〉를 비판한 것이었다.

미야지마에 따르면 강재언으로 대표되는 〈서구적 근대〉를 기준으로 하는 개화사상 연구의 문제점은 두 가지이다. 첫째, 근대 서구 사상과 조선 개화사상의 차이를 조선 개화사상의 한계성과 취약성으로만 파악할 수밖에 없었다. 둘째, 이와 관련하여 한국과 북한에서는 〈서구적 근대〉를 비판하는 시각이 나오지 않았다. 그와 달리 미야지마는 조선 개화사상과 근대 서구 사상의 차이를 적극적으로 주목하고 그러한 차이의 원인을 양자의 사상적 〈전통〉에서 찾고, 양자의 차이점 가운데 서구나 일본과는 다른 〈조선의〉 근대를 전망하려 하였다.[10] 또한 조경달은 〈내재적 발전론〉이 한편에서 제국주의로 나아가는 일본의 메이지 정부적 코스(〈대국주의〉)를 비판하면서, 다른 한편에서는 메이지 정부를 모방하여 조선의 부국강병을 시도하였던 갑신정변을 높게 평가한 것은 방법론상의 논리 모순이라고 지적하였다. 이 점과 관련하여 조경달은 기존 연구에서 한계로 간주하였던 개화사상의 유교적 측면을 중시하고, 그것으로부터 일본 제국주의를 비판하는 논리(〈소국주의〉)를 추출했다. 한발 더 나아가 〈조선의 독자적 근대〉를 모색하는 양상을 밝히려고 하였다.[11]

하지만 〈내재적 발전론〉은 1970년대 중반 그 내부에서부터 일정한 비판이 이루어졌다. 안병태(安秉珆)는 〈조선 사회의 자주적 내재적 발전을 이론적·실증적으로 밝히는〉 것을 전제로 하면서도, 〈유럽을 일정한 기준으로 하는 발상과 방법〉을 배제하고, 〈역사 발전의 기본적 동인을 자주적 내재적 발전에서 구한 나머지, 구조적 파악을 방해하였다고 말할 수 있는《부조적 방법》은 피하고〉, 〈제반 장애 요인도 시야에 넣을〉 필요가 있다는 점을 강조했다.[12] 물론 〈장애 요인이 된다〉는 평가 기준으로 안병태가 〈서구적 근대〉를 확실하게 전제하였다는 점은 부정할 수 없다. 하지만 〈올바른 조선 사회상〉을 제시하기 위해 그와 다른 비서구적 측면(〈아시아적 특질〉, 〈조선적 특질〉)을 구명해야 한다는 비판이다. 미야지마와 조경달의 문제 제

---

10 宮嶋博史,「開化派研究の今日的意味」,『季刊三千里』40, 1984년 11월.

11 趙景達,「朝鮮における大國主義と小國主義の相克」,『朝鮮史研究會論文集』22, 1985년 10월.

12 安秉珆,『朝鮮近代經濟史研究』, 日本評論社, 1975년,「はしがき」참조.

기, 특히 미야지마의 논의는 안병태가 〈장애〉 요인이라고 거론한 한국사 발전의 〈조선적 특질〉에 대한 평가를 오히려 적극적으로 주목하려 했던 발상이라고 할 수 있다.

1980년대 한국과 일본에서 한국사의 내재적 발전을 보여 주는 지표로 높이 평가되어 왔던 개화파나 갑신정변을 비판적으로 검토하게 된 것은 흥미롭다. 다만 한국과 일본 학계의 〈근대〉에 대한 접근 방법에는 큰 차이가 있었다고 생각한다. 〈민중사학〉의 중요 과제 가운데 하나가 동학 농민 운동 연구였는데, 조경달에 따르면 한국의 동학 농민 운동 연구에 나타난 〈민중〉상은 대체로 자본주의적 근대화를 지향하고, 〈근대 민족주의〉(내셔널리즘)를 포함하고 있었다. 그에 반해 조경달의 경우 〈민중〉은 역사 발전이나 국민 국가와는 관계가 없는 존재로, 〈근대 이행기의 민중이 근대 지향적이라고 하는 논의는 세계사적으로 보더라도 실증할 수 없는 역사 인식이다〉라고 단언하였다. 그리고 〈민중을 자율적 존재로 보고 그 일상성에 주목하는 시각〉이 필요하다고 했다.[13] 또한 조경달은 별도의 장에서 한국의 〈민중사학〉은 〈비자본주의적 발전의 길을 모색하면서도 근대를 여는 주체를 민중으로 설정하여 이상적인 민중 국가(국민 국가)를 추구하려고 한 점에서〉 〈근대주의적이라는 평가를 면할 수 없다〉(괄호는 원문)고 지적했다.[14] 앞에서는 〈자본주의적 근대화를 지향〉했다고 하고, 뒤에서는 〈비자본주의적 발전의 길을 모색〉했다고 하는 점은 서로 모순이라고 할 수밖에 없는데, 1980년대 이후 한국의 근대사 연구에서 〈근대주의〉적 경향이 강했기 때문이었다고 말할 수 있을 것이다. 〈근대〉라는 시대의 지표 가운데 중요한 요소인 〈국민 국가〉와 〈내셔널리즘〉을 둘러싸고 한국 근대사 연구에 논의의

13 趙景達, 『異端の民衆反亂』, 岩波書店, 1998년, 10~11쪽.
14 趙景達, 『朝鮮民衆運動の展開』, 岩波書店, 2002년, 6쪽.

여지가 많이 있는데, 이에 대해서는 나중에 다시 다루기로 한다.

3. 개화사상사 연구의 문제점

강재언으로 대표되는 〈내재적 발전론〉에 입각한 개화사상 연구는 한국사에서 〈(서구적) 근대〉의 발견에 주력해 왔다고 할 수 있다. 강재언의 개화사상 연구에 대하여 미야지마 히로시와 조경달이 비판한 요점이 개화사상의 〈비서구적〉 측면을 한계성, 취약성으로 파악하는 근대주의에 대한 비판이었다는 점은 앞서 살펴보았다. 그러나 강재언은 〈개화사상과 그 운동이 각종 한계성과 취약성을 가지면서도, 조선의 자주적 근대화의 사상적 축으로서 주목한다〉[15]고 말하면서도, 실제로는 사상으로서의 〈한계성〉과 〈취약성〉을 구체적으로 보여 주지 않았다. 처음부터 강재언은 개화파에 영향을 준 후쿠자와 유키치(福澤諭吉)의 〈사고 패턴〉은 《《탈아적》이었다〉고 한 데 반해, 〈개화사상의 형성과 발전에 나타난 조선적 특질〉은 〈유교 전통에 입각한 내발적인 것이었다〉고 서술하고 있다.[16] 그러나 개화사상의 〈유교 전통에 입각한〉 〈조선적 특질〉은 검토하지 않았고, 그것의 (서구) 근대적 성격만 주장하였다. 강재언의 개화사상 연구에 나타난 근대주의적 성격은 개화사상을 완전무결한 근대 사상으로 만들어 버렸던 것이다.

강재언의 개화사상 연구에 나타난 방법론상 가장 큰 문제는 개화사상의 형성과 전개를 개화파의 저작 그 자체의 분석보다도, 실학파에서 개화파에 이르는 인적 계보로 설명했다는 점이다. 이 점에 대해서는 강재언 자신이

15 姜在彦, 앞의 책, 205쪽.
16 姜在彦, 『近代朝鮮の變革思想』, 日本評論社, 1973년, 126~127쪽.

『朝鮮の開化思想』에서 〈개화파만이 아니라 개화 논책과 관련된 모든 상소나 언론을 전체적으로 분석·검토하고, 종래의 사상사적 관점에 입각한 사상의 내재적 계기성을 추구하는 연구로부터 개화사상 자체의《구조》, 개화운동과 관련된 사상 구조를 철저히 연구하는 단계로 나아가는 것이 이후의 과제〉(강조는 원문)로, 〈현재의 연구 수준〉은 그 단계가 아니라고 인정하였다.[17] 〈개화 운동으로 이어지는 방식과 관련된 사상 구조〉가 무엇을 의미하는지 이해하기 어렵지만 어쨌든『朝鮮の開化思想』에서는 개화파 저작으로부터의 인용이 극히 적다.

다만 지금은 쉽게 열람할 수 있는 개화기의 저작집이나 개화파의 신문, 잡지 등은 주로 1970년대 이후 한국에서 영인·복각되었는데, 그러한 것들을 이용할 수 없었다는 점은 어쩔 수 없는 시대적 제약이었다. 그러나 개화사상을 주목하는 계기가 되었던 갑신정변 재평가에 있어서도 김옥균 등 개화파가 정변 이전에 저술한 저작물은 거의 없고, 오직 회상기와 전기에 의거하여 그 〈부르주아적 성격〉을 〈입증〉하였던 것이다. 그와 같이 사료를 바탕으로 하지 못한 조선의 〈자생적 근대〉의 〈입증〉이 독립협회, 애국 계몽 운동 연구로 이어져 그 〈근대〉적 측면을 과대평가하였던 것은 사실이다. 안병태의 〈부조적 방법〉에 대한 비판은 그러한 점에서 적확했다고 할 수 있으며, 강재언이 〈이후의 과제〉로 설정한 개화사상의 사상 구조의 해명을 다시 한 번 강조하지 않을 수 없다. 이 책에서는 개화사상 전체 구조의 파악이란 점에 유의하려 한다.

한편 강만길 등에 의한 개화사상의 비판적 고찰, 더 나아가 〈민중적 민족주의〉 내지 〈민중사학〉은 〈근대〉적 변혁의 주체를 〈민중〉으로 파악함으로

17 姜在彦, 앞의『朝鮮の開化思想』, 269쪽의 주 59.

써 개화파의 사상과 운동을 상대화하는 역할을 담당했다는 점에서 성과가 있었다. 그러나 개화파와 개화사상의 〈반민중적〉·〈반민족적〉 성격을 과도하게 강조함으로써 개화사상 연구의 침체를 초래했고, 한국사 전개 과정을 〈내재적〉인 입장에 서서 〈근대〉를 성찰하는 것을 방해하였다는 문제도 있었다고 생각한다. 그렇기는 해도 1990년대 이후 한국에서도 〈1980년대의 민중사학 또한 과도한 민중 편향의 역사 이해 방식에 따라 역사의 과학적 이해를 저해했다〉는 비판에 입각하여 개화사상을 재평가하는 시도가 있었다. 그러나 그것도 〈부르주아적 지향을 가진 세력의 진보성을 인정〉한다는 전제하에서 〈개화사상의 사유 체계가 갖는 진보성과 그 한계를 밝힌다〉[18]는 것이었고, 〈부르주아적〉=〈서구적 근대〉를 가치 기준으로 하여 개화사상을 평가했다는 점에서 방법론상으로 새로운 것은 아니었다.

애초부터 개화파, 개화사상의 성격을 규정하는 것으로 정착했다고 할 수 있는 〈위로부터(부르주아 개혁)〉란 개념은 그 대척점에 〈아래로부터〉를 전제로 하였다. 또한 〈위로부터〉는 〈아래로부터〉를 통해서 극복되어야 하는 것으로 인식되었다. 그러나 〈국민 국가〉의 창출과 밀접한 관계를 가지고 있는 〈내셔널리즘〉의 형성은 〈아래로부터〉=〈민중〉으로부터의 자생적 계기는 없었다고 보아야 한다. 〈국민 국가〉는 근대 서구에서 발생한 역사적 소산이고, 동아시아에서는 〈국민 국가〉를 기준 단위로 하는 세계 시스템이 지구를 뒤덮기 시작한 19세기에 만들어지기 시작했다. 니시카와 나가오(西川長夫)가 말하였듯이 〈세계 시스템 혹은 국가 간 시스템이 국민 국가를 만들어 냈고, 민족이나 고유한 문화가 국가를 만들어 내는 것이 아니라 국가가 민족이나 고유한 문화를 만든다〉는 것이다.[19] 또한 일본이나 조선의 경

<hr>

18 한국근현대사회연구회, 『한국근대 개화사상과 개화운동』, 신서원, 1998년, 4쪽.

19 西川長夫, 「日本型國民國家の形成」, 西川長夫·松宮秀治 編, 『幕末·明治期の國民國家形

우, 전통적 왕조 체제에서도 민족적 집단적 귀속 의식, 에릭 홉스봄의 표현을 빌려서 말하자면 〈프로토 내셔널proto national〉적인 집단적 귀속 의식이 다른 지역에 비교해 볼 때 컸다고 생각한다. 하지만 〈프로토 내셔널리즘과 내셔널리즘 사이에 연속성〉은 없다.[20] 개화사상뿐만 아니라, 조선의 근대 이행기에 관한 역사 연구는 〈프로토 내셔널〉적인 〈민중〉을 〈근대〉적인 〈국민〉과 같은 것으로 상정해 버리는 경향이 있는데, 〈민중적 민족주의〉라고 하는 〈아래로부터의〉 계기를 주장하는 경우 그 위험성이 좀 더 높아지게 된다.

4. 조선에서 〈국민 국가〉의 형성

19세기 후반에 서양 문명을 수용한 개화파는 조선에서 〈국민 국가〉 창출을 이끈 인물들이다. 〈국민 국가〉란 무엇인가라고 하는 것은 어려운 문제이나 이 책에서는 다음에 인용하는 기바타 요이치(木畑洋一)가 요점을 정리한 정의에 따르기로 한다.

국민 국가nation state란 국경선으로 구별된 일정한 영역에서 이루어지는 주권을 구비한 국가로, 그 안에 사는 사람들(nation, 국민)이 국민적 일체성의 의식national identity을 공유하는 국가를 말한다.[21]

成と文化變容』, 新曜社, 1995년, 7쪽.

20 E·J·ホブズボーム(浜林正夫·鳩田耕也·庄司信 譯),『ナショナリズムの歴史と現在』, 大月書店, 2001년, 96쪽.

21 木畑洋一,「世界史の構造と國民國家」, 歷史學研究會 編,『國民國家を問う』, 靑木書店, 1994년, 5쪽.

이러한 정의에 따르면 〈국민 국가〉의 요건은 〈국경선〉·〈주권〉·〈내셔널 아이덴티티를 공유하는 국민〉인데, 조선 왕조가 이러한 것들을 의식하기 시작한 것은 1880년대이다. 기본적으로 〈국민 국가라고 불리는 것은 모두 공통의 성격과 구조를 가지고〉[22] 있지만, 한편으로 그 창출되는 과정은 그 지역의 역사 지리적 요인이나 국제 환경에 의해 규정된다. 조선의 경우 국민 국가의 요건인 〈주권〉 문제를 둘러싸고 중국과 〈전통적〉인 종속 관계로 분쟁이 있었으며, 그것이 또한 조선을 둘러싼 청일의 대립으로 이어졌다. 청일전쟁 전후 개화파가 일본이라고 하는 〈외세〉에 의존하는 〈반민족〉적 성격을 보여 주는 것도 그것 때문이었다고 이해할 수 있다. 〈내재적 발전론〉의 방법적 문제의 하나가 일국사적 이해에 있으며, 조선의 〈근대화〉에서 〈중국의 규정성〉이라고 해야 할 국제적 조건의 중요성은 하라다 다마키(原田環)가 강조하여 왔다.[23] 〈내재적 발전론〉에 기초한 개화사상 연구들은 이 점에 대한 인식이 충분하지 않았다.

또한 종래 연구에서 〈한계성〉으로 거론해 왔던 군주권 부정이 철저하지 않았던 점도 종속 관계와 관련이 있다. 조선 왕조가 주권 국가가 되기 위해서는 조선/대한제국의 군주가 중국이나 일본의 〈황제〉와 동등해질 필요가 있었다. 나아가 조선/대한제국이 근대 국가로서 국제적으로 인정받기 위해서는 〈문명화〉가 필요했다. 왕권에 관하여 말하자면 서구나 일본과 〈호환성〉이 있는 군주상, 예를 들어 군복을 착용한 〈남성다운〉 황제상이 필요하였다. 전제 → 입헌군주제 → 공화제라고 하는 이념화된 발전 단계론에 따라 군주권을 철저하게 부정할 수 없었다고 하여 개화파·개화사상의 〈반민중〉성을 비판하는 것은 〈근대〉의 초역사적 적용이다.

---

22 西川長夫, 위의 논문, 4쪽.
23 原田環, 『朝鮮の開國と近代化』, 溪水社, 1997년.

〈국민 국가〉란 시각에서 근대 전환기를 볼 경우 가장 중요한 것이 〈국민〉의 창출=〈국민화〉의 문제이다. 앞에서 인용한 기바타 요이치의 정의에서 보았듯이 〈국민 국가〉는 〈내셔널 아이덴티티〉를 공유하는 〈네이션(국민)〉을 요건으로 한다. 더구나 비서구에서 그 〈국민〉은 서구의 〈문명국〉처럼 〈문명화〉되어 있어야만 한다. 〈네이션〉이란 근대 서구와 본격적으로 대치하였던 시기에 나타난 지극히 역사적인 것이다. 근대적 사상으로서의 개화사상을 계몽사상으로 평가하는 경우가 종종 있다. 그런데 〈국민 국가〉 창출이라는 역사적 시점에서 보면 〈계몽〉이란 무엇보다도 〈내셔널 아이덴티티〉를 갖고 있지 않거나, 혹은 〈문명화〉되어 있지 않다고 여기는 〈백성〉을 〈국민〉으로 만드는 것이다. 한국에서의 근대사 연구도 〈국민 국가〉를 논의하는 경우가 있었지만 종래 연구는 이 점에 대한 인식이 부족하였다. 예를 들면 〈민중사학〉의 개화파에 대한 부정적 평가를 비판하는 서영희(徐榮姬)도 〈개화파에게 부여된 역사적 과제는 근대적 민족의 형성, 국민 주권의 실현을 바탕으로 제국주의 자본의 침투로부터 국내 시장을 보호하고, 자본주의 경제 제도를 정착시키는 것〉이었다고 하면서도, 결론에서 개화파는 〈반외세 저항 주체인 민중 세력과 결코 연합할 수 없었다〉[24]고 함으로써 〈민중〉을 무조건적으로 〈네이션〉으로 간주하였고, 〈민중적 민족주의〉와 마찬가지로 개화파의 〈반민중적 성격〉·〈반민족적 성격〉을 인정하였다.

이러한 한국 근대사 연구의 애로를 극복하기 위해서는 니시카와 나가오의 다음과 같은 지적이 시사적이다.

국민 국가의 성립은 많은 경우 구제도와의 단절(혁명)을 필요로 하지만 이

---

24 서영희, 「개화파의 근대국가 구상과 그 실천」, 한국사 연구회 편, 『근대 국민국가와 민족문제』, 지식산업사, 1995년.

러한 혁명은 항상 어떤 종류의 복고를 수반한다. 또한 국민 국가에 의한 해방은 억압을, 평등은 격차를, 통합은 배제를, 보편적인 원리(문명)는 개별적인 주장(문화)을 수반하듯이 국민 국가는 본래 모순적 존재이며, 그 모순적 성격이 발전을 위한 역동성의 근원이다.[25] (괄호는 원문)

〈국민 국가〉의 시각에서 한국 근대사를 보면 청일전쟁과 병행하여 이루어진 갑오개혁이 하나의 분기점이 되는데, 양반과 상민의 차별 폐지, 노비제도의 폐지, 천민의 해방을 말한 갑오개혁은 동시에 이하의 조칙에서 보이는 것과 같은 〈억압〉과 〈배제〉까지도 포함하였다.

　(상략) 대저 우리 대조선국이 본래 당당한 자주독립국인데, 중간에 청국의 간섭을 받아 국체가 약간 손상되었고, 국권이 잠시 훼손되었기 때문에 우리 성상폐하께서 당면한 우내(宇內)의 형성을 고찰하고, 숙연하게 건단(乾斷)을 발휘하여 중흥하는 공업(功業)으로 자주독립하는 홍기(洪基)를 확정하셨고, 청국에 부의(附依)하는 구습을 나누어 근절하셔서 국가의 경복(景福)과 신민의 영광이 더할 나위 없이 크다 할 것이다. 국시(國是)가 여기에 입각하여 역시 일률적으로 정해져서 이론은 없을 터이나 불량무뢰한 도당이 국가의 대의를 망각하고, 오히려 다시 청국을 사모하고, 근거 없는 말들을 만들어 사람의 마음을 선혹(煽惑)하며 국시를 요동치게 한다면 이들은 우리 성상폐하에 대한 불충불경(不忠不敬)한 신민이다. 이와 같은 부류는 드러나는 대로 파악하고 부도국적(不道國賊)으로서 처벌해야 할 것이다.[26] (하략)

25　西川長夫, 앞의 논문, 7쪽.
26　「舊韓國官報」開國 504年 2月 12日.

전근대적 신분 제도를 폐지하여 법적으로 평등한 〈국민〉을 창출하려 한 갑오개혁은 그 한편에서 〈국시〉에 등을 돌리는 자를 〈부도국적〉으로서 억압하고 배제하였다. 이러한 점을 볼 때 개화사상이 〈반민중〉적 성격을 지니게 되는 것은 〈근대〉적 성격이 불충분하기 때문이 아니라, 〈국민 국가〉라는 〈근대〉적인 그 자체가 〈반민중〉적 성격을 지니고 있다고 생각할 수 있다. 개화사상의 〈민족적〉·〈민중적〉 성격의 정도를 둘러싸고 논의하기보다, 개화파에 의한 〈국민 국가〉 창출 과정과 그로부터 파생하는 문제를 고찰함으로써 한국사의 전개 가운데 〈내재적〉으로 〈근대〉를 성찰하는 작업에 현재적 의미가 있다고 할 수 있을 것이다.

5. 〈국민 국가〉와 〈민중〉

종래 개화사상 연구에서는 계몽서나 신문 논설에 대하여 〈근대〉적 성격을 높이 평가하거나, 한계성을 지적하는 방법을 사용하는 경우가 많았다. 독립협회를 예로 들자면 독립협회가 입헌군주제를 지향했고, 그 일부는 공화제까지 지향했다는 견해와, 「독립신문」 논설에는 우민관이 보이며 그 때문에 독립협회가 지향하는 정체(政體)는 민주주의로서는 한계성이 있는 외견적 입헌주의였다는 견해가 대립하는 구도이다. 앞 절에서 약간 다룬 내용과 중복되기는 하지만 이러한 구도를 구성하는 쌍방의 논의에서 〈민중〉은 민주주의라는 〈근대〉적 가치를 선천적으로 지향한다는 전제가 깔려 있다. 그리고 그것은 〈민족주의〉(〈내셔널리즘〉)에 대해서도 마찬가지이다.

그러나 〈국민 국가〉, 특히 〈국민화〉란 입장에서 보면 방법으로써의 〈국민〉과 〈민중〉은 구별하여 생각할 필요가 있다. 이와 같은 관점으로부터

〈국민화〉와 〈문명화〉의 장치, 그리고 이데올로기가 연구 대상으로 부상하게 된다. 예를 들어 〈국민 국가〉 형성에서 군주제의 문제 같은 경우가 있는데, 제2절에서 약간 다루었지만 조선의 군주가 청국 황제에 의하여 책봉을 받는 군주가 아니라, 〈독립 자주〉국의 군주, 유럽 여러 나라나 일본의 군주와 〈호환성〉이 있는 군주상으로 변화하면 그와 함께 군주를 섬기는 〈민중〉의 의식, 태도에도 변화가 있어야 한다. 이러한 점을 고려할 때 왕권과 관련된 의례, 군주에 관한 경축, 정치적 상징 등이 고찰의 대상이 될 수 있다.

그렇기는 하나 지금까지 〈국왕은 대개 국민 국가의 수립을 방해하는 존재로서 파악하였던〉 연구사를 비판하고, 왕권을 중심으로 〈국민 국가〉의 형성을 다루는 연구가 이루어지기도 하였다. 주진오(朱鎭五)·도면회(都冕會)·조재곤(趙宰坤)의 공동 연구가 대표적이다. 거기서는 〈한국 근대 국민 국가의 수립 과정을 고찰하려고 하는 것은 국민 국가가 절대적 선이고, 지향해야 할 최고의 가치이기 때문이 아니다〉라고 하면서도, 〈한국 근대 국민 국가의 수립과 실패의 과정을 고찰한다〉고 하였듯이 〈국민 국가〉 형성 자체의 고찰이 움직일 수 없는 목표가 되고 있다. 더 큰 문제는 〈국민 국가〉 수립의 〈실패〉 원인으로 개화파나 독립협회 운동이 〈선진적 정치의식과 전망을 가지고 있었음에도 불구하고, 국민적 지지를 받지 못하고 국민들 속에 뿌리를 내리지 못했다〉고 서술하였다는 점이다.[27] 〈국민 국가〉가 〈선진적〉이란 점은 곧 〈국민 국가〉가 형성되었는가, 그렇지 않은가라고 하는 서구의 〈근대〉적인 기준을 조선의 〈근대〉를 보는 기준으로 삼고 있으며, 무엇보다도 〈국민〉이라고 하는 〈근대〉의 산물을 여기서도 초역사적으로 간주해 버린 것이다.

27 주진오·도면회·조재곤, 「총론: 한국 근대 정치사와 왕권」, 『역사와 현실』50, 2003년 12월.

그에 반해 이 책의 입장은 현재 일본 역사학계에서는 극히 평범한 논의인 〈국민〉과 〈내셔널리즘〉은 어디까지나 〈근대〉에 이르러 창출되었다는 점에서 출발한다. 이때 유의한 것이 에릭 홉스봄의 다음과 같은 견해였다.

개인적인 생각으로는 네이션이란 이중의 현상으로, 본질적으로는 위로부터 구축되는 것이지만, 동시에 아래로부터의 분석도 이루어지지 않는다면 이해하기 어렵다. 아래로부터란 보통의 사람들이 품고 있는 다양한 기억, 희망, 필요, 동경, 관심들과의 관계이며, 이러한 것들은 반드시 민족적인 것만은 아니고, 또한 내셔널리스트적인 것도 아니다.[28]

앞서 제3절에서 〈내셔널리즘〉에서 아래로부터의 계기는 없다고 하였는데, 그것은 〈네이션〉이 위로부터 구축된다고 한 홉스봄의 견해와 일치한다. 그리고 〈보통의 사람들〉=〈민중〉에 대해서도 홉스봄을 따라 어디까지나 〈민족적〉·〈내셔널리스트적〉이지 않은 것으로서 파악하고자 한다.

이와 같은 입장에서 이 책은 개화사상을 위로부터 〈국민〉을 창출해 가는 운동과 관련하여 고찰한다. 한편, 이 책에서는 민중 사상 내지 민중 운동을 그 자체로서 다루지는 않지만, 방법으로서 〈민중〉을 〈네이션〉의 대척점에 두고, 위로부터의 〈국민화〉와 관련하여 〈민중〉의 존재에 유의하고자 한다. 그 경우 어떻게 〈민중〉이 〈국민화〉·〈문명화〉로 수렴되었는가라고 하는 것과 같은 환원론적인 〈민중〉이 되지 않도록 신경 쓰는 일이 중요할 것이다. 또한 그 반대로 〈민중〉이 어떻게 위로부터의 강제를 거부했는가라고 하는 것처럼, 반대로 뒤집은 환원론에 빠지지 않도록 할 것이다. 홉스봄이 말하

28 E·J·ホブズボーム, 앞의 책, 12쪽.

였듯이 〈민중〉은 〈다양한 기억, 희망, 필요, 동경, 관심〉을 가지고 있는 반면, 반대로 〈국민화〉·〈문명화〉에 대한 〈민중〉의 태도는 무관심, 오해, 공포, 저항, 수용, 포섭 등 다양하게 나타난다.

그럼에도 불구하고 장기적 안목으로 본다면 조선의 〈사람들〉은 〈국민화〉·〈문명화〉로 나아갔다. 현재 일본이나 한국에서 〈사람들〉이 향유하는 민주주의나 기본적 인권 등의 보편적 가치는 〈국민 국가〉를 통해 담보되었다고 하는 측면을 부정할 수 없다. 하지만 〈국민 국가〉와 그것을 창출, 유지하기 위한 이데올로기인 〈내셔널리즘〉은 억압적이고 배타적인 성격을 갖는 등 다양한 문제도 지니고 있다. 앞에서 언급하였던 주진오 등의 공동 연구는 〈일단 수립되지 않는다면 근대 국민 국가가 갖고 있는 다양한 부정적 요소는 그 후의 역사 발전 단계에서 극복되지 않는다〉고 하였다. 하지만 〈국민 국가는 본래 모순적 존재〉라고 하는, 앞 절에서 인용한 니시카와 나가오의 지적을 다시 한 번 강조해 둘 필요가 있다. 19세기 후반이라는 동아시아에서 〈네이션〉이 창출되던 시기로 거슬러 올라가 조선/한국의 〈사람들〉이 〈국민화〉(=〈국민〉 내지 〈민족〉의 〈주체〉화)해 가는 과정, 그 과정에서 〈사람들〉이 몸으로 익혔던 〈국민적〉·〈민족적〉 배타 의식 등을 사료를 통하여 구체적으로 살펴봄으로써 〈근대〉를 상대화하고자 한다. 다만 전적으로 〈위로부터의〉 역사를 다루는 이 책은 그러한 과제에 대하여 충분하게 해답을 제시하지는 못하였지만, 이것이 현재 필자가 장기적 안목으로 갖고 있는 문제의식이다.

6. 이 책의 구성

본서는 3부로 구성되어 있으며, 각각의 부는 세 개의 장을 두고 있다. 각 장의 목적은 그 장의 「들어가며」에서 밝히고 있지만, 먼저 크게 3개 부의 개요에 대해 언급하고자 한다. 제1부에서는 『西遊見聞』으로 조선 개화사상을 체계화한 유길준(1856~1914)을 통하여 조선 개화사상의 형성 과정, 조선 개화사상의 구조, 조선 식민지화 과정에 나타난 개화파의 사상과 행동을 고찰한다. 제2부에서는 청일전쟁 전후 조선 내셔널리즘의 형성을 국가의 의례와 상징화 작업에 주목하면서 고찰하고, 동시에 동아시아 세계와 관련하여 그 의의와 문제점을 검토한다. 제3부의 제7장과 제8장에서는 수도 서울을 중심으로 한 사회상의 변화와 관련하여 근대 조선의 내셔널리즘 전개 과정을 정치 문화론적 관점에서 검토한다. 제3부 제9장은 현재 필자가 가지고 있는 근대 조선 내셔널리즘에 관한 총론으로 앞으로의 연구를 위한 서설에 해당한다.

〈내재적 발전론〉에 기초한 개화사상사 연구는 근대주의적 성격의 이면에, 또는 근대주의적 성격 때문에 〈근대〉 국가로서의 〈조선〉·〈한국〉과 네이션으로서의 〈조선인〉·〈한국인〉·〈조선 민족〉·〈한민족〉 등이 역사적으로 〈창조〉되었다는 자각은 적다. 반면에 대체로 〈민족〉·〈민족 의식〉을 〈근대〉의 산물로 전제하고 논의를 진행해 왔다고 해도 좋을 것이다. 그에 반해 이 책은 현재 자명하다고 여겨지는 이러한 개념의 형성 과정과, 그 작동 기제에 대하여 고찰한다. 본서의 부제를 〈근대 조선의 형성〉이라고 한 까닭이 여기에 있다. 본서를 통하여 〈근대 조선〉의 형성을 둘러싼 국제적 의의(중화 세계로부터의 이탈), 일본과의 상호 관계, 〈국민〉(네이션) 형성의 작동 기제, 〈국민 국가〉의 〈정치 문화〉 등의 일부가 밝혀질 것으로 생각한다.

한편 이 책의 전체적인 서술과 관련하여 두 가지 사항을 미리 언급해 두려 한다. 하나는 〈조선〉에 대한 호칭으로, 이것은 한국사, 특히 근현대사 연구를 진행할 때 항상 연구자를 괴롭히는 문제이다. 본서에서 다루는 시기는 조선 왕조 말기로부터 대한제국의 성립(1897년)을 거쳐 식민지기의 1919년 3·1 운동에 이르는 시기이다. 그사이에 국호가 조선→한국→조선으로 바뀌었고, 사료에서 사용되는 국호도 달라졌다. 이 책에서는 사료와의 정합성을 감안하여 1897년 대한제국의 성립 이전에 대해서는 〈조선〉, 그 후 「메이지 43년 8월 29일 칙령」으로 〈한국의 국호를 고쳐 조선으로 칭한다〉고 하게 될 때까지는 〈한국〉, 그리고 그 후에 대해서는 〈조선〉으로 하였다. 그 때문에 1897년이 걸쳐 있는 제2부에서는 같은 장에서도 〈조선〉과 〈한국〉을 병용하였다. 다만 사료에 구애받지 않는 경우는 일본학계의 일반적인 호칭인 〈조선〉을 사용하였다.

또 한 가지는 사료 인용에 관한 것이다. 한문 사료는 기본적으로 원문에 구두점을 붙여서 인용했고, 그 후 본문 중에 인용문의 요점을 정리하였다. 순한글과 국한문 혼용체는 한자와 한자어를 기본적으로 그대로 직역하였고, 의미를 그대로 전달하기 어려운 부분은 괄호로 보완했다. 필요에 따라서는 한자에 후리가나(振り仮名)를 붙였다. 직역한 이유 중 하나는 특히 제1부에서 다루는 유길준의 저작 문체가 다분히 후쿠자와 유키치의 저작으로부터 영향을 받았으므로, 상호 비교에 편의를 도모하기 위해서이다. 또 하나는 필자의 취향에 관련된 이유이다. 한국어는 한자와 한자어를 많이 사용한다는 점에서 일본어와 같고, 어순도 기본적으로 일본어와 동일하다. 하지만 한 세기 전의 한국어는 현재의 일본과는 크게 다른 문화를 배경으로 하고 있었다. 역사학이 어떤 의미에서 이문화(異文化)를 이해하는 학문이라면 일본어로 이상한 번역문을 제시함으로써 한 세기 전의 조선이

오늘날의 일본인들에게는 이문화였음을 보여 주고자 하는 것이 필자의 작은 바람이다.[29]

29 이 책을 번역하면서 저자가 인용한 자료의 원전을 확인하고, 순한글이나 국한문 혼용체로 쓰여 있는 자료는 원문 그대로 제시하였다. 단, 인용된 한문의 경우 한글로 번역하여 제시하였다. 따라서 필자가 여기서 말하고 있는 문맥, 즉 일본인 독자를 대상으로 책이 발간되었을 당시의 뉘앙스와 약간 차이가 발생할 수도 있다는 점을 밝혀 두고자 한다 — 옮긴이주.

제 1 부
개화사상의 형성과 유길준

제 1 장

조선의 국민 국가 창출론 형성:
유길준의 대외관과 〈국민〉 창출론

들어가며

갑신정변·갑오개혁 시기 개화사상 연구의 장애 가운데 하나는 개혁을
주도했던 개화파, 특히 청과의 종속 관계를 비판했던 〈급진 개화파〉 내지
〈변법적 개화파〉가 당시 저작을 거의 남기고 있지 않거나, 혹은 전해지고
있지 않다는 것이다. 그와 같은 가운데 유길준은 『西遊見聞』(1889년 탈고,
1895년에 도쿄 交詢社에서 발행)에서 개화사상을 체계화하고 있으며, 개화사
상 연구에서도 큰 위치를 차지하고 있다.[1] 그러나 개화사상 형성의 계기에
대해서는 충분히 검토되지 않았다. 유길준은 1880년대 전반 시기 곧 개화

---

[1] 갑오개혁 이전의 유길준에 대해서 이 장의 주제에 관련한 주요 선행 연구는 이하에 열거한
대로이다(연도순). 李光麟, 「美國 留學時節의 兪吉濬」, 『韓國開化史研究』, 一潮閣, 1981년 개정
판; 金仁順, 「朝鮮における一八九四年の內政改革の研究」, 『國制關係論研究』3, 1968년; 田鳳
德, 「『西遊見聞』과 兪吉濬의 法思想」, 『韓國近代法思想史』, 博英社, 1981년; 金榮作, 『한말 내셔
널리즘 연구』, 청계연구소, 1989년; 金鳳烈, 『兪吉濬 開化思想의 研究』, 경남대학교출판부,
1998년.

사상 형성기에도 체계적인 것은 아니지만 각 시기마다의 시대 상황에 따른 저작이 있어서 개화사상의 형성 과정을 단편적으로라도 파악할 수 있다. 이와 같은 점을 고려하여 필자는 일찍이 유길준의 개화사상의 형성과 전개에 대하여 그의 대외관을 중심으로 고찰한 적이 있다.[2] 그 후 몇 편의 논고를 발표하였고 예전 원고에 보완, 수정을 해왔다.[3] 이 장은 그러한 점들을 종합하고 처음 발표했던 원고를 약간 개정한 것이다.

유길준의 저작 중에서 연구자들이 특히 주목했던 것이 『西遊見聞』제3편「邦國의 權利」이며 거기에서 사용한 〈양절체제(兩截體制)〉라는 용어였다. 이것은 하라다 다마키(原田環)가 주목한[4] 이후로 1880년대 전반부터 청일전쟁에 이르는 시기 조선의 정치 사상사 연구의 키워드가 되었다. 이 〈양절체제〉라는 것은 1882년의 조미수호통상조약 체결을 계기로 조선은 일본 이외의 서구 국가들과 대등하게 조약을 체결하는 관계가 되었고, 또 청국도 이들 국가과 대등하게 조약을 체결하게 되면서 조선과 청국 사이도 대등해졌지만 청국이 종속 관계를 이유로 조선의 국가 주권에 제약을 가하고 있던 상태를 가리켜 두 개로 나누어진 체제라고 지칭했던 용어이다. 하라다는 이것을 〈근대 국제법(만국 공법)에 의거하여 청으로부터의 독립을 위한 이론적 구축을 시도한 조선 최초의 저술〉[5]로 평가하고 있다.

이에 대해서 조경달은 유길준을 포함한 〈변법적 개화파〉는 갑신정변 이전에는 〈대국주의(大國主義)〉(=〈覇道〉)를 지향했기 때문에 일본 제국주의를

2 拙稿, 「開化思想の形成と展開」, 『朝鮮史研究會論文集』28, 1991년 10월.
3 拙稿, 「兪吉濬の日本觀」, 『韓日關係史研究』13, 2000년 10월; 同, 「近代朝鮮の改革と自己認識・他者認識」, 『歷史評論』614, 2001년 6월.
4 原田環, 「朝鮮の近代化構想」, 『史學研究』143, 廣島史學會, 1979년 6월; 同, 『朝鮮の開國と近代化』, 溪水社, 1997년의 제2장 제4절로 수정 게재함.
5 原田環, 위의 책, 325쪽.

비판하는 논리를 지니지 못했지만, 갑신정변 후에는 세계에 〈신의(信義)〉를 물었던 김윤식 등 〈개량적 개화파〉의 〈소국주의(小國主義)〉(=유교적 〈王道〉 론)의 입장에 가까워져 제국주의 비판의 논리를 획득했다고 보았다.[6] 또한 조경달은 〈대국주의〉, 〈소국주의〉를 대청 관계와 관련하여 논하면서 갑신 정변 이후에 입장을 바꾸었던 〈변법적 개화파〉 중에서도 특히 유길준의 논 리는 급격한 것으로, 대청 협조론을 통한 조선 중립화를 주창하고 〈전통적 인 중화 제국 체제(조공 체제)〉는 〈조공국의 독립을 방해하지〉 않으면서, 조 공 체제와 조약 체제(만국 공법 체제)가 병존한다는 〈이중 체제〉 위에서 조선 의 독립을 도모하려고 했다고 보았다. 조경달에 따르면 〈양절체제〉라는 단 어에는 〈청의 종주권 행사가 조공 체제의 틀을 넘은 것을 경계〉하는 의미 가 포함되어 있지만, 〈그것은 경계 이상의 상황은 아니며, 더욱이 대청 협 조론을 버리는 것은 절대 아니다〉라고 하였다.[7]

한국 근대사 연구는 특히 한국의 연구에서 임오군란 이후 청의 대조선 정책은 실질적인 식민지화였다고 해석하는 경우가 많지만, 중국 사상사 연 구자인 모테기 도시오(茂木敏夫)는 이홍장의 대조선 정책이 근대 서구적인 〈속국〉 지배였다는 것을 부정하고 〈속국〉(또는 〈속방〉)은 〈자주〉라는 〈전통 적〉인 종속 관계의 원칙을 지키면서 실질적으로 간섭을 강화해 가는 것이 었다는 견해를 제시했다.[8] 모테기 도시오의 견해에 따르면 조경달의 논의 에서 이홍장의 대조선 정책과 조선의 대청 협조론에 기초한 〈소국주의〉는 서로 대응하는 것으로, 현실적으로도 가장 실현 가능한 조선의 〈독립〉 유

---

6 趙景達, 「朝鮮における大國主義と小國主義の相克」, 『朝鮮史硏究會論文集』22, 1985년 3월.

7 趙景達, 「朝鮮近代のナショナリズムと東アジア」, 『中國 ─ 社會と文化』4, 1989년 6월.

8 茂木敏夫, 「李鴻章の屬國支配觀」, 『中國 ─ 社會と文化』2, 1987년 6월 및 同, 『變容する 近代東アジアの國際秩序』, 山川出版社, 1997년.

지 방법이었다는 것이다.

　이상과 같이 하라다와 조경달의 견해는 정면으로 대립하고 있다. 이에 대해 필자는 이전 원고에서 유길준은 1885년에 저술한 「中立論」의 시점에서는 종속 관계의 파기를 주장하지 않았고, 그런 의미에서 유길준은 일관되게 종속 관계를 부정하고 있지 않았다는 점에서 하라다의 설을 비판하는 견해를 제시했다. 하지만 〈양절체제〉론이 종속 관계의 파기를 지향한 것이었다는 점에서 조경달의 설도 비판했었다. 예전 원고가 갖는 연구사적 의의 가운데 하나는 〈중립론〉에 새로운 해석을 가했던 것으로, 「中立論」은 종속 관계를 부정하지 않았지만 실제로는 조선이 〈독립〉할 것을 주창하고 있었고, 그에 의해 유길준은 전통적인 종속 관계와 국제법의 논리를 정합적으로 만들어야 했으며, 또한 이 시점에서 조선 개화파가 중립을 주창한 것은 상당한 정치성이 수반되어 있었다는 사실을 기술하였다. 예전 원고 발표 이후 일본학계에서 조선 중립화 구상에 관한 연구에 진전이 있었고 〈중립론〉의 해석을 보다 명확하게 할 필요가 생겼다. 또 예전 원고에서는 〈자주〉와 〈독립〉이라는 용어의 사용이 엄밀하게 이루어지지 못했다. 또한 〈결론을 대신하여〉(22~23쪽) 부분에서 〈개화파(변법파)의 반청 노선은 반드시 그들 모두 일관된 것은 아니었다〉고 썼는데, 여기에서의 〈반청 노선〉은 〈종속 관계 파기론〉이라고 해야 하는 등 수정이 필요한 내용이 있었기 때문에 이 장에서는 그것을 수정하고자 한다. 그 외에도 전면적으로 수용하지는 않았지만, 예전 원고를 인용하거나 비판한 새로운 연구 성과에 대해서도 필자의 견해를 제시하고자 하였다.

1. 개화사상의 형성

김옥균, 박영효, 김윤식 등과 함께 박규수의 문하에서 배우고 『海國圖志』 등을 통해 넓은 세계로 눈을 돌려야 한다는 것을 깨달은 유길준은 1881년 민씨 정권이 개화 정책의 일환으로 파견했던 조사시찰단에 어윤중의 수행원으로 참가하였고, 시찰단의 귀국 후에도 일본에 남아 게이오기주쿠(慶應義塾)에 입학했다. 나중에 『西遊見聞』의 서장에서 〈[일본은] 歐美諸邦의 約을 訂結훈 後로브터 交誼의 敦密을 隨ᄒ며 時機의 變改홈을 察ᄒ야 彼의 長技를 是取ᄒ며 規製를 是襲홈으로 三十年間에 如斯히 其富强을 致홈이니〉(序 1)라고 서술한 것처럼 일본의 근대화를 긍정적으로 평가하면서 그것이 구미와의 조약 체결에 의한 것이라는 점을 인식하고 있었다. 그리고 일본을 통해서 〈紅毛碧眼의 才藝見識이 人에 過훈者가 必有홈이오 余의 舊日量度훈바 곳치 純然훈 蠻種에 不止홈이라〉(序 1)라고 서양 문명의 우수성을 거듭 인식했다.

1882년 한성에서 임오군란이 일어나자 유길준은 학업을 중단하고 이듬해 초에 귀국하였다. 그 후 1883년 2월 통리교섭통상사무아문 주사로 임명되어 한성판윤 박영효 휘하에서 국한문체 신문의 간행 사업에 종사하였다. 하지만 박영효가 한성판윤직을 떠나고 신문 간행 사업이 중단되자 유길준도 그 직책을 사임했다. 이 시기, 즉 1883년에는 상소 「言事疏」(한문), 새로운 신문에 게재할 예정으로 보이는 「世界大勢論」, 「競爭論」(국한문체) 등의 저작이 있다. 이 저작들을 바탕으로 이 시기 유길준 사상의 특징을 든다면 아래와 같이 네 가지로 정리할 수 있다.

첫 번째로 개국 진취론이라고 부를 수 있는 적극적인 개국·통상 주장이다. 잘 알려져 있듯이 조선은 1876년에 일본과 수호조규, 1882년에는 미국과 수호통상조약을 체결했는데, 국내에는 위정척사파의 세력도 컸고 1881년에는『朝鮮策略』과 민씨 정권의 개국 정책에 반대하는 신사척사상소운동(辛巳斥邪上疏運動)과 대원군파의 쿠데타 미수 사건인 이재선(李載先) 사건이 있었으며, 이듬해인 1882년에는 임오군란이 일어났다. 유길준의 개국·통상론은 위정척사론을 배척하고 넓은 세계에 눈을 돌려 서양 문명을 흡수해야 함을 강조한 것이었다.

유길준은 「競爭論」에서,

무릇 인생 만사가 경쟁에 의지하지 않는 것이 없는데, 크게는 천하의 일에서 작게는 내 한 몸과 한 가정의 일에 이르기까지 모두 경쟁으로 인하여 비로소 능히 진보하는 것이다. (중략) 대개 경쟁이라는 것은 모든 지혜를 연마하고 덕을 닦는 일에서부터 문학 기예와 농업, 공업, 상업 등 모든 것에 이르기까지 사람들이 그 고비우열(高卑優劣)을 서로 비교하고 타인을 초월하려 하는 것이다. (④ 47~48)

라고 서술한 바와 같이 당시 국제 질서를 국가 간의 경쟁 상태로 파악하였다. 더구나 그 경쟁은 〈평시에도 외국과 경쟁이 없다면 나라는 반드시 멸망한다고 할 수 있다〉(④ 58~59)고 하였듯이 평시·전시에 관계없이 계속되는 것으로, 이 경쟁에 가담하지 않고 서양의 여러 국가에 문호를 닫을 경우 경쟁력은 스스로 쇠퇴하고 그 나라는 반드시 멸망한다는 것이었다. 따라서 조선은 각국과 조약을 체결하여 통상하고, 서양 문명을 배우면서 〈문학 기예〉에서 〈농업, 공업, 상업의 모든 것〉에 이르기까지, 말하자면 사농공상이 총력을 다하여 부강을 추진해야만 한다. 그것을 위해서는 내정 개혁이 필요한데, 「言事疏」에서 유길준은 (1) 과거를 폐지하고 실학을 학습하도록

하고 널리 인재를 구할 것, (2) 인민에게 지식을 주어 〈진취의 기상〉을 갖게
할 것을 고종에게 제언하였다(④ 66~68). (2)에 대하여 좀 더 상세하게 살펴
보면,

　무릇 나라가 스스로를 지키고 독립하는 것은 백성의 지식과 기력에 있을
뿐입니다. 백성에게 지식이 없다면 어찌 스스로를 지키며, 백성에게 기력이
없다면 어떻게 독립하겠습니까? 이 두 가지는 교육에 달려 있으니 교육의 도
는 국가의 조치에 달려 있습니다. (④ 67~68)

라고 하였듯이 〈민〉에게 기반을 두지 않는다면 국가의 〈독립〉이 불가능
하다고 하였다. 여기서 유길준이 이미 〈국민〉 만들기에 관심을 가지고 있
었음을 알 수 있다. 또한 여기에서 〈독립〉이라는 단어를 사용하고 있었던
점에 대해서는 주목하고자 한다.
　그런데 이러한 개국 진취론을 주장하는 유길준에게 임오군란에서 보여
준 위정척사파의 반격은 국가의 존망이 걸린 중대한 문제였다. 「世界大勢
論」에서 〈萬一 其國人民이 開化의 事理와 文明흔 物情을 不知ᄒ야 頑固守
舊ᄒ고 外人을 仇視ᄒ야 結黨聚徒ᄒ야 外國公使所居館舍을 襲擊ᄒ던지
其人命을 殺害ᄒ면 甲乙國政府의 和約이 破絶ᄒ기 易ᄒ고〉(③ 100)라고
한 것은 분명 임오군란 당시의 일본 공사관 습격을 가리킨다. 일본에서 군
란 발생의 보도를 접한 유길준은 대원군을 〈성품이 원래 잔혹〉한 〈역적〉이
라 하며, 도진샤(同人社)에 유학 중이었던 윤치호와 함께 일본 정부에 조선
파병을 요청하는 상소를 올렸다.[9] 이 시기 유길준은 개항·개화 정책에 반

9　유길준·윤치호 연명상소는 金榮作,『韓末ナショナリズムの研究』, 東京大學出版會,
1975년의 175~176쪽에 수록된 것을 참조했다. 다만 대원군에 대한 히스테리라고도 말할 수 있

대하는 위정척사파를 최대의 적으로 보고 있었다.

두 번째 특징은 국권의 기본을 병력으로 간주한 것이다. 유길준에 의하면 개화의 세상에서는 〈人民이 各自 一身의 權利와 밋 一國의 權利을 擴張ᄒᆞᄂᆞᆫ 風이 盛行〉하고 있으며 일국에는 외국인에게도 자국의 법률로 재판할 수 있는 〈일국주재권(一國主載權)〉, 내정에 타국의 간섭과 침해를 일절 허락하지 않는 〈일국독립(권)[一國獨立(權)]〉, 대소와 강약에 관계없이 각국이 동등하다는 〈일국동등권(一國同等權)〉의 〈세 가지 대권(大權)〉이 있다(③ 89~90). 그러나 조선은 각국에게 치외법권을 인정하였으며, 관세 자주권도 없고, 또 공사가 병력을 이끌고 외국에 갈 수 없었으므로 〈一國의 三大權을 損失ᄒᆞ야 光榮을 保有치 못〉하고 있는데, 그 이유는 오로지 〈我國에 兵力이 업ᄂᆞᆫ 然故라〉(③ 92~93)고 했다. 여기에 이어서

大槪 英國의 貿易이 盛ᄒᆞ야 商賈로 世界을 壓服ᄒᆞᄂᆞᆫ 者ᄂᆞᆫ 英國에 軍艦이 多ᄒᆞᆫ 緣故요 魯西亞 國權이 强大ᄒᆞ야 四隣을 威懾ᄒᆞ다 ᄒᆞᄂᆞᆫ 者ᄂᆞᆫ 魯國에 陸軍이 盛ᄒᆞᆫ 然故요 日耳曼은 百年以來로 漸次 國威廣張ᄒᆞᄂᆞᆫ 者ᄂᆞᆫ 日耳曼 常備兵이 逐歲增加ᄒᆞᆫ 然故라 由是見彼ᄒᆞᆫ則 一國國權의 基本은 兵力에 在ᄒᆞ다 云ᄒᆞᆷ이 可ᄒᆞ니 (③ 93)

라고 서술하고, 나아가 유럽 각국과 일본의 병력을 표시하고 있다(이 인

용문과 병력표의 출전은 후쿠자와 유키치의 『時事小言』이다[10]. 이리하여 각국이 총력을 기울이는 경쟁은 최종적으로 〈平時는 兵力으로써 國威을 揚耀ᄒᆞ고 一朝에 有事ᄒᆞᆫ 時節을 當ᄒᆞᆫ則 兵力으로써 勝敗을 決斷ᄒᆞᄂᆞ니〉(③ 99)라고 하여 병력에 의해 보장된다.

다만 유길준은 〈공법〉(국제법)에 대해서도 다루면서 〈今日은 昔時갓치 無名ᄒᆞᆫ 軍士을 起ᄒᆞ지 못ᄒᆞ나니 公法으로 準據ᄒᆞ야 事機을 推察ᄒᆞ고 ᄯᅩ 平時는 兩國의 親睦을 保持ᄒᆞ기을 爲ᄒᆞ야 各種法律을 設立ᄒᆞ야 相守相遵〉한다고 한 다음 공사와 영사를 서로 파견하는 것의 효용을 서술하고 있다(③ 99~102). 무력 정복에 의한 침략은 국제법으로 규제를 받기 때문에 각국이 경쟁하는 규칙으로서 〈공법〉을 설정하였던 것이다.

이상의 두 가지 점이 국제 질서 인식상의 특징이라고 한다면 다음에 거론하는 두 가지는 동아시아에서 조선의 구체적인 위치와 관련된 것이다.

1883년의 시점에서 유길준 사상의 세 번째 특징은 러시아에 대한 위기감이다. 이것은 유길준한테서만 현저하게 보이는 것은 아니며, 당시 개화파들에게 거의 대부분 공통적으로 보이는 것이라 할 것이다. 유길준은 「言事疏」에서 조선의 지정학적 위치가 〈아시아의 목구멍(亞洲咽喉)〉에 해당하며 〈강한 러시아(强露)〉에 인접한 〈천하가 반드시 다툴 지역(天下必爭之地)〉이라고 했다. 게다가 러시아인을 〈공법을 준수하지 않는(不遵公法)〉〈호랑이와 이리(虎狼)〉로 간주하였고, 이미 수년 전부터 조선을 〈호시탐탐 엿보고(耽耽眈視)〉 있다고 썼다(④ 68). 이러한 러시아관은 1880년 수신사로 일본에 파견되었던 김홍집이 가져온 황준헌의 『朝鮮策略』에 그 연원이 있음은 분명하다. 『朝鮮策略』은 러시아의 위협을 주장한 다음 〈조선 땅은 실로 아

---

10 『福澤諭吉全集』 ⑤, 169 및 172~175.

시아의 요충에 위치하여 그 형세가 반드시 분쟁이 일어날 곳이다〉라고 서술하였다.[11] 개화파는 『朝鮮策略』의 러시아 인식과 조선 정세 분석으로부터 크게 영향을 받은 것이었다. 또 유길준이 유학하고 있던 당시 일본에서도 러시아의 위협으로 소란스러웠다. 과연 당시 러시아가 조선으로 진출할 가능성이 있었는지의 여부는 의문이지만, 개화파가 러시아의 위협에 대한 생각을 계속 가지고 있었던 점은 그 후 오랫동안 그들의 사상과 행동을 규정하였다.

네 번째는 청에 대한 태도이다. 다만 이 시점에는 임오군란 시기 청국의 대원군 체포나 「조청상민수륙무역장정」의 〈속방〉 규정에 대한 언급이 없고, 청과의 종속 관계에 대한 유길준의 태도를 명확하게 보여 주는 것은 보이지 않는다. 다만 이 당시 유길준에게는 청과의 종속 관계를 부정하는 것으로 연결되는 주장과 글이 있다. 그와 같은 주장 가운데 하나가 국한문 혼용체 사용이었다. 앞서 기술한 바와 같이 유길준은 과거를 폐지하여 실학을 장려하고, 인민에게 지식을 주어 〈진취의 기상〉을 갖게 할 것을 주장하고 있었다. 그러기 위해서는 「世界大勢論」에서 말하고 있듯이 글자 수가 〈매우 많아〉 습득하기 어려운 한문보다도 표음 문자로 글자 수가 적은 〈국문〉(현재 사용하는 한글)이 편리하다(③ 15~16). 그러나 이러한 실용적인 이유와 함께 청에 대한 자존(自尊)이라는 의도도 들어 있었던 것으로 보인다. 『西遊見聞』의 서문에서

宇內의 萬邦을 環顧ᄒ건ᄃᆡ 各其邦의 言語가 殊異ᄒ 故로 文字가 亦從ᄒ야 不同ᄒ니 (중략) 我文은 卽我 / 先王朝의 刱造ᄒ신 人文이오 漢字ᄂᆞᆫ 中國

11 韓國史料叢書 第9『修信使記錄』, 國史編纂委員會, 1971년, 160쪽.

과 通用ᄒᆞ는 者라 余는 猶且我文을 純用ᄒᆞ기 不能홈을 是歎ᄒᆞ노니 (序 6)

라고 하였듯이 〈국문〉의 사용에는 중국에 대한 조선의 문화적 독자성을
주장하는 의미가 들어가 있음을 알 수 있다. 「世界大勢論」에서 〈大槪人民
이 잇슨則 반다시 言語가 잇고 言語가 잇스면 반다시 文字가 이스나〉(③ 14)
라는 서술에도 이러한 의미가 들어가 있다고 해석할 수 있을 것이다.

또 하나의 주장은 역사 서술 등에서 개국 기년(開國紀年)의 사용이었다.
「世界大勢論」에서 〈支那는 古로 從ᄒᆞ야 其時天子의 建元ᄒᆞᆫ 年을 用ᄒᆞ니
(중략) 日本은 其開國ᄒᆞᆫ 天皇神武의 卽位歲로 紀年ᄒᆞ니 (중략) 西洋諸國은
其宗敎開祖耶蘇生歲로써 紀元ᄒᆞ니〉(③ 38, 밑줄 친 〈지나〉에 유의할 것)라고
한 바와 같이 청의 연호를 사용하지 않고 독자의 연호를 사용하려 했다. 태
조 이성계의 조선 〈개국〉을 기년으로 하는 개국 기년은 일본과의 수호조규
에서 사용하였고, 미국과의 수호통상조약에서는 청의 광서(光緖) 연호와
병기하였다. 청 이외의 나라와 조약을 맺기 위해 사용되었던 연호인데, 유
길준은 「世界大勢論」에서 다음과 같이 이 연호에 독자적인 가치를 두었다.

謹按ᄒᆞ건듸 我 / 聖祖太祖太王이 受命龍興ᄒᆞ사써 乾坤을 整頓ᄒᆞ시며써
人民을 安定ᄒᆞ게 ᄒᆞ시고 漢陽에 定鼎ᄒᆞ샤 億萬年無疆ᄒᆞᆫ 基業을 建ᄒᆞ시니 距
今四百九十二年壬申七月十六日이라 是故로 草芥微臣이 敢히 此歲로써 我國
紀元을 삼고 年代를 紀ᄒᆞ노니 (③ 37)

다만 청의 연호 사용 거부는 명의 숭정(崇禎) 연호 사용 등의 〈전통〉이 있
지만, 여기서는 조선 독자의 연호를 전용(專用)해야 함을 주장하고 있다. 이
것은 정삭(正朔)을 받는다는 종속 관계의 예(禮)를 부정함과 동시에, 조선에

거주하는 자는 조선의 왕을 섬겨야 한다는 존왕 사상에 기초하였다. 1894년 갑오개혁에서 개국 기년이 공문서에서 사용되었음은 널리 알려진 사실인데, 7월 16일이 갑오개혁 이후 〈개국 기원절〉이라는 국경일이 되었다는 사실은 본서 제2부 제4장에서 살펴보는 바와 같다.

여기서 주목하고 싶은 또 다른 하나는 〈독립〉이라는 단어의 사용이다. 「言事疏」에서 〈독립〉이라는 단어가 사용되는 것은 앞에서 보았다. 그런데 「조미수호통상조약」의 체결 교섭은 청의 이홍장과 미국 전권공사 슈펠트 사이에 이루어졌고, 그 과정에서 이홍장이 〈조선은 오랫동안 중국의 속방이었지만 외교와 내정은 이제까지 자주를 얻어 왔다(朝鮮久爲中國屬邦, 而外交內政事宜, 均得自主)〉는 조항을 제1조로 삽입하려고 했지만 슈펠트의 반대로 철회하였다는 점은 널리 알려진 사실이다. 이 〈속방조항〉에 대해 김윤식은

우리나라가 중국의 속방임은 천하가 모두 아는 바이다. (중략) 천하 사람들은 중국이 우리나라를 책임지고 맡는 것을 보아 각국이 우리를 경시하는 마음이 순해지고 저애함이 적을 것이다. 또한 그 아래에서 모두 자주를 얻어서 이를 계속한다면 이는 곧 각국과 교류하는 데 해가 없을 것이다. 평등의 권리를 사용하면서도 권세를 잃을 우려도 없고, 사대하는 뜻과도 어긋나지 않으니 양득(兩得)이라고 할 만하다.[12]

라고 하여 〈사대〉와 〈자주〉가 양립하는 〈양득〉이라고 서술하였다. 또 어윤중은 일본인이 조선을 〈독립〉이라고 말하는 것에 반대하고, 〈자주〉와

---

12 韓國史料叢書 第6『從政年表/陰晴史』, 國史編纂委員會, 1958년, 「陰晴史」 高宗 18年 辛巳 27日. 덧붙여 김윤식의 대외관에 대해서는 原田環, 앞의 책, 제10장과 제11장 참조.

〈독립〉은 양립할 수 없다고 하였다.[13] 이와 같이 조선은 〈속방〉이면서도 〈자주〉이나 〈독립〉은 아니라는 견해는 조미조약 전후의 조선 정부에서는 대세였다고 할 수 있을 것이다. 그에 비해 유길준은 〈자수독립(自守獨立)〉이라는 단어를 사용하고 있기 때문에 확실히 김윤식이나 어윤중의 입장과는 다르다. 이 무렵 〈독립〉의 용례는 김옥균이 1883년 6월 내지 이듬해인 1884년 5월 일본을 방문했을 때 후쿠자와 유키치의 소개로 고토 쇼지로 (後藤象二郎)에게 보냈던 「의견서」에서

　　굴레(羈絆)는 물리치고 특별히 독립 자주의 나라를 세운다. 독립하려고 한
　　다면 정치와 외교는 반드시 자수자강(自修自强)해야 한다.[14]

라고 서술하고 있었다. 유길준도 김옥균도 조선의 〈독립〉을 말하고 있다는 점에서 당시 조선 정부의 주류적인 생각과는 대립되는 자기의식을 가지고 있었다.

이러한 점에서 보면 종속 관계를 노골적으로 비판하지는 않았지만, 유길준은 청과의 종속 관계에 대하여 부정적 입장에 서 있었음이 분명하다 할 것이다. 다만 뒤에서 살펴볼 『西遊見聞』에서의 논의처럼 청과의 종속 관계를 국제법상으로 설정하고 있지는 않다. 오히려 청으로부터의 〈독립〉이라는 문제와 관련하여 유교 비판 문제가 있다. 「世界大勢論」에서

　13　秋月望,「魚允中における〈自主〉と〈獨立〉」,『年報朝鮮學』창간호, 1990년 12월, 14~15쪽 및 同,「末松二郎筆談錄に見られる〈近代〉」(宮嶋博史·金容德 編,『日韓共同研究叢書 2 近代交流史と相互認識』I, 慶應義塾大學出版會, 2001년, 23쪽.
　14　韓國文獻研究所 編,『金玉均全集』, 亞細亞文化社, 1979년, 117쪽.

我國의 儒教는 中國에 取혼 者며 日本의 佛教는 印度에 取혼 者갓치 세대가 久遠ㅎ고 人民이 尊信혼則 本國宗教와 無異ㅎ니 엇지 本國宗教아니라 ㅎ리오 (③ 11)

儒教는 我國과밋 中原等에 盛行ㅎ고 (후략) (③ 12)

라는 서술처럼 청을 중국이 아닌 〈지나(支那)〉라고 했던 「世界大勢論」[15]에서도 유교와 관련된 문장에서는 〈중국〉, 〈중원〉을 사용하고 있다(불교를 설명하는 부분에서도 〈중원〉을 사용하였다). 또한

各國이 唯當本在宗教을 固守ㅎ고 他國宗教의 傳播ㅎ믈 防禦ㅎ야 自國人民으로 ㅎ여곰 他國宗教의 奴隸되지 말게 홀거시니 此事가 엇지 有志者에 任責이 아니리오 (③ 10)

라고 하여 유교(와 불교) 이외의 외래 종교 전파를 경계하였다. 유길준은 과거의 폐해를 지적하면서도 결코 유교를 비판한 적은 없었다.

위의 내용을 바탕으로 몇 가지 논점을 검토하는 것으로 이 절을 마치고자 한다. 우선 1883년 단계에서 유길준의 문명관에 관한 것이다. 조경달은 「競爭論」이 사회 진화론의 영향 아래 집필되어 약육강식의 세계를 당위로 여기고 조선이 강자가 되기 위한 경쟁을 찬양하였다고 했다. 그리하여 「競爭論」 말미의 〈一國의 文明을 進ㅎ며 一國의 富强을 成ㅎ야 國威로 ㅎ야곰 萬邦에 震轟ㅎ며 國光으로 ㅎ야곰 四海에 照曜홈을 余等이 希願ㅎ노라〉(④

15 앞에서 밑줄을 그어 인용했던 글 이외에도 세계 각국의 형세를 소개한 부분에서 〈支那〉가 사용되고 있다(③ 63~64).

60)는 구절을 인용하여 〈대국 지향형 내셔널리즘〉의 발로라고 하였다. 유길준의 이와 같은 주장의 배경에는 이른바 〈급진(변법적) 개화파〉인 김옥균과 마찬가지로 유교적 왕도론을 비판한 패도론(覇道論), 청과의 종속 관계의 폐기라고 하는 문명관의 전환이 있었다고 말할 수 있다.[16] 그러나 이 「競爭論」의 끝에 있는 이 문장은 민씨 정권의 개화 정책을 정당화하고 서양 문명을 받아들여 위정척사파를 비판하고자 하는 〈개국〉 진취하여 해외 웅비하자는 추상적인 국시 선언이었다. 그러한 의미에서 메이지 유신 5개조 서문(誓文)의 제5조 〈지식을 세계로부터 얻어 크게 황기(皇基)를 떨쳐 일으킬 것〉 혹은 〈국위 선양의 신칸(宸翰, 천황이 친히 쓴 문서 — 옮긴이)〉의 〈일신의 간난신고(艱難辛苦)를 따지지 않고 몸소 사방을 경영하여 너희 억조(億兆)를 편안히 어루만지며, 마침내는 만리(萬里)의 파도를 개척하여 나라의 위엄을 사방에 선포하고, 천하를 후지산(富士山)의 편안함 속에 놓아두기를 원하노라〉 등과 궤를 같이하는 것이다(자구가 서로 유사하다는 점에서 유길준이 이를 의식하고 있었다고도 생각된다).

또 이 시점에 유길준이 경쟁의 규칙으로서 국제법에 관심을 갖고 있었다는 점은 앞에서 언급하였던 바이며, 각국 간의 부강 경쟁이 제멋대로 행해지고 있었던 것은 아니라고 인식하고 있었다. 「競爭論」에서도

余等이 一國人民을 爲하야 此氣力이 益强益盛ᄒ고 且高且遠ᄒ기을 希望하노니. 昔者에 仲尼가라스듸 射ᄒ이 揖讓ᄒ며 昇下ᄒ야 飮ᄒ이 其競爭이 君子라 ᄒ시니 大槪 競爭氣力이 有ᄒ고 且其所爭이 賤陋ᄒ지 아니 흠을 賞嘆ᄒ심이라 (④ 50)

16 趙景達, 앞의 「朝鮮における大國主義と小國主義の相克」, 67~69쪽 및 「朝鮮近代のナショナリズムと東アジア」, 64쪽.

라고 한 것처럼 『論語』「八佾」의 〈공자께서 말씀하시길, 군자가 다투는
바가 없는데 활쏘기를 할 때면 서로 두 손을 모아 절하고 서로 사양하며 사
대(射臺)를 오르내리고, 진 사람은 이긴 사람이 권하는 술을 마신다. 이것이
야말로 군자다운 다툼이다〉라는 구절을 인용하여 각국 간의 경쟁은 친목
을 전제로 한다고 강조하였다. 본서 제1부 제2장에서 상세하게 서술하겠
지만, 유길준에게 있어서 경쟁은 예의를 동시에 갖추는 것이었다.

다만 국가 간의 경쟁에서 친목이 유지되는 것은 구미의 〈문명국〉 사이에
서만 그렇고, 아시아·아프리카 국가들에서는 그것이 관철되지 않는다. 유
길준은 이것을 〈其人民의 所見이 僅僅一國內에 止ᄒ고 自國의 情況에 安
ᄒᆞ야 他國과 競爭홀 事理을 不知ᄒᆫ 緣故〉에 〈英國의 滅ᄒᆫ 바가 되고 其人
民은 英政府의 奴隷와 無異〉하게 되었다는 인도의 사례를 들면서 설명하
였다. 식민지 지배는 지배당하는 쪽의 경쟁력 부족, 즉 문명도의 부족에서
그 원인을 찾고 있다.[17] 또 조선을 위협하는 러시아는 국제법을 따르지 않
고 개화의 시세에 부합하지 않는 야만국으로 파악한 반면, 영국과 미국 등
의 〈문명국〉에 대해서는 비판적인 언사가 전혀 보이지 않는다. 조경달이
지적하였듯이 유길준의 「競爭論」에는 구미 국가들에 대한 비판적 시각이
없지만, 그렇다고 유길준이 구미 국가들 중심의 세계 질서를 약육강식으로
보아 〈대국주의〉=〈패도〉를 칭찬하고 있는 것은 아니다.

두 번째로 위의 내용과 관련되는 것인데, 국제법과 국가에 대해서이다.
유길준의 국제 질서 인식은 부국강병의 경쟁 상태라고 파악하는 수준의 것
으로, 국제법은 그 경쟁이 예의를 지키면서 행해지기 위한 규칙이었다. 이

17 福澤諭吉, 『學問のすゝめ』 제12편에 〈위와 같은 인도의 문(文)도 터키의 무(武)도 일찍이
그 나라의 문명에 도움이 되지 않았던 것은 어째서인가? 그 인민의 소견은 겨우 한 나라 내에 그
치고 자기의 상황에 만족하고 그 상황의 일부분을 타국에 비교하여 그 사이에 우열을 보고 그것
에 속아 (중략) 상고(商賈)의 권위에 눌려 나라를 잃는 자가 되고〉(③ 107)라고 하였다.

점은 뒤에서 살펴볼 『西遊見聞』이 국제 질서를 도리의 세계로 파악하고, 따라서 국제법에 대해서도 도리에 기초하여 설명하고 있는 것과는 크게 다르다. 더욱이 「世界大勢論」에서 자유와 권리, 입헌 정체에 대해 언급하면서도 그것이 입각하고 있는 인간관·사회관에는 이해가 미치지 못했기 때문에 이러한 개념·제도에 대해 소개하는 정도의 범위를 벗어나지 못했다. 그 때문에 「言事疏」에서 국가의 〈독립〉을 위해서는 지식과 기력을 인민이 갖도록 하는 교육이 중요하다고 말하면서도, 자유나 권리 등의 서구 신사상이 반영된 구체적인 개혁안을 제시하지 못했고, 결국 국가의 〈독립〉은 병력을 통해 보장된다고 하였던 것이다. 이와 같은 의미에서 20대 중반에 일본에 유학하여 서양 문명의 우수성에 본격적으로 눈을 돌리기 시작했을 뿐인 유길준은 아직 사상이 형성되는 도중에 있었다고 할 수 있을 것이다. 더구나 유길준의 유학 시기에 후쿠자와 유키치의 사상은 일찍이 주장했던 천부인권론을 포기하고 〈권도(權道)〉주의로 〈쇠퇴(凋落)〉한 것이었다.[18] 1881년 9월에 간행된 『時事小言』은 이러한 〈쇠퇴〉를 확실히 하였던 후쿠자와가 일본의 병력 증강을 강조한 저작이었고, 1883년 단계에서 유길준의 저작에 『時事小言』의 영향이 보인다는 점은 앞에서 지적하였다. 아직 서양 문명의 원리를 충분히 이해하는 데 이르지 못했던 시기에 이미 도리를 포기했던 후쿠자와의 영향을 받았다는 역설적인 조건이 중첩되고 있었던 것이다.

세 번째로 일본과의 관계에 관해서이다. 이 시기 유길준의 저작에서 일본에 관한 서술은 거의 보이지 않는다. 그러나 개화파를 고려할 때 일본과의 관계는 중요한 논점이다. 1880년대 초 조선에서 일본으로 외교 사절·시찰

---

18 ひろたまさき, 『福澤諭吉研究』, 東京大學出版會, 1975년, 제4장 참조.

단·유학생 등이 파견되면서 그들이 흥아회(興亞會) 등에 참가하여 〈아시아 연대론〉에 관심을 가지게 되었다는 점은 이미 이광린이 지적하였다.[19] 다만 유길준이나 김옥균이 직접적인 영향을 받았던 〈아시아 연대론〉은 후쿠자와 유키치의 〈동양 맹주론〉[20]이었다. 후쿠자와는 「조선과의 교제를 논함」 (1882년 3월 11일)에서 〈아시아주 중에서 마음과 힘을 합쳐 서양인의 침략을 막고자 하여〉〈이 우두머리인 맹주를 맡을 자는 우리 일본이라고 하지 않을 수 없다〉라고 하면서 〈조선의 일을 우려하여 그 나라가 문명화되는 것을 바라고, 끝내는 무력을 사용해서라도 그 진보를 도울 수 있게 되기를 간절히 바란다〉(⑧ 30)고 하였다. 또 유길준과 윤치호가 연명 상서를 하기 이틀 전인 8월 24일 「조선정략(朝鮮政略)」에서도 〈우리 일본은 양국 교제의 정의(情誼)를 위해, 또 우내(宇內) 문명의 보호를 위하여 잠시 우리 병력을 빌려 주어 그 국토 전면의 짙은 안개를 제거하려는 것은 우리나라의 도덕과 의리상으로도 사양할 수 없는 의무이다〉(⑧ 256)라고 하였는데, 유길준·윤치호 연명 상서가 후쿠자와의 〈동양 맹주론〉과 궤를 같이하고 있었다는 점은 명백하다고 할 수 있다.

임오군란 후 조선에 대한 청의 종주권이 강화되자, 후쿠자와는 「동양의 정략을 과연 어떻게 할 것인가」(1882년 12월 9일)라는 논설에서 〈지나인이 빈번하게 조선 정부의 내치 외교를 간섭하여 심하게는 그 독립까지도 위태로운 지경에 이르게 할 때 나는 일본국인의 본분으로서 지나인의 간섭에 대하여 간섭하고 이를 억제하지 않을 수 없다〉(⑧ 432)라고 하였다. 조선 〈독립〉을 위해 군사력을 증강시켜 청의 종주권 강화를 저지한다는 것이

---

19 李光麟, 「開化期 韓國人의 아시아連帶論」, 『開化派와 開化思想 硏究』, 一潮閣, 1989년 참조.

20 坂野潤治, 「〈東洋盟主論〉과 〈脱亞入歐論〉」, 佐藤誠三郎 / R·ディングマン 編, 『近代日本の對外態度』, 東京大學出版會, 1972년 참조.

〈동양 맹주론〉의 내용이었다. 유길준이나 김옥균 등이 이 시기 후쿠자와 유키치 아래에서 사상이 형성되었다는 사실의 의미는 무시할 수 없다. 서양 문명의 도입을 통해 조선을 〈문명화〉하고, 근대 세계에 진입함으로써 〈독립〉을 달성하려고 한 그들로서는 후쿠자와의 〈동양 맹주론〉에 기대할 만한 내용이 있었을 것이다. 여기서 조선의 〈문명화〉와 문명화의 이름을 빌린 일본의 조선 침략 간에 대립과 충돌이라는 한국 근대사를 관통하는 문제가 발생하였다.[21]

2.「中立論」의 위치

1883년 7월 그 전해에 체결되었던「조미수호통상조약」에 의하여 보빙사(報聘使)가 미국에 파견되었다. 유길준은 정사 민영익(閔泳翊)의 수행원으로 동행했다. 일행은 40여 일의 공식 일정을 마치고 귀국했는데, 유길준은 민영익의 주선으로 미국에 남아 메사추세츠 주 세일럼 시의 에드워드 모스의 집에서 기숙하면서 영어를 배우고, 그 후 같은 주 사우스바이필드의 거버너 더머 아카데미The Governor Dummer Academy에서 대학 입학을 위해 수학하

21 또한 조경달은 김옥균이『箕和近事』와「亞細亞之意見」이라는 저작물을 남겼다는 기록에 기초하여 김옥균이 일본·조선·중국의 삼국 제휴론을 주창하고 〈소국주의〉를 전개했다고 하였다(趙景達, 앞의「朝鮮における大國主義と小國主義の相克」및「金玉均から申采浩へ」, 歷史學研究會 編,『講座世界史7 〈近代〉はどう考えてきたか』, 東京大學出版會, 1996년). 현재 전해지지 않는 저작물을 근거로 어떤 인물의 사상을 논하는 것은 역사상으로 금기시된다. 하지만 그것을 차치하더라도 아시아 제휴론의 주창이 어째서 〈소국주의〉=〈왕도〉로 연결되는 지는 이해가 잘 되지 않는다. 일본의 아시아주의 대다수가 침략론의 형태를 취하고 있다는 것은 널리 알려진 사실이지만, 조선의 아시아 제휴론이 침략론의 형태를 취하지 않는다고 단언할 수 없다는 점은 본서 제2부 제5장에서 논하였다.

였다. 그런데 1884년 12월 조선에서 갑신정변이 발발했다. 유길준은 학업을 중단하고 1885년 가을에 미국을 출발, 대서양을 횡단하고 홍해를 거쳐 홍콩과 일본에 들러 1885년 12월 15일 제물포에 도착했다.[22]

서울에 도착하자 유길준은 포도대장 한규설(韓圭卨)의 집에 구금되었다. 이 구금에 대해서는 유길준이 갑신정변을 일으켰던 김옥균 등과 가까운 관계에 있었기 때문에 〈보수 정권〉에 의해 체포되어 완전히 자유를 박탈당했다는 견해가 통설이었다. 그러나 이것으로는 당시 변법적 개화파, 혹은 그들과 가까운 관계에 있었던 일본 유학생들이 모두 극형에 처해졌던 것에 비해 유길준은 어째서 극형을 면하고 서울에서 연금이라는 가벼운 형벌에 그쳤는지를 설명할 수 없다. 유영익은 이 점을 파헤쳐서 통설을 뒤집었는데, 그의 학설은 오늘날 연구자 사이에 광범하게 받아들여지고 있다. 즉 유길준은 귀국 도중에 김옥균 등의 행동에 대한 반대 입장을 본국 정부에 알리고 고종과 그 측근으로부터 배려를 얻어 냈으며, 오히려 당시 조선의 정치·외교에 간섭하고 있었던 원세개(袁世凱)의 위협으로부터 신변을 보호받고, 청의 간섭을 피하여 다양한 외교 사무를 수행하려고 했다는 것이다.[23]

1885년에 구금되었던 유길준은 1887년 가을에 민영익의 별장인 백록동 취운정(翠雲亭)으로 거처를 옮겼고, 거기서 1892년 봄까지 지냈다. 이 사이에 『西遊見聞』을 탈고하였는데(1889년), 그 과정에서 유길준의 사상은 새로운 전개를 보여 주게 된다. 이 시기에 주목할 만한 유길준의 저작은 청국이 맹주가 되어 조선 중립화를 논한 「中立論」이다. 「中立論」은 을유년(1885)에 집필하였다고 되어 있는데, 유길준이 조선에 도착했던 1885년

22 『統署日記』1, 亞細亞問題研究所 韓國近代史料編纂室 編, 『舊韓國外交關係附屬文書』3, 고려대학교출판부, 1972년, 304쪽.

23 柳永益, 「甲午更張 이전의 兪吉濬」, 『甲午更張研究』, 一潮閣, 1990년; 秋月望·廣瀨貞三 譯, 『日淸戰爭期の韓國改革運動』, 法政大學出版局, 2000년.

12월 15일은 음력상 을유년 11월 16일이므로 「中立論」은 귀국 후 1개월 반 이내에 쓴 글이 된다.

「中立論」은 강만길이 다루면서 주목을 받게 되었고,[24] 몇 가지의 설이 제시되어 있다. 조경달은 〈변법적 개화파〉가 갑신정변 이후 〈대국주의〉에서 대청 협조론을 전제로 하는 〈소국주의〉로 전환한다는 자신의 학설 속에 「中立論」을 위치 지우고 있다. 이 글에서 조경달은 유길준이 종속 관계를 적극적으로 평가하고, 조공 체제를 유지하는 선상에서 조선의 독립을 도모하려 했다고 보았다.[25] 또 구선희는 유길준이 「中立論」을 저술했던 시기 조선 정부의 대외 정책을 반청 정책으로 파악하면서, 한편으로 유길준이 1885년 시점에서는 청이 조선에 대한 〈침략 야욕〉을 가지고 있지 않다는 대청 인식에 기초하여 청을 맹주로 한 중립국화를 주장했다고 하였다.[26] 그러나 구선희는 임오군란 후, 특히 갑신정변 후 청의 대조선 정책이 종주권 강화가 아니라, 근대적인 의미에서의 〈속국〉=식민화이며, 조선 정부의 반청 정책도 그에 대응하는 것이었다고 함으로써 유길준의 「中立論」은 현실과 괴리가 생기게 되었다. 이에 대한 설명은 없다. 김봉진은 유길준(과 김옥균)이 종속 관계의 폐지를 최종적인 목표로 하였으나, 당면한 목표로서는 청을 맹주로 한 중립화를 통해 청과 열강의 〈협조적 관여〉 아래에서 조선의 독립을 도모하고, 동시에 청의 〈개입 정책〉을 저지하려고 했다고 하였다.[27]

「中立論」의 평가에 대해서는 1883년 단계에서 유길준이 〈맹주〉로 간주

---

24 姜萬吉, 「兪吉濬의 韓半島 中立化論」, 『分斷時代의 歷史認識』, 창작과비평사, 1978년; 旗田巍 監修·宮嶋博史 譯, 『分斷時代の歷史認識』, 學生社, 1984년.

25 趙景達, 앞의 「朝鮮における大國主義と小國主義の相克」, 76~78쪽 및 「朝鮮近代のナショナリズムと東アジア」, 65~65쪽.

26 具仙姬, 『韓國近代 對淸政策史 硏究』, 혜안, 1999년, 148~154쪽.

27 金鳳珍, 『東アジア〈開明〉知識人の思惟空間』, 九州大學出版會, 2004년, 112~116쪽.

하고 있었던 일본의 대조선 정책 변화로 눈을 돌릴 필요가 있다. 그에 앞서
「中立論」의 골자를 살펴본다. 우선 조선을 둘러싼 국제 정세 인식인데

　무릇 러시아라는 나라는 만여 리가 넘는 거칠고 추운 땅에 있으며, 정예 군
사가 백만이고, 날마다 강역을 넓히는 데 힘쓰고 있다. 중앙아시아의 여러 소
국을 꾀어서 혹은 보호국으로 두고, 혹은 독립권을 인정하기도 하였지만, 맹
세의 피가 마르지도 않았는데 마침내 그 토지를 모두 군현으로 삼고, 그 인민
을 노예로 삼았다. 강한 자가 약한 자를 병합하고, 큰 자가 작은 자를 삼키려
는 것은 진실로 인간 세상의 기양(技癢, 자기의 재주를 발휘할 기회가 없어 안달
함 — 옮긴이)이다. 그런데 러시아는 특히 무도(無道)함이 심하기 때문에 천하
가 탐욕스럽고 포악하다고 지목하고 있다. (④ 321)

라고 하였듯이 러시아를 〈탐욕스럽고 포악〉하다고 보는 러시아 위협론
은 1883년의 단계와 동일하다. 또 일본에 대해서도

　일본도 또한 우리에 대한 침략 의도가 없던 것은 아니지만, 그 세력이 부족
한 바가 있고 힘이 미치지 못하며, 스스로 지키는 것에도 겨를이 없다는 것을
알았으니 감히 중국과 싸우겠는가? (④ 322)

라고 하여 조선에 대한 야심이 없지는 않으나 〈중국〉에 대항할 여유가
없다고 했다. 아마도 이 문장은 현존하는 유길준의 글 가운데 유일하게 일
본의 조선에 대한 침략성을 비판한 것이다. 이렇게 러시아와 일본, 특히 러
시아에 의한 침략 위기를 서술하고 있지만, 이러한 위기를 막기 위해서는
청의 원조를 요청할 수밖에 없다고 하였다. 유길준은 이렇게 쓰고 있다.

우리나라가 의지하여 나라를 보존하는 것은 중국이 돌보아 보호해 주는 것에 있다고 할 수 있다. 혹자는 말하기를 중국이 우리나라를 병탄하지 않으려 함을 어떻게 아는가라고 한다. 이것은 그렇지 않다. 진실로 중국이 그렇게 하고자 했다면, 어찌 여러 국가들과 조약을 맺을 것을 권유하고서, 지금에 와서 비로소 그 뜻을 행하고자 하겠는가? 중국이 먼 사람을 대하는 도리는 예부터 지금까지 대개 너그럽고 부드러웠으며, 단지 조공을 받아 책봉을 하여 스스로 자치하게끔 하였고, 나머지는 다시 묻지 않았다. (중략) 그러나 중국은 오직 우리가 몇천 년간 조공을 바치고 책봉을 받아 온 나라이다. 의관과 문물은 모두 다 모방한 것이고, 풍속의 좋고 싫음도 서로가 비슷하거나 같다. 우리나라 사람들은 기자의 남은 풍습을 지켜 왔고, 그 땅은 연경(燕京)의 동쪽 울타리이다. (④ 322~323)

여기서는 청과 조선이 〈몇천 년간 조공을 바치고 책봉을 받아 온〉 관계, 즉 조공·책봉의 관계이며 문화적으로도 지리적으로도 밀접한 관계에 있음을 드러내어, 조선의 보전을 위해 청의 원조를 끌어내려 하고 있다. 1883년 단계에서는 마치 조선은 청의 〈속방〉이 아닌 〈독립〉국인 것처럼 서술하였는데, 여기서는 조선이 청의 〈조공국〉=〈속방〉임을 적극적으로 평가하여 유길준의 대외 인식에 변화가 나타나고 있다. 다만 여기에서 유의할 필요가 있는 것은 밑줄 친 부분으로 〈중국이 먼 사람을 대하는 도리는 예부터 지금까지 대개 너그럽고 부드러웠으며, 단지 조공을 받아 책봉을 하여 스스로 자치하게끔 하였고, 나머지는 다시 묻지 않았다〉는 서술이다.

이와 같이 조선이 청의 〈속방〉임을 인정한 선상에서

오직 중립의 한 가지만이 진실로 우리나라를 보존하고 지키는 방책이나,

우리 스스로 그것을 제창할 수는 없다. 즉 그것은 마땅히 중국이 맡아서 처리하도록 요청해야 한다. 만약 중국이 일을 핑계로 들어 주지 않으면 오늘 요청하고, 내일 또 요청해야 한다. 중국이 맹주가 되어 영국, 프랑스, 일본, 러시아와 같이 아시아 지역과 관계있는 여러 나라들이 회동하는 자리에 우리가 들어가서 공동으로 조약을 체결하도록 해야 한다. (④ 326~327)

라고 하였듯이 〈중국이 맹주가 되어 영국, 프랑스, 일본, 러시아와 같이 아시아 지역과 관계있는 여러 나라들이 회동하는 자리에 우리가 들어가서 공동으로 조약을 체결〉해야만 한다는 것이다. 내용상으로 유길준은 이 문장을 청국의 이홍장(李鴻章)이 읽을 것을 염두에 두면서 작성하였다는 점을 확인할 수 있다. 그러한 이유 때문에 「中立論」은 청의 체면을 상하지 않게 하기 위해서 배려하고 있는 것이다. 하지만 유길준이 가장 강하게 주장한 것은 모두(冒頭) 근처에 있는 다음의 문장이다.

지금 우리나라의 지세는 아시아의 인후(咽喉)에 위치해 있는데, 유럽에 있는 벨기에와 같다. 지위는 중국의 공방(貢邦)이니 불가리아가 터키에게 하는 것과 같다. 그러나 동등한 예로 각국과 조약을 맺을 권리는 불가리아에 없으나 우리나라에는 있다. 공방(貢邦)의 대열에 있으면서 다른 국가의 책봉을 받는 일이 벨기에에는 없지만 우리나라에는 있다. 이런 까닭에 우리나라의 체제와 형세는 벨기에와 불가리아의 전례(典禮)를 실로 겸하고 있다. (④ 320~321)

조선이 아시아의 요충에 있는 것은 유럽의 요충에 벨기에가 있는 것과 유사하며, (러시아의 위협에 노출되어 있는) 불가리아가 터키를 섬기고 있는 것은 조선이 청의 〈공방(貢邦)〉=〈속방〉인 것과 유사하다고 했다. 하지만 여기서 조선은 불가리아와 달리 각국과 〈동등의 예〉로서 조약을 체결할 수 있다고 서술하였다는 점에 주의해야만 한다. 즉, 청은 조선이 〈속방〉이더라도 〈단지 공물을 받고 책봉을 해주어 자치를 하도록 해〉왔으므로 바로 조선은 외국과 조약을 체결할 수 있고, 청국도 조선에게 〈애써 여러 국가와 조약을 체결할 것을 권했기 때문에(苦而勸訂諸國之約)〉(④ 322) 실질적으로 〈독립〉국이라는 점을 청의 체면을 상하게 하지 않는 범위에서 서술하고 있는 것이다.

그렇다면 왜 〈수천 년 동안 조공을 받들고 책력을 내려 주는〉 관계를 끌어들여 청에게 조선 중립화를 추진하도록 할 필요가 있었는가? 우선 〈동양 맹주론〉을 주창했던 후쿠자와 유키치는 갑신정변 후 〈탈아론〉이 상징하는 바와 같이 조선 문제에서 손을 떼었다. 또 일본 정부도 조선 문제에 적극적으로 관여하지 않는 정세가 되었다. 갑신정변 이후 일본과 청국은 당면한 무력 충돌을 피하고자 텐진조약(天津條約)을 체결하고 조선에서 군대를 철퇴(撤退)하도록 하였다. 그런데 텐진조약의 조인과 같은 해인 1885년 4월 영국이 거문도를 점령하였다. 한편 고종 및 민씨 정권은 청의 종주권 강화를 우려하여 청을 견제하기 위해 러시아와 밀약을 맺고 〈인아거청(引俄拒淸)〉책을 추진하고 있었다. 특히 거문도 사건은 세계적 규모의 영·러 대립이 한반도에 미쳤음을 의미한다. 일본 정부는 청국과 대치하는 가운데 대조선 정책을 추진할 경우 자칫 잘못하면 러시아 혹은 영국을 적으로 돌리게 된다. 그 결과 6월에 만들어진 것이 이노우에 가오루(井上馨)의 이른바「변법8개조(變法八個條)」이다. 이것은 조선에서 청의 우위를 인정하고 조선 정부의 중추에 김홍집·김윤식·어윤중 등 대청 협조파를 앉히고 조러밀약을 추진한 외교고문 폰 묄렌도르프Paul George von Möllendorff를 해임하여 미국인으로 교체하고, 총판조선상무(總辦朝鮮商務) 진수당(陳樹棠)도 해임하고 더 큰 권한을 가진 인물을 조선에 파견한다는 내용이었다. 다카하시 히데나오(高橋秀直)에 의하면 〈이러한 청 우위의 승인은 조선에서 현실적 역학 관계의 반영임과 동시에 공동 보호의 경우 발생하는 일본 측의 위험 부담(러시아와 대결할 경우의 위험 부담)을 짊어질 결단이 서지 않았던, 부담을 청에게만 지우려는 일본 정부 의향의 표출이었다〉[28](방점·괄호는 원문). 이 가운데 폰 묄렌도르프의 해임과 미국인 데니의 선임, 진수당과 교체된 원세개의 주차조선총리교섭통상사 부임은 곧바로 실행되었다. 다만 「변법8개조」는 조선이 청의 〈속국〉임을 종래대로 인정하지 않았고, 조선 정부의 개혁에 대해서 이홍장은 이노우에 가오루와 협의할 것, 조선 정부의 인사에 대해서는 이노우에의 의견을 참작할 것, 진수당의 후임은 일본 공사와 협의한다는 내용을 담아서 일본이 조선 정부에 간섭할 여지를 남겨 두었다는 사실은 역시 다카하시가 지적하였던 것이다.

이와 같이 거문도 사건 이후 일본 정부의 대조선 정책이 청의 우위를 인정하면서도 〈속국〉론은 승인하지 않았다고 한다면 유길준의 「中立論」은 일본 정부의 입장과 그다지 멀지 않은 곳에 있다고 말할 수 있을 것이다. 「中立論」의 요점은 〈조공국〉은 국제법상 〈독립〉국으로서 〈속방 자주〉론과는 다르며, 이를테면 〈속방 독립〉론을 전개한 것이다. 하지만 원래 일본 정부 내에서도 임오군란 이후 〈조공국〉과 〈속국〉을 구별하여 조선을 중립화하려는 논의가 있었다.[29] 대표적인 것으로 이노우에 가오루의 「朝鮮政略

---

28 高橋秀直, 『日淸戰爭への道』, 東京創元社, 1995년, 192쪽. 여기에서 거문도 사건 이후 일본의 조선 정책의 변화 및 「변법8개조」의 평가에 대해서는 이 책에 따랐다.
29 일본의 조선 중립화 구상에 대해서는 長谷川直子, 「壬午軍亂後の日本の朝鮮中立化構想」, 『朝鮮史硏究會論文集』32, 1994년 10월; 大澤博明, 「朝鮮永世中立化構想と近代日本外交」, 『靑丘學術論叢』12, 1998년 3월; 岡本隆司, 「〈朝鮮中立化構想〉の一考察」, 『洛北史學』8, 2006년 6월 참조.

意見書」(1882년 9월)가 있다. 거기에서는 〈일본, 청국, 미국, 영국, 독일의 5개국이 회동하여 조선의 일을 의논하고 조선을 하나의 중립국으로 만든다. 곧 벨기에-스위스의 예에 따라 (중략) 5개국이 함께 이를 보호한다〉, 〈청국은 조선에게 상국(上國)이었다. 조선은 청에게 공국(貢國)이었다고 하더라도 속국의 관계는 아니다. 조선이 하나의 독립국임을 부정할 수는 없다. 그리고 청국은 다른 4개국과 함께 보호국으로서 4개국과 협의하지 않고 단독으로 조선 내정에 간섭할 수 없다〉고 하였는데,[30] 「中立論」의 논지는 이것과 매우 유사하다. 유길준이 일본 유학 중 혹은 미국에서 귀국하는 도중에 도쿄에 들렀을 즈음 일본에서 조선 중립화 구상을 접했을 가능성이 높다. 이에 대해서는 다른 원고에서 다룰 것이다.

또한 이와 관련해서 1886년 김옥균이 쓴 「與李鴻章書」의 조선 중립화론에 대해서도 언급하고자 한다. 김옥균은 이홍장에게

청국 황제 폐하께서 천하의 맹주가 되시어 공론을 구미의 각 대국에 제기하고, 그와 연속하여 조선을 중립국으로 삼아 위험이 전무한 지역으로 만들도록 해주십시오.[31]

라고 서술하여 유길준과 마찬가지로 청이 맹주가 되어 조선을 중립국으로 만들 것을 호소하고 있다. 다만 김옥균은 종속 관계를 언급하지 않고 조선이 〈독립〉국임은 자명하다고 보았던 것으로 생각된다. 이러한 차이가 있지만 거의 같은 시기에 청을 맹주로 하는 조선 중립국화의 주장이 〈독

---

30 「朝鮮政略意見書」는 芝原拓自・猪飼隆明・池田正博 校注, 『日本近代思想體系 12 對外觀』, 岩波書店, 1988년에 수록된 것을 참조했다.

31 앞의 『金玉均全集』, 152쪽.

립〉을 주창하는 개화파에게서 나왔다는 것은 우연이라고는 생각하기 어렵다. 유길준이 미국에서 귀국할 즈음에 김옥균과 접촉했거나 혹은 일본인과 교류하면서 거문도 사건 이후의 조선의 진로에 대해서 서로 이야기했을 가능성이 높다.

여하튼 이러한 조선 중립화론은 당시 일본 측의 이해와 통하는 바가 있었다. 유길준이 「中立論」에서 일본의 조선 침략 가능성을 언급했던 점, 영·러 대립이라는 조선을 둘러싼 상황 속에서 청의 적극적 관여를 재촉함과 동시에 종주국인 청이야말로 조선의 〈자주〉를 침범해서는 안 된다고 못을 박기 위한 수사였다고 생각하는 것은 너무 깊게 파고든 것일까? 한편 〈속국〉 불승인론을 받아들이는 조선 중립화론을 청이 수용하리라고 생각하기는 어렵다. 더구나 이 논의는 러시아에 접근하는 국왕을 제치고 직접 이홍장과 담판하려고 했던 것이기 때문에 조선 국내에서도 파문을 일으킬 가능성이 있었다. 유길준이 「中立論」 원고지 바깥 부분에 〈이 편의 논의는 큰 계획이라고 할 수 있는데 사람들의 눈에 띄면 크게 곤란해지므로 당분간 삭제함이 좋을 것이다. 하지만 집 안에 감추어 둔다면 삭제할 필요가 없다〉고 따로 써두었듯이 세상에 공표하지는 않았다.

3. 종속 관계 파기론

유길준은 「中立論」에서 청과의 종속 관계를 국제법 속에 비정하려는 시도를 하였다. 그 연장선상에서 작성된 것이 「國權」(한문체)이며, 그것과 거의 동일한 내용이 국한문 혼용체였던 『西遊見聞』 제3편 「邦國의 權利」이다. 「國權」의 집필 시기에 대해서는 여러 설이 있지만 필자는 이전에 발표했던 논문에서 1887년에서 1889년 사이로 추측했다.[32] 그 근거는 「國權」의 내용이 1887년 조선 정부가 미국으로 전권공사를 파견했던 사건과 그에 대한 청의 간섭(혹은 〈영약삼단 사건〉 내지 〈박정양 사건〉)을 전제로 하고 있으며, 『西遊見聞』의 탈고는 1889년이었기 때문이다. 이 견해는 많은 연구자에게 수용되었는데, 그 후 정용화가 필자의 견해를 지지하면서도 「國權」이 데니의 『淸韓論 China and Korea』(1888년)의 영향을 받았다는 점을 논증하여 〈1888년 무렵〉이라고 추측했다.[33] 다만 정용화는 『淸韓論』의 발행을 1888년 2월이라고 하였는데, 오카모토 다카시(岡本隆司)에 의하면 『淸韓論』에는 〈서울본〉과 〈상해본〉이 있는데 두 판본 말미의 1888년 2월 3일[34]의 일자는 〈아마도 본문을 일단 탈고했던 일자〉로 〈서울본〉은 8월 중순에 자비로 인쇄하여 이것이 〈일본과 중국의 영자 언론에서 논쟁을 불러일으키고〉 그 후에 증보판으로 〈상해본〉이 나왔다[35](정용화는 〈상해본〉을 사용하였다). 이와 같은 사실을 바탕으로 할 때 「國權」이 작성된 시기는 1888년 여름 이후가 되므로 필자가 이전 원고에서 제시한 견해를 수정하고자 한다.

그런데 「國權」과 「邦國의 權利」의 내용은 〈조공국〉과 〈속국〉의 구별이라는 〈중립론〉의 의도를 한층 더 전진시키고 있다. 우선 유길준은 다음과 같이 국가 평등론을 전개한다.

방국의 교제 또한 공법으로 규제하여 천지(天地)의 치우치지 않은 바른 이치로써 같은 도리를 행하므로 큰 나라도 하나의 국가이고 작은 나라도 하나

---

32 앞의 拙稿, 「開化思想の形成と展開」, 16쪽.
33 정용화, 『문명의 정치사상 — 유길준과 근대 한국』, 문학과지성사, 2004년, 211쪽.
34 원저에서는 1882년이라고 서술하였지만, 1888년에 작성된 기록이므로 이를 바로잡았다 — 옮긴이주.
35 岡本隆司, 『屬國と自主のあいだ』, 名古屋大學出版會, 2004년, 228~233쪽.

의 국가이다. 천하에 나라 위에 나라가 없고 또한 나라 아래 나라가 없어서 한 국가가 국가 되는 권리에 터럭만큼도 피차 다름이 없다. 따라서 세계의 각국이 우의와 화평한 의사로 균등한 예를 사용하여 서로 조약을 맺고 사절을 주고받아 강약의 구분을 세우지 않고 서로 그 권리를 지킨다. 무릇 다른 나라의 권리를 인정하지 않으면 이는 스스로 그 국가의 권리를 훼손하는 것이다. 그런 까닭에 삼가 스스로 도리를 지키는 자는 감히 다른 나라를 침해하고 업신여기지 않는다. (④ 30~31)

〈큰 나라도 하나의 국가이고 작은 나라도 하나의 국가이다. 천하에 나라 위에 나라가 없고 또한 나라 아래 나라가 없어서〉라고 하였듯이 여러 국가들은 〈공법〉＝국제법상의 크고 작음에 구애받지 않고 평등하다는 것인데, 여기서 주목되는 것은 세계 질서에 〈천지(天地)의 치우치지 않은 바른 이치〉 즉 도리가 존재한다는 점, 또 국제법을 이 도리와 관련하여 기술하고 있다는 점이다. 말하자면 근대 세계에서 통용되는 국제법에서 도리(道理)를 찾아내었던 것인데, 이러한 국제법 이해는 1883년 단계에서는 보이지 않았다.

그런데 실제로는 각국 간에 대소강약(大小強弱)이 있으며, 강대국의 침략을 막기 위해 약소국이 타국에 보호를 요청하는 경우가 존재한다. 유길준은 이러한 약소국을 〈수호국(受護國)〉이라고 했다. 또 약소국이 강대국에게 공물을 바쳐 침탈당한 토지를 반환받거나 재침략을 방지하는 경우가 있다. 이 약소국을 〈증공국(贈貢國)〉, 공물을 받는 강대국을 〈수공국(受貢國)〉이라고 하였다(④ 31~32). 이것이 조공의 기원으로, 조공 체제는 예(禮)를 통해서가 아니라 힘의 관계로 성립한다. 실제로 조선은 1636년의 〈병자호란〉이라는 청의 무력 제압으로 인해 청에 대한 조공을 개시하였다.

그리하여 유길준은 〈증공국〉과 〈속국〉의 구별을 시도한다.

무릇 속국은 일단 복종하고 섬겨야 하는 국가의 정령과 제도를 따르게 되면 외교와 내치에서 자주할 권리가 전혀 없다. 증공국은 그 대적하지 못할 형세를 스스로 가늠하고 강대국의 침탈을 면하기 위하여 비록 마음에 들지 않더라도 약장을 준수하여 공물을 주고 그 고유의 주권을 향유하면서 독립을 보존할 수 있다. 그러므로 증공국은 여러 다른 독립국이 행하는 권리를 행할 수 있으니 또한 세계 안에서 당당한 독립국이다. (④ 36~37)

〈속국은 일단 복종하고 섬겨야 하는 국가의 정령과 제도를 따르게 되면 외교와 내치에서 자주할 권리가 전혀 없다〉지만, 〈증공국〉은 〈강대국의 침탈을 면하기 위하여 비록 마음에 들지 않더라도〉 조공을 바치는 〈세계 안에서 당당한 독립국〉이다. 「中立論」에서는 청의 체면을 염려하여 사용하지 않았던 〈독립〉을 공공연하게 사용하고 있다. 〈속국〉과 〈증공국〉의 차이는 구체적으로 (1) 〈속국〉은 타국과 조약을 체결할 수 없지만 〈증공국〉은 다른 독립국과 대등한 관계로 조약을 체결할 수 있다, (2) 〈속국〉은 영사와 〈무역사무관〉을 파견할 수 있지만 공사와 총영사는 파견하지 못하는 것에 비해 〈증공국〉은 조약에 입각하여 〈각급 사절〉을 파견할 수 있다, (3) 〈증공국〉은 〈교전·강화의 선고〉가 가능하나 〈속국〉은 가능하지 않다, (4) 〈증공국〉은 이웃나라가 군사를 일으켰을 때에 중립을 할 수 있으나 〈속국〉에는 섬기는 나라에 대하여 그렇게 할 권리가 없다, (5) 〈증공국〉은 〈수공국〉에 사절과 영사를 파견하지만 〈속국〉은 섬기는 나라에 대하여 그러한 권리가 없다(④ 37). 반대로 말하면 이러한 권리를 보유하고 있을 경우 그 나라는 독립국이 된다.
그렇다고는 해도 〈증공(贈貢)〉은 일방적으로 파기할 수 없고,

국가가 귀함을 스스로 알아서 그 처지와 형세가 이미 불행하게도 약소하고, 또 불행하게도 강대국의 침략을 당하여 스스로 지킬 계책을 세워서 일단 증공의 조약이 있으면 결국 양국 간에 교섭의 예도(禮度)와 방문하는 법례(法例)를 만들게 된다. 강대국은 문득 공물을 받을 권리를 얻어 공법에 의거하여 그 제도를 확립하고, 그 사이에서 다른 나라의 참견과 간섭을 허용하지 않는다. 그러므로 증공국과 수공국 양국이 정지하고 폐기할 조관을 새로 만들지 않았는데, 증공국이 스스로 없애 버리면 이는 신의에 위배되기 때문에 사단을 만들어 내는 것은 공법에서 취하지 않는 바이다. (④ 39~40)

라고 하였듯이 〈일단 증공의 조약이 있으면〉, 〈양국 간 교제상의 예법〉(〈교섭의 예도와 방문하는 법례〉)이 가능하여 〈공법〉에 입각한 제도가 되고, 더구나 제3국이 이 제도에 간섭할 수 없다. 그러므로 양국 간에 약속을 새로 하지 않는 한, 〈증공국〉이 일방적으로 〈증공〉을 하지 않는 일이 생기면 이것은 〈신의에 위배되기 때문에〉, 〈공법에서 취하지 않는 바〉라는 것이다. 다만 그 후에는

수공국이 만약 그 공물을 받고 또 그 주권을 침해하고자 하면 이는 조약의 본뜻을 어그러뜨리고, 스스로 그 사나운 기세를 자행하는 것이므로, 증공국은 또한 마땅히 공물을 끊고 항의하는 말을 하여 그 무도한 습관을 논할 수 있다. (중략) 또 저 강대국이 제멋대로 난폭한 행동을 해도 천하의 이목을 돌아보아 꺼리고, 공법의 제재와 비난을 두려워하여 꺼리므로 매번 은밀한 방략을 사용하여 방자하게 위세로 핍박하기 일쑤이며, 본래 분명한 의례 절차가 없어서 그 억압하는 정도를 저울질한다. 비록 속국 관계에 있어도 만약 그 복종하고 섬기는 상국이 그 권리를 침탈하고 잔인한 조치의 시행과 가혹한

대우를 지나치게 드러내면서 행하여 매우 심각함에 이르면 천하의 공도가 또한 이를 허용하지 않는다. (④ 40~41)

라고 〈수공국〉=〈상국(上國)〉이 공물을 수취하면서 〈증공국〉의 권리를 침탈하는 〈위반〉을 행한다면 〈천하의 공도〉가 허락하지 않고 〈공물을 끊고 항의하는 말을 하〉거나 〈그 무도한 습관〉을 비난하여도 좋다는 것이다. 「國權」의 강조점은 이 인용문에 있는데 유길준은 〈천하의 이목〉이나 〈공법의 제재〉를 꺼리고 두려워하면서 은밀한 수단으로 행하는 〈상국〉의 〈위반〉을 비난하고 있다.

아마도 유길준은 1882년의 「조미수호통상조약」과 이 조약의 비준에 즈음하여 고종이 미국 대통령 앞으로 보냈던 「照會文」을 염두에 두고 「國權」을 작성하였던 것 같다. 「照會文」은 이홍장이 조미조약에 〈속방〉 조항을 넣고자 했으나 실패하자 대신 마건충(馬建忠)에게 기초하게 한 것으로 다음과 같은 문장이다.

조선은 원래 중국의 속방으로 내치와 외교의 경우 모두 대조선국 군주의 자주로 하였다. 지금 대조선국과 대미국이 피차 조약을 맺었는데, 평등하게 서로를 대한다는 내용이 있었다. 대조선국 군주는 장차 체결한 각 조관 내에서 반드시 자주의 공례(公例)를 고려하여 제대로 처리할 것이며, 대조선국이 중국의 속방으로서 일체 마땅히 행해야 할 각 예절에 대해서는 모두 대미국이 간섭할 바가 아니라고 분명하게 윤허하였다.[36]

---

36 中央研究院近代史研究所 編·刊行, 『淸季中日韓關係史料』2, 台北, 1972년, 제420호(2).

조선은 중국의 속방이지만 내치와 외교는 조선 국왕의 자주로 하였고, 조선과 미국은 대등하게 조약을 체결했지만 조선이 중국의 속방으로서 행해야 할 예절(〈일체 마땅히 행해야 할 각 예절〉)에 대해서는 미국은 관계가 없다는 것이다.

이 조회문과 조미조약을 염두에 두고 유길준이 작성한 「國權」의 논지를 살펴보면 조선은 〈증공국〉=〈속방〉이더라도 내치와 외교는 자주로 하였고, 자주의 입장에서 미국과 조약을 체결하였다. 그리고 그 제2조에 상호 간 전권공사의 파견을 분명히 기록하였기 때문에 조선은 독립국이며 그것은 청이 공인한 내용이라는 말이 된다. 즉, 「國權」(그리고 「邦國의 權利」)은 청이 주도하여 체결된 조미조약을 역으로 이용하여 조선이 국제법상 독립국임을 증명하는 방식으로 구성되어 있다. 유길준이 〈증공·수공〉의 관계를 강조하는 이면에는 이 조약과 「照會文」을 청 측의 근거로 삼아 조선이 〈증공국〉=〈속방〉으로서의 예절(〈양국 간에 교섭의 예도와 방문하는 법례〉 및 〈일체 마땅히 행해야 할 각 예절〉)을 준수하고 있는 한, 청은 조선의 독립국으로서의 권리를 존중해야만 한다는 점을 주장하려는 속셈이 있었다. 반대로 말하면 청이 조선이 가지고 있는 독립국으로서의 권리를 침해하는 〈위반〉을 할 경우 조선은 〈증공〉의 의무를 파기할 수 있게 된다. 유길준이 「國權」을 저술한 배경에는 실제로 다음과 같은 청의 〈위반〉이 있었다.

2차에 걸친 러시아와의 밀약에 실패하여 〈인아거청(引俄拒淸)〉책이 좌절되었던 고종은 그럼에도 불구하고 반청 정책을 계속했다.[37] 1887년 고종은 주미 전권공사에 박정양(朴定陽), 영국·독일·프랑스·러시아·이탈리아 주

---

37 조선과 청 측의 외교 문서를 활용하여 1880년대 후반의 반청 정책을 밝혔던 연구로 구선희, 앞의 책을 참조. 다만 이홍장을 포함한 청의 대조선 정책이 조선의 근대적 〈속국〉화=식민지화였다고 하는 견해에 대해서는 필자는 의견을 달리한다.

차전권공사에 심상학[沈相學, 나중에 조신희(趙臣熙)로 교체]을 임명했다. 조약 체결국에 대한 전권공사 파견을 청은 처음에는 반대했지만, 조선 측의 간청에 의해 다음과 같은 세 개의 조건(《另約三端》) 준수를 조건으로 이를 허가했다.

一. 조선 공사가 처음으로 각국에 도착하면 마땅히 먼저 중국 공사관에 가서 보고하고, 중국 흠차에게 요청하여 함께 외부(外部)에 가며, 이후에는 정한 것에 구속되지 않는다.

一. 교제의 석상에서 조선 공사는 마땅히 중국 흠차의 뒤에 앉는다.

一. 교섭의 중요한 사무에 관계되는 것은 조선 공사가 먼저 중국 흠차와 긴밀하게 상의한 후 그 지시를 따라야 한다.

이는 모두 속방이 마땅히 행해야 할 체제로 각국과 무관하며, 각국이 참견할 수도 없다.[38]

조선 공사가 임지에 도착하면 우선 청국 공사관에 가서 보고하고 청국 공사와 함께 상대국 외무부에 갈 것, 연회 등에는 청국 공사 뒤를 따를 것, 중요한 안건에 대해서는 청국 공사에게 사전 상담할 것 등, 부임지에서 조선 전권공사가 청국 공사보다도 격이 낮게 행동하는 것이 〈속방〉으로서의 예절(《屬邦分內應行之體制》)로 제시되었다.

두 명의 전권공사 가운데 박정양이 부임지로 향했다. 그런데 박정양은 워싱턴에 도착한 후, 청국 공사관을 방문하지 않고 직접 미국 국무부를 방문하여 그 후 클리블랜드 대통령에게 국서를 봉정했다. 미국 주재 청국 공

---

38 『清季中日韓關係史料』4, 제1291호.

사 장음환(張蔭桓)은 박정양에게 항의했고, 장음환으로부터 연락을 받은 이홍장도 원세개를 통해서 조선 정부를 질책했다. 그 결과 조선 정부는 박정양을 소환해야만 했다.

『兪吉濬全書』 4권에 수록되어 있는 「答淸使照會」, 「再答淸使照會」, 「三答淸使照會」는 이 문제에 관한 원세개의 질책에 대한 대답(照覆)으로 박정양이 귀국했던 1889년에 작성된 것이다.[39] 형식상으로는 박정양의 말을 인용하여 그의 행위를 변명하였는데, 원세개에게 보내는 회신(照覆)이라는 문장의 성격상, 청의 체면을 손상하지 않도록 주의를 기울이고 있다. 하지만 논지는 「國權」의 그것과 동일하다. 「再答淸使照會」에서 조선은 〈중국〉으로부터 내치와 외교의 자주를 인정받았고 미국과 대등하게 조약을 맺었는데, 「삼단」을 따를 경우 자국과의 대등성을 잃게 되는 미국은 국서 봉정을 거부하게 된다. 그러므로 조선은 외교 자주를 지키기 위해 감히 「삼단」을 따르지 않았다. 원래 조선은 미국과 조약을 체결한 단계에서 〈중국〉으로부터 외교 자주를 〈특별히 승인〉받았고, 그 후 「삼단」을 〈새로 작성〉하였는데 이것은 모순이라고 하였다.

「國權」의 후반 부분에서 〈독립 자주의 여러 대국이 이미 수공국과 동등한 조약을 체결하고, 또한 증공국과 동등한 조약을 맺고 있다면 수공국과 동등한 조약을 체결한 국가는 곧 증공국과 대등하게 조약을 체결한 것이다. 증공국과 동등한 조약을 맺은 국가도 또한 수공국과 동등한 조약을 체결한 국가가 된다. 이 여러 국가는 동등한 우방으로 수공국을 대우하고 또한 증공국을 대우하여 존비(尊卑)의 예의, 고하(高下)의 순서를 세우지 않는

39 「答淸使照會」는 1889년 8월 20일 부 원세개의 조회에 대한 독판교섭통상사무 민종묵(閔種默)의 照覆(9월 3일부)으로 「淸案」1(亞細亞問題硏究所 韓國近代史料編纂室 編, 『舊韓國外交文書』8, 고려대학교출판부, 1970년)의 제1014호에 수록되어 있다. 「再答淸使照會」, 「三答淸使照會」는 채택되지 않았는지 「淸案」에는 보이지 않는다.

다. 수공국이 증공국의 위에 처하여 만약 스스로 높이고 중히 여기면 어찌 증공국과 동등한 우방이 동등한 예를 행하고 동등한 조약을 체결하겠는가?〉(④ 43)라고 서술한 것도 「再答淸使照會」에서 〈합중국은 우리나라와 동등한 조약을 체결했기 때문에 외무대신은 본사(本使)와도 동등하다. 지금 조선과 합중국이 서로 만난 이 자리에서 중국 대신(공사)이 본사의 위에 있으면서 동등하지 않음을 추진하면서 본사가 미국 외무부와 동등하게 하려면 합중국은 허락하지 않을 것이 분명하다〉(④ 334~335)고 서술한 내용과 대응 관계에 있는 것은 〈영약삼단〉 문제가 「國權」 집필의 전제가 된다는 점을 보여 주고 있다. 그리고 「邦國의 權利」는 아마도 「國權」의 직후 거의 시간차를 두지 않고 작성되었는데, 국한문 혼용체로 고쳐 쓸 무렵 청의 조선에 대한 독립 주권 침해를 비판하는 이론으로 이하의 〈양절체제〉론이 삽입되었다고 본다.

受貢國이 其自尊ᄒᆞᄂᆞᆫ 地位ᄅᆞᆯ 爲ᄒᆞ야 諸國의 同等約을 辭絕ᄒᆞ고 已派ᄒᆞᆫ 使ᄅᆞᆯ 遞回ᄒᆞ며 已開ᄒᆞᆫ 港을 閉鎖ᄒᆞ야 萬國의 間에 傲然獨處홈이 可ᄒᆞᆯ가 曰 此도 亦不可ᄒᆞ니 自己의 利益에 有損ᄒᆞ고 他人의 和好ᄅᆞᆯ 見失ᄒᆞ야 危難의 機ᄅᆞᆯ 自發홈이라 受貢國이 然則諸國을 向ᄒᆞ야 同等의 禮度ᄅᆞᆯ 行ᄒᆞ고 贈貢國을 對ᄒᆞ야 獨尊ᄒᆞᆫ 體貌ᄅᆞᆯ 擅ᄒᆞ리니 此ᄂᆞᆫ 贈貢國의 體制가 受貢國及諸他國을 向ᄒᆞ야 前後의 兩截이오 受貢國의 體制도 贈貢國及諸他國을 對ᄒᆞ야 亦前後의 兩截이라 諸國이 受貢國及贈貢國의 兩截體制ᄅᆞᆯ 一視홈은 何故오 形勢의 強弱은 不顧ᄒᆞ고 權利의 有無ᄅᆞᆯ 只管ᄒᆞᄂᆞ니 強國의 妄尊은 公法의 譏刺가 自在ᄒᆞ고 弱國의 受侮ᄂᆞᆫ 公法의 保護가 是存ᄒᆞᆫ지라 然ᄒᆞᆫ故로 如是不一ᄒᆞᆫ 偏滯ᄂᆞᆫ 公法의 不行으로 弱者의 自保ᄒᆞᄂᆞᆫ 道니 強者의 恣行ᄒᆞᄂᆞᆫ 驕習을 助成ᄒᆞ기 爲ᄒᆞ야ᄂᆞᆫ 公法의 一條도 不設홈이라 (97)

〈양절체제〉론에 이어서 「邦國의 權利」에서는 다음과 같이 서술하고 있다.

有時受貢國의 人民이 其國의 自尊ᄒᆞᄂᆞᆫ 體制ᄅᆞᆯ 妄用ᄒᆞ야 贈貢國을 藐視ᄒᆞ야 其國法을 不法ᄒᆞ고 其國禮ᄅᆞᆯ 不禮ᄒᆞ야 遵奉ᄒᆞᄂᆞᆫ 敬意가 頓無ᄒᆞ고 甚者ᄂᆞᆫ 其身이 受貢國의 官爵或使節의 名號ᄅᆞᆯ 帶ᄒᆞᆫ則 贈貢國의 君主에게 同等의 禮ᄅᆞᆯ 濫行ᄒᆞ니 夫强國의 君도 君이오 弱國의 君도 君이라 一國의 上에 立ᄒᆞ야 至尊ᄒᆞᆫ 位에 居ᄒᆞ며 最大ᄒᆞᆫ 權을 執ᄒᆞ야 政治의 施發과 典章의 裁制ᄂᆞᆫ 彼此의 殊異가 無ᄒᆞ거늘 乃彼邦의 政治와 典章을 奉行ᄒᆞᄂᆞᆫ 臣子가 此邦의 政治와 典章을 發裁ᄒᆞᄂᆞᆫ 君主와 同等의 禮ᄅᆞᆯ 抗하면 此ᄅᆞᆯ 可히 合當ᄒᆞ다 謂ᄒᆞᆯ가 無嚴ᄒᆞᆫ 極度에 達ᄒᆞ야 不敬의 大者라 (97~98)

이 문장이 이홍장과 원세개를 비판하고 있다는 점은 명백할 것이다. 1880년대 후반 유길준의 대외 정책론은 애초에 일본의 후퇴와 청의 우위 아래에서 조선의 중립화를 획책하는 것이었는데, 그와 동시에 청에 의한 지배력 강화도 억제하려는 것이었다. 하지만 상황의 추이는 얼마 지나지 않아 청의 조선에 대한 지배력 강화가 주요한 문제가 되었다. 그리하여 유길준도 중립화보다 청의 간섭 배제에 관심의 중점을 두게 되었다. 유길준이 「國權」과 「邦國의 權利」에서 한 주장은 국제법에 준거한 새로운 종속 관계의 모색이 아니라, 청의 〈위반〉을 비판하고 더 나아가 종속 관계의 파기까지 지향했던 것이었다.

1892년 유길준은 서울의 도성 바깥으로 나가는 것을 금하는 조건으로 7년간의 유폐에서 풀려났다. 이 사이에 그는 종주권을 강화한 청이나 근대적 개혁을 행하지 않은 민씨 정권에 불만을 가졌던 것이 분명하다. 1894년 동학 농민 운동이 발발하고 청일 양국의 조선 출병이라는 상황에서 유길준은 일본과 연계하여 종속 관계를 타파하고 민씨 정권을 타도하여 조선의 근대적 개혁을 추진하려고 하였다. 청군이 조선에 도착한 다음 날인 6월 6일, 일본 공사관의 고쿠부 쇼타로(國分象太郎)가 김가진(金嘉鎭)과 유길준을 회견한 기록에 따르면 두 사람은 〈철두철미하게 청병(淸兵)을 부르는 것은 불가하다〉고 하고 〈아마도 조선의 망조는 이에 연유한다〉고 기술한 뒤에 〈다만 가능하다면 청일 양국 간에 깊이 의논한 후 우리 조선에 대하여 중립 혹은 보호국의 자격을 부여하여(영국과의 사이에 밀약을 체결하는 일은 현재 진행상 청국 정부의 알선에 일임해야 함) 남은 목숨을 지킬 방법도 있다면 지극히 다행이다〉(괄호는 원문)라고 말하고 있다.[40] 청군의 파병을 틈타 러시아가 진출하는 것을 두려워한 발언으로 추측되는데, 그렇다면 조선을 중립 내지 보호국으로 한다는 것은 유길준의 「中立論」에 영향을 준 것으로 보이는 이노우에 코와시(井上毅)의 「朝鮮政略意見書」와 같은 논리이다. 이 단계에서 두 사람에게는 일본의 조선 파병 소식이 도착하지 않은 것으로 보여 〈위 두 사람은 우리 일본이 여기에 어떻게 대처할 것이냐고 간절하게 물었〉다고 하며, 일본이 조선 문제에 얼마나 적극적으로 관여할지 분명하지 않은 상황에서 거문도 사건 당시와 마찬가지로 조선을 관계국의 합의로 중립화하여 공동 보호 아래에 둠과 동시에 조선이 청의 〈속국〉이 되지 않을 방책을 강구하고 있었다고 할 수 있다.

6월 9일에 일본군이 도착하자 이 무렵부터 유길준은 〈개혁파〉 내지 〈일본당〉으로서 움직이기 시작했다. 일본 공사관의 기록에 의하면,

---

40 메이지 27년 6월 8일(임시대리공사 杉村濬→외무대신 陸奧宗光) 기밀 제82호본 54, 「淸國出援ニ付韓廷不服黨ノ運動並袁氏ノ密話」, 『駐韓日本公使館記錄』(활자판)1, 국사편찬위원회, 1986년, 537~539쪽.

이번에 우리 군대가 한국에 들어가 조선 조정에 큰 놀라움과 충격을 준 것을 좋은 기회로 삼아 평생 개혁을 희망한 사람들은 활발하게 운동을 시작하여 그 시기가 점점 무르익어 간다고 전해 들었다. 그 사람들은 김가진·조희연·권영진(權永鎭, 원문 그대로 — 옮긴이)·유길준·김학우(金鶴羽)·안경수(安駉壽)·홍종우(洪鍾宇) 등으로 우선 민씨를 물리치고 대원군을 총리로 추대하여 정사를 근본부터 개혁하려는 계획이라고 한다. 따라서 이 개혁파 사람들은 일본군이 하루라도 오래 머물기를 희망하며, 철수하기 전에 개혁을 결행하고자 하여 현재 일을 몹시 서두르고 있다고 한다.[41]

라고 하였듯이 일본군을 배경으로 하여 대원군을 추대하여 정변을 일으키고 개혁을 단행하려 하였다. 또 같은 일본 공사관 기록에는 조선 정부의 주요 세력은 청일 양국의 철병을 희망하고 있던 중에 〈소위 일본당이라고 불리면서 음으로 양으로 움직이는 자는 현재 세력이 없는 김가진, 유길준, 조희연, 안경수 등 10여 명에 불과하다는 점을 알려 드립니다〉[42]라고 했다.

일본이 조선의 내정 개혁, 종속 관계 문제를 꺼내 들고 조선 정부를 힐문하면서 일본군의 조선 주둔을 계속하는 중 유길준은 6월 23일에 통리교섭통상사무아문 주사로 다시 임명되었다. 일본 공사관으로부터의 추궁에 대응하기 위해 일본의 사정에 밝은 유길준이 발탁되었던 것으로 추측된다. 통리교섭통상사무아문 주사로서 유길준이 관계했던 일본과의 안건의 하나로 왕봉조(汪鳳藻) 일본 주재 청국 공사의 「行文知照」의 문장 속에 〈보호속방〉이 있었다는 것에 대하여 오토리 게이스케(大鳥圭介)가 「조일수호조

---

41 메이지 27년 6월 24일(임시대리공사 杉村濬→외무대신 陸奧宗光)발 제85호「安駉壽氏ノ内話」,『駐韓日本公使館記錄』(활자판)3, 국사편찬위원회, 1988년, 415쪽.

42 메이지 27년 6월 28일(특명전권공사 大鳥圭介→외무대신 陸奧宗光) 기밀 110호본 65, 「朝鮮屬邦說ヲ排斥シ幷內政改革斷行手續ニ付上申」,『駐韓日本公使館記錄』1, 555~556쪽.

규」 제1조 〈조선국은 자주국으로 일본국과 평등한 권리를 보유한다〉는 조항에 위배된다는 조회(6월 28일부)를 조선 정부에 제출한 사건에 대한 대응이 있었다. 6월 29일을 회답 기한으로 하는 이 조회에 대해서 조선 정부는 6월 30일부로 조선은 일본과 조규를 체결한 이래로 〈자주 평등의 권리〉에 기초하여 양국 간의 〈교섭 사건〉을 〈처리〉해 왔는데, 이번에 〈중국에 도움을 청한다〉는 것도 〈우리나라의 자유 권리에 관계〉되므로 왕봉조 공사가 속방을 운운한 것은 〈본국과 관계가 없다〉는 회답을 하였다.[43] 스기무라 후카시(杉村濬)에 의하면 이 회답은 유길준이 법률고문 그레이트하우스와 함께 기안하고 원세개의 의견을 들었던 것이라고 한다.[44] 이 회답은 만국 공법 체제의 입장에서는 전적으로 정론(正論)이나, 조공 체제의 측면에서 보면 조선이 청의 〈속방〉임을 부정하지 않는다고 말할 수도 없는 것이었다. 그러한 의미에서 〈이번 사변이 갑작스럽게 발생하기 직전까지 조선은 중국의 속방임을 공공연히 명시하고 있었다. 그것이 지금 이와 같은 애매한 태도를 취하여 원세개도 이를 승인해야만 했다는 점에 중대한 정치적 의의가 있다〉[45]고 한 다보하시 키요시(田保橋潔)의 견해는 탁월하다고 할 수 있다.

게다가 노인정(老人亭) 회담을 실시하는 데 이르러서도 내정 개혁의 요구를 제출한 오토리에게 조선 정부가 7월 16일부로 일본이 철병하여 내정 개혁 요구를 철폐하지 않으면 개혁에 착수하지 않는다고 한 회답은 일본 공사관과 내통하고 있던 안경수의 말에 의거하여 추측한 바로는,

조선 정부에는 우리에게 보낼 회답 문안을 기초할 사람이 아무도 없어서

43 「日案」2, 亞細亞問題研究所 韓國近代史料編纂室 編, 『舊韓國外交文書』2, 고려대학교출판부, 1967년, 656~657쪽.

44 杉村濬, 『明治廿七八年在韓苦心錄』, 杉村陽太郎, 1932년, 28쪽.

45 田保橋潔, 『近代日鮮關係の研究』下, 朝鮮總督府中樞院, 1940년, 364~365쪽.

새로 외무주사(外務主事)가 된 유길준이 붓을 들어 우리의 권고를 딱 잘라 거절하는 엄중한 문안을 작성했는데, 외무독판을 비롯하여 기타의 사람들이 여기에 첨삭을 가해서 조금 원만하게 고쳐 썼습니다. 유 씨가 고의로 우리의 권고를 딱 잘라 거절하는 문안을 작성한 것은 현재의 당국자에게는 전혀 개혁을 실행할 계획이나 의도가 없고, 또한 기력도 없음을 통찰하여 오히려 일본과 조선 사이의 조기 충돌을 야기하려는 생각에서 나온 것으로 추측됩니다.[46]

라고 하였듯이 유길준이 조선과 일본의 충돌을 야기하기 위하여 특별히 강경한 문안을 작성했다고 한다. 이와 같이 본다면 청일 개전 전야에 유길준은 조선 정부의 관료로서 표면상 정론을 외치면서도 이면에서는 일본과 결탁하여 쿠데타를 획책하고 있었다고 할 수 있다. 스기무라는 일본군의 경복궁 점령 직후에 성립했던 군국기무처의 의원(議員)을 평가하는 가운데 〈유길준은 표면으로 정의(正議)를 장려하고 음으로는 [대]원군파로 기울〉었다고 기록하였다. 조경달은 이것을 바탕으로 유길준이 친청적인 대원군을 지지하고 있었다고 해석하고, 그가 〈갑오개혁 정권에 적극 참여한 것은 어디까지나 개화 독립을 위한〉 것이었고, 〈친일에 지나치게 편중되었던 것은 그의 본의가 아니었다〉고 하였다.[47] 또 김봉진은 여기서의 〈정의(正議)〉를 〈어디까지나 친일적 입장에서의 논의〉로 파악하고, 유길준이 〈표면적으로는 《친일》을 장려하면서 어디까지나 일본 측의 무리한 요구에는 반대해서 저항했다는 의미에서 음으로는 《반일》을 지향하고 있었음을 충분히 고려해야 한다〉고 하였다.[48] 그러나 여기서 〈대원군파〉라는 말은 친청 세력이

46 메이지 27년 7월 18일(특명전권공사 大鳥圭介→외무대신 陸奥宗光)기밀 제129호 본74, 「內政改革ノ勸告ニ付朝鮮政府ノ回答」, 『駐韓日本公使館記錄』1, 566쪽.
47 趙景達, 『異端の民衆反亂』, 岩波書店, 1998년, 258쪽.
48 金鳳珍, 앞의 책, 179쪽.

아니라, 스기무라가 〈대원군파〉에 대립하는 〈왕비파의 계략〉을 〈일본 공사와 대원군과의 사이를 이간질하여 대원군을 고립시키려는 데 있다〉라고 한 바와 같이 일본이 민씨 정권을 타도하여 성립시켰던 대원군 정권을 지지하는 세력을 가리킨다. 한편으로 일본군에 의한 경복궁 점령과 민씨 정권의 타도는 불법 행위로서 일본이 국제적으로 책임져야 했으므로 사건을 은폐해야 할 필요가 있음은 일본도 자각하고 있었을 것이다. 또한 사건 이후 조선 정부 내에서 일본에 대한 불만이 적지 않았음은 스기무라도 인지하고 있었다. 그래서 경복궁 점령을 불문에 부치는 조항을 포함한 「잠정합동조관」이 필요했던 것이다. 따라서 여기에서 말하는 〈정의(正議)〉란 문자 그대로 일본군의 경복궁 점령을 부당하다고 함으로써 민씨 정권을 지지하는 것이다.[49] 통리교섭통상사무아문 주사로 재취임한 이래로 군국기무처의 성립에 이르기까지 현존하는 사료에 의하는 한 유길준은 정론을 표방하면서도 일관되게 일본을 지지하고 있었다고 할 수 있다.

결론을 대신하여

1880년대 후반의 「國權」 내지 「邦國의 權利」에서 유길준은 조선의 〈독립〉을 위하여 국제법에서 보편적 원리를 찾아냈다. 유길준의 국제법 이해는 1883년 단계의 부국강병을 위한 경쟁 규칙으로서의 국제법 이해로부터, 세계에 보편적으로 존재하는 도리에 기초하여 그것을 유지하기 위한

---

49 논리적으로는 이상과 같이 해석하는 것이 타당하다. 하지만 스기무라의 인물평 자체는 납득하기 어려운 부분이 많고, 조선 정부 내 관료의 동향을 알 수 있는 사료로서는 그다지 높이 평가하기 어렵다고 생각한다.

국제법 이해로 전환하였다. 또『西遊見聞』제8편「政府의 民稅費用ᄒᆞᄂᆞᆫ 事務」의 제6편「國家의 防備ᄒᆞᄂᆞᆫ 事」에서 〈夫保國ᄒᆞᄂᆞᆫ 道가 道理를 守ᄒᆞ며 信義를 修ᄒᆞ야 治民ᄒᆞᆯ 政令과 交隣ᄒᆞᄂᆞᆫ 禮節에 正大홈과 誠實홈으로 上策을 作ᄒᆞᆯ디니〉(223)라고 하였듯이 1883년 단계에서 경쟁 모델의 세계 질서 인식을 지양하고, 세계 질서는 〈신의〉, 〈예절〉로 유지된다고 보았다. 그와 동시에『西遊見聞』에는 1883년 단계의 저작에서 보였던 〈권도(權道)〉기의 후쿠자와 저작 번역은 보이지 않는다. 미국 유학에서 귀국한 후 유폐 기간 동안 유길준은『西洋事情』과『學問のすゝめ』등 〈계몽〉기의 후쿠자와의 저작을 본격적으로 학습한 것으로 보이는데,『西遊見聞』에서는 이러한 후쿠자와의 저작, 특히『西洋事情』에서 번역한 문장이 많다.

그런데 유길준은「國權」과「邦國의 權利」의 말미에서 이렇게 쓰고 있다.

外交ᄒᆞᄂᆞᆫ 權利ᄂᆞᆫ 內治ᄒᆞᄂᆞᆫ 制度를 由ᄒᆞ야 其保守ᄒᆞᄂᆞᆫ 方策과 形勢가 立ᄒᆞᄂᆞ니 人民의 知識이 高明ᄒᆞ며 國家의 法令이 均平ᄒᆞ야 各人의 一人權利를 衛護ᄒᆞᆯ 然後에 萬民의 各守ᄒᆞᄂᆞᆫ 義氣를 擧ᄒᆞ야 一國의 權利를 是守ᄒᆞᄂᆞᆫ지라 人民이 權利의 重大홈을 不知ᄒᆞᆫ則 他國의 侵越을 見ᄒᆞ야도 憤激ᄒᆞᆫ 怒氣가 不作ᄒᆞᄂᆞ니 政府의 二三官吏가 雖其心力을 費ᄒᆞ야 保守ᄒᆞᄂᆞᆫ 道를 極備ᄒᆞ야도 影響의 應從이 無ᄒᆞ야 其成効의 實行이 漠然ᄒᆞᆫ지라 (98~99)

요컨대 각국의 권리에서 평등이라는 세계의 도리가 개별 인민의 권리에 관철되므로, 인민 각자가 자기 권리의 중대함을 아는 것은 국권과 세계의 도리로 직결된다. 그리하여 유길준은『西遊見聞』에서 인민의 권리론과 새로운 시대 국가의 존재 방식 등을 〈국문〉을 사용해서 설명해 나갔다. 이러한 관점은 1883년 단계에서는 보이지 않았고, 여기에서 유길준의 계몽사상이 완성된 것이다. 그리고 이 계몽사상이란 인민 개개인을 스스로 〈독립〉한 국가(주권 국가)를 담당하는 〈주체〉로 자각시킨다는 〈국민〉 창출론이다. 이러한 의미에서 『西遊見聞』은 한국의 근대 사상사 상에서 획기적인 의미를 갖는다. 다음에 나오는 『西遊見聞』 제12편 「愛國ᄒᆞᄂᆞᆫ 忠誠」의 문장은 유길준이 상정하는 인민상(人民像)인데, 바로 전형적인 〈국민 국가〉의 〈국민〉이다.

國家保守ᄒᆞᄂᆞᆫ 職責과 分義가 供職者에 不止ᄒᆞ고 其國의 人民이 共有ᄒᆞᆫ 者
니 無事ᄒᆞᆫ 時에 泰平ᄒᆞᆫ 樂으로 各其職種에 從事홈은 邦國의 公本된 業이어
니와 若有事ᄒᆞᆫ 時ᄅᆞᆯ 當ᄒᆞ야 外國의 侵亂을 被ᄒᆞᆫ則 國人이 一齊히 奮起ᄒᆞ야
辱이 其人君에게 及홀가 懼ᄒᆞ며 恥가 其政府에 歸홀가 憂ᄒᆞ야 死生을 不顧
ᄒᆞ고 戰地에 樂赴ᄒᆞᄂᆞ니 然ᄒᆞᆫ지라 雖平時라도 人民이 軍士의 組練을 習ᄒᆞ
야 不時의 變이 起ᄒᆞ면 全國壯丁이 軍士아닌 者가 無ᄒᆞ거늘 萬若國家의 有
事ᄒᆞᆫ 時ᄅᆞᆯ 臨ᄒᆞ야 人君을 棄ᄒᆞ고 其妻子ᄅᆞᆯ 是携ᄒᆞ야 亂을 避ᄒᆞ기에 急ᄒᆞ야
山谷에 奔竄ᄂᆞᆫ 者ᄂᆞᆫ 懦㤼ᄒᆞᆫ 性質에 愛國ᄒᆞᄂᆞᆫ 忠誠이 無홀샏더러 叛國ᄒᆞᄂᆞᆫ
賊과 無異ᄒᆞᆫ지라 (311~312)

유길준의 이러한 계몽사상 내지 〈국민〉 창출론은 청과의 종속 관계를 국제법으로 비정하는 과정에서 형성되어 왔다. 유길준은 조선이 〈독립〉이라는 점을 1883년 단계부터 일관되게 주장하였다. 다만 종속 관계를 적극적으로 부정하는 주장은 저작 내에서는 「國權」밖에 없다. 종속 관계의 파기를 언명하게 된 계기는 1887년 전권공사 파견에 대한 청의 간섭 사건이었고, 그것을 결정적으로 만든 것은 1894년 청일 양국의 조선 파견이었다. 따라서 조선을 둘러싸고 종속 관계와 근대 국제법의 논리가 병존한다고 하

는 〈양절체제〉는 1882년의 조미조약을 통해 성립하였지만, 근대 세계의 논리에 입각하여 중화 세계의 논리인 종속 관계를 비판하는 이론으로서의 〈양절체제론〉은 1887년 이후에 형성되었다고 보아야 할 것이다.

한편 유길준의 문명관에 대해서 살펴보면 『西遊見聞』에 이르러서도 서양 문명 혹은 구미 국가들에 대한 비판적 언사가 보이지 않는다. 1883년 단계에서 보인 불평등 조약에 대한 논의조차도 구미나 일본과의 권리상 대등성을 강조하였기 때문에 『西遊見聞』에는 보이지 않았다. 또 『西遊見聞』 제8편 「政府의 國債募用ᄒᄂᆫ 緣由」에서는 이집트가 영국과 프랑스에 의해 〈대권〉〈국권〉을 장악당한 원인을 이집트 인민의 〈게으름〉과 정부의 부실에서 찾고 있다(227~228). 더구나 「中立論」에는 이것이 영국의 거문도 점령 중에 작성되었음에도 불구하고, 영국을 비판하는 언사는 보이지 않으며 오히려 러시아가 터키를 침공했을 때 영국과 프랑스가 터키를 원조했던 것[50] (④ 322~323), 혹은 「國權」과 「邦國의 權利」에서는 터키에게 학대당하고 있는 그리스를 〈유럽의 여러 대국들〉이 원조하여 독립을 승인했던 것[51](④ 41~42 그리고 『西遊見聞』 95)에서 언급했다시피 〈문명국〉의 행동을 전근대적인 무력 정복이나 종속 관계를 허락하지 않는 〈천하의 공도〉로 파악하고 있다. 확실히 「國權」과 「邦國의 權利」에서 〈신의〉를 중시하는 국제법 이해 등은 조경달이 말한 〈소국주의〉에 기초했을지도 모른다.[52] 그러나 〈신의〉, 〈예절〉을 중시하는 유길준의 국제 질서 인식은 현실의 서양 중심 국제 질서에 대한 비판을 수반하지 않았다. 서양을 중심으로 하는 근대 세계의 국제 질서가 친목을 전제로 하고 있다는 인식은 1883년 단계 이래로

50 크림전쟁을 가리키는 것으로 생각된다.
51 그리스 독립전쟁을 가리키는 것으로 보인다.
52 그렇다고 하더라도 조경달이 추구하는 〈소국주의적 내셔널리즘〉은 유길준에게는 보이지 않으며, 김윤식에게 전형적으로 보였다고 할 수 있다.

일관된다. 『西遊見聞』에 이르러 현실의 국제 질서에 〈도리〉의 세계를 발견하여 거기서부터 전근대적인 종속 관계에 근거한 청의 〈배신〉을 비판하고 있을 뿐, 유길준의 서양 문명에 대한 지향은 강력했다고 할 수 있다.

독립국으로서 조선이 갖는 권리를 침해하고 있는 종속 관계를 파기하고 조선 왕조를 근대적인 주권 국가로 개혁하려 한 유길준은 일본과의 연결 하에 그 목적을 달성하려 했다. 갑오개혁에 유길준을 비롯한 개화파의 개혁 구상이 반영되어 있다는 사실은 기존 연구에서 밝혀졌지만, 이 개혁은 동아시아의 전통적 국제 질서를 파기하고 동학 농민 운동을 비롯한 민중의 반발을 의식적으로 압살하면서 단행한 것이었다. 〈친일파〉라는 한국 근대 사의 어두운 유산은 개화파의 사상과 행동으로부터 그 연원의 한 가지 단서를 찾을 수 있다. 유길준의 개화사상은 한국 근대 사상으로서 일본의 메이지 계몽사상 등과는 다른 특징이 있는데(자세한 내용은 다음 장 참조), 근대 사상이기 때문에 문제도 내포하고 있다. 개화사상 연구는 조선에서 근대적 발전을 추적하는 과제이기도 하면서 동시에 그 〈근대성〉이 근대 한국에 미친 고유의 문제점도 밝히지 않으면 안 될 것이다. 물론 이 과제는 〈근대화〉의 과정에서 억압받은 민중을 절대화하거나, 개화사상에서 〈반근대〉의 계기를 부각시키는 작업을 통해서 이루어지는 것은 아니다.

일러두기

이 장에서 兪吉濬全書編纂委員會 編, 『兪吉濬全書』, 全5卷(一潮閣, 1971년)을 인용할 때마다 『兪吉濬全書』의 쪽수를 밝혔다. 동그라미 안의 숫자는 권수이다. 다만 『西遊見聞』은 원저서의 쪽수에 따랐다. 또 후쿠자와 유키치의 저작은 慶應義塾 編, 『福澤諭吉全集』全21卷(岩波書店, 1958~1964년)의 쪽수를 밝혔다. 동그라미 안의 숫자는 『福澤諭吉全集』의 권수를 가리킨다.

제 2 장

개화사상의 구조 :
유길준『西遊見聞』의 문명론적 입헌군주제론

들어가며

1876년 일본과 수호조규를 체결한 조선 정부는 1881년 조사시찰단(朝士視察團)을 파견했다. 여기에 동행한 세 명의 청년이 유학생으로 일본에 체류했다. 그 가운데 한 명으로 게이오기주쿠(慶應義塾)에 입학한 유길준(兪吉濬)은 나중에 미국에도 유학하여 계몽서『西遊見聞』을 저술하고 조선의 개화사상을 체계화한 인물이다. 1894년 7월 일본군의 경복궁 점령을 계기로 실시된 갑오개혁의 참모격 인물로 알려져 있다.[1] 그리고 1880년대 이른바 사상 형성기에 단편적인 저작밖에 남기지 않았던 개화파에 비해 전체 20편으로 된『西遊見聞』을 저술하여 개화사상을 집대성한 유길준은 개화사상 연구사에서 비교적 일찍부터 주목받아 왔다.[2]

---

1 拙稿,「甲午改革の近代國家構想」,『朝鮮史研究會論文集』33, 1995년 10월은 갑오개혁의 근대 국가(국민 국가) 창출에 관련하여 부분적으로 유길준의 사상에 대해 언급했으므로 참조하기 바란다.
2 유길준의 개화사상 형성 과정에 대해서는 본서 제1부 1장을 참조.

그런데 유길준의 『西遊見聞』은 미국 유학 후 당시 조선의 지식인로서는 새로운 문체인 국한문 혼용체로 저술되어 1889년 늦은 봄에 탈고, 1895년 4월 도쿄(東京)의 코슌샤(交詢社)에서 발행되었다. 그 표지에 「기계유길준 집술(杞溪兪吉濬輯述)」이라고 되어 있듯이 『西遊見聞』에는 저본의 존재가 예상되는데, 그 대부분이 후쿠자와 유키치(福澤諭吉)의 『西洋事情』「初編」「外編」「二編」으로부터 비롯되었다는 점은 일찍부터 지적되었다.[3] 그런 까닭으로 『西遊見聞』 전체 20편 구성, 그 각 항목과 『西洋事情』의 대응 관계를 개관하기 위해 필자가 작성한 것이 표1이다. 먼저 『西遊見聞』 전 20편의 구성은 (1) 세계 자연 지리에 관한 부분(제1~2편), (2) 서양의 정치·경제 제도와 이념에 관한 부분(제3~10편), (3) 서양 역사와 관습 등에 관한 부분(제11~16편), (4) 서양의 복지 시설과 문명 이기에 관한 부분(제17~18편), (5) 서양 도시를 인문 지리적으로 소개하는 부분(제19~20편)이라는 다섯 개 부분으로 구분할 수 있다. 다음으로 이 표는 『西遊見聞』 각 항목에서 『西洋事情』의 번역이 조금이라도 포함되어 있음을 보여 주는데, 그것이 오른쪽의 (2)와 (4) 부분에 집중하고 있음을 알 수 있다. 즉 『西遊見聞』의 정치·경제론의 중심을 구성하는 부분에서 『西洋事情』의 번역이 많다는 점을 알 수 있는데, 지면 관계상 여기서는 구체적인 분량은 제시할 수 없으나 특히 「外編」에서 번역한 부분이 많다.

　　3　金泰俊(崔吉城 譯), 「『西遊見聞』と『西洋事情』」, 『韓』64, 1977년 5월; 李光麟, 「兪吉濬의 開化思想」, 『韓國開化思想研究』, 一潮閣, 1979년; 田鳳德, 「『西遊見聞』과 兪吉濬의 法思想」, 『韓國近代法思想史』, 博英社, 1981년; 柳永益, 「『西遊見聞』과 兪吉濬의 保守的 漸進改革論」, 『韓國近現代史論』, 一潮閣, 1992년. 이상의 성과들이 『西洋事情』으로부터 받은 영향을 고려하면서 유길준의 개화사상을 고찰하였다.

표1 『西遊見聞』 『西洋事情』 대조표

『西遊見聞』	『西洋事情』
第1編	
地球世界의 槩論	
六大洲의 區域	
邦國의 區別	
世界의 山	
第2編	
世界의 海	
世界의 江河	
世界의 湖	
世界의 人種	
世界의 物産	
第3編	
邦國의 權利	
人民의 教育	外3 人民の教育
第4編	
人民의 權利	二1 人間の通義
人世의 競勵	外1 世人相勵み相競ふ事
第5編	
政府의 始初	外1 政府の本を論ず
政府의 種類	外2 政府の種類
政府의 治制	初1 政治
第6編	
政府의 職分	外2 政府の職分
第7編	
收稅ᄒᆞᄂᆞᆫ 法規	初1 收稅法 / 二1 收稅論
人民의 納稅ᄒᆞᄂᆞᆫ 分義	
第8編	
政府의 民稅費用ᄒᆞᄂᆞᆫ 事務	二1 收稅論: 一國の財を費やすべき公務を論ず
① 政府支用ᄒᆞᄂᆞᆫ 事	① 政府の維持するが爲に財を費やす事
② 人民教育ᄒᆞᄂᆞᆫ 事	② 人民を教育するが爲に財を費やす事
③ 國家의 營作ᄒᆞᄂᆞᆫ 事	③ 國內の營繕に財を費やす事
④ 宗教扶支ᄒᆞᄂᆞᆫ 事	④ 宗旨を維持するが爲に財を費やす事
⑤ 窮民救濟ᄒᆞᄂᆞᆫ 事	⑤ 貧人救助の爲に財を費やす事
⑥ 國家의 防備ᄒᆞᄂᆞᆫ 事	⑥ 軍國の備に財を費やす事

痴兒院	初1 痴兒院
狂人院	初1 癲院
盲人院	初1 盲院
啞人院	初1 啞院
敎導院	
博覽會	初1 博覽會
博物館及博物園	初1 博物館
書籍庫	初1 文庫
演說會	
新聞紙	初1 新開紙
第18編	
蒸氣機關 ※	初1 蒸氣機關
蒸氣車	初1 蒸氣車
蒸氣船	初1 蒸氣船
電信機	初1 傳信機
遠語機	
商賈의 會社	初1 商人會社
城市의 排鋪	
第19編	
合衆國의 諸大都會	
英吉利의 諸大都會	
第20編	
佛蘭西의 諸大都會	
日耳曼의 諸大都會	
荷蘭의 諸大都會	
葡萄牙의 諸大都會	
西班牙의 諸大都會	
白耳義의 諸大都會	

주: 『西洋事情』의 初는 初編, 外는 外編, 二는 二編, 숫자는 권수.

※ 『蒸氣機關』 가운데 「瓦石의 略傳」은 外1 「世人相勵み相競ふ事」 가운데 「ワットの略傳」에 대응한다.

그러나 실제로『西遊見聞』과『西洋事情』의 각 대응 항목을 비교해 보면, 『西洋事情』의 문장의 뜻을 바꾸지 않고 완전 번역에 가까운 형태로 서술한 부분은 제3편「인민 교육」, 제5편「정부의 치제」(『西洋事情』初編 1권「정치」가운데「문명 정치」중「7개조 要訣」을 번역한 것), 제6편(정부의 직분) 정도이다. 나머지는 번역 부분이 많이 포함되어 있거나 또는 전문을 그대로 번역하지 않고, 전체의 문맥을 바꾸어 버린 부분[제4편「인세의 경려(競勵)」, 제5편「정부의 시초」, 제8편「정부의 민세비용하는 사무」, 같은 편「법률의 공도」], 아니면『西洋事情』과는 취지가 완전히 다른 글에 부분적으로『西洋事情』의 번역을 원용한 정도의 것(제4편「인민의 권리」. 제7편「수세하는 법규」)이다. 제5편「정부의 종류」의 경우『西洋事情』에 같은 이름의 항목이 있음에도 불구하고 번역한 부분은 전혀 없다.[4] 유길준을 비롯한 조선의 개화파가 사상 형성 과정에서 후쿠자와 유키치의 영향을 적지 않게 받았다는 점은 사실이다. 그러나 다른 한편으로 그것이 의식적인 것이었는지의 여부는 차치하더라도 유길준이 후쿠자와의 저작을 그대로 번역하지 않은 부분도 많다. 그리고 이 장에서 서술하다시피 그것은 유길준의 사유가 갖는 유교적 측면에 의하여 규정되었다.

　서양 문명의 수용에서 〈문명의 정신〉을 중시한 후쿠자와가, 그것을 위해 일소해야만 한다고 했던 〈오래된 관습(古習)의 혹닉(惑溺)〉은 그것의 많은 부분이 유교적 사유와 관련된 것으로, 반(反)유교주의는 후쿠자와의 일생을 관통한 과제였음은 마루야마 마사오(丸山眞男)가 일찍이 지적했던 대로

---

　4 다만 이 항목의 공화제와 혁명을 비판하는 문장 등은『西洋事情』이나『學問のすゝめ』와 유사한 구절이 있다. 또한『西洋事情』의 번역이 포함되어 있지 않은 항목에 후쿠자와 이외의 인물의 저작으로부터 번역도 있었던 것으로 생각되는데, 여기에 대해서는 이후의 과제로 삼고자 한다. 한편「정부의 종류」에 관하여 전봉덕의 앞 논문은 가토 히로유키(加藤弘之)의 저작으로부터 영향을 시사하고 있는데, 적어도 번역이라는 형태의 영향은 아니다.

이다.[5] 다만 근대 일본이 후쿠자와 같은 계몽 사상가를 배출한 것도 후쿠자와 개인의 자질은 물론이거니와 일본의 사상 전통에 그 이유의 일단(一端)이 있을 것이다(애초에 후쿠자와로서도 본인의 주관과는 별개로, 유교와 전혀 무관하다고는 할 수 없다). 그렇지만 후쿠자와의 유교 비판은 문벌 제도나 존황양이(尊皇攘夷)에 대한 증오뿐만 아니라 유교의 본가인 중국·조선의 현상에 대한 증오와 관련하여 증폭된 것이었다.[6] 〈문명의 정신〉에 대립하는 〈오래된 관습의 혹닉〉의 근원으로서의 유교적 사유, 그리고 그 아성이 중국·조선이라고 하는 인식이 근대 일본에서 중국·조선 멸시를 낳은 요인의 하나가 되었다는 점은 분명하다. 전후(해방 이후) 한국 근대 사상사 연구가 유교적 사유의 비판을 동반하는 근대 사상의 형성의 자취를 추적하려 해온 것은 어떤 의미에서는 당연했는데, 오늘날에는 근대적 변혁 사상으로서 개화사상이 성장하고 있었다는 사실은 자명해졌다. 다만 개화사상이 유교적 전통을 단절한 가운데 성장해 왔다는 것은, 전근대 동아시아의 다양성과 각 지역 고유의 논리에 대응하여 무관심하였다는 점에서 후쿠자와 근대 일본의 발상에 공통적인 요소이다.

조선의 〈근대〉는 어떠한 문명 전통의 선상에서 그리고 다른 지역과 어떠한 관계에서 형성되었는지, 그 결과 어떠한 과제를 떠안게 되었는지를 이제는 한번 검토해 볼 필요가 있다. 이 장에서는 그 출발점으로 유길준과 후쿠자와 유키치라는 조선과 일본의 계몽 사상가의 사유 양식상의 차이점에 주목하고, 그 차이점을 낳은 바탕이 되었을 조선 근세 사상 사유 양식의 특질에 대한 전망, 그리고 동아시아 세계의 근대적 재편 과정에서 한국의 근대 사상이 짊어진 고유의 과제와 문제점을 구명하기 위한 문제 제기를 하려

5 丸山眞男,「福澤諭吉の儒教批判」,『丸山眞男集』2, 岩波書店, 1996년 수록.
6 같은 곳.

한다.[7] 연구사 가운데 개개의 논점 등에 대해서는 논의를 진전시키는 가운데 다루고자 한다.

1. 욕망과 통의(通義)

1.1. 욕망 긍정의 논리

유길준은 『西遊見聞』 제3편 「방국의 권리」에서 세계 각국이 그 권리가 평등한 것을 세계의 도리라고 하고, 인민 각자가 자기 권리의 중대함을 아는 것이 국가의 권리를 지키는 데 없어서는 안 되는 것이라고 했다.[8] 이 점에서 유길준의 개화사상은 계몽사상으로서의 성격을 갖고 있으며, 유길준의 인간관에서는 욕망을 긍정적으로 평가하게 된다. 주자학에서는 이기론과 인성론은 직결되어 기질의 성[氣質의性](氣)은 본연의 성[本然의性](理)에 대한 우위성에 의해 억제되어야만 하며, 이로써 천리(天理)·인욕(人欲)의

---

7 한편 『西遊見聞』 이외에도 소위 「박영효건백서(朴泳孝建白書, 원문 「朴泳孝上疏」)」에서 후쿠자와로부터 받은 영향이 인정되고 있는데, 그것을 토대로 개화사상과 후쿠자와 사상과의 차이를 추출하여 그 차이점을 더욱이 조선과 일본의 전통적 사유 차이를 거슬러 올라가 고찰하려는 방법을 미야지마 히로시(宮嶋博史)가 채택하였다(「開化派研究の今日的意味」, 『季刊三千里』40, 1984년 11월 및 「朝鮮社會と儒敎」, 『思想』750, 1986년 12월 등). 이 장의 방법론은 미야지마에게서 많이 배웠다. 다만 미야지마의 조선과 일본의 유교적 전통 양식의 차이가 근대에 이르러 후쿠자와의 인간 평등론의 〈차용〉성과, 동학의 그 간결·직절성(直截性)이라는 상이함을 낳았다고 하는 결론은 계몽사상(후쿠자와)과 계몽사상 전개 이전 시기의 민중적·이단적 종교(동학)라는 역사적 성격이 다른 사상의 대비에서 얻은 것이다. 이 장의 관심은 어디까지나 개화사상에 있다. 미야지마의 동학의 인간 평등론 이해에 대해서는 趙景達, 「東學における正統と異端」, 溝口雄三·浜下武志·平石直昭·宮嶋博史 編, 『アジアから考える〔5〕近代化像』, 東京大學出版會, 1994년의 비판이 있으니 참조하기 바란다.
8 본서의 제1부 제1장 참조.

관계에 대해 말하자면 〈멸인욕존천리(滅人欲存天理)〉라는 엄숙주의를 낳게 된다.[9] 이와 같은 주자학의 천리·인욕의 논리에서 본다면 유길준은 『西遊見聞』 第5편 「政府의 職分」에서 〈人世의 風氣가 漸開홀스록 民生의 需用도 亦且增加ㅎ야 居處는 便利ㅎ기를 求ㅎ기에 不止ㅎ고 華麗한 制度를 崇尙ㅎ며 衣服과 飮食은 輕煖과 甘旨를 欲ㅎ느니 此는 人生의 自然한 性情이라〉(157)고 하여,[10] 본능적·생리적 욕망을 넘은 욕망을 〈인생의 자연스러운 성정〉이라고 하였다. 그리하여 자연스럽게 인간을 긍정적으로 받아들임으로써, 주자학의 엄숙주의적 인성론에 그치지 않았음을 알 수 있다. 다만 유길준에게 욕망은 그 자체로서는 전적으로 자연스러운 것이 아니었다. 이러한 점을 찾으려는 단서로 『西洋事情』 外編 1권 「世人相勵み相競ふ事」를 번역한 『西遊見聞』 第4편 「人世의 競勵」의 첫 부분을 인용하고자 한다.

大抵 家族의 關係는 身을 勞호디 不苦ㅎ고 物을 費호디 不憚ㅎ나 然ㅎ나 人이 其家에 出ㅎ야 世人의 相交ㅎ는 道를 行ㅎ기에 至ㅎ야는 不然ㅎ고 各其自己의 職分을 務ㅎ며 自己의 好惡를 從ㅎ야 自己의 趣意를 欲達홈으로 先을 爭ㅎ느니 此는 卽 世人의 相競相勵ㅎ는 事라 人間의 美利公益이 此道를 由ㅎ야 成就ㅎ고 天下의 現體實景이 亦此道를 因ㅎ야 保存ㅎ니 若世間에 競勵ㅎ는 人情이 無ㅎ면 其心其力을 勞ㅎ야 功名事爲를 經求ㅎ는 者가 其影을 絶홀디라 却且自己의 趣意를 欲達ㅎ야 世人을 不慮호디 公道를 妨害ㅎ고 私慾을 縱恣ㅎ는 患이 無홈은 教導한 政化의 致然한 者니 今에 無教한

9 덧붙여 이 장에서는 송대(宋代) 이후 유교의 전개에 대하여 溝口雄三, 『中國前近代思想의 屈折と展開』, 東京大學出版會, 1980년; 戶川芳郞·蜂屋邦夫·溝口雄三, 『儒教史』, 山川出版社, 1987년의 제6장 이하 미조구치 유조(溝口雄三)가 집필한 부분에서 많은 시사를 받았다.
10 이 장에서는 『西遊見聞』을 인용할 때 인용문의 맨 끝에 원 저작의 쪽을 표시한다.

夷民의 群集흔 中에 一片의 寶를 投흔則 其衆이 忽然亂動ᄒᆞ야 相爭互鬪ᄒᆞ
ᄂᆞᆫ 陋態醜習이 可矜ᄒᆞ며 可憎ᄒᆞ나 此ᄂᆞᆫ 競勵ᄒᆞᄂᆞᆫ 道에 綱紀가 無홈을 因
緣홈이니 此俗도 一變ᄒᆞ면 可히 道에 至홀디라 然흔 故로 有敎흔 人은 是非
를 解ᄒᆞ며 禮義를 守ᄒᆞ야 他人의 害를 貽ᄒᆞ고 自己의 意를 欲達ᄒᆞᄂᆞᆫ 惡習이
無ᄒᆞ니 (130)

여기서는 〈競勵ᄒᆞᄂᆞᆫ 人情〉, 즉 욕망을 긍정적으로 평가하여 그것이 공공
의 부와 사회의 진보로 이어진다고 했다. 한편 이 부분에 대응하는 『西洋事
情』의 원문은 다음과 같다.[11]

일종의 정분(情合)을 생각하여 서로 신체를 버리고 물질을 포기하여도 거
리낌 없는 것은 가족의 관계이다. 하지만 지금 집을 나와 세간을 보니 이 정
분을 생각하고 있지 않고, 사람들 각자가 자기 길을 가고 자기 직분에 힘써서
자신의 취지를 이루고자 앞을 다투지 않는 자가 없다. 이는 곧 세상 사람이
힘쓰고 경쟁하는 성정으로, 세상을 위해 이익이 되는 바가 적지 않다. 세간에
만약 이러한 인정이 없다면 심력을 수고롭게 하여 공명을 세우는 일이 없을
것이다. / 앞 조항과 같이 나의 행복을 추구하고 나의 뜻을 달성하여, 나의
생계를 찾아서 다른 것을 돌아보지 않는다고 하더라도, 홀로 나의 사욕을 멋
대로 부려 타인을 방해하는 우려가 없는 것은 문명이 그렇게 만든 바이다. 지
금 교육 없는 오랑캐 같은 백성(夷民)들의 무리 가운데에 일편(一片)의 재화를
던진다면 그 무리가 홀연히 상하가 둘로 나뉘어 어지럽게 움직이면서 서로

---

11 이 장에서 후쿠자와 유키치의 저작을 인용하는 경우에는 慶應義塾 編, 『福澤諭吉全集』全
21卷, 岩波書店, 1958~1964년의 쪽수를 붙였다. 동그라미 안의 숫자는 『福澤諭吉全集』의 권수
를 가리킨다.

이것을 다투어 얼굴을 멍들게 하고 눈을 할퀴는 그 추한 모습은 보기에 참을 수 없다. 그렇지만 문명 세계에서는 그렇지 않다. 사람 모두 옳고 그름을 알고 예의를 중하게 여기는 까닭에 남을 해쳐서 자기의 뜻을 달성하는 일이 없다. (① 399)

양자를 비교하면 개인의 욕망 추구가 사회적 부로 이어진다는 이유를 『西洋事情』은 〈문명〉이라는 단어로 설명하고 있다. 반면『西遊見聞』에서는『西洋事情』의 〈문명〉을 〈教導의 政化〉, 〈紀綱〉으로 환원하여 도덕과 거기에 결부된 정치로 설명하고 있음을 알 수 있다. 또 〈사욕(私慾)〉의 반대를 후쿠자와가 〈타인에게 방해가 되는 폐단이 없는〉 일이라고 하는 데 비해, 유길준은 〈공도(公道)〉라고 하였다. 즉, 후쿠자와는 〈문명〉이라는 단어를 사용함으로써 개개인의 욕망 대립의 조화라고 하는 문제를 욕망의 논리 안에서 설명하고 있다. 따라서 각 개인이 가진 사리(私利)의 조화라는 경제의 문제를 경제의 문제로 서술하였다. 반면에 유길준은 경제의 문제에 도덕과 그것을 달성하는 정치, 혹은 경제의 차원을 초월한 규범을 끌어들이고 있다. 이와 같은 차이는 유길준의 어떠한 사유 양식에서 기인하는 것일까?

유길준은『西遊見聞』제4편「人民의 權利」에서 〈夫 人民의 權利는 其自由와 通義를 謂홈이라〉(109)고 하였고, 여기에 이어서 다음과 같이 〈자유〉와 〈통의〉에 대하여 설명하고 있다. 다소 길지만 인용해 본다.

(상략) 自由는 其心의 所好ᄒᆞᄂᆞᆫ디로 何事든지 從ᄒᆞ야 窮屈拘碍ᄒᆞᄂᆞᆫ 思慮의 無홈을 謂홈이로디 決斷코 任意放蕩ᄒᆞᄂᆞᆫ 趣旨아니며 非法縱恣ᄒᆞᄂᆞᆫ 擧措아니오 又 他人의 事軆ᄂᆞᆫ 不顧ᄒᆞ고 自己의 利慾을 自遀ᄒᆞᄂᆞᆫ 意思아니라 乃 國家의 法律을 敬奉ᄒᆞ고 正直ᄒᆞᆫ 道理로 自持ᄒᆞ야 自己의 當行ᄒᆞᆯ 人世職分

으로 他人을 妨害ᄒ지도 勿ᄒ며 他人의 妨害도 勿受ᄒ고 其所欲爲ᄂ 自由ᄒ
ᄂ 權利며 通義ᄂ 一言으로 蔽ᄒ야 曰 當然ᄒ 正理라 今에 數例를 擧ᄒ건디
假令 官職을 供ᄒᄂ 者ᄂ 其任責을 行ᄒ기에 相當ᄒ 職權을 保有홈이 其當
然ᄒ 正理며 家宅을 持有ᄒ 者가 主人의 名實을 備存ᄒ야 自己의 物이라 稱
홈이 亦 當然ᄒ 正理며 錢財를 他人에게 假貸ᄒ 者가 其約償ᄒ 利息을 討求
홈과 田土를 他人에게 假借ᄒ 者가 其收穫의 分與를 要問홈이 亦且 當然ᄒ
正理니 千事萬物에 其當然ᄒ 道를 遵ᄒ야 固有ᄒ 常經을 勿失ᄒ고 相稱ᄒ
職分을 自守홈이 乃通義의 權利라 (109)

〈통의〉=〈當然ᄒ 正理〉라는 말을 사용하여 현재로서는 이해하기 어려
운 권리의 정의로 삼았다. 후쿠자와는 『西洋事情』에서 right의 번역어로서
〈통의〉라는 용어를 사용하였고 〈권리〉라고 하는 단어는 사용하지 않았다.
후쿠자와의 입장에서 보자면 유길준은 분명 혼동하고 있다. 그러나 유길
준에게 〈통의〉는 right의 번역어가 아니라 독자적인 의미를 갖는다.[12] 유길
준은 〈自由와 通義의 權利ᄂ 普天率土 億兆人民의 同有共享〉하여 〈其生
과 俱生ᄒ야〉(109~110) 〈天授ᄒ 權利〉(127)라고 하였다. 이 구절만 가지고
읽어 보면 천부인권설이다. 유길준에 의하면 〈凡人이 世에 生홈애 人되ᄂ
權利ᄂ 賢愚 貴賤 貧富 强弱의 分別이 無〉하고, 한편 현실의 지위는 법률
에 의하여 결정되는 〈사람이 만든 구별〉인 까닭에, 〈人의 人되ᄂ 權利〉에

12 전봉덕, 앞의 논문은 유길준이 후쿠자와에게서 권리라는 개념을 수용할 때, 동시에 right
의 번역어인 〈權利〉와 〈通義〉를 혼동했다고 하여 〈정의(定義)로서 권리의 개념이 명석하지 않았
던 것은 유감이다〉(215쪽)라고 했다. 물론 유길준의 권리의 정의는 후쿠자와의 입장에서 보자
면 혼란이 보인다. 그러나 이것은 이하에서 보다시피 조선의 사상적 전통에 기초한 권리 개념 수
용의 한 측면으로, 단순히 한계라고 하기는 불가능하며, 오히려 적극적으로 고찰 대상으로 삼아
야 할 의미가 포함되어 있다.

서는 〈人上人도 無ᄒ고 人下人도 無ᄒ니〉라고 했다(114). 여기에 모든 인간은 〈人의 人되는 權利〉에 있어서 동등하다고 하는 인간 평등을 선언하고 있다. 또한 〈人民의 志意를 束縛ᄒ는 者는 暴政이라 謂홈이 可ᄒ니〉(112)라고 하였듯이 국가가 존재하는 이유의 한 가지로 인민의 권리 보호를 들었다.

다만 여기서 유의해야 할 것은 〈夫人의 天稟이 一定ᄒ기 不能ᄒ야 或 筋骨의 剛壯ᄒ 者도 有ᄒ고 或 形體의 虛弱ᄒ 者도 有ᄒ며 又 或 才質의 聰明ᄒ 者와 心志의 懦昏ᄒ 者의 差殊가 有ᄒ고 又 此理를 由ᄒ야 人에 先ᄒ야 人을 制ᄒ기 樂ᄒ는 者도 有ᄒ며 人에 後ᄒ야 其制를 甘受ᄒ는 者도 有ᄒ니〉(136)라고 하여 유길준은 사람의 자연적 평등을 인정하지 않았다. 그리고 이러한 글에 이어서,

草昧ᄒ 世界에 人稟의 差等으로 生民의 禍害가 滋甚ᄒ나 然ᄒ나 風氣가 漸開ᄒ기에 至ᄒ則 人稟의 不調홈을 歸一ᄒ기로 道를 立ᄒ딕 天稟ᄒ 才操와 氣力은 人의 智力으로 無如何ᄒ는 者인 故로 雖其天稟의 歸一ᄒ는 道는 無ᄒ야도 學問으로써 人의 道理를 敎誨ᄒ며 法律로써 人의 權利를 守護ᄒ야 人生의 正理로 其身命과 財産을 保全ᄒ야 此事로 國家의 大業을 作ᄒ고 政府의 規度를 建ᄒ니 (137)

라고 서술했다. 곧, 〈초매한 세계〉=정치 질서 성립 이전의 상태에서는 인간의 천품(天稟)이 일정하지 않기 때문에 약육강식의 상태가 발생한다. 하지만 교육과 법률을 시행하면 그것을 방지할 수 있고, 그것을 위해 국가·정부가 필요해진다(즉, 여기서 〈人生의 正理〉는 앞의 〈當然ᄒ 正理〉=〈통의〉와

같은 뜻일 것이다). 이 부분도 『西洋事情』과 대응한다.

앞에서 이미 말한 바와 같이 인생이 하늘로부터 부여받은 상이함은 심히 크다. 더러는 기골이 장대하고 튼튼한 자가 있고, 더러는 신체가 허약한 자 있으며, 더러는 재주와 힘이 굳센 자가 있고, 더러는 정심(精心)이 나태한 자가 있으며, 더러는 남들 앞에 서서 타인을 통제하기를 좋아하는 자가 있고, 혹은 남을 따르며 타인에게 의지하여 일을 달성하기를 좋아하는 자가 있다. 초매이속(草昧夷俗)한 민간에서는 이러한 천품의 다르고 같지 않음이 현저하여 인생의 해를 가하는 것 역시 가장 심하다. 그렇지만 문명이 진보함에 따라 점차로 이러한 불평균을 일치시키고, 더러는 완전히 이것을 일치시킬 수 없다고 하더라도 그 불평균으로부터 비롯되는 세상의 해를 생기지 않도록 하고, 오히려 전화위복의 조치를 시행하는 데 있다. / 초매이속(草昧夷俗)한 나라에서 강한 자는 일을 함에 마음먹은 대로 할 수 있고, 약한 자는 오직 운명에 따를 뿐이다. (중략) 지금 만약 영국에서 부호인 귀족이 한 소민(小民)을 만나 그 옷을 빼앗아 자신이 입고자 하면 그것을 허락할 수 있겠는가? 가령 큰 진신(縉紳, 벼슬아치 — 옮긴이)이라고 하더라도 벌을 받는 것이 필연이다. 문명의 덕택이다. (① 414~415)

여기서도 후쿠자와의 〈문명〉이 유길준에 와서는 도덕과 정치로 바뀌고 있다. 후쿠자와가 말하는 〈초매이속(草昧夷俗)의 민간〉은 유길준의 〈草昧흔 世界〉와 같이 정치 질서 성립 이전의 상태를 가리킨다. 그러나 후쿠자와의 경우 정치 질서 형성의 계기가 앞장서서 나타나지 않고 있다. 사카모토 다카오(坂本多加雄)에 따르면 후쿠자와가 영향을 받은 서구 근대 사상은 〈시장의 자생적 질서 형성 능력〉을 통해 구상되었다. 사카모토가 하이예크

F. A. Hayek에 의거하면서 서술하는 내용에 따르면 〈스코틀랜드 계몽파〉 사회 관의 특질은 사회 질서를 〈인간의 당위와 완전히 무관한, 그 의미로서 완전한 주어진 바(所與)로서가 아니라, 그러나 또한, 인간에 의해 완전히 계획적으로 제작되는 것 또한 아니다. 바로 그러한 의미에서 이른바《계획 없는 인위(人爲)》로 조망하는 시점에 있다〉고 한다.[13]

그런데 유길준은 『西遊見聞』 제5편 「政府의 始初」에서 〈大槩 人種이 生聚홈애 如何혼 族姓이든지 必然히 政府의 制度를 組建ᄒ야 其法을 行ᄒᄂ 者ᄂ 天地의 自然혼 正理라 蜂蟻의 微物이라도 君臣의 分義를 守ᄒ야 政府의 貌樣을 成立〉(136)한다고 하였듯이 정부의 성립을 인위가 아니라 〈천지의 자연〉로 설명하였다. 한편 『西洋事情』 外編 1권 「政府の 本を 論ず」에 대응하는 부분은 〈무릇 지구 상에 인류가 모이는 곳에는 사람들이 서로 간에 그 통의를 알아 스스로 일종의 정부를 세우지 못할 것도 없다〉(① 416)라고 되어 있고 〈정부를 세우는〉 주체가 〈인간들〉이라는 점은 명백하다. 그러나 그 정부는 스스로 성립한다고 하는 유형이다. 후쿠자와에게 정치란 질서 형성에서 그다지 중요성을 갖지 않는다. 이러한 정치에 대한 가벼움으로부터 『학문의 권장(學問のすゝめ)』에서 〈원래 정부와 인민의 관계는 원래 동일체로 그 직분을 구별하니, 정부는 인민의 이름을 빌려서 법을 시행하고, 인민은 반드시 이 법률을 지켜야 한다고 굳게 약속한 것이다〉(③ 40)라고 하는 일종의 계약설이 나온다. 한편 유길준의 경우에는 『西洋事情』의 사회관을 그대로 받아들일 수 없었으므로 각 개인의 욕망 대립을 조화롭게 하기 위해서 도덕과 그것을 달성하는 정치가 필요했다.

여기서 주목되는 내용이 앞서 본 제4편 「人民의 權利」에서 〈통의〉이다.

---

13 坂本多加雄, 『市場·道德·秩序』, 創文社, 1991년의 「序(市場·道德·秩序)」 참조.

유길준은 〈自由를 過用ᄒ則 放蕩에 近ᄒ 故로 通義로 操縱ᄒ야 其度를 均適ᄒᄂ니〉라고 서술한 다음 〈自由ᄂ 比ᄒ건디 良馬라 駕御가 其道를 若失ᄒ則 羈靮을 脫棄ᄒ야 斥弛ᄒᄂ 氣習이 層生ᄒᄂ 故로 通義로 其羈靮을 作홈이어니와 駕御ᄒᄂ 道ᄂ 法律에 在ᄒ니〉(113)라고 하여 비유를 사용하면서 자유와 통의의 관계를 설명했다. 여기서 통의는 자유가 방탕해지지 않도록 하기 위한 규범임은 명백하다. 그러므로 〈夫 自由의 保存홈이 實通義의 功用(=功效)이라〉(110)고 말하게 된다. 또한 법률은 통의를 달성하기 위한 도구인데, 법률은 〈사단(四端)〉과 〈오륜(五倫)〉에 의거한다(127)든가, 법률은 〈禮義廉恥의 四維〉를 돕는다(264)고 서술한 점으로부터 〈통의〉의 내용은 사단·오륜·사유 등의 상하 관계를 전제로 한 유교 도덕이라고 할 수 있다.

유길준은 인간의 욕망을 긍정적으로 평가하여 천부권리상 만인은 평등하다고 했다. 유길준 개화사상의 첫 번째 의의가 여기에 있다. 그러나 유길준의 주요한 관심은 욕망 추구와 자유 그 자체에 있지 않았다. 요점은 인민이 교육과 법률에 따라 어떻게 〈통의〉를 달성할지, 아니면 정치로 〈통의〉를 달성하게 하여 〈통의〉에 따르는 〈경려〉와 자유를 행할 것인지에 있었다.

1.2. 인간관

욕망을 긍정적으로 평가하는 유길준은 인민이 자신의 일에 전념하여 독립된 생계를 영위함으로써 부국이 증진한다고 하여 『西遊見聞』 제11편에 「生涯를 求ᄒᄂ 方道」라는 항목을 설정했다. 다음의 인용은 그 일부분이다(〈생애〉란 생계 정도의 의미일 것이다).

如何혼 職業으로 其生涯를 求혼든지 分數를 確定혼고 言約을 固守호며 才操를 精修호야 人에게 後호는 事를 嫌호는 故로 其窮究호는 性癖은 猜忌 호는 萌動이 有혼 듯 호나 實狀은 相勸호는 道며 其經營호는 氣像은 奔競호 는 風習이 存혼 듯 호니 實狀은 互學호는 事니 (285)

여기서는 욕망 추구의 경쟁을 욕망 그 자체보다도 〈권한다(勸)〉던가 〈배운다(學)〉고 하는 덕성의 문제로 서술하고 있다. 그렇다고 하는 것은 유길준에 따르면 사람이 의식주의 생계를 사욕을 원하는 만큼 추구하면서도 금수와 같은 상태가 되지 않는 것은 〈生民의 自然혼 正理에 根據호야 五倫의 行實을 酌定호야 人의 大道를 明홈이니〉라고 하였기 때문이다(284). 여기서 〈生民의 自然혼 正理〉란 〈통의〉와 같은 뜻일 것이다. 또한 후쿠자와와의 대비로 인용한 제4편 「人世의 競勵」는 말미의 부분에서 〈競勵라 謂홈은 論議爭詰호는 紛競 아니오 進善호는 勉勵를 指홈이나〉(134)라고 하였듯이(이 부분은 『西洋事情』과 대응하지 않는다) 결국 욕망 추구가 공리의 문제인지 도덕의 문제인지 알 수 없게 되어 버린다. 더욱이 제14편 「商賈의 大道」에서는,

人이 世에 生홈애 辟穀호는 神仙 아니오 必然 其生涯가 無홈이 不可혼則 用處업시 峻論을 勿作호고 如何혼 事로 取利호는 道를 從호든지 其道理와 行實에 正大홈과 否홈을 議論홈이 可호고 其事의 貴賤을 問홈은 不可하니 人事에 貴賤이 有홈 아니오 其取利호는 行實에 貴賤이 有홈이니 然혼 故로 古聖人이 曰호샤대 仁義는 眞實로써 利호게 홈이라 호심 (360)

라고 했다. 이것은 본래 상업을 천시하는 양반을 비판하는 글인데, 여기에서는 이(利)를 추구함에는 인의에 기초하는지의 여부가 중요하다고 주장하고 있다. 또한 유길준에 따르면 자유에는 좋고 나쁜 두 가지가 있으니, 〈良自由〉란 〈天理의 正直홈을 遵혼〉 것이고, 〈惡自由〉란 〈人慾의 邪僻홈을 任혼〉 것이다(128). 즉, 자유와 방탕의 구별은 욕망 추구가 〈천리〉에 부합하는지의 여부에 따르게 된다.『西洋事情』外編 1권「世人相勵み相競ふ事」를 번역해 나가면서 공리 사상을 소개한『西遊見聞』제4편「人世의 競勵」의 첫 부분은 욕망 추구가 결코 인간의 본성에 어긋나지 않는다는 점을 강조하고 있다. 하지만 한편으로는 여기에서 보다시피 유길준은 쾌락주의적 인간관을 배척하고 있다. 이러한 점을 단적으로 보여 주는 것이 제4편「인민의 권리」의 다음 문장이다.

> 天地의 理氣를 受ᄒ야 生物의 自由를 得홈은 人과 禽獸의 同然흔 者로ᄃᆡ 禽獸는 其自由를 用홈에 通義의 羈靮이 無ᄒ며 法律의 駕御가 亦 無ᄒ야 弱의 肉을 强이 是食ᄒ야 其勢力을 縱恣홈으로 其相生ᄒᄂ 道를 作ᄒᄂ ᄯᆞ름이오 人은 其相與ᄒᄂ 際에 法律의 綱紀를 立ᄒ며 通義의 界域을 定ᄒ야 其自由를 宰制ᄒ며 操縱홈으로 人間의 不齊흔 景況을 調平ᄒᄂ니 (115~116)[14]

즉, 사람이 자신의 뜻에 따라 자유롭게 행동하고자 하는 것은 사람과 금수에 공통적인 본성이다. 하지만 〈통의〉로 약육강식의 생존 경쟁을 회피하여 욕망을 전체적으로 조화롭게 하고 질서에 따르는 것 역시 사람의 본성이다. 그러므로 이것이야말로 사람을 금수와 구별시키는 인간이 인간다운

---

14 원저에서는 116쪽이라고만 하였으나, 사료 원문을 확인해 본 결과 115쪽부터 이어진 내용이므로 쪽수를 바로잡았다 — 옮긴이주.

까닭이라고 하는 것이다.[15] 따라서 유길준에게 사람의 욕망은 전체적인 공리로의 귀착을 전제로 한 것으로, 그렇지 않은 욕망은 나쁜 것이다. 그렇기 때문에 제4편 「人民의 權利」에서는 〈人慾을 遏ᄒ고 天理를 存ᄒ야 正直ᄒᆫ 道로 其權利를 持守홈〉(116)이라는 엄숙주의적인 표현도 나타난다. 다만 이미 밝혔듯이 유길준에게 천리와 인욕은 전면적으로 결코 모순되지 않으며, 인욕 그 자체는 반드시 억압되어야만 한다는 것이 아니라 천리와 상호 보완 관계에 있다. 게다가 어떻게 행동하는가는 〈人의 人되ᄂᆫ 理ᄂᆫ 天子로브터 匹夫에 達ᄒ야 毫釐의 差殊가 本無ᄒ 故로 形貌가 相同ᄒ며 性情이 相近ᄒ야 大小의 分은 雖異ᄒ나 外至ᄒᆫ 不義無道의 暴擧를 不受홈과 內存ᄒ 好惡取捨의 本心을 自持홈은 亦 相似홈이니〉(114)라고 하였듯이 각자의 자주성에 맡기고 있다. 사람이 사람다울 권리에 있어서 만인이 평등하다는 점은 여기까지의 논의에서 명확하다. 이것을 한층 진전하여 사람과 금수를 구분하는 〈사람이 사람 되는 이치〉=〈통의의 권리〉를 가지고 선을 행한다고 하는 점에서 만인은 평등하다. 이것은 모든 사람에 본연지성(本然之性)이 내재되어 있다고 하는 주자학 인성론의 평등 원리와 통한다고 하겠다. 그리고 사람은 모두 자신의 〈본심〉에 따라 〈호오를 취사〉할 수 있는 이상, 선악은 인성(人性)의 문제가 아니라 사람이 시비를 알아 도리를 분별하고 있는가라고 하는 후천적인 〈학습〉에 따르게 된다. 여기서 유길준은 의무 교육을 주장하고 있기 때문에, 유길준 자신이 〈上下 貴賤 婦人 孺子를 毋論ᄒ고〉(序6) 읽을 수 있는 문체로 인민에 민권과 입헌 정치라고 하는

15 이러한 의미에 있어서 유길준의 인간관·사회관은 〈약육강식(弱肉强食)〉, 〈우승열패(優勝劣敗)〉를 〈공리(公理)〉로 하는 사회 진화론을 용납할 수 없는 측면을 가진다. 조선에서 사회 진화론을 최초로 수용한 것은 유길준이라고 하는 견해가 일반적이나, 이에 대해서는 재고할 필요가 있다. 유길준과 사회 진화론을 고찰할 경우 佐藤愼一, 「〈天演論〉以前の進化論」, 『思想』792, 1990년 6월에서 〈프로토 진화론〉이 시사적이다.

새 시대의 사상을 설명하여, 계몽 사상가로서의 변신 논리가 나오고 있는 것이다. 주자학적 주지주의(主知主義)의 문맥에서 천리의 담당자를 지배층에서 피지배층으로 확대함으로써 계몽사상을 형성하였다고 할 수 있다. 따라서 평등이라고 하더라도 그것은 근대 서양의 평등과는 차이가 있다.

유길준은 〈通義는 事物의 情況을 隨ᄒ야 各人의 分限이 自在ᄒ 者〉라고 했다(113~114). 앞서 살핀 바와 같이 유길준은 〈사람이 사람 되는 권리〉에서 만인이 평등하고 지위는 법률에 따라 정해진 인위라고 서술했다. 그런데 법률은 인간이 태어나면서 갖는 〈통의〉를 보조하는 것이기 때문에 결국은 귀천, 빈부, 강약의 지위의 근원은 따지지 않게 된다. 이것이 다음 〈지위의 권리〉이다.

(상략) 然則 地位도 其當然ᄒ 通義가 自有ᄒ디니 其權利의 無홈이 奈何로 其可ᄒ리오 然ᄒ기 地位의 權利가 各其大小의 差異를 因ᄒ야 其適度의 配合이 有홈이로ᄃᆡ 人의 人되는 權利와는 不同ᄒ야 高下의 秩序와 大小의 境遇를 定ᄒ고 形勢의 變遷得喪을 由ᄒ야 推移有無ᄒ는 者니 (중략) 人이 此世에 居ᄒ야 其占有ᄒ는 地位는 無홈이 亦 不可ᄒ則 富貴ᄒ 者는 富貴를 行ᄒ고 貧賤ᄒ 者는 貧賤을 行ᄒ야 各其地位의 權利를 遵依홈이니 是故로 人生의 權利와 地位의 權利를 二種에 分ᄒ則 其輕重이 懸殊ᄒ야 其一은曰 內有ᄒ 眞理며 其二는曰 外來ᄒ 勢力이라 今古의 人事를 推究ᄒ건ᄃᆡ 勢力을 善用ᄒ는 者는 同類의 眞理를 保護ᄒ고 濫行ᄒ는 者는 同類의 眞理를 虧傷ᄒᄂᆞ니 (114~115)

즉, 〈인간이 인간다운 권리〉(〈인생의 권리〉)=〈진리〉에 있어서 만인은 평등하다. 하지만 지위에서도 각각 지켜야 할 분한(分限, 〈통의〉의 〈분한〉)이 있기 때문에 동시에 〈지위의 권리〉도 있어야 한다고 하였다. 이리하여 각자는 각각의 〈통의〉의 〈분한〉에 기초하여 상응하는 〈지위의 권리〉＝〈세력〉에 따른다고 간주한다. 그리고 학문이 부족한 자는 〈통의〉의 〈분한〉을 분별하지 않기 때문에, 〈분한〉을 넘거나 아니면 〈분한〉에 미치지 않는 것이 있어서 〈此를 調和ᄒ야 其中을 保守ᄒ기는 在上者의 大責〉이게 된다(114).

　이처럼 〈통의〉의 내용은 오륜이라고 하는 상하 신분의 윤리를 포함하고 있어서 〈상하 귀천 빈부 강약〉이 각각 〈분한〉을 지킴으로써 질서를 얻을 수 있다고 하는 것, 한편으로 천자에서 필부에 이르기까지 〈인간이 인간다운 권리〉에 있어 평등하다고 하면서도 다른 한편으로는 상하의 신분 윤리를 포함한 〈통의〉를 〈천리〉, 〈정리〉, 〈자연〉과의 관련에서 서술한 점에서 유길준의 인간 평등론은 근대 서양의 그것과는 다른 구조를 가지고 있다. 본래 〈통의〉는 〈생존〉, 〈재산〉, 〈영업〉 등의 사회 각 분야에 미치는 자유를 서로 조화시키는 기능을 갖는 것,[16] 군신의 의에 대해서도 인민의 권리는 〈萬乘의 威와 萬夫의 勇이라도 撓奪ᄒ기 不能ᄒ고〉(113)라고 함으로써 전제 군주권을 제약하였고, 나중에 살펴보겠지만 입헌군주제의 주장, 아니면 앞서 살펴보았다시피 〈지위의 권리〉는 〈形勢의 變遷得喪을 由ᄒ야 推移有無ᄒᄂ 者〉라고 하였으므로 〈분한〉이 반드시 고정적이지 않다는 점을 강조해도 좋을 것이다.

　어찌되었건 유길준의 인간관·사회관은 유교적 색채가 짙으며, 그것은 후쿠자와와 대조를 이루는 부분이다. 제4편 「人世의 競勵」에서 유길준이 〈人이 惡行을 不作ᄒ고 道理智力을 用ᄒ야 功名富達의 志를 抱ᄒ 者는 亦人生의 自然ᄒ 習慣이라〉(132)고 하여 〈도리〉, 〈자연〉이라는 유교의 기본

16　유길준은 〈인민의 권리〉로 〈身命(生存)〉, 〈財産〉, 〈營業〉, 〈集會〉, 〈宗教〉, 〈言詞(言論)〉, 〈名譽〉 일곱 가지를 들고 있다(116~118).

개념을 사용해 서술하는 부분이 『西洋事情』의 원문에서는 〈세상의 교제에서 서로 앞을 다투고 서로 이익을 추구하여도 그 폐단이 없는 것은 세계 일반의 이익이 있도록 하기 때문이다. 대개 이것은 조물주가 그렇게 만드는 것으로 그 마음속 의도의 교묘함을 알 수 있다〉(① 401)고 하여 〈조물주〉라는 대부분의 일본인 내지 동양인에 있어 이질적인 표현으로 되어 있는 점에서 그 단적인 예를 볼 수 있다(『學問のすゝめ』에서는 더 나아가 이것을 웨일랜드Wayland로부터 인용한 〈상호성reciprocity〉으로 설명하고 있다). 이러한 차이에서 양자가 짊어진 사상적 전통의 무게 차이가 느껴진다. 〈하늘은 사람 위에 사람을 만들지 않고 사람 아래 사람을 만들지 않았다〉로 대표되는 계몽기 후쿠자와의 〈하늘〉 관념은 아마도 Creator, God, Heaven 등의 번역어에 연원을 두었을 것이다. 그런데 유길준의 경우 자기가 알고 있는 천(天), 리(理), 자연(自然) 등에 기초하여 계몽사상을 설명하고 있을 뿐으로, 그 기반은 확고하다. 그러나 동시에 경직성·일면성을 동반하는 것이기도 하다.[17] 한편 공리적 자유를 모범적으로 수용한 후쿠자와는 그러나 그것을 지탱하는 도덕에 대해서는 결국에 가서는 번역어나 표음 표기로 처리해 버렸다.

이와 같이 유길준의 인간관은 욕망을 인간의 본질이라고 파악하는 점에서 주자학의 엄숙주의에 그치지 않는다. 그러나 각자의 욕망의 한계를 후쿠자와와 같이 그 상호성으로 설명하는 것이 아니라 인간에게 구비된 도덕성으로 설명하고, 더 나아가 도덕성이야말로 인간의 본질이라고 하는 점에서 주자학의 〈본연 지성〉, 〈기질 지성〉이라는 인성론과 공통된다고 생각한다. 조선 후기의 〈실학〉에서도 그것을 집대성한 자로 알려진 다산(茶山) 정약용(丁若鏞, 1762~1836)은 『大學講義』에서,

17 이 점에 관하여 조선의 서양 근대 사상의 수용은 이미 가로로 쓰인 문자를 한자로 고친 일본과 중국의 서적을 통하여 이루어졌다는 의미도 감안해야만 한다.

살펴보건대[18] 사람의 영체(靈體) 안에는 본래 원욕(願欲＝願慾)의 한 단서가 있다. 만약 이 욕심이 없으면 곧 천하의 만사가 모두 이루어질 수 없다. 생각컨대, 이익(利益)에 밝은 자는 욕심(欲心＝慾心)이 이록(利祿)을 따라 지붕도 뚫고 떠나갈 것이며 (중략) 내 일찍이 어떤 한 부류의 사람을 보았는데, 그 마음이 담박하고 욕심이 없어, 선을 행하지도 아니하고, 악을 행하지도 아니하고, 문사를 짓지도 아니하고, 산업을 하지도 아니하니, 이는 곧바로[直一] 천지의 사이에서 사물을 버리는 것이라. 〈그렇다면〉 사람이고서 욕심이 없을 수 있겠는가? (대학강의 2-39)

라고 서술하였듯이 민의 욕망 추구를 사실로 인정하고, 그것을 긍정적으로 평가한 것처럼 되었다고 하는 내용이 통설이다. 다만 그때에 기질을 인간의 본성으로 일원화한다든가, 기질 그 자체를 선으로 하는 지향은 욕망을 긍정하는 실학-개화사상에서도 물들지 않았던 것이 아닐까 하는 것이 유길준의 인간관에서도 예상된다. 정약용은 또한 『孟子要義』에서

대개 인성(人性)이란 도의와 기질 두 가지를 합하여 일성(一性)이 된다. 금수(禽獸)의 성은 순전히 기질의 성만이 있을 뿐이다. (중략) 또한 사람에게 있어서 선악은 스스로 만들어 낼 수 있는데 그것은 능히 스스로 주장할 수 있기 때문이다. 금수에게 있어서 선악은 스스로 만들어 낼 수 없으니 그것은 자연스럽게 터득되지 않은 것을 얻을 수 없기 때문이다. (맹자요의 2-19)

라고 서술하였다. 인성은 〈도의〉와 〈기질〉 두 가지로 나누어지고, 〈도의

18 인용문 맨 앞에 〈案〉자가 누락되어 있으므로 이를 추가하였다 — 옮긴이주.

·지성〉이야말로 금수와 구별되는 인간이 인간다운 이유로, 여기에 기초하여 사람은 선악을 〈스스로 만들고(自作)〉〈스스로 주장(自主張)〉할 수 있다고 할 수 있다. 이러한 정약용의 인성론과 〈통의의 권리〉〈자유의 권리〉〈호오(好惡)를 취사하는 본심〉 등에서 보이는 유길준의 인간관에는 분명히 연속성이 있을 것이다. 종래 근대 지향성의 발견에 관심을 가져온 실학 연구에서는 쾌락적 인간관을 기준으로 실학의 인성론이 그것에 어느 정도 가까웠는지를 문제로 삼는 경우가 많았다. 그러나 조선의 근대 사상인 개화사상에서도 쾌락적 인간관 그 자체가 주요한 문제는 아니었던 이상, 쾌락적 인간관의 형성을 기준으로 실학 혹은 주자학의 전개를 고찰하는 한 거기서부터 도출되는 결론은 실학의 〈근대〉적 측면을 과대평가하던가, 아니면 한국에 있어서 근대 사상의 미성숙이라는 한계성을 지적하는 데 그칠 수밖에 없을 것이다.

2. 문명론적 입헌군주제

2.1. 입헌군주제의 이해

앞서 서술했다시피 유길준은 『西遊見聞』 제5편 「政府의 種類」에서 후쿠자와의 『西洋事情』의 정체론에 거의 의존하지 않고 논지를 전개했다. 우선 유길준은 세계의 정체를 (1) 〈군주가 마음대로 하는 정체〉, (2) 〈군주가 명령하는 정체 혹은 압제 정체〉, (3) 〈귀족이 주장하는 정체〉, (4) 〈군민이 공치하는 정체 혹은 입헌 정체〉, (5) 〈국인이 공화하는 정체〉라는 다섯 가지로 분류했다(143~145). 이 가운데 (1)과 (3)은 현존하지 않는다고 했다. 그 외

에 대해서는 (2)는 전제 군주제, (4)는 입헌군주제, (5)는 공화제라고 해석할
수 있다.

유길준은 조선을 포함한 아시아 여러 국가에는 전제 군주제인 국가가
많지만 유럽 여러 나라에는 입헌군주제, 아메리카 여러 나라에서는 공화제
인 국가가 많다고 서술하여 유럽 여러 나라의 부강은 그 인종에 따른 것이
아니라 그 정체에 따른 것이라고 했다(147~148). 그렇다면 입헌군주제의
어떤 점에서 전제 군주제에 대한 우위성을 보았는가? 전제 군주제에 대하
여서는 다음과 같이 서술하였다.

[전제 군주제는] 國家의 典章이 一定치 못ᄒᆞᄂᆞ니 明君과 良臣이 國政을 行
ᄒᆞ야 公道를 務ᄒᆞ야도 其德化와 恩澤이 其君臣의 生世ᄒᆞᆫ 一時에 止ᄒᆞ고 徽
規와 美政이 其人의 歸와 同滅ᄒᆞ며 萬若暴君과 奸臣이 國權을 執ᄒᆞᆫ則 悖亂
ᄒᆞᆫ 政令과 殘酷ᄒᆞᆫ 法律로 其私意를 放縱ᄒᆞ야 不爲ᄒᆞᄂᆞᆫ 者가 無ᄒᆞ지라 然
ᄒᆞᆫ故로 雖泰平ᄒᆞᆫ 時를 當ᄒᆞ야도 人民의 氣性은 活潑홈이 無ᄒᆞ고 政府를 楚
越ᄀᆞ치 視ᄒᆞ야 憂國ᄒᆞᄂᆞᆫ 誠意가 自乏홀ᄲᅮᆫ더러 國家의 危急ᄒᆞᆫ 事勢가 有ᄒᆞ
야도 不知ᄒᆞ고 其經營ᄒᆞᄂᆞᆫ 바ᄂᆞᆫ 一身의 情慾에足ᄒᆞ기를 爲홀 ᄯᅮᆯ름이니
(150)

이에 비하여 입헌군주제는 어떠한가?

政府의 一定ᄒᆞᆫ 制度ᄂᆞᆫ 人君과 百姓이 同守ᄒᆞ야 敢히 是를 犯홈이 無ᄒᆞ고
良法과 美制를 新定ᄒᆞᆫ則 亦 君民이 共遵ᄒᆞᄂᆞᆫ 故로 暴君과 奸臣이 相遇ᄒᆞ야
도 其虐政과 苛法을 恣行ᄒᆞ기 不能ᄒᆞ지라 然ᄒᆞ기 人民은 各其業에 安ᄒᆞ며
事를 勉ᄒᆞ야 一家의 榮華를 營求홀ᄲᅮᆫ아니라 國人이 各其國의 重홈으로 自

任호야 進取호는 氣像과 獨立호는 精神으로 政府와 心을 同호며 力을 協호야 其國의 富强홀 機會를 圖謀호며 文明홀 規模를 講究호니 (149)

유길준이 입헌군주제를 이해한 요점은 그 우위성이 〈사(私)〉에 대한 〈공(公)〉의 실현에 있었고, 그 결과 민심이 정부에 집결한다고 하였다. 입헌군주제는 군주 정치가 〈공〉을 제도적으로 보장하는 제도로, 그 아래에서야말로 안민(安民)이 실현되어 인민 각자는 〈일신의 정욕〉=〈사〉를 배척하여 자신의 일에 힘쓰고 바르게 〈경려〉하여 사회(국가)의 부강을 증진할 수 있게 된다는 것이다. 그렇기 때문에 유길준의 정체론은 입헌 그 자체보다도 인민의 수양에 중점을 두고 있다.

그런데 유길준은 입헌군주제 가운데서도 영국의 제도가 〈세계 제일(最佳)〉이라고 서술했는데(151), 강재언은 유길준이 〈자유 민권의 신장에 대하여 선진적으로 전제 군주권의 제한에 대하여 엄격한〉 영국형 입헌군주제를 구상했다고 했다.[19] 그러나 유길준이 말하는 영국의 입헌군주제가 반드시 실제 영국의 입헌군주제와 일치하지 않는다는 점은 앞서 본 이 정체의 의의에 대한 유길준의 주장에서도 미루어 살필 수 있다.

우선 유길준은 군주권의 제한과 의회, 삼권 분립에 대해 언급하면서도 한편으로는 군주를 삼권 위에 세워 〈三大綱의 元首〉로 설명하고 있다 (145). 또한 〈其國의 最上位를 占혼 者는 其君主며 最大權을 執혼 者도 其君主라 其人民은 其君主를 服事호며 其政府를 承順호야 一國의 體貌를 保守호고 萬姓의 安寧을 維持호느니〉(85), 혹은 〈大槩 國家의 規模가 千萬年을 經過호야도 不變홀 者가 有호고 又 時勢를 隨호야 變改홀 者도 有호

---

19 姜在彦, 「開化派における自由民權思想の形成」, 『近代朝鮮の變革思想』, 日本評論社, 1973년, 135쪽.

니 其不變홀 者는 人君이 人民의 上에 立ㅎ야 政府를 設實ㅎ는 制度와 又
其泰平을 圖成ㅎ는 大權이며 人民은 人君을 爲ㅎ야 其忠誠을 盡ㅎ고 又
其政府의 命令을 服從ㅎ는 事니〉(141)라고 하였듯이 군주와 인민의 분한
은 선험적인 것과 같다. 따라서 공화제를 제창하는 자는 〈帝王政府의 罪
人〉이라고 비난을 받게 된다(139~140). 공화제는 아메리카 여러 나라와 같
은 사례에서만 인정되는데 대통령은 임기가 있기는 하지만 그 지위는 군주
와 같다고 설명하였다.[20]

또한 유길준은 의회를 〈君主의 政治를 贊襄ㅎ며〉라고 설명하고 있는데
(148), 이 〈贊襄〉은 전봉덕(田鳳德)이 지적하였듯이 협찬(協贊)·익찬(翼贊)과
같은 의미이다.[21] 더욱이 『西遊見聞』 제10편 「法律의 公道」 가운데 영국 의
회에 관한 기술은 『西洋事情』 外編 2권 「國法及び風俗」을 번역하여 서술
한 부분인데, 하라다 다마키(原田環)가 지적한 대로 그 대부분이 생략되었
다.[22] 예를 들어 『西洋事情』의 〈원래 왕가의 윤허는 오직 예전(禮典)에서 말
하는 것일 뿐 그 유명무실함은 만인이 아는 바임에도〉(① 431)라고 하여 영
국 군주의 의례적·상징적 성격을 서술한 부분을 『西遊見聞』에는 번역하고
있지 않다. 그런데 그 한편으로는 『西洋事情』의 〈정부의 호령(號令)을 시행
함에 있어서는 그 처치의 신속함을 귀하게 여기고, 모름지기 한 사람의 손
에서 나오는 편이 좋다. 하원과 같이 여러 사람이 회합하는 상황에서 그것
의 실시는 몹시 불편하다. 그러므로 영국에서 호령을 시행하는 전권은 국

20 한편 이 부분은 『西洋事情』 外編 2권, 「政府の種類」의 〈아메리카 건국의 명분은 정치를
일변하려 한 것과 비슷하다. 그렇기는 하나 그 실제는 종래 영국이 보낸 대리인을 수장으로 세워
두고 국내 사무는 국내의 사람으로 하여금 이 대리인과 함께 처리하는 풍습이었기 때문에, 건국
후 의사원(議事院)을 만들어 대통령을 뽑았다고 하지만, 일체의 정치에 이르러서는 겨우 그
취지를 바꾸었을 뿐〉(① 421)으로부터의 발상이라고 생각한다.

21 전봉덕, 앞의 논문, 245쪽.

22 原田環, 「朝鮮の近代化構想」, 『史學研究』143, 廣島史學研究會, 1979년 6월, 17쪽.

왕과 집정(執政)에 맡겨 그 처치의 신속함은 입군독재(立君獨裁) 정치와 다를 바 없다〉(① 432)고 한 부분에서 〈하원〉이 〈의사원(議事院)〉으로 바뀐 점을 제외하면 그대로 한글로 번역되어 있다(270). 곧, 『西遊見聞』에서는 영국 국왕도 광대한 대권을 가지고 있다는 뉘앙스가 된다. 유길준이 말하는 입헌군주제가 영국형 입헌군주제와는 일치하지 않는다는 점은 명확하다. 유길준의 입헌군주제에 대한 관심은 어디까지나 〈일군만민〉 체제의 구조로부터 온 것이었다.

물론 앞서 살폈다시피 군주는 인민과 함께 법률을 준수해야만 한다. 따라서 〈人君의 權勢도 限定ᄒ 界境이 有ᄒ야 法外에ᄂ 一步도 出ᄒ기 不能ᄒ〉고, 또한 〈法律及政事의 一切大權을 君主 一人의 獨斷홈이 無ᄒ고 議政諸大臣이 必先酌定ᄒ야 君主의 命令으로 施行ᄒᄂ 者ᄅ 指홈이니〉(144)라고 하였듯이 그 권력은 실질적으로 제한된다. 정치 제도 개혁론으로서 유길준의 입헌군주제론은 군주권의 제한(제도화)과 또 한편에서의 군주의 권위 강화로 요약할 수 있다. 여기에서 군주권의 제도화에 따라 중앙에서 왕실과 척족의 전횡을 배제하고, 동시에 권력이 군주에게 형식적으로 집중하여 지방에서 사족과 향리층의 전횡을 억제하면서 국가에 의한 일원적 지배를 달성한다고 하는 당시의 정치적 과제가 반영되어 있는 것 같다. 또한 군주권 강화는 당시 현안이었던 청과의 종속 관계에 대하여 청국 황제와 조선 국왕의 대등성을 주장한다는 의미도 있을 것이다.

그런데 유길준은 〈人民의 知識이 不足ᄒ 國은 卒然히 其人民에게 國政參涉ᄒᄂ 權을 許홈이 不可ᄒ 者라 (중략) 國의 政體ᄂ 恒常 其人民의 學識階梯ᄅ 隨ᄒ야 其制度의 等級이 成ᄒᄂ 故로 政體의 種類가 如何ᄒ든지 其實은 皆人民의 自取ᄒ 者니 泰西의 舊日學者가 曰호ᄃ 善民上에 惡政府가 無ᄒ고 惡民上에 善政府가 無ᄒ다 ᄒ니〉(152)라고 하였듯이 조선에서

민선 의원의 개설은 시기상조라고 했다.[23] 유길준에 따르면 〈凡國의 政體 는 歷年의 久長홈으로 人民의 쬘慣을 成혼 者〉이므로, 상황을 살피지 않 고 정체를 개변(改變)하는 것은 〈小兒의 嬉戱〉같은 것이다(151). 그러므로 〈萬若 不學혼 人民이 學問의 先修홈은 無호고 他邦의 善美혼 政體를 欲效 호면 國中에 大亂의 萌을 播〉(152)하게 된다.

유길준의 입헌군주제론의 요체는 이 정체가 교화에 의한 인민의 도덕적 수양과 직결된다는 점에 있다. 게다가 이러한 정체가 서양의 문명·부강 달 성의 근간과 관련되어 있기 때문에 여기에 유길준의 입헌 정체론은 단순히 정체의 문제에 그치지 않고 문명론으로서의 의미를 갖게 된다. 따라서 다 음으로는 유길준의 문명관을 고찰하기로 한다.

2.2. 문명관의 특질

유길준은 『西遊見聞』 제3편 「人民의 敎育」에서 『西洋事情』 外編 3권 「人民の敎育」의 거의 전문을 번역하면서 의무 교육의 필요성을 서술하고 있는데, 맨 마지막의 8행에 『西洋事情』에 없는 문장을 첨부하고 있다. 여기 서 유길준은 〈교육의 3대강〉으로서 〈道德敎育〉, 〈才藝敎育〉, 〈工業敎育〉 을 들면서 이것들이 각각 〈正德〉, 〈利用〉, 〈厚生〉에 대응한다고 하였다 (107). 이 〈교육의 3대강〉에 기초한 교육 과목은 제8편 「政府의 民稅費用호 는 事務」 제2 「人民敎育호는 事」에서 〈五倫의 行實과 寫字法과 畵圖法과 算數法으로브터 物産學 窮理學 經濟學 及 人身學의 槩略에 至호고 又 天

23 한편 여기의 〈서양(泰西)의 옛날 학자가 말하기를〉 운운하는 것은 『學問のすゝめ』, 「初編」의 〈서양의 말로 우민(愚民) 위에 가혹한 정부 있다는 것이 이것이다. 이는 정부의 가혹함에 있지 않고, 우민 자신이 초래한 재앙이다. 우민 위에 가혹한 정부가 있다면 양민(良民)의 위에는 좋은 정부가 있는 이치이다(③ 33)〉의 원용이다.

下各國의 地理 物産 政治 風俗〉에 있다고 구체적으로 서술하였다(210).
〈오륜의 행실〉은 〈정덕〉을 위한 것이고, 〈사자법(寫字法)〉이하는 〈이용〉,
〈후생〉을 위한 것으로 보인다. 그리고 서양 학문은 〈교육의 3대강〉에 기초
한다고 했다.

> 大抵 泰西學術의 大主意는 萬物의 原理를 硏究ᄒ며 其功用을 發明ᄒ야
> 人生의 便利ᄒ 道理를 助ᄒ기에 在ᄒ니 諸學者의 日夜로 苦心ᄒᄂ 經論이
> 實狀은 天下人을 爲ᄒ야 其用을 利ᄒ게 ᄒ고 因ᄒ야 其生을 厚ᄒ게 ᄒ며 又
> 因ᄒ야 其德을 正ᄒ게 홈이니 (332)

서양 학문은 바로 〈이용〉, 〈후생〉을 행함으로써 〈정덕〉까지도 달성하였
다고 했다. 유길준은 또한 학문에는 〈허명(虛名)〉과 〈실상(實狀)〉의 구별이
있다고 말한다. 〈허명 학문〉이란 〈理致를 不究ᄒ고 文字를 是尙ᄒ야 靑春
으로 白首에 至ᄒ도록 詩文의 工夫로 自娛호ᄃ 利用ᄒᄂ 策略과 厚生ᄒ
ᄂ 方道ᄂ 無홈이오〉(347)라고 한다. 이것은 〈이용〉, 〈후생〉의 시각을 결여
한 과거에 대한 비판이다.

유길준은 또한 〈行實의 開化〉는 〈五倫의 行實을 純篤히 ᄒ야 人이 道理
를 知ᄒ〉 것이라고 했다(375~376). 게다가 정치 이하의 제반 개화는 시대
와 지역에 따라 변하더라도 〈행실의 개화〉만은 천하의 만국이 공통으로 영
구불변한다고 서술하였다(378). 즉, 유길준이 말하는 〈정덕〉이란 〈오륜의
행실〉이고, 또한 앞서 언급한 사유(四維)와 사단(四端)도 〈정덕〉의 일부라고
해도 좋을 것이다. 더욱이 유길준은 제4편 「人民의 權利」에서 〈종교의 자
유〉를 주장한 것과 관련하여 〈天下의 宗敎가 一門에 不止ᄒ고 (중략) 雖同
國人이라도 儒敎를 信ᄒᄂ 者ᄂ 儒敎를 從ᄒ고 佛敎를 喜ᄒᄂ 者ᄂ 佛敎

에 歸〉한다고 하였는데(219~220), 이러한 배경에는 〈大槩 如何き 宗敎든지 衆人의 信依ᄒᆞᄂᆞᆫ 者인則 人의 不可行ᄒᆞᆯ 者ᄂᆞᆫ 아니라 必然히 尊國ᄒᆞᄂᆞᆫ 義氣와 愛君ᄒᆞᄂᆞᆫ 精誠은 彼此敎의 殊異가無〉(221)라고 하는 종교관이 존재한다. 즉, 세계의 종교는 〈존국〉, 〈애군〉에서는 공통된다고 한 것이다. 따라서 유길준에게 조선 학문은 〈정덕〉에서 서양의 학문과 동등해진다.[24] 조선학문이 결여하고 있는 것은 〈이용〉, 〈후생〉으로 서양 여러 나라는 바로 이것을 행하고 있기 때문에 〈정덕〉도 잘 행해지고 있는 것이다. 유길준이 말하는 〈정덕〉은 오륜과 사유(四維) 등으로 서양 여러 나라가 부강한 이유도 인민이 이것과 동질한 〈정덕〉을 닦고 있기 때문이다(다만 유길준이 말하는 〈정덕〉은 〈존국〉, 〈애군〉에 집중하고 있다는 점에 유의할 필요가 있다). 그 수양과 밀접한 관계가 있는 것이 입헌군주제이다. 반대로 말하면 유길준이 서양사상을 수용한 근저에는 서양의 입헌국에서 〈정덕〉을 발견하려는 데 있었다고 할 수 있다.

이와 관련하여 유길준의 국제 정치관을 약간 언급하고자 한다. 유길준은 만국은 나라의 권리에 있어 평등하다고 주장했다. 하지만 그와 동시에 현실적으로는 대소강약의 차이가 있어 국제법은 그러한 대소강약에 의한 〈강국이 존엄을 잃는 것〉, 〈약국이 모욕을 받는 것〉를 허락하지 않는 〈天地無偏의 正理〉의 유지에 있다고 했다. 여기서 국제법이 〈天地無偏의 正理〉

24 한편 하라다 다마키의 앞의 논문은 유교를 불교와 비교한 앞 인용문을 유길준의 반(反)유교론으로 해석하고 있다. 그러나 〈정덕〉의 학문(學)으로서 유교의 위치는 유길준에게 확고하였다. 게다가 그것이 서양 문명 수용의 근거가 되었다는 것이 한국의 근대 사상사 연구에서는 유교 비판의 존재 여부(存否)보다도 중요했다. 유길준은 유교 그 자체를 〈허학(虛學)〉으로 부정하려 하지 않았다. 유길준이 비판하는 것은 〈허학〉의 강구에 빠지곤 하던 과거였다. 유길준의 과거 비판은 일본 유학 이전부터 일관되어 1877년에는 「科文弊論」을 저술했다. 조선에서 과거가 폐지된 것은 갑오개혁 당초의 1894년 8월 3일의 「軍國機務處議定案」에서였는데, 군국기무처 의원 가운데 한 사람이었던 유길준이 그 입안 과정에 관여했음은 확실하다.

에 기초하고 있다는 점이 앞서 본 법률은 〈通義〉=〈당연한 정리〉에 기초한다고 하는 주장과 매우 비슷함을 알 수 있다. 그와 같은 이유에서 제3편 「邦國의 權利」 가운데 다음 문장에 주목하게 된다.

> [나라의] 權利는 天然흔 正理며 形勢는 人爲흔 剛力이라 弱小國이 元來 强大國을 向ᄒᆞ야 恣橫ᄒᆞ는 剛力이 無ᄒᆞ고 但 其自有흔 權利를 保守ᄒᆞ기에 不暇흔則 强大國이 自己의 裕足흔 形勢를 擅用ᄒᆞ야 弱小國의 適當흔 正理를 侵奪홈은 不義흔 暴擧며 無道흔 惡習이니 公法의 不許ᄒᆞ는 者라 (91)

여기서 나라의 〈권리〉=〈正理〉와 〈형세〉=〈剛力〉과의 관계가 민권론의 〈인생의 권리〉=〈진리〉와 〈지위의 권리〉=〈세력〉과의 관계와 대칭된다는 점은 분명하다. 유길준은 〈夫國은 其處地와 形勢를 自知홈이 貴ᄒᆞ니〉(94)라는 주장을 전 생애에 걸쳐 되풀이하고 있다.[25] 그런데 이러한 주장은 민권론에서 보인 〈지위의 권리〉=〈세력〉(국가 간에서는 〈强力〉)을 잘 사용하면 〈인생의 권리〉=〈진리〉(국가 간에서는 〈정리〉)를 보호할 수 있다는 논리가 국가에서도 관철되고 있음을 의미한다. 즉, 소국은 소국으로서의 분수(分限)을 지키고 대국은 대국으로서의 분수(分限)를 지킨다는 것이 각자가 각각 〈通義〉의 분한(分限)을 따르는 것과 유사해진다. 이것을 한 번 더 부연하자면 유길준에게 사람이 스스로 좋아함에 따라 자유롭게 행동하고자 하는 것은 사람의 본성인 한편, 〈通義〉에 따라 욕망을 전체적으로 조화하는 것이야말로 인간이 인간다운 이유였다. 그처럼 국가는 부국강병을 추구하면

---

25 〈且按歐人之言, 有云爲國者貴自知, 自知者, 言知其國之位處狀勢, 與夫與國之關係也, 臣得此二說, 三十年來未敢 一日忘也〉(兪吉濬全書編纂委員會 編, 『兪吉濬全書』IV, 一潮閣, 1971년, 267쪽).

서도 세계적인 조화를 따라가야 하는 존재였다. 그리고 국내법이 〈통의〉=〈천리〉의 달성을 보조하였듯이 〈邦國의 交際도 亦 公法으로 操制ᄒ야 天地의 無偏혼 正理로 一視ᄒᄂ 道ᄅᆯ 行〉(88)하면 국제법은 천리(天理)를 유지하기 위해 당연히 국내법과 같은 효력을 갖는다는 논리가 된다. 이리하여 유길준에게는 〈夫保國ᄒᄂ 道가 道理ᄅᆯ 守ᄒ며 信義ᄅᆯ 修ᄒ야 治民혼 政令과 交隣ᄒᄂ 禮節에 正大홈과 誠實홈으로 上策을 作홀디니〉(223)라고 하였듯이 국제 질서는 도리의 지배가 되고, 나라의 독립(〈정리〉의 보호)을 위해서는 〈신의〉와 〈예절〉이 가장 중요해진다. 기존 연구에서는 유길준의 국제법 이해에 대하여 반드시 그 타당성과 실효성이 보장되어 있지 않은 국제법을 낙관적으로 과신하고 있었다고 하는 견해가 일반적이었다. 확실히 유길준의 국제법 이해는 국제적 신의를 낙관적으로 보고 있었지만, 그것은 〈자주독립을 방어하는 길은 법리론적으로 공법의 타당성과 실효성을 믿는 이외에는 방법이 없다고 생각해 왔다〉[26]고 하였듯이 피상적이지 않았다. 이것은 특히 유길준의 사유 양식에 기초하였기 때문이다.[27]

---

26 전봉덕, 앞의 논문, 247쪽.
27 요코이 쇼난(橫井小楠) 등의 국제법 이해가 주자학의 〈일종의 자연법적 관념〉의 매개를 이루었다는 점은 丸山眞男, 「近代日本思想史における國家理性の問題」, 『丸山眞男集』4, 岩波書店, 1995년에 지적되어 있다. 또한 조경달은 마찬가지의 국제법 이해야말로 조선적인 그것이라고 했다(「朝鮮近代のナショナリズムと東アジア」, 『中國 — 社會と文化』4, 1989년 6월 및 「朝鮮近代のナショナリズムと文明」, 『思想』808, 1991년 10월). 조경달의 견해가 탁견이기는 하나 이러한 근대 조선의 국제법 이해가 조경달이 말하듯이 서양 문명 비판을 동반한다고 반드시 말할 수 없다는 점은 본서 제1부 제1장에서 서술하였다.

결론을 대신하여

이상의 고찰에 입각하여 한국 근대 정치 사상의 전개에 대하여 몇 가지 전망을 하면서 이 장의 결론을 대신하고자 한다.

이 장의 제3절에서 언급한 〈이용·후생→정덕〉의 논리는 북학파의 대표적 인물 박지원(朴趾源, 1737-1805)이 『書經』大禹謨篇의 〈三事〉를 전도시킨 〈利用然後可以厚生, 厚生然後德可以正矣(이롭게 쓴 후에야 생활이 윤택할 수 있고, 생활이 윤택해진 다음에 덕이 바르게 될 것이다)〉(『燕巖集』卷1「洪範羽翼序」)의 계승이다. 박지원의 이러한 말은 〈정덕〉에 대한 〈이용〉, 〈후생〉의 우선을 의미한다고 해석할 수는 있으나, 〈이용〉, 〈후생〉에 비해 〈정덕〉의 가치를 낮추는 것을 의미하지는 않는다. 야마우치 코이치(山內弘一)는 박지원이 주자학을 정통으로 한 강한 모화사상(慕華思想)과 소중화주의(小中華主義)를 가지고, 그와 같은 문화 자존 위에서 이적(夷狄)인 청으로부터 〈이용〉, 〈후생〉을 받아들이고자 한 것으로, 또한 〈이용〉, 〈후생〉을 받아들이는 대상이 청에서 서양으로 전환되면, 개화사상의 〈동도서기〉론으로 전환해 간다고 지적했다.[28] 야마우치의 지적은 박지원의 〈근대 지향〉적 측면을 강조하는 것이 아니라 전통적 유학자로서의 측면에 주목하여 거기서부터 더한층 개화사상의 형성을 전망하고 있는 점에서 시사하는 바가 많다. 다만 이 장의 논의에서 말하자면 박지원이 확신하여 의심하지 않았던 〈정덕〉을 다시 서양 근대 사상 속에서 해석해 가는 것이 개화사상의 형성 과정은 아닌가라고 반문할 수 있다.[29]

28 山內弘一,「朴趾源に於ける北學と小中華」,『上智史學』37, 1992년 11월.
29 종래 개화사상 연구에서는 〈동도서기〉→〈변법〉이라는 발전 단계론을 설정하였는데, 그 발전 기준의 하나가 유교를 부정하는 정도였다. 이 장에서 언급했던 미야지마 히로시·조경달의 연구로부터 유교를 부정하는 정도를 개화사상의 평가 기준으로 삼는 것의 문제성은 명확하다.

앞 장에서 서술했던 대로 유길준은 『西遊見聞』보다 앞선 시기의 저작에서 권리와 자유, 입헌 정체에 대하여 언급하면서도 서양 정치 사상에 입각한 인간관·사회관에 대해서는 이해가 미치지 않았기 때문에(유길준 나름, 아니면 조선 나름이라는 의미에서의 이해이기는 하지만) 논의를 체계적으로 할 수 없었다. 유길준이 본격적으로 서양 사상을 섭취한 때는 미국에서 귀국한 후인 1885년부터 〈연금(軟禁)〉을 당하였던 시기로, 그 수용 방법은 조선 주자학과 그 전통을 수용하여 계승한 조선 후기 실학의 〈정덕〉위에서 후쿠자와를 통하여 섭취한 서양 근대 사상을 합쳐서 결합시키는 형태로 이루어졌다. 유길준이 『西遊見聞』의 「備考」에서 〈[이 책에서]經史子集의 句語를 引用혼 者는 彼我相合혼 意義를 取홈이라〉(備考 3~4)[30]고 하여, 도처에서 『論語』등의 경전을 인용하기도 하고, 〈先王創業의 功德〉이나 〈王法〉에 대하여 언급하고 있는 것은 그러한 서양 사상 섭취의 경위를 드러낸다고 볼 수 있다.[31] 그리고 서양 정치 사상에서 선왕의 이상 정치나 유교의 〈정덕〉을

그런데 종래 연구에서 유길준의 사상은 〈변법〉의 구조로서 파악되거나, 〈동교서법(東敎西法)〉이라는 〈동도서기〉와 〈변법〉의 중간적 존재로서 파악되는 등, 그 위치가 비정되지 않았다. 이것은 유길준의 사상이 위의 구조로서 파악하기 어려운 특수성을 가지고 있기 때문이 아니라, 그 기준 자체에 문제가 있기 때문이 아닐까 한다.

30 원서에서는 비고 4쪽이라고 표기했는데, 이 인용문은 『西遊見聞』「備考」3~4쪽에 걸쳐 있기 때문에 쪽수 표기를 바로잡았다 — 옮긴이주.

31 하라다 다마키는 유길준 등 개화파의 스승인 박규수(朴珪壽)가 일본에게 개항하기 이전 시기에 구미 여러 나라도 〈禮〉를 가지고 있다는 화이관의 전환을 실시했다는 것을 지적했는데(「朴珪壽と洋擾」, 旗田巍先生古稀紀念會 編, 『朝鮮歷史論集』下, 龍溪書舍, 1979년. 나중에 수정한 『朝鮮の開國と近代化』, 溪水社, 1997년의 제5장), 개화사상의 전개를 살피는 데 있어서 시사하는 바가 많다. 그런데 서양 사상 수용의 방법에서 유길준은 후쿠자와보다도 동·서 문명의 공통성을 인정하는 나카무라 마사나오[中村正直, 유길준의 동료 윤치호(尹致昊)가 사사한]에 공감하고 있었다고 생각한다(나카무라의 문명관에 대해서는 萩原隆, 『中村敬宇と明治啓蒙思想』, 早稻田大學出版部, 1984년 참조). 이는 일본 유학 중인 1882년의 한시(漢詩)「雪中戱題, 寄中村敬宇」(앞의 책, 『兪吉濬全書』V, 85~86쪽)로부터 엿볼 수 있다.

읽어 낸다는 방법은 좋든 나쁘든 간에 조선에서 서양 사상 수용의 하나의 전형적인 표현이라고 생각한다. 예를 들면 갑신정변에 실패하여 일본으로 망명한 박영효(朴泳孝)가 후쿠자와의 저작과 유교 경전을 인용하면서 고종에게 국가 개혁의 필요성을 설명한 「건백서(建白書, 원문 朴泳孝上疏)」[32]나, 1880년대 서양 정치 제도의 도입에 부정적이었던 김윤식(金允植)이 독립협회의 민권 운동이나 의회 개설 운동에서 〈선왕인정(先王仁政)〉의 회복을 간파하고 더 나아가 입헌군주제의 채용을 주장하게 된 행동에서도[33] 유길준과 같은 서양 정치 사상 수용의 양상을 발견할 수 있다. 따라서 이 장에서 약간 언급했던 정약용의 인성론 등 조선 후기 실학파의 사유 양식을 끝까지 추적하고, 더 나아가 그 연장선상에서 개화파의 서양 사상 섭취의 위상을 재평가하는 작업이 앞으로 필요한 과제이다.

또한 개화파의 입헌군주제론은 서구나 일본의 그것과 비교해야 할 뿐만 아니라, 영·정조대의 탕평책, 정약용의 군주권 강화론[34] 등과의 연속성 위에서 고찰해야 할 필요가 있다. 16세기 이후 〈군신공치(君臣共治)〉의 원리로 기능하였던 〈붕당정치〉는 17세기 후반이 되면서 배타적인 분쟁으로 전환되기 시작하여, 1728년의 이른바 무신란(戊申亂)에 이르러 왕조의 근간까지 위협할 정도가 되었다. 이렇게 비대해진 신권을 억누르고 군주권을 회복하고자 한 것이 영·정조대의 탕평책이었다.[35] 정조의 사상적 영향을

32 「박영효상소」에 대해서는 青木功一, 「朝鮮開化思想と福澤諭吉の著作」, 『朝鮮學報』52, 1967년 7월); 同, 「朴泳孝の民本主義·新民論·民族革命論」1·2, 『朝鮮學報』80·82 連載, 1976년 7월, 1977년 1월 참조.

33 趙景達, 「金允植に於ける民衆觀の相剋」, 『アジア史研究』11, 中央大學, 1987년 1월 참조.

34 정약용의 군주권 강화론에 대해서는 宮嶋博史, 앞의 논문, 「朝鮮社會と儒教」 참조.

35 조선 시대 정치사에서 군주권의 추이에 대해서는 李泰鎭, 「朝鮮王朝의 儒教政治와 王權」, 『韓國史論』23, 서울대학교 국사학과, 1990년 8월을 참조. 한편 이태진은 정조의 군주권 강화책에서 조선시대 정치 사상적으로 하나의 획기적 성격을 찾는 것 같은데, 근대 정치 사상사 연구에

받은 정약용의 정치 사상도 군주로의 권력 집중을 핵심으로 삼고 있으며, 그 모델은 주로 상서(尙書) 연구를 통하여 이념화한 〈선왕의 왕정〉이었다.[36] 이러한 군주권 회복은 그 후 세도 정치 시대에서도 국가 개혁론으로서 현실성을 가졌을 것이다. 군주가 정부를 설치하여 광대한 대권을 가지고 정부의 명령은 전부 군주로부터 나와 인민은 그 명령에 따라야만 한다는 입헌군주제를 유길준이 주장한 것은 결코 당시의 일본 헌법론으로부터 영향을 받았다는 이유만으로 설명할 수는 없을 것이다. 오히려 일본뿐만 아니라 미국에도 유학했던 유길준이 조선 후기 이래의 정치 사상의 전개를 배경으로 스스로 선택하여 취했다고 이해하는 편이 자연스럽다. 그리고 그 내용은 서로 다르지만 대원군 정권의 중앙 집권 강화책이나, 대한제국기 고종의 전제 황권화에도 그러한 조선 왕조 후기 이래의 정치 사상의 추세가 관철되었다. 그러므로 당시 중앙에서 조선 정치 사상의 주류는 군주권 부정이 아니라 군주권 강화의 방향에 있었다고 생각한다. 군주권의 부정 →공화제의 수용이라는 발전 단계를 한국의 근대 정치 사상에 도식적으로 적용하기에는 무리가 있다. 다만 그러한 군주권 강화의 추세는 고종의 전제 황권화와 유길준과 같은 입헌군주제 어느 쪽으로부터도 추진될 가능성을 가지고 있었다.[37]

대해서도 시사적이다. 李泰鎭,「正祖의『大學』탐구와 새로운 君主論」,『李晦齋의 思想과 그 世界』, 成均館大學校 大東文化硏究所, 1992년 참조.

36 金文植,「尙書 연구서를 중심으로 본 丁若鏞과 洪奭周의 政治思想 비교」,『韓國史論』20, 서울대학교 국사학과, 1988년 11월; 同,『朝鮮後期經學思想硏究』, 一潮閣, 1996년; 金泰永,「茶山의 國家改革論 序說」, 姜萬吉, 鄭昌烈 外 9명,『茶山의 政治經濟思想』, 創作과批評社, 1990년 등을 참조.

37 原武史,「朝鮮型〈一君萬民〉思想の系譜」,『社會科學硏究』47-1, 1995년 8월(나중에 수정한『直訴と王權』, 朝日新聞社, 1996년)은 이태진의 문제 제기를 수용하여 영·정조의 군주권 강화론을 〈조선형 일군만민 사상〉으로 고찰하여 그 정치 문화의 전통으로부터 한국의 근대 정치 사상 전개를 논하여 이 장의 논의와 크게 관련이 있다. 하라는 대한제국기의 고종 및 동학 농민

군주권 강화의 흐름이 조선 후기 이래의 정치 사상이라고 한다면 아마도 그 흐름의 배경에는 중국에 대한 자립 의식이 존재하고 있었다고 생각하지만, 유길준의 계몽사상은 이에 더하여 〈구 행정어〉(한문)에 대응하는 〈속어〉(한글)로 불특정 다수의 백성을 설득하고자 했다는 점에서 동아시아 보편주의적 문명 원리(중화 제국 체제)로부터 국민 국가 조선의 자립을 지향한 하나의 대척점이라고 말할 수 있다.[38] 다만 또 한편에서 유길준의 문명론적

운동에서 동학 이단파(東學異端派), 그중에서도 전자를 영·정조기 이래 〈일군만민 사상〉의 흐름에서 파악하여 높이 평가하고 있는데, 필자는 유길준의 입헌군주제 사상에서도 그것이 인정된다고 본다. 유길준이 영·정조의 탕평책, 아니면 그것을 계승한 정약용의 저작에 어느 정도 영향을 받았는지에 관해서는 현재 실증할 수 없다. 하지만 고종이 정약용의 저작에 심취하기 시작했던 1880년대 전반은 유길준 개화사상의 형성기에도 해당한다. 유길준의 저작 『地制議』에는 단편적이지만 정약용의 저작에 대한 언급이 보인다. 그런데 이태진의 앞의 논문 「正祖의 『大學』 탐구와 새로운 君主論」이 지적하고 있듯이 정조는 『大學』 등을 연구해 가면서 군주 강화의 사상적 기반을 확고히 하였다. 그러한 한편으로는 군주 자신의 엄격한 자기도야(自己陶冶) 강조로 자의적인 군주권 행사를 경계하고 있다. 또한 김문식의 앞의 논문이 지적하고 있듯이 유배 이후의 정약용은 군주가 상제(上帝)로부터 〈제왕의 지위와 권리(皇極之位權)〉를 받음으로써 지상 일체의 권한을 가질 수 있다고 했다. 그러나 한편으로는 백성에 상제와 직결한 〈자주권〉을 상정함으로써 군주의 자의성을 상제가 제한한다고 했다. 다만 군주 개인의 엄격한 자기도야나 상제 관념은 〈근대〉에 이르면서 지극히 불안정·비합리적으로 되어 버렸을 것이다. 유길준의 입헌군주제론은 자기도야라는 군주 개인의 자질에 관계없이 혹은 상제 관념에 기대지 않고 〈선왕의 왕정〉을 제도적으로 보장하는 데 중점이 있다. 거기에야말로 영·정조 혹은 정약용 등의 군주권 강화론을 계승하면서, 〈근대〉 정치 사상을 섭취하여 형성한 개화사상의 의의가 있다고 생각한다. 하지만 그것을 현실로 이행하고자 한 갑오개혁은 일본이 일으킨 혼란과 조우하여, 유길준 등 개화파 자신의 그것에 편승하여 개혁을 실현하도록 할 수밖에 없었던 점에서 개화파와 개화사상은 한국 근대사의 아포리아aporia가 있는 것이다. 유길준 등 개화파에 의한 갑오개혁을 단순한 〈일본형 오리엔탈리즘〉으로 비판하는 하라의 견해와 필자는 생각을 달리한다. 拙稿,「書評·原武史 著, 『直訴と王權 ── 朝鮮·日本の〈一君萬民〉思想史』」, 『朝鮮學報』163, 1997년 8월도 참조.

38 네이션nation 형성에 관한 〈출판 자본주의〉의 역할을 강조하는 ベネディクト·アンダーソン(白石隆·白石さや 譯), 『想像の共同體』, リブロポート, 1987년은 시사적이다. 유길준은 한글로 된 신문 간행에 일찍부터 관심을 기울이고 있었는데, 『西遊見聞』에서도 〈一時 新聞紙의 代用을 供홈이 可〉(備考4)라고 하였듯이 신문 간행이 불가능한 상황에서 그것을 대신했다는 평가를 받고 있다.

입헌군주제론은 (서양) 근대 세계 스스로가 보여 주고 있었던 것과 같은 도리를 추구하고자 한 점에서 보편주의적 경향이 농후하다.[39] 『西遊見聞』 제14편 「開化의 等級」에서 〈天下古今의 何國을 顧考ᄒᆞ든지 開化의 極臻ᄒᆞᆫ 境에 至한 者ᄂᆞᆫ 無ᄒᆞ나〉(376)라고 하여 〈政治 以下의 諸開化ᄂᆞᆫ 時代를 隨ᄒᆞ야 變開ᄒᆞ기도 ᄒᆞ며 地方을 從ᄒᆞ야 殊異ᄒᆞ기도 ᄒᆞ리니 (중략) 彼此의 事情을 比較ᄒᆞ야 其長을 取ᄒᆞ고 其短을 捨흠이 開化ᄒᆞᄂᆞᆫ 者의 大道라〉(378)고 서술하고 있으면서도, 이것은 문명의 다양성을 의미하는 내용이 아니라, 예를 들면 정체론에서의 공화제 비판이나 민선 의원 상조론에서 보이듯이 처지와 시세를 분별하지 않는 개화론에 대한 경계이다. 유길준에게 문명의 근간인 도덕=〈행실〉의 개화만큼은 천하만국을 통하여 영구불변으로 그 문명관은 지극히 일원적인 것이다. 그리고 〈이용〉, 〈후생〉을 행함으로써 〈정덕〉 또한 이루어진다고 하여, 현실의 서양을 곧바로 문명성으로 파악할 수 없게 된다.

이 지점에 조선 내셔널리즘의 특징을 이해하는 열쇠가 숨겨져 있는 것은 아닐까? 중화 세계의 동쪽 변두리에 위치한 조선과 일본은 본래 이적에 속하는 존재였지만, 근세에 이르러 각자가 화이질서 의식에 기초하여 〈소중화 의식〉, 〈일본형 화이질서 의식〉이라는 자의식을 표현하고 있었다. 이러한 자의식이 근대에 이르러 각각의 내셔널리즘 형성에 기여했으리라는 점은 일찍부터 지적되어 왔다.[40] 일본은 근세에서 근대에 걸쳐 서양을 중화라고 간주하는 한편 중국에 대한 열등감을 약화시켰고, 메이지 정부는 서양

---

39 유길준의 개화사상뿐만 아니라, 조선 내셔널리즘에서는 전반적으로 보편주의적 가치에 대한 지향이 강하다는 것은 趙景達, 앞의 논문, 「朝鮮近代のナショナリズムと文明」에서 지적하였다.

40 浜下武志, 「朝貢貿易システムと東アジア」, 『近代中國の國際的契機』, 東京大學出版會, 1990년, 35쪽.

화를 통해 스스로를 새로운 중화로 만들고자 했다.[41] 서양의 선진성을 주장함으로써 중국을 상대화하려 한 점에서는 유길준도 일치한다. 유길준은 이미 1883년 「世界大勢論」에서 구미제국을 〈문명(文明)〉, 중국을 포함한 동아시아를 〈반개(半開)〉라고 했고, 또한 중국을 〈중화(中華)〉가 아닌 〈지나(支那)〉라 표기하였다. 개항기로부터 청일전쟁 시기에 걸쳐 조선의 개화파와 일본 정부 및 후쿠자와 사이에 있었던 모종의 〈연대〉는 이러한 일치점에서 이루어졌다고 말해도 좋을 것이다.

물론 일본의 경우에도 유교와 문명 개화의 보완성을 부정할 수 없다. 다만 〈스스로의 《무위(武威)》와 천황의 존재를 《화(華)》의 근거〉[42]로 삼는 〈일본형 화이질서 의식〉이 그 국가 의식 우선의 성격 때문에 중화적 보편주의로부터 일탈하는 경향을 가지고 있었다. 이에 비해 조선 〈소중화 의식〉의 경우 스스로가 중화=보편적 문명 원리의 정통임을 자부하였다. 후쿠자와에게 새로운 중화로의 지향=문명 개화는 어디까지나 일본의 독립이라는 목적을 위한 수단이었다. 이에 비해 유길준에게는 중화에 대한 자립을 지향하는 반면으로, 문명 개화 그 자체가 목적이라고 하는 국가를 초월한 보편주의적 경향의 개화사상이 형성되었던 것이다.

결국 청일전쟁과 갑오개혁을 통하여 중국과 조선의 종속 관계는 파기되었고, 그것은 대한제국의 성립으로 계승되었다. 하지만 개화파의 입헌군주제 구상은 전제 황권화 때문에 저지를 당했다. 독립협회 운동은 유길준의 입헌군주제론을 계승하는 것이었는데, 얼마 지나지 않아 전제(專制), 〈탐포(貪暴)〉한 러시아와 입헌군주제 일본에 의해 조선을 무대로 한 전쟁이 개시

---

41 渡邊浩, 「〈進步〉と〈中華〉」, 『東アジアの王權と思想』, 東京大學出版會, 1997년, 249~257쪽 참조.

42 荒野泰典, 『近世日本と東アジア』, 東京大學出版會, 1988년, 서문 10쪽.

되자 유길준과 개화파의 계보를 이은 사람들은 일본의 〈보호〉를 용인한 다음 문명 개화의 추진을 표방하게 된다. 한편 이 시기가 되어 식민지화의 위기 가운데 보편주의에 대한 투쟁 속에서 〈국수(國粹)〉, 〈국가주의〉를 표방하는 새로운 조류가 등장하였다.[43] 조선 내셔널리즘의 형세는 옛 〈중화〉인 중국에 대한 대항, 새로운 〈중화〉가 되고자 하는 일본에 대한 대항이라고 하는 두 단계의 대항을 거치면서 이루어지고 있었다.

43 러일전쟁 이후 이른바 애국 계몽 운동의 여러 부류에 대한 필자의 견해는 본서 제3부 제9장을 참조.

제 3 장

보호조약 이후 〈실력 양성 운동〉의 논리와 활동: 유길준과 한성부인회를 중심으로

들어가며

1905년 제2차 한일협약(보호조약)에서 1910년 한국병합에 이르는 시기는 일본의 조선 식민지화를 전제로 한 통감 정치와 그것에 대항하는 한국 측의 국권 회복 운동 시기로 파악해 왔다고 말할 수 있다. 그러나 그 국권 회복 운동의 하나인 〈애국 계몽 운동〉에 관한 최근 연구는 이 운동을 주도한 지식인층 내에 사상적으로 다양성이 있었고, 그 가운데에는 즉시 국권 회복을 전제로 하지 않고, 일본의 〈보호〉를 용인한 다음 교육 진흥과 식산 흥업을 중심으로 하는 〈실력 양성〉을 선행하고 〈독립〉을 그 후의 과제로서 유보한다는 사조가 나타났음을 지적하였다.[1]

한편 통감 이토 히로부미(伊藤博文)가 누차 한국의 〈독립〉, 〈부강〉의 부

---

[1] 朴贊勝, 「韓末 自强運動論의 각 계열과 그 성격」, 『韓國史研究』68, 1990년 3월(이후 『한국근대정치사상사연구』, 역사비평사, 1992년의 제1장 「한말 자강운동론과 그 각 계열」). 〈애국 계몽 운동〉에 대한 필자의 견해는 본서 제3부 제9장 참조.

식(扶植)을 표방하지 않을 수 없었던 것처럼, 설령 명분이었다고는 해도 한국의 독립 보전을 주장해 온 일본에게 〈현실의 정치 과정에서 독립 보장과 보호국화, 더 나아가서는 영유(領有)에 의한 식민지화라는 논리 모순과 조우할 수밖에 없었던〉 것이다.[2] 그러한 논리 모순은 한국 측의 보호국화에 대한 대응에도 작용했다고 본다. 국권 회복 운동인 〈애국 계몽 운동〉에서 일본과 보호 관계를 전제로 한 선상의 〈실력 양성〉을 주장한 부류의 존재가 그 증거이다. 즉, 당시 대한제국은 내정·외교상의 주권을 제약당하면서도 정부와 황실은 존속하고 있었고, 그 아래에서 일정한 〈근대화〉 정책을 채택하였다. 따라서 거기에는 일본의 식민지화에 대해 즉각적인 국권 회복론으로는 포착되지 않는 운동이 전개될 여지가 있었다.

그런데 필자의 연구를 포함하여 종래의 〈애국 계몽 운동〉 연구에 대하여 하야시 유스케(林雄介)는 고찰의 대상이 그 지도자였던 일부의 지식인에 한정되었고, 항일 논리의 유효성을 평가의 잣대가 되었음을 비판하고, 운동의 대상이 되었던 일반 민중의 성장에 주목해야 한다고 하였다.[3] 실제로 보호국 시기에는 (주관적으로는) 정치 활동과 무관한 〈근대화〉 운동도 활발하게 이루어지고 있었는데, 그 운동을 담당했던 인물은 한국병합 후에도 조선에 체류하였고, 제약을 받으면서나마 종래로부터의 활동을 계속하였다. 그러한 인물은 침략과 저항이란 틀에서 보면 〈친일파〉가 된다. 그러나 사상과 운동의 내용을 〈실력 양성 운동〉과 〈친일파〉로 구별하기는 쉽지 않다.[4] 나아가 그 대상은 교육 진흥·식산흥업·자치 육성 등 다방면에 걸쳐 있

2 海野福壽,「韓國保護條約について」, 海野福壽 編, 『日韓協約と韓國併合』, 明石書店, 1995년, 330쪽.
3 林雄介,「愛國啓蒙運動の農業重視論について」,『朝鮮史研究會論文集』29, 1991년 10월.
4 박찬승, 위의 책은 1920년대의 〈민족주의 우파〉의 사상을 본격적으로 검토하고, 그 원류를 〈애국 계몽 운동〉(박찬승의 용어로는 〈한말 자강 운동〉), 1910년대 일본 유학생의 〈실력 양

고 통감부·정부와 커다란 알력을 만들지 않았으며, 실제로 사회에 미친 영향은 컸다고 생각한다. 종래 이 시기 〈애국 계몽 운동〉에 관한 연구는 하야시가 지적하였듯이 저항의 논리를 평가 기준으로 삼고, 그 언설 분석을 위주로 했는데, 실제로 전개된 운동과 그에 수반하는 사회상 변화와의 관련에 대해서는 소홀히 해왔다고 할 수 있다. 물론 항일이 갖는 사상사적·운동사적 의의를 부정하지는 않지만 이른바 〈무단 통치〉 시기까지 활동을 계속하였던 그들이 담당했던 역할은 일반 민중의 성장이라는 점에서도, 또 항일의 논리가 형성되었던 현실적 배경으로서도 중요하다고 생각한다.

　이 장에서는 그러한 인물로 유길준에 주목하려 한다. 널리 알려진 것처럼 유길준은 조선 최초의 근대적 유학생으로서 1880년대 전반에 일본과 미국에서 수학하고, 계몽서 『西遊見聞』을 저술하여 조선의 개화사상을 체계화하였고, 갑오개혁에서는 내부대신(內部大臣) 등의 요직을 역임한 인물이다. 고종의 이른바 아관파천으로 갑오개혁이 좌절되자 일본으로 망명하였고, 1907년의 귀국과 특별 사면 이후에는 관직에서 물러나 교육 진흥 단체인 흥사단(興士團, 부단장, 후에 단장), 〈자치〉 단체인 한성부민회(漢城府民會, 회장) 등을 주요한 활동의 장으로 삼아 민간에서의 실력 양성 운동을 실시하였고, 그것을 병합 후에도 계속하였다. 말하자면 그는 개항기 이후의 개화 운동과 보호국기·식민지기의 실력 양성 운동을 연결하는 인물이다. 여기서는 유길준의 한성부민회에서의 활동을 중심으로 보호국하 한성(서울)에서 전개되었던 민간으로부터의 실력 양성 운동 및 그것과 관련한 보

성 운동〉으로 소급하며, 이른바 〈타협적〉 민족주의 사상을 〈실력 양성론〉으로서 체계화한 노작이다. 박찬승이 말하는 〈실력 양성론〉이란 독립할 역량을 함양하는 것을 우선시하여 독립을 그 이후로 유보한다는 사상인데, 다만 독립을 전제로 하지 않는 〈동화론〉, 〈친일파〉와는 구별된다고 한다. 그러나 그 구별은 박찬승 자신도 인정하는 것처럼 추상적이며, 특히 1910년대에 〈실력 양성론〉으로 인정할 수 있는 것은 일본 유학생의 『學之光』 등에서만 볼 수 있다는 한계가 있다.

호국화·한국병합의 사상사·운동사적 의의를 고찰해 보고자 한다.

유길준에 관한 연구는 『西遊見聞』 분석을 중심으로 갑오개혁 이전 시기의 사상에 대하여 집중되어 있다. 유길준을 포함한 개화파 인사는 근대 조선의 변혁 사상 형성과 발전이라는 관점에서 연구사상 일찍부터 주목되어 왔다. 1890년대 이후의 사상과 행동에 대해서는 그들 중 적지 않은 수가 쿠데타 실패 등으로 살해당했다는 점, 망명 등으로 살아남은 경우에도 보호국기·식민지기에는 〈친일〉적 경향을 드러냄에 따라 적극적인 고찰의 대상이 되지 않았고, 최근에는 〈친일파〉 연구의 주요 대상이 되기까지 했다. 유길준의 경우 망명에서 귀국한 후에는 관직에 나아가지 않고 교육 진흥·식산흥업 등의 활동에 업적을 남기고 있다는 점, 일진회의 「합방청원서(合邦請願書)」에 반대를 표명하였던 사실, 조선귀족령(朝鮮貴族令)에 의한 작위를 받지 않았다는 점 등에서 만년의 행동에 대하여 긍정적으로 언급되는 경우가 많았다. 그러나 유길준이 이 시기에 주도한 개별 활동에 관한 연구에서는 〈친일〉성에 관한 문제점도 지적되고 있다.

흥사단에 대해서는 다구치 요조(田口容三)가 임원진에 일진회 회원을 다수 취임시킨 유길준의 자세를 문제시하였다.[5] 또 유길준이 〈노동야학회(勞動夜學會)〉 고문으로 집필한 수신교과서(修身敎科書)인 『勞動夜學讀本』에 대해서는 이훈상(李勛相)이 일본에 대한 신의나 황제를 향한 충성을 노동자의 의무로서 이야기한 이 책의 내용은 보호국 아래라는 상황을 외면하는 것이었고, 그렇기 때문에 「大韓每日申報」는 이 책의 존재마저 무시하는 태도를 취했다고 지적하였다.[6] 이 장의 주된 고찰 대상이 되는 한성부민회에

---

5 田口容三, 「國民敎育會および興士團について」, 『朝鮮學報』145, 1992년 10월.

6 李勛相, 「舊韓末 勞動夜學의 성행과 兪吉濬의 『勞動夜學讀本』」, 『斗溪李丙燾博士九旬紀念韓國史學論叢』, 知識産業社, 1987년.

대하여 윤병희(尹炳喜)는 유길준이 처음부터 가지고 있었던 〈입헌군주제〉 구상을 실현하려는 목적으로 한 자치 기관 창설로 평가하고, 일본의 압력과 재정난에 의하여 좌절했다고 서술하였다.[7] 반면 정영희(鄭英熹)·김형목(金炯睦)은 이 모임의 발기인 대부분이 실업가란 점을 밝히고, 그 발기 의도는 그들이 기득권을 지키기 위해 일본과의 우호 관계를 구축하는 데 있었다고 지적했다.[8] 이러한 평가로부터 엿볼 수 있는 보호국기 유길준 행동의 성격은 위의 정영희·김형목이 〈반민족적 행위〉와 〈근대화〉의 〈이율배반적 양상〉[9], 또는 김도형(金度亨)이 〈민족〉과 〈근대화·문명화〉의 〈양면적 양상〉[10]이라고 표현한 데에서 단적으로 나타난다고 할 수 있다.

다만 이러한 〈이율배반적 양상〉, 〈양면적 양상〉이 어떠한 논리와 현실적 기반에 기초하여 성립해 있었는가라는 문제가 남는다. 이러한 〈이율배반적 양상〉, 〈양면적 양상〉은 또한 보호국하의 〈타협적〉 실력 양성 운동의 논리에서도 똑같이 나타난다. 그러므로 여기서는 우선 유길준의 보호국화에 대한 인식과 보호국 체제 아래에서 민간 활동 중심으로 변신한 논리에 대하여 고찰하고, 다음으로 그러한 구현의 장으로서 한성부민회의 활동과 성격을 고찰하고자 한다.

7 尹炳喜, 「兪吉濬의 漢城府民會 運營」, 『兪吉濬硏究』, 國學資料院, 1998년.
8 鄭英熹·金炯睦, 「韓末 漢城府民會의 活動과 地方自治」, 『民族文化硏究論叢』1, 仁川大學校, 1994년 12월.
9 위의 논문, 91쪽.
10 金度亨, 「유성준·유만겸·유억겸 ― 유길준의 양면성 극복한 유씨의 친일상」, 민족문제연구소 편, 『친일파99인』1, 돌베개, 1993년. 표제의 3인은 각각 유길준의 동생(星濬), 장남(萬兼), 차남(億兼)이다.

1. 민간으로의 변신과 그 논리

고종의 아관파천으로 갑오개혁이 좌절되자 내부대신이었던 유길준은 일본으로 망명하였고, 그 후 11년 정도를 일본에서 보냈다.[11] 일본 망명 인사들은 통감 정치의 개시와 함께 귀국을 시작했고, 유길준도 1907년 7월말에 귀국을 결정, 같은 해 8월 12일에 도쿄를 출발, 17일에 남대문 정거장에 도착했다. 그리고 9월 6일에는 김홍집(金弘集)·정병하(鄭秉夏)[이상은 아관파천 당시에 살해됨]·조희연(趙義淵)·장박(張博)[이상은 유길준과 함께 일본 망명에서 귀국] 등과 함께 〈개국 504년 8월 사변〉, 즉 왕후 민씨 살해 사건의 〈진범 이외의 여러 사람〉에 대한 〈죄명탕척(罪名蕩滌)〉의 조칙이 내려졌다.[12] 이리하여 특사를 받은 유길준은 10월 14일에 조희연·장박과 함께 궁내부 특진관에 임명되었는데, 세 차례에 걸친 상소로 사퇴했다. 그 후 유길준은 일절 관직에 나가지 않고 민간의 입장에서 한국의 〈부강〉을 추진하였다. 그 논리를 10월 22일의 사직 상소에 첨부된 「平和克復策」을 중심으로 살펴보고자 한다.[13]

11 유길준을 포함한 일본 망명 개화파 인사의 활동은 보호국기·식민지기를 보는 선상에서도 중요한데, 상세한 내용은 이후의 과제로 하고자 한다. 그러나 망명 중 유길준에 대해서는 각각 다른 자료로부터 1902년의 쿠데타 미수사건을 언급한 崔堈, 「乙未亡命者의 拿還問題」, 『韓國新聞史論攷』, 一潮閣, 1976년과 李基旻, 「一心會의 野望」, 『悲劇의 軍人들』, 一潮閣, 1982년이 있다. 그리고 하치조지마(八丈島)에서 유길준의 행적을 추적한 것으로는 李光麟, 「日本 亡命 時節의 俞吉濬」, 『開化派와 開化思想研究』, 一潮閣, 1989년이 있다.

12 9월 4일의 내각 회의에서 이러한 결정을 할 때 총리대신 이완용이 청의(請議), 군부대신 이병무(李秉武)·법부대신 조중응·농상공부대신 송병준(宋秉畯)은 〈可〉, 탁지부대신 고영희(高永喜)·학부대신 이재곤(李載崑)은 의견을 붙인 〈可〉, 내부대신 임선준(任善準)은 〈不〉로 하였다(『經議不奏存案』 奎20029).

13 「平和克復策」은 『俞吉濬全書』④에 수록. 이 글은 『俞吉濬全書』에 있는 것처럼 「皇城新聞」 1907년 10월 29일·30일에 한문 원문에 한글의 토씨를 달아서 「유씨의 광복책」으로 연재되었다. 여기에서의 인용은 『俞吉濬全書』에 따랐다.

우선 유길준이 일본 망명에서 귀국한 시점은 고종 〈양위〉, 제3차 한일협약 체결 직후였는데, 한국이 일본의 보호국이 되었던 사태를 어떻게 인식하고 있었는가?

일본은 동족으로서 보거상치(輔齒)하는 가까운 이웃으로 예전에는 우리보다 후진(後進)이었고, 지금은 스스로 선각(先覺)임을 자처합니다. 병자년의 조약으로 우리와 화호를 맺었고, 우리의 독립을 인정하였지만 우리는 꿈을 꾸듯 혼미하였습니다. 갑신(甲申)의 사건(1884년 갑신정변 ― 옮긴이)으로 우리에게 변란이 생겼기 때문에 우리의 독립을 격려하였습니다. 하지만 우리는 흘겨보면서 서로 반목하였습니다. 갑오년 일청의 전쟁(甲午, 1894 청일전쟁, 〈일청〉은 원문 그대로 ― 옮긴이) 당시에 저들이 안팎으로 변란이 있는 것을 보았고, 우리가 스스로 지킬 수 없을까 두려워하여 분연히 의(義)를 표출하고 대신 군사를 일으켜 우리의 독립을 도왔습니다. 그러나 우리 조정의 신하들은 괴리되어 서로 단합하지 못했고, 의심하고 두려워하며 안정하지 못했습니다. 그리고 중간에서 생긴 변고는 이러한 상황을 따라가면서 계속 발생하였고, 우리의 상황을 용납하지 않아 서로 어긋나고 소원해짐이 전날보다 심해졌습니다. 저들이 우리가 더불어 할 수 있는 바가 없음을 알게 되었고, 점차 10년이라는 시간이 지났습니다. 그리하여 일본과 러시아의 갑진(甲辰, 1904 ― 옮긴이)년 전쟁에 이르렀고, 결국 우리를 상대하는 정략(政略)을 바꾸었습니다. 대개 갑오년의 전쟁은 그 씨가 이미 임오(壬午, 1882 ― 옮긴이)년에 뿌려졌으며, 갑진년의 전쟁은 그 징조가 이미 병신(丙申, 1896 ― 옮긴이)년에서 싹텄습니다. 만약 우리로 하여금 임오년의 변란에 있도록 하여 쇄신에 뜻을 기울이도록 하고 부강(富强)에 힘써서 내치(內治)에는 고쳐서 볼 아름다움이 있고, 외교에는 모욕을 불러 잃는 것이 없도록 했다면 일청의 전쟁은 없었을 것입니다. 또한 병신년 이후라고 하더라도 모든 우리의 집정(執政)들이 스스로 명확하게 알고, 망할 수 있다는 것을 두려워하여 일본과 신의를 다지고 민간의 실업을 진흥하며, 국방의 비용을 강구하고 채웠더라면 일본과 러시아의 전쟁은 없었을 것입니다. 가령 있었다고 하더라도 우리가 반드시 오늘의 지경에 이르지는 않았을 것입니다. (④ 268~269)

강화도조약(〈丙子之約〉, 1876) 이후 보호조약(1905)에 이르는 일본과 조선의 관계에 대하여 일본은 조선의 〈독립〉을 승인·지원해 왔는데, 조선 정부가 내치외교나 민간의 실업, 국방 등에 노력하지 않았기 때문에 러일전쟁에 이르러 일본이 정책을 변경했다는 것이다. 그리고 보호조약 이후에 대해서는

이에 광무 9년 11월의 협약(1905년 제2차 한일협약 — 옮긴이)으로 우리 외교의 권리를 빌려서 받았습니다. 내치에 이르러서도 단지 고문만 들여 이를 협조하도록 함으로써 우리 스스로 정리하여 조속히 수습하기를 바랐습니다. 하지만 지지부진하여 성과를 올릴 가망이 전혀 없었습니다. 또한 본년 7월의 협약(1907년 제3차 한일협약 — 옮긴이)은 정법(政法)상 지도하고 승인할 권리에 입각하였고, 관리의 임면 역시 간섭을 실시했습니다. 그리고 아울러 추천한 일본인을 들여 이를 돕고 처리하도록 했습니다. 또한 우리의 용병으로는 비단 국방의 도구가 되기에 부족할 뿐만 아니라 폭동과 항명(抗命)으로 소동이 늘어나서 몹시 위험해졌으므로 우선 해산을 실시하였습니다. 일국의 체면을 돌아보건대 모두 우리가 바라는 바는 아니었습니다. (중략) 만약 우리가 스스로 우리 조국을 지킬 힘을 가지고 있다면 스스로 우리의 외교와 내치의 지능을 실시할 터이니 저들이 어찌 감히 이렇게 하겠습니까? 그러므로 전후

의 2개 협약의 안건은 우리가 실제로 자초한 것이지 저들이 우리에게 강압을 가해서가 아닙니다. (④ 271~272)

라고 서술하고, 제2차 한일협약(〈光武九年十一月之協約〉)과 통감 정치, 제3차 한일협약(〈本年七月之協約〉)과 한국군 해산은 일국의 체면을 손상하는 것이기는 하나, 실력의 부족과 내정·외교의 실패 때문에 스스로 초래하였으므로 일본에 의한 강제는 아니라고 했다. 그런데 이와 같은 유길준의 조선에 대한 인식은 통감 이토 히로부미의 그것과 거의 동일하였다. 예를 들어 헤이그 밀사 사건의 직전인 5월 30일에 이토는 이완용(李完用) 내각에게 다음과 같은 연설을 하였다.

현재 한국의 급무는 요컨대 시정을 개선하여 한편으로 교육을 진전시켜 한국 인민으로 하여금 문명의 동료(伍班)를 접하도록 하며, 다른 한편으로는 국력을 함양하여 빈약한 오늘날의 상태로부터 구출할 방법을 강구하는 것이다. 이것은 곧 직접적으로는 한국을 위한 것임과 동시에 간접적으로는 일본을 위한 것이다. 아니, 동양 전체, 나아가 전 세계를 위한 것이다. (중략) 메이지 9년 일한 양국의 사이에 비로소 조약을 체결하게 되면서 일본의 묘당(廟堂)에서는 조선을 독립시킬지의 여부를 논의하였고, 어디까지나 이를 독립시켜야 한다는 논의에 따라 결국 그 조약을 체결했다. / 그리고 청일전쟁의 결과로 한국은 지나(支那)의 굴레를 벗어나 드디어 독립하게 되었다. 그런데도 그 후 한국은 앞으로 나아가려는 한결같은 마음으로 독립국의 요소를 수양하지 않았다. 혹은 오른쪽으로 붙었다 왼쪽으로 붙었다 하여 결국 어쩔 수 없이 러일전쟁을 맞이하게 되었다. 이 전쟁 이후에 일본이 한국의 외교권을

감리(監理)하게 된 것도 이것은 실로 어쩔 수 없는 일이다.[14]

유길준은 이토와 같은 시각에서 일본의 보호국화를 현실로 받아들였다. 그리고 보호국화를 받아들인 다음 한국의 실력 양성을 전개하려고 했는데, 그 근거는 다음과 같다.

삼가 협약 모두의 문구를 생각해 보건대 부강을 인정할 때까지라는 말을 특별히 적었는데, 우리의 본의를 걱정하고 우리를 사랑하는 진정이 문장 표현에서 흘러넘침을 볼 수 있다. 우리에게 부강의 도를 권하고 우리가 부강의 도로써 부강해질 날을 기다린다니 장차 이를 회복해야 한다. (④ 272)

이는 조약 체결 당시 고종이 요구한 〈한국이 부강을 다 하여 그 독립을 유지하는 데 충분한 실력을 쌓는다면 이 조약안을 철회한다〉를 수정하여 보호조약 전문에 삽입하였던 〈한국 부강의 실질을 인정할 시기에 이를 때까지[이러한 목적으로 아래의 조관을 약정한다]〉라는 기술과 동일한 것이었다.

당시 이토는 적극적으로 한국의 점령을 추진하지 않고 오히려 병합 추진에는 비판적이었으며, 한국의 〈독립〉, 〈부강〉의 부식과 같은 발언을 누차 반복하였다는 점은 앞서 인용한 연설에서도 보이는 대로이다. 모리야마 시게노리(森山茂德)에 따르면 이토는 1907년 4월경에 일시적으로 즉시 병합론을 주장하였지만, 제3차 한일협약 이후 대한 정책의 골격은 〈자치 육성 정책(自治育成政策)〉이라고 부를 만한 것이었다. 다만 그러한 〈자치 육성 정책〉도 일본의 〈지도와 감독 없이는 건전한 자치를 수행하기 어렵다〉는 것

14　春畝公追頌會,『伊藤博文傳』下, 統正社, 1940년, 746~747쪽.

으로 그 테두리를 뛰어넘는 활동을 못 하게 하는 〈통제 정책〉과 표리를 이루었다.[15] 유길준이 보호조약 전문이나 이토의 발언을 모두 액면 그대로 받아들이지는 않았던 것 같은데, 시세가 이 지경에 이르렀기 때문에 이토의 즉시 병합 반대론이나 〈자치 육성 정책〉을 적극적으로 지지하면서 〈한국 부강의 실질〉의 진전을 통해 병합 추진론을 저지하려는 의도가 있었다고 할 수 있다.

이러한 현상 인식을 가진 유길준이 무엇보다 두려워한 것은

현 시국의 대세로 보아 저들에게 의(義)가 되고, 우리에게 이익이 된다고 할 수 있습니다. 그러나 또 우리가 독립을 하지 않고, 할 수 없어서 지난날에 마지못해 하던 것처럼 된다면 저 나라에서 보호해 주던 힘도 장차 변해서 파멸시키는 데 작용할 것이고, 도와주려던 생각도 변하여 없어지고 **빼앗으려는** 기회가 될 것입니다. (④ 277~278)

라고 하였듯이 일본의 대한 정책을 병합 추진론으로 기울게 만들어 버리는 것이었다. 이리하여 일본의 한국 보호국화의 진의가 〈평화〉에 있고, 외교권 박탈은 일본에 의한 외교의 〈대리〉, 차관 정치는 일본에 의한 내정의 〈지도〉라고 순종에게 설명하고, 헤이그 밀사 사건과 같은 〈열강균정지론(列强均整之論)〉을 〈경거망동〉이라고 비판하여 일본과의 〈평화〉적 관계를 유지함에 따라 보호 관계를 지속하고, 그동안 한국의 부강을 실현하여 〈문명화된 이웃과 나란히 할〉 날을 기다린다(④ 277)는 내용이 「平

15 森山茂德, 『近代日韓關係史研究』, 東京大學出版會, 1987년, 제2부 제1장 참조. 그러나 여기서 말하는 〈자치〉란 나중에 보는 것과 같은 지방 자치란 의미가 아니라, 〈일본은 한국을 병합할 필요가 없고, 병합은 몹시 성가시기〉 때문에 〈한국은 항상 일본과 제휴해야 한다고 한다〉는 조건 아래에서 〈그 국력을 발전시키도록 한다〉(『伊藤博文傳』 下, 768쪽)라는 의미이다.

和克復策」의 역점이 되었다. 이러한 유길준의 사상은 이토의 통감 정치에는 반대하지 않는 것으로, 설령 장래의 과제로 국권 회복이 전제되어 있었다 하더라도, 박찬승(朴贊勝)이 말하는 실력 양성론의 범주에 포함되는 것이다.

널리 알려진 대로 유길준은 1880년대 전반 일본 유학 무렵부터 계몽 활동에 뜻을 두기 시작했고, 1895년에는 국한문체로 된 계몽서 『西遊見聞』을 간행하였다. 『西遊見聞』의 가장 핵심적인 주장은 조선 왕조를 근대적 주권 국가로 개혁함과 동시에 독립하여 생계를 꾸리고 주체적으로 〈충군애국(忠君愛國)〉하는 정신을 가진 〈국민〉을 창출하는 것이었다. 유길준의 입헌군주제론은 이러한 두 가지를 결합시킨 것으로 그 내용을 단적으로 말하면 인민의 정치 참여가 아니라, 군주와 궁중의 자의적 정치 운영 참여를 배제하여 민생을 안정시키고, 동시에 군주 친정의 체제를 형식적으로 정비하여 〈일군만민(一君萬民)〉 체제를 확립하고, 군주의 존엄 아래에 〈충군애국〉을 실천하는 〈국민〉을 창출하는 데 있었다.[16] 그리고 그것은 갑오개혁에서 제도적으로는 실행으로 옮겨졌으나[17] 1년 반 만에 좌절되고 말았다. 그런데 보호조약은 〈한국 황실의 안녕과 존엄을 유지할 것〉을 말했고, 궁중과 정치의 분리·내각 제도 복설·교육 진흥·식산흥업 등 일련의 〈개혁〉이 통감 정치 아래에서 실시하는 것이었다. 그런데 뒷날 『開闢』지가 갑오개혁기의 유길준에 대하여 〈가급적 정계를 떠나 완전히 사회적 방면으로 그 심력을 경주하려고 했〉는데, 〈당시의 상황이 정치를 떠나 국가와 사회를 위해서 할 수 있는 것이 없었〉으므로, 어쩔 수 없이 사환(仕宦)했다고 지

---

16 『西遊見聞』의 입헌군주제론에 대해서는 본서 제1부 제2장 참조.
17 拙稿, 「甲午改革の近代國家構想」, 『朝鮮史研究會論文集』33, 1995년 10월 참조.

적한 것처럼[18] 애초부터 유길준의 본령(本領)은 정치가 아니라 〈사회적 방면〉=민간에 있었다. 그러나 갑오개혁의 좌절로 인하여 유길준의 민간으로의 변신은 불가능해졌고, 역설적이게도 유길준의 본령은 보호국 상황 아래의 질서에 의거하여 실현되었다.

이리하여 유길준은 「平和克復策」에서

신으로서는 애초부터 독립의 의(義)로써 천자의 대신(大臣)이 되었습니다. 국가의 행보에 차질이 발생하여 지금의 처지에 이르렀으니 죽고자 해도 장소가 없으며 살고자 해도 즐거움이 없습니다. 무슨 면목으로 국중(國中)에 서서 천하의 사람들을 보겠습니까? 그러나 오히려 구차하게라도 살기를 꾀하는 것은 앞날의 일로 우리가 부강해지는 길이 하루라도 빨리 이루어진다면 우리의 광복도 하루라도 빨리 이루어지기 때문입니다. 돌아보건대 신은 천성이 용렬하고 학식이 변변치 못하여 문(文)으로는 통치를 도울 재간이 아니고 무(武)로는 어지러운 세상을 평정하여 다스릴 재략이 없습니다. 그러므로 감히 천자의 대신이 다시 되어서 비상의 시국에 현명한 자의 길을 막지 않으려 합니다. 이에 전후의 품계(品階)를 환납하고 자유평민(自由平民)으로 내려가 시정 속에 있으면서 나라에 보답하려는 작은 정성을 드러내고자 합니다. (④ 280)

라고 서술하여 스스로 관직에 나아가지 않고 〈자유평민〉의 입장에 섰다고 했다.

이때 유길준이 가장 강조한 것은 국민 의식의 형성이었고, 거기서는 황

18 「民衆의 親友 ─ 俞吉濬 先生」, 『開闢』21, 1922년 3월; 『俞吉濬全書』⑤에 수록, 308쪽.

실을 핵심으로 하는 국가를 향한 충성을 강조했다. 여기에는 이하와 같은 유길준의 일본관이 반영되어 있다.

　　신은 오랫동안 일본에 체류하였지만 학문을 수학한 바가 없으며, 예술도 강구한 바가 없습니다. 가슴속에 묻어 두고 뼈에 새기면서 두터이 견지하면서 돌아온 것은 일본 국민이 충(忠)과 의(義)를 행하는 도(道)입니다. (중략) 위로는 왕공(王公)의 귀한 자로부터 아래로는 가마를 매는 천한 자에 이르기까지 다만 그 군주가 있음을 알되 그 일신은 모르며, 그 국가를 있음을 알고 그 가정이 있음을 모릅니다. 무릇 사대부가 되든, 농민이 되든, 공인이 되든, 상인이 되든 간에 남녀노소와 빈부귀천을 따지지 않고 이것이 우리 군주를 위해서이며, 우리나라를 위해서라고 말합니다. 군주와 지아비에게 위급함이 생기면 죽음을 집에 돌아가는 것처럼 보며, 국가에 어려움이 생기면 삶을 치욕으로 여겨 가재(家財)를 털어서 이를 납부하고, 몸과 목숨을 던져서 여기에 임합니다. 대중의 마음이 일치하여 물불을 가리지 않습니다. 이것은 2천 5백여 년 이래로 안으로는 성씨가 바뀌는 변란이 없었고, 밖으로 적에게 치욕을 받지 않았던 이유입니다. 또한 왕년에 청국과의 전쟁에서 승리하고, 작년에 러시아와의 전쟁에서 승리한 까닭입니다. (④ 281~282)

일본 망명 중에 수학한 학문이나 연구한 기술(〈藝術〉)은 없더라도 일본인의 〈충의(忠義)〉나 국민 의식만은 배워 왔다는 것인데, 그것은 〈2천 5백여 년 이래로 안으로는 성씨가 바뀌는 변란이 없었고, 밖으로 적에게 치욕을 받지 않았〉다는 데서 보이듯이 유길준의 일본 유학 시절부터 망명 시기에 확립되어 간 천황제 이데올로기였다. 이처럼 일본인의 국민성을 〈충의(忠義)〉, 〈충애(忠愛)〉 등으로 본 일본관은 당시의 실력 양성 운동에서 드물지 않았는데,[19] 확립기 일본의 국민 국가를 의식하고 한국의 국민화를 아래로 부터 담당해 간다는 것이 이 시기 유길준의 기본적 자세였다. 다만 흥미로운 점은 『勞動夜學讀本』에서 다음과 같이 서술한 내용이다.

太祖高皇帝계어서 德이 天 갓트신 고로 福이 쏘한 하날 갓트사 國를 開신지 五百年 以來로 二千 萬人民에 內外孫 아니되는 者가 업고녀 / 누구든지 其姓이 全州李氏 아니라도 幾代 以下의 外家나 八高祖를 상고홀진대 전쥬 리시 一분 업는 쟈는 업시리니 그러흔즉 말삼ᄒ기 황송ᄒ오나 우리 二千萬同胞는 다 / 태죠고황뎨의 血屬子孫이라 謂지니라 / 이러흔고로 감히 曰대 大韓國는 太祖高皇帝의 家이오 大韓人은 / 太祖高皇帝의 孫이니 이러흔고로 쏘 감히 갈오대 우리 / 皇室은 卽 우리 二千萬兄弟의 宗家이시니라 (② 319~320)

이러한 국체론(國體論)은 다시 〈우리나라는 四千年 前에 檀君계오셔 開시사 國家의 조基를 奠ᄒ시고 五百年 前에 太祖高皇帝계오셔 繼시사 皇室의 洪業을 立〉우시니(② 282)라고 하였듯이 단군 신화와 연결시키고 있다. 혹은 「대한문전자서(大韓文典自序)」(1909년)에서 〈우리 民族이 檀君의 靈秀흔 後裔로 固有흔 言語가 有ᄒ며, 特有흔 文字가 有ᄒ야 其思想과 意志를 聲音으로 發表하고, 記錄으로 傳示ᄒ매, 言文一致의 精神이 四千餘의 星霜을 貫ᄒ야 歷史의 眞面을 保ᄒ고 習慣의 實情을 証ᄒ도다〉[20](② 107, 구두점은 원문 그대로)라고 하였듯이 〈국수(國粹)〉론이라고 할 수 있는 주장도 하고

19 본서 제3부 제9장 참조.
20 저자가 원저에서 일본어로 인용한 내용 가운데 意志가 意思로, 四千餘가 四千年으로 달리 표현된 부분이 있다. 이 부분은 『兪吉濬全書』의 원문을 기준으로 삼아 인용하였다 — 옮긴이주.

있다. 이러한 점은 또한 〈자치 육성 정책(自治育成政策)〉 아래에서는 일본과의 〈제휴〉를 전제로 하는 한 〈충군애국〉이나 고유의 역사·문화의 주장은 용인되고 있었다는 것까지도 의미한다.

그런데 유길준을 포함한 실력 양성론자는 광범한 민중을 포섭하여 전개되었던 의병 운동을 비판하였다. 다른 한편으로 유길준의 계몽에 대한 열의는 일관되었다. 거기에는

> 우리 국민이 가진 충의(忠義)의 바른 성품(彝性)은 저들(일본인)에게 뒤지지 않습니다. 하지만 발휘하여 사용하는 방도에서는 아마도 부족함이 있음을 압니다. (④ 281)[21]

라고 하였듯이 〈충의〉에서 한국인은 일본인에게 양보할 부족함이 없다는 자신이 있었다. 앞서 인용한 『勞動夜學讀本』은 국한문이라고는 해도 한자가 많으며 결코 알기 쉽고 명료하다고는 할 수 없는 『西遊見聞』의 문체를 〈국문(國文)〉 주체로 하고, 노동자가 스스로 일어선 한 사람의 〈국민〉으로서 직분을 다하는 것을 〈애국가〉, 〈노동가〉 등 당시 활발하게 이용되던 창가 등의 수법까지도 사용하여 설명한 수신 교과서였다. 물론 유길준의 사상과 행동은 보호 관계의 틀 안에 있는 것으로, 즉시 〈독립〉이란 관점에서 보자면 시세와 배치되었다. 하지만 이러한 자세에 일면 행동을 함께하면서도 평생 귀족이나 관료인 것처럼 하여 〈국문〉으로 민중에게 말을 걸지 않았던 다른 개화파 인사와 유길준과의 사이에는 차이가 있었다.[22] 그리

---

21 저자가 인용한 『兪吉濬全書』 ④의 쪽수가 821쪽으로 잘못 표기되어 있다. 확인 후 인용한 쪽수를 바로잡았다. 인용한 것은 「平和克復策」의 내용이다 — 옮긴이주.

22 그러나 유길준의 『西遊見聞』과 박영효의 「상소」를 비교하여 전자가 정변과 같은 급진적 개혁을 배제하여 인민의 계몽을 선행시키려고 했던 반면, 후자는 압정 개혁을 선행시킴에 따라

고 유길준의 민간으로의 변신에는 그것을 뒷받침하는 기반의 성립이 전제되어 있었다. 이러한 보호국이라는 역사적 상황 속에서 유길준의 실력 양성 운동의 기반으로서 한성부민회의 활동을 검토하기로 한다.

2. 한성부민회의 설립

한성부민회가 회장 유길준 아래에서 한성의 자치제 실현을 목표로 활동을 개시한 시기는 1908년 5월 이후였다. 그에 앞서 사료상으로 한성부민회가 처음 등장한 것은 1907년 가을이며, 이는 같은 해 10월 일본 황태자 요시히토(嘉仁, 훗날의 다이쇼 천황)의 방한에 맞춘 〈봉영회(奉迎會)〉로 조직되었다는 점은 윤병희가 이미 지적했다. 다만 윤병희는 이러한 한성부민회 최초의 설립 목적을 문제삼지 않고, 입헌군주제 이행을 위한 자치 기관의 창설로서 한성부민회의 의의를 강조했다. 반면에 정영희·김형목은 그것이 과대평가라고 하고, 한성부민회는 당초부터 〈친일〉 세력이 권력에 접근하기 위한 수단으로서 결성되었다고 하였다. 한성부민회의 평가를 둘러싸고 이렇게 상반되는 견해가 있는데, 그것을 재검토하기 위해서는 설립 경위를 지금 다시 한 번 정리해 둘 필요가 있다.

우선 1907년 10월에 설립된 최초의 한성부민회는 일본 황태자 봉영회

아래로부터의 지지를 얻으려 했다는 점에서 이른바 〈급진 개화파〉와 비교하여 유길준의 〈민중 불신〉을 지적한 견해가 있다(김영작, 『한말 내셔널리즘 연구』, 청계연구소, 1989년, 제4장 「갑오 개혁기의 개화사상과 내셔널리즘」 등). 그러나 이러한 견해는 한편으로는 인민을 독자로 상정한 계몽서를, 다른 한편으로는 갑신정변의 정당성을 서양 정치 사상을 원용하여 국왕에게 호소한 상소였다는 사료의 성격을 무시한 것이다. 박영효의 경우 한국병합 이전의 많은 시기를 망명과 유배로 보냈는데 서울에 있던 시기는 항상 금릉위(錦陵尉)·대신·후작 등의 지위에 있었고, 〈국문〉으로 민중에게 말을 거는 일 등은 끝내 없었던 인물이다.

이후에 해산하였는데, 여기서는 〈일본 황태자 봉영 한성부민회〉라고 부르기로 한다. 〈일본 황태자 봉영 한성부민회〉의 회장은 한성부윤 장헌식(張憲植)이었고, 부회장으로 홍긍섭(洪肯燮, 한성상업회의소[23] 의장, 일진회 부회장), 기타 임원으로 김우현(金宇鉉)·조병택(趙秉澤)·윤정석(尹晶錫)·박기원(朴基元)·한상룡(韓相龍)·백인기(白寅基)·정영두(鄭永斗)·최경순(崔敬淳)·김기영(金基永)·조진태(趙鎭泰)·백완혁(白完爀) 등이 취임하였다.[24] 임원진은 명확한 특징을 보이는데, 그것은 부회장 홍긍섭 이하가 한성상업회의소의 임원이었고(사무소도 한성상업회의소에 위치하였다[25]), 홍긍섭을 제외하고는 당시 한성의 대표적 실업가였다. 일본 황태자가 방한했을 때 한성에서는 일본인 거류민단·경성상업회의소와 한국인 실업가의 합동에 의한 첫 시도로서 통감부 주최의 한일 연합 박람회(경성 박람회)가 개최되었고(9월 15일~11월 15일), 일본 황태자도 이를 관람했다. 이 박람회의 한국 측 평의원은 한성부윤 박의병(朴義秉, 개최 전에 장헌식으로 경질)·한성상업회의소 의장 홍긍섭·한성공동창고회사 사장 조진태·대한천일은행장 김기영·동양용달회사 사장 정영두였다고 하는데[26] 〈일본 황태자 봉영 한성부민회〉의 임원과 중첩된다. 즉 〈일본 황태자 봉영 한성부민회〉는 한일의 실업가가 연합하여 개최한 박람회 기간 중에 일본 황태자의 방한을 맞아 당시 한성상업회의소 임원 중심으로 구성된 환영 행사 추진 단체였다고 할 수 있다.

그다음으로 한성부민회가 조직되었는데, 이는 이듬해인 1908년 3월 건

___

23 정식 명칭은 〈경성상업회의소〉인데, 거류민단 경성상업회의소와의 혼란을 피하기 위해 여기서는 한성상업회의소로 한다. 당시의 신문 등에서도 일반적으로 한성상업회의소, 혹은 사무소의 소재지를 가지고 종로상업회의소라고 부른 적도 많았다.

24 「皇城新聞」 1907년 10월 15일 잡보 「奉迎會任員」.

25 「大韓每日申報」 1907년 10월 13일 잡보 「漢城大歡迎」.

26 京城居留民團 編, 『京城發達史』, 京城居留民團, 1912년, 210~212쪽.

원절(乾元節)의 〈경축〉 준비를 위해서였다. 여기서는 이것을 〈건원절 경축 한성부민회〉라고 부른다. 건원절이란 그 전해에 즉위한 순종이 태어난 날로 국경일이 되었다. 〈건원절 경축 한성부민회〉에도 유길준은 직접 관계하지 않았고, 임원은 고관·원로 중심으로 추측되는데[이지용(李址鎔)·윤웅렬(尹雄烈)을 임원으로 확인할 수 있다[27], 매회의 모임 장소가 〈종로상업회의소〉였고, 경축회의 적자에 대한 전보(塡補)가 상업 관계의 주무 관청인 농상공부로부터 나왔다는 점 등으로 미루어 보아 한성상업회의소 및 실업가들이 운영의 중심이었다고 생각한다.

임시적 조직이었던 한성부민회가 모임의 상설화를 향하여 새로운 모습을 보여 주기 시작한 시점은 앞서 다루었듯이 1908년 5월이었고, 이 시기부터 유길준이 모임에 직접 관여하기 시작했다. 같은 달 5일 석고단(石鼓壇)에서 한성부민회 발기회가 열렸고, 회장에 유길준, 부회장으로 조진태, 창립 위원으로 정응설(鄭應卨)·조윤용(趙允鏞)·정영두·예종석(芮宗錫)·한상룡·정병조(鄭丙朝) 등이 선출되었다.[28] 부회장 조진태, 창립 위원 정영두, 한상룡은 한성상업회의소 임원으로 이름을 올렸던 인물이고, 예종석은 당시 한성상업회의소의 임원으로 근무한 사실은 확인할 수 없지만 실업 관계 활동을 하고 있던 인물이었다. 기본적으로 실업가 중심의 구성을 계승하면서 유길준을 새로 회장으로 삼았다고 말할 수 있다.

이 시기 한성부민회의 직접적인 목적은 순종의 제1회 즉위 기념 경축식(8월 27일)의 추진이었고, 황제 경축 행사 추진이라는 점에서 이전의 〈건원절 경축 한성부민회〉를 계승했다. 다만 6월 22일부로 회장 유길준이 회에 대한 정부 대신의 〈협찬·보조·지휘〉를 요청하기 위해 내각에 제출한 「청

27 「皇城新聞」 1908년 3월 10일 잡보 「府民會決議」.
28 「皇城新聞」 1908년 5월 10일 잡보 「自治有望」.

원서」에는

삼가 본년 8월 15일(원문 그대로)은 우리 예성문무대황제폐하(叡聖文武大
皇帝陛下)께서 등극하신 첫 회의 경축일로, 일체의 신민이 함께 축하하는 가
운데, 본 부민은 연(輦) 아래에서 살고 있으므로 충애하는 본심과 기뻐하는
진정을 기념하는 의식상으로 표현할 뿐만 아니라 전체가 단합하는 행동으로
그 정신을 합쳐서(湊合) 그 기상을 발휘하고, 사방에서 우러르는 표준이 되어
야 한다. (하략)[29]

라고 했고, 경축 행사로 한성부민의 황제를 향한 〈충애(忠愛)〉를 표현함
과 동시에 부민이 단결심을 발휘하여 그것을 경축 행사의 모범으로 삼아야
한다고 하였다. 즉, 문자 그대로 황제 경축 행사 추진 이외에 부민의 단결
을 도모한다는 목적이 드러나고 있다. 또한 적어도 7월 이후에는 예회(例
會)·총회(總會)를 계속 실시하였고, 석고단에 사무소를 만들었다는 점에서
상설화를 위한 준비를 진행하고 있었던 것으로 보인다.

이 시기 한성부윤 장헌식의 의견에 따라 지방 행정을 관할하는 내부(內
部)에서는 한성부 자치제 실시를 계획하였고, 통감부와 교섭을 하고 있었
던 것 같다. 아마도 한성부민회의 상설화는 이러한 한성부 자치제 실시 계
획과 관련하여 추진되었던 것이 아닌가 한다. 그러나 통감부가 한성부 자
치제를 인가하지 않았기 때문에 〈자치〉단체로서의 한성부민회 상설화도
단념해야만 했다.[30] 그 결과 8월 4일 한성부민회 회합은 경축 준비회로서
개최되었고, 다시 회장 유길준, 부회장 조진태를 선출하고 취지서를 〈즉위

29 『請願書』(奎17848), 內部番號 2.
30 尹炳喜, 앞의 논문, 180쪽.

기념 경축 한성부민회〉라 하여 경축으로 목적을 한정한 명칭으로 발표하였다.[31] 결국 즉위 기념식 이후 한성부민회의 활동은 정지되고 말았다.

그후 한성부민회가 다시 활동하기 시작한 것은 같은 해 11월 7일 요정(料亭) 혜천탕(惠泉湯)에서의 〈한성부민회 풍국회(楓菊會)〉란 회합으로, 1주일 후인 14일에 한성상업회의소에서 모임을 갖기로 결정했다.[32] 14일 회합에서는 채택이 이루어졌던 것 같은데, 다음 주 21일에 『兪吉濬全書』④(313~315)에 수록되어 있는 「枋立趣旨書」와 「枋立理由書」가 채택되었고, 다시 그다음 주인 28일에 발표되었던 것 같다.[33] 그 후 12월 17일에 제5회 발기회가 한성상업회의소에서 개최되었고, 같은 달 26일부터는 장소를 석고단으로 이전하여 임원 선출·규약 제정 등의 구체적인 준비에 들어갔다. 하지만 일진회원의 선거 부정 등으로 난항이 있었고, 새로이 회장 유길준, 부회장 윤효정(尹孝定, 대한협회 총무)이 선출된 것이 1909년 1월 19일의 총회, 규약(④ 287~312에 수록)이 통과된 것은 3월에 들어서였다.[34]

---

31 「皇城新聞」 1908년 8월 5일 잡보 「慶祝準備開會」. 『兪吉濬全書』④의 286쪽에 수록된 취지서는 이 시기에 채택된 것이다.

32 『續陰晴史』 隆熙 2년 11월 7일.

33 「皇城新聞」 1908년 11월 17일 잡보 「更會爲期」; 「皇城新聞」 11월 22일 잡보 「規則通過의 關係」.

34 尹炳喜, 앞의 논문, 187~188쪽. 또한 윤병희는 이러한 난항의 경위에 대하여 일진회에 의한 한성부민회 장악의 책동이었다고 보았다. 그러나 부회장으로 선출된 윤효정은 (1) 한국의 급무는 실업 진흥에 있으므로 부회장에는 실업가가 상응한다는 점, (2) 윤효정 자신은 대한협회란 〈정당〉의 간부이기 때문에 세간의 〈오해〉를 부를 우려가 있다는 점, 이 두 가지를 들어 사의를 표명했다(「皇城新聞」 1909년 1월 27일 잡보 「尹氏請願理由」). 그 후 조진태를 대리 선출한다는 보도도 있었는데(「大韓每日申報」 1909년 1월 29일 잡보 「尹遞趙選」), 실제로 교대한 흔적은 없고(「大韓每日申報」 1909년 3월 23일 잡보 「副長再辭」), 나중에 보이듯이 1909년 11월 단계에서도 부회장으로 활동하고 있는 것이 확인된다. 또한 윤효정이 사퇴의 이유 (2)를 거론한 데에는 한성부민회를 둘러싼 대한협회와 일진회의 주도권 다툼이 관계하고 있었던 것으로도 추측된다.

3. 활동을 통해 본 한성부민회의 설립 요인과 성격

이상과 같은 경위로 설립된 한성부민회의 이념과 조직은 대개 다음과 같다.

「刱立趣旨書」,「刱立理由書」에는 〈자치제는 국가의 근본〉이며, 〈자치단체는 국가의 기초〉라고 하였다. 그러한 〈자치〉란 지방의 〈사무를 하는데 자체적으로 인원을 필요로 하고, 또 경비가 필요하기 때문에 구역 내 주거민이 빈부귀천을 논하지 않고 사무 인원을 공공으로 선출하며, 경비는 공공 부담으로 함으로써 자치의 실질을 달성하고 국가의 행정 초급을 이루〉는 것이다. 즉, 스스로 〈국민〉임을 받아들이고, 자발적으로 국가의 정책에 참여하며, 세금 등을 부담한다는 범위의 〈자치〉이다. 그것은 〈융희소대(隆熙昭代) 유신의 운세에 따라 우리 부민이 한성부민회를 창립한다〉고 한 것처럼, 황제를 향한 충의에 입각하였다. 그리고 〈자치〉가 법률에 의해 인정되지 않는 상황에서 민회 규칙으로 단체를 조직하고, 〈경험이 문화·경제의 정도와 병행하여 추진하며 숙달된 영역〉에 이르는 것을 기다리며, 동시에 〈제국의 도성〉인 한성부와 〈제국 도성의 주거민〉인 한성부민이 〈외도(外道) 지방의 표준〉이 되는 것이었다. 통감부가 한성 자치제를 인가하지 않은 것도 한국의 자치 경험, 문화·경제의 정도에 문제가 있기 때문이라고 하였는데, 어찌 되었든 이러한 한성부민회의 이념은 유길준의 입헌군주제론 및 실력 양성론의 이념과 거의 일치한다고 말할 수 있다.

규약에 따르면 (1) 〈독립 생계를 유지하는 가족의 20세 이상의 남자〉, (2) 한성부 내에 1년 이상 거주한 자, (3) 국세 1원 이상을 납부한 자 등 세 가지 조건을 갖춘 자가 〈부(府)의 거주민 규약상의 자격〉을 구비하여 선거권과 피선거권을 가지며, 회장 이하의 〈명예직〉이 될 수 있다. 〈의사기관(議事機

關)〉은 〈의원회(議員會)〉(회원은 〈명예직〉)에서, 민회의 규약·회계, 관계 부동산의 취득·처분, 적립금의 설치·처분, 부민 재산·조영물의 관리 방법, 부내 사립 학교의 운영 등에 대하여 의결을 한다고 하였다. 또 부내 5부 안의 〈관정구역(官定區域)〉인 〈방(坊)〉을 여러 개 모아서 〈방회(坊會)〉를 설치하고, 한성부민회로부터의 지시 사항 운영, 방내의 교육 기관과 조영물 관리, 부동산·토목·위생 등의 〈공공 사무〉를 처리한다.[35] 유길준은 갑오개혁 중인 1895년에 주무대신으로서 리(里)·면(面)·군(郡) 수준에서 〈자치〉 실현을 위한 「鄕約條規」, 「鄕約弁務規程」을 기초하였는데 향회·향약 등의 〈자치〉 전통이 없고, 그렇기 때문에 〈자치〉조직 창설에 근거가 없는 한성부에서 한성부민회는 향회·향약의 도시판으로서의 구현이었다고 할 수 있다.[36]

한성부민회 「刱立趣旨書」, 「刱立理由書」가 통과된 후 유길준은 한성부민회가 각지의 민회 설립의 규범을 제시한다는 이념하에서 지방을 순회하여[37] 「민회규약」을 배포하기로 계획했다.[38] 하지만 통감부가 이것을 단속하여[39] 규약은 경시청에 압수되었고[40], 내부(內部)로부터는 공공 단체로서의 인가를 받으라는 훈령이 있었다.[41] 결국 한성부민회는 내부의 인가를 얻지 못했던 것 같다.[42] 그 때문에 한성부민회의 활동은 제한적인 것이 되었고, 의원을 선출하여 〈의원회〉를 정례적으로 개최하는 것과 같은 흔적도 확인

---

35 방회의 조직에 대하여 상세한 것은 尹炳喜, 앞의 논문, 197~200쪽 참조.
36 「향회규칙」, 「향약변무규정」 그리고 보호국기의 지방 자치에 대해서는 李相燦, 「1906~1910년의 地方自治制度 변화와 地方自治論議」, 『韓國學報』42, 1986년 3월 참조.
37 「大韓每日申報」 1909년 2월 2일 잡보 「兪氏計劃」.
38 「皇城新聞」 1909년 4월 15일 잡보 「會規發刊」.
39 「大韓每日申報」 1909년 4월 16일 잡보 「民團操縱」.
40 「皇城新聞」 1909년 4월 17일 잡보 「民會規則押收」.
41 「皇城新聞」 1909년 4월 27일 잡보 「通知承認」.
42 「大韓每日申報」 1909년 8월 24일 잡보 「認否未決」.

되지 않는다.

그러한 제한 아래에서 한성부민회의 활동으로 우선 주목되는 것이 건원절·즉위 기념일 등 황실 경축 사업의 추진인데, 이것은 한성상업회의소와 실업가가 중심이 되었던 임시회의 성격을 계승한 것이었다. 애초부터 한성상업회의소는 1905년 6월에 일진회의 홍긍섭과 진학주(秦學冑)가 농상공부에 설립을 청원하였고, 일진회가 종로 상인들을 불러 모은 것이 결성의 발단이었다.[43] 그리고 같은 해 7월 20일에 의장 김기영(金基永[44], 대한천일은행 감사역) 이하의 임원(대한천일은행, 일진회원이 대부분을 차지)을 선출했다.[45] 당시 재정고문 메가타 다네타로(目賀田種太郎)가 재정 개혁의 일환으로 시행하였던 백동화(白銅貨) 정리사업으로 인하여 금융 공황이 발생하였고, 종로 상인은 철시(撤市)에 들어갔다. 또 대한천일은행과 종로 상인은 황실과 정부에게 의존하는 정도가 높았는데 보호조약 이후 일련의 황실 개혁, 특히 메가타 개혁에 의한 황실 재정의 해체는 그들의 존재 형태까지도 개편하도록 만들었다. 이러한 상황의 타개를 도모하기 위해 상인과 실업가의 결속을 시도한 것이 한성상업회의소로 보인다. 결성된 한성상업회의소는 정부에게 3백만 엔의 대부를 요청했는데 메가타가 이것을 저지하였고, 그 후 황실에서 35만 엔을 하사하였다. 메가타는 그 가운데 5만 엔만을 한성상업회의소에 전달했고, 남은 30만 엔을 가지고 자의로 한성공동창고회사, 한성과 평양에 어음조합(手形組合)을 설립했다. 한성공동창고회사·한성어음조합장에는 조진태(1905년 10월의 임원 개선으로 한성상업회의소 의장이 되었

43 「皇城新聞」 1905년 6월 19일 잡보 「錯認會社」; 「皇城新聞」 1905년 7월 12일 잡보 「商務會議所組織」.
44 원저에는 金基元으로 되어 있으나 「皇城新聞」 해당 기사에는 의장이 〈金基永〉으로 되어 있으므로 이를 바로잡았다 — 옮긴이주.
45 「皇城新聞」 1905년 7월 22일 잡보 「商業任員選定」.

다)가 취임했다. 메가타는 다시 일본 정부로부터의 대부금 150만 엔을 금융 구제 자금으로 얻어서 한성공동창고회사·어음조합 이외에 한성·대한천일 등의 한국인 은행에 대해 보조 및 구제를 실시했고, 이어서 농공은행(農工銀行)을 설립했다. 이와 같은 메가타 개혁에 의한 금융 개편으로 한성상업회의소로 결집하였던 실업가들은 차례로 새로운 금융 기관의 주주·임원이 되었다. 한편 황실로부터는 그 후에도 새 사업소·부속상품진열관의 건설 등을 할 때 하사금을 받았는데, 한성상업회의소의 측에서도 만수성절(萬壽聖節, 고종의 탄생일로 〈양위〉 이전은 국경일로서 휴일)이나 1907년의 순종 즉위식 등에 즈음하여 경축 사업을 계속하였다.[46] 이처럼 종래의 황실·정부와의 관계가 개편되었고, 일본의 금융에 포섭되면서도 황실과의 관계를 유지하면서 황제 경축 사업을 실시하고 있던 실업가의 활동과, 유길준의 입헌군주제론이 합치했던 것이 한성부민회 설립의 한 가지 요인이 되었다.

그런데 일본 망명에서 귀국한 후 유길준의 활동은 일본의 보호국화를 어쩔 수 없는 상황이라고 받아들인 위에서 국민 의식 함양·식산흥업 등을 실시하여 민중의 근대적 자기 형성(실력 양성)을 이루고자 한 것이었다. 이러한 논리가 실행으로 옮겨진 배경에는 유길준의 개화사상 근간을 이루는 입헌군주제론이 통감 정치 아래에서 일부 실현되었기 때문이라고 추측할 수 있다. 특히 일본의 국민 국가 형성 과정에서 황실을 이용했던 이토 히로부미는 한국에서도 황실을 정치적으로 무력화시킨 다음 인심 수습을 위해서 이용하려고 했다.[47] 건원절·즉위 기념일 등의 황실 경축 행사가 성황리에 실시되었던 것도 그러한 증거의 하나이다. 이것에 황제를 핵심으로 〈국민〉

---

46 초창기의 한성상업회의소에 대해서는 趙璣濬, 『韓國資本主義成立史論』, 大旺社, 1985년 全訂版, 305~307쪽과 해당 시기 「皇城新聞」의 잡보에 따랐다.
47 森山茂德, 앞의 책, 220쪽.

의식을 함양하려는 유길준의 정치 사상이 합치했고, 한성부민회의 경축 행사가 추진되었다고 할 수 있다. 이때 유길준이 직접 일본에서 체험한 〈천황의 순행pageant〉[48]에서 도쿄시가 녹문(綠門) 건설 등의 사업에 관계했던 것이 〈자치〉 단체의 활동 내용 가운데 황실 경축 행사 추진이 커다란 위치를 차지한 요인이었다고 생각한다.

한성부민회의 황실 경축 행사에는 많은 호응이 있었는데, 이것은 또한 유길준의 입헌군주제론이 실제로 받아들여지는 기반이 형성되었음을 의미한다. 예를 들어 유길준이 최초에 한성부민회에 관계한 〈즉위 기념식 경축 한성부민회〉를 보면 그 사업은 기부금으로 운영되었다. 고액 기부자나 단체(10엔 이상)는 완평군(完平君)·완흥군(完興君)을 비롯한 각궁, 각부부원(各府部院)과 고관·원로 이외에 대동학회(大東學會)·흥사단(興士團)·서북학회(西北學會)·호남학회(湖南學會)·교남교육회(嶠南教育會) 등의 학회와 그 관계자[유길준·정운복(鄭雲復)·유근(柳瑾)·이종호(李鐘浩) 등], 한성·대한천일·농공·한일 등의 은행과 공동창고회사·어음조합 등의 금융 기관과 그 관계자(조진태·한상룡·백인기·백완혁·정영두·조병택 등), 입전(立廛)·포전(布廛)·지전(紙廛) 등의 시전, 일진회와 그 관계자·기관이 태반을 차지했다. 약간 금액을 낮춘다면 황성신문사(유근은 여기에도 포함시킬 수 있다)나 윤치호(尹致昊) 등도 들어간다.[49] 보호국하에 있는 황실·정부, 개화파·독립협회의 흐름이 이어진 학회·일진회, 일찍부터 황실과 관계가 깊었던 종로의 상인·실업가를 중심으로 한성에서의 황실 경축 행사가 이루어졌다(다만 대한협회와 천도교가 들어오지 않았는데, 이것은 한성부민회가 일진회와 관계가 깊었기 때문일 것

48 T·フジタニ(米山リサ 譯), 『天皇ノペ ー ジェント』, 日本放送出版協會, 1994년 참조.
49 기부자·단체는 『皇城新聞』 1908년 11월 20일부터 12월 11일(원저에는 12월 21일로 기재되어 있으나 해당 광고를 확인해 보면 12월 11일까지만 광고가 등장하므로 날짜를 바로잡았다 — 옮긴이)까지 「廣告」란에 게재된 〈卽位紀念式慶祝漢城府民會決算書〉에 따랐다.

이다). 게다가 이 〈즉위 기념식 경축 한성부민회〉는 〈대리 증정〉을 의뢰했던 〈13도 각 지방의 봉축 만세 전보 수백 통〉과 의주부·동래부로부터의 기념품을 황제에게 봉정했는데,[50] 이 점은 유길준의 입헌군주제론이 지방에서도 일정 정도 실현되었음을 의미한다. 지방에서 경축 행사의 추진자는 보호국하에 임명된 관찰사·군수층이었다고 생각한다. 이러한 한성·지방에서 경축 행사의 추진자는 보호국하의 황제를 핵심으로 한 〈국민〉 창출을 추진하는 중간층이었다고 할 수 있는데, 그 실태에 대해서는 이후에 다시 검토할 필요가 있다.

한성부민회의 활동에서 다음으로 주목되는 것이 일본과의 〈친목〉 활동이다. 일본 각지로부터의 한국 실업 시찰단(당시 이것을 〈관광단〉이라고 불렀다) 환영 사업이 그것으로, 관광단 환영 행사는 1909년 6월에 〈규슈관광단(九州觀光團)〉(7일 서울 도착[51]), 〈한신관광단(阪神觀光團)〉(13일 서울 도착[52]), 9월에는 〈시모노관광단(下野觀光團)〉(8일 서울 도착[53]), 〈마쓰야마관광단(松山觀光團)〉(18일 서울 도착[54])으로 이어졌다. 한성부민회는 그때마다 관계 사립 학교 생도를 동원하여 남대문 정거장에 나가 맞이하고, 경복궁의 경회루에서 환영회를 개최했다. 이 관광단 환영 행사의 계기가 된 것이 같은 해 4월에 경성일보사 주최로 한국에서 일본으로 파견된 관광단인데, 단원을 모집할 때 한성부민회와 유길준 개인이 관계하였고, 같은 달 9일에는 출발에 즈음하여 유길준이 단원에게 주의 사항을 설명했다.[55] 이듬해인 1910년

50 「皇城新聞」 1908년 8월 29일 잡보 「紀念慶祝의人民表誠」(원저에서는 7월 29일자 잡보라고 했으나 해당 기사는 8월 29일 기사이므로 바로잡았다 — 옮긴이).
51 「皇城新聞」 1909년 6월 8일 잡보 「遊覽團懽迎」; 「皇城新聞」 같은 날짜 「禮呼萬歲」.
52 「大韓民報」 1909년 6월 13일 잡보 「團員歡迎」; 「大韓民報」 같은 날짜 「民會奔走」.
53 「大韓每日申報」 1909년 9월 10일 잡보 「日團出迎」.
54 「皇城新聞」 1909년 9월 18일 잡보 「觀光團宴待」; 「大韓每日申報」 같은 날 잡보 「旣迎又宴」.
55 「皇城新聞」 1909년 4월 10일 잡보 「團員注意說論」.

4월의 제2회 관광단을 파견할 때에는 유길준 자신이 단원 모집에 분주했고, 단장·한성부민 대표로서 도일(渡日)했다. 출발할 때 순종이 유길준을 창덕궁으로 불러 〈이번은 각 도 실업가로 조직되었으므로 도일한 후 일본의 문명 진보를 잘 시찰하여 우리나라의 개발에 뒷받침이 되도록 하라〉는 칙어(勅語)를 내렸다는 점에서[56] 산업 시찰을 목적으로 했음을 알 수 있다 (후술하겠지만 유길준에게는 또 하나의 목적이 있었던 것 같다). 이처럼 한성부민회는 한일 연합 박람회 회기 중에 방한하였던 일본 황태자 환영 단체로서 발족한 당초의 한일 〈친목〉이라는 성격을 계승하고 있었고, 여기에 일본의 사정에 밝은 유길준을 맞이했다는 점도 한성부민회가 발족하게 된 요인이었다고 할 수 있다.

한성부민회의 설립 요인으로서 다시 주목되는 것이 일본인 경성거류민단(이하 거류민단)과의 관계이다. 「刱立趣旨書」에서

彼泥峴의 民團役所를 見하라. 其層層屹聳한 傑閣이 統監府의 風稜을 協助하야 能히 自尊치 아니하는가? (④ 314)

라고 하였듯이 한성부민회는 거류민단을 의식하면서 설립되었다. 기무라 겐지(木村健二)에 따르면 거류민단은 〈호적·토목·교육·위생·소방·신사 등 거류지 일반의 공공 사업을 의정·집행〉하는, 한국에 진출한 일본인의 〈정착 기반〉이었는데,[57] 이하에서 보듯이 한국 측에도 이와 동일한 의정·집행 기관을 통한 토목·교육·위생 등의 공공 사업 조직을 꾸려 나가는 것이 요청되고 있었다.

56 「皇城新聞」 1910년 4월 20일 잡보 「勅語鄭重」.
57 木村健二, 『在朝日本人の社會史』, 未來社, 1989년의 제3장 「諸團體の構成と活動」 참조.

1907년 12월 「漢城衛生會規則」이 내각고시(內閣告示) 제1호로 한국인에게, 통감부령 제155호로 거류민(일본인)에게 공포되었다. 한성위생회의 회장은 내부차관(일본인)이지만, 평의원에는 내부경찰국장·한국주차군 군의부장·경성이사청 이사관(이상은 일본인)·한성부윤과 함께 주민 측에서 거류민단장과 한국 측에서 거기에 대응하는 자로서 〈한성부민총대(漢城府民總代)〉가 거론되었다(규칙 제3조[58]). 이에 따라 한국인 측에서도 위생회를 조직하였고, 이듬해인 1908년 3월 6일에는 한성상업회의소의 모임에서 조진태·장박·유길준 세 명을 부민총대로 선출하였다[한석진(韓錫振)·민영휘(閔泳徽)·신태휴(申泰休)가 차점[59]]. 그 후 4월 2일에 경시청령(警視廳令) 제2호(한국인)·경성이사청령 제1호(거류민)로 「除穢規則」이 공포된 것에 기초하여 같은 달 27일에 통감부에서 한성위생평의회가 열렸고, 여기에 부민총대로서 윤덕영(尹德榮)·유길준·김윤식(金允植)이 출석했다[60](앞서 선출된 총대와 비교해 보면 유길준 이외에는 다른데, 그 경위는 불명). 이때의 평의 내용은 5월 2일부로 내각에 제출된 한성위생회의 〈품의서〉[61]로부터 부내에서의 하수구·공동변소·쓰레기 소각장, 분뇨 처리장의 설치, 예산·시행 순서 등을 결정했던 것으로 추측된다. 이러한 공공 사업을 수행하기 위해서는 부내 세대수를 항시적으로 파악하고, 비용의 설정, 주민 부담금의 부과 및 징수 등을 실시할 조직이 필요했다. 한성부민총대로서 이미 활동을 시작한 유길준을 중심으로 1908년 5월부터 한성부민회가 〈자치〉를 목적으로 활동하기 시작한 요인이 이러한 사정에 있었다. 이러한 사례는 통감 정치하에서의 공공 사업에 대한 한일 공동 사업이란 성격을 가지는 것이었는데, 일찍부터

58 「舊韓國官報」 隆熙 元年 12월 23일.
59 「皇城新聞」 1908년 3월 7일 잡보 「衛生會評議員」; 『續陰晴史』 隆熙 2년 3월 6일.
60 『續陰晴史』 隆熙 2년 4월 27일.
61 『請願書』(奎17848), 內部番號 3.

일본 측, 특히 거류민 사이에서는 한국인에 대해 우월한 지위를 확보하려는 의식이 있었다.[62] 사실 이 시기의 제예 사업의 시행 순서는 (1) 중부, (2) 남부, (3) 동현(銅峴), (4) 서부, (5) 북부, (6) 동부, (7) 용산의 각 경찰서·분서 관할 지역의 순서로, 신흥 시가지인 (7) 용산을 예외로 한다면 분명히 일본인 거류 지역 우선이었다. 이러한 상황을 놓치지 않는 것이 민생상 요청되었고, 여기에 한성부민회를 한일 〈친목〉 활동 등으로 간단히 친일 단체로 비판할 수 없는 이유가 있었다.

그런데 한성부민회의 주로 활동할 때의 인원 동원·비용 징수 등의 실무를 담당한 것은 방회(坊會)였다. 윤병희에 따르면 한성부민회가 〈정식회(正式會)〉로서 발족하기 이전인 1908년 가을경부터 일부 지역에서 방회를 조직하였다.[63] 회장을 선출하여 사립 학교를 운영하는 등 어느 정도의 실체를 가지고서 활동하고 있었던 것으로 보이는 방회는 중부·북부의 이른바 북촌 지역과 종로 근방의 상업지에 존재하고 있었고, 선출된 방회장도 그것을 반영하여 관료·원로, 개화파·독립협회계 인사, 실업가, 즉 앞서 황제 경축 행사의 고액 기부자와 같은 구성이었다. 방회 임원·의원의 구성은 명확하지 않으나 방회장과 같은 계층에 속한 인물로 구성되었던 것으로 보인다. 처음부터 한성부민회는 관치 보조의 조직적 성격을 지니고 있었고, 그 실무를 담당하였던 방회에도 관료가 포함되어 있었지만, 그 관료도 전직 혹은 명예직 정도의 직에 취임해 있던 자가 많았던 것처럼 보인다. 한성부민회의 규약에서 〈명예 직원〉이 〈관직에 따라 민회 사무를 다루지 않는〉 경우는 사임을 인정했고, 또한 〈의원〉 자격은 〈일체의 문무 관리〉를 제외하였다(방회 의원도 동일)는 것에도 그러한 사정이 인정되는 것 같다. 그리하

---

62 木村健二, 위의 책, 80~81쪽.
63 尹炳喜, 앞의 논문, 198~200쪽.

여 〈자치〉나 학교의 설립 및 유지에 관여하는 저들의 활동에 관과 협조 관계를 가지면서도 그것과는 구별되는 〈사회〉 형성의 양상도 나타나고 있다. 이와 관련하여 한성부민회의 중심인물의 한 사람이었던 실업가 조진태는 1906년 5월에 경기도 풍덕군수[64]로 임명되었는데, 〈각 방면에서 소관하는 실업 사무가 점차 왕성해지고 있기 때문에 잠시도 몸을 빼낼 틈이 없다〉고 하여 부임하지 않은 채 사임했다는 점에 대하여 「皇城新聞」은 그러한 〈관(官)을 가벼이 하고 상(商)을 중시하는 청조(淸操)는 정말로 축하할 일이다〉라고 칭찬하였다.[65] 물론 반대로 학회 등 민간 단체의 임원이 지방관으로 전출해 간 경우도 간간이 보이는데, 이러한 〈관을 가벼이 하고 상을 중시하는 청조〉를 칭찬하는 것과 같은 풍조는 이 시기에 형성되었다고 본다. 그리고 유길준의 본령이었던 〈사회적 방면〉도 이러한 풍조를 전제로 성립하였던 것이다.

이상과 같이 본다면 보호국기의 실력 양성 운동은 개항기 이래 개화사상이 정착한 하나의 지표라고 할 수 있다. 그러나 그것은 ─ 적어도 서울에서는 ─ 이토의 통감 정치, 특히 〈자치 육성 정책〉 아래에서 형성되어 온 〈사회〉를 기초로 전개되었다고 할 수 있다.

---

64 원저에서는 〈豊山郡守〉라고 하였는데, 『承政院日記』 고종 43년 4월 29일(양력 5월 22일) 기사에 따르면 〈豊德郡守〉로 임명되었다는 기사가 있으므로 관직명을 바로잡았다. 여기서 풍덕은 경기도 개풍 지역에 해당하는데, 현재의 개성직할시 개풍군이다 ─ 옮긴이주.

65 「皇城新聞」 1906년 6월 19일 잡보 「趙倅辭職」.

4. 보호국하의 식산흥업 운동

앞 절에서 본 것처럼 유길준이 한성부민회에 관여한 요인의 한 가지는 한성부민회에 집결한 실업가들의 이해와 관련이 있었다. 그러므로 본 절에서는 유길준과 실업가의 제휴 요인을 구체적인 사례를 토대로 밝혀 보고, 나아가 유길준을 통해 보호국기 식산흥업의 성격을 고찰해 보고자 한다.

대한제국기는 한국인의 사회·상업 단체 설립 열기가 고조되는 시기였는데, 그 내용은 황실·정부로부터 특권을 얻어 독점 영업을 하는 등 회사로서의 내실이 수반되지 않는 경우가 많이 있었다. 보호조약 이후에 전개된 실력 양성 운동은 단결을 강조하고 회사·학회·조합 등의 단체를 결성해 나갔다. 통감부와 한국 정부는 이러한 움직임에 각종 규제를 가했는데, 회사 설립에 관해서는 「제1차 회사령」이라고도 부를 수 있는 광무 10년 (1906) 칙령 제62호 「각종 인허의 효력과 기한에 관한 건」이 있다.[66] 이에 따라 종래의 방식으로는 한국인의 회사 설립은 불가능해졌지만 이 규칙에 따라 한국인의 회사 설립 기회도 일정 정도 보장받게 되었다. 한성상업회의소 임원이기도 했던 당시 한성의 대표적 실업가에 대하여 현재 알 수 있는 한에서는 본서 182~184쪽의 표1과 같다. 대개 대한제국기에 관직에 있어도 고위직이 아니었고[비교적 높은 품계를 갖고 있거나 서훈이 되었던 것은 한국병합 직전 실업 활동의 공적으로 〈특승(特陞)〉·서훈되었기 때문이다], 관리 등용의 길도 과거(科擧) 세대는 대부분이 무과이거나, 아니면 무관직을 관직 경력의 출발점으로 하였다. 그리고 그들은 메가타 개혁으로 한국의 재정이 변용되기 시작한 시기에 관직으로부터 벗어나 실업가로 변신했다고 생각

---

66 小林英夫 編, 『植民地への企業進出』, 柏書房, 1994년 참조.

한다(그 점에서 윤덕영·박영효 등의 고관·귀족 출신 기업가와는 구별된다). 그들의 황실 경축 활동, 일본과의 〈친목〉 활동에는 구래의 종속으로부터 탈각한 다음 황실·정부로부터 자금이나 정책 등의 보조를 끌어내면서 자본과 기술의 면에서 일본과의 제휴를 모색하려는 의도가 있었다.

한편 유길준은 「會社規則」[67](1882년)으로 조선에서 근대적 회사 제도의 소개자로 알려졌다. 또한 한성상업회의소는 갑오개혁 중인 개국 504년 (1895년) 법률 제17호 「商務會議所規例」에서 기원을 찾는데, 주무대신으로 서 서명은 하지 않았지만 당시 내부대신으로 이 개혁에서의 여러 법령의 기초를 담당한 유길준이 관여했던 것은 아닌가라고 생각한다. 이 규례는 1899년에 개정되었고, 스가와 히데노리(須川英德)에 따르면 원래 각지 상업 자의 자발적·자치적 단체였던 상무회의소(商務會議所)는 관찰사·수령층을 축으로 하는 관료의 상업 통제 조직으로서 〈상무사(商務社)〉로 개편되었 다.[68] 상무사가 구체적으로 어떻게 기능했는지는 명확하지 않지만 러일전 쟁 중인 1904년에 칙령 제8호로 법적으로 폐지되었다. 그리고 앞서 기술하 였듯이 1905년 법률 제17호의 상무회의소와 동일한 성격을 가진 상업회의 소가 한성에서 설립되었다.

한성부민회가 새로운 임원과 규칙을 통과시켜서 〈정식회〉로서 활동을 본격화한 1909년 초는 한성상업회의소의 활동도 새로운 전개를 보여 주기 시작한 시기로 보인다. 같은 해 3월, 한성상업회의소는 회두(會頭, 1906년 10월부터 의장을 회두로 변경) 김기영의 이름으로 성문영(成文永)·정영두·최경순(崔敬淳)을 총대(總代)로 하여 내각에 한국 경제 불황의 타개에 관한

---

67 『兪吉濬全書』④에 수록.

68 須川英德, 『李朝商業政策史研究』, 東京大學出版會, 1994년, 307~308쪽.

「開申書」를 제출했다.[69]「開申書」는 한국 경제 불황의 원인으로 (1) 화폐 정리에 따른 금융 공황, (2) 세제 개혁에 의한 상업으로의 자본 공급 부족과 화폐 유통의 부조(不調), (3) 관제 개혁·군대 해산에 따른 급여 지급 중단에 수반하는 화폐 유통의 감소, (4) 외국인 자본과의 경쟁 실패, (5) 지방 소요, (6) 수입 초과, (7) 곡물 가격 하락을 거론했다. 그리고 그 〈구제 방법〉으로 첫째, 금융 공황에서 한국 상업계를 구제하기 위해서 정부가 200만 엔을 대부하고, ① 그 안에서 100만 엔을 〈일반 상업가〉의 부채 정리 자금으로 하며, ② 남은 100만 엔으로 무역 회사를 설립할 것, 둘째로 자산가에게 제조업을 목적으로 하는 회사의 설립을 권유하여 정부는 이것을 보호할 것, 셋째로 무역업·제조업에서 성공한 자에게 정부가 〈상당한 포상〉을 줄 것을 요청했다. 그리고 이러한 「개신서」제출과 거의 시기를 같이하여 한성상업회의소는 유길준에게 고문 취임을 요청했다.[70] 자발적·자치적 단체로 발족한 한성상업회의소가 그 활동을 유지·발전시켜 나가기 위해서는 조선에서 회사나 상업회의소 개념 도입의 선구자이자 정부·통감부에게 잘 알려졌고 일본의 사정에도 밝은 유길준과의 제휴는 당연히 고려할 수단이었을 것이다. 실업가 중심의 황실 경축 단체·한일 〈친목〉 단체였던 한성부민회가 유길준에게 접근한 요인으로서 실업가 측에 이러한 생각이 있었던 것이다. 그렇기는 해도 이 시기 유길준은 한성상업회의소 규칙에 고문 관련 규정이 없다는 이유로 고문 취임을 거부했는데,[71] 고문으로서 직접 관계하지 않더라도 한성상업회의소의 실업가들과 실업 진흥 활동을 함께해 나갔다. 예를 들어 앞서 「개신서」의 〈구제 방법〉의 두 번째 세목에서 〈가가호호

---

69 앞의 『請願書』 內部番號 3, 그리고 「皇城新聞」 1909년 4월 3~11일 잡보 「商會開申」.
70 「皇城新聞」 1909년 3월 24일 잡보 「顧問拒絕」.
71 위의 기사.

에서 소수공(小手工, 가내 공업을 가리키는 것으로 보인다)을 사용하는 일용품 제조 회사를 건설한다〉고 했는데, 「개신서」를 제출할 무렵 유길준은 한성 부민회 의원 조진태 등과 〈한성소수공조합소(漢城小手工組合所)〉 설립을 협의하고 있었고, 그 실현을 위해 4월 5일에 농상공부대신 조중응(趙重應)을 동반하여 총리대신 이완용(李完用)을 방문했고, 정부로부터 400원(圓)의 원조를 얻었다고 한다.[72]

그런데 유길준은 1907년 11월 흥사단을 설립할 때 동시에 흥농단(興農團)·흥공단(興工團)·흥상단(興商團)의 설립도 구상하고 있었고, 흥공단만은 흥사단과 거의 같은 시기에 설립되었는데,[73] 실질적 활동을 하지 않은 채 무산되었던 것 같다. 유길준의 한성상업회의소 구성원과의 제휴는 일찍이 흥공단·흥상단 구상과의 관련에서도 이해할 수 있다. 게다가 유길준 자신이 자택에서 〈양말〉 제조업을 운영하고 있었던 것 같으며,[74] 이러한 자체적인 〈소수공〉 업주로서의 활동도 한성상업회의소 구성원과 제휴하는 유길준 측의 한 가지 요인이었다.

앞서 기술하였듯이 이 시기는 한국인의 회사 설립이 제약을 받게 되었고, 이에 대응하기 위한 회사 규칙 제정·자금 조달 등의 곤란을 극복하기 위한 연구가 초미의 과제가 되었다. 한성상업회의소의 활동 목적 중 하나는 그러한 과제의 해결이었고, 유길준에게 접근한 것도 그 때문이었다. 한

---

72 「大韓每日申報」 1909년 4월 6일 잡보 「小手工組合」; 국문판 1909년 4월 7일 잡보 「슈공조합설립」[원저의 각주에서는 9월 16일자 잡보 「小手工組合」을 참고하였다고 서술하였으나, 확인 후 기사가 실린 날짜를 바로잡았다. 덧붙여 원저에서는 〈4백만 원〉이라고 하였으나 기사의 내용에 따르면 4백만이 아니라 〈4백 원〉이다(〈內閣에 提議ᄒ야 爲先 四百圓을 貸下ᄒ라 흔즉 總理가 應諾貸與ᄒ기로 決定ᄒ얏더라〉). 그러므로 저자의 확인을 거친 후 본문 서술도 원래 기사 내용에 맞게 4백 원으로 수정하였다 — 옮긴이].

73 田口容三, 앞의 논문, 72쪽.

74 「大韓民報」 1909년 9월 16일 잡보 「洋襪業의擴張」.

편 유길준은 한성상업회의소 이외의 각종 실업 단체나 회사로부터도 고문 등의 임원 취임을 요청받았고, 실제로 취임하기도 했다. 그 처음이 호남철도주식회사(湖南鐵道株式會社)로 1908년 3월 1일에 장박, 최문식(崔文植)과 함께 호남철도주식 모집 총대가 되었고,[75] 같은 달 31일에는 호남철도주식 모집연구회 회장이 되었다.[76] 주식 모집에 대해서는 이외에 평양자기주식회사,[77] 군산호상상회(群山湖上商會)[78] 등이 있다. 실업 연구·조사 활동에 대해서는 한성상업회의소 구성원과 함께하였고, 조진태 등과 1909년에 실시한 전라도·강원도 어업 자원 조사 등이 있는데, 특히 1910년 3월의 국민경제회의 창립[총재 완흥군 이재면(李載冕), 회장 유길준, 부회장 조진태, 이사 백완혁·홍충현(洪忠鉉)·윤치소(尹致昭)·백인기·신규식(申奎植) 등[79]]이 주목된다. 유길준은 설립 후 곧바로 지회 설립을 위해 개성군(開城郡)을 방문했는데,[80] 그 후 무언가 구체적 활동을 한 흔적은 없다. 아마도 본격적인 활동을 개시하기 전에 한국병합을 맞이하여 무산되었던 것 같은데, 한국인이 자신들의 경제를 〈국민 경제〉로 파악하고 그 발전을 도모하는 조직을 결성한 움직임은 중요하다.

재래의 행상인으로 강고한 동업자 조직을 가지고 있던 보부상도 이 시기에는 조직 개편의 필요성에 내몰리고 있었고, 보부상 조직의 하나인 제국실업회(帝國實業會)가 1908년 9월 초 무렵 유길준에게 회장 취임을 요청했

75 「皇城新聞」 1908년 3월 3일 잡보 「總代交涉」.
76 「皇城新聞」 1908년 4월 2일 잡보 「湖南鐵道株式研究」.
77 「大韓每日申報」 1908년 10월 29일 잡보 「月下激論」; 「皇城新聞」 같은 날 잡보 「磁器會社贊成」.
78 「大韓民報」 1910년 2월 26일 잡보 「湖上商會現況」.
79 「大韓民報」 1910년 3월 8일 휘보 「經濟會任員」.
80 「皇城新聞」 1910년 3월 31일 잡보 「府民會長歸京」.

다.[81] 제국실업회는 회칙을 같은 해 9월 5일에 발행하고 있었으므로[82] 이 시기 조직 개편을 꾀하기 시작하고, 그 일환으로 유길준에게 회장 취임을 요청했던 것으로 보인다. 제국실업회 관련 활동으로는 1910년 4월 29일 〈제국실업회 회장 유길준〉의 이름으로 동래(東萊)에 수산 조합을 설립한다는 취지의 청원서를 관찰사에게 제출한 것이 확인된다.[83] 보부상 단체에 대해서는 이외에 대한상무조합 본부의 고문,[84] 보부상 이외에는 가옥토지매매 중개업자 가쾌(家儈)의 동업자 조직인 한성보신사(漢城普信社)의 총재,[85] 수상조합(水商組合)의 고문[86]에 취임했다. 이러한 재래의 상인·브로커도 대한제국기에 황실에 집중된 권력으로부터 특권을 부여받고, 그것의 반대 급부로 상업세를 납부하는 존재였던 것처럼 보이는데, 그러한 존재 양식이 급속하게 해체되는 가운데 새로운 규제를 감내할 수 있는 〈근대화〉가 필요했을 것이다. 실제로 제국실업회로부터 회장 취임 요청을 받은 유길준은 보부상 단체에는 〈협잡인〉이 다수 들어가 있다는 이유로 취임을 일단 거부했는데,[87] 이 모임의 재경 회원이 일제히 단발하여 악습을 개선하기로 약속했기 때문에 취임을 승낙할 수밖에 없었다고 한다.[88] 갑오개혁 당시에 유길준은 내부대신으로서 단발령을 단행하고, 그 때문에 목숨까지 잃을 뻔하였다. 각 지역에서 치열한 의병 투쟁이 확산되는 한편으로, 한국은 바야흐로

81 「大韓每日申報」 1908년 9월 3일 잡보 「實業會와兪氏」.

82 『帝國實業會商務課規則』(奎古6100-2). 이 시점에서 회장은 중추원 찬의(贊議) 홍승목(洪承穆), 부회장은 민원식(閔元植)이다.

83 『觀察道去來案』(奎18131); 국사편찬위원회, 『各司謄錄』16, 700~701쪽.

84 「大韓民報」 1909년 7월 29일 잡보 「商務顧問」.

85 「皇城新聞」 1909년 12월 4일 잡보 「兩總裁推薦」.

86 「皇城新聞」 1909년 11월 27일 잡보 「水商組合所任員」.

87 「皇城新聞」 1908년 9월 10일 잡보 「兪氏決言」.

88 「皇城新聞」 1908년 10월 31일 잡보 「不可不出」(원저에는 9월 31일 잡보라고 표기되어 있으나 이 기사는 10월 31일 잡보에 실린 것이므로 날짜를 바로잡았다 — 옮긴이).

서울을 중심으로 살아남기 위한 〈근대화〉에 내몰리고 있었던 것이다. 이토의 〈자치 육성 정책〉은 이러한 〈근대화〉에 따라 한국 보호의 〈실질〉을 보여 주면서 통제를 가한 것이었다. 사립 학교령(私立學校令)을 비롯한 한국인의 교육 기관에 대한 규제에 관해서도 유길준은 부내 사립 학교의 교장·고문직 등에 취임할 것을 요청받기도 했고, 한국인 교사 양성이나 학교 유지방침을 연구하는 홍사단을 결성했다. 유길준의 개화 선구자로서의 지위는 〈자치 육성 정책〉과 그에 대한 대응의 틀 안에서 높아졌던 것이다.

5. 한국병합과 민간의 실력 양성 운동

1909년 10월 26일, 하얼빈에서 안중근이 이토 히로부미를 사살했다. 이때 유길준은 급거 이완용 등의 정부 고관들과 동행하여 다롄(大連)으로 향했다.[89] 같은 달 29일 서울로 돌아오자 31일에는 내각 대표 조중응, 원로 대표·강구회(講舊會) 회장 김윤식, 실업가 대표 조진태, 공자교회(孔子敎會) 대표 정병조(鄭丙朝), 국시유세단(國是遊說團) 대표 고희준(高羲駿)과 함께 한성부민회 대표로서 이토의 국장(國葬) 참가를 위해 도쿄로 출발했다.[90] 유길준의 민간에서의 실력 양성 운동은 보호국 상태의 유지가 전제였다. 물론 이시기에 이미 이토는 〈자치 육성 정책〉이 좌절되어 통감을 사임했고, 일본의 대한 정책도 병합 추진으로 기울었다. 그러나 반드시 즉시 병합이었던 것만도 아니다. 그러던 가운데 이 사건으로 유길준이 충격을 받았으리란 것

89 「大韓民報」 1909년 10월 28일 휘보 「大官向大連」 등.
90 『續陰晴史』 隆熙 3년 10월 31일(원저에는 10월 30일로 되어 있으나 원문과 대조해 본 결과 이 기사는 10월 31일자로 기록되어 있으므로 날짜를 바로잡았다 — 옮긴이).

은 상상하기 어렵지 않다.

유길준이 도쿄에서 체재하고 있는 사이에 한성부민회는 회장 대리인 부회장 윤효정을 중심으로 이토를 위해 〈국민 추도회〉를 발기하고, 11월 26일에 개최하기로 준비를 진행했다.[91] 그러나 유길준의 부재중에 무언가 좋지 않은 일이 일어났던 것 같으며, 도쿄에 있던 유길준과 전보를 주고받은 끝에 〈국민 추도회〉는 연기되었고[92] 신문에 추도회 중지의 광고를 게재했다.[93] 이러한 경위에 대하여 윤병희는 유길준이 이제까지 일본과의 우호 관계 강화의 태도에서 반일적 태도로 전환했다고 서술하고 있으며, 곧이어 있었던 일진회의 「합방청원서」에 대한 반대로 이어진다고 했다. 그러나 한성부민회 주최의 〈국민 추도회〉가 중지된 이유는 명확하지 않다. 더욱이 유길준은 12월 12일에 개최된 한자통일회(漢字統一會) 주최의 추도회에서 이토의 경력을 소개하는 추도문을 낭독한 것은[94] 유길준의 〈친일〉에서 〈반일〉로의 태도 변화라는 맥락에서는 이해하기 어렵다.

12월 4일에 일진회가 「합방청원서」를 제출하자 유길준과 한성부민회는 이에 대한 반대 운동을 전개했다. 흥사단 임원에 일진회원이 들어가 있는 점은 다구치 요조가 지적했는데,[95] 한성부민회에도 일진회원이 적지 않게

---

91 「皇城新聞」 1909년 11월 10일 잡보 「國民追悼會順序」. 그런데 여기에 앞서 11월 4일에 이토의 국장과 아울러 개최된 〈관민 합동 추도회〉에는 부회장 윤효정이 방회에 참가를 지시했다(「皇城新聞」 1909년 11월 2일 잡보 「府民會指示」).
92 「皇城新聞」 1909년 11월 16일 잡보 「電通停止」.
93 「皇城新聞」 1909년 11월 20일 광고. 정영희·김형목, 앞의 논문은 같은 신문 11월 23일에 게재된 이것과 같은 광고를 근거로 한성부민회가 이토의 동상 건립을 계획했다고 서술하고 있는데(102쪽), 그러한 사실은 확인할 수 없다.
94 「皇城新聞」 1909년 12월 14일 잡보 「追悼情況」(해당 기사를 보면 유길준은 〈伊藤公의 歷史를 說明ᄒ고〉라고 되어 있을 뿐이며, 추도문을 낭독한 자는 〈池錫永〉으로 기록되어 있다. 그러므로 추도문을 낭독했다는 서술은 정확한 표현이 아니다 ― 옮긴이).
95 田口容三, 앞의 논문, 78쪽.

포함되어 있었다. 「합방청원서」 직후 한성부민회는 회장 유길준의 이름으로 〈저들의 극악대대(極惡大懟)한 일진회의 흉소(凶疏)에 대하여 충분(忠憤)이 끓어오르고, 모든 이들이 찬성(萬口雷同)하여 성토하는 대의(大義)로 저들 일진회를 해산할 것, 그리고 그 흉한 상소를 솔선하여 반포한 국민신보사를 폐쇄할 것〉(④ 349)을 내각에 건의했고, 「합방청원서」에 찬성한 방회 의원을 제명했다. 유길준이 임원으로 있었던 한성보신사와 대한상무조합 본부에서도 「합방청원서」 찬성자를 제명했다.[96] 또 한성상업회의소도 설립 당초부터 임원 가운데 일진회원을 포함하고 있었는데, 12월 6일 임원회를 열어 일진회원을 일제히 제명하기로 결의했다.[97] 「합방청원서」에 반대하는 여러 단체의 연합 활동으로 대한협회가 한성부민회·국시유세단·흥사단 등과 협의하여 개최한 국민대연설회는 위원 회의를 한성상업회의소에서 했다.[98] 일본의 〈보호〉를 용인하여 한국의 〈근대화〉를 도모한다는 점에서 유길준과 한성부민회는 일진회와 행동을 함께 할 수 있었지만, 병합이 현실성을 띠게 된 이 시기에는 현상 유지와 〈합방〉이란 점에서 양자가 서로를 용납할 수 없게 되었다.

보호국화를 주어진 것으로 받아들이고, 그 틀 안에서 실력 양성을 도모한다는 점에서 보자면 유길준의 사상과 행동은 〈친일〉적이라고 할 수 있다. 하지만 한편에서 일진회와 기타의 〈합방〉 운동과의 대비에서 보자면 그것은 〈반일〉적이다. 현재적 의미에서의 〈친일〉, 〈반일〉이라는 평가축만으로 보호국기의 정치사와 정치 사상사를 볼 수 없다는 점을 확인할 수 있을 것이다. 이러한 관점에서 한국병합 직전 유길준의 행동을 볼 경우 동시

---

96 보신사·대한상무조합 본부의 〈합방〉 운동에 대해서는 趙恒來, 『韓末社會團體史論攷』, 螢雪出版社, 1972년 참조.

97 「皇城新聞」 1909년 12월 7일 잡보 「商會決議」.

98 국민대연설회에 대해서는 趙恒來, 위의 책, 245~248쪽 참조.

대의 일본어 잡지 『조선(朝鮮)』(日韓書房)의 다음 기사가 흥미로운데 조금 길지만 인용해 보려 한다.

아직 통감 경질이 발표되지 않았는데 관광 명목으로 도일한 유길준은 오랫동안 한국의 독립을 주장했고, 때로는 국민경제회를 일으켜 식산 농림의 일을 활발하게 했다. 아니면 충군애국의 문자를 거듭한 교과서를 편찬하고, 일면 한국민의 실력을 함양하여 국부(國富)를 도모함과 동시에, 다른 한편으로는 제2의 국민인 청년 자제의 뇌수에 국가적 관념을 부식하려는 일에 필생의 노력을 기울이고 있다. 최근 일한 간에 일대 정변을 보게 되어서는 홀연히 자가(自家)의 입각지(立脚地)를 뒤집었을 뿐만 아니라, 시국은 연래(年來)의 주장과 반대가 되었으므로, 안이하게 팔짱을 끼고 풍조(風潮)가 닥치는 대로 맡겨둘 수 없었다. 즉 그는 일본의 풍광관람(風光觀覽)에 가탁하여 소네(曾禰) 통감의 유임 운동을 시도했고, 소네 통감의 유임은 이윽고 배일 운동이 되었으며, 정국은 현상이 유지되었다. 이 때문에 일행 중 그와 조의연(趙義淵 ─ 원문 그대로), 장석주(張錫周)는 훈1등에 서훈되었고, 민영찬(閔泳瓚)은 종2품에 사폐(辭陛)되었으며, 도일 후 우리 천황 폐하를 배알할 준비까지 주도면밀하게 진행하였다. 그는 운동 비용으로 이완용으로부터 1만 엔을 얻었음에도 불구하고 사실은 결국 통감의 경질을 보는 데 이르자, 현재 선후책을 강구하기 위해 조중응과 왕래가 몹시 빈번할 것이다.[99]

이미 서술한 국민경제회 등의 식산흥업 활동, 『勞動夜學讀本』 등에 의한 〈충군애국〉 정신=〈국민〉 의식(〈국가적 관념〉)의 함양 등은 통감 정치의 틀

---

99 ─記者, 「ヨボ政客の昨今」, 『朝鮮』 29, 1910년 7월.

안이라고는 해도 〈독립〉 운동이라고 간주할 수 있는 것이었다. 그리고 여기서 말하는 〈관광〉, 〈일본의 풍광 관람〉이란 앞서 언급한 1910년 4월 유길준이 단장이 된 경성일보사 주최 일본 〈관광단〉이다. 그런데 식산흥업·〈국민〉 의식 함양에 의한 한국의 〈독립〉이라는 〈연래의 주장〉은 이토의 통감 사임 후에도 아슬아슬하게 추진되고 있었고, 〈정국의 현상 유지〉라는 면에서 유길준은 당시 일본인의 눈에는 〈배일〉적일 수 있었다. 그러나 여기서 말하고 있는 소네 아라스케(曾禰荒助) 통감 유임 운동이 무엇이었는지, 그 진위의 정도도 포함하여 현재로서는 명확하지 않다. 하지만 인용문 안에서는 이완용 내각과 연결되어 있다는 점, 또한 앞서 기술한 것처럼 〈관광단〉 출발 전에 유길준이 순종을 배알하였고, 게다가 서훈되었다[100]는 점은 이 운동에 황실도 관여하고 있었을 가능성도 시사한다는 점 등을 포함하고 있어 주목할 만하다. 또한 유길준은 1909년 11월에 이토의 국장 참석을 위해 도쿄를 방문했을 때 다른 동행자가 귀국한 후에도 도쿄에 머물고 있었고, 몰래 무언가의 운동을 하고 있었던 것은 아닌가라는 소문이 있었다.[101] 사실이 어떻든 흥미를 끄는 바가 있는데 여기서는 차후의 과제로 하고자 한다.

결국 일본은 소네를 경질하여 신임 통감 데라우치 마사타케(寺内正毅)를 부임하도록 했고, 한국병합을 단행했다. 유길준으로서는 바로 〈자가의 입각지가 전복〉되었고, 〈연래의 주장과 역진(逆進)하는〉 사태가 되어 버렸던 것이다. 병합 직후 유길준은 일본인 기자와의 인터뷰에서

---

100 이때 학부대신 이용직(李容植), 표훈원(表勳院) 총재 조희연, 유길준, 제실감사원경(帝室監査院卿) 장석주(博을 개명)가 훈1등 태극장을 수여받았다(『純宗實錄』隆熙 4년 4월 19일).
101 「大韓民報」 1909년 11월 18일 휘보 「何事落後」.

시국에 대해서도 별로 나는 생각이 없었고, 어쨌든 병합이란 것은 대사건임에는 틀림이 없습니다만, 점차 대세가 촉박해져 오고 있었기 때문에, 그리고 이미 이러한 일은 명확했기 때문에 별도로 놀랄 정도의 일은 아니었습니다. 이에 나는 이미 일체 정계와 절연하였습니다. (하략)[102]

라고 대답하고 있는데, 그러한 실의의 심경을 살필 수 있다. 유길준이 조선귀족령(朝鮮貴族令)에 의한 남작 작위를 받지 않은 사유 가운데 하나는 이러한 심경에서 비롯되었을 것이다. 다만 이러한 작위 수여의 〈거부〉를 현재적 의미에서의 〈반일〉, 혹은 〈저항〉이라고 볼 수만은 없다. 물론 조선귀족령은 〈이가(李家)의 의친(懿親)과 그 방가(邦家)에 큰 노고가 있는 자〉(전문)를 대상으로 했고, 여기서는 당연 한국병합에 공로가 있는 자란 의미가 되기 때문에 유길준의 〈연래의 주장〉에서 보자면 도저히 받아들일 수 있는 성격의 것이 아니며, 거기에 유길준의 긍지를 찾을 수 있을 것이다. 그러나 유길준은 시세의 변화에 따른 일본의 대한 정책 변경(보호국화)과 한국의 개혁 실패란 현상 인식하에 실력 양성 운동을 실시해 왔고, 그러한 유길준에게 한국병합도 〈점차 대세가 촉박해져 오고 있었기 때문〉이라고 하였듯이 현실적으로 받아들일 수밖에 없었다. 유길준의 작위 수여 〈거부〉의 첫 번째 이유는 앞선 인터뷰에서 〈나는 이미 일체 정계와 절연하였습니다〉라고 말한 것처럼 〈자유 평민〉의 입장에서 실력 양성을 도모한다는 신념이었고, 그러한 신념에서 도저히 귀족이 될 수 없었다고 생각하는 편이 타당할 것이다.

한국병합 후 유길준의 식산흥업·교육 진흥 활동은 협소해졌고, 또 유길

---

102 藤村生, 「兪吉濬子を訪ふ」, 『朝鮮』31, 1910년 9월.

준 자신의 몸 상태도 나빠져 당분간 노량진의 별장 「조호정(詔湖亭)」[103]에서 요양하고 있었던 것 같은데, 1910년 연말에는 활동을 재개하였다. 한국병합 이전부터의 경성고아원(京城孤兒院) 운영과 그에 관련된 제생원(濟生院) 평의원, 국민신문사·매일신보사 주최 조선실업시찰단의 환영 행사, 한성위생회 평의원 등이 1911년까지 확인할 수 있는 주요 활동이다. 그러나 한성부민회는 한국병합 후 〈경성부민회(京城府民會)〉로 개칭하고, 회장을 조중응, 부회장을 예종석으로 교체했으며, 방회를 해소하고 체제만은 존속했지만 1911년 9월 24일에 해산식을 실시하면서 그 막을 내렸다.[104] 1914년 거류민단 폐지와 부제개혁(府制改革)에 앞서 조선인의 〈자치〉 조직은 폐지되었던 것이다. 유길준이 〈경성부민회〉와 직접 제휴한 흔적은 없지만, 한국병합 후 경성부참사(京城府參事)·경기도참사(京畿道參事)(모두 자격은 민간인)에 임명되었던 것은 한성부민회 회장의 경험을 샀기 때문이었을 것이다. 이 점은 보호국기 한국인 측의 〈자치〉 운동이 일본인·조선인의 획일적 지배에 포섭되었음을 의미한다.

유길준은 〈경성부민회〉 해산 후 한성부민회 시대부터 사무소가 있었던 석고단에 수산장(授産場) 설치 인가를 받아[105] 조선수산장으로 삼았고(고문이 됨), 1912년 12월 2일에는 거기에 부인기직전습장(婦人機織傳習場)을 설치했다.[106] 또한 1914년 1월 5일에는 조산부양성소(助産婦養成所) 소장에 취임했고, 같은 해 5월 그곳에 국어강습소(國語講習所, 일본어인지 한국어인지는

103 특사 후에 순종으로부터 하사된 것. 현 동작구 본동 소재, 〈龍驤鳳翥亭〉.
104 尹炳喜, 앞의 논문, 222쪽.
105 「每日申報」 1911년 11월 14일 「兪男織請願」.
106 「每日申報」 1912년 12월 3일 「奬産場의開始」(원저의 경우 授産場이라고 표기했으나 원문 기사를 확인해 본 결과 奬産所라고 되어 있으므로 이에 따라 표기를 수정하였다 — 옮긴이).

불명[107])를 개설했다.[108] 모두 여성을 위한 교육 기관이었는데, 후자는 조산 부양성소 생도의 야학이었던 것으로 보인다. 야학에 대해서는 이외에 연초 직공야학(煙草職工夜學)을 개설하였다.[109] 그 외의 교육 활동으로는 사립 유치원 평의원, 중앙 학교 교장·고문 등이 있다. 실업 활동으로는 박영효 등과 조선무역주식회사(朝鮮貿易株式會社)를 창립하여(1913년 4월 26일 인가) 이후에 중역이 되었다.[110] 또한 한성상업회의소의 실업가와의 교류도 계속했다. 1914년 4월에는 경성일보사·매일신보사가 주최한 〈조선진사내지시찰단(朝鮮縉士內地視察團)〉에 참가하여 일본을 방문했다. 이처럼 한국병합 후 유길준의 활동은 민간에서의 식산흥업·교육 진흥이란 점에서 기본적으로는 그 이전과 같았다. 또 별장인 노량진에서는 동민에게 농업을 〈권장〉할 목적으로 유길준 자신이 농업도 경영했다고 한다.[111] 유길준은 병합 직후에

일반 인민을 부유하게 하는 것을 뒤로하고 단속만을 엄중하게 해서는 도저히 새로운 정치를 구가할 수 없다. 백성을 부유하게 함과 동시에 그 자제를 교육하여 저들로 하여금 근세 문명의 혜택을 누리도록 방책을 취하는 것이 급무임은 애초부터 말할 나위가 없다. (하략)

---

107 「每日申報」 해당 날짜의 기사에서 언급하고 있는 국어란 〈일어에 몽매하여 진취상 방해가 적지 않음〉이나 〈일어를 널리 미치게 할 목적으로 일반 임원과 협의〉 등의 내용을 토대로 볼 때 일본어를 가리키는 것으로 보인다 — 옮긴이주.

108 「每日申報」 1914년 5월 7일 「女學生界의福音」.

109 「每日申報」 1911년 3월 2일 「職工講習所開學」(원저에는 職工夜學開學이라고 했으나 해당 기사를 확인해 본 후 해당 내용을 바로잡았다 — 옮긴이).

110 「每日申報」 1914년 2월 22일 「貿易會社의總會」.

111 「每日申報」 1913년 1월 8일 「鷺梁津新農夫」.

라고 말하고 있는데, 정말로 이러한 말을 실행에 옮겼다. 물론 그러한 민간에서의 식산흥업·교육 진흥도 〈새로운 정치를 구가한다〉란 문맥으로, 조선의 〈독립〉, 〈부강〉의 부식=〈자치 육성 정책〉에서 한국병합이라는 시세의 변화를 받아들인 선상에 있는 것이었다.

그런데 유의해야만 하는 것은 유길준의 교육 진흥 활동 핵심의 한 가지였던 〈충군애국〉 정신=〈국민〉 의식의 함양이다. 물론 한국병합 후에는 대한제국이나 그 황실의 존재를 전제로 한 〈충군애국〉 정신의 함양은 불가능했는데, 1913년에 발행된 『朝鮮紳士寶鑑』이라는 책의 권두에 자신의 붓으로 「교육칙어」를 한역한 것으로부터 엿볼 수 있는 것처럼[112] 유길준에게는 천황 아래에서 〈충군애국〉 정신을 함양하려고 한 적이 있으며, 유길준 자신도 1912년 9월에 차남 억겸(億兼)을 데리고 메이지 천황 장례에 참석하기 위해 도쿄를 방문했다.[113] 일찍이 단군 등의 국수론, 가족 국가관에 기초한 국체론을 주장하고 있던 유길준이 천황 아래에서의 〈충군애국〉 정신 함양으로 흐른 논리에 대해서는 다시 검토가 필요할 것이다. 하지만 한국의 실력 부족을 통감하면서 〈일본 국민이 충과 의를 행하는 도〉만은 배워서 귀국했다고 한 유길준은 시세의 변화 아래에서 거기에 위탁하여 조선인의 국민 의식을 함양하면서 〈백성을 부유하게 함과 동시에 그 자제를 교육하여 저들로 하여금 근세 문명적 혜택을 누리도록 한〉 후에 〈자치 육성 정책〉의 재개를 구상하고 있었던 것은 아닐까라고 생각한다(따라서 앞서 인용한 『開闢』의 기사 「民衆의 親友」와 같은 유길준의 재평가가 1920년대의 실력 양성론자를 통해 이루어졌다는 점도 이유가 있는 것이다). 그러나 그것은 또한 한국병합의 조서(詔書)에서 〈민중은 직접 짐이 위무하는 아래에 서서 그 건강과 복

112 田中正剛, 『朝鮮紳士寶鑑』, 朝鮮文友會, 1913년.
113 「每日申報」 1912년 9월 7일 「兪吉濬男의東上」.

176

을 증진할 것이며, 산업과 무역은 평화를 다스리는 아래에서 현저한 발달을 볼 것〉 등을 역으로 취하여 〈단속만을 엄중하게〉 하는 것과 같은 통치에는 일정한 비판까지도 할 수 있었을 것이다.

1914년 4월의 〈내지시찰단〉 참가 이후 유길준은 지병인 신장염이 악화, 총독부병원에 입원하며 그 후의 요양에도 불구하고 같은 해 9월 30일, 노량진 조호정에서 사망했다. 「每日申報」는 사회장이 실시된 10월 7일의 다음 날까지 추도 기사를 게재했다.

결론을 대신하여

이상에서의 고찰에 입각하여 약간의 논점을 제시함으로써 본장의 결론을 대신하고자 한다.

보호국기 유길준의 활동은 이토 히로부미의 〈자치 육성 정책〉하에서 병합 추진론의 대두를 견제하기 위해서 한국의 〈실력 양성〉을 도모한 것이었다. 유길준이 회장을 맡았던 한성부민회는 문자 그대로 지방 〈자치〉 기관이라기보다도 수도 서울에서의 황제 경축 사업을 추진하여 〈충군애국〉의 정신을 가진 〈국민〉을 함양하기도 했고, 식산흥업이나 한성부 내의 공공 사업의 추진을 위한 정부·통감부와의 협조 관계를 구축하는 데 중점을 두었다고 할 수 있다. 그러한 유길준의 운동은 원로·관료를 비롯해 개화파·독립협회계 인사나 학회·일진회, 한성상업회의소에 집결하였던 실업가·상인, 나아가 〈자치 육성 정책〉 아래 〈근대화〉에 내몰린 보부상 단체와 같이 일찍이 대한제국의 황제권에 종속하고 황제 전제에 반대하는 독립협회에 대한 탄압 운동에 가담했던 것과 같은 계층에서도 호응을 받았다.

실력 양성론의 핵심 가운데 하나인 〈충군애국〉도 〈자치 육성 정책〉에 대항하는 것만은 아니었다. 그러나 한국병합은 한국 황실을 일본의 〈왕족〉, 〈공족〉으로 편입함에 따라 그 이전의 〈충군애국〉 근거를 빼앗음과 동시에 교육 진흥·식산흥업 등의 측면은 존속하도록 하여 형성되고 있던 〈사회〉를 포섭하게 되었다. 실력 양성론이 존립한 근거의 하나가 한국의 부강이 〈문명의 이웃과 나란히 할 때〉까지 독립을 유보한다는 이른바 준비론이었는데, 이것은 개화파 이래의 낙관적인 보편 문명주의적 문명 개화론[114]에 기초해 있었고 한국이 진보한다면 그사이에 일본도 진보하기 때문에 결국은 언제까지나 〈문명의 이웃과 나란히 하는〉 것이 불가능하다는 논리 모순을 내재하고 있었다. 이 때문에 「합방청원서」 반대 운동이나 소네 통감 유임 운동과 같은 병합 저지 운동의 가능성은 있을 수 있었지만 실력 양성론자들은 한국병합이란 사태도, 그 원인은 한국 측의 〈실력〉 부족이란 점에서 시세의 변화라고 하는 현실로서 인정할 수밖에 없게 되어, 〈충군애국〉을 박탈당한 실력 양성으로 흡수되어 가거나, 활동의 기반을 빼앗겨 활동 그 자체가 무너지게 되었다. 일본 측도 의병 투쟁에 대한 치열한 무력 탄압을 실시하여 일찍부터 위기감을 품고 있던 기독교계 인사에 대하여 105인 사건 등의 탄압을 하였고, 〈자치 육성 정책〉 아래에서 형성되고 있던 〈사회〉에 대해서는 단체의 해산이나 언론 규제를 가하는 한편으로 작위 수여·관리 등용을 했다. 아니면 〈어용 신문〉인 「每日申報」가 유길준이나 한성상업회의소의 실업가와 같은 민간의 독지가를 빈번히 소개하기도 했고(표1 「실업가의 경력」의 1913년 이전의 경력도 대부분 「每日申報」에 게재되었던 「朝鮮人物觀」에 따랐다), 교육·식산·풍속 개량 등의 사설을 빈번하게 게재하는 등 그

114 본서 제1부 제2장 참조.

178

활동의 장과 논리를 유지하도록 하면서 조선인·일본인의 획일적 지배 아래로 포섭해 갔다.[115]

그럼에도 이러한 실력 양성론의 전개를 앞에 두고 그 논리 모순을 알아채고, 그것을 비판하여 새로운 사상적 지평을 지향하는 조류가 탄생했다. 후기의 「大韓每日申報」가 바로 그것이다.[116] 예를 들어 1909년 5월 16일에 〈한일친목회(韓日親睦會)〉라는 회합이 경복궁 경회루에서 개최되었는데, 그 준비에는 한국 측에서 한성부윤과 함께 한성부민회장 유길준이 중심적 역할을 담당했고, 회합 당일에는 유길준이 축사를 낭독했다. 한성부민회의 한일 〈친목〉 활동의 일환으로서의 활동이었는데, 그 준비 과정에서 「皇城新聞」은

韓日人親睦會 設立에 對하야 其事實를 本報에 屢屢 揭載하얏거니와 該 親睦會 發起人은 日本人側에ᄂᆞᆫ 各部次官局長과 民會及商業會議所議員과 衛生組合長 醫師, 辯護士, 銀行會社 其他 有志者 百 數十名에게 發起人 承諾를 請求하고 我國人側에ᄂᆞᆫ 京城에 在혼 重望人士ᄂᆞᆫ 勿論이오 各觀察使, 開城及仁川府尹 等인디 宮廷에셔와 政府에셔도 非常히 此를 贊成하야 多數의 韓人을 出席케 하기 爲하야 各道에 代表者 出席을 勸諭홀 터이라더라.[117]

라고 보도하고 있는데 반해, 같은 날 「大韓每日申報」는

115 그러한 한 차례의 매듭 짓기는 1914년의 부제 개혁, 1915년의 경성상업회의소 결합 등에서 요구되고 있지 않는가라고 생각되는데, 다만 그때까지 한국병합으로부터 4~5년 걸렸다는 사실의 의미는 이후 검토해 보아야만 할 것이다.
116 1908년 후반부터 이듬해 무렵을 경계로 「大韓每日申報」의 논조는 변화한다. 그 시기의 「大韓每日申報」와 그 주필인 신채호(申采浩) 사상의 의의에 대해서는 본서 제3부 제9장을 참조.
117 「皇城新聞」 1909년 5월 11일 잡보 「親睦發起」.

漢城府民會 會長 兪吉준漢城府尹 張憲植 兩氏가 發起ㅎ야 韓日親睦會를 組織하고 各府部院廳 奏任官의게 通牒ㅎ고 發起人되기를 請求ㅎ얏다는대 應從ㅎ는 者가 稀少ㅎ다더라.[118]

라고 반대의 보도를 했다. 그러한 회합 당일에는

今番 韓日親睦會 組織을 漢城府民會에셔 發起홈은 人所共知어니와 近日 物議를 據흔즉 所謂 府民會가 組織以後로 人民의 利益은 姑舍ㅎ고 如干金額 만 消耗홈이라고 批評이 有ㅎ더라.[119]

라고 전했다.[120] 한성부민회의 〈관광단〉 환영 행사에 즈음해서도 「皇城新聞」은 환영 행사의 사실을 그대로 전하고 있는 데 반해, 「大韓每日申報」는 분명히 그것을 비판적으로 보도하였고, 1909년 6월 12일에는 논설 「학생계(學生界)의 특색」을 게재하여 〈규슈 관광단〉 환영 행사를 보이콧하여 퇴학한 봉명학교(鳳鳴學校) 생도를 칭찬했다. 〈충군애국〉에도 비판적으로 같은 해 8월 13일 논설 「論忠臣」에서 〈만약 군주와 국가의 이해가 양립하지 않는 경우에는 군주를 버리고 국가에 따라야 한다〉고 단언했다.[121] 따라서 『勞動夜學讀本』에서 〈충군애국〉을 말한 유길준에 대해서도 냉소적이었고,

118 「大韓每日申報」 1909년 5월 11일 잡보 「應從稀少」.
119 「大韓每日申報」 1909년 5월 15일 잡보 「宜有是評」.
120 이와 관련하여 〈한일친목회〉에는 일본 측에서도 취지에 대하여 의문이 있었던 것 같은데(「大韓每日申報」 1909년 5월 14일 잡보 「彼亦明見」), 이 회는 〈규칙〉에서 매년 봄 가을 2회 친목회를 개최하기로 규정하고 있음에도 불구하고, 그 후 한 번도 개최되지 않았다.
121 이 두 가지의 논설은 『丹齋申采浩全集』에도 수록되어 있다. 그러나 후자의 〈충군〉과 〈애국〉을 분리한 직접의 계기는 1909년 1~2월 순종의 순행이었던 것으로 보인다. 본서 제3부 제8장 참조.

같은 해 7월 유길준이 이 책 60부를 호남학회에 기부한 것에 대하여「皇城新聞」이 그 사실만을 전하고 있는 데 반해, 「大韓每日申報」는 〈희書를 印刷혼 後에 購買者가 稀少〉하여 이것을 호남학회에 떠맡긴 것이라고 조롱하는 듯한 보도를 하였다.[122] 즉 실력 양성 운동이 일정한 기반을 가지고 실행된 단계에서의「大韓每日申報」의 이념은 이미 실력 양성론과 대립했던 것으로 보아야 한다. 구체적인 형성 과정에 대해서는 이후의 과제로 해야겠지만, 종래 〈애국 계몽 운동〉으로서 하나의 묶음이었던 것은 크게 보면 〈자치 육성 정책〉의 틀 안에서의 개화파계 인사(일진회까지 포함할 수 있다[123])·실업가·상인, 개화파계 원로·관료를 기반으로 하는 실력 양성 운동(대한협회와 일진회의 각축 등은 그 안에서의 노선 대립이라고 할 수 있다)과, 1908년 후반부터 이듬해 무렵에 형성되어 온, 그에 대한 〈국가주의〉, 〈민족주의〉로 나누어서 생각할 수 있을 것이다. 그리고 후자의 조류에 속하는 사람들은 이미 조선 내에서 체류할 수 없어 국외 독립 운동을 지향하였고, 동시에 실력 양성 운동론 계열의 인사에 대해서는 〈친일파〉라고 규탄하였다. 이와 같이 서로 받아들일 수 없는 두 가지의 흐름은 오늘날의 한국 근대사 연구의 시점까지도 규정하고 있는데, 그것은 보호국이라는 역사적 조건 아래에서 형성되기 시작한 것이었다.

122 「皇城新聞」 1909년 7월 25일 잡보「獎勵勞働」; 「大韓每日申報」 같은 날 잡보「旣刊未售」. 그러나「大韓每日申報」의 유길준 비판에 대해서는 李勛相, 앞의 논문에 따른 바가 많다.
123 일진회의 〈합방〉 운동도 대한제국의 주권 국가화를 지향하면서 병합 단행이 다급해진 시점에서 식민지와는 다른 〈정합방(政合邦)〉을 의도한 것이었고, 일진회의 〈친일〉에 대해서도 현재의 의미에서는 파악되지 않는다는 점은 金東明, 「一進會と日本」, 『朝鮮史研究會論文集』31, 1993년 10월에서 지적되었다.

표 1 실업가의 경력

이름(생년)	1913년 이전의 경력	1913년의 시점의 지위	1920년대의 지위
조진태 (1859년)	武科, 副司果, 軍部被服會社, 外部參事官, 大韓天一銀行取頭, 漢城商業會議所會頭, 漢城手形組合長, 漢城倉庫會社長, 東洋拓殖株式會社監事, 漢湖農工銀行理事, 正三品勳四等	漢城銀行取締役, 朝鮮商業銀行取締役銀行長, 漢湖農工銀行取締役, 朝鮮勸農株式會社相談役, 東洋拓殖株式會社監事, 漢城商業會議所常議員, 京城府評議員, 崇仁學校校長, 善隣商業學校評議員	朝鮮生命保險株式會社監查役, 朝鮮商業銀行副取頭, 東洋拓殖株式會社監事, 朝鮮勸業信託株式會社相談役, 證券金融社取締役, 朝鮮火災海上保險株式會社監查役, 朝鮮美術品製作所取締役社長, 平壤銀行取締役, 大昌貿易株式會社監查役, 京城株式現場取引市場取締役, 京城商業會議所常議員, 朝鮮産業調查委員, 朝鮮畜産協會相談役, 朝鮮山林會理事
백완혁 (1858년)	武科, 禁衛營哨官, 訓鍊院判官, 訓鍊院僉正, 軍器寺僉正, 親軍壯衛營隊長, 中樞院議官, 大韓天一銀行創設, 正三品勳五等	漢湖農工銀行取締役銀行長, 朝鮮商業銀行取締役, 京城隆興株式會社社長, 漢城商業會議所會頭, 三興學校校長	漢城銀行取締役, 朝鮮生命保險株式會社取締役, 戶田農具株式會社取締役, 朝鮮勸業信託株式會社監查役, 朝鮮美術品製作所取締役, 朝鮮農業株式會社取締役, 京城隆興株式會社取締役社長, 京城商業會議所特別評議員, 朝鮮實業俱樂部監事, 朝鮮農會監事, 朝鮮畜産協會理事, 朝鮮山林會理事
조병택 (?)	武科, 訓鍊院主簿, 訓鍊院判官, 管理署副管理, 勅任議官, 韓一銀行取頭, 漢城商業會議所會頭, 從二品勳五等	漢湖農工銀行理事	

홍충현 (1869년)	陵參奉, 中樞院議官, 警務官, 勅任典祀, 勅任官三等	朝鮮商業銀行取締役, 廣殖組合理事, 漢城商業會議所議員	朝鮮天然氷倉株式會社取締役, 朝鮮生命保險株式會社監查役
백인기 (1882년)	度支部主事, 外部參書官, 從二品勳六等	韓一銀行專務取締役, 日韓瓦斯電氣株式會社取締役, 漢湖農工銀行取締役, 東洋拓殖株式會社理事, 朝鮮勸農株式會社取締役	京城電氣株式會社監查役, 朝鮮海上保險株式會社取締役, 朝鮮農業株式會社監查役, 高麗窯業株式會社取締役副社長, 朝鮮實業俱樂部監事, 朝鮮農會理事, 朝鮮畜産協會理事
정영두 (1864년)	武科, 開城蔘政檢察委員, 淸國特派蔘政委員, 大韓天一銀行專務理事, 宮內府物品司長, 典圜局技師, 巴里博覽會委員, 侍從院侍從, 東洋用達會社社長, 薰陶學校校長, 漢城商業會議所議員, 從二品勳六等	漢城銀行監查役, 廣殖組合長, 漢城商業會議所副會頭, 學務委員	
한상룡 (1880년)	官立英語學校, 成城學校, 外參書官, 平武院總務課長, 日本報聘大使隨員, 宮內府秘書監丞, 漢城銀行設立, 漢城手形組合發起設立, 漢城商業會議所會頭, 朝鮮銀行設立委員, 日本赤十字病院協贊委員, 勳三等	漢城銀行專務取締役, 東洋拓殖株式會社理事	漢城銀行取頭, 朝鮮生命保險株式會社副社長, 朝鮮火災海上保險株式會社取締役, 朝鮮中央鐵道株式會社監查役, 京城商業會議所常議員, 京畿道評議員, 朝鮮實業俱樂部會長, 朝鮮鐵道協會理事, 朝鮮産業調査會委員, 朝鮮農會副會長, 朝鮮畜産協會理事, 朝鮮山林會理事

예종석 (1872년)	軍郵學校, 軍郵總局主事, 幽谷道察訪, 管理署委員, 典膳司監薰, 東洋用達會 社總務, 工數學校校長, 家 僧組合所·南大門市場共 同組合·南部共益社·勤俊 貯蓄組合·職工學校·蓋草 工匠組合·麴商組合·漢城 妓生組合設立, 從二品	南部長, 共成學校校長, 職 工組合所長, 漢城商業會 議所議員	朝鮮勸業信託株式會社取 締役, 朝鮮教育普及株式 會社取締役, 京城隆興株 式會社監査役, 朝鮮紙株 式會社取締役, 朝鮮家畜 株式會社取締役, 京城府 協議會員, 朝鮮金融細工 組合長

자료: 「朝鮮人物觀」(「每日申報」 1912년 12월 3, 4, 7, 10, 11, 24, 29일); 川端源太郎, 「實業家人名辭典 第一編」(朝鮮實業新聞社, 1913년); 朝鮮新聞社, 「朝鮮人事興信錄」(朝鮮新聞社, 1922년); 中村資良, 「役員名鑑」(東亞經濟時報社, 1924년).

일러두기

　　이 장에서 兪吉濬全書編纂委員會 編, 『兪吉濬全書』, 全5卷(一潮閣, 1971년)을 인용할 때마다 『兪吉濬全書』의 쪽수를 밝혔다. 동그라미 안의 숫자는 권수이다.

제 2 부

조선 내셔널리즘의 형성과 대한제국

제 4 장
대한제국 성립 전후의 대외적 태도: 외교의례를 중심으로

들어가며

사대·교린의 외교 체제에 있던 조선은 1876년 「조일수호조규(朝日修好條規)」와 1882년 「조미수호통상조약(朝美修好通商條約)」을 거치면서 청(淸)과의 종속 관계가 강화되는 한편으로 새로운 만국 공법(萬國公法) 체제가 성립되어 이른바 유길준(兪吉濬)이 말하는 〈양절체제(兩截體制)〉[1]에 놓이게 되었다. 이 체제가 청산되고 조선이 만국 공법 체제에 일원적으로 편입된 것은 직접적으로는 1894년 청일전쟁(淸日戰爭)을 통해서이며, 일본의 군사적, 정치적 압력 아래에서 달성된 것이었다. 그러나 1896년 2월 아관파천으로 인하여 갑오개혁이 좌절되고 일본의 압력이 후퇴한 후에도 조선은 사대 정책(事大政策)을 취하지 않고 오히려 1897년에 고종이 황제에 즉위하여 청과 대등한 〈제국(帝國)〉으로서 만국 공법 체제로의 참여를 시도했다.[2]

---

1 유길준의 〈양절체제〉론에 대해서는 본서 제1부 제1장 참조.
2 고종의 황제 즉위 논리와 조선 왕조의 세계관에 대해서는 奧村周司, 「李朝高宗の皇帝卽位

그런데 청일전쟁 이전 고종과 조선 정부의 정세 인식과 정책을 검토한 연갑수는 고종·조선 정부가 이미 1880년대부터 청·일의 세력 균형을 유지하면서 조선이 독자 노선을 도모하는 것을 추구했으며 임오군란 이후 곧바로 조선 정부 내에서 〈반청 노선(反淸路線)〉이 대두했다고 하였다. 더욱 이 1880년대 후반에는 〈반청 자주 노선(反淸自主路線)〉이 추진되었다고 서술하고 있다. 연갑수에 의하면 종래 〈친청 수구 사대 정권(親淸守舊事大政權)〉으로 규정되어 온 고종과 민씨 세력은 〈자신들의 기득권을 지키기 위해 노선을 벗어난 적〉이 없었으나 그 〈주관적 의도〉마저 친청 수구라고 할 수는 없다고 한다.[3] 또한 가스야 겐이치(糟谷憲一)는 1885년부터 고종, 조선 정부가 청의 종주권 강화에 대하여 저항을 전개함으로써 그때까지 병존하고 있던 사대·교린 체제와 만국 공법 체제가 대립 관계로 전환되었다고 하였다.[4]

　이상과 같은 선행 연구를 통해서 1880년대에 청의 지배 강화에 대한 저항과 반발은 결코 (변법적) 개화파에서만 볼 수 있었던 것은 아니며, 오히려 〈양절체제〉 성립 당초부터 고종과 조선 정부에 의해 끊임없이 계속되고 있었다고 생각된다. 그리고 〈자신들의 기득권을 지키기 위해서〉의 여부는 별도로 하더라도 그와 같은 고종·조선 정부의 의식이 있었기 때문에 고종의 황제 즉위도 행해졌을 것이다. 다만 외교 체제의 일원화가 일본의 압력 아래에서 이루어지는 등 외부로부터 힘이 다분히 작용했기 때문에 단순히 1880년대부터의 연속으로만 볼 수 없는 측면도 있다.

について」,『朝鮮史研究會論文集』33, 1995년 10월 참조. 이 장은 이 연구로 촉발된 바가 크다.

　3 연갑수,「개항기 권력집단의 정세인식과 정책」, 한국역사연구회 편,『1894년 농민전쟁연구』3, 역사비평사, 1993년.

　4 糟谷憲一,「近代的外交體制の創出」, 荒野泰典·石井正敏·村井章介 編,『アジアのなかの日本史2 ― 外交と戰爭』, 東京大學出版會, 1992년.

이 장에서는 조선과 대한제국의 외교 문서[5]에 나타난 군주의 위상과 조선, 한국 정부가 실시했던 외교 의례를 중심으로 〈양절체제〉가 성립하였던 1880년대부터 대한제국기까지 조선 및 한국의 대외적 태도의 연속과 변화를 검토하고, 조선의 근대 국가 형성에 관한 몇 가지 논점을 제시하려 한다. 근대 조선의 외교 체제의 변용이 일본과의 서계 문제(書契問題)로부터 촉발되었고, 고종의 황제 즉위와 청과의 대등 조약 체결로 일단 해결되었던 것을 염두에 두면 외교에서 〈예(禮)〉의 문제가 조선의 근대 국가 형성의 시도에 있어서 중요한 위치를 차지한다고 생각하기 때문이다. 또한 〈양절체제〉가 조선의 내셔널리즘 형성에 미친 영향의 일단을 여기서부터 전망하고자 한다.

1. 갑오개혁 이전의 외교 의례

1868년의 이른바 서계 문제는 일본의 왕정 복고를 통지하는 서계에 〈황(皇)〉, 〈칙(勅)〉 등의 자구(字句)가 사용된 것이 계기였다. 이와 같은 조일 양국의 군주의 격(格)에 관한 문제는 그 후에도 계속되었다. 예를 들어 1875년 2월에 가져온 외무경(外務卿)·대승(大丞) 서계 등본에서 〈대일본(大日本)〉, 〈황상(皇上)〉의 자구 사용이 조선 측에서 문제가 되어 교섭이 결렬되는 하나의 원인이 되었다.[6] 결국 일본의 포함 외교로 이듬해인 1876년 2월에 「조일수호조규」를 체결하게 되었는데, 체결 과정에서도 일본 측 조

---

5 『舊韓國外交文書』全22卷, 고려대학교부속 아세아문제연구소, 1965~1973년. 인용할 때에는 해당 권의 표제와 문서 번호를 표기한다.

6 田保橋潔, 『近代日鮮關係の硏究』上, 朝鮮總督府中樞院, 1940년, 365~370쪽.

약안 전문(前文)에 〈대일본국황제폐하(大日本國皇帝陛下)〉, 〈조선국왕전하(朝鮮國王殿下)〉라고 적혀 있었는데, 대등한 예를 갖추지 않았다는 이유로 조선 측에서 문제가 되었다. 군주 존칭을 삭제하여 〈대일본국(大日本國)〉, 〈대조선국(大朝鮮國)〉으로 국호만 나열하도록 수정하였다.[7]

그 후에도 이 문제는 쉽게 해결되지 않았다. 「조일수호조규」를 통해 일본으로 파견된 수신사 김기수(金綺秀)는 일본 측과 협의한 후 국서(國書)의 휴대를 회피했다.[8] 이러한 상황이 변화한 것은 1880년이었다. 일본 정부는 현안이었던 공사관 개설 문제를 해결하기 위해서 대리공사 하나부사 요시모토(花房義質)에게 국서를 휴대시키고 국왕을 알현(謁見) 및 봉정(奉呈)하는 의무를 지닌 변리공사로 승진시켜 서울로 파견하였다. 결국 일본 측은 무리하게 국서를 올려 공사관 개설을 조선 측에 묵인하도록 하였지만, 그 국서에는 〈대일본국대황제(大日本國大皇帝)〉, 〈대조선국대왕(大朝鮮國大王)〉으로 기입되어 있었다. 이것은 그 후 조일 간의 국서에서 답습되었다.[9]

이어서 1882년 5월에 조인된 「조미수호통상조약」에서는 양국 원수가 〈대조선국군주(大朝鮮國君主)〉, 〈대미국대통령(大美國伯理爾天德)〉이라고 작성되었다. 이와 아울러서 〈교린(交鄰)〉의 국서에 날인도 〈대군주보(大君主宝)〉, 〈대조선국대군주보(大朝鮮國大君主宝)〉로 〈만들어져(造成)〉,[10] 그 후 구미, 일본의 조약 체결국이 이를 답습하였다. 그런데 조미조약은 이홍장이 〈속방자주(屬邦自主)〉의 원칙을 유지하면서도 체결 과정에 직접 개입해 조선이 청의 〈속방(屬邦)〉임을 명문화하려고 했다. 미국 측의 반대로 〈속방〉

7 田保橋潔, 앞의 책, 470~482쪽.
8 田保橋潔, 위의 책, 560쪽.
9 예를 들어 왕세자 혼례 축하의 국서(「日案」1, 80), 박영효 수신사의 국서(「使和記略」, 『韓國史料叢書 第9 修信使記錄』, 國史編纂委員會, 1971년, 211쪽) 등.
10 『高宗實錄』高宗 19년 5월 23일.

조항의 삽입에는 실패했지만 직후에 임오군란을 거치면서 청은 조선에 간섭을 강화했다.[11] 1884년 12월 발생한 갑신정변은 청과의 종속 관계 부정을 정강으로 내세웠다.

하라다 다마키(原田環)는 (1) 이노우에 가쿠고로(井上角五郎)의 회상(1910년)에 의하면 갑신정변에서 군주 존칭을 〈전하(殿下)〉에서 〈폐하(陛下)〉로, 자칭(自稱)을 〈짐(朕)〉으로, 〈왕명(王命)〉을 〈칙명(勅命)〉으로 개정(改正)하기로 결정했다는 것, (2) 민태원(閔泰瑗)의 『갑신정변과 김옥균』(1946년)에 수록된 1886년 김옥균의 상소에서 〈[주상(主上)] 폐하(陛下)〉가 사용되었다는 것, (3) 1888년 「박영효상소」에서 〈[대군주(大君主)] 폐하(陛下)〉가 사용되었다는 것을 지적하고 있다.[12] (2)는 해방 이후의 저술이기 때문에 하라다도 신중히 다루었고, (1)도 갑오개혁을 사이에 둔 회상이라는 점, (3)은 1894년 7월에 외무성 기록과에서 복사한 것으로 사료의 성격에 대한 문제가 남아 있지만 개화파의 〈독립〉 의식의 지표로서 군주의 존칭, 자칭이 주목된다.

그런데 1885년 1월 7일부(음력 고종 21년 11월 22일)의 김굉집(金宏集)에게 부여된 전권대사 위임장에서 군주 자칭은 〈짐(朕)〉, 연호는 개국 기년(開國紀年)의 뒤에 〈짐 즉위 21년(朕卽位二一年)〉으로 되어 있으며(「日案」1,402), 이어서 2월 4일부의 〈흠차정부대신(欽差正副大臣)〉 서상우(徐相雨)와 묄렌도르프(Möllendorf, 穆麟德)에게 부여된 일본 파견의 국서도 이를 답습했다(「日案」1,423). 그 이전의 것으로 예를 들어 1883년 7월 16일 〈흠차정부대신〉 민영익(閔泳翊)과 홍영식(洪英植)에게 부여된 미국 파견의 국서에서는 〈짐(朕)〉을 사용하지 않았고, 연호는 개국 기년만 있었다(「美案」1, 29). 갑신정

---

11 茂木敏夫, 「李鴻章の屬國支配觀」, 『中國 ― 社會と文化』2, 1987년 6월.

12 原田環, 『朝鮮の開國と近代化』, 溪水社, 1997년, 330쪽과 333쪽의 주 28.

변 직후 다케조에(竹添) 공사의 책임을 추궁하기 위해 일본으로 파견이 계획되었을 때(실제로는 파견하지 못했다) 서상우와 묄렌도르프에게 부여된 전권 위임장에서도 같은 양식이었다(「日案」1, 367). 이노우에 가오루(井上馨)와 교섭을 하기 위한 전권 위임장과 「한성조약」 제1조에 따라 일본으로 〈사의(謝意)〉를 표명하는 국서에서 〈짐(朕)〉이 사용된 이유는 알 수 없지만, 그 후의 일본·미국으로 보내는 국서에는 〈짐(朕)〉의 사용을 답습하게 되었다. 1887년 8월 2일부의 주일공사 민영준(閔泳駿)과 참찬관(參贊官) 김가진의 파견에 대한 국서에서 대군주의 자칭은 〈짐(朕)〉, 연호는 개국 기년의 뒤에 〈짐이 왕위에 오른 지 24년(朕御極之二十四)〉라고 되어 있으며(「日案」1, 950), 같은 해 9월 23일부의 주미공사 박정양(朴定陽)에 부여된 국서(「美案」1, 461)에서도 같은 양식이었다.

이와 같이 조선 왕조는 1885년부터 〈제국〉을 지향하는 태도를 대외적으로 표시하기 시작했는데, 이러한 지향은 1880년대 후반을 지나면서 서울의 외교 의례의 장에서 표출되었다. 외무관청(外務官廳)과 각국 공관은 각각 자국의 국경일에 연회를 주최하는 것이 통례였는데, 각국 공사관의 개설로 인해 서울도 일상적인 외교 의례의 장이 되었다. 더욱이 1883년에는 「중국조선상민수륙무역장정(中國朝鮮商民水陸貿易章程)」에 따라 청에서 총판조선상무(總辦朝鮮商務) 진수당(陳樹棠)을 파견하였다. 그런데 이것이 실질적으로 공사·영사의 역할을 했기 때문에 문제가 복잡해졌다. 그러면 통리교섭통상사무아문(統理交涉通商事務衙門)이 주최한 조선 군주의 탄생일 경축연에 대해서 살펴보고자 한다.

『舊韓國外交文書』에서 조약을 체결한 각국에 군주 탄생일(음력 7월 25일) 경축연의 초대장이 나타나는 것은 1883년 「美案」에서부터였다. 같은 해 8월 27일(음력 7월 23일) 독판교섭통상사무(督辦交涉通商事務) 민영목(閔泳穆)

이 〈미흠차대신(美欽差大臣)〉 앞으로 다음과 같은 군주 탄생일 경축연의 초대장을 발송하였다.

敬啓者, 本年七月二十五日, 恭遇我大君主聖壽慶節, 不任懽忭之至, 擬於是日下六点鍾, 在本署設酌志喜, 敢祈貴大臣届期賁臨, 貴參贊偕枉爲感, 比頌時祉 (「美案」1, 30)

여기서 군주 존칭은 〈대군주(大君主)〉이며, 군주 탄생일의 호칭은 〈성수경절(聖壽慶節)〉이다. 이 〈성수경절〉 연회로의 초대장은 『舊韓國外交文書』에서는 「美案」 이외에는 보이지 않는다. 또한 통리교섭통상사무아문의 집무일지인 「統署日記」[13]는 이해 음력 8월부터 기술되어 있다. 따라서 「統署日記」에는 기재가 없기 때문에 초대된 사람이 미국 공사관원(公使館員)뿐이었는지는 확정할 수 없다.

이듬해인 1884년부터는 초대장 송부의 기록이 「統署日記」에 게재되어 있다. 이해에는 총판조선상무 진수당과 일본·미국·영국의 각 공사관에 초대장을 송부하였고, 「美案」과 「英案」에 수록되어 있는 초대장은 작년의 「美案」과 같았다. 그다음 해인 1885년에는 청·일본·미국·영국·독일의 각 공사관과 총영사관에 초대장을 발송하였는데, 그 초대장은 이전과 같은 형식이었다. 1886년에는 탄생일 호칭이 〈탄신경절(誕辰慶節)〉로 되어 있으며, 다음 1887년에도 이것을 답습했다. 또한 「清案」에 초대장은 게재되어 있지 않지만 「統署日記」의 기재에서 진수당을 대신해서 부임한 주차조선교섭총리통상사의(駐箚朝鮮交涉總理通商事宜) 원세개에게도 같은 양식의 초

---

13 『舊韓國外交關係附屬文書』3~5권, 고려대학교부속 아세아문제연구소, 1972~1973년.

대장을 보냈음을 확인할 수 있다.

그런데 1888년부터 군주 탄생일 경축연 초대장의 형식에 변화가 일어났다. 예를 들어 「日案」을 보면 이해의 초대장은 다음과 같다.

敬啓者, 玆於本月二十五日, 恭遇我大君主萬壽聖節, 不任懽忭之至 (하략) (「日案」1, 1237)

군주 존칭은 그대로 〈대군주(大君主)〉인데, 군주 탄생일 호칭은 황제(皇帝)나 황후(皇后) 탄생일에 사용하는 〈만수성절(萬壽聖節)〉이다. 한편 이해 4월 고종은 〈정성광의명공대덕(正聖光義明功大德)〉의 존호가 가상(加上, 존호나 품계 등을 높여 주는 것 — 옮긴이)되었는데, 그 경축연에 대한 4월 17일(음력 3월 7일) 초대장(「美案」에서는 음력 3월 1일)은 다음과 같다.

敬啓者, 本月十三日, 恭遇我大君主陛下誕膺崇号 親愛賀儀 無任慶忭之忱 (하략) (「日案」1, 1121)

여기서는 군주 존호에 〈폐하(陛下)〉를 사용하고 있다. 다만 「統署日記」 3월 7일에는 〈恭遇我大君主誕膺崇号〉라고 되어 있어 차이가 있다. 그런데 이듬해인 1889년 군주 탄생일 경축연의 초대장에는

敬啓者, 玆於本月二十五日, 恭遇我大君主陛下萬壽聖節, 不任懽忭之至 (하략) (「日案」1, 1467)

라고 하여 군주 존칭은 〈대군주 폐하(大君主陛下)〉, 탄생일 명칭은 〈만수

성절(萬壽聖節)〉이었다. 이후 신정대왕대비(神貞大王大妃) 조씨(趙氏)의 사망 때문에 탄생일 경축연 자체가 거행되지 않았던 1890년을 제외하고는 이 형식을 답습하였다.

이상과 같이 조선 정부는 1888년을 과도기로 하여 그 전후로 군주의 격식을 대외적으로 변경하였다. 〈폐하〉, 〈만수성절〉을 구미 여러 국가나 일본에 사용하는 데에는 문제가 없었다. 하지만 청에는 이러한 용어의 사용이 용인되지 않았다. 사실 「統署日記」 1888년 8월 27일(음력 7월 20일[14])에서는

函速[15]各國公館·領事·書記, 茲於本月二十五日, 恭遇我大君主陛下萬壽聖節, 不任懽忭之至, 本日下午六点鍾, 本督辦在敝署設尊志喜, 奉邀台駕, 務望屆期光臨, 同此慶酌爲荷, 尙此奉仰, 順頌辰祉, 只袁館書, <u>國王殿下千秋慶節</u>

라고 하였고, 원세개 앞으로 보내는 공문에서만 군주 존칭은 〈국왕 전하(國王殿下)〉, 탄생일 명칭은 〈황태자 탄생일(皇太子誕生日)〉과 동격의 〈천추경절(千秋慶節)〉을 사용하고 있다. 한편 「淸案」에서 1889년까지 청으로 보낸 초대장은 확인되지 않으며, 군주에 관한 의전 관계 기사에서는 청의 황제 탄생일 경축연의 초대장에 대한 조선 측의 회답(照復)을 볼 수 있을 뿐이다. 그것은 1887년 8월 15일(음력 6월 26일) 독판교섭통상사무 서상우가 주차조선총리교섭통상사의 원세개에게 보낸 회답이었는데,

14 원저에서는 〈7월 23일〉이라고 하였으나, 「統署日記」에서는 음력 7월 20일에 나오는 기사이므로 날짜를 바로잡았다 — 옮긴이주.
15 원저 인용에서는 〈速〉자가 빠져 있었으므로, 확인 후 바로잡았다 — 옮긴이주.

敬復者, 本月二十八日, <u>欽逢皇上萬壽聖節</u>, 寰海鰲忭, 率土燕喜, 頃荷芳招,

認由綺眷, 敢不届期趨席, 遙伸呼嵩之悃, 仍沾需雲之惠, 肅此奉覆, 順頌辰安

(「淸案」1, 629)

라고 하여 청 황제는 〈황상(皇上)〉, 청 황제의 탄생일 명칭은 〈만수성절
(萬壽聖節)〉이었다. 그리고 1889년 8월 17일(음력 7월 21일)의 독판교섭통상
사무 민종묵(閔種默)이 원세개에게 보낸 군주 탄생일 경축연에 대한 초대장
에서는

敬啓者, 茲於本月二十五日, <u>恭遇我國王殿下千秋慶節</u>, 不任懽忭之至忱 (하
략) (「淸案」1, 999)

라고 하였듯이 1888년의 방침을 답습하고 있었다.

즉, 1888년부터 조선 정부는 구미, 일본에는 〈폐하〉, 〈만수성절〉을 사용
함으로써 조선과 청이 대등하다는 것을 보여 주었다. 반면에 청과의 사이
에서는 조선 측의 군주 존칭을 〈국왕 전하〉, 탄생일 호칭은 〈천추경절〉이
라고 하여 청보다 격하하고 있다. 또한 1888년부터 고종 탄생일에 각국 공
사, 영사와 접견을 실시하였지만 거기서는 원세개 등 청의 대표를 초대하
지 않았던 것 같다.[16]

이상과 같이 조선 정부는 1888년을 전후해서 고종 탄생일 경축연에 대

16 왕세자 탄생일에 대하여 예를 들어 「日案」에서는 1888년부터 초대장을 확인할 수 있는
데, 존칭은 1892년까지 〈동궁 저하(東宮邸下)〉, 1893년부터 〈동궁 전하〉가 되었다. 탄생일 호칭
은 〈천수경절(千壽聖節)〉[1891년과 1894년은 〈천추경절〉, 1893년은 〈홍류경절(虹流慶節)〉, 다
만 「美案」에서는 〈천추경절〉]이었다. 왕세자는 군주에 비해 늦게 1893년부터 격상되었는데,
「淸案」에서는 1893년과 1894년 모두 〈동궁 저하 천추경절〉이었다.

한 초대장의 형식을 변경했다. 그 계기는 1887년에 일어난 구미 각국 주재 전권공사 파견 문제라고 보아도 틀림이 없을 것이다.[17] 청의 지배 강화에 대응해 조선 정부가 견제책으로 실행한 전권공사 파견은 결국 청에 의해 굴복을 당했다. 하지만 그에 대한 저항은 청에 대하여 면종복배(面從腹背)라는 형태로 서울의 외교 의례의 장에서 계속되었다.

나아가 1890년에는 신정대왕대비 조씨의 장례를 둘러싸고 청과의 사이에서 문제가 발생했다. 국왕이나 왕비·대비 등이 사망하면 속방은 종주국에 고부사(告訃使)를 보내어 조칙사(弔勅使)의 파견을 청하는 것이 통례였다. 칙사가 파견되면 국왕은 성문 밖으로 나가서 마중하는(郊迎) 예를 실시해야만 했다.[18] 조선 정부는 6월 4일(음력 4월 17일)에 대왕대비가 사망하자 각국 공사관과 동시에 원세개에게도 그 사실을 통지했다(「淸案」1, 1183). 그러나 조선 정부는 원세개의 〈예궁예물진정통고(詣宮禮物進呈通告)〉를 사절했고(「淸案」1, 1190, 1191), 나아가 고부사를 파견하지 않았다. 그러나 원세개의 두세 차례에 걸친 재촉에 응해서 조선 정부는 고부사를 북경에 보냈고, 재정난을 이유로 상제(喪祭)의 검약과 조칙사 파견의 면제를 요청했다. 그렇지만 청은 이를 각하하고 칙사의 경로를 해로로 바꾸면 경비를 삭감하게 되므로 여기에 따르도록 명령했다. 결국 11월에 칙사는 군함으로 파견되었고 고종은 서울 서대문 밖 모화관(慕華館)에서 교영(郊迎)을 실시해야만 했다.[19]

원세개는 이로써 종주국의 위엄을 과시하였는데, 그 배경에는 조칙사의 파견에 앞서 10월 12일(음력 8월 29일)의 상여 발인(靈輿發靷) 즈음에 일어난

---

17 유길준의 〈양절체제〉론 형성에서 이 문제가 계기가 되었다는 점은 본서 제1부 1장 참조.
18 林明德, 『袁世凱與朝鮮』, 中央硏究院 近代史硏究所, 1970년, 141쪽.
19 林明德, 위의 책, 142~143쪽; 糟谷憲一, 앞의 논문, 242~243쪽.

청의 위신과 관계된 사건이 작용하고 있다고 생각한다. 조선 정부로부터 상여 발인 일시를 통지받은 원세개는 10월 4일에 자신이 부하 관료를 거느리고 상여를 호송하겠다는 취지를 독판교섭통상사무 민종묵에게 제의했다. 하지만 조선 측은 이를 사절했다(「淸案」1, 1246, 1252). 그럼에도 불구하고 당일에는 미국의 수병(水兵) 〈수십 명〉이 도로 좌측에서 경례(敬禮)하여 상여를 보냈다. 이에 격노한 원세개는 민종묵에게 해명을 요구했지만 민종묵은 미국의 제의를 감사히 받았을 뿐이라고 했다(「淸案」1, 1253, 1256, 1257).

이 문제에 대해 조선 정부와 미국 공사관 사이에는 10월 4일 단계에서 이미 발인할 때 〈길가의 왼쪽에 서서 각자 경례를 한다〉는 것이 기정사실이 되었다는 것(단, 수병인지 아닌지는 불명.「美案」1, 796), 10월 9일에 미국 공사 허드(Heard, 何德)가 미국 공사관에서 러·일·프·영의 각국 공사, 영사와 협의해 이 문제에 대해 무언가 합의를 했다는 것(「美案」1, 797) 등 조선 정부와 미국 공사관 사이의 문서 왕복, 서울 주재 각국 파견 공관의 대응 등에 대해서는 좀 더 고찰할 여지가 있다. 어찌 되었든 간에 이 문제는 원세개와 서울 주재 외교단과의 대립까지도 내포한 문제였다.

이상에서 본 것처럼 조선의 대외적인 자국(自國)과 군주의 위치 설정 방식은 〈친청〉적이라기보다는 오히려 청과의 대등성을 주장하면서 대청(對淸) 자존 의식을 표명하고 있었다. 청과 조선의 종속 관계 문제에 대해서 관심을 갖고 있는 것은 주로 미국과 일본이었다. 이들은 국면에 따라서 조선 정부를 원조하는 자세를 보여 주었으나, 현실적으로 종속 관계를 파기하기란 불가능했다. 일본으로서도 1880년대 후반은 조선에서 청의 우위를 인정하지 않을 수 없는 상황이었으며, 종속 관계 문제를 스스로 제기하지도 않았다. 또한 조선 정부는 〈반청 정책〉을 추진하는 가운데 민씨 등 특정 인물에 의한 요직의 장기 독점 현상이 현저해졌고, 그에 수반하여 1890년대에 들어가면서 〈반청 정책〉이 좌절되었다고 한다.[20]

2. 갑오개혁기의 외교 의례

청일전쟁과 갑오개혁은 국제 의례의 변용을 초래했다. 갑오개혁 중 왕실 존칭 개정(改定)[21]으로 〈주상 전하(主上殿下)〉는 〈대군주 폐하(大君主陛下)〉가 되었다. 이것은 대외적으로 1889년 이래의 기정사실을 추인(追認)한 것이며, 나아가 국내적으로도 이를 적용한 것이라고 할 수 있다. 청일 개전 직후인 1894년 군주 탄생일에는 고종의 각국 공사 접견 및 외무아문에서의 경축연은 중지되었다. 하지만 연회의 중지를 통지하는 문서에서는 〈대군주폐하만수성절(大君主陛下萬壽聖節)〉의 형식을 답습하였다(예를 들어 「日案」3, 3045). 그리고 시모노세키조약 이후, 아래에서 보듯이 이전과 다른 형식의 의례가 실시되었는데, 그것은 갑오개혁의 주권 국가 구상과 〈국민(國民)〉 형성 구상의 일환이었다.[22]

그 최초의 것이 1895년 6월 6일(음력 5월 14일)에 개최된 〈독립경회(獨立慶會)〉였다. 예를 들어 「日案」에서는 6월 2일에 외부대신 김윤식(金允植)이 일본 공사 이노우에 가오루(井上馨) 앞으로 초대장을 발송하였다. 같은 날 〈독립경일(獨立慶日)〉 제정에 관한 조칙이 나왔다.

---

20 연갑수, 앞의 논문, 139~144쪽.
21 「舊韓國官報」 開國 503년 12월 17일 게재 奏本.
22 拙稿, 「甲午改革の近代國家構想」, 『朝鮮史研究會論文集』33, 1995년 10월, 제2장 참조.

짐이 생각하건대 개국(開國) 503년 11월 12일에 종묘(宗廟)와 사직(社稷)에 맹세하여 종래의 청국(淸國)의 간섭을 끊어 버리고 우리 대조선국(大朝鮮國)의 고유한 독립 기초를 확정하며 또한 시모노세키조약(馬關條約)을 통하여 세계에 표창(表彰)하는 빛을 더 드러내는 것이다. 짐은 신민들과 기쁨을 같이하여 이제부터 우리나라의 영예를 축하하기 위하여 적당한 방법을 시행할 것을 여러 대신(大臣)에게 명령한다. 짐의 신민은 능히 짐의 뜻을 체득하고 영구히 독립하는 실적을 기념하여 나라를 위하는 짐의 간절한 마음에 부합하도록 하라. 연례(年例)로 할 독립 경축일(獨立慶祝日)을 정하고 영구히 우리나라의 일대 경절(慶節)로 삼아 짐이 신민과 함께 축하하는 법규는 짐이 다시 짐의 뜻을 신민에게 유고(諭告)하노라.[23]

「홍범 14조(洪範十四條)」와 시모노세키조약으로 조선은 〈독립〉을 확립하였기 때문에 〈독립경일〉을 정해서 군민(君民) 모두가 축하하도록 하라는 것이다. 후술하듯이 〈독립경일〉이 실제로 제정된 흔적은 없지만 〈독립경회〉는 이 조칙과 관련해서 개최되었을 것이다. 당일의 모습에 대해서 김윤식은 『續陰晴史』 을미 5월 14일에 다음과 같이 기록하고 있다.

갑신(甲申) 맑음. 오늘 우리 정부는 독립경회(獨立慶會)를 위해 동궐(東闕) 후원에서 원유회(園遊會)를 베풀었다. 농상공부대신(農商工部大臣) 김가진(金嘉鎭)이 위원장으로서 일체의 연회 일을 배치했다. 각국 공·영사 및 각 고문관 외에 교사와 각국 신사·상민은 그 부인과 동반하도록 청했다. 또한 우리 칙·주임관(勅·奏任官)이 모두 모였는데, 그 수는 천 명에 가까웠다. 주합루

<hr>

23 「舊韓國官報」 開國 504년 5월 12일.

(宙合樓)·연경당(衍慶堂)·승재정(勝在亭)·농산정(籠山亭) 각 처에 음식을 대접하기 위해 상탁(床卓)·혜구(鞋具)를 갖추었고, 위로는 옥류천(玉流泉)에 이르기까지 등불(毬燈)을 차례대로 매달았다. 장리원(張梨園) 4부와 금슬(琴瑟)·생소(笙蕭)·호가(胡笳)가 어지러이 움직였다. 을미의숙(乙未義塾) 7곳의 학도가 들어와서 독립가(獨立歌)를 불렀고 모두 만세(萬歲)를 외치기를 청원했다. 임금이 친히 칙사(勅使)를 파견해 관내(官內)의 서리대신 김종한(金宗漢)이 칙명을 받들고 와서 주상의 말씀을 전했다. 대개 오늘 연회(嘉會)에서 각국 사신과 함께 즐기라는 뜻이었다. 각국 사신도 이에 모두 감사의 말을 했다. 오늘 연회에 우리 조정 관료의 부인들 역시 참여한 이가 있었는데, 대개 처음 있는 일이었다. 날이 저물어 돌아갔다. (하략)

〈동궐 후원(東闕後苑)〉(오늘날의 창덕궁 후원[24])에서 실시된 독립경회 원유회(園遊會)에서는 내외국의 손님이 천 명 가까이 모였으며, 그 자리에서 고종의 칙어(勅語)가 전달되었다. 이 원유회는 김윤식이 기록하고 있듯이 처음으로 정부 고관이 부인을 동반해 참가한 왕궁의 예식이었다. 더욱이 〈처음 있는 일〉이라고 기록하고 있는데, 을미의숙의 생도의 〈독립가(獨立歌)〉 제창, 만세화창(萬歲和唱)이 실시되었던 것이 주목된다. 〈독립가〉는 국가가 제정한 국가(國歌)가 아니라 이른바 애국창가(愛國唱歌)의 하나로, 애국창가가 왕궁의 예식 장소에서 불린 것은 아마 이때가 처음일 것이다.

〈만세(萬歲)〉에 관해서 보자면 청과 종속 관계에 있던 조선에서 군주에 대한 만세는 생각하기 어렵다. 만세는 한무제(漢武帝)의 고사(故事)에 따르

---

24 원문에는 〈秘苑〉이라고 표기하였으나, 현재 공식적으로 사용하고 있는 명칭으로 수정하여 표기하였다 — 옮긴이주.

면 〈산호(山呼)〉[25]라 불린다. 『高宗實錄』高宗 29년(1892) 음력 9월 24일에 〈성상의 보령이 41세가 되고 왕위에 오른 지 30년이 되는〉 것을 축하하는 외진찬(外進饌)에 관한 기사에서는 〈왕세자 이하 종친 문무백관이 세 번 머리 조아리고 산호(山呼)와 천세(千歲)를 하였다〉고 하며, 고종 31년(1894) 음력 2월 7일 왕세자의 〈망삼순(望三旬)〉을 축하하는 생신진연(生辰進宴)에 관한 기사에서는 〈왕세자 및 자리에 있는 사람들이 세 번 머리를 조아리며 산호(山呼)와 천세(千歲)를 부르고 다시 산호와 천천세(千千歲)를 불렀다〉고 한다. 그러나 『高宗實錄』에서 이후 〈산호〉를 사용한 예는 전부 대한제국 성립 이후의 것으로, 〈[심]순택이 백관을 거느리고 국궁(鞠躬), 삼무도(三舞蹈), 삼고두(三叩頭), 산호만세(山呼萬世), 산호만세(山呼萬世), 재산호만만세(再山呼萬萬世)를 창하였다〉(光武 원년 10월 12일 「황제즉위식」), 〈황태자 이하 자리에 참석한 모든 사람들이 국궁을 하고 삼무도를 하였다. 찬의(贊議)가 산호를 외치니 황태자 이하가 만세(萬歲)라 하고, 다시 산호 만만세(萬萬歲)를 부르니〉(光武 5년 9월 8일 〈만수성절〉), 〈찬의가 〈산호〉를 외치니 황태자 이하가 공수(拱手)하여 이마 위에 올리고는 만세만세(萬歲萬歲)를 외치고 다시 산호하니 만만세(萬萬歲)를 외쳤다〉(光武 6년 5월 30일 〈外進宴〉)고 하는데, 어느 것이나 〈산호〉는 〈만세〉였다. 이 만세를 예식의 장에서 화창(和唱)한 것은 이 원유회가 처음으로 보인다. 또한 그것을 화창한 것이 아유카이 후사노신(鮎貝房之進)·요사노 뎃칸(与謝野鐵幹) 등이 관계하였던 을미의숙이라고 하는 〈일어(日語) 학교〉의 생도였다는 점도 주목할 만하다.[26]

25 나라에 큰 의식이 있을 때 임금의 축수(祝壽)를 표하기 위하여 만수무강(萬壽無疆)을 비는 뜻에서 신하들이 두 손을 치켜들고 만세(萬歲) 또는 천세(千歲)를 일제히 크게 외치던 일 — 옮긴이주.
26 을미의숙(乙未義塾)에 대해서는 稻葉繼雄, 『舊韓末〈日語學校〉の硏究』, 九州大學出版會, 1997년 참조.

〈독립경회〉의 조칙에서 보이듯이 갑오개혁에서는 〈국경일(國慶日)〉을 제정했다. 국경일 제정에 관한 법령 그 자체에서는 확인할 수 없지만, 갑오개혁에서 제정된 관청집무시한(官廳執務時限)에 관한 규칙이나 관립 학교의 규칙에 기재된 휴업일이 거기에 해당한다고 보아도 좋을 것 같다. 표1은 개국 504년 윤(閏) 5월 10일 각령 제7호에 기록된 관청의 휴업일을 정리한 것이다. 양력을 시행하기 전이기 때문에 날짜는 모두 음력이다. 〈독립경일〉은 결국 제정되지 않았지만, 이것은 제1조에서 〈청에 의존하는 생각을 끊어 버리고 자주독립(自主獨立)의 터전을 확실히 세운다〉고 제창한 「홍범 14조」의 〈서고(誓告)〉를 기념하는 〈서고일(誓告日)〉로 대체되었다고 생각한다. 그러나 군주 탄생일은 〈만수성절〉이 아니라 〈대군주 탄신(大君主誕辰)〉으로, 국내에서는 아직 황제의 탄생일 명칭을 사용하지는 않았다.

표1 갑오개혁기의 국경일 (음력)

국경일명	날짜	비고
개국 기원절	7월 16일	조선 왕조 건국일
대군주 폐하 탄신	7월 25일	
서고일	12월 12일	종묘 서고일

자료: 閣令 제7호(1895년 7월 2일)

국경일에 정부가 내외 손님을 초대하고 연회를 개최한 최초는 1895년 9월 4일, 음력 7월 16일의 개국 기원절(開國紀元節)이었다. 이날 모습에 대해서도 김윤식은 『續陰晴史』에 기록하고 있다. 그에 따르면 경복궁의 경회루에서 실시된 내외연에는 고종이 친히 참석하고 왕태자, 왕후도 배석했으며, 조선 정부 고관과 각국 공사가 부인을 동반하여 참여했다. 고종이 친히 술잔을 들고 칙어를 내렸고 〈수석공사(首公使)〉 미우라 고로(三浦梧樓)가

〈답축(答祝)〉을 했다. 그리고 내연(內宴)에서는 가동(歌童), 무기(舞妓)의 가무, 아악(雅樂) 그리고 불꽃놀이를 실시하였다. 그 후 9월 13일의 〈대군주 폐하 탄신(大君主陛下誕辰)〉에서는 종래의 통리교섭통상사무아문에서와 거의 같은 모습의 연회가 외부(外部)에서 실시되었던 것 같다. 1896년 1월 8일에는 경복궁 경무대(景武台)에서 고종이 친히 임하고 각국 공사를 초대하여 관병식(觀兵式)도 실시하였다.

이처럼 갑오개혁은 외교 의례의 변용을 가져왔다. 그것은 외교 의례의 〈탈속방화(脫屬邦化)〉라고 할 수 있고, 이것은 대한제국 시기에도 계승되어 갔다. 그러나 그것은 일본의 압력 아래에서 이루어진 것이었다. 〈독립경회〉의 책임자가 주일조선공사관 참찬관과 주일변리공사를 역임하였고, 갑오개혁을 추진하는 중심인물 가운데 한 명이었던 김가진이었다는 것, 애국창가와 만세 등의 새로운 형식의 예식을 담당했던 자가 을미의숙의 생도였던 것처럼 갑오개혁의 의례 변용은 의례의 〈탈속방화〉임과 동시에 의례의 〈일본화(日本化)〉이기도 했다. 노래와 축성(祝聲) 등은 물론 구미에서 행해졌던 것으로, 그 때문에 구미와 〈호환성(互換性)〉을 가지고 있었다. 하지만 실질적으로 군사적, 정치적 압력을 수반한 일본으로부터 들어온 것이었다. 또한 위의 개국 기원절에서 미우라 고로가 〈수석공사〉로서 〈답축(答祝)〉한 것은 서울 주재의 외교단 내에서 미우라만 전권공사였다는 사정 때문인데, 이것은 뜻밖에도 일본의 영향력을 보여 주게 되었을 것이다.

이러한 상황은 나아가 서울의 외교의 장에 영향을 미쳤다. 외부대신 김윤식의 〈독립경회〉에 초대하기 위해서 서울 주재 러시아인 〈신사상민(紳士常民)〉의 명부를 제출해 달라는 요청을 받은 러시아 공사 베베르는 다음과 같이 〈독립경회〉의 의도에 대해서 의문을 드러냈다.

(상략) 초청한 첩(帖)을 살펴보았는데, 본 공사대신은 그 의미를 알지 못하겠습니다. 일찍이 논하기를 자주독립의 일로 기원후 1884년 본국 공사대신과 구미의 각국 동료들이 함께 조선과 조약을 체결할 때 조선이 독립임을 이미 분명히 알고 이를 증명하셨습니다. 그런데 이번에 조선의 자립을 경축하는 자리를 다시 개설하는 것에는 진실로 이해하기 어려운 점이 있습니다. 그러므로 이에 회답의 문서를 보내오니 번거로우시겠지만 귀 대신께서 살펴 헤아려 주시기를 청합니다. 아울러 평안하시기 바랍니다. (「我案」1, 651)

즉, 조선이 자주독립인 것은 러시아를 포함한 유럽의 여러 국가가 조선과 조약을 체결한 때부터 명백하였는데, 왜 새삼스럽게 〈독립경회〉를 시행할 필요가 있느냐는 것이다. 삼국간섭 이후 정세 변화에 따른 러시아의 일본 견제로 보아도 좋을 것이다. 이에 대해서 김윤식은

(상략) 우리나라가 원래 자주라는 것을 따져 보니 일찍이 각국과 수호할 때 이를 성명하였습니다. 다만 청국에 대해서는 맞닿아 있음이 심하여 간섭하는 일이 있기도 했습니다. 현재는 이미 구조약을 폐지하고 우리 고유의 권리를 천명하였습니다. 이는 이른바 주(周)나라가 비록 오래된 나라이지만 유신(維新)할 것을 명받았던 것입니다. 우리 정부는 연회를 거행하오니 각국과 같이 즐기기를 원합니다. 독립경회라고 칭한 것은 대개 이웃 나라의 간섭을 물리치는 것을 가리킵니다. 독립을 더욱 현창하는 것이니, 독립이 지금부터 시작된다는 말은 아닙니다. 귀 공사께서 헤아려 주시기를 청합니다. 글로 그 뜻을 해치지 않았으면 합니다. 금일의 모임에 귀국의 신상들께서 왕림하시어 경축해 주신다면 더할 나위 없는 기쁨입니다. 평안한 밤 되시기 바랍니다. (「俄案」1, 652)

라고 하여 조선은 원래 자주독립이지만 청의 간섭을 배제하고 독립을 확고히 한 것이라고 답하면서 러시아인 〈신사상민〉의 출석을 요청했다.

나아가 왕후 민씨 살해 사건 직후인 10월 13일 조선 정부는 〈영·독·러·이·프·오 보빙대사〉로 의화군 강(堈)을 임명했다.[27] 갑오개혁 당시 군국기무처의안(軍國機務處議案)에서 〈청국과 조약을 개정한 후 각국에 특명전권공사(特命全權公使)를 다시 파견할 것〉이라고 했던 조항을 청과의 조약 개정을 기다리지 않고 취한 조치였다. 그러나 이것에 대해서도 러시아 공사 베베르는 10월 23일 김윤식 앞으로 다음과 같이 의문을 제기했다.

(상략) 본 공사가 지난달 20일(양력 10월 8일) 밤 귀국의 궁궐 안 정황과 조우하였던 것을 생각해 보니, 지금까지 16일이나 지났습니다. 귀 정부는 아직 왕후의 불행을 탐지하려 하지 않고 있으며, 그날 밤 난리를 일으킨 흉적(凶賊)의 무리에게 형벌을 시행하지 않고 있으면서 도리어 우리나라에 대사를 파견한다고 했습니다. 본 공사는 우리 정부가 이러한 보빙의 취지를 혹시라도 알지 못할까 두렵습니다. (하략) (「俄案」1, 676)

왕후 살해 사건의 진상을 밝히지 않고 실행범의 처벌을 하지 않은 상태에서 대사를 파견하는 것에 대한 의문이었다. 김윤식은 이틀 후 급히 베베르와 만났다.[28] 결국 의화군은 11월 18일부로 의원 면직(依願免職)하였고, 11월 23일부로 관계 각국 공관에 의화군의 사임을 통지하였다.[29]

27 「舊韓國官報」開國 504년 8월 26일.
28 「俄案」1, 677; 『續陰晴史』高宗 32년 9월 8일.
29 『外衙門日記』(앞의 『舊韓國外交關係附屬文書』제6권) 高宗 32년 10월 7일. 9월 28일에는 민영환을 특명전권공사로 미국에 파견하기로 결정했지만(「舊韓國官報」開國 504년 8월 13일), 12월 11일이 되어 민영환 대신 서광범을 임명(「舊韓國官報」開國 504년 10월 26일)하여

한편 보빙대사 파견 문제에 대하여 김윤식이 베베르와 만난 다음 날인 10월 26일 각국 공사의 반대 때문에 고종의 〈황제진호(皇帝進號)〉는 좌절되었다.[30] 이미 같은 해 7월 2일 환구단(圜丘壇)을 건설하라는 명령이 내려졌지만,[31] 〈황제진호〉의 문제가 본격적으로 조선 정부에서 논의된 것은 10월 15일의 각의(閣議)에서였다. 그 이유는 김윤식에 따르면 〈우리나라는 동양의 두 제국의 사이에 처해 있으며, 본래 자주독립이라 칭했으나 존호는 아직 더디니 시국에 지장이 있다〉는 것으로 청 및 일본과의 대등성을 확보하기 위해서였다.[32] 고종은 〈여러 차례 사양한〉 후에 이를 〈허락한다〉고 하면서 동시에 황제 즉위식을 10월 26일에 거행하기로 결정하였다고 한다.[33]

이 〈황제진호〉 문제는 〈황후(皇后)〉 간택령(揀擇令)과 함께 논의되었으며, 직접적으로는 왕후 민씨 살해 사건의 진상을 은폐하기 위한 일본 측과 조선의 새 내각이 취한 조치였다. 이에 대하여 구미 각국 공사관, 특히 러시아가 강하게 반대했다. 게다가 미우라 고로를 대신하여 부임한 일본 공사 고무라 주타로(小村壽太郎)가 10월 25일에 와서 구미 각국의 반대를 감안해 〈황제진호〉는 〈시기상조〉라고 주장했기 때문에 10월 26일에 예정되어 있던 황제 즉위식은 중지되었다.[34]

다만 조선은 1880년대 후반 이후 대 구미·일본 관계에서 자신들의 군주에 대해 〈폐하〉 존칭을 사용하고 있었고, 조선의 왕권은 황제를 지향하고 있었다. 물론 오쿠무라 슈지(奧村周司)가 지적했듯이 조선 왕권의 입장에서

부임하도록 했다.

30 『續陰晴史』上, 國史編纂委員會, 1960년, 高宗 32년 9월 8일.
31 奧村周司, 앞의 논문, 144쪽.
32 『續陰晴史』, 高宗 32년 8월 27일.
33 李玟源, 「大韓帝國의 成立過程과 列强과의 關係」, 『韓國史研究』64, 1987년 3월, 124쪽.
34 이민원, 위의 논문, 130~131쪽.

황제 즉위란 단순히 〈존호를 황제로 변경한다는 차원〉의 것이 아니라 〈황제 제도에 준거한 의례적 절차를 밟음으로써〉 실현되는[35] 것이었다고 한다면 청일전쟁 이전에 그것을 실현하기란 불가능했다. 그러나 시모노세키조약을 체결한 지 얼마 되지 않은 1895년 7월에 처음으로 고종이 환구 건축을 재가한 것, 10월 15일에 고종이 〈겸양〉하면서도 황제 즉위를 〈허락한다〉라고 한 것은 일본의 의도가 별도로 작동했다고 하더라도 조선의 왕권이 지향하는 방향성이 끊임없이 이어지고 있었음을 증명한다고 볼 수 있다. 갑오개혁의 좌절 이후 조선은 이것을 독자적으로 다시 실시하였던 것이다.

3. 대한제국의 성립과 외교 의례

1896년 2월 고종이 러시아 수병(水兵)의 호위하에 러시아 공사관으로 〈이어(移御)〉하는 이른바 아관파천 사건이 일어났고 갑오개혁은 좌절되었다. 고종은 이듬해인 1897년 2월 러시아 공사관에서 경운궁으로 〈환어(還御)〉했다. 같은 해 8월에 〈광무(光武)〉 연호를 시행하고, 10월에는 환구단에서 황제에 즉위함과 동시에 국호를 〈대한(大韓)〉으로 바꾸었다. 그리고 1899년 8월에는 〈대한국은 세계 만국에 공인된 자주독립의 제국이다〉(제1조)라고 밝힌 「대한국국제(大韓國國制)」를 선포했다. 이어서 같은 해 9월에는 〈대한국대황제(大韓國大皇帝)〉와 〈대청국대황제(大淸國大皇帝)〉 사이에 대등한 조약으로서 「한청통상조약(韓淸通商條約)」을 체결하여 조약상으로

---

35 奧村周司, 앞의 논문, 162쪽.

〈독립〉을 완결하였다.

그사이 외교 의례에서도 몇 가지 주목할 만한 움직임이 있었다. 첫 번째가 유럽에 외교 사절을 파견한 것이다. 우선 1896년 5월에 실시된 러시아 황제 니콜라이 2세 대관식에 특명전권공사를 파견하였고, 다음으로 1897년 6월에 거행된 빅토리아 여왕 즉위 60년 기념식에 특명대사를 보냈는데, 둘 다 민영환이 임명되었다(후자는 주차 영·독·러·이·프·오 특명전권공사의 겸임이었지만 영국에서의 일정을 마친 후 귀국). 갑오개혁 중에 실현할 수 없었던 유럽으로의 전권 사절 파견이 아관파천 후 정세 변화 가운데 가장 크게 반대하고 있던 러시아에 대하여 실현되었던 것이다.

두 번째로 주목되는 움직임은 독립협회의 결성과 독립문의 건설이다. 주지하다시피 독립협회는 독립문과 독립공원의 창설 사업을 위한 정부 고관 중심의 사교 모임으로 1896년 7월 2일에 독립신문 사장 서재필(徐載弼)을 고문, 안경수(安駉壽)를 회장으로 하여 설립되었다. 이 사업에는 왕태자로부터의 독립관 〈현판(懸板)〉과 천 원의 하사금이 있었으므로, 왕실과 정부가 함께 추진한 〈독립〉 기념 사업이었다고 할 수 있다. 「독립신문」 1896년 11월 24일 논설에 의하면 같은 달 21일의 독립문 정초식(定礎式)에는 내외국인 〈오륙천명〉이 모였고, 〈죠션 국긔로 좌우를 단쟝〉한 〈홍예의 문〉 아래에서 내빈이 연설을 했다. 그리고 미션계 학교나 갑오개혁을 통해 설립된 관공립 학교, 이른바 신식 학교의 생도가 〈조선가(朝鮮歌)〉, 〈독립가(獨立歌)〉, 〈진보가(進步歌)〉 등 애국창가를 부르고 체조도 했다고 한다. 또한 〈대군쥬 폐하를 위ᄒ야 만세를 불으고 독립협회를 위ᄒ야 쳔세를 불〉렀다. 예식의 형식은 앞 절에서 보았던 〈독립경회〉를 계승하고 있다.

그런데 독립문은 잘 알려져 있듯 파리의 개선문을 모델로 한 서양풍의 건축이었고, 처마 밑의 태극기 이외에 조선풍의 장식은 따로 보이지 않았다.[36] 정초식에서도 무지개형의 아치가 세워져 있다. 사실 서울 교외에 개선문을 건설하고 그 아래에서 경축회를 개최하였던 것은 독립문이 처음은 아니다. 이미 청일전쟁의 개전 직후인 1894년 8월 5일 일본군이 아산전투의 승리를 선전하기 위해 만리창(萬里倉, 현 효창공원)에 개선문을 세우고 조선국왕의 칙사(勅使)를 초대해 축하회를 거행했다. 그때 개선문에는 히노마루와 태극기를 교차하여 게양하였고, 그 아래에서 외쳤던 것은 〈천황 폐하 만세(天皇陛下萬世)〉와 〈조선 국황 만세(朝鮮國皇萬世)〉였다.[37] 독립문 정초식에 태극기 아래에서 〈대군주 폐하(大君主陛下)〉에 대해서만 〈만세〉를 외쳤던 것은 그 이전 일본의 압력 아래에서 조선 독립이라고 하는 사정을 반영하고 있다. 이렇게 보면 독립문 건립을 위해서 창설된 독립협회는 일본의 압력 아래에서 실시되었던 〈독립〉 경축회를 독자적으로 고쳐서 실행함으로써 조선의 〈독립〉과 그것이 가져온 왕실의 존엄성을 내외에 널리 알리려는 의도에서 활동을 했다고 해석할 수 있다.

세 번째로 국경일의 개정이다. 대한제국기의 국경일은 표2와 같은데, 여기에서 〈대군주 폐하 탄신(大君主陛下誕辰)〉은 〈만수성절(萬歲聖節)〉로 바꾸었으며, 이전에 청에 대한 군주 탄생일의 호칭이었던 〈천추경절(千秋慶節)〉이 황태자 탄생일의 호칭이 되어 새로운 국경일로 추가되었다. 다만 이러한 국경일은 양력 시행 후임에도 불구하고 1897년 7월 24일 조칙에서 국가 제사는 음력으로 복구한다는 것과 아울러, 8월 21일 주본(奏本)에서 〈각 전궁(各殿宮)의 탄신일은 지금부터 음력에 따른다〉고 하여,[38] 〈탄신월일(誕

36 橋谷弘,「ソウルの建築」, 加藤祐三 編著,『近代日本と東アジア』, 築摩書房, 1995년, 228쪽.
37 檜山幸夫,『日清戰爭』, 講談社, 1997년, 62쪽에서 인용한 原田鶴次의 일기, 그리고 같은 책 60쪽에 수록된 사진 참조.
38 「舊韓國官報」建陽 원년 8월 25일.

210

辰月日)〉 이외의 국경일도 이 주본에 추가하는 형태로 시행되었기 때문에 음력으로 시행하고 있다. 또한 이 주본에서는 이듬해부터 달력에 각전궁의 탄신일 날짜를 〈분명히 인쇄〉하도록 했다. 필자가 갖고 있는 개국 504년 (1895)의 달력에는 이 사항이 일절 기록되어 있지 않지만 「건양2년 시헌력(時憲曆)」에서는 각전궁의 탄신일과 국경일뿐만 아니라 국가 제사나 역대의 제삿날(忌辰日) 등이 기입되어 있다. 하지만 고종의 황제 즉위에 따라 1897년 11월 29일 조칙으로 〈하늘을 받들어 시(時)를 받는다〉는 이유 때문에 〈시헌력〉이 폐지되고 새롭게 〈명시력(明時曆)〉이 정해졌다. 이것이 1908년까지 사용되었지만 학부가 발행하는 이 달력도 음력을 사용했고, 양력은 난 바깥의 아래에 작게 인쇄되어 있는 것에 지나지 않았다. 이것은 다음에 보는 황제 즉위의 논리와 관계된다.

표2 대한제국기의 국경일(음력)

국경일명	월일	비고
천추경절	2월 8일	황태자 탄생일
개국 기원절	7월 16일	조선 왕조 건국일
만수성절	7월 25일	황제 탄생일
계천 기원절	9월 17일	환구단 고천일
홍경절	12월 13일	고종 등극일·사직 서고일

마지막으로 다시 축조된 환구단에서 1897년 10월 11일 밤부터 다음 날 12일에 실시된 황제 즉위 의례에 주목하고자 한다. 「독립신문」 논설은 〈나라이 즈쥬 독립 되는디는 쏙 대황뎨가 게셔야 즈쥬 독립 되는것이 아니라 왕국이라도 황국과 ᄀᆞᆺ치 세계에 대접을 밧으며 권리가 잇는것이라〉(1897. 10. 2 논설), 〈동양 경계로는 나라이 황국이 되여야 참으로 즈쥬 독립 ᄒᆞ는

나라인줄노 인민들이 싱각 ᄒᆞᄂᆞ터인즉 대군쥬 폐하ᄭᅴ셔 이 여러 신민의 ᄯᅳᆺ을 좃치샤 황뎨 위에 나아가실터인즉 그후 브터ᄂᆞ 죠션은 황국이요 죠션 인민은 대황뎨 폐하의 신민들이 될터이라〉(1897. 10. 5 논설)[39]고 서술하고 있듯이 황제 즉위의 필요성은 갑오개혁 때와 마찬가지로 일본 및 청과의 대등성을 확보하는 데 있었다. 특히 〈죠션 사ᄅᆞᆷ으로 몃 ᄇᆡᆨ년을 청국 황뎨를 황뎨로ᄆᆞᆫ 셤기던 츙신들이 오늘은 죠션 대군쥬ᄭᅴ셔도 폐하도 청국 황뎨와 동등 님군으로 아ᄂᆞᆫ것은 죠션이 ᄎᆞᄎᆞ ᄌᆞ쥬 독립 될 증죠인듯 ᄒᆞ더라〉(1897. 10. 2 논설)[40]고 하였듯이 조선이 〈독립〉국이 되기 위해서는 일단 조선의 군주가 청과 동등한 황제가 될 필요가 있다는 것이다. 이것은 황제 즉위식이 환구단이라는 중화 제국의 이념 아래에 거행되었던 것으로부터도 이해할 수 있다. 또한 황제 즉위식에서 고종의 신체는 「독립신문」의 보도에 따르면 〈황룡포를 입으시고 황룡포에ᄂᆞ 일 월 셩 신을 금으로 슈노앗으며 면류관을 쓰시고〉(1897. 10. 12 논설)라고 서술하였는데, 이것은 명례(明禮)에 의거한 황제의 복장이었다.[41] 앞에서 보았던 음력의 문제도 이를 통해서 이해할 수 있다.

이로부터 약 1개월 후인 11월 21일 명성황후 민씨의 국장을 동대문 바깥의 산릉(山陵)[홍릉(洪陵)]에서 거행하였다. 고종이 황제로 즉위해 있었으므로 민씨의 장례는 황후의 예로 거행할 수 있게 되었다. 길가에는 등불(灯籠)이 비추고 산릉을 향하는 행렬은 7천 명 정도에 달해 행렬의 선두가 동대문을 통과했을 때 후미는 아직도 경운궁 안에 있었다고 할 정도로 장엄하

---

39 저자는 원문을 번역하여 인용하는 가운데 〈동양 경계로ᄂᆞ〉을 〈동양의 경우에는〉으로 일역하였다. 하지만 여기서는 「독립신문」 원문의 기사에 따라 바로잡았다 — 옮긴이주.

40 저자는 〈죠션 대군쥬ᄭᅴ셔도〉를 〈조선 대군주폐하께서는〉으로 일역하였다. 「독립신문」 기사 원문에는 〈폐하〉란 표현은 없기 때문에 이를 바로잡았다 — 옮긴이주.

41 奧村周司, 앞의 논문, 152쪽.

고 화려했다고 한다.[42] 일본과 갑오개혁 정권으로 억압을 받아 온 고종은 황제 즉위와 명성황후 국장을 통해 독립국 황제의 위엄을 내외에 선양하려 하였던 것이다.

그렇기는 하나 황제 즉위와 국호 개정은 곧바로 여러 국가로부터 승인을 받지 못했다. 이 시기의 황제 즉위 문제에 가장 적극적이었던 것이 러시아였고 프랑스가 이에 동조하고 있었다. 정부 차원에서 최초로 공식적인 승인과 축하의 뜻을 전달한 것은 러시아였다. 러시아와 대립하고 있던 일본, 영국, 미국은 러시아의 영향력 아래에서 황제 즉위가 실시된 것을 좋게 생각하지 않았다. 그 때문에 조선 측은 즉위 예식 다음 날의 알현식(謁見式)에 대하여 각국 공사, 영사에게 보내는 초대장에 알현 사유를 명기할 수 없었다고 한다. 결국 러시아 공사 슈페이에르가 황제 즉위를 승인하거나 축하하는 언사를 하지 않는다는 조건으로 각국 대표의 출석을 촉구했다. 미국 공사 알렌이 이를 수용하여 각국 외교단은 알현식에 참석하게 되었다. 일본은 일찍이 스스로 〈황제진호〉 문제에 관련되었던 이상 적극적으로 반대할 수 없었고, 오히려 재빨리 명성황후 장례에 대한 천황의 조의 국서에 〈대한국 황제 폐하(大韓國皇帝陛下)〉, 〈대황후 폐하(大皇后陛下)〉를 사용함으로써 간접적으로 이를 승인했다. 미국은 이듬해 2월에 대원군 서거(薨去)에 대한 대통령의 조전(弔電)에서 황제 즉위와 국호 개정을 승인했다. 재정고문 브라운의 해임 문제로 러시아와 대립하고 있던 영국이 언제 이를 승인했는지는 알 수 없다. 하지만 2월 23일 대원군 서거에 대해서 총영사 조던 John Jordan은 애도문에 〈His Majesty the Emperor〉를 사용했고(「英案」1, 1324), 3월에 조던이 공사로 승진함으로써 영국은 간접적으로 승인했다고

---

42 菊池謙讓, 『朝鮮近代史』 下, 鷄鳴社, 1939년, 491~492쪽; 小坂貞雄, 『外人の觀たる朝鮮外交秘話』, 外人の觀たる朝鮮外交秘話出版會, 1934년, 47~48쪽.

보아도 좋을 것이다.[43] 그러나 청은 황제 즉위를 〈망녕되게 스스로를 존대〉, 조약 개정을 〈사치스런 생각〉이라 하여 이를 인정하지 않았다.[44] 그러나 1899년 1월 전권공사로 서수붕(徐壽朋)을 파견하여 2월 1일에 〈대한국 대황제(大韓國大皇帝)〉 앞으로 국서를 바치고, 같은 해 8월에 「한청통상조약」을 체결함으로써 황제 즉위와 국호 개정을 승인하였다.[45]

4. 대한제국의 황제상

한편 고종의 황제 즉위식은 〈황천상제(皇天上帝)〉와 군신 관계를 맺는다는 중화 세계적인 황제상의 성립을 의미했다. 그러나 대한제국의 황제가 국제 사회에서 인정받기 위해서는 나아가 유럽·일본의 황제와 호환성을 획득할 필요가 있었다. 그 때문에 우선 필요했던 것이 유럽·일본과 호환 가능한 황제상의 창출이었으며, 다른 하나는 국민적 기반의 획득이었다. 그렇기는 하지만 고종은 갑오개혁에서 황제권의 제도화를 부정했고, 〈대군주 폐하(大君主陛下)께서 만기(萬機)를 통령(統領)하시어〉라고 한 1896년 9월의 「의정부관제(議政府官制)」를 거쳐 1899년 초까지 독립협회·만민공동회를 탄압, 해산시켰다. 그리고 같은 해 8월 「대한국국제」에서 〈대한국(大韓國) 대황제(大皇帝)는 무한한 군권(君權)을 향유하시며, 공법에서 말하

---

43 이상의 황제 즉위와 국호 개정의 승인 문제에 대해서는 李玟源, 앞의 논문, 131~143쪽 참고.

44 權錫奉, 「淸日戰爭 이후의 韓淸關係硏究」, 歷史硏究室 編, 『淸日戰爭을 前後한 韓國과 列國』, 韓國精神文化硏究院, 1984년, 221~229쪽.

45 李求鎔, 「大韓帝國의 稱帝建元 論議에 대한 列國의 反應」, 『崔永禧先生華甲紀念韓國學論叢』, 探求堂, 1987년, 461쪽.

는 자립 정체(自立政體)이다〉(제3조), 〈대한국 신민이 대황제(大皇帝)께서 향유하시는 군권을 침손(侵損)하는 행위가 있으면 이미 행했건 행하지 않았건 막론하고 신민의 도리를 잃은 자로 논한다〉(제4조)고 하는 황제 전제 체제(皇帝專制體制)를 만들었다. 그러나 앞 절에서 이미 보았듯이 국민 행사로서 국경일이나 신식 학교 등 갑오개혁을 통해 시작된 〈국민〉 창출과 통합의 여러 장치는 계승해 나갔다.

다시 말하면 대한제국은 황제 즉위식에서 확립한 중화 세계의 황제상을 유지하면서 유럽·일본과 호환 가능한 황제·제국상을 확립해 나갔던 것이다. 이에 관련하여 흥미로운 사례가 몇 가지 있다. 우선 1902년 5월 6일 고종은 다음과 같은 조칙을 내렸다.

평양은 기자가 정한 천년의 역사를 가진 옛 도읍으로서 예의와 문명이 여기서 시작되었다. 이것은 비록 사람의 일에서 나온 것이지만 그 고장의 신령스러움도 역시 논할 만하다. 주나라에는 동경과 서경이 있었고 명나라에는 남경과 북경이 있었으며, 요즘에 이르러서는 외국의 경우에도 역시 두 개의 수도를 세우고 있다. 그리고 고려 때의 역사를 상고해 보아도 특별히 평양에 서경을 두고 송경(松京)와 함께 두 수도로 삼았는데 이것은 모두 나라를 공고히 만들어 반석같이 크게 다지려는 것이다. 짐은 일찍이 이에 대하여 생각해 온 지가 오래되었는데 마침 중신이 상소를 올려 논하였으니, 이제 평양에 행궁을 두고 서경이라고 부름으로써 나라의 천만 년 공고한 울타리로 삼겠다. (하략)[46]

---

46 『高宗實錄』光武 6년 5월 6일(저자는 『고종실록』의 원문을 인용하면서 위에 나오는 〈松京〉을 〈松都〉로 잘못 표기하고 있는데, 이를 원문과 대조해 본 후 바로잡았다 — 옮긴이).

평양에 서경을 조성하라는 조칙인데, 오백 년의 전통밖에 없는 서울에 비해서 기자 이래 중화 문명의 고도(古都)로서 평양의 상징성을 창출하려는 것으로 해석할 수 있다. 이것은 1880년대 일본의 교토(京都)＝서경(西京) 논의와 비슷한데,[47] 양경론(兩京論)의 정당성으로 중국과 고려(〈勝國〉)의 전례(前例)와 함께 〈요즘에 이르러〉와 〈외국〉을 언급하고 있듯이 이 조칙은 일본·유럽까지도 염두에 두고 있었다. 사실 1896년 니콜라이 2세 대관식에 파견된 민영환은 러시아 인민이 구도(舊都)인 모스크바를 중시하며, 〈대례(大禮)〉는 상트페테르부르크가 아니라 모스크바에서 실시한다고 기록하였다.[48] 1897년 2월 에이쇼 황태후(英照皇太后)의 장례식에 조선은 대사 이하영(李夏榮)을 파견했는데, 그는 장례식 장소를 〈서경(西京) 센뉴지(泉涌寺)〉로 보고하고 있다.[49] 평양의 상징성에 의거해 중화의 전통을 계승하는 황제상을 유지하면서 동서양 공통의 양경론을 거론함으로써 유럽·일본과의 호환성을 창출하는 시도로 이해할 수 있다.

한편 같은 해 1월 27일에는 다음과 같은 국가(國歌) 제정의 조칙이 내려졌다.

백성들의 마음을 분발시키고 선비들의 기풍을 분발시켜서 그것으로 충성을 분발하고 나라를 사랑하게 하는 방법에는 성악(聲樂)보다 더 좋은 것이 없다. 국가의 절주(節奏)를 제정함이 마땅하므로 문임(文任)에게 명하노니 선정

47 T·フジタニ(米山リサ 譯), 『天皇のページェント』, 日本放送協會出版會, 1994년의 제2장 「巡幸する天皇と日本の儀禮的地景」; 高木博志, 『近代天皇制の文化史的研究』, 校倉書房, 1997년의 제2장 「1880年代の天皇就任儀禮と『舊慣』保存」 참조.
48 「海天秋帆」建陽 원년 5월 21일(『閔忠正公遺稿集』, 桂庭閔忠正公記念事業會, 1958년.
49 『大朝鮮獨立協會會報』 6, 13쪽.

하여 올리도록 하라.[50]

이에 따라 8월 15일에 독일인 군악 교사 프란츠 폰 에케르트Franz von Eckert 작곡으로 궁정 아악풍의 멜로디로 국가(國歌)가 제정되었다. 가사는 〈상데(上帝)는 우리 황뎨(皇帝)를 도으사스 셩슈무강(聖壽無疆)하사 해옥듀(海屋籌)를 산(山)갓치 싸으시고 위권(威權)이 환영(寰瀛)에 뜰치사스 오쳔만세(於千萬歲)에 복녹(福祿)이 일신(日新)케 하소셔 상데(上帝)는 우리 황뎨(皇帝)를 도으소셔〉[51]라고 하여 황제의 장수와 위엄을 기원하는 내용으로 일본의 〈기미가요(君が代)〉와 성격이 비슷했다.[52] 가사의 첫머리는 분명히 〈God Save the King〉의 직역인데 〈상데(上帝)〉가 〈God〉인지 〈황천상제(皇天上帝)〉인지 알 수 없다. 즉, 이것도 〈황천상제〉와 군신 관계를 맺은 황제가 〈백성들의 마음을 분발시키고 선비들의 기풍을 분발시켜서 그것으로 충성을 분발하고 나라를 사랑하게 하는〉이라고 하듯이 국민적 기반을 가지고 유럽·일본의 황제와 함께 병존해 나가려는 논리로 볼 수 있다.

이와 관련하여 1897년의 황제 즉위식의 모습을 보도한 「독립신문」의 논설에서 〈어가 압헤는 대황뎨 폐하의 태극 국긔가 몬져 가고〉(1897. 10. 14)라고 서술하고 있듯이 황제 즉위식 때 이미 국기라는 의장이 사용되고 있다는 점이 주목된다. 같은 논설에 따르면 〈십일일 밤에 쟝안 안 샤스 집과 각 전에셔들 싴등들을 블게 들아 (중략) 집집마다 태극 국긔를 놉히 걸어 인민의 이국지 심을 표 하며〉라고 하듯이 서울에는 국기와 제등이 걸렸는데, 아마 배포와 게양에는 관(官)의 적극적인 움직임이 있었던 것으로 생각된다.

50 「舊韓國官報」光武 6년 8월 15일.
51 「皇城新聞」1904년 5월 13일 잡보 「國歌調音」.
52 프란츠 폰 에케르트의 고용과 국가 제정에 대해서는 노동은, 『한국근대음악사』1, 한길사, 1995년의 제5장 참조.

또한 이 시기에 어가를 호위한 육군 군인의 복장은 같은 해 5월 15일 조칙 「육군복장규칙(陸軍服裝規則)」[53]에서 정한 서양식의 〈정장(正裝)〉으로 보인다.[54] 게다가 1898년 6월 29일의 조칙에서 「각국대원수례(各國大元帥例)」에 따라 황제는 대원수(大元帥), 황태자는 원수(元帥)가 되었다.[55] 이어서 1900년 4월 17일 칙령 제14호 「문관복장규칙(文官服裝規則)」, 같은 제15호 「대례복제식(大禮服製式)」[56]으로 문관의 대소예복(大小禮服)도 양장이 되었다. 그리고 1902년 9월 7일 〈元帥府에셔 各摠長이 會同ᄒ야 剃髮一欵을 會議ᄒ잇ᄂ딕 陰九月十五日에 斷髮ᄒ기로 議定ᄒ얏다더라〉,[57]『高宗實錄』光武 6년 10월 11일에

이번에 머리를 깎는 것은 전적으로 군사의 위용을 장하게 하고 열방(列邦)과 나란히 나가자는 의도에서 나왔다. 김학수(金鶴洙)가 망녕된 상소문 한 장을 올렸는데 그 내용이 겉으로 의분에 빙자하여 안으로 군사들의 감정을 격하게 만들었으니 그 속마음을 따져 보면 불칙하기 짝이 없다. 그냥 내버려 둘 수 없으니 법부에서 법조문에 따라 유배하도록 하라.

라고 하였듯이 고종은 〈군사의 위용을 장하게 하고 여러 국가와 나란히 나가자는 의도〉 때문에 강경한 태도로 군대에 단발을 실시했던 것이다. 또한 황현의『梅泉野錄』의 같은 해 음력 12월에는 고종에게 단발을 강요당

---

53 「舊韓國官報」建陽 2년 5월 18일.
54 이에 대해서는 본서 제2부 제5장에서 보듯이 당일 군인과 경찰관의 복장은 신식 〈정장〉을 한 사람도 있었지만 통일되어 있지는 않았다.
55 「舊韓國官報」光武 2년 6월 29일 號外.
56 「舊韓國官報」光武 4년 4월 1일 號外.
57 「皇城新聞」1902년 9월 9일 잡보「斷髮議定」.

한 이도재(李道宰) 등 대신·고관이 울면서 단발을 했다는 기사가 있다.

여기에서 본 서경 조영(西京造營), 국가 제정(國歌制定), 단발(短髮)은 전부 1902년에 실시되었다. 이해에 고종의 나이는 51세(寶齡望六旬), 즉위한 지 40년(御極四十年)이 되었다. 고종은 (나이와 관련한) 영조의 선례에 따라 기로사(耆老社)에 들어가게 되었고, 같은 해 5월 4일에 경로연(敬老宴)을 거행했다. 그리고 즉위 기간과 관련해 10월 18일[음력 9월 17일의 계천 기원절(繼天紀元節)]에 〈대황제(大皇帝) 즉위 40년 칭경예식(稱慶禮式)〉을 시행하기로 결정하고, 조약을 체결한 각국에 대사 파견을 요청했다(예를 들어 「美案」3, 2606). 장소는 이전에 〈독립경회〉를 거행하였던 〈동궐 내(東闕內)〉가 선정되었고, 7월 말경부터 수축(修築) 공사를 시작하였다.[58] 국가가 제정되었던 것도 칭경예식(稱慶禮式)에서 연주하기 위함이었으며, 〈열국과 나란히〉 하기 위한 단발도 혼성 여단을 편성하여 각국 대사 앞으로 관병식을 거행하기 위한 조치였다고 보더라도 틀림이 없다.

칭경예식에서 고종이 어떤 두발이나 복장을 하고 있었는지 확인할 수 없지만 군인 단발에 대한 강한 태도나 대신들의 단발에 관한 풍문 등으로 미루어 보아 〈황룡포(黃龍袍)〉뿐이었다고는 생각하기 어렵다. 니콜라이 2세 대관식이나 빅토리아 여왕 즉위 60년 기념식에 사절을 파견했던 고종은 그에 필적하는 성대한 의식을 개최하여 유럽·일본과 호환 가능한 황제상을 과시하기 위한 시도로서 〈즉위 40년 칭경예식(御極四十年稱慶禮式)〉을 설정했다고 할 수 있다.

그런데 칭경예식은 콜레라의 유행 때문에 다음 해 4월 30일로 연기되었다(「美案」3, 2635, 2677). 4월 30일에 즈음하여 영친왕 은이 천연두에 걸렸기

---

58 「皇城新聞」1902년 7월 25일 잡보 「東闕修理」.

때문에 다시 연기되었다(「美案」3, 2764). 결국 칭경예식은 실시되지 않았다. 더욱이 1902년은 1월에 영일 동맹이 성립한 것처럼 간신히 균형을 유지하고 있던 각국 세력이 러·일의 대립으로 수렴해 가는 해였다. 당초에 칭경예식 예정일에는 연기에도 불구하고 러시아만이 전 공사 베베르를 특사로 파견하고 황제에게 알현을 요구했다. 또한 연기된 칭경예식 날까지 체류하는 것을 요청했다. 베베르는 이듬해 5월 16일까지 서울에 체류했다.[59] 베베르의 파견은 한국 중립화 구상을 위한 것이었지만,[60] 칭경예식 개최도 한국 황제와 정부의 예를 들어 세력 균형 재구축과 같은 의도가 있었을지도 모른다. 그러나 이것은 한국의 왕권에 있어서 획기가 될 외교 의례가 또다시 열국의 이해 대립의 장이 되었음을 의미했다.

황제상의 네이션화에 대하여 독자의 문화적 전통을 체현하는 황제상의 창출이라는 또 하나의 과제가 있었지만 그것은 용이하지 않았다. 오쿠무라 슈지에 따르면 고종은 태조 이성계가 이미 받았던 천명을 계승한다는 논리로 황제에 즉위했고, 그것과 모순되는 명나라에 의해 태조가 책봉되었다는 〈사실〉에 대해서는 역대 왕조와 중국의 종속 관계를 강요하게 되는 것이기 때문에 부정했다고 한다. 그것은 〈고려 말에 주장되기 시작한 단군을 동국(東國) 독자의 최초의 통치자라고 하는 역사관과 상통하는 자세이기도〉 했다.[61] 〈조선〉은 중국으로부터 책봉되었다고 해서 국호를 〈대한(大韓)〉으로 개정한 것도 그 때문이었다. 그래서 황제 즉위의 조칙에서

봉천승운황제(奉天承運皇帝)가 조(詔)를 내리노라. 짐은 생각컨대, 단군(檀

59 金源模, 『近代韓國外交史年表』, 檀大出版部, 1984년, 200쪽; 「俄案」2, 1963 및 1980.
60 森山茂德, 『近代日韓關係史研究』, 東京大學出版會, 1987년, 138쪽.
61 奧村周司, 앞의 논문, 159~160쪽.

君)과 기자(箕子) 이후로 강토가 분리되어 각각 한 지역을 차지하고는 서로 패권을 다투어 오다가 고려(高麗) 때에 이르러서 마한(馬韓), 진한(辰韓), 변한(弁韓)을 통합하였으니, 이것이 〈삼한(三韓)〉을 통합한 것이다. 우리 태조(太祖)가 왕위에 오른 초기에 여도(輿圖) 밖으로 영토를 더욱 넓혀 북쪽으로는 말갈(靺鞨)의 지경까지 이르러 상아, 가죽, 비단을 얻게 되었고, 남쪽으로는 탐라국(耽羅國)을 거두어 귤, 유자, 해산물을 공납(貢納)으로 받게 되었다. 사천 리 강토에 하나의 통일된 왕업(王業)을 세웠으니, 예악(禮樂)과 법도는 당요(唐堯)와 우순(虞舜)을 이어받았고 국토는 공고히 다져져 우리 자손들에게 만대토록 길이 전할 반석 같은 터전을 남겨 주었다. (하략)[62]

라고 하여, 시조 단군 이래의 독자적인 제국으로서의 역사를 제시하였다. 그런데 1902년 단계에서는 서경 조영의 조칙에서 보이듯이 대한제국의 문화 전통은 기자 이래의 중화 문명의 밖으로 아직 미치지 않았다. 중화와 단군의 딜레마이다. 결국 대한제국의 독자적 문화 전통을 체현하는 황제상도 창출되지 못한 채 일본에 의해 보호국화를 맞이하지 않을 수 없었다.[63]

62 「舊韓國官報」光武 원년 10월 14일 號外.

63 또한 일련의 경축 사업(慶祝事業)과 서경 조영(西京造營)에 더하여 법전(法殿)[중화전(中和殿)] 건축, 홍릉(洪陵)개정 등의 황실 관련 사업이 막대한 비용을 수반하면서 추진되었다. 황현에 의하면 이에 대한 반발이 왕조의 단절을 예언하는 소문, 왕궁을 향한 투석 등으로 나타나고 있었다(「梅泉野錄」光武 4년 8월, 光武 6년 4월). 경축 사업이 국내의 통합에서 부정적인 역할을 하던 사례인데, 황실의 경축 사업이 국내의 통합에 지닌 의의에 대해서는 이후의 과제로 삼고자 한다.

결론을 대신하여

이상 1880년대부터 대한제국기까지의 조선·한국의 대외 자세를 주로 군주의 위치 설정과 의례의 추이를 통해 살펴보았다. 책봉·교린 체제의 가운데 있던 조선은 청의 영향력 아래에서 일본·구미에 대한 〈개국〉을 진행했고, 임오군란·갑신정변을 거치면서 청으로부터 간섭이 강화되었다. 그러나 고종·조선 정부가 반드시 〈친청〉 정책을 채택한 것은 아니었다. 오히려 원세개를 통한 간섭이 강화되는 가운데 갑신정변과 같은 대청 〈독립〉 의식에 기초한 대외 자세를 취하였다.

그러나 그러한 대외 태도를 실행에 옮길 때는 항상 밖으로부터의 영향력이 작용했다. 갑오개혁에서 일련의 〈독립〉 조치는 반드시 일본의 압력과 개화파 정권을 통해서만 이루어졌다고 할 수 없다. 하지만 일본의 영향력 아래에서의 개혁은 국내뿐만 아니라 국외에서도 반대를 낳았다. 고종의 황제 즉위식으로 대표되는 아관파천 사건 이래의 대청 〈독립〉에 관한 조치는 대한제국이 독자적으로 그것을 다시 실시하려는 시도였다.

1902년에 계획된 〈대황제 즉위 40년 칭경예식(大皇帝御極四十年稱慶禮式)〉은 그 절정이 될 수도 있었으나, 이것도 러·일의 대립 속에서 좌절되어 버렸다. 또한 고종의 황제 즉위식은 어디까지나 중화 세계적 황제를 창출하는 데 있었다. 그러므로 대한제국이 만국 공법 체제상의 제국으로 변모하기 위해서는 많은 논리적 문제를 내포하게 되었다. 결국 그 문제를 해결하지 못한 채 일본의 보호국이 되고 말았다.

마지막으로 여기서 다루지 못했던 몇 가지 논점을 제시하면서 마무리하고자 한다.

첫째, 제2차 한일협약(을사보호조약)으로 황제의 외교권을 일본에게 빼앗

222

겼지만 황제 고종은 외교적 수단을 사용해 계속 저항하였다.[64] 이는 앞에서 본 1880년대 이래 조선의 대외 자세의 연장선에서 이해할 수 있을 것이다.

둘째, 이 장에서 보았던 왕(皇)실·국가의 경축연이 국내적으로 가졌던 영향력이다. 특히 독립문 정초식과 같은 경축회는 독립협회에 의해 그 후에도 활발하게 실시되었는데, 그것은 대한제국의 성격에도 영향을 미쳤다. 만민공동회의 반정부 운동이 절정에 달했던 1898년에 독립협회 지도부의 한 명이었던 정교(鄭喬)는 『大韓季年史』에서 다음과 같이 기록하였다.

음력 7월 25일(양력 9월 10일). 협회가 본관에서 만수성절의 경축회를 열었다. (중략) 7시에 회원들은 악대가 앞에서 이끄는 가운데, 인화문(仁化門, 경운궁의 정문) 앞으로 나아가 만세를 부르고, 사무소 앞으로 돌아왔다. 매년 이날에는 단지 대궐에서만 경사를 치러 왔다. 이에 이르러 독립협회에서 만백성이 경축하는 연회를 처음 만들어, 충군애국하는 정성을 드러내었으니 사람들이 모두 크게 기뻐했다.[65]

종래 궁궐 내의 행사였던 군주 탄생일 칭경연(稱慶宴)은 독립협회를 통해 〈만민의 경축연(萬民慶祝之宴)〉이 되었다는 것이다. 조선 왕조의 네이션화 방향은 독립협회의 경축 활동에 힘입은 바가 컸다고 생각된다. 이러한 관점에서 독립협회의 활동을 재검토해 볼 필요가 있다.

셋째, 보호조약 이후에도 외교적 수단으로 저항을 계속하는 황제와 갑오개혁, 독립협회 이래의 네이션화 추세는 당연히 일본의 조선 식민지화 과

64 金基奭(金惠榮 譯),「光武帝の主權守護外交·1905年~1907年」, 海野福壽 編, 『日韓協約と韓國併合』, 明石書店, 1995년 참조.
65 『大韓季年史』上, 國史編纂委員會, 1957년, 232쪽(여기서는 정교 지음, 김우철 역주, 『대한계년사』3, 소명출판, 2004년의 138쪽과 140쪽의 번역에 따랐다 ― 옮긴이).

정에도 영향을 미쳤다. 조선에 대한 침략 과정에서 일본은 한국 황제의 안녕(安寧)을 거듭 강조해야만 했다. 이와 더불어 한국 보호국화 이후 일본은 황제에 대한 정책에 부심하게 되었다. 이토 히로부미(伊藤博文)의 궁중 대책 및 황실 이용책에 대해서는 모리야마 시게노리(森山茂德)가 이미 다루었지만,[66] 그 실태와 조선 사회에 미쳤던 영향에 대해서는 좀 더 검토해 볼 필요가 있을 것이다.[67]

---

66 森山茂德, 앞의 책, 220쪽.
67 이토의 황실 이용책에 대한 한국 측 대응에 대해서는 본서 제3부 제8장 참조.

제 5 장

독립협회의 〈국민〉 창출 운동: 새로운 정치 문화의 탄생

들어가며

1896년 7월에 결성되어 1899년 초 해산당할 때까지 서울을 중심으로 활동한 독립협회는 그 기관지라고 할 수 있는 국문지 「독립신문」(1896년 4월 7일 창간)과 함께, 한국 근대사 연구 가운데 중요한 위치를 차지해 왔다. 「독립신문」, 독립협회 및 대중 집회인 만민공동회의 성격에 대해서는 1970년을 전후로 하여 논의가 활발하였다.

그 경향은 첫째, 독립협회의 운동·사상의 〈근대〉적 성격을 둘러싼 것이다. 예를 들어 강재언은 1880년대 소수의 개화파에 의한 〈위로부터의〉 부르주아 개혁 운동이 독립협회의 운동 과정에서 〈아래로부터의〉 대중적 정치 운동으로 전환했다고 하여, 근대 조선의 부르주아 변혁 운동의 획기적인 계기로 파악했다.[1] 신용하의 연구를 집대성한 『獨立協會研究』는 독립협

---

1 姜在彦,「獨立新聞·獨立協會·萬民共同會」,『朝鮮近代史硏究』, 日本評論社, 1982년 新訂版(초판은 1972년).

회의 결성 과정·인적 구성 등을 규명한 다음, 그 사회 사상을 〈자주 민권 자강 사상〉, 〈자유 독립 개혁 사상〉으로 평가했다.[2] 강만길은 한국 근대사를 밝게 묘사하는 역사학은 민족 통일 국가 형성이라는 과제에 이바지하는 것이 불가능하다는 문제의식 위에, 다음에 보는 광무 개혁론도 판단의 근거로 삼아 독립협회의 성격을 〈황제 주권을 근본적으로 부인하지 못하고, 국민이 아직 개화해 있지 않다고 하는 것을 구실로 하면서, 그들이 발행하는 신문을 통한 국민 계몽만이 근대화를 준비하는 길이라고 착각하고 있었다〉고 결론을 내렸다.[3] 이러한 강만길의 문제 제기로 촉발된 독립협회의 사상적 〈한계〉는 최덕수·이케가와 히데카쓰(池川英勝)도 지적하였다.[4] 양자의 공통점은 군주권을 부정하지 않았고, 민중관은 우민관이었다는 등의 민주주의 사상으로서의 문제점을 지적하였다는 것이다. 또 민족주의라는 평가에 대해서는 최덕수가 독립협회의 외교론은 중립적인 태도에서 〈친일, 영·미에 의한 방아론(防俄論)〉으로 선회하고 있었다고 하여, 이것이 러일전쟁 후의 개화파 계열 지식인의 〈친일 세력화〉에 영향을 주었다고 전망했다.

둘째, 독립협회의 지도부를 구성했던 개화파 계열 인사의 계급적 성격에 대해서이다. 김용섭은 조선 후기 이래의 농업 문제는 〈봉건지주층과 무전무전(無田無佃)인 소농민층·임노동층의 대립 관계로 집약〉된다고 한 다음, 개화파의 개혁 방안은 외래의 경제 사상을 통해서 지주제를 중심으로 하는

---

2 愼鏞廈, 『獨立協會硏究』, 一潮閣, 1976년.

3 姜萬吉, 『分斷時代의 歷史認識』, 創作과批評社, 1978년, 140쪽. 인용은 旗田巍 監修, 宮嶋博史 譯, 『分斷時代의 歷史認識』, 學生社, 1984년, 133쪽에 따름.

4 崔德壽, 「獨立協會의 政體論 및 外交論硏究」, 『民族文化硏究』13, 1978년 12월(이후 최덕수, 『대한제국과 국제환경』, 선인, 2005년에 수록); 池川英勝, 「獨立協會의 自由民權思想について」, 『史淵』116, 1979년 3월.

구래의 농업 체제를 온존시킨 채 이것을 새로운 근대적 농업 체제로 전환시키려 했다. 따라서 개화파와 농민층은 대립할 수밖에 없고, 개화파는 1894년에 이르러 외국의 무력에 의존하여 농민 운동을 탄압하게 되었다. 한편 광무 정권도 〈봉건지주층〉의 입장에 서 있었지만, 〈구본신참(舊本新參)〉이란 이념을 기반으로 하여 상대적으로 자주적인 〈개혁〉을 했다고 주장하고, 이것을 〈광무개혁〉이라고 명명했다.[5] 〈광무개혁〉은 주로 양전 사업 등 경제사의 분야를 중심으로 실증 연구가 진행되었는데, 그때까지 한국의 근대 변혁 운동으로 높이 평가를 받아 온 개화파 계열 운동의 평가에도 영향을 미쳤다.

1980년대 한국에서는 민중 운동에 대한 관심이 고조됨과 동시에 두 번째의 경향을 계승하여, 독립협회를 포함한 개화파 계열의 사상은 그 계급적 입장에서 반민중적인 성격을 띠지 않을 수 없었고, 그것이 또 제국주의에 대한 불철저한 인식을 낳았다는 지적이 실증적으로 이루어졌다. 이러한 관점에서 근대 조선의 변혁 운동의 틀에 대하여 대담한 문제 제기를 한 연구자가 정창렬이다.[6] 그의 문제 제기를 계승하면서 독립협회에 대해서 실증 연구를 진행한 사람이 주진오이다.[7] 다만, 1995년에 제출된 주진오의 박사

---

5 金容燮,「甲申·甲午改革期 開化派의 農業論」,『韓國近代農業史研究』下, 一潮閣, 1984년 增補版(초판은 1974년); 金容燮,「書評·愼鏞廈著『獨立協會研究』」,『韓國史研究』12, 1976년 4월. 또 광무개혁과 대한제국에 관한 연구사 정리로 〈광무개혁〉 연구반,「〈광무개혁〉 연구의 현황과 과제」,『역사와 현실』8, 1992년 12월 및 李玟源,「대한제국의 성립과 〈광무개혁〉, 독립협회에 대한 연구 성과와 과제」『韓國史論』25, 國史編纂委員會, 1995년을 참조.

6 鄭昌烈,「韓末 變革運動의 政治·經濟的 性格」, 宋建鎬·姜萬吉 編,『韓國民族主義論』I, 創作과批評社, 1982년.

7 朱鎭五,「독립협회의 경제체제개혁 구상과 그 성격」, 鄭昌烈·朴玄琛 編,『韓國民族主義論』III, 創作과批評社, 1985년; 同,「獨立協會의 對外認識의 構造와 展開」,『學林』8, 1986년 3월; 同,「독립협회의 사회사상과 사회진화론」,『孫寶基博士停年紀念韓國史學論叢』, 知識産業社, 1988년; 同,「獨立協會의 主導勢力과 參加階層」,『東方學志』77·78·79 合輯, 1993년 6월; 同,

학위 논문과 그 전후의 개별 논문에서는 지주층에 기반을 둔 운동이었다고 하는 점은 유지되고 있는데, 논의의 초점이 바뀌고 있다. 주진오 박사 논문의 요점은 다방면에 걸쳐 있는데, 독립협회에 한정하여 정리하자면 다음과 같다.

첫째, 주진오는 독립협회의 운동을 〈계몽 운동기〉(1896년 6월부터 1897년 말)과 〈개혁 운동기〉(1898년 초에서 해산까지)의 두 시기로 나누고, 각각의 시기상 주도 세력의 구성과 운동 노선을 검토했다. 독립협회의 운동 노선은 〈계몽 운동기〉에는 대한제국의 개혁에 동조하는 것이었지만, 〈개혁 운동기〉에는 〈점진적 개혁〉을 지향하면서 황제권과 협력하여 개혁을 추진하려고 한 〈윤치호·남궁억계〉의 노선과 일본 망명자와 결부된 쿠데타로 정권을 탈취하고 신권 중심의 개혁을 추진하려고 한 〈안경수·정교〉의 노선이 있었다고 한다.[8] 주진오에 따르면 〈관민상화(官民相和)〉를 표명하는 전자에 비해, 후자는 만민공동회를 이용하여 운동을 격화시켜 권력을 장악하려고 했는데, 고종의 무력 동원, 〈시민(市民)〉으로부터의 반발, 일본의 한국 현상 유지 정책 때문에 독립협회는 해산으로 내몰리게 되었다고 한다.

둘째, 독립협회의 운동을 〈근대 민족 국가〉 건설에 초점을 맞추어 검토하였다. 독립협회는 「헌의육조(獻議六條)」의 제1조 〈전제 황권을 공고히 할 것〉에서 보이듯이 황제권의 강화를 주장했다. 하지만 그것은 〈무제한적 군권의 행사〉를 의미하는 것이 아니라, 〈황제권에 대한 상징 조작을 통해 이

「독립협회와 대한제국의 경제정책 비교 연구」, 『國史館論叢』41, 1993년 6월; 同, 「獨立協會의 政治體制論」, 『祥明史學』3·4 合輯, 1995년 12월; 同, 『19세기 후반 開化 改革論의 構造와 展開』, 연세대학교 박사 학위 논문, 1995년.

8 또한 주진오는 이들 두 가지의 개혁 노선의 차이를 남인·소론계의 군권 강화론과 노론 일당 전단 정치론이라는 조선 후기 이래의 개혁론의 연장선상에서 논하고 있는데, 이 점에 대해서는 지면 관계상 이후의 과제로 삼고자 한다.

것을 국권의 상징, 근대화의 상징, 더 나아가 국민적 통합의 구심점〉으로 하려는 것이었다. 또 근대적 민족 국가의 형성을 위해서 신분제를 철폐하고, 〈역사 민족주의〉, 〈언어 민족주의〉를 고양시키려고 했다고 하였다. 이러한 독립협회의 근대 국가 건설론은 대부분 대한제국 정부에 받아들여졌고, 따라서 독립협회와 대한제국은 〈상호 보완 관계〉에 있었다. 다만 이 점은 위의 〈윤치호·남궁억계〉의 운동으로는 이해할 수 있지만, 〈안경수·정교〉의 신권 중심의 개혁론을 여기에서 어떻게 규정해야 하는지가 애매하다.

이상의 연구사 개관을 기초로 이 장의 문제의식과 방법에 대해서 서술하려 한다. 우선 첫째, 독립협회의 활동과 「독립신문」의 논조는 청일전쟁에 의한 통한 청과의 종속 관계 파기(독립협회의 〈독립〉은 이것을 가리킨다), 갑오개혁에 의한 일련의 국민 국가 건설을 위한 개혁, 아관파천 사건에 의한 일본 세력의 후퇴를 거친 뒤, 대한제국의 성립이라고 하는 흐름의 속에서 전개되었던 것으로, 주진오가 박사 논문에서 지적하였듯이 대한제국과의 상호성을 염두에 두고 독립협회를 고찰할 필요가 있다. 독립협회의 민주주의적 성격, 민족주의적 성격을 강조하는 연구는 아관파천 이후의 정부를 〈친러 수구〉 등으로 규정하고, 그것과의 대항 위에서 독립협회를 평가해 왔는데, 현재로서는 청일전쟁 이전에도 고종 및 조선 정부를 단순히 〈수구 사대〉적으로 보고 있지 않다. 또한 아관파천 이후의 조선, 한국 정부가 갑오개혁의 개혁들을 완전히 무용지물로 만들었다고 말할 수도 없다. 이 장의 주제와 관련하여 말하면 고종과 정부는 1880년대부터 만국 공법 체제에 주권 국가로 참여하려고 하는 시도를 일정 정도 하고 있었고, 그러한 움직임과의 상호성 속에서 독립협회의 운동도 검토해야만 한다.[9]

9 본서 제2부 제4장 참조. 아관파천 직후의 주권 국가화 시도는 이른바 정동파에 의해 추진되었는데, 이에 대해서는 韓哲昊, 『親美開化派硏究』, 國學資料院, 1998년 참조.

둘째, 「독립신문」·독립협회는 갑오개혁을 계승하여 국민 국가 건설을 주장했는데, 이 장에서 곧 밝힐 것처럼 그 기본적인 관심은 조선의 민중이 아직 〈국민〉일 수 없다고 하는 것이었다. 본래 갑오개혁의 국민 국가 건설 정책은 〈자주독립〉국의 군주 권위를 창출한 다음, 〈충군애국의 심성〉을 지닌 〈국민〉을 창출하는 데 있었다.[10] 「독립신문」·독립협회는 법령 발포에 그치고 있던 갑오개혁의 〈국민〉 창출 정책을 실천에 옮긴 것으로, 그 운동은 특히 주진오가 말한 계몽 운동기에는 〈국민〉 창출 운동이라고 해도 좋을 것이다. 최근의 국민 국가론적인 시각에 입각한 역사학 연구는[11] 〈국민〉 형성에서 의례나 기억, 장치나 논리를 검증하고 있는데, 이것은 독립협회 운동을 살펴보는 경우에도 유효하다. 종래의 연구에서는 〈부르주아 민주주의〉 등을 기준으로 「독립신문」 논설에서 민권론, 정체론 등의 이론적 심도를 검토하는 경향이 강했다. 하지만 이 장에서는 「잡보」에 나타난 국가의 의식이나 독립협회가 주최한 경축회·토론회·연설회 등에 관한 정보에도 관심을 기울이고자 한다. 무엇보다도 그것은 〈국민〉 창출을 주장하는 독립협회와, 그들의 계몽 대상이 된 민중과의 접점이기도 했다.

이와 관련하여 셋째, 민중에 대한 관점의 문제이다. 종래의 연구에서는 민중을 근대 지향적이라고 전제하였다고 할 수 있는데, 특히 〈지주적 근대화〉론으로서의 개화사상을 비판적으로 고찰한 연구에서는 그에 대한 〈민중적 근대화〉가 전제였다.[12] 이에 대하여 조경달은 〈근대 이행기의 민중이

10 拙稿, 「甲午改革の近代國家構想」, 『朝鮮史研究會論文集』33, 1995년 10월, 74쪽.

11 예를 들어 T·フジタニ(米山リサ 譯), 『天皇のページェント』, 日本放送出版會, 1994년; 牧原憲夫, 『客分と國民のあいだ』, 吉川弘文館, 1998년과 책 말미에 수록된 참고문헌을 참조할 것.

12 정창렬과 주진오의 독립협회 평가의 차이 가운데 하나는 만민공동회의 평가에 있다. 정창렬은 독립협회와 만민공동회를 분리하여 후자만을 민중 운동이라 했다. 여기서 정창렬이 말하는 민중은 서울의 〈도시 소시민〉이며, 그들의 〈민주주의 정치 의식의 고양〉을 전제로 하고 있다

근대 지향적이라고 하는 논의는 세계사적으로 보더라도 실증할 수 없는 역사 인식이다〉라고 비판하고, 동학 농민 운동과 대한제국기 민중의 지향은 〈반근대적〉이고, 그 내셔널리즘은 〈시원적〉인 것이었음을 명쾌하게 논하고 있다.[13] 필자는 이러한 조경달의 견해에 공감한다. 다만 조경달이 주로 다뤘던 한반도 남부의 빈농층들과 독립협회가 주로 활동한 서울의 주민과는 그 존재 양상 자체에 차이가 있었을 터인데, 독립협회의 지도자가 본 서울의 민중은 있어야 할 〈국민〉과는 꽤나 거리가 멀었다. 그런데 독립협회 운동이 운동인 한, 운동의 지도자와 참가하는 민중 사이와의 간극은 양자의 사이에서 알력을 만들어 내거나, 또는 민중 측이 지도자의 운동론을 규정하거나, 더 나아가 민중이 지도자의 의도를 뛰어넘어 의외의 방향으로 운동을 이끄는 것 등을 예상할 수 있다. 이 점에 대해서 여기서는 다루고 있지 않지만, 이러한 전망을 포함하여 앞서 서술한 민중과의 접점에 주목하려 한다.

이상에 입각하여 이 장에서는 독립협회 운동을 〈국민〉 창출 운동으로 파악하고, 「독립신문」의 여러 기사를 중심으로 고찰을 진행하고자 한다. 특히 독립협회가 결성된 1896년은 갑오개혁을 거친 조선 정부가 만국 공법 체제에서의 독립국으로 변모해 가기 위해서 다양한 조치를 취한 시기였

(정창렬, 앞의 논문, 30~33쪽). 그러나 그가 나중에 민중의 파악 방식을 수정하고 있는 것에 대해서는 趙景達,『異端の民衆反亂』, 岩波書店, 1998년의 서장 참조. 독립협회 지도부와 만민공동회를 분리하는 평가는 朝鮮民主主義人民共和國科學院 歷史硏究所 編,『朝鮮近代革命運動史』, 1961년, 在日本朝鮮人科學者協議會 社會科學部門 歷史部會 譯, 新日本出版社, 1964년 등의 북한 연구에서 일찌감치 제시하고 있었다. 이에 대하여 주진오는 독립협회가 만민공동회를 배후 조종하고 있었다는 점 등을 근거로 부정적이다(주진오,「독립협회의 경제체제개혁 구상과 그 성격」, 117쪽). 어쨌든 만민공동회 참가 계층 등에 대한 실증 연구는 공백 상태이며, 그것은 여기서도 마찬가지이다. 그러나 여기서 사용한 〈민중〉은 어떠한 정의가 있는 것이 아니라 「독립신문」이 말하는 〈인민〉이나 〈백성〉과 같은 의미이고, 그것들과 구별하여 사용하고 있는 것도 아니다.

13 趙景達, 위의 책 참조.

다.[14] 독립협회의 결성 자체가 왕실과 정부 고관이 추진한 독립문, 독립공원의 건설 추진 단체에 있었던 것처럼, 정부에 의한 독립의 과시나 왕권 강화책과 밀접한 상호성을 가지고 있었다. 그 상호성 속에서 독립협회는 국가의 의례를 이용하여 국기와 애국가를 보급해 나갔다. 이것에 대해서는 이전부터 사회학자인 신용하가 대한제국이 〈민족 성원이 아직 완전한 국민이 될 수 없는〉 상황에서 〈민족 공동체 내부의 국민적 통일과 애국심 고양을 위한〉 〈상징 조작〉으로서, 독립협회의 〈민족주의 사상과 운동이 기술적으로도 비상하게 근대적 특성을 가지고 있음을 현저하게 드러내는 것〉이라고 평가했다.[15] 또 주진오도 앞에서 보았듯이 〈상징 조작〉으로 언급하고 있다. 신용하의 견해는 독립협회 운동의 〈근대적〉 성격을 강조하는 것이고, 주진오의 견해는 윤치호가 〈황제권 중심의 정치 체제론〉을 지향하고 있었음을 논하는 가운데 제시한 것이다. 따라서 두 사람 사이에는 논점의 차이가 있지만, 모두 독립협회의 운동, 사상의 총체적 평가 속에서 부분적으로 다루고 있다. 여기서는 앞에서 제시한 이 장의 세 가지 시점에 기초하여 두 사람이 말하는 〈상징 조작〉을 검증하고, 독립협회의 〈국민〉 창출 운동의 성격을 고찰하여 그것과의 관련에서 독립협회의 정치 개혁 구상의 성격을 논할 것이다.

덧붙여 시기 구분에 대해서는 주진오의 견해를 참조하여 1896년 7월 4일 창립(내지는 4월 7일의 「독립신문」 창간)부터 1897년 말까지를 〈계몽 운동기〉, 1898년 초부터 1899년 1월 18일의 법적 해산까지를 〈정치 운동기〉로한다. 또 주 사료가 되는 「독립신문」의 영인본은 인쇄 상태가 가장 좋아서 신뢰할 수 있는 LG상남언론재단 영인본(1996년)을 사용하고, 출전은 그때

---

14 본서 제2부 제4장 참조.
15 愼鏞廈, 앞의 책, 593~599쪽.

마다 본문 중에 (년)월일을 명기했다.

1. 「독립신문」의 〈국민〉 창출론

「독립신문」의 〈독립〉 표방은 청일전쟁과 갑오개혁을 통해 조선이 청과
의 종속 관계를 청산했다고 하는, 조선의 국제적인 지위의 변화에 기초하
고 있다. 그러나 〈독립〉은 어디까지나 일본의 전쟁 승리로 이루어졌고, 갑
오개혁도 일본의 군사적·정치적 압력 아래에서 실시되었다. 창간 당시 「독
립신문」도 〈일본셔 두희전에 청국과 싸화 익인후에 죠션이 분명훈 독닙국
이 되얏스니〉(1896. 4. 18 논설)라고 인식하고 있고, 〈일본과 청국이 싸혼 후
에는 죠션이 독립이 되얏다고 말노는 ㅎ엿스되 실상인즉 일본 쇽국이 됨
ㅈ훈지라〉(5. 16 논설)라 하여, 갑오개혁에 대해서도 일본에 종속해 있었다
고 인식하였다. 왕후 민씨의 살해나 아관파천에 대해서도 〈만일 죠션 군ㅅ
와 신하들이 놈의 나라 군ㅅ와 신하ㅈ치 죽드릭도 님군을 위ㅎ는 무음이
잇스면 이런변이 아니 낫슬터이지마는〉(4. 23 논설)이라고 기술하고, 〈독
립〉이 외부로부터 초래되었으므로 내실은 수반하지 않았다고 했다. 그러
나 다른 한편으로 6월 20일 논설은

> 죠션 인민이 독립이라 ㅎ는거슬 모로는 싯둙에 외국 사롬들이 죠션을 업
> 수히 넉여도 분호줄을 모로고 죠션 대군쥬 폐하씌셔 청국 님군의게 히마다
> ㅅ신을 보내셔 칙력을 타 오시며 공문에 청국 년호를 쓰고 죠션 인민은 청국
> 에 쇽훈 사름들노 알면셔도 몃 빅년을 원슈 갑흘 싱각은 아니 ㅎ고 쇽국인톄
> ㅎ고 잇서스니 그약훈 무음을 싱각 ㅎ면 엇지 불샹훈 인싱들이 아니리요 빅

성이 놉아지랴면 나라히 놉하져야 ᄒᄂ 법이요 나라와 빅셩이 놉흐랴면 그 나라 님군이 ᄂᆞᆷ의 나라 님군과 동등이 되셔야 ᄒᄂᄃᆡ 죠션 신민들은 말노 님군의 츙셩이 잇셔야 ᄒᆞᆫ다고 ᄒᄃᆡ 실샹은 님군과 나라 ᄉᆞ랑 ᄒᄂ ᄆᆞ음이 ᄌᆞ긔의 몸 ᄉᆞ랑ᄒᄂᄂᆞᆫ것만 못ᄒᆞᆫ (중략) 하ᄂᆞ님이 죠션을 불샹히 넉이셔셔 일본과 쳥국이 싸흠이 된 ᄉᆞ닭에 죠션이 독립국이 되야 지금은 죠션 대균쥬 폐하ᄭᅴ셔 셰계 각국 뎨왕들과 동등이 되시고 그런 ᄉᆞ닭에 죠션 인민도 셰계 각국 인민들과 동등이 되얏ᄂᆞᆫ지라 (하략)

고 하며, 갑자기 내려온 〈하ᄂᆞ님〉에 의하여 군주와 국가의 지위는 높아졌다고 하였듯이 조선 〈독립〉의 내실의 일단을 은폐한다. 그 결과 〈독립〉의 공적은 〈하ᄂᆞ님〉과 직결한 군주의 위덕(威德)에 의한 것이라고 하게 된다. 그러한 선상에서 군주가 타국의 군주와 동등하게 되었음에도 불구하고, 조선의 인민은 형식으로서는 타국의 인민과 동등하게 되었지만 독립이 무엇인지 아직 알지 못한다고 하였다. 「독립신문」이 인민의 교육을 열렬히 강조하는 것도 인민이 군주의 성덕을 기리며 〈ᄂᆞᆷ의 나라〉, 즉 조선과 조약을 맺고 있는 구미 여러 나라 및 일본의 〈국민〉과 동등한 〈국민〉이 되어 〈업신여기는〉 것이 없게 하도록 하기 위해서였다. 유명한 「독립신문」 창간호 논설이 〈논셜 ᄭᅳᆺ치기젼에 우리가 대균쥬 폐하ᄭᅴ 송덕 ᄒᆞ고 만셰을 부르ᄂᆞ이다〉라고 기술하고 있는 것도 기억해 둘 필요가 있다.

위에 인용한 6월 20일 논설[16]은 독립문 건설을 호소하는 내용인데, 이 논설은

---

16 원저에서는 날짜가 6월 2일로 되어 있지만, 확인해 본 결과 6월 20일이므로 날짜를 바로 잡았다 — 옮긴이주.

(상략) 눔의 나라에셔들은 승젼을 흔다든지 국가에 큰 경ᄉ가 잇다든지 흐면 그자리에 놉흔 문을 짓는다든지 비를 셰우는 풍쇽이라 그문과 그비를 보고 인민이 ᄌ긔 나라에 권리와 명예와 영광과 위엄을 싱각 흐고 더 튼튼히 길너 후싱들이 이거슬 니져 ᄇ리지 안케 흐자는 쯧시요 또 외국 사ᄅ들의게도 그나라 인민의 ᄋᆞ국 흐는 ᄆᆞ음을 보이자는 표라 만일 그 독립문이 필력이 되거드면 그날 죠션 신민들이 외국 인민을 쳥 흐야 독립문 압희셔 크게 연셜을 흐고 셰계에 죠션이 독립국이요 죠션 인민들도 ᄌ긔들의 나라를 ᄉᆞ랑흐고 대군쥬 폐하를 위 흐야 죽을 일이 잇스면 죽기를 두려워 아니 흐는거슬 셰계에 광고 홈이 죠흘듯 흐더라

라고 마치고 있다. 여기서 기술하고 있는 문(門)이나 비(碑)가 국가의 경사를 공간적으로 기념하는 것이라고 한다면, 그것을 시간적으로 기념하는 것이 국경일이라고 할 수 있다. 대한제국은 갑오개혁을 통해 정해진 국경일 가운데 〈개국 기원절〉과 〈대군주 폐하 탄신〉을 계승했고, 후자는 고종의 황제 즉위를 계기로 하여 〈만수성절〉로 개정했다. 그리고 새롭게 〈왕태자 탄신〉(후에 〈천추경절〉), 〈계천 기원절〉, 〈홍경절〉을 제정했다.[17]

「독립신문」이 창간되고 나서 최초로 맞이한 국경일은 양력 1896년 8월 24일의 개국 기원절이었다. 그러나 「독립신문」은 다음 날인 25일 잡보에서 〈팔월 이십 ᄉᆞ일이 죠션 긔국 긔원졀이라 죠션에 뎨일 가는 큰 경ᄉ론 날이니 나라와 빅셩이 다 ᄆᆞ음에 깃분 날일네라〉고 기술했을 뿐이다. 이어

---

17 갑오개혁기와 대한제국 시기의 국경일에 관해서는 본서 제2부 제4장 참조. 한철호는 1895년 9월 4일 최초의 개국 기원절 제정은 윤치호 등 정동파가 추진했다고 서술하였다(한철호, 앞의 책, 104쪽). 연회 준비의 실무를 정동파가 담당하고 있었음은 한철호의 지적과 같다. 그러나 개국 기원절의 제정은 7월 2일 이전으로(본서 203쪽). 정동파가 세력을 확대한 제3차 김홍집 내각의 성립 이전의 일이다.

서 대군주 폐하 탄신(양력 9월 2일)에 즈음해서는 9월 1일 논설에서 〈뇌일은 대군쥬 폐하 탄신이라 우리는 경축홈을 이기지 못ᄒ야 오날 신문에 만만셰를 미리 부르고 폐하의 성체가 안강ᄒ시고 죠션 인민이 부강케 되기를 츅슈 ᄒ노라〉라고 썼다. 같은 날의 잡보에서는 내일 아침에 서울의 각 기독교 교회에서 〈대군쥬 폐하와 죠션 인민을 위ᄒ여 하ᄂ님씌 찬미와 긔도〉를 하고, 저녁에는 모화관에서 애국가와 연설로 경축회를 실시한다고 했다. 9월 3일의 논설에서는 그 경축회의 모습을 상세히 보도했다. 9월 5일 잡보에서는 평양의 학교 생도가 국기를 게양한 배를 강에 띄우고 〈애국가〉를 부른 모습을 전했다. 그러나 한편으로 다른 잡보 기사에서는

> 졔물포에 잇는 각군 군함들이 대군쥬 폐하 탄신 날 죠션 국긔를 놉히 달고 례포 이십일방식을 노ᄒ나 죠션 사름들은 ᄌ긔 나라 님군의 탄신이언마는 국긔도 달줄 모로고 남의 례포를 노와야 답례 홀줄도 모로고 언졔나 죠션 사름들이 김치와 고쵸쟝을 니져 ᄇ리고 이런거슬 분히녁일 싱각이 날넌지 알슈 업더라

라고 쓰면서 국경일에 대한 일반 민중의 무관심한 태도를 개탄하였다. 「독립신문」이 인식했던 한에서는 일부의 기독교 교회나 기독교계 학교를 제외하고 조선의 인민은 국가에 대해서 무관심했고, 그것이 앞에서 본 것과 같은 조선인의 독립심 결여라고 하는 인식을 더욱 강하게 했다고 말할 수 있다.

이러한 인식을 토대로 「독립신문」은 일이 있을 때마다 국기 게양을 호소하는 이른바 국기 게양 캠페인을 실시해 나갔다. 그 대표적인 것이 9월 22일 논설이다.

익국 ᄒᆞᄂᆞᆫ거시 학문샹에 큰 죠목이라 그런 고로 외국셔ᄂᆞᆫ 각 공립 학교에 셔들 ᄆᆡ일 아츰에 학도들이 국긔 압희 모혀 셔셔 국긔를 ᄃᆡ ᄒᆞ야 경례를 ᄒᆞ고 그 나라 님군의 사진을 ᄃᆡ ᄒᆞ야 경례를 ᄒᆞ며 만셰를 날마다 불으게 ᄒᆞᄂᆞᆫ거시 학교 규칙에 뎨일 긴ᄒᆞᆫ 죠목이요 사ᄅᆞᆷ이 어려슬ᄯᆡ 브터 나라를 위 ᄒᆞ고 님군 을 ᄉᆞ랑 ᄒᆞᄂᆞᆫ거시 사ᄅᆞᆷ의 직무로 밤 낫 비화 놋커드면 그ᄆᆞ음이 아죠 박혀 자 란 후라도 나라 ᄉᆞ랑 ᄒᆞᄂᆞᆫ ᄆᆞ음이 다른것 ᄉᆞ랑 ᄒᆞᄂᆞᆫ것 보다 더 놉고 더 즁히 질지라 (중략) 나라라 ᄒᆞᄂᆞᆫ거슨 ᄌᆞ긔 몸과 목숨 보다 더 즁ᄒᆞᆫ거스로 싱각 ᄒᆞ ᄂᆞᆫ ᄆᆞ음이 싱기도록 어린 쇼견을 주물너 노화야 그사ᄅᆞᆷ들이 자라거드면 ᄌᆞ 긔 나라를 금직 ᄒᆞ게 알고 누가 ᄌᆞ긔의 국긔와 나라 명례를 ᄃᆡ ᄒᆞ야 실례 ᄒᆞ ᄂᆞᆫ 말을 ᄒᆞ던지 무리ᄒᆞᆫ 일을 ᄒᆡᆼ ᄒᆞ거드면 젼국 인민이 일시에 니러나 화약에 불 질으ᄂᆞᆫ것 ᄀᆞ치 그국긔와 그 님군과 그동포 형례를 위 ᄒᆞ야 니러나 젼국에 잇ᄂᆞᆫ 빅셩이 다 죽을 ᄯᆡᆮ지라도 싸호고 그국긔를 기여히 놉히 셰랴고 ᄒᆞᄂᆞᆫ ᄆᆞ음이 싱겨야 외국이 감히 업수히 넉이지를 못 ᄒᆞ고 빅셩들도 ᄌᆞ연히 국즁 에 권이 싱겨 졍부 관원들이 빅셩을 무리 ᄒᆞ게 침범치 못 ᄒᆞ고 빅셩ᄭᅵ리라도 셔로 ᄃᆡ졉ᄒᆞ며 셔로 겸잔케 넉일터이라 (중략) 죠션 사ᄅᆞᆷ들은 국긔가 엇더ᄒᆞᆫ 거신줄을 모로ᄂᆞᆫ 고로 국긔를 보고 공경 ᄒᆞ고 ᄉᆞ랑 홀 ᄆᆞ음이 업거니 국긔 라 ᄒᆞᄂᆞᆫ거슨 그나라를 몸 밧은 물건이라 그러ᄒᆞᆫ즉 국긔가 곳 님군이요 부모 요 형례요 쳐ᄌᆞ요 젼국 인민이라 엇지 쇼즁 ᄒᆞ고 공경 홀 물건이 아니리요 우 리 싱각에ᄂᆞᆫ 죠션 졍부 학교에셔들 국긔를 학교마당 압희 ᄒᆞ나식 셰워 ᄆᆡ일 학도들이 그국긔 압희모혀 경례ᄒᆞ고 익국가 ᄒᆞ나를 지어 각 학교에셔 이 노 ᄅᆡ를 아츰마다 다른 공부 ᄒᆞ기젼에 여러히 불으게 ᄒᆞ고 이런 노ᄅᆡᄂᆞᆫ 학부에 셔 위원을 졍 ᄒᆞ야 ᄒᆞ나를 률에 맛게 ᄆᆞᆫ드러 외국 사ᄅᆞᆷ을 쳥ᄒᆞ야 몃 날 동안 교원들을 노ᄅᆡ ᄒᆞᄂᆞᆫ 법을 ᄀᆞᄅᆞ친 후 그교원들이 ᄌᆞ긔 학교들에 도라가 학도 들을 ᄀᆞᄅᆞ치게 ᄒᆞᄂᆞᆫ거시 학문샹에 대단히 유죠ᄒᆞᆫ 일이요 ᄯᅩ 죠션 빅셩들이

나라 ᄉᆞ랑 ᄒᆞᄂᆞᆫ거슬 비홀터이요 ᄯᅩ 국긔가 쇼즁ᄒᆞᆫ 물건으로 싱각들 홀터이니 학부 뎨공들은 이일을 싱각ᄒᆞ야 각학교에셔 ᄆᆡ일학도들이 국긔에 경례 ᄒᆞ고 익국가를 불으게 쥬션 ᄒᆞ야 주ᄂᆞᆫ거슬 우리ᄂᆞᆫ 깁히 ᄇᆞ라노라

국기와 군주와 동포를 위해서 〈ᄇᆡᆨ성이 다 죽을 째ᄉᆞ지라도 싸호〉지 않으면 안 된다고 하는 표현에는 〈국민〉의 본질이 담겨 있다고 할 수 있을 것이다. 본래 「독립신문」 기사에서는 우민관이 분명하게 보인다. 그러나 여기서는 국가에 무관심한 민이 〈국민〉이 됨으로써 민권이 생기고, 정부나 권세가로부터 압박을 받지 않게 된다고 주장했다는 점에 주목해야 할 것 같다. 그 우민관의 질은 말하자면 인정(仁政)적인 우민관과는 구별되는 계몽적 우민관이라고도 해야 할 것이다. 즉, 인정적인 우민관에서는 민의 어리석음은 당연하며, 따라서 민을 마치 풀이 바람에 흔들리듯이 교화하는 것이 군자(君子)된 자의 책임이다. 반면에 「독립신문」의 우민관은 어디까지나 나라의 독립은 〈국민〉적 기반을 전제로 하고 있다. 단, 우민은 직접적으로 나라의 독립을 위태롭게 할 뿐으로, 앞에서 본 것처럼 그 존재는 김치 등 조선의 생활 풍습과 함께 〈문명〉의 반대편에 놓여 증오의 대상마저 되어 버린다.

「독립신문」은 국기 게양과 애국가 제창을 정부에게 주장할 뿐만 아니라 스스로 실천해 갔다. 그 효시가 11월 21일 독립문 정초식이다. 11월 24일 논설로 그 모습을 보도했는데, 국기를 걸었던 문 아래에 내외국의 내빈 〈5~6천 명〉이 모였으며, 회장 이하 독립협회 회원과 외부대신 이완용 이하 내빈의 연설, 아펜젤러의 기도, 학교 생도의 〈조선가〉, 〈독립가〉, 〈진보가〉 등 애국창가의 제창이 실시되었고, 〈각 학교 학원들이 다 대군쥬 폐하를 위ᄒᆞ야 만셰를 불으고 독립 협회를 위 ᄒᆞ야 쳔셰를 불〉렀다. 이 예식의 형식

은 「독립신문」의 국기 계양, 애국창가 제창 캠페인을 실행에 옮김과 동시에 갑오개혁기의 〈독립경회(獨立慶會)〉[18]를 계승하고 있다. 여기에 〈조련〉(체조)이라고 하는 〈문명적〉인 신체 활동을 공표하는 것도 추가했다. 게다가 〈독립경회〉가 왕궁 후원에서 실시되었던 것에 반해, 독립문 정초식은 울타리를 사이에 두고 구경할 수 있게 되어 있어 〈老若提携ᄒ야 人山人海之中〉[19]의 풍경이었다.

독립문 정초식을 마친 후 1897년이 되자 「독립신문」의 논설과 기사에서 국경일에 대한 민중의 무관심 풍조 개탄이 상대적으로 감소했다. 1897년에 처음으로 맞이한 국경일은 경흥절(양력 1월 15일)이었다. 「독립신문」은 1월 14일 논설에서 〈(내일은) 각 관부와 각 젼과 사샤 집들에 죠션 국긔들을 모도 놉히 달아 셰계 각국에 죠션 사름도 님군을 ᄉ랑ᄒ며 ᄌ쥬 ᄒ거슬 즐겨 ᄒᄂ거슬 보이ᄂ거시 나라 명예에 대단히 유죠홀듯 ᄒ더라〉라고 국기 계양 캠페인을 반복하고 있다. 그리고 19일 논설에서는

이달 십오일에 다른 죠션 사름들은 이날을 다른 날과 ᄀ치 심샹히 넉이나 각 학교학원들은 그날 ᄆ음과 졍셩을 다 드려 경츅회들을 ᄒ고 혹 노릭를 ᄒ며 혹 츅샤를 닑으며 혹 미국 독립 셔고문을 번역 ᄒ야 독립 ᄒᄂ 의리와 경계와 ᄭ닭을 공부 ᄒ며 만셰를 불으고 국긔를 놉히 달며 (중략) 경ᄉ론거슬 춤 ᄆ음에 박키도록 ᄂ외국민의게 ᄋ국 인민 ᄒᄂ 힝실을 보이니 이사름들 ᄭ닭에 죠션 명예와 갑시 얼마큼 도도와 졋더라

고 쓰고 있다. 또 같은 날 「각부신문」(정부의 소식을 전하는 난)에서는 서울

18 본서 203~206쪽 참조.
19 『大朝鮮獨立協會會報』2, 1896년 12월, 10쪽.

의 각 관청과 지방의 각 부군 관청에서 국기를 게양하였다고 보도했다. 이처럼 1897년이 되면 학교와 관청에서는 국경일 경축을 연중 행사로 실시하였고 국기를 게양하였다. 또한 2월 22일에는 러시아 공사관에 있던 고종과 왕태자가 경운궁으로 〈환어(還御)〉했는데, 그때에 친위대와 순검이 의장(儀杖)을 갖추어 경호했고, 배재학당 생도가 정렬하여 만세를 외쳤던 것을 보도하고, 〈죠션 인민들이 대군쥬 폐하의 이러케 지셩으로 츙심을 셰계 인민의게 보이는〉것을 칭찬하였다(3. 4 관보). 다만 다른 한편으로 홍경절에 서울 오서(五署) 내의 상점에서 국기를 게양하지 않았던 것은 〈결점〉이라고 기술했고(앞의 「각부신문」), 또 양력 3월 10일 왕태자 탄신에 〈죠션 각 젼과 여렴 가에셔들 국긔를 달아 경亽로은거슬 보이지 아니〉했던 것은 〈남의 나라〉의 사람에 대해서 부끄럽다고 기술하였다(3. 11 잡보).

이러한 칭찬과 개탄이 상반되는 상황은 이해의 여름부터 변화해 갔다. 우선 주목되는 것이 각 학교의 연합 운동회이다. 예를 들어 4월 27일에 구훈련원에서 서울의 각 관공립 소학교의 연합 운동회(〈대운동회〉)가 열렸는데, 내빈으로 연설한 서재필은 〈오날늘 죠션 학교 학도들이 여긔 모하 대운동 회들 홀째 이 마당을 죠션 국긔로 단쟝을 하엿스니 그걸 보거드면 죠션 인민도 ᄎᄎ 국긔가 무엇신지 알며 국긔가 쇼즁 흔거슬 아는지라〉(4. 29 논설[20])라 쓰고 있다. 또 배재학당 「방학 례식」(종업식)에서는 내빈 앞에서 체조·애국가 제창을 하던 모습이 보도되었다(7. 10 잡보). 학교 행사를 통하여 국기·애국창가·체조 보급을 칭찬하고 있었던 것이다.

이렇게 학교나 관청에서 일정한 국기·애국창가의 보급이 나타난 후, 양력 8월 13일 개국 기원절에서는 독립협회가 독립관에서 경축회를 개최했

---

20 이 기사는 잡보가 아니라 논설에 실렸던 것이므로 이를 바로잡았다 ── 옮긴이주.

다. 「독립신문」은 다음날 14일 논설에서 〈죠션 인민들이 기국ᄒᆞᆫ 후에 쳐음으로 긔원졀을 싱각 ᄒᆞ고 독립관에셔 ᄂᆡ외 국민이 모혀 이 나라에 경ᄉᆞ로은 일을 ᄆᆞᆺ당케 츅ᄉᆞ ᄒᆞᆫ것을 보니 죠션 ᄇᆡᆨ셩들도 ᄎᆞᄌᆞ ᄌᆞ긔 나라를 나라로 싱각 ᄒᆞᄂᆞᆫᄯᅳᆺ이 잇ᄂᆞᆫ것 ᄀᆞᆺ고 나라 경ᄉᆞ를 ᄌᆞ긔들의 경ᄉᆞᄀᆞᆺ치 녁여〉, 또 〈다ᄒᆡᆼ이 독립 협회가 싱겨 협회에셔 처음으로 경츅ᄒᆞᆫ ᄂᆞᆯ이면 대쇼 인민이 모혀 ᄀᆞᆺ치 길거워 ᄒᆞᄂᆞᆫ 풍속을 시작 ᄒᆞ〉였다고 하여 이러한 개국 기원절 경축회는 조선 인민이 개최한 최초의 국가에 대한 경축회였다고 했다.

이어서 양력 8월 23일 대군주 폐하 탄신 때에는 서울에서 기독교 교회 주최의 경축식이 열려, 찬미와 기도 후에 이채연·윤치호·서재필이 연설을 하고, 마지막으로 〈황제 폐하 만세〉와 〈황태자 전하 천세〉를 외치고 산회하였다(8. 26 논설). 이날에는 또 제물포의 용동학당(龍洞學堂)이 예배당에서 경축회를 하고(8. 26 잡보), 평양의 기독교도가 경축회를 열어 〈만세〉를 외쳤다고 보도하였다(9. 2 잡보). 「독립신문」에 의거하는 한에서는 독립협회 이외에 군주 탄생일에 재빠르게 경축회를 열어 만세를 외쳤던 것은 프로테스탄트 교회였다. 또 이날 〈셔울 인민들이 경ᄉᆞ로은 줄들을 알고 각쳐에 국긔를 만히 ᄃᆞᆯ앗스며 밤에 쟝등 ᄒᆞᆫ듸가 만히 잇ᄂᆞᆫ지라〉(8. 24 잡보)라고 하였듯이 이때부터 서울 중심부에서는 국경일에 민가에서 국기를 게양하고 밤새 불을 켜놓는 것이 시작되었다고 본다.

1897년 8월 5일 독립협회의 회합에서 상해로부터 돌아온 윤치호는 서재필과 협의한 후, 고관의 사교 클럽적 성격이었던 독립협회를 민중 계몽을 위한 토론 단체로 개조하자는 제의를 하였다.[21] 그 후 8월 29일에 〈조선의 급선무는 인민의 교육으로 정한다〉라는 주제로 제1회 토론회를 개최하였

---

21 柳永烈, 『開化期의 尹致昊 硏究』, 한길사, 1985년, 106~108쪽.

다. 이리하여 독립협회는 계몽 단체로서의 내실을 정비하고 있었는데, 1897년 여름에 독립협회가 주최한 경축회는 바로 독립협회를 계몽 단체로 만드는 일환이었다.

1897년 10월부터 11월에는 대한제국과 그 황실이 안팎으로 위엄을 선양하려는 고종의 황제 즉위식과 명성황후 국장이라고 하는 2대 행사를 거행했다.[22] 고종이 중화(中華)의 문맥에서 황제로 즉위하고, 그러한 다음 인민이 국기 게양 등을 통해 〈충군애국〉 정신을 세계에 드러냄으로써 조선이 국제법상의 〈독립〉을 달성할 수 있다는 것이 이 시기 〈독립〉의 논리였다. 「독립신문」은 〈쟝안 안샤스 집과 각 젼에셔들 싁등들을 붉게 둘아 쟝안 길들이 낫과 ᄀᆞᆺ치 붉으며 (중략) 집집ᄆᆞ다 태극 국긔를 놉히걸어 인민의 ᄋᆡ국지 심을 표 ᄒᆞ며 각 대딕 병뎡들과 각쳐 슌검들이 규칙 잇고 례졀 잇게 파슈 ᄒᆞ야 분란 ᄒᆞ고 비상ᄒᆞᆫ 일이 업시 ᄒᆞ며 길에 다니ᄂᆞᆫ 사름들도 얼골에 깃거온 빗이 낫하 나더라〉(10. 14 논설)라고, 장등(長灯)·국기 게양·경비 규칙이 올바르고 엄중함 등 즉위식 날을 보내는 밤 서울의 모습을 칭찬했다. 그리하여 〈셰계에 죠션 대황뎨 폐하 보다 더 놉흔 님군이 업고 죠션 신민 보다 더 놉흔 신민이 세계에 업스니〉, 〈구습과 잡심을 다들 버리고 문명 진보 ᄒᆞᄂᆞᆫ 외국 인민 ᄒᆞᄂᆞᆫ 의리를 붉히ᄂᆞᆫ 빅셩들이 관민 간에 다 되기를 우리ᄂᆞᆫ 간졀히 비노라〉(위의 논설)라고 썼다. 이렇게 황제 즉위를 통해 조선의 군주가 청국 황제와 동등해지고, 〈남의 나라〉로부터 군주와 신민이 업신여김을 받지 않게 되었으므로 인민이 더욱 〈문명 진보〉하는 것이 진정한 〈독립국〉이 된다는 말이 된다.

또 11월 10일에는 독립협회 주최로 정부 고관, 각국 외교관·거류민을 초

---

22 본서 211~213쪽 참조.

청하여 대한제국 성립을 축하하는 경축회가 독립관에서 거행되었다. 안경수와 박정양의 건배, 유기환·윤치호가 연설한 후 윤희규와 이상재가 완성된 독립문으로 나가 연설을 하고, 〈몃빅명 인민〉과 함께 〈대황제 폐하 만세〉를 외쳤다(11. 13 잡보). 이어서 11월 22일의 명성황후 국장에 즈음하여 「독립신문」은 집집마다 반기(半旗)를 게양할 것을 호소하였고(11. 20 논설), 또한 21일에 장로교와 감리교가 추도식을 거행한 모습을 보도했다(11. 25 잡보).

이처럼 1896년부터 이듬해까지 「독립신문」과 독립협회의 운동은 새로 태어난 대조선국/대한제국 아래에서 경축회·국기 게양·만세 제창·토론회 등을 통한 〈충군애국〉 사상의 함양＝〈국민〉 의식 형성을 도모하려 한 계몽 운동이었다.

2. 1898년의 정치 운동과 〈국민〉 창출

1896년부터 1897년에 걸쳐 〈국민〉 의식 형성을 주장하는 계몽 운동을 실시하고 있던 독립협회는 1898년이 되자 그 성격을 바꾸어 상소, 성내에서 연설회·시위 등의 정치 운동을 하게 된다. 앞 절의 마지막에서 다룬 1897년 11월 10일의 대한제국 성립을 축하하는 경축회를 보도한 「독립신문」 잡보는 〈근일에 걱정 되고 위틱흔 일이 정부에 만히 잇서 대한을 죠곰치라도 ᄉᆞ랑 ᄒᆞ고 대한 독립을 보전 ᄒᆞ랴ᄂᆞᆫ 신민들은 걱정이 한량이 업ᄂᆞᆫ 디〉라고 쓰고 있는데, 이때 이미 러시아에 대한 이권 양보를 둘러싸고 독립협회는 정부와의 대립이 깊어졌다. 독립협회는 1898년 2월 21일에 상소를 제출하고, 이어서 외부(外部)로 러시아의 절영도 조차(租借) 반대의 서한을 송부하여 탁지부대신 겸 외부대신서리 민종묵을 면직시킨 것을 시작으로, 3월 10일에는 대중 집회인 만민공동회를 개최하여 정부에 러시아인 재정고문·군사고문 고용을 취소시키는 등 반러시아 운동을 관철시켰다. 이러한 반러시아 운동이 주효하자 독립협회는 또 대신 파면, 의회 개설 요구 등의 정치 운동으로 나가게 되었고, 1898년을 통해 「독립신문」도 정치 운동에 관한 기사가 지면의 다수를 차지하게 되었다.

그러나 1897년까지의 계몽 활동=〈국민〉 창출 운동이 정치 운동의 개시와 함께 단절되었던 것은 아니다. 오히려 정치 운동의 과정에서 「독립신문」과 독립협회의 〈국민〉 창출 운동이 새롭게 전개되기 시작했다. 여기서는 〈국민〉 창출의 문맥에서 1898년 독립협회의 정치 운동을 개관하고, 더 나아가 독립협회의 정치 개혁 구상의 성격에 관하여 고찰하도록 한다.

「독립신문」은 반러시아 운동이 최고조에 이른 1898년 2월 26일 논설에서 양력 28일 천추경절에 각 가정과 관청에서는 국기를 게양하자고 하는 종래대로의 국기 게양 캠페인을 실시했다(다만 대원군의 상중이므로 풍악과 잔치는 금지). 그리고 3월 13일에 독립협회는 독립관에서 경축회를 열고, 같은 달 7일에 정부가 러시아인 재정고문과 군사고문 고용을 취소하는 조회(照會)를 러시아 공사관에 보낸 것은 〈크게 경축 ᄒᆞ고 감샤ᄒᆞᆫ 일이라 ᄒᆞ야 첫번에 대황뎨 폐하를 위 ᄒᆞ여 만셰를 셰번 불으고 두번ᄌᆡᄂᆞᆫ 국긔를 향 ᄒᆞ야 만셰를 셰번 불으고 셰번ᄌᆡᄂᆞᆫ 대한 전국 대쇼 인민을 위 ᄒᆞ야 쳔셰를 셰번 불으더라〉(3. 15 잡보)라고 썼다.

그런데 독립협회는 3월 6일에 독립관에서 〈대한국 토디ᄂᆞᆫ 선왕의 간신 코 큰신 업이요 일쳔 이ᄇᆡᆨ 만 인구의 사ᄂᆞᆫ 싸이니 흔ᄌᆞ와 흔치라도 다른 나라 사ᄅᆞᆷ의게 빌녀 주면 이ᄂᆞᆫ 곳 선왕의 죄인이요 일쳔 이ᄇᆡᆨ 만 동포 형뎨의 원슈로 결뎡 ᄒᆞ다〉(3. 12 잡보)고 하는 토론회를 실시했다. 직접적으로는 러시아의 절영도 조차에 반대하는 내용인데, 여기서는 왕토 사상을 토대로 황제와 〈동포 형제〉를 직접 결부시키려는 시점이 보인다.

그 후 3월 12일에는 독립협회가 주최하지 않은 만민공동회가 종로 백목전에서 개최되었다. 그런데 연설을 방해하려고 한 〈외국 복식ᄒᆞᆫ 북도 사ᄅᆞᆷ 네명〉과 〈시위ᄃᆡ ᄉ관 이인〉과 청중 사이에서 돌을 던지는 사태가 발생했다. 〈남촌 사ᄂᆞᆫ 츙의 잇ᄂᆞᆫ이들〉이 실시한 연설의 내용은 〈우리나라의 탁지부 ᄌᆡ정과 군부 군졍과 그의 토ᄃᆡ를 남의 나라 사ᄅᆞᆷ의게 주지말고 우라가 우리 대황뎨 폐하를 츙셩으로 셤기고 우리나라의 ᄌᆞ쥬 독립ᄒᆞᆫ 긔쵸를 견고케 ᄒᆞᄌᆞ ᄒᆞᆫ〉다고 하는 것이었는데, 연설이 방해받자 청중이 일제히 욕지거리를 퍼부었다. 그리고 다른 〈츙의 잇ᄂᆞᆫ이들〉이, 〈우리 나라 대황뎨 폐하의 신ᄌᆞ가 되여 외국 형셰를 ᄭᅵ고 님군에게 불츙 ᄒᆞᆯᄲᅮᆫ 아니라 지존을 위협 ᄒᆞᄂᆞᆫ 놈이 역적이 아닌냐〉고 연설하고, 〈만민이 모도 분긔 츙발 ᄒᆞ야 손벽을치며 그놈이 역적이라〉고 하자 〈북도 사ᄅᆞᆷ〉들이 또 연사를 잡아갔기 때문에 결국 돌을 던지는 사태가 발생하게 되었던 것이다(3. 15 잡보).

이러한 1898년 초의 반러시아 운동에 보이는 독립협회·만민공동회의 행동은 황제와 〈만민〉의 직접적인 결부를 강조하는 〈일군만민〉적인 것으로, 〈간셰(奸細) ᄇᆡ가 긔회를 인연 ᄒᆞ야 즁간에셔 샤ᄉᆞ를 팔며 외국 권셰를 빙쟈 ᄒᆞ고 가져셔 지존(至尊)을 위협 ᄒᆞ며 풍셜(風說)을 지어 내여 셩츙(聖聰)을 현란〉(2. 24 제1면에 국문으로 번역된 2월 21일부 상소)하게 하고 있음을 비판하였다.

독립협회는 같은 해 7월 이후 의회 개설 운동을 본격적으로 시작했는데, 그 내용도 〈일군만민〉적이었다. 독립협회는 의회 개설 운동에 본격적으로 나서기에 앞선 4월 3일에 〈의회원을 설립하는 것이 정치상 가장 긴요하다〉라는 주제의 토론회를 개최하고, 「독립신문」도 4월 30일에 다음과 같은 논설을 게재하였다.

　　하ᄂᆞ님이 (중략) 사름을 골을 주어 골의 직무ᄂᆞᆫ 각싴 싱각과 의ᄉᆞ를 내게 ᄒᆞ엿시며 입을 주어 쇽에 잇ᄂᆞᆫ 싱각을 음성으로 타인의게 젼ᄒᆞ게 ᄒᆞ엿시며 슈죡을 주어 골에셔 나ᄂᆞᆫ 싱각을 시힝케 홈이라 (중략) 그런고로 졍부를 ᄆᆞᆫ 들 ᄯᅢ에 이것을 본 밧아셔 셰계긔화 각국이 졍부를 죠직 ᄒᆞ엿ᄂᆞᆫᄃᆡ 각싴 일을 싱각 ᄒᆞ야 외ᄉᆞ와 경영과 방칰을 싱각 ᄒᆞ여 내ᄂᆞᆫ 관원들이 잇고 그 싱각을 시힝 ᄒᆞ야 셰샹에 드러 나게 ᄒᆞᄂᆞᆫ 관원들이 잇ᄂᆞᆫ지라 싱각 ᄒᆞ고 방칰 내ᄂᆞᆫ ᄆᆞ을을 외국셔ᄂᆞᆫ 말 ᄒᆞ되 외회원이라 ᄒᆞ며 의회원에셔 쟉뎡ᄒᆞᆫ 방칰과 의ᄉᆞ를 시힝 ᄒᆞᄂᆞᆫ ᄆᆞ을을 ᄂᆡ각이라 ᄒᆞᄂᆞᆫ것이라 (중략) 그런 고로 대한도 ᄎᆞᄎᆞ 일뎡 규모를 졍부에 셰워이 혼잡 ᄒᆞ고 규칰 업ᄂᆞᆫ 일을 업셰랴면 불가불 의졍원이 ᄯᆞ로 잇셔 국즁에 그즁 학문 잇고 지혜 잇고 죠흔 싱각 잇ᄂᆞᆫ 사름들을 ᄲᅡ아 그 사름들을 힝졍 ᄒᆞᄂᆞᆫ 권리ᄂᆞᆫ 주지 말고 의론 ᄒᆞ야 쟉뎡 ᄒᆞᄂᆞᆫ 권리ᄆᆞᆫ 주어 죠흔 싱각과 죠흔 의론을 늘마다 공평 ᄒᆞ게 토론 ᄒᆞ야 리히 손익을 공변 되게 토론 ᄒᆞ여 쟉뎡 ᄒᆞ야 대황뎨 폐하ᄭᅴ 이 여러 사름의 토론 ᄒᆞ여 쟉뎡ᄒᆞᆫ ᄯᅳᆺ을 품 ᄒᆞ야 지가를 무른 후에ᄂᆞᆫ 그 일을 ᄂᆡ각으로 넘겨 ᄂᆡ각셔 그 쟉뎡ᄒᆞᆫ 의ᄉᆞ를 가지고 규칰ᄃᆡ로 시힝ᄆᆞᆫ 홀것 ᄀᆞᆺ흐면 두가지 일이 젼슈히 되고 ᄂᆡ각 안에 분잡ᄒᆞᆫ 일이 업슬터이라 ᄯᅩ 이럿케 일을 ᄒᆞ거드면 다ᄆᆞᆫ 일ᄆᆞᆫ 올게 될ᄲᅮᆫ이 아니라 대황뎨 폐하ᄭᅴ ᄆᆡ우 편리ᄒᆞᆫ 경계가 만히 잇슬것이 대황뎨 폐하ᄭᅴ셔 그 ᄯᅢᄂᆞᆫ 공평히 된 좌우편 의론을 다 통촉 ᄒᆞ실터인즉 지가 ᄒᆞ실ᄯᅢ에 셩의가 더욱 그 일에 당 ᄒᆞ야 더 명빅 ᄒᆞ실터이요 그 일 쟉뎡 ᄒᆞ시기에 슈고로 움 이 젹으실터이며 ᄉᆞ담과 거즛 된 일은 도모지 황샹ᄭᅴ 드러 가지 아니 홀터인즉 텬총에 현란 ᄒᆞ실것도 업슬터이요 (중략) 위션 대황뎨 폐하ᄭᅴ와 ᄂᆡ각 대신네들의게와 젼국 인민 의게 모도 편리 ᄒᆞ고 직무 ᄒᆞ기에 현란ᄒᆞᆫ 일

246

이 업슬터이며 군신 샹하가 졈졈 더 친밀 ᄒ야 ᄒᆫ 집안 ᄀᆞᆺ치 일뎡ᄒᆫ 규모를 가지고 지낼터이며 나라이 이럿케 샹합 ᄒ야 군신 샹하가 직분을 편리케 ᄒ고 일이 공변 되게 쟉뎡 되ᄂᆞᆫ것을 외국들이 보거드면 그 ᄡᅢᄂᆞᆫ 감히 대한을 능멸히 ᄒᆫ다던지 침범 ᄒ랸다던지 실례 되ᄂᆞᆫ 일을 ᄒ지 못 ᄒᆞᆯ터이니 나라에 그런 경ᄉᆞ가 업ᄂᆞᆫ지라 첫지 황실이 만년 긔죠에 튼튼히 져 ᄒᆞᆯ터이요 ᄂᆡ각이 합심 ᄒ야 힝졍을 ᄒᆞᆯ터이요 인민이 원통 흠이 업슬터이니 졍부 관인들과 젼국 인민들이 참 말노 대황뎨 폐하ᄭᅴ 츙심이 잇고 대한 이ᄌᆞ를 ᄉᆞ랑 ᄒ거던 나라이 이럿케 ᄯᆞ 이도록 쥬션들을 ᄒᆞ여 보시오.

여기서 입법과 행정의 분립에 대해서 원리적 설명을 하지 않고, 그 효율성과 그 이상으로 의회 개설을 통해 황제가 재가하는 법률이나 황제의 명령이 공평무사하게 되는 것으로 〈군신 상하〉가 친밀해져 인민이 충군애국의 마음을 갖게 되고, 더 나아가 〈남의 나라〉로부터 〈멸시받는〉 것이 없어지게 된다고 기술한 대목이 중요하다. 「독립신문」·독립협회의 의회론은 〈간세배〉의 〈사(私)〉, 〈위(僞)〉를 배제하고 황제 정치의 〈공(公)〉을 유지하는 제도의 창출이었고, 더 나아가 그 아래에서 충군애국 정신을 가진 〈국민〉을 육성하여 〈남의 나라〉와 동등하게 된다고 하는 〈국민〉 창출의 맥락에서 설정된 것이었다.

여기서 본 〈일군만민〉 논리는 독립협회의 정치 운동 형태에도 반영되었다. 고종은 적재적소에 인재 등용을 실시한다는 취지의 조칙을 6월 25일부로 내렸다. 독립협회는 이에 대해서 6월 29일에 특별회를 개최하여 〈대황뎨 폐하를 위 ᄒ야 만셰를 불으고 국민은 대한 국긔를 대 ᄒ야 만셰를 불흐고 그 다음에 대한 젼국 이쳔만 동포 형뎨를 위 ᄒ야 쳔셰를 불〉렀다(7. 1 별보).[23] 이어서 7월 3일에 의회 개설을 요구하는 상소를 올렸는데, 그것은 〈륙월 이십 오일 죠칙 나리 옵신것을 업디여 닑습고 경츅 감읍 ᄒᆞ와 신등 본회에서 만셰를 불으고 입디여 싱각〉했던 결과,

　　근일에 구라파 각국서 비록 젼졔(專制) 졍치랴도 샹하 의원을 셜시 ᄒᆞ야 써 국시(國是)를 무르며 말 길을 넓히 렬엇스니 이ᄂᆞᆫ 죠칙 즁에 흔 샹과 흔 벌을 혹 넘쳐 베풀미 업고 다 공변된 의론에 븟치라 ᄒᆞ신 디의가 함홍 광대 ᄒᆞ옵셔 외탕 ᄒᆞ옵신 셩덕이 샹고 질융의 다ᄉᆞ림이 문합 ᄒᆞ시고 만국 통용의 규모에 부합 ᄒᆞ오시니 비록 신등의 우민로도 더옥 감운 격졀의 졍셩을 익이지 못 ᄒᆞ와 외람히 진달 ᄒᆞ오니 업디여 원컨딕 셩샹의셔ᄂᆞᆫ 겻히로 쥰언을 구 ᄒᆞ시고 아릭로 빅셩의 ᄯᅳᆺ을 ᄯᆞ르샤 대쇼 졍령을 우흐로 빅관과 아릭로 빅셩의게 넓히 무르시며 넓히ᄏᆞ여 시힝 ᄒᆞ옵시면 만민이 다힝ᄒᆞ고 텬하가 다힝 ᄒᆞ겟습ᄂᆞ이다. (7. 5 별보 「샹쇼대개」)

라고 하는 내용이었다. 이 상소에서는 의회 개설이 〈전제 정치〉에 모순되지 않고, 〈넓히 무르시며 넓히ᄏᆡ〉는 것으로 〈셩의(聖意)〉가 공평무사를 유지할 수 있다는 내용으로 되어 있다. 그리고 독립협회는 상소를 올릴 때 〈첫ᄌᆡ 대황뎨 폐하를 위 ᄒᆞ야 만셰를 불으고 둘ᄌᆡ 황태ᄌᆞ 뎐하를 위 ᄒᆞ야 쳔셰를 불으고 셋ᄌᆡ 젼국 이쳔만 동포 형뎨들을 위 ᄒᆞ야 빅셰를 불으고〉, 또 봉소위원(奉疏委員) 이무영(李懋榮)이 상소를 봉정하여 비서원(秘書院)에서 내오자, 독립협회원들이 〈황샹 폐하를 위 ᄒᆞ야 만셰를 불으ᄂᆞᆫ딕〉라고

　　23 이러한 정치 운동의 과정에서 독립협회의 국민 호칭은 〈대소 인민〉에서 〈동포 형제〉로, 〈일천 이백만〉에서 〈이천만〉으로 변화했다는 점, 한편으로 〈만세〉는 황제와 국가에 대해서만 부르고 있었다는 점에 유의할 필요가 있다.

했다(7. 5 잡보 「만세경례」).

이러한 의회 개설 상소에 대해서 10일에 〈너의들 베픈바이 비록 근심 ᄒ고 ᄉ랑 ᄒᄂ딕 난것 ᄀᆺ하나 죠정의 일을 가히 위에 나셔 망녕 되히 의론 ᄒᆯ것이 아니라〉(7. 12 잡보 「비지봉승」, 한문으로는 〈所陳雖若出於憂愛, 朝廷之事 不可出位妄論〉)라고 비답이 내려졌다. 독립협회는 12일에 재소(再疏)를 하고 다음과 같이 썼다.

(상략) 비답 즁에 위에 나셔 망녕된 의론 이라 ᄒᆞᆸ심은 신등의 어리셕은 의견으로 써 익슉히 싱각 ᄒᆞ와도 해셕지 못 ᄒᆞᆫ즈이라 대뎌 오늘나라 형셰의 이 ᄀᆺ치 위틱 ᄒᆞ고 급 ᄒᆞ옴은 첫지ᄂ 글ᄋᆞ딕 돕ᄂ 신 하의 그 사ᄅᆷ을 엇지 못 ᄒᆞ심이요 둘지ᄂ 돕ᄂ 신하가 그 직림을 익이지 못 ᄒᆞᆷ이요 셋지ᄂ 돕ᄂ 신하가 죵묘와 샤직의 편안 ᄒᆞ고 위틱 ᄒᆞᆫ것은 당죠에 걱졍과 염녀를 아니 ᄒᆞ고 다ᄆᆫ 샤ᄉ로온것ᄆ 도라 보고 관록ᄆ 싱각 ᄒᆞ며 어질고 릉흔이를 시긔 ᄒᆞ기로 젼혀 쥬쟝 ᄒᆞᄂ 연고이라 이러ᄒᆫ 신하들을 그딕로 두시고 용랍게 ᄒᆞᆸ시고 곳쏘ᄎ 믈니치시지 아니 ᄒᆞ심은 폐하ᄭᆞᆸ셔 간졀히 다ᄉ리심을 구 ᄒᆞᆸ시ᄂ 셩의가 아니신즉 간샤ᄒᆫ 쇼인빅가 엇지 째를 타셔 나셔기를 도모 ᄒᆞ야 아쳠으로 길거 ᄒᆞ시ᄂ것ᄆ 구 ᄒᆞᄂ 버르쟝이로 써 총명을 막고 가리며 빅셩과 나라를 좀노릇 ᄒᆞ야 히롭게 아니 ᄒᆞ오릿가 지금 폐하ᄭᆞᆸ셔 다ᄆᆫ 눈 압혜 구ᄎᆞ이 편안 ᄒᆫ 계칙ᄆ 위 ᄒᆞ샤 승슌 ᄒᆞᄂ톄 ᄒᆞ고 ᄠᅳᆺ을 억이지 아니 ᄒᆞᄂ 듯 ᄒᆫ 류ᄆᆫ 올녀 쓰시고 우흐로 셔고 ᄒᆞ시고 아릭로 반포 ᄒᆞᆸ신 홍범 열 네 죠목과 새로 뎡 ᄒᆞ신 법률과 칙령은 혹 시힝 ᄒᆞ고 혹 해이 ᄒᆞ와 실샹으로 쓰ᄂ것 이ᄒᆫ 걸 ᄀᆺ지 아니 ᄒᆞ오니 일노 말ᄆᆡ암아 보오면 법이 써 폐 ᄒᆞᄂ바와 나라이 써 위틱ᄒᆫ 바이 진실노 이러ᄒᆫ 신하들의게ᄆ 칙비(責備) ᄒᆞ올것이 아니오라 두려워 ᄒᆞ건딕 혹 폐하ᄭᆞᆸ셔 위틱 ᄒᆞ고 어려옴을 스스로 취 코져 ᄒᆞᆸ

시는 바이오니 엇지 하늘을 불으고 셜세 울일이 아니오릿가. (7. 13 논설)

여기에 이어서 〈홍범을 실샹 쥰힝 ᄒ심〉, 〈현량을 다시 쑵으심〉, 〈빅셩의 의론을 넓히 키실〉 것을 요구하고 있는데, 이 재소는 〈사(私)〉만을 추구하는 신하뿐만 아니라 황제의 책임까지도 언급하고 있다. 다만 이것은 〈대학 쟝긔 즁에 신안 쥬희의 쥬해에 ᄀᆞᆯᄋᆞᄃᆡ 비록 셰가 쌱 지아비의 쳔 ᄒᆞᄃᆡ 잇서도 ᄯᅩᆫ 그 님군을 요슌 ᄀᆞᆺ치 ᄒᆞ고 그 빅셩을 요슌의 빅셩 ᄀᆞᆺ치 홈이 그 분의 안에 잇지 아니 홈이 업다〉(위의 논설)고 하였듯이 〈지아비의 쳔 ᄒᆞ〉=서민이라도 천하 국가를 생각하는 것은 〈출위(出位)〉는 아니라고 하는 맥락에서 의회 개설을 주장한 것이고, 재소에서 황제의 책임을 언급한 것도 황제를 요순과 같게 하기 위한 분수 안의 것이라고 하는 말이 된다. 여기서도 황제와 서민의 친밀함을 호소하는 〈일군만민〉 논리가 일관하고 있다. 이 재소에 대해서 〈말은 혹 가히 취 홀것이 잇스나 이 ᄀᆞᆺ치 여러번 번로히 ᄒᆞ는것이 그 지리 ᄒᆞ지 아니 ᄒᆞ냐〉(7. 25 「성상은비」, 한문으로는 〈言或有可取, 若是屢煩, 不其支離乎〉[24])라는 비답을 내렸다. 그러나 독립협회는 그 후에도 운동을 계속하여 중추원의 의회화를 쟁취한다.

그런데 독립협회는 서민이 천하 국가를 생각하는 국정에 참여하는 것은 〈출위〉가 아니라고 하면서 의회 개설을 요구했다. 하지만 민선 의원 개설에는 지극히 부정적이었다. 「독립신문」의 민중관을 논할 때 여러 차례 인용된 7월 27일 논설 「하의원은 급지 안타」는

24 원저에서는 〈言或可取, 若是屢煩, 不其支離〉으로 표기되어 있다. 하지만 『高宗實錄』의 원문을 확인해 본 결과 〈言或有可取, 若是屢煩, 不其支離乎〉이므로, 후자에 따라 표기를 수정하였다 — 옮긴이주.

(상략) 우리 나라 인민들은 몃 빅년 교휵이 업셔셔 나라 일이 엇지 되던지 ᄌᆞ긔의게 당쟝 괴로온 일이 업스면 막연히 샹관 아니 ᄒᆞ며 정부가 뉘손에 들던지 죠반 셕쥭만 ᄒᆞ고 지니면 어느 나라 쇽국이 되던지 걱정 아니 ᄒᆞ며 ᄌᆞ유니 민권이니 ᄒᆞᄂᆞᆫ것은 말도 모로고 혹 말이나 들은 사름은 아무럿케나 ᄒᆞᄂᆞᆫ것을 ᄌᆞ유로 알고 남을 희롭게 ᄒᆞ야 ᄌᆞ긔를 리롭게 ᄒᆞᄂᆞᆫ것을 권리로 아니 이러ᄒᆞᆫ 빅셩의게 홀연히 민권을 주어셔 하의원을 셜시 ᄒᆞᄂᆞᆫ것은 도로혀 위틱 ᄒᆞᆷ을 속 ᄒᆞ게 ᄒᆞᆷ이라.

라고 하여 〈국민〉이 되지 않은 우민에게는 국정 참여를 허락할 수 없다고 했다. 이어서

일본 사람은 셔양 긔화를 모본 ᄒᆞ기 전에도 우리 보다 빅빅나 문명ᄒᆞᆫ 사름들이요 셔양 정치와 풍쇽을 비호고 시작ᄒᆞᆫ 후에 쥬야로 힘써셔 삼십년 동안에 셰계가 놀라게 진보 ᄒᆞ엿스되 명치 원년에 샹하 의원을 비셜 ᄒᆞ지 안코 겨오 명치 이십 삼년에셔야 국회를 시작 ᄒᆞ고 ᄯᅩ 샹하 의원 셜시 ᄒᆞ기 전에 오히려 미흡ᄒᆞᆫ 일이 잇슬가 ᄒᆞ여 극히 쳥명ᄒᆞᆫ 위원들을 구미 각국에 파숑 ᄒᆞ야 샹하 의원의 졔도와 쟝졍과 ᄉᆞ졍을 쟈셰히 관찰 ᄒᆞ야 치용 ᄒᆞ엿스니 일본으로도 이 ᄀᆞᆺ치 심가셔 하의원 을 비셜 ᄒᆞ엿거늘 우리ᄂᆞᆫ 외국 사름과 통샹 교졔ᄒᆞᆫ 후에 몃히 동안에 비혼것이 지권연 먹ᄂᆞᆫ것 ᄒᆞᆫ가지 밧게ᄂᆞᆫ 업스니 무ᄉᆞᆷ 렴치로 하의원을 어느ᄉᆡ 쑴이나 ᄭᅮ리요 이런 망발은 ᄒᆞ지들 말고 다만 독립 협회에셔 이번에 죠병식씨의 일 ᄒᆞ듯기 우리 분닉에 잇ᄂᆞᆫ 권리나 직히여셔 황샹 폐하의 덕틱으로 정부가 다 ᄆᆞᆺ혼 직분들을 ᄒᆞ게 되거던 안으로ᄂᆞᆫ 학교를 도쳐에 셜시 ᄒᆞ야 졀믄 사름들을 교휵 ᄒᆞ며 ᄯᅩ 밧그로ᄂᆞᆫ 학도를 구미 각국에 파숑 ᄒᆞ야 유익ᄒᆞᆫ 학문을 비화다가 인민에 지식이 쾌히 렬녀 ᄉᆞ오십

년 진보흔 후에나 하의원을 싱각 흐는것이 온당 흐겟도다.

라고 쓰면서 민선 의원은 시기상조라고 호소했다.

요컨대 독립협회의 의회 개설 운동은 맨 먼저 〈국민화〉한 독립협회 회원이 의원으로서 국정에 참여하고, 일반 민중은 그러한 독립협회의 지도 범위 안에서 정치 운동에 참여한다는 것이었다. 윤치호는 〈내가 만약 한국에서 대의국민의회(代議國民議會, representative popular assembly)가 가능하다고 생각했다고 한다면, 그렇게 생각했던 것은 아니지만, 나는 이미 그 생각을 포기한다〉고 쓰고,[25] 스스로가 구상한 의회를 〈반국민회의(半國民會議, semi-popular assembly)〉라고 평가했다.[26] 〈국민화〉하지 않은 일반 민중이 국정 참여에서 배제되는 이상, 그들에게 기대하는 것은 경축 행사나 독립협회의 정치 운동에 임하여 만세 제창 등을 통한 신체로부터의 〈국민〉적 일체감 함양이된다. 그리하여 독립협회는 조병식(趙秉式)·이용익(李容翊) 등의 탄핵 운동을 계속하는 한편으로, 국경일을 맞이하면 이제까지 이상으로 성대한 경축 행사를 계속하였다.

양력 9월 1일 개국 기원절에 독립협회는 독립문 앞에서 경축회를 개최했는데, 「독립신문」 9월 2일 잡보 「경축회」에 따르면 회장에는 국기를 게양하고, 독립협회 회원과 빈객 〈약 삼천여 명〉이 〈무관학도 이백 명〉의 〈곡호전도(曲號前導)〉를 받으며 입장하고, 관립 각 외국어 학교, 배재학당, 경성학당, 관공립 소학교 생도를 동원하였다. 개회 연설은 회장 윤치호, 개국 기념 연설은 평의원 정교, 〈제국전진〉의 연설은 부회장 이상재가 했다. 이 경축회에는 황제가 〈장악원가자(掌樂院歌者)〉와 악공의 풍악을 하사하였다.

25 柳永烈, 앞의 책, 124~125쪽.
26 柳永烈, 위의 책, 129쪽.

252

그리고 독립협회 회원의 〈애국가〉, 무관학교 생도의 〈군가〉, 각 학교 생도의 〈경축 애국가〉 제창도 실시되었다. 그 후 참석자들은 일제히 일어나 〈황상 폐하를 위 ᄒ야 만세를 축슈ᄒ고 황태ᄌ 뎐하를 위 ᄒ야 쳔세를 축슈ᄒ고 국긔를 위 ᄒ야 만세를 불으고 전국 동포를 위 ᄒ야 쳔세를 불〉렀다.[27] 오전 11시에 시작한 이 경축회는 〈다과례〉를 하고 산회했는데, 오후 3시부터는 외국 빈객을 초청한 경축회를 실시했다. 주목해야 할 것은 외국 빈객을 초청한 경축회가 끝난 후 〈회원 수백 명〉이 악대의 선도로 독립관을 나와 국기를 들고 〈경축가〉를 부르면서 성내로 들어가 종로를 지나 경운궁 앞까지 나아갔다는 점이다.

이미 이 시기에 독립협회는 성안에서 집회를 개최했는데, 경축 행사도 성안에서 추진하게 되었다. 정교는 그 모습에 대해서 〈도성 가득히 남녀가 구름같이 모여들어 구경했는데, 어깨를 부딪치고 땀을 뿌리며 곧바로 인산인해를 이루었으니, 실로 우리 대한제국의 새로운 시대가 열린 이래로 하나의 성대한 모임의 축하연이었다〉[28]고 기록했다. 이어서 양력 9월 10일의 만수성절에서도 독립문 앞에서 〈관리와 백성 1천여 명과 각 학교의 학도 7백여 명〉이 울타리를 사이로 〈구경하는 사람이 인산인해를 이루었다〉라고 하는 정황 속에서 경축회를 실시하였다. 종료 후에는 독립협회 회원이 악대의 선도로 인화문(경운궁 남문) 앞으로 나아가[29] 〈황상 폐하를 위 ᄒ야 만세를 셰번 불으고 황태ᄌ 뎐하를 위 ᄒ야 쳔세를 셰번 불으고 국긔와 전국 동포

---

27 원서에는 〈황상 폐하를 위 ᄒ야 만세를 축슈ᄒ고 국긔를 위 ᄒ야 만세를 불으고 전국 동포를 위 ᄒ야 쳔세를 불〉렀다고 되어 있다. 하지만 해당 기사의 원문은 〈황상 폐하를 위 ᄒ야 만세를 축슈ᄒ고 황태ᄌ 뎐하를 위 ᄒ야 쳔세를 축슈 ᄒ고 국긔를 위 ᄒ야 만세를 불으고 전국 동포를 위 ᄒ야 쳔세를 불〉렀다고 되어 있다. 여기서 〈황태ᄌ 뎐하를 위 ᄒ야 쳔세를 축슈 ᄒ고〉 부분이 빠져 있음을 알 수 있는데, 번역하면서 이 내용까지 보완하였다 — 옮긴이주.

28 『大韓季年史』上, 228쪽.

29 위의 책, 232쪽.

와 본회를 위 ᄒ야 쳔셰를 각각 셰번식 불으더라〉(9. 12 잡보 「만슈셩졀」). 정교가 〈매년 이날에는 단지 대궐 안에서만 경사를 치러 왔다. 이에 이르러 독립협회에서 만백성이 경축하는 연회를 처음 만들어 충군애국하는 정성을 드러내었으니 사람들이 모두 크게 기뻐하였다〉[30]라고 기록하였듯이 예전에는 궁궐 내에서만 실시되었던 군주 탄신연(君主誕辰宴)을 독립협회가 〈만백성이 경축하는 연회〉로 만들었다고 하였다. 이와 같은 독립관에서의 경축회가 끝난 후에 인화문 앞에서 만세경축을 실시하는 형식은 관민공동회가 최고조에 달한 양력 10월 31일의 계천 기원절에도 답습되었다.[31]

독립협회가 주최한 경축 행사나 정치 운동에 민중이 점차 (〈관광〉이라는 형태로) 참여함에 따라, 「독립신문」은 기사에서 독립협회를 언급할 때에 자주 〈종로공동회 만민과 전국 이천만 동포 형제를 대표하는 [독립협회]〉이라는 형용구를 붙이게 된다. 그런데 독립협회가 10월 15일 정부에 요구한 의회의 구상은 중추원을 의회로 재편하고, 그 의원의 반수는 관선, 나머지 반수는 독립협회 선출로 한다는 내용이었다. 그리고 11월 2일 중추원 신관제는 이러한 독립협회의 요구를 수용하여 중추원을 의회로 하고, 50명의 의원의 절반씩을 관선·〈인민협회〉 선출로 한다고 했다. 이처럼 일반 민중의 의회 참여를 배제한 채 독립협회가 자체적으로 선출한 의원이 민의를 대표한다고 구상할 수 있었던 것은 〈국민〉 창출 운동을 통해 스스로가 〈종로공동회 만민과 전국 이천만 동포 형제를 대표〉하고 있다고 확신했기 때문이다. 물론 〈전국 이천만 동포 형제〉가 독립협회를 대표로 위임한 사실이 없었기 때문에, 독립협회의 의회 개설 구상은 의제(擬制)상으로 성립한 것이었다.

30 위의 책, 232쪽.
31 위의 책, 286쪽.

게다가 관민공동회를 통해서 황제의 재가를 쟁취한 「헌의육조」의 제1조 〈외국인에 의부하지 않고, 관민이 동심합력하여 전제 황권을 공고히 할 것〉에서 보이듯이 의회 개설 운동을 비롯한 독립협회의 정치 운동은 〈전제 황권〉을 지지하였다. 다만 이 〈전제 황권〉은 〈absolute monarchy〉의 의미가 아니며, 윤치호도 〈문호를 개방한 상태에서 과거의 전제 군주주의absolute monarchism로 되돌아갈 수 없다〉고 기록했다.[32] 영문판 「인디펜던트」지 11월 1일에 번역되어 게재된 「헌의육조」에서 〈전제 황권〉은 〈Imperial prerogative〉로 되어 있었고, 이러한 〈전제 황권〉은 〈황제 대권(皇帝大權)〉이라는 의미였다.

의회 개설 운동이나 「헌의육조」에서 밝혀진 독립협회 개혁론의 성격은 황제 주권 아래에서 황제의 친임에 의한 관선 의원과 독립협회 선출 의원이 황제에게 협찬(協贊)함으로써 〈간세배〉의 〈사(私)〉를 배제하고 황제 통치의 〈공평무사〉를 확보하며, 그것을 기초로 하여 〈충군애국〉의 정신을 지닌 〈국민〉을 창출하는 것이었다고 할 수 있다. 오히려 그 이듬해 「대한국국제」의 제3조 〈大韓國 大皇帝께옵서는 無限하온 君權을 享有하옵시나니 公法에 謂한 바 自立政體이니라〉의 〈無限하온 君權〉이란 『공법회통(公法會通)』의 〈die absolute Monarchie〉의 대역(對譯)에서 유래했다고 추측되며,[33] 그렇다면 제2조 〈大韓帝國의 政治는 由前則 500年 傳來하시고 由後則 亙萬世不變하오실 專制政治이니라〉의 〈전제 정치〉도 〈die absolute Monarchie〉의 의미가 된다. 만민공동회가 정부에 요구했던 〈Imperial prerogative〉로서의 〈전제 황권〉을 〈die absolute Monarchie〉로서의 〈전제 정치〉로 의미를 옮기면서 「대한국국제」가 성립했다고 할 수 있을 것이다. 그러한 어긋

32 柳永烈, 앞의 책, 119쪽.
33 田鳳德, 「大韓國國制의 制定과 基本思想」, 『韓國近代法思想史』, 博英社, 1981년, 119쪽.

남을 전제로 대한제국의 전제 황제 체제와 독립협회에는 상호성이 있었다.

3. 격화와 〈국민〉 창출 운동의 좌절

중추원 신관제가 공포된 11월 4일 늦은 밤부터 다음 날 아침에 걸쳐서 독립협회는 박정양을 대통령, 윤치호를 부통령으로 하는 공화 정치의 수립을 시도하고 있다는 이유로 독립협회 간부 17명이 구속되었다(회장 윤치호는 아펜젤러의 집으로 피난하여 구속을 면했다). 이러한 독립협회의 공화 정치 수립 계획은 조병식 등의 〈무고한 상주〉에 의해 날조된 것인데, 이것이 직접적인 계기가 되어 11월 5일 〈협회 금지〉의 칙령 등 독립협회에 대한 탄압이 강화되었다. 그 〈무고한 상주〉와 탄압 강화의 배경에는 독립협회 내부의 급진파 행동이 있었다. 우선 독립협회 해산의 경위에 대해서 개관해 두고자 한다.

독립협회가 만민공동회를 조직하면서 했던 1898년 초의 반러시아 운동과 정치 운동은 정부가 여기에 잘 대응하는 등 성공리에 실시되었는데, 그 한편으로 윤치호 등 독립협회 지도부의 승낙을 받지 않은 만민공동회가 자주 개최되었다. 주진오는 독립협회 지도부의 승낙이 없었던 만민공동회를 〈안경수 계열〉이 주도하였다고 추측했다.[34]

6월 25일부로 인재 등용에 관한 조칙이 있었고, 독립협회는 그것에 기초하여 의회 개설을 요구하는 상소를 하였음을 앞에서 살펴보았다. 이 조칙은 이전에 정부와의 사이에서 문제를 일으키는 인물이었더라도 그 과거를

---

34 朱鎭五, 앞의 박사 논문, 112쪽.

묻지 않고 적재적소의 인재 등용을 한다는 내용이었는데, 안경수 등은 이 것을 기회로 삼아 일본 망명 중인 박영효 등의 귀국과 정부 탈취를 계획하였다. 안경수·윤효정(尹孝定) 등은 〈독립협회 지사 50명〉이 입궐하여 고종에게 〈양위〉를 다그칠 계획을 세웠다. 하지만 도중에 계획이 탄로나 일본으로 망명했다.[35] 이러한 〈안경수 계열〉의 황제 폐위 움직임을 배경으로 앞장에서 살펴본 독립협회의 의회 개설 요구 상소가 실행되었던 것인데, 회원 중에는 상소에 대한 비답을 봉승(奉承)할 때에 형식뿐인 만세 제창은 무의미하다는 사람도 있었다. 7월 3일의 상소에 대한 7월 10일의 비답봉승 때에는 간신히 만세 제창이 과반수를 넘기는 하였다. 하지만 7월 12일의 재소(再訴)에 대한 7월 22일 비답봉승 때에는 만세 제창이 부결되었다고 한다.[36] 7월 12일의 재소에는 앞장에서 보았듯이 황제의 책임을 거론하는 언사가 있었는데, 이것도 의회 개설 상소가 〈안경수 계열〉을 중심으로 실시되었기 때문이라고 할 수 있다.

또한 「독립신문」 7월 16일 잡보 「니샹흔고빅」에는 〈대한청년익국회〉라는 단체가 독립신문사로 보낸 서한이 게재되어 있는데, 그 내용은 고종이 건강을 해치고 있다는 이유로 〈황실의 근본을 튼튼케 ᄒ〉기 위해 〈황태ᄌ 뎐하로 ᄃᆡ려(代理) ᄒ시게〉 한다는 것이었다. 이 〈대한청년익국회〉는 박영효가 일본에서 조직했다고 한다.[37] 「독립신문」은 처음부터 〈대한 청년 익국회가 어듸 잇ᄂ지 우리ᄂ 샹고를 못 ᄒ얏거니와〉(앞의 「니샹흔고빅」)라고

---

35 朱鎭五, 앞의 박사 논문, 113쪽.

36 柳永烈, 앞의 책, 124쪽; 朱鎭五, 위의 박사 논문, 114쪽.

37 朱鎭五, 위의 박사 논문, 115쪽. 그러나 한철호는 주진오의 견해에 이의를 제기하여 대한 청년애국회는 조병식 등의 〈수구파〉가 독립협회를 탄압하기 위해 조작한 단체라고 쓰고 있다 (한철호, 앞의 책, 247쪽의 주 124). 하지만 여기서는 전후의 맥락을 근거로 하여 주진오의 견해에 따랐다.

대한청년애국회와의 관련을 부정하고 있다. 7월 21일에는 논설 「독립협회」를 게재하여 독립협회는 〈회원들이 각히 츙군 익국 넉ᄌ로 쥬의를 삼〉는 단체라고 쓰고, 다음 날인 22일에는 논설 「회장폐현」에서 7월 19일 밤에 고종에게 소환되어 입궐한 윤치호가 독립협회는 〈본릭 폐하끠옵셔 신민의 지식을 넓히 고ᄌ ᄒ시고 보죠금을 나리샤 셜립ᄒ시고 태ᄌ 뎐하의 예필(睿筆)로 현판을 써셔 나리셧〉던 단체라고 황제에게 진술했다고 기술하였다. 주진오는 이 시점의 독립협회 평의원 20명을 다음과 같이 분류할 수 있다고 하였다.[38]

윤치호·남궁억 계 ── 강화석(姜華錫)·김귀현(金龜鉉)·김두현(金斗鉉)·나수연(羅壽淵)·남궁억(南宮檍)·방한덕(方漢德)·염중모(廉重謨)·유맹(劉孟)·이상재(李商在)·임진수(林珍洙)·정항모(鄭恒模)·홍긍섭(洪肯燮)·홍정후(洪正厚)

안경수·정교 계 ── 변하진(卞河進)·안영수(安寧洙)·윤태흥(尹泰興)·이건호(李建鎬)·정교(鄭喬)·조한우(趙漢禹)·현제창(玄濟昶)

앞서 나왔던 의회 설립 상소가 박영효 귀국 운동과 결부되었던 〈안경수·정교 계〉에 의해 주도되었다고 한다면, 박영효 귀국 운동과의 관련을 부정하면서 독립협회와 황실의 밀접함을 강조한 「독립신문」 논설은 〈윤치호·남궁억 계〉의 입장을 기술한 것이 된다. 따라서 7월 27일 논설 「하의원은 급지 안타」는 황제의 책임까지 거론하면서 의회 개설을 요구한 〈안경수·정교 계〉에 대해서 〈윤치호·남궁억 계〉가 온건한 의회 개설 구상을 표명한 것이었다고 할 수 있을 것이다.

38 朱鎭五, 앞의 박사 논문, 116~117쪽.

이러한 독립협회의 움직임에 대해서 고종은 독립협회 주최의 개국 기원절·만수성절 경축회에 연회비나 악공을 하사하거나, 독립협회 간부를 중추원 의관·궁내부 시종에 임명하는 등의 회유를 하였다. 한편으로 이용익 탄핵 연설 중에 〈대황제〉를 언급한 최정식(崔廷植)을 엄벌에 처하고, 이것을 계기로 외국인 궁궐 수비대를 고용하는 계획을 세워 독립협회의 단속을 강화하는 등 동요하는 자세를 보이고 있었다. 독립협회의 측에서도 윤치호 등 지도부가 〈안경수·정교 계〉를 통제할 수 없는 상태가 이어졌다.[39]

11월 4일 독립협회 간부 17명의 구속 배경에는 이상과 같은 〈안경수·정교 계〉의 움직임이 있었다. 구속을 면한 윤치호는 이승만(李承晚)·양홍묵(梁弘默) 등을 통하여 독립협회 복설을 위해 대중 시위를 조직했다. 이때 열린 만민공동회에는 〈독립협회의 활동 간부가 아닌 윤시병(尹始炳)·임병길(林炳吉)과 같은 새로운 세력〉이 개입해 들어왔다.[40] 만민공동회는 경무청 문 앞에서 구속된 독립협회 간부 17명을 석방하지 않으려면 자신들도 구속하라고 호소하였다. 「독립신문」 11월 7일 별보 「만민츙익」는 이에 대해서 〈각 학교 학원들과 총상 회원들과 부인회 회원〉,[41] 〈심지어 류경 ᄒ던 시골 산곡에 사ᄂᆞ 사ᄅᆞᆷ ᄭᅡ지〉 독립협회 회원과 같은 〈츙익ᄒᄂᆞᆫ 목적〉을 가지고 구속을 〈자원〉했다고 쓰고, 〈만민〉과 독립협회의 일체성을 강조했다. 정부는 군대를 투입하여 만민공동회를 해산시키려 했는데, 영국·미국 공사가 이를 저지하였고 11월 10일에는 구속자를 석방했다.[42] 「독립신문」 11월 12일 논설 「션고방쳥」에 의하면 이때 〈함흥 광대 힙신 셩은을 셔로

39 朱鎭五, 앞의 박사 논문, 118~119쪽.
40 朱鎭五, 위의 박사 논문, 122쪽.
41 원저에서는 〈婦人會婦人〉이라고 하였지만, 해당 기사에는 〈부인회 회원〉으로 표기되어 있다. 그러므로 여기서는 〈부인회 회원〉으로 바로잡았다 — 옮긴이주.
42 朱鎭五, 「독립협회와 대한제국의 경제정책 비교 연구」, 136쪽.

하례 ᄒ고 감격 흠을 익이지 못 ᄒ야 동포 만민이 셔로 붓들고 울며 인 ᄒ야 황상 폐하를 위 ᄒ야 万세를 불으고 황태ᄌ 뎐하를 위 ᄒ야 千셰를 불으고 전국 二千万 동포를 위 ᄒ야 千셰를 불)렀다고 한다. 만민공동회는 또 종로에서 집회를 계속하여 「헌의육조」의 실시, 대신의 처벌, 독립협회의 복설 등을 요구했다. 고종은 「헌의육조」의 일부 실시를 표명했다. 그러나 만민공동회는 해산하지 않고, 급진적인 회원으로부터 정부 〈오흉(五凶)〉의 집에 방화하거나, 박영효 등 일본 망명 인사와 접촉하려고 하는 움직임이 있었다고 한다.[43] 정부는 만민공동회와의 접촉을 통하여 사태를 타개하려 했는데 결렬된 채 끝났고, 11월 21일에는 황국협회의 보부상을 투입하여 만민공동회를 습격하도록 했다. 여기에 이르러 만민공동회가 격화되었는데, 그 모습을 정교의 기술에 따라 살펴보도록 한다.[44]

인화문 밖에서 곤봉을 든 보부상에게 습격을 받은 〈만민〉은 당초 무방비여서 맞고 있었지만, 곧 〈정동마을 병문에 무리 지어 모였는데 인산인해를 이루었다. 조그만 돌맹이를 주워 모은 것이 쌓여서 성곽을 이루었는데, 등짐장수들을 때려죽이려는 것이었다. 등짐장수의 무리들이 새문(新門) 밖으로 도망치려 하자, 인민들이 돌맹이를 던지며 추격했는데 부상자가 제법 늘어났다〉고 하였듯이 모인 군중이 돌을 던져 보부상과 〈접전〉했다. 그 후 종로에서 만민공동회가 재개되었는데, 그곳에는 당초 인화문 앞에서 집회를 하던 때의 몇 배나 되는 사람이 모였고, 〈길가에 시민이 모두 말하기를, 《이 사람이 바로 인민을 보호하지 않았던 경무사이다》하고 돌맹이를 마구 던졌다. 민병한은 마침내 고등 재판소 부근의 민가로 피해 들어갔다〉고 하였듯이 황제의 명에 따라 파견된 경무사 민병한(閔丙漢)에게 〈시민〉이 투

43 朱鎭五, 앞의 박사 논문, 122쪽.
44 이하 『大韓季年史』上, 337~344쪽.

석을 하였다. 또 〈만민회가 다시 종로에서 열렸을 때 마침 한 등짐장수가 지나갔는데 만민회 백성이 내달으며 던진 기왓장에 그 머리뼈를 맞았다〉는 것처럼 〈회민〉이 마침 그곳을 지나가던 부상의 머리를 돌로 난타하였다. 이날은 또 〈도성 밖 땔나무 상인이 도성 안으로 들어와 땔나무를 팔고는 돌아가는 길에 이기동의 집을 부수어 버렸다. 또한 분하고 원통함을 참지 못한 만민회 백성이 앞다투어 가서 조병식·민종묵·홍종우·길영수·유기환·윤용선·민영기의 집을 깨부수었다. 또 신의상무소[등짐장수의 도가(都家)]를 파괴했다〉고 하였듯이 성 밖에 사는 땔나무 상인이나 〈만민〉이 대신의 집 등을 파괴하였다. 다음 날인 22일에는 마포에서 보부상과 〈만민〉이 〈접전〉하고, 신발 수리업을 하는 〈회민〉 김덕구(金德九)가 공덕리(孔德里)에서 보부상에게 구타당하여 사망했다.

이와 같이 11월 21일부터 22일의 〈접전〉 시기 동안 많은 〈시민〉, 〈상민〉, 〈회민〉 등이 참가하였고, 정말로 〈혁명〉적인 분위기를 자아내고 있었다.[45] 하지만 거기에는 독립협회의 계몽 활동이나 정치 운동과는 관련이 없는 사람도 많이 있었을 것이다. 사료에 나오는 〈시민〉은 시전의 상민, 〈회민〉은 〈회원〉이 아니라 그 자리에 모인 민이란 의미일 것이다. 이때 상인의 철시, 학교 생도의 휴교, 물자 원조 등 만민공동회에 대한 지원이 서울 주민으로부터 이루어졌는데,[46] 사료에 나오는 땔나무 상인(〈상민〉)이나 신발 수리인은 〈도시 소시민〉이라기보다는 빈민층에 속한다고 해야 한다(덧붙여 말하면 김덕구의 주머니에는 전당표가 19장 들어 있었다고 한다[47]).

이러한 운동의 격화에 대해서 만민공동회는 윤치호의 의견을 받아들여

---

45 신용하는 〈시민 혁명의 전야〉, 주진오는 〈민중 혁명의 분위기〉라고 표현하였다.
46 愼鏞廈, 앞의 책, 451~452쪽.
47 「매일신문」 11월 25일 잡보.

〈負商輩가 猖厥 ᄒ이 不知何許人民이 成群突出ᄒ야 打破人家者ㅣ 爲十餘
處云ᄒ니 其在本會目的에 有難忍默이라 若有復蹈前習者면 査究該倡ᄒ야
當告發於法司矣리니〉라고 하는 방(榜)을 게재하고,[48] 만민공동회는 가옥
파괴와 관계가 없다고 하면서 만민공동회를 일시 해산하기로 했다. 그러나
정교에 의하면 조병식 등의 가옥 파괴는 최정덕(崔廷德)이 주도하는 〈만민
회 가운데 나이 어린 경박한 무리들〉의 소행이었다.[49] 주진오는 최정덕의
행동이 안경수, 박영효 등의 귀국을 위한 무정부 상태 조성을 목적으로 실
시되었던 것으로, 따라서 최정덕 등 급진파는 만민공동회 해산에 반발했다
고 기술하였다.[50] 이러한 상황에서 영국·미국 공사는 독립협회에 대해 정부
와 타협하여 원래의 계몽 단체로 돌아갈 것을 촉구하는 한편, 고종에게도
독립협회와의 타협을 충고했다. 그리하여 11월 26일에 다시 〈만민〉이 종
로에 결집하자 고종은 인화문에 임어하여 독립협회·황국협회에 친유(親諭)
를 내리고, 만민공동회의 요구를 받아들여 독립협회의 복설을 허락했다.
고종은 이어서 중추원 의관 50명을 선정했는데, 여기에 독립협회 회원
17명이 포함되었다. 그런데 급진파는 윤치호의 반대를 무릅쓰고 12월 6일
에 종로에서 만민공동회를 개최하여 상소를 봉정하고 그 후 20일간 만민
공동회를 계속하였다. 그 사이에 만민공동회는 〈빈민〉 1,200여 명을 고용
하여 무장 경비를 시키거나, 총대 위원 100명에게 철야 경비를 하도록 했는
데, 거기에 관계된 비용의 자금으로서 대상인에게 강제적으로 돈을 빌려
주도록 했다. 운동이 격화되는 가운데 남궁억 등은 독립협회에서 이탈하였
다. 하지만 회장 윤치호는 자신의 의지와 관계없이 말려들어 버렸다.[51]

48 「皇城新聞」 11월 25일 잡보 「民會告榜」.
49 『大韓季年史』上, 347쪽.
50 朱鎭五, 「독립협회와 대한제국의 경제정책 비교 연구」, 137쪽.
51 朱鎭五, 앞의 박사 논문, 125~127쪽.

의관(議官)을 개정한 중추원은 12월 15일부터 본격적으로 활동하여 16일에는 대신 후보자의 투표를 실시했다. 최정덕이 박영효와 서재필을 추천하였고, 투표 결과 이 두 사람이 당선되었다. 이러한 일본 망명자를 배후에 둔 운동으로 인하여 고종이 두 번째 아관파천을 야기하지 않을지 우려한 일본 공사 가토 마쓰오(加藤增雄)는 독립협회 간부의 생명 안전과 맞바꾸어 고종이 만민공동회에 군대를 투입하는 것을 묵인하였다. 만민공동회는 22일에 무력 해산을 당했다.[52] 이어서 25일에 고종은 〈민회〉의 죄를 논하는 칙유와 함께 〈민회〉 엄금의 조칙을 내렸다.[53]

만민공동회가 무력 해산을 당하자 「독립신문」은 12월 28일 논설 「공동회에 디흔 문답」에서 〈정부에셔 잘못 흔것을 씨닷고 민론을 좃차셔 황상 폐하의 성칙을 밧들어 시힝 ᄒ엿드면 공동회가 근 二十일이나 쓸엇슬 리가 업고 또 만민 모힌디에셔 언어 동쟉에 실슈흔 일이 잇드리도 몃히 몃둘을 두고 총명을 옹폐 ᄒ며 인민들을 괴롭게 흔 정부의 허물에 비 ᄒ면 공동회에셔 정부 보다ᄂ 잘못흔 일이 업ᄂ것은 三척동ᄌ기로 엇지 몰으리요〉라고 만민공동회에게 동정하는 모습을 보이면서도, 〈다믄 구경군이나 모혀셔 시간이나 허비 흘것 ᄀᄉᄒ면 다시 회 ᄒ여 무엇 ᄒ리요〉라고 만민공동회가 계속되는 것에 반대를 표명했다. 그리고 새해가 되고 나서 최초의 논설인 1899년 1월 6일 「교육이 뎨일 급무」에서 조선의 민은 교육이 없기 때문에 (1) 구습에 빠져 눈앞의 이익만 생각하고, 정치상의 큰 도리를 알지 못한다, (2) 규칙을 알지 못해 매사가 생각대로 되지 않았거나, (3) 시비곡직을 알지 못해 세력이 있는 자를 추종하고, (4) 편당(偏黨)의 구습 때문에 서

---

52 朱鎭五, 「독립협회와 대한제국의 경제정책 비교 연구」, 138~139쪽; 주진오, 앞의 박사논문, 127~128쪽.

53 「舊韓國官報」 光武 2년 12월 25일 號外.

로 의심하고, (5) 마음이 좁다고 기술하고, 〈달은딕 허비 ᄒᆞᄂᆞᆫ 국지를 모도 남녀 교육에〉 써야 한다고 했다. 이 논설은 요컨대 정치 운동이나 대중 운동을 부정하고, 독립협회가 계몽 단체로 돌아간다는 선언이었다. 또 주진오가 지적하였듯이[54] 독립협회를 지지하고 있던 각 한국어 신문도 급진파의 행동을 비판했다. 배재학당 협성회의 기관지 「매일신문」은 1898년 12월 23일 논설에 흥화학교 교사 임병구(林炳龜)의 〈기서(寄書)〉를 실어 회의에서 대신을 선거하는 것은 일본, 영국, 미국 어디에도 없다고 쓰고, 중추원에서의 대신 후보자 선거는 의회의 직권을 뛰어넘은 〈자유 딕의에 원슈〉라고 비난했다.

한편 급진파는 무력 해산 이후에도 만민공동회의 재개를 시도했으나 실패하였다. 일부는 외국인 집으로 피난했는데, 1월 9일에는 이승만이 박영효와 결탁한 쿠데타를 이유로 체포되었다.[55] 1월 18일에는 모든 모임을 금지한다고 하는 의안이 중추원을 통과했고, 독립협회는 법적으로 해산을 당하였다.[56] 다만 독립협회 회장 윤치호가 3월 초에 덕원감리 겸 덕원부윤으로 전출[57]되었다. 그렇지만 양력 3월 19일 천추경절에는 독립관에서 경축회를 계획하고 있었으므로(3.18 잡보 「천추경절」), 계몽 단체로서 재기를 시도하고 있었음을 알 수 있다. 하지만 군부와 경무청이 이를 저지하였다(3.20 잡보 「독립관 경축회」). 이것이 독립협회 최후의 활동이었다.[58]

윤치호는 독립협회가 정치 운동을 시작할 때부터 민중이 〈폭도화〉할 것

54 朱鎭五, 앞의 박사 논문, 129~130쪽.
55 朱鎭五, 위의 박사 논문, 128~129쪽.
56 朱鎭五, 위의 박사 논문, 130쪽.
57 柳永烈, 앞의 책, 149쪽.
58 朱鎭五, 위의 박사 논문, 130쪽.

을 두려워하여 대중 집회 개최에는 신중했다.[59] 관민공동회에서의 ⑴ 황제에 대한 불경한 언사나 공화제 주장의 엄금, ⑵ 외국과 외국인에 대한 불손한 발언의 엄금, ⑶ 인신공격이나 전직 대신에 대한 망언의 엄금, ⑷ 조선의 사회 관습이나 종교의식에 저촉하는 제의의 엄금을 주장하는 연설[60]에서 보이듯이 윤치호는 독립협회의 정치 운동이 질서정연한 가운데 이루어지는 것이야말로 그 요구가 정부에 받아들여지고, 더 나아가 외국인에게 조선의 민중이 〈문명화〉하고 있음을 보여 줄 수 있다고 생각했다. 조선에는 〈국민〉이 형성되어 있지 않다고 하는 인식을 기초로, 의회 설립 구상 중에서도 일반 민중을 국정 참여에서 배제하였다. 또한 〈다믄 구경군이나 모혀서 시간이나 허비 흘것 ᄀᆞᄒᆞ면 다시 회 ᄒᆞ여 무엇 ᄒᆞ리요〉라고 하여 만민공동회가 계속되는 것을 반대하고 있었듯이 윤치호에 따르면 집회에 참가한 민중은 정치 운동이 무엇인지도 알지 못한 채 모인 〈구경꾼〉이었다.

〈안경수·정교 계열〉 또는 급진파의 개혁 구상은 반드시 명확하지만은 않다. 우선 신용하는 독립협회의 정치 운동에는 독립협회 간부가 아닌 〈소장·혁신·신진파〉 13명이 참가하고 있었고, 그들은 〈기회가 있을 때마다 공화주의를 주장하고 선전했다〉고 서술하였다.[61] 그러나 그가 〈소장·혁신·신진파〉의 근거로 제시하고 있는 『獨立協會沿歷略』은 훗날에 조작되었던 것으로 사료적 가치가 없다는 사실은 이미 밝혀졌다.[62] 또 〈청년·학생들을 시작으로 하여 독립협회의 소장파 가운데 공화제 주장이 상당한 비중

---

59 柳永烈, 앞의 책, 114쪽.

60 愼鏞廈, 앞의 책, 382~383쪽.

61 愼鏞廈, 「19세기 한국의 近代國家形成 문제와 立憲共和國 수립 운동」, 韓國社會史研究會 編, 『한국 사회사연구회 논문집I ― 한국의 근대국가 형성과 민족문제』, 文學과 知性社, 1986년, 68쪽.

62 주진오, 「독립협회의 경제체제개혁 구상과 그 성격」, 117쪽의 주 196; 주진오, 앞의 박사 논문, 5쪽의 주 10.

을 차지하고 있었다〉는 근거로 (1) 이용익 탄핵 연설 중 최정식의 황제 비판과 그에 따른 체포·처형, (2) 관민공동회에서 윤치호가 공화제의 주장을 엄금한 것은 그 배경에 실체로서 공화제를 주장한 자가 존재했기 때문이라는 이유를 들고 있다.

그러나 (1)에 관해 말하자면 최정식의 발언이란 정교의 『大韓季年史』에 따르면 다음과 같다.

최정식이 말했다. 「내가 이용익을 보았는데(당시 최정식은 개인적으로 가서 이용익을 만났다. 이용익은 마땅히 많은 외물을 주어 보내겠다고 말하면서 회원들의 의논을 반대해 달라고 부탁했고, 최정식은 그 부탁을 들어 주었다), 이용익이 말하기를, 〈지금 듣자하니 독립협회가 저와 재판을 하려 한다 합니다. 그렇지만 제가 거둔 것은 모두 폐하의 명령과 허가증을 받들어 행한 것으로, 조금도 두려워하거나 거리낄 것이 없습니다〉라고 했습니다. 지금 만약 이용익과 재판을 하면, 실로 근거할 것이 없을 것입니다. 만약 확실한 증거가 필요하다면, 대황제……(최정식의 말뜻은 만약 이용익에 대한 확실한 증거를 얻으려면, 마땅히 대황제를 증인으로 삼아야 한다는 것이었다. 실현 불가능한 것을 이야기한 것은, 회원들에게 이용익의 잘못을 따지고 캐어묻지 말도록 하려 한 것이니, 결국 그의 개인적인 욕심인 것이다. 이때 최정식은 다만 〈대황제〉라는 세 글자만을 말했는데, 회원들이 일제히 「규칙!」이라고 크게 소리쳤다).」 회원들은 「규칙!」이라고 크게 소리치며, 곧바로 금지시켰다. 최정식은 끝내 그 이야기를 하지 못하고 물러났다. 그날 밤 길영수는 이 일을 황제에게 들어가 아뢰고, 아울러 정교를 모함했다.[63]

63 『大韓季年史』上, 214쪽.

최정식은 이용익과 회견할 때 이용익이 자신은 칙교(勅敎)에 따라 행동했으므로 조금도 죄에 해당하지 않는다고 말했다고 한다. 그 후에 〈대황제〉를 언급하였는데 〈회원들이 「규칙!」이라고 크게 소리〉쳐서 연설을 금지당했다. 〈회원들이 「규칙!」이라고 크게 소리〉치는 것이란 발언이 연설 규칙을 저촉했기 때문에 회원들이 연설을 중지시킨 것이다.[64] 「제국신문」 1898년 8월 11일 잡보는 이때 최정식이 발언한 본래 취지는 이용익이 칙교에 따라 행동했다고 하는 이상 이용익을 재판에 회부하면 황제를 증인으로 세울 수밖에 없는데, 민이 황제를 증인으로 할 권리는 없으므로 재판은 불가하다고 주장하려던 것이었다고 하였다. 진의가 어찌되었든 간에 〈회원들이 「규칙!」이라고 크게 소리〉침에 따라 최정식이 〈대황제〉를 언급한 시점에서 연설을 중단하였고, 황제를 비판하지는 않았다. 또 최정식의 처형은 불경죄에 의한 것이 아니라, 탈옥과 간수 상해의 죄에 의한 것이라는 사실은 신용하 자신이 다른 곳에서 지적하였다.[65]

(2)에 대해서 개화파의 서양 정치 제도 도입론에 대한 〈수구파〉의 반대사유는 주로 서양 정치 제도는 공화제를 수립하여 왕조를 전복한다는 것이었다. 물론 이 시기에는 공화제에 대한 지식이 보급되어 가고 있었고, 연설 속에서 공화제가 언급될 가능성은 있었다. 그러나 윤치호의 의도는 어떠한 형태로든 공화제를 언급하는 경우 탄압을 초래한다는 두려움이 있으므로 이것을 예방한다는 것이었다. 하지만 실체로서 왕조 전복과 공화제수립의 움직임이 있었다는 사실이 논증되지는 않는다. 〈수구파〉로부터 보자면 탄압의 근거로 이용할 수 있고, 외국으로부터의 동정도 얻을 수 없는 공화제보다도 대신 탄핵 운동 등의 방법이 위협이었다. 그렇기 때문에 더

---

64 〈會列, 凡會員之演說不爲中規, 則必呼規則, 而使之停止〉(『大韓季年史』上, 215쪽).
65 愼鏞廈, 앞의 책, 512쪽의 주 494.

욱 공화제의 무주(誣奏)가 필요했다고도 볼 수 있다. 〈소장·혁신·신진파〉의 동향에서 독립협회 가운데 공화제 수립의 움직임이 있었다고 읽어 내기란 곤란하다.

다음으로 주진오가 말한 〈안경수·정교 계열〉의 개혁 구상을 검토해 보자. 이 장의 〈머리말〉에서 서술하였듯이 주진오는 정치 운동기의 독립협회 운동에 두 가지 노선이 있었음을 논증하였다. 그리고 〈윤치호·남궁억 계열〉은 황제권을 중심으로 한 개혁론, 〈안경수·정교 계열〉은 쿠데타를 선행하도록 한 후에 신권 중심의 개혁론을 구상했다고 서술하였다. 1898년의 정치 운동에서 두 가지 운동 노선이 있었다는 점에는 동의한다. 그러나 〈안경수·정교 계열〉을 〈윤치호·남궁억 계열〉에 대하여 독자성을 가지는 개혁론으로 평가할 수 있을지에 대해서 필자는 의문을 갖고 있다.

처음부터 〈전제 황권〉의 확립을 주장한 윤치호 등도 고종이 자신들이 구상한 개혁을 추진하는 군주로서의 자질을 갖고 있다고 인정하지는 않았다. 그렇기 때문에 군주의 자질로 국정이 좌우되는 〈absolute monarchy〉로서의 〈전제〉에 반대하고, 궁중과 부중의 분리를 말한 「홍범14조」의 준수나 의회 개설이 필요하다고 했다. 한편 〈안경수 계열〉의 고종 폐위 계획은 박영효의 정계 복귀를 위한 것으로, 고종의 폐위 후에는 황태자·의화군·이준용 가운데 누군가를 황제에 앉히려고 했다.[66] 더욱이 1898년 8월 이후 박영효 귀국 운동이 소강기에 접어들자 정교는 8월 17일 고종으로부터 시종원 시종에 임명되었고,[67] 앞 절에서 본 독립협회 주최의 개국 기원절·만수성절·계천 기원절의 각 경축회에 적극적으로 참여하였다. 그 모습을 칭찬하고 있는 것을 보면 적어도 정교는 주진오가 말하는 〈윤치호·남궁억

66 주진오, 앞의 박사 논문, 113~114쪽.
67 『大韓季年史』上, 221쪽.

계열)의 〈황제권 중심의 정치 체제론〉의 기초 위에서 활동하고 있던 것이 된다. 또한 〈안경수 계열〉이 주도한 의회 개설 상소 운동도 〈일군만민〉 논리로 실시되었다. 그렇기는 해도 그 상소에는 황제의 책임을 거론하는 언사가 있었고, 따라서 황제권에 대한 신권의 우위를 지향했다고 볼 수도 있다. 하지만 그것은 쿠데타의 기초 작업을 위해서 만들어졌다고 생각할 수도 있다. 현재 신권 중심의 개혁론에는 정황 증거 이상의 근거는 없다.

독립협회가 실시한 황제 권위의 강화는 기본적으로 갑오개혁을 계승하였다. 그러나 다른 한편으로 황제의 권력 행사 제한, 즉 군주권의 제도화는 곤란했다. 그것에 반대하는 고종에게 대항할 정도의 힘을 개화파 계열 인사는 스스로 조달할 수 없었다. 따라서 그 힘은 자연히 〈외세〉에서 구하지 않을 수 없었다. 그러나 군주권의 제도화에 반대하는 고종 측도 다른 〈외세〉를 끌어들여 대항하게 된다. 갑오개혁의 좌절을 거쳐 윤치호 등 독립협회 지도부는 외국 세력에 기대지 않고 의회나 대신 탄핵 운동 등의 방법으로 군주의 권력 행사를 제한하려고 했다. 한편 독립협회 내의 급진파는 경축 행사나 대중 집회에서 동원 가능하게 된 민중을 쿠데타의 기초 작업에 이용했다. 쿠데타의 실패와 함께 독립협회의 정치 운동=군주권 제도화는 좌초되었고, 독립협회의 계몽 운동=〈국민〉 창출 운동도 여지없이 좌절되었다.

결론을 대신하여

독립협회 운동을 「독립신문」 논설 등에서 황제 전제 정치에 반대하는 민주주의 운동, 제국주의에 대한 민족주의 운동이란 관점으로 평가하려 한다면 거기에는 여러 가지 〈한계성〉이 보인다. 그러나 그러한 시점에서 벗어나서 보게 되면 거기에는 조선의 〈네이션〉 형성에 대하여 유익한 관점을 제공해 주는 요소가 있는 것은 아닌가라고 생각한다. 이 장의 요점을 정리하면서 몇 가지의 논점을 제시하여 맺음말을 대신하고자 한다.

독립협회 운동은 갑오개혁에서 군주의 아래에서 균질한 〈국민〉 형성의 방향이 제시되었고, 아관파천 이후 정부가 그것을 계승하여 조선이 만국공법 체제에서 독립국으로서 걸음을 내딛기 시작한 시기에 개시되었다. 주진오의 지적처럼 독립협회는 대한제국과 상호 보완 관계에 있었다고 할 수 있는데, 그 계몽 활동의 의의는 무엇보다도 조선의 독립국화＝국민 국가화 기도의 과정에서 새로운 정치 문화를 형성하였다는 데 있다. 「독립신문」이 활발하게 캠페인을 벌인 국기 게양과 애국가 제창은 대한제국의 〈국민화〉에 있어서 큰 의미를 갖는 것이었다. 본문에서 살펴본 것처럼 1897년부터는 관청과 학교에 국기를 게양하기 시작하였고, 이해의 대군주 폐하 탄신부터 국경일에 서울의 중심부에 국기를 걸었다. 또 경축회나 대중 집회를 왕궁 앞에서 실시하게 되었는데, 경축일이나 사건을 계기로 왕궁 앞에 민중이 모여서 만세를 한 것은 독립협회가 주최한 경축회가 최초였다. 이것도 독립협회가 창출한 새로운 정치 문화 가운데 하나였다. 독립협회가 해산당한 이후에도 국경일에 경운궁 앞에서 만세 제창은 계속되었고,[68] 1902년에는 공식적인 국가가 제정되었다.

독립협회와 「독립신문」의 민중관은 우민관이었다. 하지만 그것은 계몽적 우민관이라고 해야 한다. 우민이 〈충군애국〉의 마음을 가진 〈국민〉이

68 예를 들어 「皇城新聞」 1900년 8월 20일 잡보 「聖節慶祝」에서는 〈昨日은 卽我大皇帝陛下 萬壽聖節이라 各府部院에 慶祝費를 內賜ᄒᆞ셧ᄂᆞᄃᆡ 外部에셔ᄂᆞᆫ 各國公領事及紳士를 請ᄒᆞ야 火砲로 助宴ᄒᆞ고 漢城內外二十四公私立小學校學徒一千五百餘名이 大安門前에 齊會ᄒᆞ야 萬呼ᄒᆞ고 各部에셔ᄂᆞᆫ 妓樂을 設ᄒᆞ고 慶祝ᄒᆞ얏더라〉고 했다.

되면서 민권이 생겨나고, 군주의 권위가 높아지며, 국가도 부강해진다는 것이었다. 거기에는 민권과 군권, 국권이 각각 모순되지 않고 민이 나라의 주체가 되면서 관으로부터의 압박에서 벗어나게 됨과 동시에, 의회를 개설함으로써 황제의 정치가 〈공평무사〉해지고, 더 나아가 민(民)과 군(君)이 친밀해져 대한제국이 외국으로부터 멸시당하지 않게 된다고 하는 구조를 가지고 있었다. 그러나 민은 아직 나라의 주체가 되어 있지 않다고 보는 인식 아래에서 이들은 의회 구상에서 배제되었고, 독립협회의 의회 개설 운동은 의제(擬制)상으로 이루어졌다. 그 결과 나라의 주체가 되지 않은 민을 〈국민화〉 하도록 하는 장(場)·장치로서, 경축회나 대중 집회 등이 좀 더 활발하게 활용되었던 것이다. 그와 같은 장소에서 황제에 대한 만세를 외쳤는데, 누구든지 참가할 수 있는 만세 제창으로 국가에 대한 〈일군만민〉적 관여를 가능하게 했던 것은 대한제국의 〈국민화〉란 점에서는 계몽 논설에 뒤지지 않는 큰 의의를 가진다. 그리고 이것은 국기나 애국가와 함께 1919년의 3·1 독립 운동으로 이어진 민중의 행동 패턴의 원형이 되었다고 생각한다.

독립협회의 정치 개혁론은 〈일군만민〉적인 것이었다. 〈일군만민〉 사상에 대해서는 하라 다케시(原武史)의 주장에 따르면, 18세기 영조·정조의 〈일군만민〉 사상이 정약용을 거쳐 고종과 동학 농민 운동(아래로부터의 〈일군만민〉 사상)으로 계승되었고, 대한제국기의 고종은 〈아래로부터의 일군만민 사상〉에도 응하면서 〈일군만민〉의 정치를 추구했다.[69] 하라가 말하는 〈일군만민〉 사상의 전통에 대하여 조경달은 정조의 〈일군만민〉 이상이 〈국왕 절대화의 전면적인 시스템의 개편으로는 나아갈 수〉 없었고, 따라서 정조의 〈일군만민〉의 정치가 동학 농민 운동의 〈일군만민〉 사상으로 결부

---

69 原武史, 『直訴と王權 ― 朝鮮·日本の〈一君萬民〉思想史』, 朝日新聞社, 1996년. 그리고 이 책에 대한 필자의 서평(『朝鮮學報』163, 1997년 4월)도 같이 참조했으면 한다.

되지는 않는다고 비판하였다. 그러면서 그는 동학 농민 운동이나 대한제국기의 민중 운동에서 황제(국왕) 환상에 기초한 〈일군만민〉 지향은 19세기 세도 정치와 중개 세력의 강대화, 그리고 개항 이후의 대외적 위기감을 배경으로 하여 형성되었다고 했다.[70]

　동학 농민 운동이나 대한제국기의 민중 운동에서 〈일군만민〉 지향의 형성에 대해서는 조경달의 견해에 따른다. 하지만 그가 〈아래로부터의 일군만민〉 지향을 지렛대로 삼아 고종이 〈일군만민〉 체제를 지향했다고 서술하고 있는 점,[71] 또 〈아래로부터의 일군만민〉 지향이 3·1 운동과 같은 항일 운동으로 이어져 간다고 읽을 수 있을 것처럼 전망하고 있는 점[72]에는 의문이 있다. 대한제국의 〈일군만민〉 체제는 갑오개혁에서 보였던 군주 권위의 강화 등을 전제로 하고 있고, 또 독립협회가 형성해 온 정치 문화를 배경으로 하면서 성립했다고 보는 것이 타당하므로 고종이 〈아래로부터의 일군만민〉 지향을 지렛대로 삼았다고 말하기는 어렵다.

　또한 3·1 운동에서 민중의 행동 패턴은 앞에서 서술하였듯이 독립협회의 경축회 등에 그 원형이 존재하였다. 다만 그것이 그대로 민중을 흡수하여 3·1 운동으로 이어진 것은 아니다. 독립협회의 〈국민〉 창출 운동은 지극히 한정적이므로, 결코 과대평가할 수는 없다. 〈국민〉 창출 운동은 민중에게 〈문명화〉를 강요하였고, 반근대적인 민중의 지향과는 근본적으로 대립하는 것이다. 여기서 이 점은 거의 다루지 않았는데, 이 장의 제1절에서 본 〈문명〉의 대결 국면에 있는 조선의 생활 습관에 대한 증오 등으로부터도 그 일단을 살필 수 있을 것이다. 아마도 민중의 반근대적 지향의 존속을

---

70 趙景達, 앞의 책, 386~388쪽.
71 趙景達, 위의 책, 387쪽.
72 趙景達, 위의 책, 428~431쪽.

허락하지 않으려는 위로부터의 강력한 〈문명화〉의 계기를 거치지 않는다면 〈네이션〉의 본격적인 형성은 있을 수 없다. 그와 같은 계기는 일본의 보호국 지배 시기에 있었다고 생각하는데, 그에 대해서는 다른 원고를 통해 다루고자 한다.

제 6 장

「독립신문」의 〈자주독립〉과 〈동양〉: 근대 조선의 아시아와 탈아

들어가며

청일전쟁으로 인한 전통적 동아시아 국제 질서(중화 세계)의 붕괴는 오랫동안 중국 왕조와 종속 관계를 맺고 있던 조선에 내셔널리즘의 고양을 가져왔다. 특히 국왕 고종이 러시아 공사관으로 이어한(아관파천) 직후인 1896년 4월에 창간되었으며, 독립협회가 활동하던 중에 기관지 역할을 한 「독립신문」은 발흥기 조선 내셔널리즘의 성격을 파악하는 데 중요한 위치를 차지하고 있다고 할 수 있다.[1]

독립협회의 내셔널리즘에 관하여 일찍이 신용하(愼鏞廈)는 〈민중의 힘을 기초로 자강을 실현하려 함으로써 자주독립을 지키려 한〉 것이었다고 평가하였고,[2] 그의 견해는 지금까지도 한국을 비롯하여 여러 연구에서 큰 영

---

1 「독립신문」은 1896년 4월 7일에 창간되었고, 독립협회의 해산(1899년 1월) 후인 1899년 12월 4일까지 간행되었다. 여기서는 LG상남언론재단의 영인본(1996년)을 사용하였고, 출전은 본문 중에 연월일을 병기하였다.

2 愼鏞廈, 『獨立協會硏究』, 一潮閣, 1976년, 247쪽.

향력을 미치고 있다. 하지만 김영작(金榮作)이 〈자주 의식의 야누스적 양면성〉이라고 표현하였듯이 독립협회를 비롯한 개화파 계열의 내셔널리즘은 근대 국가를 향한 강한 지향성을 가지고 있는 반면에, 제국주의 열강에 대한 자주성이 상대적으로 약했던 것도 사실이다.[3] 실제로 독립협회에 관한 개별 연구에서도 제국주의 열강, 특히 이후에 조선을 식민지화하는 일본에 대한 인식이 철저하지 못했음을 지적하고 있다.[4] 또한 「독립신문」에는 일본의 조선 침략론에서 일익을 담당한 다루이 도키치(樽井藤吉)의 『大東合邦論』으로부터 받은 영향도 있었다는 점도 지적되고 있으며, 그것을 「독립신문」의 약점으로 평가해야 할지의 여부는 논의 중이다.[5]

그런데 1880년대 개화사상의 형성과 전개가 전통적 동아시아 국제 질서 아래에서 맺어진 청과의 종속 관계로 규정되고 있음은 이미 하라다 다마키(原田環)가 한 일련의 연구에서 드러났다.[6] 또한 가스야 겐이치(糟谷憲一)는 청일전쟁 이후 조선에서 〈독립〉을 무엇보다도 청으로부터의 독립으로 파악되었던 것이, 그 후 러일 양국의 지배 진전에 대한 조선의 대응에 영향을 미쳤으리라는 점을 시사하고 있다.[7] 이러한 연구 동향과 이면으로 종래의 독립협회에 관한 연구는 청과의 종속 관계 파기가 갖는 충격에 대하여 비

---

3 김영작, 『한말 내셔널리즘 연구』, 청계연구소, 1989년, 373쪽.

4 崔德壽, 「獨立協會의 政體論 및 外交論研究」, 『民族文化研究』13, 1978년 12월(이후 『대한제국과 국제환경』, 선인, 2005년에 수록); 朱鎭五, 「獨立協會의 對外認識의 構造와 展開」, 『學林』8, 1986년 3월.

5 金珉煥, 『開化期民族紙의 社會思想』, 나남출판, 1988년, 64~78쪽; 金信在, 「「獨立新聞」에 나타난 〈三國共榮論〉의 性格」, 『慶州史學』9, 1990년 12월. 다만 「독립신문」의 〈대동합방〉론은 전적으로 1899년 논설에 집중하고 있는데, 위의 두 연구는 「독립신문」 전 시기에 걸친 평가 등에는 관심을 기울이고 있지 않다.

6 原田環, 『朝鮮の開國と近代化』, 溪水社, 1997년.

7 糟谷憲一, 「近代的外交体制の創出」, 荒野泰典·石井正敏·村井章介 編, 『アジアのなかの日本史2 — 外交と戰爭』, 東京大學出版會, 1992년.

교적 관심이 적은 것처럼 보인다.

특히 발흥기 조선 내셔널리즘의 특색을 고려할 경우, 근대 세계(만국 공법 체제)의 기본 단위인 국민 국가라고 하는 충격이 중화 세계의 논리를 부정하려 한 일본에 의해 반입되었고, 더욱이 청일전쟁을 거치면서 조선이 만국 공법 체제에 일원적으로 통합되었다는 의미는 크다고 할 수 있다. 독립협회(다시 말하면 개화파 계열)에는 그 근대적 성격과는 달리 이면에 일본에 대한 인식의 〈한계성〉이 보이는 것도, 이러한 19세기 말 동아시아 정세를 염두에 두어야 좀 더 깊이 이해할 수 있을 것이다. 동아시아의 전통적인 국제 질서 붕괴에 의해 〈자주독립〉을 획득한 조선이 다시 어떻게 하여 동아시아를 인식하려 했고, 거기에서 어떻게 자기를 설정하려 했는지, 이번 장은 이와 관련된 문제에 대하여 「독립신문」 논설을 토대로 고찰을 해보려고 한다.

1. 〈자주독립〉과 〈동양〉의 인식

1.1. 〈자주독립〉의 자기 인식

「독립신문」이 대변하고 있는 입장은 고종의 러시아 공사관 이어를 주도한 「친미 개화파」[8]의 입장이었다. 그들은 갑오개혁 이전에 고종의 대청 견제책의 일환으로 파견된 주미 공사관원이거나, 또는 갑신정변에 참가 내지는 급진개화파에 가까운 입장에 있었기 때문에 미국으로 망명한 경험을 갖

---

8 韓哲昊, 『親美開化派研究』, 國學資料院, 1998년 참조.

고 있었다. 따라서 그들은 청과의 종속 관계에는 부정적이었고, 청일전쟁
과 갑오개혁을 통한 종속 관계의 파기에는 긍정적이었으므로 그 대다수는
갑오개혁 중에 대신(大臣)·협판(協辦) 등의 관직을 역임했다. 「독립신문」이
당초에 표제로 〈독립〉을 내걸었던 것은 바로 갑오개혁이 종속 관계의 파기
를 통해 조선의 〈자주독립〉을 선언했음을 직접적으로 반영한다. 그렇다면
「독립신문」은 청과의 종속 관계에 대해 어떠한 인식을 가지고 있었고, 그
것이 자기 인식과 어떠한 관계를 가지고 있었는가?

　「독립신문」은 〈죠션이 이왕에 청국 쇽국이라고 ᄒ엿스되 말만 그러ᄒ엿
지 청국셔 죠션 ᄂᆞ치에 샹관이 업셧고 죠션 졍부에셔 무론 무슴 일이던지
죠션 일을 림의로 몃빅년을 ᄒ여 왓더니〉라고 하였듯이 조선은 속방이더
라도 〈자주〉이니, 곧 〈속방 자주〉라는 인식에 입각해 있었다. 그리하여 원
래 〈자주〉이어야 할 조선이 청국의 실질적인 속국이 된 것은 원세개(袁世
凱)가 조선에 파견되고 나서라고 하였다. 그러나 그것은 청국이 속방 조선
에 대한 지배를 강화했기 때문이 아니라, 〈조선 사ᄅᆞᆷ들이 ᄌᆞ쳥ᄒᆞᆫ 일이
요〉(1896. 5. 16 논설)라고 했다. 원래 〈죠션 인민이 독립이라 ᄒᆞᄂᆞ거슬 모로
ᄂᆞᆫ 시ᄃᆞᆰ에〉 〈죠션 대군쥬 폐하ᄭᅴ셔 청국 님군의게 ᄒᆡ마다 ᄉᆞ신을 보내셔
칙력을 타오시며 공문에 청국 년호를 쓰고 죠션 인민은 청국에 쇽ᄒᆞᆫ 사ᄅᆞᆷ
들노 알면셔도 몃빅년을 원슈 갑흘 ᄉᆡᆼ각은 아니 ᄒᆞ고 쇽국인 쳬 ᄒᆞ고 잇서
스니 그 약ᄒᆞᆫ ᄆᆞ음을 ᄉᆡᆼ각ᄒᆞ면 엇지 불샹ᄒᆞᆫ 인ᄉᆡᆼ들이 아니리요〉(1896. 6.
20 논설)라고 하였듯이 속방이었다는 것 자체를 조선인의 독립심 결여로 파
악하였다. 그렇기 때문에 원세개 파견을 통한 청국의 속방 지배 강화도 조
선이 자초한 일이 될 수밖에 없었다.

　조선의 〈자주독립〉은 실제적으로 청일전쟁에 의해서 초래되었지만, 그
처럼 타자에 의한 조선의 〈자주독립〉을 「독립신문」은 〈하ᄂᆞ님이 죠션을

불상히 넉이셔셔 일본과 청국이 싸홈이 된 싯듥에 죠션이 독립국이 되야 지금은 죠션 대균쥬 폐하쯰셔 세계 각국 뎨왕들과 동등이 되시고 그런 싯듥에 죠션 인민도 세계 각국 인민들과 동등이 되얏는지라〉(1896. 6. 20 논설) 라고 하여 마치 갑자기 하늘에서 떨어진 것으로 설명하고 있다.

한편 대내적으로 〈자주독립〉을 선언한 갑오개혁에 대해서는 〈일본과 청 국이 싸혼 후에는 죠션이 독립이 되엿다고 말노는 ㅎ엿스되 실상인즉 일 본 쇽국이 됨 ㅈㅎ지라〉(1896. 5. 16 논설)라고 하였듯이 「독립신문」은 갑오 개혁을 실질적으로 일본에 의한 속국화로 보았다. 〈친미 개화파〉들이 주도 한 아관파천은 일본의 과도한 간섭에 대한 위기감(특히 왕후 민씨 살해 사건) 에서 단초가 생긴 것이었다.

그러나 「독립신문」은 청일전쟁·갑오개혁기에 이루어진 일본의 행동을 전부 부정하지는 않았다. 〈일본셔 두희젼에 청국과 싸화 익인후에 죠션이 분명흔 독닙국이 되얏스니 그것 죠션 인민이 일본을 듸ㅎ야 감샤흔 ㅁ음이 잇슬터이나 죠션 인민 즁에 일본을 감샤히 싱각ㅎ는 사름이 지금 업는거 슨 다름이 아니라 죠션에 온 일본 사름즁에 큰 형셰는 싱각지 못ㅎ고 당쟝 조고마흔 리만 취ㅎ야 죠션 사름을 박듸흔 일도 만히 잇고 쏘 팔월변(왕비 살해 사건)에 일본 사름들이 관계가 잇엇스니 그 감샤흔 ㅁ음 싱기기 젼에 의심과 분흔 ㅁ음이 몬져 싱겟는지라〉(1896. 4. 18 논설)라고 하였듯이 청일 전쟁에 의한 〈자주독립〉 자체는 원래대로라면 일본에게 감사해야 한다고 여겼다. 일본의 내정 간섭에 대해서는 〈이거슨 일본 사름만 칙망흘 고시 아니라 죠션 사름들이 ㅈ쳥흔 일이요 죠션 사름은 늠의게 의지ㅎ기를 죠 화ㅎ는 싯듥에 언제든지 샹뎐이 잇서야 견듸지 샹뎐 업시는 견듸기가 미 우 어려온즉 그거슨 다름이 아니라 인민이 어리셕고 나라를 위흘 ㅁ음이 업는 연고〉라는 것이다(1896. 5. 16 논설).

오히려 〈일본이 샹관ᄒ야 비록 문명 기화ᄒ는 시쵸는 게오 죠곰 싯을 뜻스나 대한 인민들이 새로 ᄆᆫᆫ든 쟝뎡 규칙이 대한 인민의게 유죠 ᄒᆫ것인지 아닌지를 몰으고 덥허 놋코 새걸 죠화 아니 ᄒᆫ는 셩미로 도로혀 원망ᄒ는 ᄌᆫ이 만히 잇거늘〉에도 불구하고, 〈억지로 신 법률을 ᄆᆫᆫ드러 쓰게 ᄒᆫ엿스니 그럿케 ᄒᆫ는 일이 시ᄒᆡᆼ도 아니 되거니와 오히려 문명 기화 ᄒᆫ는ᄃᆡ 대단이 ᄒᆡ로은 일〉(1898. 3. 24 「대한ᄉ졍이라」)라고 하였듯이 갑오개혁 자체는 〈문명 개화〉의 계기로 평가한 다음, 개혁의 성급함은 물론이고 조선 인민의 〈새것을 죠아 아니하는 셩미〉 때문에 실패했다고 하였다.

　「독립신문」의 〈자주독립〉에 관한 인식은 다음과 같은 문장으로 집약할 수 있다. 즉, 〈죠션이 ᄌᆔ 독립이 되엿다 ᄒᆫ드리도 죠션 사름이 총 ᄒᆫ방 놋치 안코 ᄌᆔ 독립 ᄒᆫ겟노라고 원ᄒᆫ 일도 업것ᄆᆫ는 남이 억지로 ᄌᆔ 독립이라고 식혀 주어 오늘날 죠션이 말노는 세계 각국과 동등이라 ᄒᆫ나 실상을 보거드면 죠션이 엇지 ᄌᆔ 독립국이리요〉(1897. 7. 27 논셜)라던가, 〈갑오년에 별안 간에 ᄌᆔ 독립을 억지로 타국이 ᄆᆫᆫ드러 죠화 아나 ᄒᆫ는 것을 억지로 셰계에 동등이라고 ᄒᆫ여 주엇스나 이럿케 억지로 엇은 ᄌᆔ 독립을 누가 그리 ᄭᆷ찍히 녁히리요 만일 그 ᄌᆔ 독립을 엇을 ᄯᆡ에 대한 인민이 몃 천명이 죽엇스며 츙신 렬ᄉᆞ의 피가 흘으고 엇엇슬 것 ᄀᆺᄒᆫ면 대한인민들이 그 엇은 ᄌᆔ 독립을 대단히 즁히 녁혀 아모죠록 나라 권리를 보존ᄒᆫ고 졈졈 진보ᄒᆫ야 그 죽은 츙신렬ᄉᆞ의 뜻을 본 밧아 그 사름들이 ᄆᆺ치지 못ᄒᆫ ᄉᆞ업을 셩취ᄒᆯ 경영들을 ᄒᆫ려니와〉, 〈자주독립〉의 〈귀ᄒᆫ줄을 몰은즉 직힐 싱각이 날 묘리도 업스며 다시 남의게 ᄯᅩ 의지ᄒᆯ 궁리들이나〉(1898. 3. 17 논셜) 했다는 것이다. 피를 흘리지 않고 얻은 〈자주독립〉이라는 인식은 조선 인민의 독립심 결여라는 인식을 두드러지게 만들었다.

　갑오개혁은 고종의 아관파천으로 붕괴되었다. 하지만 「독립신문」은 아관파천을 주도한 〈친미 개화파〉의 입장을 반영하면서 고종이 러시아 공사관으로 이어한 가운데 창간되었다. 자국의 군주가 외국 공관에 있는 것에 대해서 「독립신문」은 한편으로 〈스셰가 그러케 된거슨 일본셔 잘 못흔 일이 잇는 식둙이라〉(1896. 11. 5 논설)하고, 〈팔월변〉을 비롯한 일본의 행위에서 그 원인의 하나를 찾으면서도 〈대군쥬 폐하씌셔 몃 십년 동안에 못된 신하 놈들 식둙에 변란을 만히 보시고 지금도 대궐을 써나셔셔 외국 공관에 가셔셔 외국 보호를 밧으시고〉 있기 때문에, 〈외국 사름의게 붓그러울쑨이 아니라 즈긔가 즈긔 몸을 업수히 넉일만 흔 일이라〉고 하면서 〈병뎡과 슌검이 몃 천명이 잇셔야 능히 대군쥬 폐하 흔 분을 렴녀업시 보호를 못흐고 죠뎡에 신하가 만히 잇다고 흐여도 일업슬 째에는 츙신인체 흐다가도 일만 잇스면 도망 흐는 쟈 태반〉인데, 〈다힝이 외국 스신의 도음으로 대군쥬 폐하씌셔 오늘날 식지 일 업시 계시고 나라히 그져 지탕흐거니와〉(1896. 7. 30 논설)라고 하며 자국의 군주를 보호하지 않는 신하를 비난하였다. 1897년에 들어와서 고종의 〈환어(還御)〉를 요구하는 상소가 잇따라 제출될 때에도 〈흐로밧비 환어 흐시는거시 국톄에 맛당흐나〉 상황이 아관파천 당시와 아무것도 바뀌지 않은 이상 〈환어〉해도 보호할 방책이 없기 때문에 〈환어 흐시는거슬 간 흐나난거시 능흔 일노 싱각지 아니 흐노라〉(1897. 2. 13 논설)와 같이 상소에 대해 부정적인 태도를 취하였다. 따라서 니콜라이 2세의 대관식에 전권대사로서 러시아를 방문한 민영환이 푸챠타 대령 등 13명의 러시아인 군사교관과 함께 귀국하였을 때에는[9] 조선의 신하가 스스로 군주를 보호할 수 없는 이상, 러시아인 교관의 〈조련(調練)〉을 통해 〈대군쥬 폐하의 셩체를 넘녀 업시 보호홀만 흐고 국즁에 비도들이 업게는

---

9 러시아의 군사교관 파견에 대해서는 李玟源, 「고종의 환궁에 관한 연구」, 『한국근현대사연구』1, 1994년 10월 참조.

ᄒ여야 홀지라〉며 환영의 뜻을 밝혔다(1896. 10. 24 논설).

청일전쟁과 갑오개혁으로 〈자주독립〉이라고 하는 〈국체(國體)〉를 천명하였는데, 오랫동안 속방의 지위에 놓여 있었기 때문에 조선의 신하나 인민이 어리석어 〈자주독립〉에 상응하는 내실을 갖추고 있지 않다는 것이 아관파천기 「독립신문」의 자기 인식이었다. 이러한 인식 아래에서 이 시기 「독립신문」은 〈자주독립〉을 보전하기 위해 두 가지를 강조했다. 첫째, 선행 연구에서도 자주 논의되고 있는 〈중립 외교론〉이다.[10] 〈죠션이 아라샤와 청국과 일본 ᄉ이에 잇서 그즁에 약ᄒ고 그 즁에 적은 고로 만일 죠션 사ᄅᆷ들이 졍신을 차려 일을 안 ᄒ면 이 여러 크고 강ᄒᆫ 나라 틈에서 나라를 보존ᄒ고 독립이 되야 견딜 슈가 업ᄂᆫ 거슨〉으로 〈외국들과 교졔를 잘 ᄒ야 그 나라들이 죠션을 두려워셔 못 쎅슬거시 아니라 ᄉ랑ᄒ여셔 아니 쎅앗게 방칙을 ᄒᄂᆫ거시 죠션 명치샹에ᄂᆫ 뎨일 긴요ᄒᆫ 죠목이라〉(1896. 8. 22 논설) 하였다. 그러나 〈죠약ᄒᆫ 뎨국들과 교졔가 친밀히 되야 그나라들이 죠션을 침범치 못ᄒ게 졍이 싱게 ᄒᄂᆫ거시 륙군을 만히 기르ᄂᆫ 것보다 나ᄒᆫ 획칙〉만으로는 충분하지 않고, 두 번째로 〈일 ᄒ기를 겸잔코 공평ᄒ고 졍직 ᄒ고 외국에 죠흔 학문을 졍셩 잇게 비화 죠션 인민이 남의 나라 인민과 ᄀᆺ치 부강ᄒ고 학문이 잇게 되거드면 ᄌ연히 외국 교졔ᄂᆫ 잘 되야 가고 국즁이 태평 홀터이요 ᄉ룡 공샹이 셩 홀터이라〉(1896. 12. 19 논설)고 하였듯이 국내의 개혁과 인민의 〈국민화(國民化)〉를 위한 계몽이 필요했다. 특히 후자가 「독립신문」이 펼친 가장 큰 주장이었다.

「독립신문」에 따르면 조선은 현재 〈병〉에 걸린 상태였다. 〈죠션 병을 곳치랴면 인민이 아모조록 외국사ᄅᆷ 모양으로 학문을 비ᄒ고 외국 사ᄅᆷ모

---

10 愼鏞廈, 앞의 책, 158~160쪽; 朱鎭五, 『19세기 후반 開化 改革論의 構造와 展開』, 연세대학교 박사 학위 논문, 1995년, 78쪽.

양으로 싱각을 ㅎ며 외국 모양으로 힝실을 ㅎ야 조션 사름들이 외국 사름들과 갓치 되기를 쥬장〉(1897. 2. 13 논설)해야 한다고 하였다. 특히 〈그 나라에 실례 되는 일을 외국이 힝ㅎ거드면 즈긔 국긔을 위ㅎ야 목숨을 내버릴 사름이 문명 긔화흔 나라에는 전국에 잇는 인민 슈효디로 다 그리 홀지라〉(1897. 6. 8 논설)라고 하였듯이 조선인에게 자기 일신보다도 나라를 소중하게 생각하는 성질이 결여되어 있는 것이 조선 〈병〉의 근본이었다. 「독립신문」에는 조선이 〈타인의 나라〉, 〈외국〉, 〈문명 개화한 나라〉, 즉 조선과 조약을 체결한 구미·일본처럼 되어서 세계에서 업신여겨지지 않도록 해야 한다고 주장하는 논조가 자주 나타났는데, 여기서 유럽과 미국·일본을 기준으로 자국의 인민을 결여된 모습으로 보는 자기 인식이 농후하게 드러났다.

그러한 의미에서 「독립신문」의 자기 인식은 지극히 근대주의적이었다. 다음에서 상세히 살펴보겠지만 「독립신문」은 유학·한문을 청의 학문이라고 하여 배척하였고, 조선의 유교적 〈전통〉에 대하여 지극히 냉담하였다. 그런데 「독립신문」은 〈나라이 독립이 되랴면〉 〈내 라라에 조흔 것이 잇시면 그것은 아모조록 내버리지 말고 별노히 비양〉해야 하는데, 〈조선은 남을 대ㅎ야 즈랑 홀 것이 별양 업스니ᄭ 아모조록 남의 조흔 것을 본 밧아 내것을 ᄆ들고〉라고 하면서도, 〈죠션 국문〉(오늘날의 한글)만은 자국의 좋은 것이라고 하여 〈조흔 죠션 글은 내버리고 청국 글을 긔어히 빅화 그 글을 쓰기를 슝샹 ㅎ니〉라며 그것을 비판하였다(1897. 8. 5 논설). 또한 역사에 대해서도 〈멋 빅년을 한 나라 당 나라 명 나라 ᄉ긔ᄆ 보고 의긔와 용밍과 혈긔는 다 눌녀 업셰 바리고 다ᄆ 붓ᄯ 가지고 큰 쇼릭 ᄒᄂ 학문에 져져〉 있기 때문에 〈무론 무ᄉ 일을 당ㅎ던지 싱각ㅎ기를 첫ᄌᄂ 대한 ᄉ긔를 가지고 싱각지 아니 ㅎ고〉라고 하면서(1898. 3. 8 논설), 자국사 교육의 필요성을 호소하였다. 다만 이러한 것들은 종래 중국의 학문에 의지해 온 조선인의 〈성질〉에 대한 비판이었지, 일본이나 서양에 대한 자국 문화의 독자성 주장은 아니었다. 「독립신문」의 〈전통〉에 대한 관심은 어디까지나 중국에 대한 조선의 정체성 창출에 있었으며, 게다가 그것은 맹아적 단계에 그쳤다.[11]

1.2. 〈천한 청〉 인식과 자기 인식

중국에 대한 조선의 아이덴티티를 창출한 것과 표리의 관계로 「독립신문」의 청에 대한 인식은 증오에 가까운 것이었다. 백영서(白永瑞)는 「독립신문」의 청 인식을 〈천한 청〉 인식으로 명명하였고, 그것은 근세 조선부터 있었던 청에 대한 부정적 인식과 구별되는 〈진화론적 문명관〉에 의해 새롭게 만들어졌음을 지적하였다.[12] 백영서의 지적과 약간 중복되기는 하지만, 그의 견해에 생각을 달리하는 부분이 있으므로, 여기서는 「독립신문」의 〈천한 청〉 인식을 검증해 보려 한다.

---

11 물론 순 〈국문〉으로 간행된 「독립신문」은 보편주의적인 중화 세계에 대한 언어(문자) 내셔널리즘의 성립으로 평가할 수 있다. 독립협회의 언어(문자) 내셔널리즘에 대해서는 Vipan Chandra, *Imperialism, Resistance, and Reform in Late Nineteenth-Century Korea: Enlightenment and the Independence Club*, The Institute of East Asian Studies, University of California, 1988, pp. 134~136 및 朱鎭五, 앞의 박사 논문, 218~221쪽 참조. 그런데 논설 대신에 게재되었던 배재학당 학생 주상호(周商鎬[時經])의 「국문론」에는 〈우리 싱각에는 죠션 글즈가 셰계에 뎨일 조코 학문이 잇는 글즈로 녁히노라〉(1897년 4월 22일)라고 하여 문자 국수주의라고 할 만한 것이 보이는데, 주시경의 견해도 표의 문자인 한자보다도 표음 문자(알파벳, 〈국문〉)가 우수하다고 하는 문맥에서 나왔다. 하지만 설령 언어(문자) 내셔널리즘이거나 문자 국수주의라고 하더라도 〈나랏말싸미 듕귁에달아 문짜와로 서로 사맛디 아니할세〉(『訓民正音』)나 〈바람소리, 학의 울음소리, 닭 우는 소리, 개 짖는 소리일지라도 모두 이 글자를 가지고 적을 수가 있다〉(鄭麟趾·後序)고 하였듯이 훈민정음 창제 당시부터 이미 배태되어 있었다고 볼 수 있다.

12 백영서, 『동아시아의 귀환』, 창작과 비평사, 2000년, 174쪽.

「독립신문」은 〈죠션이 독립 되기는 죠션 사름들이 강ᄒ고 영악ᄒ고 학문이 잇고 츙심이 잇서 된거시 아니지마는 엇지 ᄒ야 되얏던지 지체가 놉하져 셰계에 뎨일 쳔ᄒ 쳥국에 쇽국으로 지금은 셰계 각국과 동등이 되야〉(1896. 9. 12 논설)라고 하여 〈문명 개화〉한 〈세계 각국〉의 대척점에 〈제일 천한 청〉을 두었다. 그리하여 〈청국 사름은 세계에 우슴 거리요 아모 나라에 가도 청인이라면 쳔딕가 무슈ᄒ니 죠션 사름들이 이 본보기를 겻히 다 놋코 보면셔도 씀을 아니씨고 셰계에 뎨일 쳔딕 밧고 셰계에 뎨일 약ᄒ 쳥국을 본밧드랴 ᄒ니이런 죠션 사름들은 관민 간에 다 원슈요 나라를 망ᄒ랴는 사름들이라 이런 사름들은 화륜션에 모도 실어 쳥국에다 갓다 ᄇ릴 것 ᄀᄒ면 친구들을 만히 만날터이요 죠션에는 큰경ᄉ라〉(1896. 8. 4 논설)고 하였다. 여기서 읽어 낼 수 있는 〈천한 청〉 인식은 〈자주독립〉 했음에도 불구하고 조선은 여전히 청을 종주국으로 여기고, 독립심이 결여되어 있다고 하는, 앞에서 본 「독립신문」의 자기 인식이 투영되어 있다.

「독립신문」이 〈청국에 ᄉ셔 삼경을 잘 아는 사름이 죠션보다 만히 잇고 토디와 인민이 죠션보다 커 그러ᄒ되 구라파 속에 쳥국 십분지 일밧긔 못 되는 나라이라도 셰계에 딕졉밧기를 쳥국보다 십비나 더 밧고 정부와 빅셩이 빅비나 강ᄒ고 부요ᄒ니 그거슨 다름이 아니라 구라파 각국에셔는 적든지 크든지 인민들이 남녀 업시 적어도 십여년을 학교에서 각식 새 학문을 빅혼 연고요 쳥국은 그져 오랜 ᄉ셔 삼경을 공부ᄒ는 ᄉ닭이라〉(1896. 4. 25 논설)는 서술도 갑오개혁을 통한 교육 제도의 개혁에도 불구하고, 아직 서양식 학문이 부진하고, 조선이 〈유럽 각국〉처럼 〈강한 부요(富饒)〉가 되지 못한 현실을 청에 대한 부정적 인식에 가탁하여 표현한 것이었다. 이 시기 「독립신문」에 있는 청의 현재 상황에 관한 논설은 모두 다 부정적이었는데, 그러한 논설의 〈청국〉을 〈조선〉, 〈대한〉으로 바꾸더라도 그대로 조선·한국의 현상을 비판하는 논설로 읽을 수 있다.

「독립신문」은 또 배재학당의 종업식을 논평한 「잡보」에서 영어 〈시험〉(당시의 신식 학교에서는 종업식에 〈시험〉이라고 하여 내빈 앞에서 생도에게 암송을 시켰다)의 모양에 대하여 〈미우 칭찬들 ᄒ더라〉고 평하였다. 반면에 한문 〈시험〉에 대해서는 〈[생도가] 쟈미 업는 글을 뜻도 모로고 쇼경의 경문 닑듯기 그 여러 사름 압헤셔 셰번을 강ᄒ게 ᄒ니 이 아희들 모양도 흉ᄒ올쑨ᄆ 아니라 학교 디톄도 이 ᄉᆞ듥에 그리 놉히 보히지 안터라〉(1897. 7. 10 잡보)라고 평하였다. 앞 인용문의 〈사서삼경〉 비판에서도 보이듯이 중국에 관련된 모든 학문·풍속 등을 전면 부정하였고, 〈청인의게 비홀거슨 ᄒ나가 업는거시 청국 긔화된 모양이 죠션만도 못ᄒ올지라〉(1896. 5. 21 논설)라고 하였다. 이와 같이 청을 조선보다도 열등한 위치에 두는 인식은 〈죠션 사름들도 아즉 범졀이 정결치 못ᄒ거니와 죠션에 와 잇는 청국 사름들의 범졀은 더 더러온 것이 긔와 도야지에셔 더 심ᄒ온지라〉(1897. 8. 17 잡보)라고 하였듯이 노골적인 멸시관도 생산하였다.

「독립신문」(내지 독립협회)에서 영토 분할까지는 긍정하지 않았지만, 열강에 대한 이권 양여를 조선의 개발로 여기는 경향이 있었음은 일찍이 주진오가 지적하였다.[13] 이러한 인식은 중국에도 적용되어 〈천한 청〉 인식과 맞물리면서 초기의 「독립신문」은 이른바 분할의 위기에 빠지려 하는 청에 대하여 공감하지 않았다. 「독립신문」은 러청밀약에 즈음하여 〈아라샤가 이권셰를 청국에셔 엇어 가지고 이쪽 청국을 모도 긔척ᄒ야 쇼산이 만히 나게 ᄒ며 쟝ᄉ를 흥왕케 ᄒᄀ거드면 아라샤 사름의게만 유죠ᄒᆞ거시 아니라 청국과 각국 사름의게 다 유죠ᄒᆞᆯ터이니 우리 ᄉᆡᆼ각에는 청국 ᄀᆞᆺ치 못 ᄉᆡᆼ긴

<hr>

13 朱鎭五, 앞의 「獨立協會의 對外認識의 構造와 展開」, 84~87쪽.

정부는 다만 만쥬와 산동성에만 권리를 일홀뿐이 아니라 청국 전국을 누가 모도 난호아 그빅셩들을 기화를 식히고 토디를 기쳑ᄒ야 셰계인민이 그 리와 효험을 보게 ᄒᄂᆞᆫ거슬 우리ᄂᆞᆫ ᄇᆞ라노라〉(1896. 11. 12 논설)라고 하였듯이 열강의 청 분할이 청의 개발이나 개화에 공헌한다고 하였다.

이상과 같은 〈천한 청〉 인식을 뒷받침하는 것으로서 황제의 자질에 대한 평가가 있다. 청의 황제(광서제)는 〈나히 어리고 학문이 업ᄂᆞᆫ 신둙에〉〈완고당〉에게 속아 〈ᄌᆞ긔의 츙셩 잇ᄂᆞᆫ 신하를 역젹으로 싱각ᄒ고 ᄌᆞ긔 나라를 위ᄒ야 큰 ᄉᆞ업을 ᄒ고져 ᄒᄂᆞᆫ 사ᄅᆞᆷ이 잇시면 이 간신들의게 쇽혀 벌을 주니〉까 〈청국 안에 삼억 만명 인구가 잇시되 삼억 만명이 다 각심이오 쪽 샤쟝에 잇ᄂᆞᆫ 모릭와 ᄀᆞᆺ하 서로 합ᄒ고 서로 도와주ᄂᆞᆫ거슨 도모지 업ᄂᆞᆫ지라〉(1897. 2. 4 논설)라고 하였다. 황제 자신의 자질이 결여되었고, 그 결과 〈완고당〉과 같은 〈간신〉이 황제와 백성의 사이에 존재하기 때문에, 3억의 백성이 모래처럼 뿔뿔이 흩어졌다는 것이다. 독립협회의 개혁론이 〈일군만민〉적임은 다른 곳에서 서술하였는데,[14] 바로 자국의 개혁론과의 관련에서 청의 부패 원인에 대하여 논급한 것이다.

그런데 이 논설의 마지막에 〈청국 안에 뎨일 완고흔 사ᄅᆞᆷ들은 청국 사ᄅᆞᆷ들이 아니라 만쥬 사ᄅᆞᆷ들인디 정부에 뎨일 권리 잇기ᄂᆞᆫ 종시 만쥬 사ᄅᆞᆷ들인 고로 아모 일도 진보 ᄒᄂᆞᆫ디 당히셔ᄂᆞᆫ 되지 못 흔다〉라고 하였듯이 〈천한 청〉 인식의 배경에는 소중화 의식에 기초한 〈만주인〉 멸시가 있었다고 생각한다. 그러한 의미에서 「독립신문」으로 대표되는 근대 조선의 대청 자존 의식은 근대를 계기로 단절되지 않았으며, 오히려 근세와 연속성을 갖는다는 측면을 염두에 두고 생각할 필요가 있다.

14 본서 제2부 제5장 참조.

1.3. 일본 인식과 〈동양〉

앞서 보았듯이 「독립신문」은 갑오개혁에서 일본의 내정 간섭을 비판하면서도, 청일전쟁에 의한 조선의 〈자주독립〉이나 갑오개혁의 근대성 자체에 대해서는 긍정적 태도를 취하였다. 이미 지적되었듯이 근대 조선의 일본관은 애증 쌍방의 심리를 포함하고 있었는데,[15] 아관파천기 「독립신문」의 일본에 대한 태도는 조속히 근대화한 일본에 대한 기대 아래에서, 거기에 부응하지 않는 일본을 비판적으로 보는 것이었다. 예를 들어 〈일본이 죠션 졍부에 권 잇슬째에 춤 죠션 졍부와 인민을 위홀 싱각만 잇서슬 것 ㄱ호면 조고마흔 권리ᄂ 싱각지 말고 죠션 딕졉 ᄒ기를 니웃 형뎨국으로 ᄒ며 죠션 인민을 친구로 딕졉ᄒ야 ᄎᄎ 리치로 죠션 인민을 도와 ᄌ쥬 독닙홀 ᄆ음을 길너 주고 님군을 ᄉ랑ᄒ고 빅셩을 구완ᄒᄂ 법률과 리치를 ᄎᄎ 일씨여 주고 새 법이 잘 힝ᄒ게 ᄆ든 후에 녯법을 업시거드면 죠션 인민이 일본을 춤 곰아온 친구로 싱각 ᄒ엿슬 터이니라〉(1896. 4. 18 논설)라고 하였다. 이렇듯 조선은 일본을 〈형제〉, 〈친구〉로 기대하고 있었다. 더욱이 이 논설은 〈죠션에 와셔 사ᄂ 일본 인민들이 일본 졍부에셔 죠션 일을 인연ᄒ야 일본이 엇더케 ᄒ겟다고 외국에 딕ᄒ야 흔말을 싱각ᄒ여 일을 ᄒ거드면 죠션이 춤 ᄌ쥬 독닙국이 될터이요 양국간 교졔가 더 친밀이 되야〉〈아셰아 형세도 강ᄒ여질터이니〉라고 하였듯이 일본과의 제휴를 통한 조선의 자주독립이 〈아셰아〉의 안정으로 이어진다고 했다.

다만 아관파천 시기 「독립신문」에서는 일본에 비판적인 논조가 그대로 보인다. 1897년 일본의 예산안에서 군사비가 큰 비중을 차치한 것에 대해

---

15 張寅性,「近代朝鮮の日本觀の構造と性格」, 宮嶋博史·金容德 編,『日韓共同硏究叢書2 — 近代交流史と相互認識』Ⅰ, 慶應義塾大學校出版會, 2001년 참조.

「독립신문」은 〈일본이 동양 각국과는 지금 잇는 히륙군만 가져도 넉넉히 이길〉 수 있기 때문에 〈이러케 군스를 더 기르는거슨 필경 구라파 쇽 혼 나라와 싸홈ᄒ야 보자는 것 ᄀ흐니〉(1897. 1. 14)라고 하였다. 여기서 말하는 〈구라파에 속한 나라〉란 러시아로 보아도 좋다. 다만 여기서의 일본 비판은 제한적이다. 이 논설에는 〈오ᄂ날 일본이 동양에 뎨일가게 부강ᄒ고 문명혼 나라히 되야고 구미 각국들이 약죠를 기졍ᄒ야 반 야만국 슈치를 벗고 오ᄂ날은 세계 각국과 동등이 되야〉음을 칭찬하고, 〈이번에 일본이 쳥국과 약죠ᄒᆯ째에 약죠ᄒ기를 태셔 각국이 쳥국과 약죠혼것과 ᄀ치 약죠ᄒ야 쳥국은 반 야만국이 되고 일본은 문명 기화혼 나라이 되야스니〉 이것을 〈영광〉이라 했다. 일본이 그러한 〈영광〉을 손에 넣은 것은 메이지 유신 이후 〈외국〉(구미의 여러 나라)을 보고 배워 내치의 개선에 힘써 왔기 때문인데, 일본은 이후에도 〈학문과 샹무를 힘써 세계 병권을 엇을 싱각을 말고 샹권을 엇을 싱각을 홀것 ᄀ흐면 일본 인민의게 크게 유죠ᄒ고 동양 뎨국에도 효험이 잇슬터이라〉라고 하였다. 「독립신문」의 논조에 일본 등과의 통상 확대가 조선의 이익 증대가 된다고 하는 견해가 있었다는 점은 이미 지적하였는데,[16] 〈동양〉에서 일본의 상권 확대를 긍정적으로 파악한 다음, 러시아와의 극단적인 대립은 바람직하지 않다는 것이 아관파천 시기 「독립신문」의 일본 인식이었다.

한편 아관파천기 일본과 비교하여 러시아는 어떻게 인식되고 있었는가 하면 대체적으로 호의적이었다.[17] 하지만 그것도 제한적이었다고 볼 수 있다. 「독립신문」은 아관파천에 대해 조선의 대신들은 러시아 공사를 미워해

16 朱鎭五, 「獨立協會의 對外認識의 構造와 展開」, 82~83쪽 및 91쪽.
17 위의 논문, 90쪽. 그렇다고는 해도 주진오도 독립협회는 러시아에 비하여 일본을 적대시하지 않았고, 일본 정부의 대한 정책이 조선의 주권을 위협한 것은 아니었다고 생각하고 있었다는 점을 지적하였다.

야 한다고 한 일본의 「오사카 마이니치 신문(大坂毎日新聞)」의 기사에 대해 〈죠션 인민이 되야 외국 사름이 대군쥬 폐하를 도와 드려슬 것 ᄀ흐면 그 사름을 ᄉ랑ᄒ᷈ᄂ거슨 올커니와 뮈우 홀 리치ᄂ 업슬 듯 ᄒ지라〉라고 비판하고, 고종이 러시아 공사관으로 피난한 것은 〈일본셔 잘 못ᄒ 일이 잇ᄂ 신둙이라〉(1896. 11. 5 논설)라고 반박하였다. 앞서 보았듯이 「독립신문」은 왕후 살해 사건 등 갑오개혁 중 일본의 과도한 간섭을 비판하였으며, 아관 파천이라는 사건은 일본의 〈과오〉가 있었고, 러시아 공사와 러시아 정부에게는 〈고마운 마음〉이 있다고 하였다. 다만 고종의 러시아 공사관 이어는 어디까지나 고종의 〈거룩한 뜻〉에 의한 것으로 러시아 공사가 앞장서서 이어시킨 것은 아니라고 서술하였다. 한편으로 일본은 조선에 대하여 〈이왕에 잘 못ᄒ거슬 고쳐 냥국간 교졔가 더 친밀히 되도록 ᄒ᷈ᄂ거시 샹칙〉이라고 하였다.

이 논설만 본다면 아관파천기 「독립신문」은 상대적으로 러시아에게 호의적이고, 일본에 대해서는 비판적이었다고 할 수 있다. 하지만 일본과의 친밀한 교제는 조선에 득이 되는 것이었다. 애초부터 일본과 비교하여 러시아를 호의적으로 평가하는 논설은 이미 최덕수가 지적하였듯이 「독립신문」에서는 위의 논설이 유일한 예이다.[18] 그 외에 러시아를 언급하여 그것을 호의적으로 평한 논설은 앞서 인용하였던 민영환이 13명의 러시아인 군사교관과 함께 귀국한 것을 보도한 기사밖에 없다. 이 논설에서는 〈힘을 빅비나 더 써셔 죠션을 아라샤와 ᄀ치 되도록 ᄆ들기를 ᄇ라노라〉고 하였는데, 이것은 조선이 최초로 유럽 국가에 전권대사를 파견한 것을 〈죠션이 ᄌ쥬 독립ᄒ 나라로 세계 각국에 광고를 ᄒ엿스니〉라고 칭찬하는 논설 속

18 崔德壽, 앞의 책, 80쪽.

에 있는 것으로 축소하여 평가할 필요가 있다. 오히려 러시아가 조선에 대하여 소극적인 정책을 취하고 있던 아관파천기에는 국왕이 러시아 공사관에 체류하면서도, 러시아에 대하여 「독립신문」은 그리 관심을 보이지 않았다고 말할 수 있다. 그러한 가운데 「독립신문」은 〈동양〉의 〈문명 개화한 나라〉인 일본과의 관계를 조선의 문명화＝국민 국가화의 주요한 요인으로 인식하고 있었다고 할 수 있다.

2. 서세동점(西勢東漸)과 〈동양〉 연대

2.1. 〈러시아 변수〉와 〈동양〉 인식

이미 주진오가 지적한 대로 「독립신문」의 대외 인식 배경인 조선을 둘러싼 국제 환경 가운데 〈가장 중요한 변수〉는 러시아의 동아시아 정책 변화였다.[19] 고종이 환어한 지 얼마 되지 않아 러시아는 일본과 영국으로부터 공격을 받았고, 또한 조선 정부는 러시아의 소극적인 자세에 불만을 표출하였다. 그러한 곤경에 대해 러시아는 조선에 대한 소극적 자세를 바꾸어 1897년 9월 〈호전적〉 인물로 알려진 슈페이에르를 주한 러시아 공사로 임명하고, 러시아인 재정고문의 고용, 절영도의 조차 등을 추진하였다.[20]

「독립신문」은 〈죠션 일 시닭에 일 아 냥국이 죠하 못ᄒ게 된거슨 다른 사ᄅᆷ이 ᄆᆞᆫ든거시 아니라 죠션 사ᄅᆷ들이 그러케 ᄆᆞᆫ든것신즉 만일 죠션 사ᄅᆷ

---

19 朱鎭五, 앞의 논문「獨立協會의 對外認識의 構造와 展開」, 92쪽.
20 李玟源,「高宗의 還宮 이후 러시아의 對韓干涉 적극화 배경에 대하여」,『淸溪史學』13, 1997년 2월 참조.

들이 일 아 냥국에 싸홈을 붓쳐 놋커드면 어느 나라이 익이던지 즁간에셔 망ᄒᄂᆞ는 나라는 죠션 ᄲᅮᆫ이라〉(1897. 5. 25 논설)고 하면서 조선 정부가 러시아에 편향되어서 중립 외교가 무너지고 있음을 비판하였다. 즉, 〈요젼 정부 사름들이 일본 보호를 밋고 외국과 교제를 ᄒᆞᆯ 째에 편벽됨이 만히 잇서 국즁에 일본 사름의 권리가 넘어 셩ᄒᆞᆫ즉〉〈아라샤에서 계뎨를 얻어 ᄀᆞ지고 판을 뒤집허 일본 권리가 업셔지고 일본을 편벽되히 ᄉᆞ귀던 정부가 문어졋스며 ᄯᅩ 근일에 죠션 정부에서 아라샤ᄆᆞᆫ 편벽되히 ᄉᆞ귀랴고 ᄒᆞᄂᆞᆫ 사름들이 잇다니 그 사름들은 ᄯᅩ 일본 사름들을 편벽되히 ᄉᆞ귀던 사름들과 죠금치도 낫지 아니ᄒᆞᆫ〉이라고 하였듯이 갑오개혁 중 일본과 동일한 위치에 러시아가 있었다.

러시아가 주한공사로 슈페이에르를 앉히고 조선에 대하여 적극적 정책을 내놓음과 거의 동시에 「독립신문」의 러시아 인식과 그에 부수하는 〈동양〉 인식에 변화가 나타났다. 「독립신문」은 러시아와 프랑스가 동맹을 체결하고, 더욱이 독일이 여기에 가담할 것 같다는 유럽의 정세 변화를 논하면서 〈암아 이 셰 나라이 얼ᄆᆞᆷ큼 합력ᄒᆞ여 영길리를 반대ᄒᆞᄌᆞᄂᆞᆫ ᄯᅳᆺ이 잇ᄂᆞᆫ 것이라〉며 〈그러고 본즉 동양 안에 얼ᄆᆞ 아니 되야 권리 싸홈이 싱겨 지금 영길리가 가진 샹권을 ᄲᅦᆺ스랴고 ᄒᆞᆯ ᄂᆞᆯ이 잇슬지라〉(1897. 9. 9 논설)고 하였다. 계속하여 이 논설은 〈지금 모양으로는 영국과 일본이 얼ᄆᆞᆷ큼은 셔로 동양안에셔 응ᄒᆞ야 이 셰 나라의 형셰를 막으랴는 모양 ᄀᆞᆺ더라〉고 했다.

이 논설에서는 다른 한편으로 〈청국과 죠션은 당쵸에 셰계 형편을 모로고 잇스즉 이 셰 나라가 동양 권리를 ᄎᆞ지ᄒᆞᄂᆞᆫ 것이 청국과 죠션에 무슴 리히가 잇ᄂᆞᆫ지도 모로고〉, 그러므로 〈대톄 지금 모양과 ᄀᆞᆺ치 어듭고 싱각이 업슬 디경이면 이 두 나라 ᄌᆞ쥬 독립이 불구에 위틱ᄒᆞ게 될터이요〉라며 〈동양〉의 위기에 대하여 조선과 청이 자각하지 못하는 것을 비판하였다.

여기에는 먼저 살펴본 〈천한 청〉 인식과 거기에 가탁한 자기 인식을 반영하고 있다고 할 수 있다. 그러한 시점에서 〈조선에 유지각 한 이들은 이 형편을 싱각들 말고 내 나라 일을 진보 한게 한여 국즁이 태평 한고 법률과 긔강과 규칙이 셔게 한거드면 셜령 이런 큰 싸홈이 나더리도 나라이 아죠 남의 쇽디 는 아니 될터이요〉라고 하여 위기에 대처하기 위한 국내 개혁을 촉구하였다.

이처럼 1897년 9월을 기점으로 「독립신문」은 러시아의 동아시아 진출을 〈동양〉의 위기로 인식하고, 거기에 대항하는 영국과 일본의 역할에 기대를 하였다. 이와 동시에 위기에 대한 청과 조선의 무지를 비판하고 국내 개혁을 촉구하였다. 이 단계에서 「독립신문」이 말하는 〈독립〉은 청으로부터의 〈독립〉이라는 의미에서 러시아의 위협에 대한 〈독립〉이라는 의미로 바뀌어 갔다. 「독립신문」은 그 후에도 일본은 〈대한에 아라샤 권리가 졈졈 셩 한야 만일 대한이 아라샤 보호국이 되거드면 그 다음은 쳥국과 일본 형셰가 위퇴 한게 될가 보아셔 걱졍을 한며〉 〈대한 일이 넘어 위퇴 한게 되거드면 아라샤와 시비가 될가 걱졍 한고〉 있음에도 불구하고 〈대한 인민의 걱졍은 밥이 업 는 걱졍이나 옷이 업 는 걱졍이나 남의게 빗지고 갑지 못 한여 걱졍이나 벼슬 한지 못 한여 걱졍이지 기외에 는 나라 일노 인연 한야 걱졍이라고 는 도모지 한나도 업 는 빅셩들이니 이런 빅셩들은 셰계에 쳥국과 대한 밧긔 는 업 는지라〉(1897. 10. 28 논설)라고 하였다. 1898년 들어 독립협회는 반러시아 운동을 전개하고, 나아가 내정 개혁 운동에 나서게 되는데, 그 배경에는 이상에서 살펴보았듯이 러시아의 〈동양〉 진출에 대한 위기감이 존재하였다.

만민공동회의 개최 등을 통해 이루어진 반러시아 운동으로 3월 중순에 한국 정부는 러시아에게 재정고문·군사교관의 철수를 통고하였고, 러시아

측도 그에 응함과 동시에 절영도 조차 요구 등을 철회하였다. 독립협회의 반러시아 운동이 효력을 발휘한 것이다. 그런데 독립협회의 반러시아 운동이 성공리에 끝난 한편으로, 「독립신문」의 러시아 인식과 〈동양〉 인식에 새로운 측면이 나타났다. 3월 26일 논설은 세계 각국이 한국 정부와 인민에 주목하고 있는 것은 〈대한이 쳐다가 동양에 미우 긴즁흔 ᄌ리에 안진고로 대한이 릉히 ᄌ쥬 독립을 ᄒ야 외교 닉치가 문명 진보ᄒᄂ딕 갓가와 갈 것 ᄀᆺᄒ면 다믄 대한 일국믄 위ᄒ셔 다힝홀쑨이 아니라 동양 젼도와 셰계 일판에 대단히 다힝흔 일〉이기 때문이라 하고, 〈이런 요긴ᄒ고 이런 긴즁흔 ᄌ리에 잇셔셔 이 ᄡᅢ를 타셔 그 권리를 올케 쓰지 못 홀 것 ᄀᆺᄒ면 대한 일국에믄 원통흔 일이 아니라 동양 각국에 몹쓸 일을 ᄭᅵ침이요 일대 황인종의게 만고에 업ᄂ 학졍을 씨움이라〉고 하였다.

위의 인용문에서는 〈황인종〉이라는 단어가 보인다. 「독립신문」의 논조 내지 독립협회 지도자의 사상에 영향을 준 인종주의의 문제에 대해서는 일찍부터 지적되었던 바인데,[21] 여기에서 〈동양〉을 황색 인종과 관련하여 논하고 있다. 한편 러시아 인식에 대해서는 3월 31일 논설을 대신하여 게재한 독립협회 회원 윤기진(尹起晉)의 편지에서 〈지금 영국이나 일본은 우리를 ᄉ랑ᄒ야 보호ᄒ랴ᄂ 인졍은 업스나 토디와 인민을 욕심내여 슴키려 ᄒ지ᄂ 안커니와 아라샤ᄂ 시비를 불계ᄒ고 뎌의 위력믄 밋어 우리를 압뎨ᄒ고 인졍업시 막우 ᄲᅦᆺ스려 ᄒ니 셰계 인종 즁에 비유ᄒ면 곳 시랑이라〉고 한 다음, 러시아가 터키에서 영국과 프랑스에 패한 후 〈다시ᄂ 흑해 근방을 여어 보지 못ᄒ고 지금 ᄯᅩ 동양을 슴키고져 ᄒ야 해삼위에 포딕를 두고 셔비리아에 철도를 노하 릭 후년이면 필역이 될지라〉고 하여 러시아의

21 전복희, 『사회진화론과 국가사상』, 한울아카데미, 1996년; 이나미, 「19세기말 한국자유주의의 친제국주의적 성격」, 『亞細亞硏究』105, 고려대학교 아세아문제연구소, 2001년 6월.

〈동양〉 진출을 경계하였다. 그리고 〈일본이 해륙군을 확장ᄒᆞ야 밤낫으로 경륜ᄒᆞᄂᆞᆫ 것이 동양 모든 나라이 힘을 합ᄒᆞ야 이 사나온 아라샤 적국을 막으려 ᄒᆞᆫ것마ᄂᆞᆫ 청국은 ᄭᅮᆷ을 ᄭᅮ고 대한은 슐이 ᄎᆔᄒᆞ야〉라고 하며, 〈시랑〉인 러시아의 진출에 대하여 〈동양〉 맹주로서 일본의 역할을 기대하였다.

이처럼 「독립신문」은 반러시아 운동을 전개한 후, 인종주의에 기초하고 일본을 맹주로 하는 〈동양〉 연대론을 제창하였다. 그러나 이러한 〈동양〉 연대론에는 주의가 필요하다. 예를 들어 〈아셰아에 잇ᄂᆞᆫ 각국들도 셔로 ᄒᆞᆫ 대륙에서 사ᄂᆞᆫ 직무와 정의들을 ᄉᆡᆼ각ᄒᆞ야 셔로 도아주고 셔로 붓도두어야 ᄒᆞᆯ터이요 ᄯᅩ 그 ᄲᅮᆫ이 아니라 별노히 대한과 일본과 청국은 다ᄆᆞᆫ ᄀᆞᆺ치 ᄒᆞᆫ 아셰아 쇽에서 살ᄲᅮᆫ이 아니라 죵ᄌᆞ가 ᄀᆞᆺᄒᆞᆫ 죵ᄌᆞ인 고로 신톄 모발이 셔로 ᄀᆞᆺ고 글을 셔로 통용ᄒᆞ며 풍쇽에도 ᄀᆞᆺᄒᆞᆫ 것이 만히 잇ᄂᆞᆫ지라〉(1898. 4. 7 논설)라고 하여 「독립신문」은 한국, 일본, 청이 〈동문동종(同文同種)〉이라고 하였지만 여기에는 허구가 존재하기 때문이다. 앞에서 보았듯이 「독립신문」에서 중국과 관련된 모든 학문·풍속 등을 전면 부정하였는데, 조선과 청이 〈동문〉이라는 것은 모순이다. 말하자면 근대주의적인 「독립신문」에서는 〈동양〉의 연대와 〈동문동종〉은 양립하지 않는다. 그 결과 같은 논설에서는 한국이 〈밤낫 비호고 진보ᄒᆞ야 첫ᄌᆡ 군신 샹하가 니간붓칠슈 업시 샹합ᄒᆞ야 나라의 긔쵸를 든든히 ᄒᆞ고 대한 ᄉᆞ졍이 릉히 ᄌᆞ쥬ᄒᆞᆯᄆᆞᆫ ᄒᆞ면 그 ᄯᅢᄂᆞᆫ 일본과 합력ᄒᆞ야 청국을 억지로라도 ᄀᆡ명식혀 동양 형편을 보존ᄒᆞ여야 이 셰 나라이 ᄌᆞ쥬 독립권들을 지팅〉할 수 있다고 하였듯이 청에 대하여 연대의 형태를 취한 모종의 침략론마저 표출하였다.

2.2. 변법 운동에 대한 인식

1898년 4월 이후 독립협회가 대신 파면 운동, 의회 개설 운동 등의 정치 운동을 전개해 나감에 따라 「독립신문」에는 대외관과 관련된 논설이 거의 나타나지 않게 된다. 그 가운데 눈길을 끄는 것이 청의 변법 운동에 관한 논설이다. 〈청국을 무리하게라도 개명시켜〉야 한다고 주장했던 「독립신문」으로서는 청의 근대적 개혁이 주목할 만한 것이었고, 사실 이미 백영서가 지적하였듯이 「독립신문」은 변법 운동에 관한 논설을 많이 게재하였다.[22] 그러나 「독립신문」이 당초부터 무술변법에 대하여 특별한 관심을 갖고 있었던 것은 아니다.

「독립신문」이 최초로 무술변법을 논설에서 언급한 것은 무술정변 직전인 1898년 9월 7일이다. 이 논설은 〈청국 황뎨가 칙령을 나리샤 각 신문으로 ᄒᆞ야곰 즈금 이후로ᄂᆞᆫ 정치상 의론을 ᄌᆞ유로 ᄒᆞ야〉라고 한 것은 〈청국 뵉셩을 위ᄒᆞ야 반가온 일이로다〉라고 전하였다. 황제의 칙령에 의해 개혁을 추진하는 독립협회가 지향하는 〈일군만민〉적 개혁으로서 무술변법이 보도된 것이다. 하지만 이 논설에서는 청의 개혁 성공 여부에는 회의적이었고, 〈대한 ᄀᆞ치 젹은 나라도 셩상의 칙령과 정부의 법률을 시힝ᄒᆞ기 어렵거든 ᄒᆞ믈며 청국은 대한보다 슈십여 ᄇᆡ가 크고 관인들의 ᄌᆡ산과 권력이 ᄯᆞ라셔 만 흐즉 그 황뎨의 죠칙이 비록 아롬다오나 실효 잇슬ᄂᆞᆫ지ᄂᆞᆫ 긔약 못 ᄒᆞ겟도다〉(1898. 9. 7 「실효가 잇슬ᄂᆞᆫ지」)라고 끝맺고 있다. 그 후에도 〈지금이라도 청국이 쇽히 잠을 ᄭᆡ여 이젼 악습을 ᄇᆞ리고 학교를 빈셜ᄒᆞ며 유학ᄉᆡᆼ을 파숑ᄒᆞ며 히륙군을 졍ᄒᆞ게 교련ᄒᆞ야 정부가 실심으로 나라 일을 ᄒᆞ

22 백영서, 앞의 책, 182~183쪽.

엿스면 아즉도 늦지 아니 ᄒᆞ렷만은〉〈정부에 당파가 분운ᄒᆞ야〉〈황뎨도 용단 잇게 진보를 못 ᄒᆞ샤 인슌고식〉(1898. 9. 29 「청국사정」) 한다고 보도하였다(그러나 이 시점에서 「독립신문」은 이미 무술정변의 첫 보도를 접하였다). 〈천한청〉 인식이 청의 근대적 개혁의 평가를 부정적으로 만들었던 것이다.

무술변법을 평가한 논설에서 〈지금 북경 형셰ᄂᆞᆫ 황뎨당과 황태후당이 잇셔셔 황뎨당은 영국을 죠아 ᄒᆞ고 황태후당은 아라샤 편을 드ᄂᆞᄃᆡ〉라고 한 다음, 〈나라이 작던지 크던지 정부와 인민이 셔로 밋지 못ᄒᆞ야 타국 힘을 빌어셔 대ᄉᆞ를 도모ᄒᆞᄂᆞᆫ 것은 망국ᄒᆞᄂᆞᆫ 쟝본이라〉(1898. 10. 3 「청국사정」)고 하여 외국 세력과 결부된 당파 싸움을 개혁 실패의 원인으로 지적하였다. 이 논설은 〈청국을 위ᄒᆞ야 ᄋᆞ셕히 녁이노라〉라고 끝맺고 있지만, 개혁 자체의 내용은 다루지 않고 당파 싸움으로 청에서 정변이 일어났다는 점만을 논하였다. 여기서는 청이나 일본, 러시아 등과 결탁한 당파 싸움으로 정변을 반복했던 경험에 기초한 자기 인식이 반영되었다고 할 수 있다. 어쨌든 이 단계에서도 「독립신문」은 무술변법에 대하여 부정적인 인식을 가지고 있었다.

그런데 그 후 무술변법에 대한 인식에 변화가 생겼다. 「독립신문」은 논설에서 〈청국 황뎨ᄭᅴ셔 여졍 도치 ᄒᆞ샤 즁원 텬디를 일신ᄒᆞ게 ᄒᆞ시려다가 완고당의 ᄒᆡ를 입으샤 싱ᄉᆞ미판 ᄒᆞ시니 비단 청국일ᄆᆞᆫ ᄒᆞ심ᄒᆞᆯᄲᅮᆫ 아니라 동양 셰계를 위ᄒᆞ야 ᄀᆡ탄〉(1898. 10. 21 「청황과 일신의 문답」) 해야 한다고 하면서 광서제(光緖帝)에 대하여 자국의 황제와 마찬가지로 최상급의 경어를 사용하면서 그 개혁이 제대로 된 것임을 전함과 동시에, 무술변법의 실패를 〈동양〉으로서도 안타까운 것이라고 주장하였다. 이 논설은 표제에서도 보이듯이 무술변법 직전에 베이징을 방문한 이토 히로부미(伊藤博文)와 광서제가 문답한 내용을 기록한 것인데, 그것은 광서제가 이토에게 메이지 유신을 칭찬하면서 개혁을 위한 조언을 구한다는 내용이다. 즉, 광서제가 일본의 근대적 개혁을 배우려는 자세를 보여 준 것이 계기가 되어 무술변법의 평가에 변화가 생겼으며, 〈동양〉 맹주로서의 일본을 매개로 하여 무술변법에 대한 인식을 수정한 것이다. 그 후 「독립신문」의 광서제와 무술변법에 대한 인식은 일관되게 호의적이었다. 예를 들어 〈청국 광셔 황뎨가 셩군의 주품으로 즁흥지업을 이르고져 ᄒ시다가 불ᄒᆡᆼ이 완고당 간소비의 흉모에 ᄲᅡ지샤 몸쇼 무한ᄒᆞᆫ 곤경을 지ᄂᆡ시고 황뎨를 찬양ᄒᆞ야 누百년 부피ᄒᆞᆫ 풍쇽을 업시 ᄒᆞ고 새 학문을 슝상ᄒᆞ야 즁원 산쳔을 신 셰계를 ᄆᆞᆫ들기를 도모ᄒᆞ던 기화당들은 혹 비명에 죽으며 혹 외국에 몸을 보존ᄒᆞ니 청국을 위ᄒᆞ야 기탄ᄒᆞ며〉라고 하고, 〈다ᄆᆞᆫ 청국의 불ᄒᆡᆼ일 ᄲᅮᆫ외라 아셰아와 셰계의 불ᄒᆡᆼ이로다〉(1899. 1. 25 「청국황뎨의 기화」)라고 하였다.[23]

2.3. 〈대동합방의 의리〉와 그 양의성

「독립신문」이 무술변법을 호의적으로 보도하고 있던 1898년 말은 독립협회와 만민공동회의 정치 운동이 퇴조로 접어들던 시기였다. 같은 해 12월 23일 만민공동회는 무력 해산을 당했고, 같은 달 25일에 〈민회〉 엄금의 조칙이 내려졌다. 이어서 1899년 1월 18일에는 모든 집회를 금지한다는 의안이 중추원을 통과하였고, 독립협회도 법적으로 해산을 당했다. 「독립신문」의 무술정변을 애석해하는 논조는 자국의 독립협회 운동의 좌절과 오버랩되었다. 이리하여 1899년은 조선과 청에서 동시에 근대적 개혁이 좌

---

23 그 외에 1899년의 4월 21일 「강유위씨」에서는 강유위(康有爲)의 개혁이 〈일이 잘 되엿드면 비단 청국에ᄆᆞᆫ 다ᄒᆡᆼ이 아니라 동양에 다 ᄀᆞ치 리익이 될 것을 이럿케[실패] 되엿스니 엇지 가셕지 아니 ᄒᆞ리요〉라 하였다.

절되는 상황 속에서 막이 오르게 되었다.

이러한 가운데 동아시아를 둘러싼 국제 정세에 대한 관심이 「독립신문」에서 다시 고조되었다. 〈아라샤는 극북 광막흔 싸에 쳐흐야 디광인다 흐고 정부대신들이 학문과 지식이 넉넉흐며 국량이 미우 넓으나 무식흔 빅셩이 만코 긔후가 극히 한링흐야 황무흔 싸이 절반이요 사름들이 살기가 대단히 괴로은지라〉, 그 때문에 〈해륙군을 히마다 확장흐야 셔로 구라파 싸을 잠식흐랴다가 여러 강국들이 힘써 막는 고로 릉히 쯧을 일우지 못흐고 필경은 동양이나 졈령흐여 볼가흐야 혹 긔명치 못흔 나라의 권리을 롱락흐랴 흐며 셔빅니아에 텰도를 노흐며 대련만 항구를 슈축흐야 후일에 용병흘 긔디를 닥그니〉라고 하였다. 이에 대하여 일본은 〈일본은 히마다 히류군에 심역을 다 흐며 대한이 긔명치 못흐야 청국 속국이 되면 필경 다른 강흔 나라의게 싱킴을 입어 동양 형셰가 위틱흘 쯧흔 고로 갑오년에 청국을 치고 대한을 독립 식혓스며 오날늘싯지 졍신을 가다듬어 셔양 각국을 방어흐며 동양을 보젼흐랴〉(1899. 2. 27 「각국도략」) 한다고 하였다. 러시아에 대한 위기감이 다시 부상함과 동시에 〈동양〉 맹주로서 일본에 대한 역할 기대도 재부상하였던 것이다.

이러한 정세 인식 속에서 위의 인용문에서도 〈[일본에] 대한이 긔명치 못흐야 청국 속국이 되면 필경 다른 강흔 나라의게 싱킴을 입어 동양 형셰가 위틱흘 쯧흔 고로 갑오년에 청국을 치고 대한을 독립 식혓스며〉라고 하였듯이 〈대한이 누百년 남의 속국으로 지낼쑨외라 속국이 됨을 감심흐야 쇼즁화라 흐는 말에 주만 주대흐며 적은 것으로 큰 것을 셤김은 하늘을 두려워 흠이라 흐야 인민이 잔약흐고 풍쇽이 부픽흐야 주쥬 독립흘 가망은 꿈에도 업더니 텬힝으로 황상 폐하의 셩덕과 셰계 형편의 변흠과 이웃 나라의 도음으로 멋百년 슈치를 면흐고 당당흔 독립뎨국이 되엿스니〉(1899. 2.

4「싱각 홀일」)라고 하여 조선이 청으로부터 〈독립〉한 것에 대한 일본의 공헌을 강조하였다. 이러한 〈독립〉관의 배경에는 자국 내 정치 운동의 좌절이라는 상황이 반영되었다고 할 수 있다.

한편 무술변법의 실패를 받아들인 「독립신문」은 예를 들어 〈근일에 청국이 안으로 본토인의 위히를 밧고 밧그로 여러 강국의 핍박을 입어 그ᄀ치 넓고 죠흔 짜덩이가 불구에 논흐기가 쉽다〉(1899. 3. 24 「한청 문제」)고 하였듯이 청의 분할 위기에 대한 관심을 고조시키고 있었다. 이 논설은 〈대한이 청국보다 늬치를 더 공평히 ᄒ며 외교를 더 친밀히 ᄒ고 히류군이 강ᄒ야 지금ᄭ지 안보ᄒ는 것도 아니〉므로 〈대한도 청국과 ᄀ치 외국의 롱락을 밧을는지〉도 모른다고 하고, 〈시셰형편으로 말ᄒ거드면 대한이 청국과 이와 입살의 관계〉이며, 〈청국이 논ᄒ진 후에 ᄭ지 대한이 오늘과 ᄀ치 이 모양으로 감안이 잇스면 그때는 청국에서 논으든 사냥군이 모도 대한으로 모힐〉 것에 대해 경종을 울리고 있다. 조선과 청을 〈순치(脣齒)의 관계〉로 비유하면서 청의 분할 위기를 자국의 위기로 포착하게 된 것이다.

그러던 중 일본에 대해서는 〈동양에 다만 대한과 일본과 청국 셰 나라이 잇셔셔 일본은 三十년릭로 킥명이 무던이 된 고로 셰계에 힝셰홀만 ᄒ거니와〉(1899. 6. 17 「큰일 낫다」)라고 하였는데, 이것은 〈일본은 동양에 젹은 나라로셔 상하가 합심ᄒ야 三十년 렬심으로 태셔 킥화를 기단 취쟝ᄒ야 강국이 되야 청국을 타파ᄒ야 대만을 졈령ᄒ고 각국과 됴약을 킥명ᄒ야 금년 브터는 외교 늬치ᄒ는 대쇼 권리를 구미 각국과 동등ᄒ게 되야 일호도 남의게 쌔지지 안는 일등국이 되엿스니〉(1899. 1. 17 「동 셔양 형셰」)라고 한 것처럼 조약 개정과 그 시행을 의미하였다. 그리하여 〈동포 되는 황인죵의 모든 나라는 일본 형뎨의 분발ᄒ 긔개와 셜쳐 이러난 졍략「政略」을 본밧아 독립국의 딕등권을 회복들 홀지어다〉라 했고, 〈오날늘의 일본은 곳 동

양에 황인종의 압호로 나아갈 움싹이며 안오로 정치와 법률을 바르게 홀
거울이며 밧겻 도적을 물니칠 쟝성이니 구미 각국과 죠약을 곳쳐 뎡ᄒ여
실시ᄒ 일본사ᄅᆷᆯ들은 황인종 형뎨의 모든 나라를 권고 ᄒ고 인도ᄒ되 죽
은 리욋을 탐치 말며 죽은 분에 츙격치 말고 흔가진 죵츠를 셔로 보호홀
큰 계칙을 셰워 동양 큰 판에 평화함을 유지「維持」케 ᄒᄂᆫ 것이〉〈하나님
씌셔 뎡ᄒ여 주신 직분의 당연ᄒ 의무〉(1899. 11. 9 논셜)라 하였다.

말하자면 〈서풍점급(西風漸急)〉하는 〈동양〉에서 백색 인종인 서양에 대
항하는 황색 인종의 맹주로서의 역할을 일본에게 재확인한 것이다. 이때
〈대동합방〉론이 등장하였다. 「독립신문」의 한 논설은 러시아가 베이징에
대군을 보내려 한다는 〈풍설〉에 대해, 만약 그렇게 되면 〈청국이 결단날 디
경이면〉이라고 한 다음, 〈동양 삼국이 서로 동심 합력하야 ᄀᆯ명에 진보가
되어야 가히 태셔 각국의 동점하ᄂᆫ 형셰를 방비 홀터인ᄃᆡ 죵금 이후로ᄂᆫ
<u>ᄃᆡ동 합방</u> 하ᄂᆫ 의론을 베플 곳이 업슬터이니 동양 디셰를 위하야 극히 개
탄 홀것이요〉(1899. 10. 2 논셜)라고 하였다. 약간 해석하기에 어려운 문장이
나 서양의 〈동점〉에 대해 〈동양〉은 〈대동합방〉해서 대처해야만 한다는 내
용을 전제로 하였고, 러시아에 의한 청의 멸망은 〈대동합방〉의 기회를 잃
는 것으로 서술하였다고 해석할 수 있다.

「독립신문」은 〈대동합방〉의 내용에 대해 구체적으로 서술하지 않았으
므로 그 상세한 내용은 명확하지 않다. 하지만 여기서 말하는 〈대동합방〉
이란 다루이 도키치의 『대동합방론』 수용을 전제로 하였던 것으로 생각된
다.[24] 요시노 마코토(吉野誠)에 따르면 다루이 도키치의 『대동합방론』에는

24 주진오는 이미 1898년의 단계에 독립협회와 그 주변에서 『大東合邦論』의 영향이 보인다
고 지적하였다(주진오, 앞의 논문 「獨立協會의 對外認識의 構造와 展開」, 100쪽), 예를 들어 「매
일신문」 1898년 11월 3일 논설에 〈대동합방〉이라는 단어가 사용되고 있다. 다만 「독립신문」에
는 1898년 단계에서 〈대동합방〉이라는 단어 자체가 보이지는 않으나, 그 단계에서 인종주의에

근대주의적 경향이 농후하고, 그의 조선관은 중국에 대한 사대로 인해 자주성을 잃어버려서 조선은 부진하며, 세계가 발전하는 데 반해 조선은 그 발전이 늦어지고 있다고 하였다.[25] 「독립신문」의 논조가 근대주의적 성격을 가진 것으로, 조선은 청의 속방이었기 때문에 독립심을 결여하고 있다고 하였고, 역사나 문화에 있어서도 중국에 대한 정체성의 창출 시도가 보이기는 한다. 하지만 그것은 맹아적인 것에 그쳤고, 또한 일본에 대항하는 것이 아니었음은 앞서 본 대로이다. 그리하여 자국에서 근대적 개혁의 부진과 실패가 「독립신문」의 논조에 영향을 미치고 있었다. 「독립신문」은 〈현금 동 셔양 각국이 다 등슈가 잇스니 뎨一등은 문명국이요 그 다음에ᄂ 반 기화국이요 그 다음에ᄂ 기화 못흔 야만국이라〉 하고, 〈대한은 정부와 인민이 셔로 밋지 안 ᄒ야 졈졈 졍의가 셧기여 셔로 도을 싱각이 업ᄂ 고로 나라 등슈가 겨오 반 기화국에 잇스니〉(1899. 2. 23 「나라 등슈」)라고 하였듯이 일종의 발전 단계론에 기초하여 자국의 정체성을 서술하였다. 이 점에서 다루이의 『대동합방론』을 받아들였을 소지가 「독립신문」에는 있었던 것이다.

『대동합방론』이 연대의 형태를 취하면서도 그 근대주의적 성격 때문에 아시아에 대한 침략론이 되었다는 점을 생각해 보면, 「독립신문」의 〈대동합방〉론에는 일본에 의한 침략에 말려들지 모르는 위험성을 가지고 있었다. 사실상 이후 독립협회의 잔여 세력에서 일진회가 생겨났고, 결과적으로 이들은 일본의 조선 침략에 선봉을 담당하였던 것이다.[26]

기초한 〈동양〉 연대론에도 『大東合邦論』으로부터 어느 정도의 영향은 있었던 것으로 추측된다.

25 吉野誠, 「『大東合邦論』の朝鮮観」, 『文明研究』4, 東海大學, 1986년 참조.

26 장인성에 따르면 조선의 〈동양 연대론〉에는 〈도의적 국제 정치 관념이 강했고 근대적 국가(국민) 관념이 취약했기 때문에 《인종적 이익(안보)》과 《민족적 이익(안보)》은 연속적인 것으로 간주되는 경향이 강했고〉, 조선의 〈동양 연대론은 현실을 간과한 이상으로 흐르고 말았던〉

다만 「독립신문」의 〈대동합방〉론은 일찍이 일본을 맹주로 한 〈동양〉 연대론의 연장선상에 있었는데, 거기서는 일본이 〈다만 외양으로는 대한과 교린ᄒᆞᆫ는 의가 친밀ᄒᆞᆫ톄 ᄒᆞᆯ고 속 ᄆᆞᆷ으로는 대한에 리익을 모도 다 ᄎᆞᆺ지 ᄒᆞᆯ랴 ᄒᆞᆯ야 언언 ᄉᆞᆺᄉᆞᆫ이 ᄂᆡ외가 부동 ᄒᆞᆫᄃᆞᆺ ᄒᆞ니〉라고 하여 조선과 〈순치지국(脣齒之國)〉인 일본이 조선에 대하여 욕망을 품고 있다는 점에 경계심을 드러냈다. 그 결과 「독립신문」은 〈일본은 동양에 몬져 ᄭᆡᆫ 나라인ᄃᆡ 대동합방 ᄒᆞᆫ는 놉흔 의리로 동졈 ᄒᆞᆫ는 셔셰를 함씌 방비ᄒᆞᆯ 싱각은 아니ᄒᆞᆫ고〉(1899. 11. 16 논설)라고 하였듯이 〈대동합방〉론을 동양의 〈의리〉로 간주하여 거기서부터 일본에 대한 도의적 비판을 실시하였다.

여기에도 역시 일본에 대한 애증이 교차하는 심리가 포함되어 있다. 다만 이 시점에서의 일본 비판(일본에 대한 증오의 심리)에는 유의할 필요가 있을 것 같다. 애초부터 「독립신문」은 조약 개정을 한 일본을 세계의 〈일등국〉이 되었다고 칭찬을 하였는데, 그것은 일본이 〈일등국〉이 되는 과정에서 〈강국이 되어 청국을 타파하고 대만을 점령한〉 것이 전제였다. 즉 〈일등국〉이 되기 위해서는 같은 〈동양〉의 나라라고 하더라도 〈열등국〉이면 무력을 행사해도 상관이 없었다. 애초부터 거기에는 일본의 대만 지배에 대하여 비판하는 시선은 없었고, 하물며 일본의 류큐 병합에는 생각조차 미치지 않았다. 그리하여 〈아라샤는 요동을 졈령ᄒᆞᆯ고 덕국은 산동싱을 졈령ᄒᆞᆯ고 영국은 양ᄌᆞ강 일ᄃᆡ와 광동싱 동북을 졈령코져 ᄒᆞᆯ고 의대리국은 졀강에 ᄯᅳᆺ이 잇고 법국은 광동싱 셔남을 웅거ᄒᆞᆯ고 미국셔는 긔틀을 ᄯᆞ라 직예싱을 ᄎᆔ코져 ᄒᆞᆯ며 일본셔는 북건싱을 졈령코져 ᄒᆞᆫ다 ᄒᆞ엿스니〉(1899. 6. 17 「큰일 낫다」)라고 하였듯이 〈일등국〉이 된 일본은 서양 열강과 마찬가지

가능성이 있었다(장인성, 「〈인종〉과 〈민족〉의 사이」, 『國際政治論叢』40-4, 2000년 12월, 131~132쪽, 괄호는 원문).

로 청의 분할에 가담하였다. 즉 〈동양〉에서 유일하게 〈일등국〉이 된 일본을 〈동양 황인종의 거울〉이라고 칭찬하면서도, 서양 열강과 함께 〈동양〉의 안녕을 어지럽히는 일본을 도의적으로 비판하였다. 이러한 모순은 「독립신문」이 〈동양〉의 연대를 주창하면서도, 다른 한편에서 일본을 뒤쫓아서 탈아(脫亞)를 달성하려 하는 양의적 태도로 나타났다.

그것은 〈대동합방〉론과 같은 시기 「독립신문」의 청에 대한 논조에 반영되었다. 〈대동합방〉론 이전에도 〈일본과 합력하여 청국을 무리하게라도 개명시켜야〉 한다고 하는 것과 같은, 일본과 연합하여 청을 침략해야 한다는 논의가 있었음은 앞에서 살펴보았다. 하지만 「독립신문」이 〈대동합방〉론을 주창한 무렵에는 그것이 좀 더 노골적으로 나타났다. 같은 반도국인 이탈리아와 조선을 비교한 「독립신문」의 논설은 〈이다리는 병함을 청국에 파숑ᄒ야 토디를 달나 ᄒ고 청국 정부에 요구ᄒ거늘 대한은 어느 ᄭ세에 군ᄉ를 파숑ᄒ야 요동의 녯 디경을 다시 차자 볼는지 하ᄂ님이 긔왕에 마련ᄒ야 주신 반도국을 ᄎ지ᄒ엿〉을 뿐이라 했고, 〈대한 정부에셔 긔명에 진보ᄒ기를 쥬야로 힘써ᄒ야 이다리와 ᄀᆺ치 부강ᄒ고 청국 가셔 요동 ᄯᅡ을 ᄎ자 올 디경이면 이후에 디도를 열람ᄒᄂᆫ쟈도 ᄆᆞ음이 샹쾌홀 줄 아노라〉(1899. 6. 19 「디리의 이샹홈」)라고 하였다[27](그러나 이탈리아의 표기는 이전과 달랐고, 「독립신문」 논설의 집필자가 여러 명이었던 것으로 추측되지만 여기서는 이를 따지지 않았다). 여기에는 〈요동의 녯 디경〉에서 보이는 것처럼 대조선주의(大朝鮮主義)의 맹아가 보이는데, 그러한 내셔널리즘에 기초하여 연대의 형태를 취하면서 청에 대한 침략론을 전개하고 있다. 그 배경에는 「독립신

---

27 다른 논설에서는 〈졍부에 당국ᄒ신 졔공은〉 〈륙군들을 확쟝ᄒ며 국고에 직졍이 죠곰 폐이거던 군함도 쟝ᄆᆫᄒ고 해군을 셜시ᄒ야 졍밀히 교련ᄒ여 남의 나라 해샹에 셔 다니며 슌양도ᄒ여보고 남의 나라에 토디도 좀 엇어 보아 대한의 위엄도 셰계 각국에 남과 ᄀᆺ치 크게 썰치기를 힘써 보시오〉(1899. 9. 8 「군무론」)라고 하였다.

문」초기부터 보이던 근대주의가 분명히 잠재해 있었던 것 같다. 〈동양〉 연대를 부르짖은 「독립신문」의 〈대동합방〉론에는 근대주의와 결부된 탈아의식이 보이는 것이다.

결론을 대신하여

청일전쟁 이후 조선에서는 청과의 종속 관계 파기를 받아들여 〈자주독립〉 의식이 고양되었다. 그 〈자주독립〉 의식의 고양을 추진한 것이 독립협회의 운동이었고, 「독립신문」의 여러 논설이었다. 청일전쟁의 결과 동아시아의 전통적 국제 질서(중화 세계)가 붕괴되었는데, 조선에서 내셔널리즘 형성의 첫 번째 계기였던 청일전쟁 이후 동아시아를 어떻게 다시 파악하고 있었는지가 이 장의 문제의식이었다. 이 장을 통하여 「독립신문」이 지닌 〈동양〉 인식의 틀은 조선의 〈자주독립〉을 가져온 일본에 대해서는 대체로 호의적인 입장이었으나, 점차 러시아를 비롯한 〈서세〉의 위기감 속에서 일본을 맹주로 하는 〈동양〉 연대론으로 변화해 갔다는 점을 확인했다고 할 수 있다.

종래 연구에서는 일본의 침략성을 조선 측이 얼마나 자각하고 있었는지가 문제였다. 확실히 조선이 이후 일본의 식민지 지배를 받게 되었다는 사실을 생각해 보면 그러한 문제 설정도 이해가 된다. 그러나 조선의 〈자주독립〉은 좀 더 일찍 근대 서양 문명을 받아들인 일본에 의해 직접적으로 초래되었기 때문에, 애초부터 「독립신문」의 논조는 〈동양〉 맹주로서의 일본에 대한 기대가 높았다. 내셔널리즘의 형성에 수반하는 정체성의 문제에서도 「독립신문」은 일본에 대항한다는 틀을 애초부터 가지고 있지 않았다고 해도 좋을 것이다. 그러나 〈동양〉 맹주로서 기대하였던 일본은 조선에 대하여 침략의 지향성을 가진 존재였던 것도 사실이며, 기대와 표리 관계에 있는 비판의 대상마저 되었다. 근대 조선의 내셔널리즘에서 일본은 양가적인 존재였던 것이다. 그리하여 그러한 동아시아에서 일본의 역할에 대한 기대와 비판은, 예를 들어 일본에게 〈바르지 못한 길에서 벗어나 동양 지지자의 중책을 완수할〉 것을 호소한 3·1 독립 선언서에서도 보이듯이 조선 내셔널리즘의 주류로 흘러들어 가게 되었다.

한편 과거의 〈종주국〉이었던 청에 대한 「독립신문」의 인식은 〈자주독립〉=구미·일본과 동질한 국민 국가의 창출을 지상과제로 한 근대주의에 기초하여 증오에 버금가는 대상이 되었다. 미타니 히로시(三谷博)의 말을 빌리면 〈잊을 수 없는 타자〉[28]로서의 청이 〈자주독립〉 의식의 고양과 함께 표출되었다고 할 수 있다. 더욱이 「독립신문」에는 청에 대한 노골적인 멸시관과 침략론도 출현하였다. 내셔널리즘 발흥기에 이웃 국가에 대한 멸시관이나 팽창주의가 나타난 것은 조선도 예외가 아니었다. 다만 그것이 청을 포함한 〈동양〉의 연대론과 병존하였다. 연대와 침략이라고 하는 아시아주의의 아포리아는 근대 조선에서도 검증해야 할 문제이다.

「독립신문」이 말하는 〈동양〉은 동아시아 삼국으로 한정되었고, 미야지마 히로시(宮嶋博史)가 말하는 것과 같은 의미에서 근대 조선의 내셔널리즘은 대체로 아시아 인식을 결여하였고, 탈아적인 지향성까지도 강하게 갖고

---

28 三谷博, 「〈我ら〉と〈他者〉」, 朴忠錫·渡邊浩 編, 『日韓共同研究叢書3 國家理念と對外認識: 17-19世紀』, 慶應義塾大學校出版會, 2001년 수록. 원래 명·청조와 사대 관계에 있던 조선은 중국의 왕조를 숭배의 대상으로 함과 동시에, 그에 대한 자존 의식까지도 가지고 있었다. 근세를 통해 조선에게 있어 중국이란 〈애증이 교차하는 대상〉, 즉 〈잊을 수 없는 타자〉였던 것인데, 일본이라고 하는 제2의 〈잊을 수 없는 타자〉의 등장 때문에 증오의 심리가 현재화(顯在化)해 왔다고 말할 수 있다.

있었다.[29] 다만 여기서 유의했으면 하는 점은 「독립신문」의 필리핀 독립 운동에 대한 관심이다. 「독립신문」은 〈여송[필리핀 루손 섬]과 미국 스이에 쓰흠이 될 듯 ᄒ니 그러ᄒ고 보면 동양의 큰 일이라〉고 한 다음, 〈미국은 문명ᄒ고 부강ᄒ 나라오 인의를 쥬쟝ᄒ즉 여송군도를 점령ᄒ면 졍ᄉ가 공평ᄒ고 교육을 확쟝ᄒ야 여송 인민의게 대단히 죠흘터이나 여송 사름의 경계로 말ᄒ면 루百년 남의 쇽국으로 압뎨를 밧다가 千지 一시로 그 압뎨를 면ᄒ고 안져서 다시 미국의 쇽국되기 실혀 ᄒᄂ것도 인졍이 그러홀터이라 아모죠록 미국과 담판이 잘 되야 여송 독립당이 그 이국 ᄒᄂ 목적을 셩공ᄒ기를 불ᄋ노라〉(1899. 1. 30 「여송 군도」)라고 하였듯이 아기날도 등의 필리핀 독립 운동에 동정을 보이고 있다. 이 논설은 미국의 〈문명〉, 〈부강〉, 〈인의〉에는 의심의 눈초리를 전혀 가지고 있지 않다. 하지만 구미 열강에게 침략을 받은 아시아의 일원으로서 스스로를 설정하고자 하는 지향도 약간은 보이고 있다.

「독립신문」 류의 근대주의에 기초한 〈문명〉 예찬은 조선도 구미나 일본과 동등한 〈일등국〉이 되려고 하는 강렬한 상승 지향을 초래했다. 그러나 다른 한편으로 대한제국은 러일전쟁을 거쳐 〈일등국〉인 일본에 의해 보호국이 되었다. 그때 독립협회(내지 개화파)의 계보를 이은 사람들의 다수는 근대주의에 입각하여, 증오하는 마음을 갖고 있으면서도 〈동양〉 맹주로서 〈일등국〉의 지도 아래에서 〈문명화〉를 주장하게 된다.[30] 만약 근대주의를

---

29 宮嶋博史, 「朝鮮におけるアジア認識の不在」, 石井米雄 編, 『アジアのアイデンティティー』, 山川出版社, 2000년 참조.
30 그러한 경향은 전형적으로 일진회를 통해 볼 수 있다. 그러나 일진회에게서 보이듯이 친일을 표방하면서도 간도 진출을 지향하는 자세(林雄介, 「中國國境と日本帝國主義」, 季武嘉也 編, 『日本の時代史24 大正社會と改造の潮流』, 吉川弘文館, 2004년 참조)는 바로 「독립신문」의 내셔널리즘을 이어받은 것이다.

유지한 채 일본을 비판하려 한다면 〈동양〉의 틀을 벗어나 미국 등의 구미 열강에서만 〈문명〉, 〈인의〉를 찾을 수밖에 없다.[31] 그러나 다른 한편으로 「독립신문」의 〈동양〉 연대론은 그 허구성을 극복하면 〈동양〉의 원리에서 〈일등국〉의 〈문명〉을 비판하는 논리까지도 될 수 있을 것이다. 또한 애초 부터 〈일등국〉의 〈문명〉에서 어떠한 〈인의〉마저도 발견하지 않고, 야만의 〈문명〉을 지향한다고 하는 길도 나타난다.[32] 약육강식의 야만 속에서 강자 가 되려 하는 것은 한편에서 스스로를 〈문명〉의 피해자인 야만으로서도 재 인식하게 된다. 그때 「독립신문」에 미묘하게 드러난 침략당하는 측면에서 의 자기 인식이 근대주의를 초월하여 표면으로 나올 가능성도 있다. 「독립 신문」은 근대주의에 기초한 탈아적 지향이 강했고, 〈동양〉이라는 측면에 서 평가할 만한 것들이 출현하지는 않았다. 그러나 그 이면에는 조선 내셔 널리즘이 걸을 수 있는 다른 가능성도 잠재해 있었다고 할 수 있다.

31 만민공동회의 중심인물 가운데 하나로, 이후 반일의 〈투사〉가 된 이승만 등은 바로 이 유형에 속한다.
32 보호국기의 이른바 〈애국 계몽 운동〉의 여러 부류에 대해서는 본서 제3부 9장에서 검토한다.

제 3 부

조선의 내셔널리즘 전개와 정치 문화

제 7 장
근대 조선의 개화운동에서 문명과 민중:
민중 문화와 근대

들어가며

1896년 10월, 약 10개월 만에 다시 서울을 방문했던 이사벨라 버드는 경운궁 근처의 변모된 모습을 다음과 같이 기술했다.

서울은 여러 구역이, 그중에서도 특히 남대문과 서대문 부근이 문자 그대로 너무 변하여 옛 모습을 알아볼 수가 없었다. 양쪽으로 돌로 쌓은 깊은 운하가 있는 돌다리가 걸려 있었고, 좁은 곳이 폭 55피트인 큰 통로는 예전에 콜레라의 온상이었던 불결한 도로가 있던 곳이었다. 좁은 통로는 넓어지고, 질척한 오수가 흘렀던 개울은 포장되어 도로는 더 이상 쓰레기를 멋대로 버릴 수 있는 곳이 아니었고, 자전거가 넓고 울퉁불퉁하지 않은 도로를 날아가 듯이 다녔다. 머지않아 급행마차가 다닐 수 있다고 생각되어 입지 조건이 좋은 곳에는 프랑스계의 호텔을 건축하려는 구상도 있다. 정면이 유리로 된 점포가 몇 채 지어져 있고, 거리에 쓰레기를 버리는 것을 금지하는 규칙도 강화되었다. 쓰레기나 오물을 관청에서 고용한 청소부가 시내로부터 제거하여, 불결함에서 필적할 수 없었던 서울은 지금 극동에서 가장 청결한 도시로 바꾸어 가고 있다![1]

이러한 서울의 변모와 거의 같이하여 활동을 개시한 것이 독립협회였다. 종래의 연구는 독립협회와 만민공동회의 운동을 자유 민권 운동·민족주의 운동 등으로 하여 〈근대〉적인 이론의 깊이를 검토하는 경향이 강했다.[2] 그러나 최근 〈식민지 근대〉 연구의 심화와 병행하여 한국사 연구에서도 〈근대〉의 비판적 분석이 진행되었다. 특히 〈규율 권력〉과 〈근대 주체〉라는 문제가 부상하였다.[3] 이 문제는 식민지화 이전의 근대 초기와 관련해서도 무시할 수 없다. 한편 조경달은 동학 농민 운동·대한제국기 민중 운동의 반근대적 성격, 근대 국가에 대하여 〈자율적 존재〉로서의 민중상을 제시하였는데,[4] 그러한 〈자율적 존재〉로서의 민중에 대하여 문명 개화가 〈규율 권력〉으로 등장한 것은 일본의 세력을 배경으로 한 갑오개혁이었다. 독립협회 운동은 갑오개혁을 계승하면서 실시되었던 〈개화〉 운동이었고, 피치자(被治者)로서의 〈백성〉을 〈충군애국의 심성〉을 지닌 국민으로 규율하려는 운동이었다. 종래의 연구에서는 독립협회의 〈우민관〉이 지적되어 왔는데, 그것은 정확히 독립협회의 근대성 때문이었다. 여기서는 이상과 같은 관점에서 독립협회 운동에서 민중의 의미를 검토해 보려 한다.

1 イザベラ·バード(時岡敬子 譯),『朝鮮紀行』, 講談社學術文庫版, 1998년, 543~545쪽.

2 본서 제2부 제5장 참조. 그리고 이 장과 관련된 선행 연구로는 吳瑛燮,「韓國近代 封建的 社會身分制 및 風習의 改革實態」,『史學志』31, 1998년 12월도 참조.

3 松本武祝,「朝鮮に於ける〈植民地的近代〉に關する近年の研究活動」,『アジア經濟』43-9, 2002년 9월 참조.

4 趙景達,『異端の民衆反亂』, 岩波書店, 1998년.

1. 서울의 변모와 독립협회

버드가 기록한 서울의 변모는 어떻게 하여 초래되었는가? 버드의 관심을 끌었던 도로의 수리는 이미 갑오개혁이 실시되고 있던 양력 1895년 9월 24일 주본(奏本)으로 방침이 결정되었는데, 아관파천 이후의 정부는 이를 계승·확충하여, 1896년 9월 29일부 내부령(內部令) 제9호로 발포했다.

이 법령은 종로와 지금으로 말하면 남대문로를 국왕이 행행(行幸)하는 〈일국의 대도(大道)〉로 삼았다. 거기에는 도랑을 넘어온 〈가가(假家)〉라고 불리던 점포가 늘어서 있었다. 행행으로 어가가 통과할 때 가가는 철거되었지만, 행행이 종료되자마자 원래대로 다시 늘어섰다. 가가는 종종 도로를 침범하였고, 그 때문에 도로 폭이 일정하지 않았다. 이에 대하여 그 법령에서 도로 폭은 55척으로 하고 허가받지 않은 가가는 도로 폭이 일정하게 되도록 길에 따라 똑바로(「일자양식」) 짓도록 규정하였으며, 여기에 높이나 지붕의 재료에 대한 규정도 포함하였다. 이렇게 볼 때 서울이 근대 국가적 수도로 변모하는 것도 군주제와 관련하여 이루어지게 된다.

「독립신문」 1896년 5월 9일 잡보에 의하면 내부령 이전에도 1895년 9월 24일 주본에 기초하여 가가의 철거가 실시되었던 것 같다.

종노 큰광통과 길은 죠션 사롬과 외국 사롬만 다닐쑨 아니라 어로인고로 쟉년 브터 경무쳥에서 그 가가들을 헐고 엄슉히 금ㅎ는디 그젼 가가 ㅎ던 김경턴 윤규식 박락원 박경션 김영달 신긔업 임익삼 니셩진 니홍영 등이 ㅊㅊ 가가를 쏘 ㅎ겟다 ㅎ다니 필경 경무쳥에 붓잡혀 죄를 당홀 듯ㅎ고 여긔쑨 아니라 셩안 셩밧 길가에 가가와 집 짓는 이는 다 붓잡혀 죄를 당홀 듯ㅎ더라

그러나 「독립신문」 1896년 11월 10일 잡보는,

　　길을 범ᄒ야 집이나 가가를 지으면 법률상에 죄를 당ᄒᄂᆫ거시라 그러나 이
　번에ᄂᆫ 용셔ᄒ고 한성부에서 셔울 셩안 셩밧 길을 슈보 홀시 길가에 ᄌᆞᄀᆡ 집
　이 잇고 집 압회 가가를 내셔 지은 사ᄅᆞᆷ들은 가가를 헐니고 집에셔 싱이를 ᄒ
　게 ᄒ되 혹 원ᄎᆡ 집에 붓흔 가가를 헐다가 원ᄎᆡ가 헐어지면 자셔히 사실 ᄒ야
　다쇼간 돈을 주고 갈기에 원ᄎᆡ 집도 업고 다만 가가 겸 집 겸 ᄒ고 살면셔 싱
　이ᄒᄂᆫ 사ᄅᆞᆷ들은 특별히 싱각ᄒ야 돈을 주어 집을 쟉만 ᄒ게 ᄒ니 길가에 원
　ᄎᆡ 집 업시 가가를 집으로 삼고 사ᄂᆞᆫ 인민들은 쇽히 한성부에 가셔 집 쟉만
　홀 돈을 말홀지어다

라고 보도하였듯이 내부령의 공포 이후 강제적인 철거보다는 관대한 조
치가 취해졌던 모양이다.

다만 도로 개수는 종로·남대문로의 대로 이외에는 마을 주민의 자기 부
담이었던 것 같다. 「독립신문」 1896년 10월 20일 잡보에 의하면, 한성부는
각 방(坊)과 동(洞)에 방을 걸었는데, (1) 동리의 도로는 집의 주인이 개수하
는데 그 기한은 방이 붙여진 후부터 1개월 이내이다, (2) 집을 짓기 위하여
도로에 요철을 만들어서는 안 된다, (3) 가가 처마 밖의 채양과 좌판은 도로
를 침범해 나와서는 안 된다, (4) 길가에서 물품을 판매하거나 나무나 돌을
두는 것뿐만 아니라 새끼줄이나 끈을 늘어놓고 놀아서는 안 된다, (5) 길가
에 오물·분뇨·오수를 버리는 것뿐만 아니라 어른은 물론이고 아이도 대소
변을 보아서는 안 된다, (6) 죽은 동물은 빈 땅에 매립하고 하천이나 길에
버려서는 안 된다, (7) 길가에 움막을 늘어놓고 돼지를 길러서는 안 된다,
(8) 길이나 하천에 쓰레기를 버려서는 안 된다, (9) 길을 걷거나 탈 것을 타

고 가다 엇갈리는 경우 서로 우측으로 피해야만 한다. 이상을 위반한 자는 순검에게 체포당할 것이라는 내용이다. (1)에서 보이듯이 집 주변의 보수는 집 주인의 부담이었고 그것도 1개월 이내라고 하여 강경한 내용을 담고 있었다. 이 기사는 〈이거슨 한성부 판윤 리치연씨가 쟉년에 닉부대신 박정양씨와 각의에 결정ᄒ엿다가 이번에 시작이 된다니 참 문명 진보의 여망이 잇슬 듯 ᄒ더라〉고 칭찬하였다.

또 위의 (5)에서도 보이는 것처럼 도로나 도랑을 침범하여 세워진 가가에서는 오물이나 분뇨가 유출되었는데, 그것은 버드가 말한 〈질척한 오수가 흘렀던 개울〉이었다. 이에 대해서도 「독립신문」은 1896년 6월 27일 논설에서 다음과 같이 내부에게 감독을 요구하고 있다.

일전에도 말ᄒ엿거니와 만일 닉부 위싱국과 경무청에셔 빅셩의 위싱을 싱각지 안ᄒ고 병이 날거슬 지금 방비치 안ᄒ면 올 여름에 불샹ᄒ 빅셩들이 몃빅명일넌지 또 죽을터이니 우리가 흔말을 삼가 듯고 첫지는 긔쳔들을 졍히 치게 ᄒ고 둘지는 길 가에 대쇼변을 못 보게 ᄒ고 셋지는 물을 스려 먹으라고 방들을 붓치고 넷지는 푸셩귀를 긔쳔 물에셔 못 씻게 ᄒ고 다셧지는 길가에셔 밤에 누워 잠자지 못 ᄒ게 ᄒ고 여섯지는 ᄋ희들이 벌거 벗고 못 단니게 ᄒ고 닐곱지는 슐집에 사ᄅᆷ들이 모혀 슐과 푸셩귀들을 먹고 좁은딕에 서로 끼여 안자 호흡을 서로 갓가히 ᄒ지 못ᄒ게 ᄒ고 여듧지는 위싱국에셔 도셩안 몃관딕 큰 목욕 집을 ᄆ드러 가난ᄒ 인민이 와셔 목욕ᄒ게 ᄒ고 아홉지는 경무청에셔 각 반찬 가긔와 관에 단니면셔 샹ᄒ 고기와 싱션을 못 팔게 ᄒ며 열지는 슌검들이 길노 밤낫 돌녀 슌힝ᄒ게 ᄒ야 집 압희 더러온 물건이 잇던지 긔쳔을 치지 안ᄒ 빅셩이 잇스면 그쥬인을 불너 치거케 ᄒ고 이규칙들을 사ᄅᆷ마다 힝ᄒᄂ지 슌겸들이 슌힝 ᄒ며 슬피게 ᄒ고 만일 규칙에 짐짓

범 ᄒᆞᄂᆞᆫ쟈 잇스면 엄히 다ᄉᆞ리ᄂᆞᆫ거시 빅셩을 위ᄒᆞᄂᆞᆫ 근본이라

정말로 서울 주민 생활의 사소한 부분까지 규제하도록 요구하고 있다. 이러한 「독립신문」의 요구에 응했는지는 모르겠지만 한성부가 단속을 시작한 것을 보도한 잡보가 직후인 6월 30일에 게재되었다.

이들 이십 칠일 한성 관찰ᄉᆞ가 새문에 방을 붓쳣ᄂᆞᄃᆡ 길 곳친 후에 길가에 더러온 물건과 옷갓 그릇 씨진거슬 ᄇᆞ리지 말며 물건들 파ᄂᆞᆫ 좌판들을 느러 놋치 말며 대쇼변을 못 보게 ᄒᆞ고 만일 이죠목에 범 ᄒᆞᄂᆞ쟈ᄂᆞᆫ 죄를 즁ᄒᆞ게 다ᄉᆞ린다고 ᄒᆞ엿스니 아마 한셩 관찰ᄉᆞᄂᆞᆫ 기명 ᄒᆞᄂᆞ 리치도 알쓴더러 빅셩 ᄉᆞ랑ᄒᆞᄂᆞᆫ ᄆᆞ음도 조곰 잇더라

버드가 목격한 서울의 변모는 이상과 같이 내부와 그 관할 아래에 있는 한성부·경무청에 의해 진행되었다. 독립협회와 「독립신문」의 〈국민〉 창출 운동은 정동파에 속했던 내부대신 박정양·한성판윤 이채연 등을 지지하면서 민중의 문명화를 주장하였다.

그런데 독립협회와 「독립신문」의 〈국민〉 창출 운동은 청일전쟁의 결과 조선은 자주독립국이 되었음에도 불구하고 조선의 민중은 아직도 거기에 상응하는 〈국민〉이 아니라는 인식에 기초하고 있었다. 특히 국가와 군주가 〈다른 나라〉(조선과 조약을 맺은 구미, 일본)와 대등해졌음에도 불구하고, 조선의 민중이 후진적이기 때문에 〈다른 나라〉가 자주독립국으로 보지 않는 다는 것이었다. 길가에서의 대소변 금지부터 술집에서 서로의 숨이 이르지 않도록 하라는 데까지 세밀한 부분에 걸친 「독립신문」의 주장은 가장 빨리 개화했던 지식인에 의해 문명의 대척점에 있던 민중을 〈국민화〉=〈문명

316

화)시키려 한 것이었다. 이러한 독립협회와 「독립신문」의 민중관을 전형적으로 표현하고 있는 1896년 10월 10일 논설을 인용해 보자.

(상략) 죠션이 강ᄒ고 부요ᄒ고 관민이 외국에 대졉을 밧으랴면 이사름들이 새학문을 빈화 구습을 버리고 기화ᄒᆫ 죠쥬 독립국 빅셩과 ᄀᆺ치 되여야 그 사름들이 자라 졍부에서 졍치도 맛당히 의론ᄒ고 졔죠쟝을 셰워 각식 물화를 졔죠ᄒ며 쟝스ᄒᄂᆫ 집이 동리마다 너러나 외국물을 슈입ᄒ며 닉국물건을 슈츌 훌줄을 알고 화륜션을 셰계 각국에 죠션 국긔 단 샹션과 군함이 바다마다 보이며 국즁에 쳘도를 검으쥴ᄀᆺ치 느러 노화 인민과 물화 운젼 ᄒ기가 편리ᄒ게 되며 도로와 집들이 변ᄒ야 넓고 졍ᄒ 길에 공원디가 골목마다 잇고 마거와 젼긔 쳘도들이 가얌이 ᄀᆺ치 왕ᄅᆨᄒ고 빅셩이 무명 옷슬 아니 닙고 모직과 비단을 닙게 되며 김치와 밥을 버리고 우륙과 브레드를 먹게 되며 믈 총으로 얽은 그물을 머리에 동이지 아니 ᄒ고 남의게 잡혀 ᄭᅳᆯ니기 쉬혼 샹투를 업시고 셰계각국 인민과 ᄀᆺ치 머리 브터 우션 죠유를 ᄒ게 될터이요 국즁에 법률과 규칙이 셔셔 익민ᄒ 사름이 형별 당ᄒᆯ 묘리도 업고 약ᄒ고 무셰ᄒ 빅셩들이 강ᄒ고 유셰ᄒ 사름들의게 무리ᄒ게 욕볼 묘리가 업시며 졍부 관원들이 법률을 두렵게 넉여 협잡이 업서질터이요 인민이 졍부를 소랑ᄒ야 국즁에 동학과 의병이 다시 나지안ᄒ터이요 죠션 대군쥬 폐하ᅴ셔 남의 나라 공관에 가셔셔 위태ᄒ음을 면ᄒ실 경계가 아니 싱길터이니

〈개화〉의 대척점에 있는 〈구습〉으로 의복·음식·두발 등의 풍습이 전면에 나서게 된다. 이하에서는 독립협회와 「독립신문」의 민중관에 대하여 몇 가지의 구체적인 〈구습〉을 열거하며 검토해 본다.

2. 독립협회에 있어서의 민중

2.1. 신앙과 미신

독립협회와 「독립신문」이 비판한 〈구습〉의 하나로 미신이 있다. 독립협회 지도부와 「독립신문」 집필진은 서재필이나 윤치호 등 기독교도였던 것이 특징이었는데, 「독립신문」의 기사에도 우상 숭배나 미신에 대한 비판이 빈번하게 등장하였다. 예를 들어 1896년 5월 26일 잡보에,

샤신 우샹이란거슨 조곰도 사름의게 유익흔거시 업고 도로혀 사름을 히롭게 흐니 다만 빅셩의 집만 금흘쑌 아니라 국즁에 크고 적은 귀신 화샹과 각 관부에 잇는 부군당 화샹도 다 금흠이 문명의 진보가 될 듯 흐더라

라고 서술하고 있다. 또 1897년 5월 27일 잡보는,

무당이 굿 흐고 졈 흐는것과 판슈의 경 닑고 졈 흐는것과 기외에 각싴 치셩 흐는 것과 긔도 흐는것과 부작 부치는 것과 쥬문 닑는것과 신당 위 흐는것과 셩황샤 위흐는거슬 경무쳥에셔 이둘 팔일 브터 엄히 금 흐야 영위 졀죵을 식히랴는듸 각쳐에 잇는 신당과 셩황당과 무당과 판슈들 사는 곳시며 셩명과 년셰를 각셔 경무관이 늣늣시 젹간흐야 경무쳥에 셩칙을 보흐는지라 만일 무당과 판슈가 젼버르쟝이들을 아니 고치던지 신당을 그듸로 위흐다가는 경무쳥에 탈로 되는 늘에는 아마 크게 증판을 당흘 모양이며 경무ᄉ 김지풍 씨는 불상흔 인민들을 싱각흐야 이러케 ᄆ음을 극진히 쓰니 참 치샤 홀문흐더라

라고 하였다. 이 기사에서는 경무청이 그러한 민간 신앙을 단속하고 있음을 엿볼 수 있는데, 그렇다고 한다면 정부도 민중의 〈문명화〉=〈국민화〉를 위하여 계몽적 정책을 취하고 있었다는 말이 된다. 그리고 정부가 그러한 정책을 취하는 한 독립협회와 「독립신문」도 정부에 대하여 협조의 자세를 보이고 있다. 이 시기의 문명 개화책은 독립협회에 의해서만 주장되었던 것은 아니고, 오히려 정동파 주도의 정부 정책과의 연계 위에서 독립협회의 문명화론이 전개된 측면이 있었다고 할 수 있다.

그렇다고 해서 「독립신문」이 조선의 재래 신앙을 전부 〈구습〉으로 비판하려고 한 것만은 아니었다. 독립협회 해산 이후의 일이지만 서울에 전래되어 온 동관왕묘(동묘)와 남관왕묘(남묘) 가운데 남묘가 1899년 초에 소실되었고, 그 재건에 관하여 「독립신문」도 적지 않은 기사를 게재하였다. 남관왕묘는 정유왜란 중이던 선조 31년에 명나라의 유격장군(遊擊將軍) 진인(陳寅)이 창건하였는데, 영조대에는 대보단 제사·선무사 제사와 밀접하게 관계하면서 명나라에 대한 은의(恩義)와 군신의 의리를 강조하는 제사의 대상이 되었다. 즉, 조선 후기에 이곳은 대명 의리론을 상징하는 곳이었다. 그러나 「독립신문」은 관우가 상무·충의의 인물이고 부강이 주창되는 시대에 적합한 인물이란 점, 〈선왕〉이 〈무묘(武廟)〉로써 창건한 것이고 지금 황실도 재건에 적극적이라는 이유로 남묘 재건에 호의적인 태도를 취하였다. 즉, 본래는 명과의 사대 관계 아래에서 창건된 관왕묘를 부강 경쟁 시대의 상징과 충군애국의 일환으로서 재해석한 것인데, 〈전통 창조〉의 시도라고 할 수 있을 것이다.

그런데 관왕의 딸이라고 칭하는 자가 계속 등장하는 등 사태는 「독립협회」의 의도와 반대 방향으로 가고 말았다. 「독립신문」 1899년 2월 24일 논설 「관왕묘증건」은 그 실상을 다음과 같이 탄식하고 있다.

(상략) 대한 션죠대왕씌셔 특별히 관쟝군의 묘우를 지으심은 진실노 젼국 신민으로 ᄒ야곰 그 츙의를 본밧게 ᄒ심이라 이 지극 ᄒ신 션왕의 셩의를 이져 바리고 근릭에 요사ᄒᆫ 대한 빅셩들이 혹 관공의 아들이라 쓸이라 거짓 일컷고 혹셰 무민ᄒᄂᆫ 사롬도 만ᄒ며 혹 밥 그릇이나 쩍죠각이나 돈푼을 놋코 지슈복록을 비니 이ᄂᆫ 도로혀 관공을 욕ᄒᄂᆫ 일일ᄲᆫ 아니라 사신 우샹으로 대졉 ᄒ임이니 (중략) 이번 남묘에서 불이 난후에 대황뎨 폐하씌셔 즁건비를 나리샤 다시 관왕의 묘우를 건츅ᄒ시니 이ᄂᆫ 우흐로 션왕의 셩의를 사모ᄒ시고 아릭로 신민의 츙의를 더욱 권쟝ᄒ심이라 대한 신민된지 맛당히 셩의를 본 밧을 것이어ᄂᆯ 즁건ᄒᄂᆫ 역샤에 혹 부역ᄒ다 빙ᄌᄒ고 잔민의게 돈을 슈렴ᄒ야 죠회 곡갈이나 쓰고 날나리나 불면셔 부역ᄒ다 ᄒ거나 즁건ᄒᆫ 후라도 요ᄉᆫ 남녀들이 쏘 ᄉ욕을 위ᄒ야 긔도ᄒ거드면 분명이 벌은 잇슬디언 뎡 복은 밧지 못ᄒᆯ줄노 우리ᄂᆫ 확실이 밋노라

병마 퇴치·자손 번영·사업 번성 등의 현세 이익과 결부된 관왕 신앙은 지금도 무당 등을 통하여 민간 신앙으로 건재하다. 그 후 「독립신문」을 비롯한 계몽지에서 관왕에 관한 기사는 자취를 감추었는데, 관왕을 상무·충군의 상징으로 한 〈전통 창조〉의 시도는 조선 후기를 통하여 스며들어 온 민간의 관왕 신앙에 의해 보기 좋게 좌절당했다고 해도 좋을 것이다.[5]

또 원래 황실 쪽에서도 그런 식의 의도가 없었던 것은 〈민비〉나 〈엄비〉가 무당을 궁중으로 불러들여 총애하고, 각각 북관묘·남관묘를 만들어 재물과 복을 빌어 왔다는 사실로부터 보더라도 분명하다. 황실 측의 남관왕묘 재건 보조는 이러한 궁중의 관왕 신앙에 기초하였고, 결코 백성에게 상

5 조선 왕조 후기의 관왕 신앙에 대해서는 서울특별시사편찬위원회 편, 『서울六百年史』2, 서울특별시, 1978년, 659~663쪽 참조.

무나 충애를 권하려는 것이 아니었다. 다소 나중의 일이기는 하지만 1903년 4월에 〈엄비〉의 자식인 영친왕 이은(李垠)이 천연두에 걸린 것에 대하여 당시 서울 주재 이탈리아 총영사였던 카를로 로제티Carlo Rossetti는 왕가의 사람은 천연두에 걸리지 않는다고 믿고 있었기 때문에 이 당시 궁중은 패닉에 빠져 정무는 거의 보름간 정지되었고, 천연두의 신을 자극해서는 안 된다는 이유로 서울에서 공사와 가마의 왕래는 금지되었다고 하였다. 또 궁중에서는 서양인 의사 대신에 기도하는 사람을 불렀다고 한다.[6]

2.2. 신체와 위생

앞에서 보았듯이 「독립신문」은 도로 개수와 관련하여 위생에 대해 언급하고 있는데, 위생에서 민중을 비판하는 기사는 이후 거의 보이지 않게 된다. 예를 들면 갑오개혁에서 종두에 관한 법령이 준비되었음에도 불구하고, 앞 절에서 보았듯이 황실은 여전히 기도에 계속 의지하였다. 혹은 윤치호가 제물포(인천)에 대하여

> 졔물포에 들어오면 죠션 촌과 일본거류디가 실키텬 ᄒ나믄 격ᄒ얏시나 외국인의 거류디ᄂ 도로가 졍결ᄒ고 가옥이 졍졔ᄒ되 아국인의 촌락이ᄂ 뵈히 ᄂ거시 더러온 물건이요 냄ᄉ마다 구린ᄂ요 길은 기텬을 겸ᄒ고 기텬은 뒤간을 겸ᄒ야 비가 죠곰 오면 추잡흠을 형용 못ᄒ고 일긔 더우면 염질이 써날ᄊ재가 업셔 삼쳔리 독립국의 뎨일 항구가 이모양이니 보기에 샹심되며 (1897. 3. 30 잡보)

6 카를로 로제티(서울학연구소 옮김), 『꼬레아 꼬레아니』, 숲과 나무, 서울, 1996년, 150~151쪽의 내용을 다시 번역.

라고 하였듯이 서울의 중심부를 제외하면 정부의 위생 사업이 그다지 진척되지 못한 사정에 따른 것이라고 생각한다. 결국 정부가 문명 사업을 추진할수록 〈문명〉과 대치하고 있는 민중을 비판하게 되는 것이다.

또 하나 위생에 관련하여 단발의 문제를 거론하고자 한다. 1895년 단발령은 내부대신 유길준의 고시에 〈단발은 삶을 지키는 것에 유리하고〉라고 한 것처럼 그 첫 번째 이유가 위생이었다.[7]「독립신문」1896년 6월 11일 논설은 학부대신 신기선이 학교 생도의 단발과 양복 착용을 금지한 것에 다음과 같이 반박하고 있다.

우리가 알기에는 머리 싹고 양복 닙는 일은 대군쥬 폐하쯰셔 칙영으로 죵편 위지 ᄒ라 ᄒ셧슨즉 머리 싹고 양복 닙는거시 ᄌᄀᆔ 싱각에 편홀 듯ᄒ면 머리를 싹고 양복을 닙어도 법률에 맛당ᄒ고 샹투를 짜코 도포를 닙는거시 ᄌᄀᆔ 싱각에 편홀 것 ᄀᆺᄒ면 그러케 ᄒ고 단녀도 범법이 아니라 샹투ᄒᆫ 사ᄅᆷ을 억지로 샹투를 베는것도 국법을 범ᄒ는 사ᄅᆷ이요 머리 싹근 사ᄅᆷ은 샹투를 짜코 녯젹 옷슬 닙게 ᄒ는것도 ᄯᅩᄒᆫ 국법을 범ᄒ는 사ᄅᆷ이니

여기서 말하는 「조칙」이란 1895년의 단발령이 아니라 1896년 2월 27일의 의병 해산 「칙유」이다.[8] 이 칙유에서는 1895년의 단발령을 취소하였는데, 단발을 금지한 것이 아니라 두발은 〈편리한 대로 따르라〉고 하였다. 그 때문에 기독교계나 관립 외국어 등의 신식 학교 생도는 단발을 하고 군인이나 경찰에게도 부분적으로 단발이 실시되었던 것 같다.

〈신체발부는 부모에게 받은 것이라 감히 상하지 않도록 하는 것이 효도

---

7 「舊韓國官報」建陽 원년 1월 4일 告示.
8 「舊韓國官報」建陽 원년 2월 27일 號外.

의 시작이다〉라는 심성이 강한 상태에서 1895년의 단발령은 지방관이 주민을 억지로 단발시키는 강제적인 것이었기 때문에 정권의 치명타가 될 정도의 혼란을 초래했다. 앞에서 본 것처럼 「독립신문」은 상투나 망건도 구습이라고 하여 비판하였는데, 위생과 관련하여 신체의 문명화에 대해서는 단발령의 경험 등에서 이를 자중해야만 했다. 1898년 10월 28일 관민공동회의 개회 당시 윤치호가 황제·황족에 대한 불경한 언사나 대의 민주제·공화주의에 대한 언급 등과 함께 〈어떤 사람들이 자신의 국가나 목숨보다 아끼고 존중하는 우리나라의 사회적 관습, 종교적 관습, 의복이나 상투〉에 관한 논의를 금지한 것도[9] 바로 이러한 이유 때문이었다. 〈어떤 사람들이 자신의 나라나 목숨보다 아끼고 존중하고 있는〉 상투는 문명의 대척점에 있는 〈우민〉을 두려워한 발언이었다.

이와 같이 공공연하게 신체의 문명화를 언급할 수 없는 가운데, 「독립신문」이 활발하게 보도했던 것이 신식 학교에서의 운동회 등 학교 행사였다. 예를 들면 「독립신문」 1897년 6월 19일 잡보는 같은 달 16일에 각국 공사·영사와 조선 정부 국무대신들을 초대하여 실시한 국립 영어 학교의 운동회 모습을 보도한 후 다음과 같이 기술했다.

(상략) 학원들이 이러케 훈륭ᄒ게 대운동회를 ᄒ야 셰계 인민의게 죠선 사름의 진보ᄒ고 활발ᄒ고 승벽잇ᄂ 것슬 보히ᄂ거슨 나라 샤긔에 쳐음 일이라 첫지ᄂ 우리가 죠션을 대ᄒ야 경츅ᄒ게 싱각ᄒ고 둘지ᄂ 이 학원들을 위ᄒ야 다힝ᄒ 일이요 셋지ᄂ 이 학원들이 이러케 되도록 인도ᄒᄂ 교ᄉ들을 대ᄒ야 치하ᄒ노라 쳥ᄒ 손님들과 기외 쳔여명 구경ᄒ 사름들이 히진 후에

9 The Independent, November 1st.

도라가는디 사름마다 영어 학교를 칭송ㅎ고 아모죠록 죠션에 이러ㅎ 학교
들이 만히 싱기기를 츅수ㅎ며 죠션을 스랑ㅎ는 유지각ㅎ 사름들은 이 학원
들이 이러케 진보ㅎ야 가는걸 보고 은근히 감격ㅎ야 눈물들을 흘니더라 학원
들이 파ㅎ며 대군쥬 폐하를 위ㅎ야 만세를 불으고 학교 션싱들과 온 손님
들을 위ㅎ야 갓들을 벗고 쳔셰를 불으더라

당시의 운동회는 달리기 등의 오늘날 운동회에서 하는 경기 외에 총을
본뜬 나무를 가지고 행진하는 등 군사 교련풍의 체조를 실시하였다. 아마
도 생도의 두발은 단발이었다. 운동회의 모습을 보도하는 각 기사는 하나
같이 내빈 앞에 생도들이 질서 있게 행진하고 만세를 불려 애국심을 표시
하고 있음을 조선의 진보라고 칭찬하고 있는데, 이러한 기사를 통하여 신
체의 문명화를 널리 알리려 했다고도 이해할 수 있을 것이다.

또 신식 학교의 생도들은 독립협회가 주최한 국경일 등의 경축 행사에서
도 체조를 하거나, 애국창가를 부르거나, 만세를 외쳤다는 점은 본서 제2부
제5장에서 이미 살펴보았는데, 공개된 장소에서 실시된 독립협회 주최의
경축 행사는 신체의 문명화를 통한 〈국민〉 창출 운동으로서의 의미를 갖는
것이기도 했다.

2.3. 편싸움과 만민공동회의 격화

당시 서울의 거리에서 돌이 날아다니는 일이 여러 차례 있었다. 예를 들
면「독립신문」1896년 6월 6일 잡보에는 다음과 같이 보도되어 있다.

ㅅ대문 우희와 셩 우희셔 ㅇ히들과 혹 지각 업는이들이 돌질ㅎ는거슬 슌

검들이 엄히 신칙ᄒᆞᄂᆞᆫᄃᆡ 이ᄃᆞᆯ ᄉᆞ일에 남대문 우희셔 리련희란 놈이 일본 사ᄅᆞᆷ의 집에 돌질ᄒᆞᆫ 죄로 경무쳥에 잡혀 가셔 중치를 당ᄒᆞ엿다니 ᄉᆞ대문 근쳐와 셩 근쳐에 사ᄂᆞᆫ 사ᄅᆞᆷ들은 집안 ᄋᆞ희들을 단쇽ᄒᆞ여 죠션 사ᄅᆞᆷ 집이나 외국 사ᄅᆞᆷ 집에 돌질 말게 ᄒᆞ여 죄를 면ᄒᆞ기을 ᄇᆞ라노라

일본인의 가옥에 돌을 던진다고 하는 행동을 단순히 아이들의 짓궂은 행동이라고는 생각하지 않는다. 그렇다고 해서 민중의 민족 의식이 폭력적으로 표현되었다고도 단언할 수 없다. 어쨌든 「독립신문」은 이러한 투석을 금지하도록 호소하였다.

일찍이 서울에서는 음력 정월 대보름 전후가 되면 〈편싸움(便戰)〉 혹은 〈변싸움(邊戰)〉이라고 하는 투석전이 행해졌다. 서울의 편싸움은 남대문 밖의 만리현 등에서 3문의 바깥 사람들과 아현 사람(후자에는 용산·마포의 〈악동〉이 가세)이 각각 대오를 조직하여 투석과 곤봉으로 다투고, 그 승패에 따라 그해 농사의 흉풍을 점쳤다. 사상자가 나오거나 가옥이 파괴되기 때문에 정부는 여러 차례 금령을 내렸지만 금지할 수 없었고, 사상자가 나와도 사람들은 후회하지 않았다고 한다.[10] 그 편싸움에 대해서도 「독립신문」이 금지를 호소하는 것이 당연하겠지만 실제로는 다소 미묘했다. 1897년 편싸움 무렵에 「독립신문」 2월 20일자 논설은 편싸움이 〈승벽이라 몸이 더 츙실ᄒᆞ고 더 굿어지고 ᄆᆞ음도 더 단단ᄒᆞ여지며 남의게 업수히 넉임을 밧지 아니ᄒᆞᆯ만 ᄒᆞᆫ 쟉란이요 운동에 죠흔 일이라〉는 이유에서 편싸움 자체를 금지하자는 것이 아니라, 다만 돌을 던지면 통행인이나 가옥에 맞아 위험하므로 곤봉으로만 싸우도록 해야 한다고 주장했다. 이를테면 편싸움을 운

10 서울의 편싸움에 대해서는 앞의 『서울六百年史』2, 924~935쪽.

동회에서 하듯이 경기로 개량하자는 주장인데 그 무렵 다음과 같이 편싸움
의 기원을 설명하고 있어 흥미롭다.

(상략) 만쥬는 풍토가 싸흠을 죠하ᄒᄂ는 곳시라 녯날 리지란씨가 만쥬로브
터 죠션에 나와셔 우리 태죠를 도아 대업을 일우시게 ᄒᆞᆫ 뒤에 죠션 인민의 몸
갓고 기르ᄂ는거슬 본즉 모도 게으르고 편흠을 취ᄒᆞ고 겁만 만ᄒᆞ고 ᄆᆞ음이 약
ᄒᆞ고로 리지란씨가 비로쇼 편싸흠을 ᄀᆞᄅᆞ첫스니 (하략)

여진족 출신으로 개국 공신인 이지란이 편싸움을 조선에 전해 줬다는 말
은 과문하여 그런지 잘 알 수는 없지만, 그 내용의 옳고 그름은 여기서 문
제가 아니다. 편싸움의 개량에 즈음하여 그 기원을 태조 이성계의 창업과
결부시키고 있다는 점은 앞에서 보았던 관왕 신앙에 대한 〈전통의 창조〉와
도 통한다.
그러나 그 후 편싸움은 격화되었고 2월 27일 잡보에서는,

편싸흠을 우리가 금치 말나ᄂ는 ᄯᅳᆺ슨 사ᄅᆞᆷ들이 운동 겸 ᄒᆞ여 규칙 잇게 법률
에 범치 안코 다른 사ᄅᆞᆷ의게들 죠곰치 ᄒᆡᄒᆞ가 업시 쟉란으로 ᄒᆞᄂᆞᆫ거슬 우리가
활발ᄒᆞᆫ 쟉란인 고로 죠타 ᄒᆞ거시지 근일 쇼문과 ᄀᆞᆺ치 사ᄅᆞᆷ을 죽이며 빅셩의
집을 부시며 물건을 탈취ᄒᆞ며 부녀를 욕ᄒᆞᄂᆞᆫ거슨 불항당의 일이라 이런놈들
은 법을 범ᄒᆞᆫ 죄인들이니 법샤에서 엄히 중치ᄒᆞ야 다시 이런 폐단이 업시 흠
이 가ᄒᆞᆯ 듯 ᄒᆞ더라

라고 하면서 이미 문명으로부터 멀어진 〈우민〉의 앞에서 편싸움의 개량
을 포기하였다. 이듬해인 1898년에는 편싸움 언급도 사라져 버렸다. 독립

협회와 「독립신문」의 문명화는 민중의 민속 때문에 여기서도 좌절당했던 것이다.

그런데 이마무라 도모(今村鞆)는 〈근대에는 대원군이 섭정 시대에 보부상을 밀정으로 사용하고 척석군(擲石軍)을 만일의 사태에 보조 군대로 사용할 예정으로 공덕리(만리현의 남쪽에 인접)에서 요란스럽게 편싸움을 한 적이 있다. 또 근래에도 다케조에 공사의 변란(갑신정변을 지칭)을 비롯하여 폭동이 있을 때에는 반드시 투석을 한다〉[11]고 근대의 민중 폭동에서 투석을 편싸움과 관련지어 설명하고 있다. 이것은 만민공동회가 격화하는 과정을 볼 때에도 시사적이다.

1898년 11월 21일 고종과 〈수구파〉 대신들의 비호를 받았던 황국협회의 보부상들이 경운궁·인화문 앞에 있던 만민공동회를 곤봉으로 습격했다. 〈만민〉 측은 당초 무방비여서 곤봉에 구타당하고 말았는데, 곧바로 모여 있던 군중이 돌을 던져서 보부상과 〈접전〉하고 대신들의 가옥을 파괴하였다. 다음날인 22일에는 마포에서 보부상과 〈만민〉이 〈접전〉하여 신발 수리공 김덕구가 공덕리에서 보부상에게 구타당하여 사망했다.[12]

이러한 민중의 폭력을 어떻게 생각해야 하는가라는 문제가 있는데, 이것을 반드시 〈시민 혁명 전야〉[13]의 상황이라고는 할 수 없을 것 같다. 서울에서 대규모의 편싸움은 필자가 살펴본 내에서는 일본에 의한 보호국화 이후 1908년이 마지막인데, 그해 일본과 한국의 경찰이 발포까지 하여 편싸움

---

11 今村鞆, 「日本と朝鮮の投石戰」, 『歷史風俗朝鮮漫談』, 南山吟社, 1928년(國書刊行會 復刻板, 1995년), 55쪽.

12 독립협회는 그 직후에 김덕구를 〈대한제국 의사〉로 삼아 〈만민장〉을 거행했다(愼鏞廈, 『獨立協會硏究』, 一潮閣, 1976년, 470~475쪽). 〈김덕구 만민장〉에 대해서는 다른 원고에서 논하고자 한다.

13 신용하, 위의 책, 454쪽.

을 중지시켰다. 「大韓每日申報」 1908년 2월 21일 잡보 「放砲傷命」은 그 모습을 다음과 같이 전하고 있다.

　　再昨日 西江等地에셔 便戰이 大起ᄒ야 韓日巡査가 出往禁止ᄒ되 人海를 難散하야 放砲之境에 至ᄒ여도 便戰ᄒᄂᆫ 人民이 彈丸을 不避ᄒ고 進前傷命 ᄒᄂᆫ 人이 多ᄒ다더라

편싸움은 발포에도 불구하고 전진하였다는 것인데, 〈만민〉과 보부상의 〈접전〉도 이러한 편싸움의 심성과 다분히 통하지 않겠는가(지리적으로도 편싸움과 〈접전〉은 공통된다)? 질서 바르게 행동하는 것이야말로 자신들의 운동이 외국인의 동정을 살 수 있다고 생각한 윤치호는 처음부터 민중이 폭도로 비화하는 것을 두려워하여 만민공동회의 개최에도 반대하였다고 한다. 그것은 윤치호가 문명의 대척점에 있는 민중에 대한 〈공포〉를 가지고 있었기 때문일 것이다.[14] 윤치호는 〈한국 민중은 당국에 대항하여 봉기할 용기가 없다〉고 웃으며 말했던 서재필에게 설득당해 만민공동회의 개최에 합의했다고 한다.[15] 그러나 독립협회 지도부의 의도는 황제 전제에 대항하는 의식보다 편싸움으로도 통하는 것 같은 민중의 심성에 의해 보기 좋게 빗나가 버렸다고 할 수 있다.

14 〈아관파천〉 무렵에 살해당했던 김홍집에 대하여 황현은 〈시체를 저자에 놓았는데 모든 사람이 홍집이 단발령을 주도한 것을 원망했고 다투어 기와와 조약돌을 던져 몸과 사지가 찢겼는데 그 고기를 잘라 생으로 먹는 사람도 있었다〉고 기록하고 있는데(『梅泉野錄』高宗 32년 12월), 개화파·보수파를 막론하고 민중은 지식인에게 공포의 대상이었다. 3·1 독립 운동의 민중 대표에게도 민중이 공포의 대상이었음은 조경달이 지적하였다(趙景達, 『朝鮮民衆運動の展開』, 岩波書店, 2002년, 205쪽).
15 柳永烈, 『開化期의 尹致昊 研究』, 한길사, 1985년, 114쪽.

3. 계몽과 민중의 엇갈림: 결론을 대신하여

공포의 대상이었던 민중에게 문명화를 계속 주창했던 것이 「독립신문」
이었고, 독립협회의 토론회·경축 행사였다. 「독립신문」 1898년 9월 29일
잡보 「긔이ᄒ 일」은 만수성절(황제 탄생일)에 평안남도 강서군에 사는 전
주부(主簿) 김동준의 부인 양씨가 했다고 하는 연설을 소개하였다.

(상략) 황상 폐하의 탄일은 우리 데국 신민의 뎨일 경절이라 우리가 신ᄌ되
여 츙이지심으로 만셰를 불으ᄂᆫ 것은 군부의 크신 은혜를 경츅홈이라 ᄌ쥬
독립이 우리 나라 몃 百년 업던 긔회니 이 ᄰ를 당ᄒ야 우리 정부와 인민이
다 졍신을 ᄎ려 샹하가 일심으로 구습은 모도 버리고 문명 긔화에 진보ᄒ야
외교와 ᄂᆡ치를 잘 ᄒ여 황실을 반셕 ᄀᆺ치 편안ᄒ시게 보호ᄒ고 이쳔만 동포
를 안락ᄒ게 보호ᄒ기를 ᄇᆞ오노라 우리가 이왕에 음력 四월 쵸八일이면 등
불들을 들고 놀던 일이 지금 ᄉᆡᆼ각ᄒ면 참 우습쇼

이러한 연설이 실제로 있었는지의 여부는 문제가 아니다. 여기서 〈지금
ᄉᆡᆼ각ᄒ면 참 우습〉고 〈기이한 일〉인 〈구습〉은 음력 4월 8일인 석가 탄신일
이다. 불교 억압 정책을 취하고 있던 조선 왕조에서도 여성을 중심으로 불
교 신앙은 성행했는데, 지방 여성에게 석가 탄신일의 〈우스꽝스러움〉과 만
수성절 〈만세〉의 〈문명 개화〉를 말하도록 한 부분이 이 기사의 특징이다.[16]

16 다만 불교 억압·미신 타파 등은 그것 자체가 주자학적 합리주의와 부합했다. 그랬던 〈구
습〉 비판의 과정에서 주자학적 가치관이 변질되면서도 조선 사회에 더욱더 침투해 들어간 측면
도 무시할 수 없다. 또 김윤식이 『續陰晴史』 1918년 5월 17일(음력 4월 8일)에 〈오늘 석가 탄신
일에 시장에서 등을 파는 자가 없다는 점에서 세속의 변화를 볼 수 있다〉고 기록하였듯이 서울
에서 석가 탄신일 풍속이 근대가 되면서 급속하게 폐기되었음을 알 수 있다.

「독립신문」은 석가 탄신일·기도·편싸움 등과 같은 〈구습〉을 폐지하고, 그 것을 대신하여 독립협회 주최의 경축회, 신식 학교에서의 운동회와 같은 행 사를 정착시키려 하였다.

그러나 아무리 「독립신문」이 〈상하귀천이 다보게 홈이라〉(창간호 논설) 고 하여 순한글을 사용한다고 하더라도 당시의 상황으로는 계몽 논설만 가지고 〈국민〉을 창출하기는 어려웠다. 독립협회가 활발하게 만수성절 등 의 황제 경축 행사를 주최하고, 관람객의 앞에서 학교 생도에게 만세를 부 르게 하고 애국창가를 부르게 했던 것, 민중의 〈폭도화〉를 두려워하면서도 가두에서 상인을 의장으로 하여 만민공동회를 개최했던 것들은 윤치호 등 지도부가 의도적으로 한 새로운 정치 문화 창조의 시도였다.

한편, 설령 「독립신문」이 주창한 〈충군애국〉, 〈문명 개화〉가 민중에게 받아들여졌다고 하더라도 반드시 그대로 수용되었던 것만은 아니다. 1898년 5월 용산에서 실시된 굿에서는 독립협회의 노력에 대한 효과가 있 었는지 무당들이 〈나라를 위하여 손을 모아서 기도〉했다고 하는데, 「독립 신문」 1898년 5월 31일 잡보는 〈여러 분의 츙군이국 ᄒᄂᆞ ᄆᆞ음은 감샤ᄒ 나 그 례물에 든 지물을 빈민들을 논하 먹엿더면 더 조핫슬 듯 ᄒ다더라〉 라면서 곤혹스러워했다. 계몽당하는 측은 「독립신문」이 칭한 〈충군애국〉 을 「독립협회」가 미신이라고 비판해 마지않던 굿으로 받아들이고 말았던 것이다.

앞에서 서술하였듯이 윤치호는 대중이 폭도로 변하는 것을 두려워하여 대중 집회 개최에는 신중한 태도를 취하고 있었다. 1898년 3월 10일 제1회 만민공동회에서는 상인이 의장이 되었는데, 주진오에 의하면 이것은 독립 협회가 만민공동회를 조직했음을 위장하기 위한 조치였다고 한다. 그 의장 은 「독립협회」에 따르면 미전(米廛)의 성인 남성 현덕호였는데, 그는 협성

330

회 토론회에서 활동했다가 독립협회 대구 지회에 보조금을 납부하는 등 독립협회와 지지 단체에 참가하는 한편, 황국협회 회원으로서 7월에는 육군 참위에 임명되었다.[17] 이 점은 독립협회든지 황국협회든지 자신의 이해를 위하여 활동할 수 있는 곳이라면 아무 데나 상관이 없었다는 말이 된다.

이와 같이 계몽하는 측과 계몽당하는 민중의 측에는 어긋남이 존재했다. 그러나 어긋남이 있으면서도 양자가 접근하고, 어긋나기 때문에 오히려 민중이 스스로 나름대로의 방식으로 문명 개화를 받아들여 간다는 측면도 있었다. 일본의 자유 민권 운동 연구에서는 근세 사회에서 배양되어 온 민속 문화와 그것을 억압하는 지식인·민권파가 적대하면서도 운동 차원에서는 양자가 공명하면서 만나 새로운 정치 문화를 창조해 나갔다는 점을 지적하고 있다.[18]

독립협회가 만들었던 만민공동회에 의한 황궁 앞이나 가두에서의 만세, 가두에서의 만세 집회, 여기서는 충분히 언급할 수 없었던 〈만민장(萬民葬)〉이라고 하는 새로운 정치 문화를 통해서도, 독립협회와 만민공동회(그리고 〈구경〉이란 형태로 〈참가〉했던 많은 사람들)과의 사이에 엇갈리면서도 공명하여 만나는 부분이 있었으리라는 점은 예상 가능하다. 그러나 한편으로 관왕묘나 편싸움의 사례처럼 양자가 완전히 어긋나는 경우도 많았다. 만민공동회에 대해서는 개화 엘리트에 의한 위로부터의 개혁인 독립협회와 구별하여 민중 운동으로 보는 견해와 그렇게 보지 않는 견해가 대립하고 있다. 하지만 〈민속 문화〉에 초점을 둔다면 만민공동회 〈운동〉에 종래와는 다른 의미에서의 민중 운동으로도 위치를 부여할 수 있을 것이다. 사료상

17 주진오, 『19세기 후반 開化 改革論의 構造와 展開』, 연세대학교 박사 학위 논문, 1995년, 109쪽의 주 104.

18 安丸良夫, 「民權運動における「近代」」, 『日本近代思想大系21 — 民衆運動』, 岩波書店, 1989(이후에 『文明化の經驗』, 岩波書店, 2007년에 수록).

으로도 방법상으로도 어려운 과제이지만 가장 먼저 〈규율 권력〉에 직면했던 서울의 민중 심성을 검토하는 작업은 보호국화 이후 서울을 중심으로 진행된 〈식민지 근대〉의 성격을 고려하는 선상에서도 유익한 점이 많다고 생각한다.

제 8 장

보호국기 조선 내셔널리즘의 전개: 이토 히로부미의 황실 이용책과 관련하여

들어가며

이 장에서는 조선에서의 내셔널리즘 형성을 고종 양위 후에 전개된 이토 히로부미(伊藤博文)의 황실 이용책과 관련해 고찰하려 한다. 조선의 내셔널리즘 형성은 청일전쟁부터 대한제국 성립을 기점으로 한 책봉 체제로부터의 〈독립〉과, 일본에 의한 식민지화 과정이라고 하는 두 가지의 기점을 밟는다고 생각한다. 여기서는 전자를 〈대한제국적 내셔널리즘〉, 후자를 〈항일 내셔널리즘〉이라고 잠정적으로 부르고자 하는데, 두 번째 단계가 이 시기에 해당한다.

이 시기 이토의 대한 정책을 모리야마 시게노리(森山茂德)는 〈자치 육성 정책〉이라고 명명했다. 모리야마에 의하면, 이토의 〈자치 육성 정책〉은 〈일본의 지휘 감독〉 아래에서 한국의 사법 제도 정비, 은행 설치, 교육 진흥, 식산흥업을 추진하는 것이다. 그러나 각종 반대 때문에 당초의 의도를 실현할 수 없었고, 〈자치 육성 정책〉과 표리를 이루는 모습으로 통제 정책이 도입되었다. 이 통제 정책은 인심 위무의 여러 시책과 한층 더 표리를 이루는 것이었다. 이 가운데 황실에 대해서는 정무의 실권과 경제적 기반을 빼앗고 상징적인 존재로 추대함과 동시에 황제의 순행이나 조칙의 환발(渙發) 등으로 인심을 사려고 했다. 그렇지만 이러한 이토의 황실 이용책은 한국 측의 내셔널리즘을 불러일으켰고 한국에 대한 보호국 지배에 역효과를 낳기도 했다.[1]

그렇다면 왜 이토는 황실 이용 정책을 선택하여 그 결과 한국의 내셔널리즘을 초래하게 되었는가? 다음과 같이 생각할 수 있을 것이다. 첫 번째는 일본의 조선 침략이 운노 후쿠주(海野福壽)가 말하는 〈논리 모순〉을 동반하여 진행되었다는 사실이다. 일본은 1904년 한일의정서에서 〈대한제국의 독립과 영토 보전을 확실하게 보장할 것〉을 말했으면서도 실제로는 한국에 내정 간섭을 인정하도록 하여 제2차 한일협약(보호조약)에서는 한국의 외교권을 침탈하는 〈논리 모순〉과 조우하고 있었다.[2] 그 결과 한국 통감에 취임한 이토는 일본에 의한 한국의 독립 유지를 계속 표명해야만 했다.[3] 이토에게 한국의 독립과 일본의 보호는 모순이 아닌데, 그것은 〈자치 육성 정책〉이 어디까지나 일본의 〈지휘 감독〉과 한일 〈친목〉(이토는 연설 등에서 이 단어를 반복했다) 아래에 있는 것을 전제로 한다. 이러한 한국의 독립과 일본의 보호라는 〈논리 모순〉은 한국 황실에 대해서도 공통된 것이었다. 한일의정서에서는 〈대일본제국 정부는 대한제국 황실을 확실한 친의(親誼)를 가지고 안전 강녕하도록 할 것을 보장한다〉고 했다. 하지만 실제로는 한국의 주권자인 황제로부터 외교권을 빼앗고 1907년에는 그 황제를 〈양

1 森山茂德, 『近代日韓關係史硏究』, 東京大學出版會, 1987년, 215~220쪽.
2 海野福壽, 「韓國保護條約について」, 海野福壽 編, 『日韓協約と韓國倂合』, 明石書店, 1995년, 328~330쪽.
3 위의 책, 373~374쪽.

위〉시켰다(다만 일본 측은 표면으로 나오지 않고 이완용 내각의 주도라고 하는 모습을 취했다). 이러한 행동을 은폐하기 위해서도 이토는 〈한국 황실의 안녕과 존엄을 유지할 것을 보장〉[4]한다고 하는 자세를 보일 필요가 있었다. 따라서 이토는 단순히 인심을 살 뿐만 아니라 일본의 조선 침략이 가진 〈논리 모순〉을 〈해소〉하기 위해서도 한국 황실을 이용할 필요가 있었다. 후술하듯이 그 계기는 순종의 〈즉위〉 과정에서 나타났다.

그런데 두 번째로 한국 측에서도 19세기 말 갑오개혁이나 독립협회 등을 통해 군주의 권위 아래에서 〈충군애국〉의 심성을 가진 〈국민〉을 창출하려 하는 운동을 전개하고 있었다.[5] 특히 제국·황실의 기념일 등을 이용해 국기나 만세 등에 의한 〈국민〉 창출 운동을 실시했던 독립협회를 통하여 황제의 권위 아래에서 일정하게 민중을 동원할 수 있게 되었다. 이토의 황실 이용책은 이러한 한국 측 운동을 전제하고 있었다고도 생각할 수 있다. 갑오개혁이나 독립협회와 관련된 개화파 계열 인사는 대한제국기에 유배·망명 등의 불우한 처지에 있었지만 보호국화와 함께 다시 활동을 개시하고 대부분은 이토의 〈자치 육성 정책〉의 구조 안에서 실력 양성 운동을 전개하고 있었다.[6] 하지만 독립협회가 전개한 〈국민〉 창출 운동은 본래 국가나 군주를 위해 〈죽을 때까지 싸운다〉라고 하는 심성을 함양하려 하였으므로, 이것이 실력 양성 운동으로 이어진 개화파 계열 인사의 손을 벗어나 민중에게서 순화한 경우 일본의 조선 침략이 가진 논리 모순이 쉽게 드러났다. 이토의 황실 이용책은 바로 그 계기가 되었던 것이다. 또 〈국민〉의 논리

4 제2차 한일협약 제5조. 이것은 협약을 체결할 때 한국 측의 희망으로 들어간 조항이다.
5 拙稿, 「甲午改革の近代國家構想」, 『朝鮮史研究會論文集』33, 1995년 10월; 본서 제1부 제2장 및 제2부 제4장 참조.
6 보호국 시기 개화파 계열 인사의 실력 양성 운동에 대해서는 본서 제1부 제3장을 참조.

에 포섭되지 않은 〈일군만민(一君萬民)〉적인 〈황제 환상(皇帝幻想)〉[7] 같은 민중의 심성도 이토의 황실 이용책에 저항해 나갔다.

이러한 시각에 입각하여 이 장에서는 이토의 황실 이용책 전개와 그에 대한 민중의 반응을 당시의 신문 기사 등에 기초하여 밝히려 한다. 나아가 근대 조선에서 민중 운동의 기점이 되는 3·1 운동까지의 시기를 검토의 대상으로 삼아 〈항일 내셔널리즘〉의 형성과 전개에 대하여 전반적인 모습을 그려 보려 한다.

1. 순종의 즉위식과 황제상의 변화

1.1. 고종의 〈양위〉와 순종의 〈즉위〉

보호조약에 대해 저항을 계속하던 고종은 1907년 헤이그 밀사 사건을 계기로 황태자(순종)에게 〈양위〉할 것을 강요받았다. 그렇게 해서 〈양위〉의 조칙으로부터 1개월여 지난 8월 27일 순종의 즉위식을 거행하였다. 즉위식의 의미에 대해서 서술하기 전에 이 즉위식을 거행하게 된 의의에 대해 검토해야 할 것이다. 〈양위〉에 대해서는 고종이 저항을 하였고 이 때문에 즉위식까지 〈양위〉가 거행되지 않았다고 보는 견해가 있기 때문이다.[8]

고종의 7월 18일부 〈양위〉의 조칙은 〈짐이 지금 여기에서 군국대사(軍國

---

7 趙景達, 『異端の民衆反亂』, 岩波書店, 1998년 참조.

8 金吉信(朝鮮人强制連行眞相調査團 譯), 「すべての旧『條約』は不法, 無效な虛僞文書」, 海野福壽 編, 앞의 책에 수록. 또 李泰鎭(金玲希 譯), 「統監府の大韓帝國宝奪取と皇帝署名の僞造」(같은 책에 수록)는 〈양위〉를 일본의 〈범죄 행위〉로 논하고 있는데, 사실 인식에서 필자와는 견해를 달리한다.

大事)를 황태자에게 대리시킨다〉고 하였다.[9] 즉 여기에서 고종이 순종에게
했던 것은 〈양위〉가 아닌 〈대리〉이다. 이 점에 대해서 서울에 체재 중이던
하야시 다다스(林董) 외무대신이 19일부 전보에서,

　　이 조칙 안에서 〈군국의 대사를 황태자에게 대리시킨다〉라고 하여 언뜻 보
면 양위라고 인정하기 어려운 구절도 있지만, 해당 국가의 사례에 따르면 하
룻저녁에 왕위를 넘길 경우 국왕이 살아 있는 동안 새로운 왕은 별도로 즉위
식을 거행하지 않는다. 전자는 은퇴하고 후자는 대리의 이름으로 국정을 실
시하는 것으로 곧 조칙 중에 특별히 〈전례에 따라 국무가 피로하여 양위를
전한다〉의 자구가 있는 것을 보더라도 이번의 일이 그 양위를 의미한다는 것
이 명백하다.[10]

라고 보고하고 있듯이 일본 측은 한국의 관례에 따른 〈양위〉로 간주하
고 있었다. 하야시에 의하면 관례에서는 〈새로운 왕은 따로 즉위식을 거행
할〉 필요가 없는데, 그렇다면 거행할 필요가 없는 즉위식을 거행했다는 점
에서 문제가 생기게 된다. 다만 이 하야시의 보고에서 말하는 즉위식은 8월
27일에 거행하기로 한 즉위식이 아니라, 〈양위식〉을 의미할 가능성이 있
다. 우선 이 점에 대해서 검토해 본다.

　　7월 19일, 황태자는 사양하는 상소를 두 차례 올렸지만 받아들여지지 않
았다. 사양하는 상소를 두 번 올리는 것은 관례였지만 이것을 하루 안에 끝
내 버린 것은 이례적으로 빠른 경우였다. 그리고 다음 날인 20일 아침에
〈황태자대리청정진하(皇太子代理聽政陳賀)〉를 〈권정례(權停禮)〉로 거행하였

　9 「舊韓國官報」 光武 11년 7월 19일 號外.
　10 「韓帝讓位ノ詔勅ニ關シ外務大臣ヨリ通報ノ件」, 『日本外交文書』 제40권 제1책, 466쪽.

다. 오히려 이토 히로부미가 일본으로 보내는 전보[11]에서 〈권정례(즉 양위식)〉라고 하였지만 이것은 착오이다. 〈권정례〉란 〈조하(朝賀)할 때 왕이 나오지 않고 간략하게 거행하는 의식〉[12]이기 때문에 〈권정례〉를 통해 신구 황제가 자리에 임석할 필요 없이 의식을 거행할 수 있다. 관보에 따르면 장예원경(掌禮院卿) 박용대(朴容大)의 〈황태자 대리 진하〉의 형식에 관한 19일부 상주에 대해서 〈권정례로 한다〉는 황제의 비답이 내려졌고,[13] 고종의 결정으로 〈권정례〉를 거행하는 모습을 취하고 있다. 고종은 식후에 특사(特赦)의 시행과 함께 대신에게 앞으로 황태자의 보필을 의뢰하는 조칙을 내렸다.[14] 고종은 다시 칙지를 내려 환구·종묘·사직 등에 황태자 〈대리〉의 건을 보고했다.[15] 그러므로 〈양위식〉이라고 하는 의미로 사용했다고 하는 경우의 즉위식은 이 〈대리 진하〉로 시행된 것이다. 20일 저녁에는 각국 영사가 순종을 배알하고 그 후 고종도 배알했다. 그러고 나서 순종이 〈서정(庶政)을 대리한다〉는 취지의 조칙을 〈짐(朕)〉이라는 자칭으로 발포하고, 이것을 22일 관보 호외에 21일부로 실었다. 또한 같은 관보의 호외에 21일부로 고종에게 〈태황제존호(太皇帝尊號)〉를 봉정한다는 조칙을 게재하였다.

이와 같이 〈양위〉가 진행되었다. 하지만 그 사이에 고종은 계속 저항하고 있었다. 하야시 다다스가 보고한 내용은 다음과 같다.

각신(閣臣)이 말한 바에 따르면 18일 조칙에서 양위의 의미를 밝히라는 각

---

11 「韓帝讓位式擧行ノ件」, 『日本外交文書』 제40권 제1책, 466쪽.
12 檀國大學校附設東洋學研究所 編, 『韓國漢字語辭典』 제2권, 단국대학교출판부, 1993년.
13 「舊韓國官報」 光武 11년 7월 20일 號外.
14 위의 책, 「韓帝讓位ノ詔勅ニ關シ外務大臣ヨリ通報ノ件」 및 『高宗實錄』 光武 11년 7월 19일.
15 『高宗實錄』 光武 11년 7월 19일.

신의 요구에 대해 선제(先帝)는 그것을 물리치고 강력하게 황태자에게 대리시키겠다고 운운하는 문자가 있으면 좋겠다고 말하였다 한다. 이 일은 선례에 따라 일본에서 사용하는 대리라는 문자와 다른 의의가 있다고 설명하지만, 필경 섭정이란 뜻으로 사실은 선제가 훗날 군권(君權)을 회복하기 위해 미리 기반을 만들어 두려는 속마음을 가지고 있는 것은 의심의 여지가 없다. 박영효가 이미 이 설을 주장한다고 한다.[16]

애초에 일본 측이 필요를 인정하지 않았던 즉위식이 〈양위식〉의 의미라고 한다면, 그것이 시행된 것은 〈대리〉를 고집하는 고종의 저항을 봉쇄하기 위한 방침의 변경을 의미한다. 하야시의 같은 보고에 의하면 박영효는 18일 궁내대신에 임명되었지만 사퇴하고 19일 〈양위식〉에도 참석하지 않았다(그것 때문에 이완용 총리대신이 궁내대신 서리를 겸임하였다). 그사이 박영효가 〈궁내대신의 인장을 은닉하여 이완용 대리대신에게 인계하지 않고, 문서 인계상 일시 비상의 지장을 주었을 뿐만 아니라, 또 궁내부에 있는 그 도당에 명하여 양위식을 지연시켰기〉 때문에 〈19일 오전 10시 거행할 예정의 양위식은 지연되어 다음 날 20일 아침까지 연기되었다〉고 한다.[17] 이미 19일부로 같은 날 안에 〈양위식〉 거행이 결정되어 있었다.[18] 하지만 〈양위식〉 거행에 관한 기사가 관보에 모두 19일부로 되어 있는 것은 예정보다도 만 하루 가까이 〈양위식〉을 거행하지 않았을 경우 공위(空位)가 발생하는 하자가 있기 때문으로 추측된다.[19]

16 「韓帝讓位後ニ於ケル同國內ノ情勢幷對韓政策ニ關シ稟申ノ件」, 『日本外交文書』 제40권 제1책, 480쪽.

17 楢岐觀一, 『韓国丁未政変史』, 日韓書房, 1907년, 77쪽.

18 「舊韓國官報」 光武 11년 7월 20일 號外.

19 일본의 고메이 천황(孝明天皇)과 메이지 천황(明治天皇) 사이에서 공위(空位)는 14일이

고종은 계속 저항하였다. 21일(하야시의 보고에는 〈22일〉이나 이것은 오류이다) 밤이 되어 고종은 내각대신에게 알리지 않은 채 박영효를 다시 궁내부 대신에 친히 임명하였다.[20] 한편 내각 대신들은 고종에게 〈태상황제〉 칭호를 내릴 것, 〈양위〉에 반대하는 군인의 면관(免官)과 박영효 등의 체포, 인심을 진무하기 위한 조칙의 환발(渙發) 세 가지를 요구하며 입궐하였다. 대신들은 박영효 등의 〈방애〉로 입궐로부터 네 시간 가량 지난 21일 밤 9시 반경이 되어서야 순종을 알현하였고, 두 번째와 세 번째의 건에 대해 순종 옆에 있던 고종의 재납(裁納)을 얻었다. 하지만 첫 번째 건에 대해서는 고종의 강한 반대에 부딪혔다. 대신들은 그 후에도 주청을 계속하여 〈상(上)〉의 글자를 떼어 〈태황제(太皇帝)〉라고 하는 것에 고종의 동의를 얻었고, 22일 오전 5시에 앞서 보았던 〈짐〉을 자칭하는 순종의 조칙이 발포되었다. 이와 함께 박영효 등을 체포하여 〈양위〉에 대한 궁중의 저항을 봉쇄하였다.[21] 따라서 앞선 21일부 순종의 조칙 2건은 일본 및 이완용 내각이 고종과 궁중의 저항을 봉쇄한 결과였다. 그래서 22일에는 이미 순종이 〈짐을 칭하고 조(詔)를 칭하고(稱朕稱詔)〉 있었고, 또 고종에게 태황제의 칭호를 존봉(尊奉)하였기 때문에 〈지금부터 조칙과 주어문자(奏御文字)의 대리 존칭을 황제의 대호(大號)로 진칭(進稱)하는 것이 천의(天意)와 민정(民情)에 진실로 부합한다〉고 내각 대신이 상주하고 순종은 이것을 재가하여 〈대리〉에서 황

었지만 〈메이지에서 다이쇼는 공위가 하루라도 있어서는 안 된다고 하여 즉위까지 17분 서둘렀다〉는 것은 〈유럽적인 제왕 관념이 도입되었기 때문〉이다. 飛鳥井雅道, 『明治天皇』, ちくま學芸文庫版, 1994년, 119쪽.

20 앞의 책, 「韓帝讓位後ニ於ケル同國內ノ情勢并對韓政策ニ稟申ノ件」, 481쪽.

21 「韓國先帝ノ陰謀排除ノ爲韓國閣臣ノ執リタル措置ニ關スル件」, 『日本外交文書』 제40권 제1책, 482쪽.

제로 〈진칭〉했다.[22] 이것과 함께 연호를 바꾸자는 상주도 재가를 받았고,[23] 다음 날인 23일에는 순명비(純明妃) 민씨를 황후에 추봉(追封), 비 윤씨를 황후에 진봉하였다. 고종 등의 반격을 봉쇄하기 위해 7월 20일에 〈양위식〉을 거행하였고, 또 22일에는 순종이 황제가 되었으므로 황제의 자리는 형식적으로 계승되었다. 다만 그것은 일본과 이완용 내각이 강제로 추진한 연출이었다.

즉위식 거행의 결정은 7월 25일 장예원경 신기선(申箕善)의 상주를 통해서 이루어졌다.

내각에서 아뢴 것을 재가하셨기에 황제의 대호(大號)를 진칭(進稱)하는 일에 대한 비답(批旨)에, 〈대조(大朝)의 처분을 받들었으니 마지못해 따른다〉고 하셨습니다. 이미 대호를 받게 된 만큼 황제의 자리에 오르는 예가 없어서는 안 됩니다. 즉위 처소는 어느 곳으로 마련하며, 날짜는 언제로 잡으시겠습니까?[24]

여기에서는 황제의 자리는 이미 계승되었다는 전제로, 별개의 〈황제의 자리에 오르는 예(卽祚之禮)〉 즉 즉위식이 필요하다고 하였다. 애초에 일본 측은 〈양위〉에 즈음하여 즉위식을 거행하지 않는다고 해석하고 있었다. 하지만 그다음 날에 〈양위식〉을 거행하였고, 또 불과 6일 후에 즉위식 거행을 결정하였다. 즉위식 거행 결정의 의도를 명확하게 보여 주는 사료는 없지

---

22 「舊韓國官報」光武 11년 7월 23일 號外.

23 다만 새로운 연호는 즉일 시행한 것이 아니고, 황제가 됨과 동시에 개원(改元)을 재가한 다음 일관(日官)이 길일을 택해서 시행하는 절차를 취했다(「舊韓國官報」光武 11년 7월 30일). 그렇게 해서 8월 3일부터 〈융희〉 연호를 시행하였다.

24 『純宗實錄』光武 11년 7월 25일.

만 기정사실로 받아들여 〈대리〉를 〈황제〉로 격상했지만 〈양위〉에 대해 민중에서도 강한 반발이 있었고, 일본군이 진압할 때까지 대신들은 피난해야만 하는 상황 속에서 〈양위〉의 정당성을 위해 즉위식이 필요했던 것으로 추측된다.

그렇다면 〈양위〉에서 즉위식까지 약 1개월이라고 하는 시간은 어떠한 의미가 있었는가? 8월 27일(음력 7월 19일)이라고 하는 날짜 자체는, 앞서 신기선의 상주에 대해 〈처소는 즉조당(即祚堂)으로 하고, 날짜는 음력으로 다음 달 보름 후로 잡아서 들여보내라〉고 하는 순종의 비답에 따라서 일관(日官)이 택한 것이다.[25] 다만 〈다음 달 보름 후〉라고 하는 것은 보름 후라면 언제라도 좋다는 말이 아니라, 음력 7월 중에 거행하라는 의미일 것이다. 그러므로 당초부터 〈양위〉에서 약 1개월의 시간 내에 즉위식을 거행하기로 결정되어 있었다고 할 수 있다. 즉, 순종의 즉위식은 관례상 거행할 필요가 없다고 판단되었던 것을, 그것도 비교적 짧은 시간 안에 거행했다는 점에서 의미가 있다. 따라서 〈고종은 일제와 친일파의 거듭되는 협박에 견디지 못하고 1907년 7월 19일 황태자에게 황제의 지위를《대리》시킨다고 말했지만, 같은 해 8월 27일까지 황제의 자리를 넘기지 않았다〉[26]고 하는 견해는 즉위식=황위 계승이라고 오해한 것이다. 덧붙여 이 당시 일본의 지배가 한국에 미치고 있었던 것을 고려한다면 근대 일본과의 비교도 유효할 것 같다. 일본에서는 황위를 계승하는 의식과 즉위의 예는 구별되기 때문에 즉위식=천황위(天皇位) 계승식이라고는 말하지 않는다. 메이지 천황의 경우 황위 계승은 게이오(慶應) 3년(1867) 정월 9일, 즉위의 예는 다음해인 게이오 4년 8월 27일(모두 음력)이다. 한국에서 〈양위식〉과 별도로 즉위식을 거행

25 「舊韓國官報」光武 11년 8월 1일.
26 金吉信, 앞의 논문, 34쪽.

하는 것은 결과적으로 일본을 모방한 것인데, 〈양위〉에 의한 황위 계승이라고 하는 오해에는 유보의 여지가 있지만(이와 관련하여 일본 황실전범에서는 양위를 부정하고 있었다), 〈양위식〉부터 즉위식까지 약 1개월이라고 하는 시간은 일본과 비교해서도 짧았다는 점에서 의미가 있다고 할 수 있다.

즉위식 거행의 의도는 저항 운동에 대해 〈양위〉의 정당성을 도모하기 위해서였다고 앞에서 추측했는데, 즉위식의 내용을 보면 그 정당함에 따라서 황제의 〈문명화〉를 과시하고 있음을 알 수 있다. 한국의 지도=보호의 결실을 보여 주어야만 하는 일본에게 순종의 즉위식은 매우 좋은 기회가 되었다고 본다. 그 즈음에 유럽과의 호환성[27]을 의식했던 메이지 일본의 황실 의례를 순종의 즉위식과 그 후의 의례에서 참조하였다는 점은 후에 밝혀진다.

1.2. 즉위식에서 황제상의 변화

순종의 즉위식을 계기로 황제상은 크게 변화했다. 즉위식에 앞선 8월 15일, 순종은 〈짐이 장차 시정 개선하여 일세의 유신을 도모하려 한다면, 반드시 짐 자신부터 시작해야 한다. 즉위일에는 단발융장할 것이니 신민은 잘 알고 짐의 뜻에 따르라〉고 하는 조칙을 내렸다.[28] 이에 맞춰서 내부(內部)에서는 한성부와 13도에 일반 관헌부터 〈봉급을 받는 서리〉까지 일제히 단발하도록 훈령을 발표했다.[29] 이것을 갑오개혁 중이던 1895년 말의 단발령에 이은 〈제2차 단발령〉이라고 부르기로 한다. 김윤식(金允植)은 『續陰晴

---

27 高木博志, 『近代天皇制の文化史的研究』, 校倉書房, 1997년의 제3장 「國際社會における天皇就任儀禮の互換性と固有性」 참조.

28 「舊韓國官報」 隆熙 원년 8월 16일 號外. 〈朕이 將施政改善ᄒᆞ야 一世에 維新을 圖ᄒᆞᆯ진딕 必自朕躬으로 始ᄒᆞᆯ지라 當於卽位日에 斷髮戎裝ᄒᆞ리니 臣民은 知悉ᄒᆞ야 克遵朕意ᄒᆞ라〉

29 「皇城新聞」 1907년 8월 20일 잡보 「斷髮令發布」.

史』8월 26일, 즉 즉위식 전날에 〈날이 저물어 집에 돌아가 이발하는 사람을 불러 머리카락을 깎았다. 오늘 대궐에서는 삼전궁(三殿宮, 대전·왕대비전·중궁전) 모두 머리카락을 자르셨다〉고 기록하고 있는데, 여기에서 이날 궁중이 단발하였고, 그 의식에 참석한 김윤식 자신도 단발하였음을 알 수 있다. 「London Daily Mail」의 캐나다인 특파원 매켄지는 8월 27일의 즉위식 모습을 다음과 같이 기록하고 있다.

새로운 황제는 시종장과 왕궁 사람들을 거느리고 옥좌에 납시었다. 황제는 발목까지 늘어지는 하늘색의 겉옷(이 경우는 예식용의 도포일 것이다)을 걸치고 그 아래에 부드러운 크림색의 의복을 맵시 있게 입었는데, 고래의 순한 국식 복장을 하고 계셨다. (중략) 키가 크며 어색하고, 서투르며 공허해 보였다 — 새로운 황제는 그러한 분이었다. (중략) 황제는 선 채로 계셨지만 분명히 이 방에서 가장 관심이 없는 사람인 듯했다. 특별히 지루해하는 분위기도 아니었다 — 다만 단순히 공허한 기분으로 계셨던 것이다. 그리고 조금 쉬는 시간이 있었다. 황제는 퇴장하고 하객은 대합실에 안내되었다. 머지않아 전원이 소집되었고, 황제도 다시 나오게 되었다. 이때에는 완전히 갑작스런 변화가 거기에 보였다. 황제는 이번에는 한국군 대원수로서의 새로운 현대식 제복을 입고 나오셨다. (중략) 황제는 이 새로운 복장에 의해 완전히 남자다워 보였다. (중략) 음악은 이미 한국 옛날 방식의 것이 아니라 궁정 수행원인 유럽인의 훈련을 받은 우수한 음악대가 현대식 음악을 연주했다. 조선인 연주자들은 (사람들에게) 한국의 고색(古色)이 풍부한 복장이나 생활을 망각의 저편으로 밀어내 버렸다.[30] (괄호는 모두 원문)

30 F·A·マッケンジー(渡部學 譯注), 『朝鮮の悲劇』, 平凡社東洋文庫, 1972년, 163~165쪽.

처음 식장에 나타났을 때 순종의 복장은 중화 세계의 황제 복장인 황룡포였다. 매켄지는 〈고래의 순한국식 복장〉이라고 하였지만 그것은 〈고래의 순한국식〉의 복장이 아니라 1897년 고종의 황제 즉위식 이래의 새로운 〈전통〉이다. 일본의 한국 침략을 비판하는 매켄지는 순종을 〈꼭두각시 황제〉라고 하고 있지만, 매켄지의 눈에 황룡포를 입은 순종은 〈공허〉했다. 순종에 대해서는 그밖에도 예를 들면 스웨덴인 저널리스트 그렙스트w. Ason Grebst가 황태자 시절의 순종을 회견했을 때 〈전체적으로 본 인상은 찡그린 돼지의 면상을 보는 듯했고, 무슨 악독한 괴물을 대하는 느낌이 들었다〉[31]고 기록하고 있는데, 서양인이 기록한 순종의 이미지는 대체로 풍채가 돋보이지 않는다고 한 점이 공통적이었다. 그런데 휴식을 사이에 두고 단발과 군복으로 나타난 순종은 〈완전히 남자답게〉 보였다는 것이다. 또 군악대가 연주한 곡은 김윤식에 따르면 〈애국가〉[32]로, 아마 1902년에 제정된 대한제국 국가인데 서양식 군악을 통해 그 〈남자다운〉 성격이 더욱 두드러지게 되었다. 황제 즉위 이후 고종이 새로운 이미지를 창출하려 한 것은 다른 곳에서 서술하였는데,[33] 대원수복을 입고 외교 사절을 알현하는 황제상은 고종이 〈양위〉하고 한국군이 해산된 이 시기에 완성되어 버렸다.

즉위식에 앞서 8월 24일 신식 〈노부의장(鹵簿儀杖)〉 제정에 관한 조칙이 나왔고,[34] 이어 9월 12일의 주본 〈황제가 탄 수레가 대궐 밖으로 나갈 때의 의장 정식(動駕時儀杖定式)〉을 통하여 행행(行幸)할 때 탈 것은 마차로 하였고, 노부(鹵簿)는 일본식으로 변경하였다.[35] 경호 담당은 한국·일본의 경찰

---

31 アーソン·グレブスト(高演義, 河在龍 譯),『悲劇の朝鮮』, 白帝社, 1989년, 178쪽.
32 『續陰晴史』隆熙 원년 丁未 8월 27일.
33 본서 제2부 제4장 참조.
34 「舊韓國官報」隆熙 원년 8월 25일 號外.
35 「舊韓國官報」隆熙 원년 9월 16일 및『韓國近代法令資料集』VI, 44쪽.

과 일본 기병대, 한국 궁내부 시종무관 등이었다. 순종의 최초 행행은 종묘를 행선지로 하여 9월 17일이 예정이었지만,[36] 다리 부상 때문에 연기하였다.[37] 연기된 진짜 사정이 부상이었는지에 대해서는 신중할 필요가 있지만, 만약에 실시되었다면 신식 노부의장에 의한 행행이었을 것이다. 실제 최초의 행행은 종묘를 행선지로 10월 3일에 실시하였다. 다음은 신문에 보도된 그 광경이다.

韓日兩國의 警察官吏와 日本騎兵隊가 前後左右로 警衛ᄒ얏고 皇帝陛下계옵셔 大元帥의 武裝을 服ᄒ시고 馬車를 乘ᄒ셧ᄂᆫᄃᆡ 侍從武官長 閔丙奭氏가 驂乘ᄒ얏고 前導에ᄂᆫ 宮內府大臣 李允用氏가 乘馬按轡ᄒ얏고 陪從에ᄂᆫ 總理大臣 李完用氏와 書記官長 韓昌洙氏가 同車ᄒ얏스며 永宣君 李埈鎔氏도 乘車陪從ᄒ얏고 各官私立學校生徒들은 國旗와 校旗를 各持ᄒ고 自黃土峴으로 宗廟門前ᄭᆡ지 整齊羅立ᄒ야 祇迎敬禮ᄒ얏고 一般 官民家及舖廛에셔ᄂᆫ 國旗를 高揚ᄒ야 敬意를 表ᄒ얏고 外國紳士及婦女ᄂᆫ 觀光ᄒᆯ 次로 人山人海를 成ᄒ얏ᄂᆫᄃᆡ (하략)[38]

황제가 군복·마차 승차로 민중 앞에 임어한 최초의 사례였고, 또 종묘에 군복·마차로 임한 최초의 사례이기도 했다. 여기에서는 학교 생도를 동원하여 태극기를 들고 종로에 정렬하였고, 거리에는 태극기를 게양하였다. 또 9월 17일로 예정되었던 행행 때에는 문무백관에게 〈새로운 대례복〉으로서 〈프록코트〉 착용을 지시하고 있었는데,[39] 이날의 행행에는 프록코트

36 「舊韓國官報」 隆熙 원년 9월 16일 號外.
37 『續陰晴史』 隆熙 원년 丁未 9월 17일.
38 「皇城新聞」 1907년 10월 4일 잡보 「行幸盛儀」.
39 「皇城新聞」 1907년 9월 17일 잡보 「禮服指揮」.

를 착용하였을 것으로 보인다.

이어서 11월 13일에는 황제·황후·황태자가 덕수궁(경운궁은 덕수궁으로 개명)에서 창덕궁으로 이어(移御)하였다. 이러한 황제의 이어는 〈양위〉에 계속 저항하던 고종이 이후 순종에게 간섭하지 못하게 하기 위한 조치였다.[40] 이 이어 당시에도 행행에 변화가 있었다. 김윤식에 따르면 그 모습은 다음과 같다.

오늘 대황제·황후·동궁께서 창덕궁으로 이어하셨다. 대한문 밖에 이르니 모든 사람들이 공경하며 맞이하였다. 오후 1시에 궁을 나서는데 황제, 황후가 같은 마차였고, 귀족척신과 그 부인들 역시 내외가 함께 탔다. 모두 발을 두르지 않았으니, 우리나라에 처음 있는 일이다. 만백성이 우러러보며 기뻐하였다. (하략)[41]

이 이어에서 처음으로 황제와 황후가 마차에 동석하였다. 그 이전 고종의 행행에서는 황태자가 배종(陪從)하였다. 더욱이 이날 황제와 황후가 동석한 마차에는 발을 두르지 않았다. 이것은 이후에도 계승되어 단발 군복의 황제와 그를 곁에서 따르는 황후는 〈보이는〉 존재가 되었다.

순종 즉위 이후 국경일에도 변화가 생겨 종래 음력을 따르던 국경일이 과도기를 거쳐 양력을 따라 실시되었다. 학교의 시행 규칙으로 보이는 휴업일을 정리한 것이 〈표 1〉이다. 우선 종래의 〈만수성절(萬壽聖節, 고종 탄생

---

40 「陰謀嫌疑ノ韓國宮內大臣朴泳孝等就縛ニ關スル韓國駐箚軍司令官報告移牒ノ件」, 『日本外交文書』 제40권 제1책, 491쪽.

41 『續陰晴史』 隆熙 원년 丁未 11월 13일. 〈今日大皇帝·皇后·東宮移御昌德宮, 詣大漢門外祗迎, 下午一時出宮, 皇帝皇后同御馬車, 貴戚命婦, 亦內外同車, 皆不施簾帷, 我國刱有之擧也, 萬姓仰瞻喜.〉

일)〉, 〈흥경절(興慶節, 고종의 등극일)〉의 고종에 관한 것이 빠지고[42] 대신 순종 탄생일을 〈건원절(乾元節)〉, 순종의 황제 즉위일을 〈즉위 예식일(卽位禮式日)〉, 순종이 종묘·사직에 〈서정(庶政)〉의 〈유신(維新)〉을 〈서고(誓告)〉한 날을 〈묘사 서고일(廟社誓告日)〉이라 하였고, 〈개국 기원절(開國紀元節)〉과 〈계천 기원절(繼天紀元節)〉은 양력으로 고쳐서 광무 연간의 그것과 이어지도록 하였다. 8월 27일로 〈즉위 예식일〉을 제정한 것은 단발 군복의 황제상이 확립된 즉위식의 〈기억〉을 매년 재생하고, 고종이 저항하였던 〈기억〉을 〈망각〉시키기 위한 조치였다고 할 수 있다.

표 1 융희 연간의 국경일(양력)

국경일명	날짜	비고
건원절(乾元節)	3월 25일	황제 탄생일
개국 기원절(開國紀元節)	8월 14일	조선 왕조 건국 기념일
즉위 예식일(卽位禮式日)	8월 27일	순종 황제 즉위일
곤원절(坤元節)	9월 19일	황후 탄생일(여학교의 휴일)
계천 기원절(繼天紀元節)	10월 12일	환구단 서고천일(圜丘壇誓告天日)
묘사 서고일(廟社誓告日)	11월 18일	1907년의 서고일(誓告日)

자료:學部令 第3號「師範學校令施行規則」(1909년 7월 5일)

1.3. 순종의 행행

황제의 신체 변화와 함께 황제 행행의 행선지에도 큰 변화가 나타났다(〈표 2〉 참조). 표를 보충하면, 먼저 각 연도의 합계는 1회의 행행에서 복수

42 또한 만수성절은 학교의 휴업일은 아니지만 그것에 부합하는 행사가 있었다. 광무 연간의 국경일에 대해서는 본서 제2부 제4장 참조.

의 행선지가 있기 때문에 실제의 횟수와 일치하지 않는다. 각 연도의 실제 행행 횟수는 1907년 8회(8월 이후의 5개월), 1908년 19회, 1909년 15회, 1910년 9회(8월까지의 8개월)이 된다. 1907년의 〈기타〉 5회의 내역은 일본 황태자(훗날의 다이쇼 천황)가 한국을 방문했을 때 인천으로의 환송·환영이 각 1회, 일본 황태자의 숙사가 1회, 사직·환구단이 각 1회이다.

표 2 순종의 행선지

연도	덕수궁	종묘	능	전·궁	문묘	동적전 (東籍田)	권업 모범소 (勸業 模範所)	운동회	통감	기타	합계
1907	2	2	1	0	0	0	0	0	0	5	10
1908	13	2	2	2	1	0	1	1	0	0	22
1909	8	1	1	0	0	2	0	1	2	1	16
1910	5	1	0	0	0	1	0	1	1	0	9
計	28	6	4	2	1	3	1	3	3	6	57

자료:『純宗實錄』
주) 1907년은 8월 이래, 1910년은 8월의 한국병합까지이다.

순종은 연간 15회 이상의 페이스로 행행을 실시했는데 이것은 광무 연간의 고종과는 비교가 되지 않을 만큼 많다. 그리고 행행 횟수의 증가를 가져온 것이 〈근알(覲謁)〉 또는 〈근행(覲幸)〉이라고 불렸던 덕수궁을 행선지로 하는 행행이다. 앞 절에서 보았듯이 순종은 1907년 11월 창덕궁으로 이어하였는데, 그 후 거의 한 달에 한 번 꼴로 덕수궁에 있는 고종을 문안하였다. 창덕궁 정문의 돈화문을 나와서 파조교(罷朝橋, 종로 3가)부터 철물교(鐵物橋, 탑골공원 부근)·종로(종로 교차점)를 지나 황토현(黃土峴, 광화문 교차점), 신교(新橋, 태평로 1가)를 남하하여 대한문으로 들어가는 경로였다(괄호 안은 현재의 지명). 즉 순종은 한 달에 한 번은 서울의 중심지를 횡단하였던 것이다. 행행 일시와 경로는 관보나 신문에 미리 통지되었고, 특히 〈만수성절〉에 실시하는 〈근알〉 때에는 대한문 앞에 많은 사람이 모여 경축했다.

그 밖에도 행선지가 다양해졌고 그에 따라 황제에게 더욱 새로운 이미지가 부가되었다. 1907년 11월 18일, 순종은 종묘사직에 행행하여 〈유신서정(維新庶政)〉의 서고를 하였다.[43] 그 제2조에는 〈농사와 뽕나무 기르는 것을 권장하고, 상업과 공업을 장려하며, 국부를 개발하여 나라를 세우는 기초를 공고히 한다〉고 했는데 여기에 맞는 행행을 실행하였다. 우선 순종은 수원에 있는 권업 모범장에 1908년 10월 1일 행행하였다. 원래 수원에는 정조의 아버지 장헌세자[고종이 장종(莊宗)으로 추존]의 능인 융릉(隆陵)이 있어서 정조가 화성을 건축하고 자주 행행했던 지역이며, 또 정조의 능인 건릉(健陵)이 있다. 순종은 이 두 개의 능에 갔는데, 그때 권업 모범장을 시찰했다. 이 행행에서 황제가 처음으로 경부선을 타게 되었다.

농상 장려의 행행으로서 하나 더 주목되는 것이 동적전(東籍田)에서의 〈어친경(御親耕)〉(1909년 4월 5일과 1910년 5월 5일의 2회)과 〈어친예(御親刈)〉(1909년 7월 5일의 1회)이다. 그런데 다카키 히로시(高木博志)에 의하면 1882년에 이와쿠라 도모미(岩倉具視)가 〈어원(御苑)에 권업장을 개설할 것을 청하는 건〉을 건의하고 나폴레옹 3세의 권농책을 배워서 〈천자가 친경(親耕)하고 황후가 친잠(親蠶)〉해야 하는 것을 서술하고 있는데, 이것이 〈도쿄 황거에서 천황의 모내기와 황후의 양잠〉의 〈기원〉이라고 한다.[44] 한편 사카에 와타루(坂江涉)는 다카키의 견해를 기본적으로 따르면서도 〈이와쿠라의 건의에는《옛날 중국에는 적전(籍田)을 제정하여, 천자가 친경하고 황

43 「舊韓國官報」隆熙 원년 11월 19일.
44 高木博志, 앞의 책, 제2장 「1880年代の天皇就任儀禮と「旧慣」保存」, 82~83쪽.

후가 친잠하는 의미를 함축했다》라고 하였듯이〉,〈실제로는 중국의 적전·친잠을 직접적인 모델로 상정하고, 또한 여기에 기초해서 건의에 이르렀다고 생각해야 한다〉고 하였다.[45] 필자의 좁은 식견으로 조선 후기 적전 친경은 1767년(영조 43)에 실시된 후 1871년(고종 8)에 실행하였지만 순종의 경우〈어친경〉을 2년 연속으로 실시하였으므로 연중행사로 만들려는 의도가 있었다고 생각한다. 고대 중국에 연원을 두는 황실의 농경 의례를 연중행사로 만드는 것은 황실 의례에서〈전통의 창조〉로서도 주목된다. 이것은 중화 세계의 황제 이미지와 유럽 군주와 호환성이 있는〈남자다운〉황제의 이미지라고 하는, 순종 즉위식에서 황제의〈전통〉과〈근대〉두 가지의 이미지가 이후에도 강조되고 있음을 의미한다. 또 이와쿠라의 건의에도 불구하고 천황의 모내기는 1927년(쇼와 2)까지 실행되지 않았다고 하나[46] 일본은 고대 중국의 농경 의례를 모델로 한 황실의 연중행사를 보호국 한국에서 일단 실현시켰다.

1909년 7월 5일 실시한〈어친예〉의 모습은 아래와 같다.

既報와 如히 昨日上午十時에 大皇帝陛下께압서 東籍田에 御臨ㅎ샤 春麥을 親졔ㅎ압시ᄂ데 義親王殿下와 農商大臣 趙重應 宮內大臣 閔丙奭 中樞院議長 金允植 同院顧問 李址鎔 承寧府摠管 趙民熙 侍從院卿 尹德榮 掌禮院卿 成岐運 法部次官 倉富勇三郎 農部次官 木內重四郎 宮內次官 小宮三保松 農務局長 中村彦掌 禮院主事 尹載炳 同 鄭寅煥 / 皇宮警視 黃信泰 諸氏가 從졔ㅎ고 漢城府民會長 俞吉濬氏도 追졔ㅎᄂ데 門外 老農 五十餘名과 水原農林

45 坂江渉,「古代東アジアの王權と農耕儀禮」, 鈴木正幸 編,『王と公』柏書房, 1998년, 16쪽.
46 위의 책, 51쪽의 주 14.

學校學徒 三十餘名은 東籍田 西邊에 侍立拜觀ㅎ고 官公私立男女學徒는 同
田南邊에 排立ㅎ야 萬歲를 嵩呼ㅎ고 紀念的으로 各其帽子에 麥穗를 揷ㅎ고
處處에셔 愛國歌를 連唱ㅎ얏다더라[47]

〈늙은 농부〉들이 초대된 것은 종래 친경·친예의 항례(恒例)였지만, 여기
에서 〈늙은 농부〉들은 뒤따라 보리를 베지 않고 농림 학교 생도들과 함께
정렬하였고, 또 생도들은 만세와 〈애국가〉(이것도 대한제국 국가일 것이다)를
부르며 경축하고 있다는 점이 주목된다.

1.4. 황태자의 행계

황태자의 행계(行啓)를 단독으로 시행한 것도 융희 연간의 특징이다. 광
무 연간에는 황태자의 단독 행계를 시행하지 않았고, 황태자는 황제의 행
행을 배예(陪詣)하는 존재였다. 하지만 영친왕 은(垠)이 황태자에 책립되면
서부터 황태자의 행계가 독자적인 역할을 완수하게 되었다. 그런데 순종
즉위식에 앞선 1907년 8월 14일, 〈조혼 금지〉에 관한 조칙이 나오고 있
다.[48] 언뜻 이해할 수 없는 이 조칙은 사실 새로운 황태자상의 창출에 관한
것이었다.

영친왕은 이해에 만 10세가 되었는데 생모 엄씨가 이은의 황태자 책립을
계기로 결혼 이야기를 꺼냈다.[49] 하지만 이토 히로부미는 이것에 맹렬히 반

47 「大韓民報」 1909년 7월 6일 잡보 「御親제의 從제」.
48 「舊韓國官報」 隆熙 원년 8월 17일.
49 「魚潭少將回顧錄」, 市川正明 編, 『日韓外交史料』10, 原書房, 1981년, 108쪽. 어담은 당시
시종무관. 또 「大韓每日申報」 1907년 8월 9일 잡보 「嘉禮儀節」, 8월 11일 잡보 「儲宮定妃說」
등에는 황태자가 머지않아 결혼하며, 그 상대는 이완용의 딸이라는 등의 소문이 보도되었다.

대하고, 스스로 황태자의 교육 책임자인 태자대사(太子大師)가 되어 장래의 한국 황제에게 적합한 〈문명적 교육〉을 실시하기 위해 일본으로의 〈유학〉을 단행하였다.[50] 〈조혼 금지〉 조칙은 틀림없이 황태자를 궁중, 특히 엄씨 등 부인의 영향에서 분리시키려는 조치였다. 황태자는 같은 해 12월 5일 인천에서 〈동계(東啓)〉하였고, 그 후 1910년대에 걸쳐 심상 고등소학교, 중등과 제1학년 과정을 거쳐 학습원, 육군유년학교, 육군사관학교에 취학하여 어떤 의미에서는 군인 황족으로서의 길을 걸었다. 그사이에 부인이 신변에 개입하는 일은 없었다고 한다.[51] 단발 군복의 〈남자다운〉 황제상을 일단 창출하기는 하였지만, 순종은 병약하여 군복에 어울리게 스스로 말을 타고 군대를 시찰하는 것과 같은 이미지는 창출할 수 없었다. 당시 민중 사이에는 순종을 〈타고난 자질이 미련하고 어리석다〉고 비웃는 말이 있었다고 하는데,[52] 이토는 황태자에게 당초부터 〈남자다운〉 이미지를 형성하려고 한 것으로 생각되며, 그러한 의도는 다음에서 볼 황태자 행계의 모습에서도 읽을 수 있다.

〈표 3〉은 〈동계〉까지 황태자의 행계를 보여 준다. 짧은 기간이지만 횟수는 같은 기간 순종의 행행을 상회하고 행선지도 다양하여 확실히 여기저기 데리고 다닌 느낌이 있다. 10월에 한국을 방문한 일본 황태자의 모든 일정에 동행한 것을 시작으로 고종·순종이 가지 않은 무관 학교·근위대 같은 군사 관계 시설, 학교·학회·기독교 청년 회관·박람회 등 황태자가 〈문명〉시대의 새로운 황제 이미지를 어린 시절부터 몸에 익힐 수 있도록 행계시켰

---

50 영친왕 은의 일본 유학에 대해서는 小野島幸子, 「韓國併合に關する一考察」, 『北大史學』 28, 1988년 8월 참조.

51 같은 책, 43~44쪽.

52 〈太皇帝雖昏庸, 尙能可否事, 今上則天資痴闇, 不省飢飽寒燠, 群小挪揄, 無所不至〉(『梅泉野錄』, 433쪽).

던 것이다. 〈동계〉 후에도 일본 각 지역으로 행계한 모습이 낱낱이 신문에 보도되었고, 또 궁중이나 극장에서는 일본에서의 황태자의 활동 사진이 상영되었다.

표 3 황태자 은의 행계(1907년)

날짜	행선지
10.1	관립 고등학교, 무관 학교
10.16	인천항(일본 황태자 마중)
10.17	일본 황태자 숙소
10.18	일본 황태자 숙소
10.19	일본 황태자 숙소, 창덕궁, 경복궁
10.20	인천항(일본 황태자 배웅)
11.6	종묘, 문묘
11.10	경성 박람회
11.14	청년 회관
11.21	덕수궁
12.1	근위대, 대동학회, 덕수궁
12.4	덕수궁
12.5	일본

자료: 『純宗實錄』

이러한 이토의 황태자에 대한 개입에 대해 당시 한국의 언론은 반드시 부정적이지만은 않았다. 황태자의 〈동계〉에 대해 「대한매일신보」는 다음과 같이 논설을 게재하였다.

(상략) (황태자가) 일본에 류학ᄒ실 긔한은 팔년이나 혹 십년으로 뎡ᄒ엿슨즉 그 졍밀ᄒ 학업과 무예의 과졍을 닉히시ᄂᆫ듸 긔한은 오릭지아니타 홀수업

스나 그러나 후일에 나라를 관할ᄒ야 다ᄉ릴때에ᄂ 이ᄀᆺ치 여러히 류학ᄒ신 효력의 귀즁흠을 나타내시리로다 본긔쟈ᄂ 전일에 한국안에서 일본 행동을 ᄆᆞᆷᄃᆡ로 엄즁히 평론ᄒ기를 일삼엇거니와 황태ᄌᆞᆫ뎐하로 일본에 류학ᄒ시계ᄒᄂ 이 시긔에 니르러ᄂ 일본을 칭찬ᄒᆞᆯ만ᄒ도다 본국에서보다 일본에서 슈학ᄒ시ᄂ거시 십비나 더 나을뿐아니라 이등공작의 지혜와 능간으로 교도흠을 밧으시면 보통의 뜻을 통달ᄒ시기 어렵지아니ᄒ시리로다 또 긔률을 힘써 비호시리니 엇던 사ᄅᆞᆷ이던지 이거슬 비호지 아니ᄒ면 엇지 능히 임을 쳐판ᄒ야 다ᄉ리리오 본긔쟈ᄂ 이번 이 일을 실심으로 찬양ᄒ며 또 그 효력이 우리 밋고 ᄇ라ᄂᄃᆡ 지나가기를 깁히 밋노라[53]

〈동계〉를 오늘날 말하는 〈인질 정책〉이 아니라 오히려 장래의 한국 황제에게 적합한 교육을 기대하고 있는 것이다. 다만 이 논설은 완전히 서양인과 같은 시각으로 쓰여 있으며, 지면에도 한국을 〈이 지역〉 등의 제3자적인 표현으로 쓰고 있기 때문에 한국인 주필이 작성하지 않은 듯한 느낌도 든다. 일본에 의한 의병 탄압을 통렬하게 비판한 매켄지가 군복 차림의 순종에 대해서는 〈완전히 남자다워 보였다〉라고 긍정적으로 논평한 것과 같은 시각이 여기에 있다. 어쨌든 〈남자다운〉 황제야말로 장래의 한국 황제로 적합하다고 생각하는 한에서 이토의 황실 이용 정책을 근본적으로 비판할 수 없었다. 이 점에서 〈보호국〉에 대한 당시 한국 개화파 계열 지식인의 딜레마가 단적으로 드러난다.

---

53 「대한매일신보」 1907년 12월 7일 논설 「한국황태ᄌᆞ의 류학ᄒ심」(원저에서는 「大韓每日申報」 1907년 12월 17일 논설 「韓國皇太子의 日本修學」이라고 했으나, 국한문판으로 찾아보더라도 이 기사의 게재 날짜는 12월 7일이며 제목은 「韓國皇太子의 修學」이다 — 옮긴이).

1.5. 황후상

왕후 민씨 살해 사건 당시 범행 집단이 누구 하나 그 얼굴을 몰랐다고 한 것으로 상징되듯이 황후(왕비·왕후)는 일찍이 왕궁 밖으로 나와서 인민 앞에 모습을 나타내는 일이 없었다. 하지만 앞에 본 창덕궁 이어 이후, 황후 윤씨는 황제와 함께 마차를 타고 발을 치지 않은 채 인민 앞에 모습을 드러내었다. 빈번하게 실시한 덕수궁으로의 〈근알〉 때에는 반드시라고 해도 좋을 만큼 황후는 황제와 동행하여 시아버지를 문안하고, 덕수궁 안에서의 제사를 따르고 있었다. 창덕궁 후원에서는 자주 관병식(觀兵式)·운동회·원유회 등을 개최하였는데 그때에도 황후는 황제 곁을 따르고 있었다. 1908년경부터는 부부의 창덕궁 후원 〈출어(出御)〉를 정례적으로 하였고 신문은 그 모습을 보도하였다.

순종의 최초 〈어친경〉을 실행한 후인 1908년 6월 1일, 처음으로 황후의 단독 행계를 수원 권업 모범장을 행선지로 하여 실시하였다(단, 황후의 단독 행계는 이것이 유일하다). 이 행계에서는 모범장 내 양잠 상황의 시찰이 목적이었다. 이 행계 이후 황후는 창덕궁 후원 서향각(書香閣)에 〈친잠실(親蠶室)〉을 설치하고 때로는 순종과 둘이서, 때로는 황족·고관 부인과 함께 시찰을 하고, 〈견수식(繭收式)〉을 집행하였다. 이러한 〈친경〉, 〈친예〉하는 남성=농경하는 황제와, 〈친잠〉, 〈견수〉하는 여성=양잠하는 황후라고 하는, 고대 중국의 황제·황후로까지 소급한 이미지가 형성되었다. 그 한편으로는 남편을 따라 시아버지를 문안하고 조상의 제사에 봉사하는 좋은 아내(良妻)로서의 황후, 농상(農桑)을 통해 〈서정유신〉에 적극적으로 참가하는 황후라고 하는 새 시대의 황후상이 형성되었다. 물론 거기에는 일부일처제가 함의되어 있다. 그리고 원유회(園遊會)나 〈견수식〉에서 보이듯이 부인들의 외출이 촉진되어 갔다. 순종의 행행에서는 여성이 〈장옷〉을 착용하고 구경하는 것을 금지하였고,[54] 또 여학교에서도 운동회를 빈번히 실시하였다. 여성의 〈국민화〉가 성별 차이를 수반하면서 진행되었던 것이다.

2. 보호국기의 황제와 민중

2.1. 어진

〈보이는〉 황제의 확립과 함께 사진을 이용한 황제상의 전국적 확산 시도가 있었다. 먼저 순종의 즉위식 직후인 1907년 9월 15일부터 일본인 거류민단과 한국인 경성상업회의소를 중심으로 경성 박람회를 개최하였는데, 이 박람회에서는 즉위식에서 촬영된 황제와 황태자의 사진을 인쇄한 기념엽서가 발매되었다고 신문에서 보도하였다.[55] 새로운 황제상을 사진으로 확산시키려는 움직임이 시작된 것이다.[56] 그리고 〈어진〉을 전국의 학교·관청에 〈봉안〉하는 계획을 논의하였다.

---

54 「大韓每日申報」 1907년 10월 4일 잡보 「藏衣脫却」.

55 「皇城新聞」 1907년 9월 10일 잡보 「博覽會來信」.

56 처음 발표하였던 논문(본서의 〈종장〉에서 언급한 논문의 출전을 참조할 것)에서는 여기에서 〈실제로 발매되었던 흔적은 없지만 새로운 황제상을 사진에 의해 확산하려고 하는 움직임이 출시된 것이다〉라고 했는데, 그 후 군복 모습의 순종과 황태자의 얼굴 사진을 각각 인쇄한 〈경성 박람회 기념회 엽서〉, 또 이 순종의 얼굴 사진과 같은 사진에서 무릎까지가 찍혀 있는 〈한국 황제폐하 어진영〉을 인쇄한 그림 엽서(순종 즉위식 직후로 추정된다)가 존재한다는 사실을 알게 되었다. 최석로, 『민족의 사진첩 IV — 개화기의 생활과 풍속』, 서문당, 2007년, 71, 73쪽. 따라서 처음 게재했던 논문에서 범하였던 사실상의 오류는 여기에 기록해 두고 내용을 정정한다.

學部에셔 太皇帝陛下와 皇帝陛下와 皇太子殿下의 御寫眞을 撮影ㅎ야 各官立學校에 一本式을 奉安흔다는 說이 有ㅎ더라[57]

大皇帝陛下의 御眞을 撮影ㅎ야 十三觀察道와 各府尹府에 一本式을 奉安흔다더라[58]

〈어진〉이란 국왕의 초상화인데, 살펴본 것처럼 〈봉안〉을 계획한 것은 사진이다. 다만 직접 촬영한 사진인지, 메이지 천황의 어진영(御眞影)처럼 초상화를 사진으로 복제한 것인지 알 수 없다. 어쨌든 단발 군복의 황제였던 것은 확실하다. 어진의 발송은 이해 연말경부터 구체화했다.

學部에서 各官公私立學校에 御眞을 奉安ㅎ라고 訓令ㅎ얏눈듸 今此 大皇帝陛下게옵셔 御眞을 下賜ㅎ옵신 바 各官公私立學校에 奉安ㅎ고 一般 職員과 學徒가 聖意를 體念興感ㅎ고 勉進作成ㅎ야 奉答宣揚케 ㅎ며 奉安에 對ㅎ야 注意事項을 左開訓令ㅎ니 知悉遵行이 爲可事
一 御眞은 其愼嚴ㅎ기를 爲ㅎ야 學校所在地監督官廳에 奉安ㅎ되 監督官廳이 無흔 處눈 他行政官廳에 奉安홀 事
一 儀式擧行홀 時눈 其當日에 前項官廳으로브터 式場에 移安ㅎ고 閉式흔 後에 卽時 前項官廳에 還安ㅎ되 學校職員이 躬自奉行ㅎ고 祗迎祗送ㅎ눈 儀節은 停置홀 事[59]

57 「皇城新聞」1907년 9월 12일 잡보「御寫眞奉安說」.
58 「皇城新聞」1907년 12월 1일 잡보「御眞奉安」.
59 「皇城新聞」1907년 12월 14일 잡보「學訓各校」.

이 방침에 따라 이듬해인 1908년 2월 무렵부터 각 학교로 어진을 발송하였다. 봉안하는 장소는 군아(郡衙)를 비롯한 지방 관청이었다.[60] 시기에 대해서는 3월 10일(음력 2월 8일)의 순종 탄생일로 맞춘 것은 분명하다.[61] 또 관청에 대해서는 「皇城新聞」 1908년 5월 12일 잡보 「御眞陪送」에서

宮內府에셔 大皇帝陛下의 御眞一本式을 各部로 陪送奉安케 ᄒᆞ얏고 各觀察道에도 一本式을 奉安케 ᄒᆞ다더라[62]

라고 한 것 같이, 먼저 궁내부에서 정부 각 부로 배송한 다음 각 관찰부로 보냈다. 황제의 행행이 아직까지 서울 안에 그치고 있는 상황에서 새로운 황제상을 침투시키고, 또한 〈신엄(愼嚴)〉을 강조함으로써 거기에 권위를 부여하는 것을 노렸다고 생각된다.

2.2. 경축 행사에서 〈근대〉와 〈전통〉

순종의 즉위식 때 성대한 경축 행사가 치러졌다. 국경일에 경축 행사는 대한제국 초기부터 치러졌고, 특히 독립협회가 활동한 시기에 활발하였다. 독립협회의 해산 후에도 고종 탄생일인 만수성절에는 대안문(大安門, 大漢門) 앞에서 학교 생도들의 만세 등이 있었다. 하지만 신문 보도로 보는 한에서는 러일전쟁 중인 1904년과 1905년에는 황태자비 민씨의 복상 기간이었기 때문인지 내세울 만한 경축 행사가 치러진 사실을 확인할 수 없다. 경축

60 「皇城新聞」 1908년 2월 23일 잡보 「御眞發送」 등.
61 조경달은 이날 전라북도 익산군의 창동학교(昌東學校)의 생도가 〈군아(郡衙)에서 어진영(御眞影)을 보고 경하의 만세 삼창을 했다〉는 사례를 소개했다. 조경달, 앞의 책, 428~429쪽.
62 그 밖에 「大韓每日申報」 1908년 5월 12일 잡보 「御眞奉安」 등.

행사는 1906년 3월 2일(음력 2월 8일)의 천추경절(千秋慶節, 황태자 탄생일)에 개재되었는데, 대안문에서 생도의 만세, 예포, 서울 안에서 국기 게양, 색등 행사를 실시하였다.[63] 경축 행사는 그 후 9월 4일(음력 7월 16일)의 개국 기원절(국기·색등),[64] 9월 13일(음력 7월 25일)의 만수성절(원유회, 생도의 만세, 관병식·예포, 국기·색등),[65] 11월 3일(음력 9월 17일)의 계천 기원절(繼天紀元節, 생도의 경운궁 밖에서의 경축식, 국기·색등)[66]에 치러졌고, 국경일의 경축회는 성대해졌다. 또 1907년 1월 24일에는 황태자(순종)와 윤택영 딸과의 혼인 의식을 거행했다.

1907년 8월 27일 순종 즉위식에 앞서 내부(內部)는 13도 관찰사에게 즉위식 날에 관할 부군(府郡) 관청과 민가에 국기를 게양시키도록 훈령했다.[67] 그리고 학부에서는 각 학교 교원을 소집하여 즉위식 당일에 생도를 학교에 모아서 오후 9시에 만세 삼창을 하도록 지시하고, 또 각 학교에 경축비를 지급했다.[68] 즉위식 당일 서울에서는 각부부원청(各府部院廳), 상점, 민가에 국기와 구등(球燈)이 걸렸고, 학교에서는 오후 9시에 만세를 화창(和唱)하였다. 내부·농상공부에서는 관리가 〈기악(妓樂)〉으로 연회를 열고, 또 학회·은행·한성상업회의소에서도 연회가 열렸다. 일진회는 독립관에서 경축회를 열었는데 이것은 바로 독립협회 경축회의 재개라 할 수 있는 것이었다.[69] 이들 학회·은행·상업회의소·일진회가 중심이 되어 한성부민회를 결성하

63 「皇城新聞」1906년 3월 3일 잡보「慶祝景況」.
64 「皇城新聞」1906년 9월 5일 잡보「慶節停公」.
65 「皇城新聞」1906년 9월 14일 잡보「萬壽聖節慶祝盛況」.
66 「皇城新聞」1906년 11월 5일 잡보「紀元慶祝」.
67 「皇城新聞」1907년 8월 21일 잡보「慶祝訓飭」.
68 「皇城新聞」1907년 8월 21일 잡보「學校慶祝指揮」.
69 당일의 모습에 대해서는「皇城新聞」1907년 8월 29일 잡보「一般大慶祝」.

였고, 이 단체가 서울에서 경축 행사를 실시하는 주축이 되었다.[70]

　다음 해 즉위 예식일에는 〈즉위 기념 경축 한성부민회〉가 황제에게 송덕 표(頌德表)와 기념품인 은제 향로(銀製香爐), 각 지방에서 〈대리 증정〉을 의 뢰한 〈봉축 만세 전보(奉祝萬歲電報)〉 수백 통, 의주부·동래부로부터의 기 념품을 황제에게 봉정했다. 같은 날 오후 3시에는 경복궁 경회루에서 경축 연회가 열렸는데, 한성부민회는 해산 후인 오후 7시부터 다시 별개로 석고 단(石鼓壇) 사무소에서 경축 연회를 열어 군악·애국가 연주를 들으며 만세 를 삼창했다. 연회장 바깥에서는 국기·구등이 걸린 가운데 오후 6시에 학 부 정문 앞에 집합한 각 관립 학교 생도들이 제등 행렬을 하고, 종로에서 돈화문으로 향하면서 그곳에서 〈대황제·황후 양폐하〉 만세를 저마다 삼 창, 〈대한제국 만세〉를 삼창하였다.[71]

　또 전후한 시기이지만 1908년 3월 10일 건원절에는 〈건원절 경축 한성 부민회〉가 제등 행렬에 한성부 5서(부)로부터 〈적어도 2천 명씩〉의 동원을 지시했다. 계획에 의하면 동원된 사람들은 종로와, 거기에 인접해 있는 현 재의 세종로·남대문로의 지정된 장소에 각 서별로 정렬하고, 오후 7시부터 순서대로 돈화문에 나아가 〈대황제 폐하 만세〉를 삼창한다. 또 동십자각 (경복궁 앞)을 지나 대한문 앞에 나아가서 〈대황제 폐하 만세〉를 삼창하고, 그 후 다시 종로에 돌아와 〈대한제국 만세〉를 삼창한다고 하였다.[72] 계획대 로 동원되었다고 치고 여기에 학교 생도를 더하면 1만 수천 명의 군중이 이 날 서울 중심부를 행진하고 만세를 부른 것이 된다. 이날에는 또 개성에서 도 경축 예식·제등 행렬이 있어서 〈애국 사상으로 눈물을 머금은 자들도

70 한성부민회에 대해서는 본서 제1부 제3장 참조.
71 「皇城新聞」 1908년 8월 29일 잡보 「紀念慶祝의 人民表誠」.
72 「大韓每日申報」 1908년 3월 7일 잡보 제3면 광고.

있고, 숭호만세(嵩呼萬歲)의 소리에 천지가 진동〉하는 정경이었다고 하고, 게다가 〈개성학회〉·개성상업회의소·각 학교가 〈망궐례(望闕禮)〉도 거행하였다.[73]

순종 즉위식 후 중화 세계의 〈전통〉적인 황제상과, 단발 군복의 새로운 황제상이 보이는데, 이 건원절에 덕수궁으로의 〈근알〉과 경축회에서는 제국·황실의 〈전통〉성이 과시된 측면이 나타났다. 당일 〈근알〉에서는 그때까지의 일본 기병대를 대체하여 전년 12월 20일 칙령 제58호[74]로 편성된 한국 근위 기병대가 의장의 임무를 담당하는 노부 의장의 변경이 있었다.

(상략) 홍령긔와 쳥령긔와 곤쟝 쥬쟝을 가지고 섯스며 겸내취ᄂᆞᆫ 넷군악으로 대가 지나실때에 집ᄉᆞ가 넷군복에 젼립을 쓰고 환도와 등채를 가지고 전일 거동ᄒᆞ실 때와 ᄀᆞ치 거행ᄒᆞ여 명금이하에 대취타를 ᄒᆞ엿다더라 (하략)[75]

라고 하였듯이 기(旗)·장(杖)·복장·군악은 전부 구식이었다. 그날 밤의 제등 행렬에서는 일반 인민이 군악 연주와 함께 행진했는데 그와 함께 호위대에 의한 〈구군악〉의 〈대취타〉가 있었고, 일반 인민이 〈만세〉를 부르는 한편, 무동(舞童)과 기생들이 〈지화자〉를 외쳤다.[76] 이해의 건원절은 국경일이 음력에서 양력으로 바뀌는 과도기에 해당하며, 양력으로 정해진 3월 25일의 건원절 후인 3월 28일 다시 원유회를 개최하였는데 그때 황제가 탄

---

73 「大韓每日申報」 1908년 3월 12일 잡보 「慶祝盛況」.
74 「舊韓國官報」 隆熙 원년 12월 25일.
75 「대한매일신보」 1908년 3월 12일 잡보 「거동시성황」(국한문판, 같은 날짜 잡보 「動駕節次」).
76 「大韓每日申報」 1908년 3월 12일 잡보 「慶祝盛況」.

것은 마차가 아니라 〈옥연(玉輦)〉이었고, 음악과 요리는 조선식이었다.[77] 같은 해 즉위 예식날의 〈근알〉 때에도 순종은 〈구예복〉을 착용했다. 황제의 신체에서 〈근대〉와 〈전통〉의 사용 구분이 이루어지게 되었던 것이다.

2.3. 신체의 규율화

즉위식 이후 황제는 〈보이는〉 존재가 되었는데, 그와 함께 〈보는〉 측에는 〈충군애국〉의 표명이 강하게 요청되었다. 앞서 살핀 것과 같이 즉위식 날에는 국기 게양을 명령하였고, 학교 생도들을 동원하도록 하였다. 또 한성부민회가 주체가 되어 일반 민중을 경축 행사에 동원하였다. 1909년 초에는 한성부 내의 상점 점포 앞에 제멋대로 국기 게양용 못을 박고서는 그 대금을 징수하며 돌아다니는 일본인 사기꾼이 출현했을 정도였다.[78]

이것과 함께 제2차 단발령 후 서울을 중심으로 일반 인민의 단발을 추진하였다. 제2차 단발령 발포 직후의 신문을 보면 다음과 같다.

> 各府部院廳에 廳直及使隷輩中에 薙髮흔 者도 有ᄒ며 或 不剃흔 者도 有ᄒ더니 大皇帝陛下게옵셔 斷髮戎裝ᄒ시고 卽位ᄒ신 後로 該使隷輩가 一切 薙髮ᄒ얏스며 人民中에도 數日來로 稍稍 薙髮흔 者가 日益增加ᄒᄂ디 第過 幾日이면 漢城內에ᄂ 一切 薙髮ᄒ야 新面目을 呈ᄒ리라더라[79]

〈청직(廳直)〉, 〈사예(使隷)〉가 아닌 일반 관리는 이미 즉위식 단계에서 단

---

77 「大韓每日申報」1908년 3월 29일 잡보 「御臨園」.
78 「皇城新聞」1909년 1월 31일 잡보 「商會調查及付託」.
79 「皇城新聞」1907년 8월 31일 잡보 「事熱宜然」.

발하였는데, 그 후 서울에서는 일반 민중에게 단발이 보급되고 있다. 서울에서 관리와 함께 맨 먼저 단발한 자는 학교 생도인데, 거기에는 단발을 하지 않으면 퇴학시킨다는 압력이 작동하고 있었다.[80] 지방에서 단발은 제2차 단발령으로부터 다소 늦은 1908년 여름 무렵부터 시작되었다. 그것을 담당한 자는 그해 6월 일제히 교체된 각 도 관찰사였다. 관찰사는 부윤·군수 회의 등에서 일제히 단발을 지시하고 부윤·군수는 각각 관할 지역 내의 면장들에게 스스로의 단발과 단발 순회 지휘를 지시했다.[81] 단발하지 않는 군수에게는 관찰사로부터 면직 압력이 가해지기도 하였다. 충청북도 관찰사 권봉수(權鳳洙)는 군수로서 〈연명〉하기 위해 면회를 요청한 괴산 군수 심규택(沈奎澤)을 단발하지 않았다는 이유로 거절했다고 한다[82](결국 심규택은 단발하여 〈연명〉했다).

이러한 압력이 수반된 것이었다고 해도, 서울을 중심으로 단발이 시대의 추세가 된 것은 사실이었다. 1908년 5월 〈頭可斷이언정 髮不可斷의 主義를 固執〉하고 있던 평안북도 영변에 사는 유생이 상경하여 흥사단에서 단장 김윤식 등의 연설을 들은 후 감격하여 〈頭髮을 斷ㅎ고야 男兒의 事業을 可以做去〉, 〈當場에 此髮로써 國家에 獻ㅎ다〉고 하면서 스스로 단발하고 〈吾家 曾往에 兪吉濬─張博諸氏를 逆賊으로 認ㅎ얏더니 自今으로는 該諸氏를 先覺者로 知ㅎ거니와〉라고 연설하고 학교에 입학하기로 결심했다고 한다.[83] 다소 과장인 것 같기는 하지만 김윤식도 그 모습을 일기에 적고 있

80 「皇城新聞」1908년 5월 27일 잡보「斷髮理由」.
81 「皇城新聞」1908년 9월 12일 잡보「首先剃髮」, 1908년 9월 24일 잡보,「面長─切斷髮」. 모두 경기도에 관한 기사.
82 「大韓每日申報」1908년 7월 26일 잡보「削後接見」.
83 「皇城新聞」1908년 5월 17일 잡보「斯文開明」.

듯이[84] 대개 사실을 전하는 기사이며 당시 서울 분위기의 일단을 알 수 있다. 단발할 때는 그전에 귀향하여 가묘에 보고하는 사람이 많았다고 하는데[85] 단발을 하고 나서 귀향했기 때문에 부인에게 가묘 참배를 허락받지 못했던 내부 참사관의 일화[86] 등도 신문에 소개되었다. 1908년 2월 〈체발(剃髮)의 정미(精美)를 연구하고 영업의 발달을 도모〉하기 위해 한국인 이발조합소의 설치를 농상공부에 청원한 것도[87] 단발의 보급을 방증하는 것이리라.

이러한 단발의 보급과 함께 복장·정렬 등의 규율화가 추진되었다. 정렬 등의 규율화 계기는 이미 1907년 1월 24일 황태자(순종)의 결혼에 있었다. 경축 제등 행렬에 대해서 「皇城新聞」은 다음과 같이 보도했다.

(상략) 該學徒 等이 四列로 隊伍를 作ᄒ야 自學部門前으로 大漢門前시디 絡繹不絶ᄒ얏ᄂ디 愛國及慶祝歌를 齊唱後에 萬歲를 崇呼ᄒ고 巡檢及日本 巡査 五十餘名이 各別保護ᄒᄂ디 該學徒의 潑潑ᄒ 氣像과 井井ᄒ 儀容이 令人讚賞ᄒᄂ 中通明ᄒ 燈色은 一大火城을 作ᄒ얏고 各私立學徒들이 鱗次 挨到ᄒ야 一新空氣를 瀉出ᄒ얏더라[88]

경축 행사에서 제등 행렬을 실시한 것은 아마도 이것이 최초였는데, 그것과 함께 4열 정렬을 실시하고, 경찰관의 경호를 실행하였다. 또 이날에는 양규의숙(養閨義塾) 생도가 새로운 황태자비의 지영(祗迎)에 참가했는데, 여

---

84 『續陰晴史』隆熙 2년 戊申 5월 15일.
85 「大韓每日申報」1907년 9월 1일 잡보 「鄕客言歸」.
86 「大韓每日申報」1907년 12월 13일 잡보 「不許入廟」.
87 「皇城新聞」1908년 2월 21일 잡보 「理髮組合所」.
88 「皇城新聞」1907년 1월 26일 잡보 「學徒의 新精神」.

학교 생도가 경축 행사에 참가했던 것도 이때가 최초라고 한다.[89]

때때로 황제·황태자의 관람 아래 이루어진 운동회는 종래와 같이 서울의 학교뿐만 아니라, 지방의 학교를 포함한 연합 운동회, 관리와 여학교에도 미치고 있었다. 신문은 그곳에서의 규칙을 지키는 행동을 칭찬하였다.

各官私立學校聯合大運動會에 參與하기 爲하야 開城郡에 所在ᄒᆞᆫ 官私立學徒 百餘名이 聯合하야 昨日 學部로 前進하ᄂᆞᆫ듸 上下衣袴ᄂᆞᆫ 黑色으로 一致하고 整齊ᄒᆞᆫ 隊伍와 潑潑ᄒᆞᆫ 氣像은 令人可贊홀너라[90]

경축할 때에 착용할 〈국민 예복〉을 제정하기 위해 〈각 사회 유지 진사(各社會有志縉士)〉가 협의하였고,[91] 〈국민예복의정임시회(國民禮服擬定臨時會)〉[회장 오세창(吳世昌)]라는 단체를 조직하여 중추원에 건의한 것도 있었다.[92]

경축 제등 행렬이나 행행의 지송(祗送)·지영(祗迎) 등에 생도를 동원할 때는 학부가 주의 사항을 결정하고 생도는 이에 따라 움직였다. 1908년 즉위 예식일 제등 행렬에서는 이전부터 정해져 있던 4열 정렬 외에 제등의 직경, 대나무 장대의 길이, 집합 시간·장소, 행진 순서 등이 자세하게 정해져 있었다.[93] 또 같은 해 10월 1일 수원 행행의 때에는 정거장과 가까운 남대문에서 서울 각 학교 생도의 지송·지영이 있었는데, 그곳에서는 4열 정렬 외에 행행 행렬의 선두가 통과하면 〈기착(氣着)〉의 호령으로 정렬하고, 어마차가

89 「皇城新聞」1907년 1월 26일 잡보「慶祝狀況追報」.
90 「皇城新聞」1908년 10월 26일 잡보「開城學徒上京」.
91 「皇城新聞」1908년 1월 28일 잡보「國民禮服」등.
92 「大韓每日申報」1908년 8월 7일 잡보「國民禮服擬定」.
93 「皇城新聞」1908년 8월 18일 잡보「學部의 慶祝式」.

통과하면 〈경례〉의 호령으로 머리 숙여 인사하고, 〈바로〉의 호령으로 몸을 일으키도록 지시하였다.[94]

이러한 신체의 규율화에 관한 보도가 활발하게 게재되는 한편으로 다음과 같은 〈구습〉 비판의 기사도 왕성하게 보도되었다.

> 頭戴紗笠ᄒ고 鬂着玉圈혼 何許兩班이 下人을 命ᄒ야 長竹을 持ᄒ고 某處 學校運動場을 過去ᄒ다가 學生의 體操ᄒᄂ것을 見ᄒ고 怪而問之曰何故如 是오흔딕 其下人이 即對曰學生의 體操로소이다ᄒ니 在傍者ㅣ 爲之嗟嘆曰所 謂兩班社會에 如彼野蠻이 多有ᄒ니 寧欲無言이라ᄒ더라[95]

여기에서 〈작은 갓(沙笠)〉, 〈옥관자(玉圈)〉란 단발하지 않은 것을 의미하며 〈장죽(長竹)〉이란 손잡이가 긴 담뱃대이다. 모두 희화화된 양반상으로 아마도 이 기사는 사실에 기반한 것은 아니다. 하지만 이 기사의 내용이 사실인지 어떤지는 문제가 아니다. 상투와 장죽의 모습으로 하인을 거느린 양반은 단발·평등·체조의 〈문명〉과 정반대의 〈야만〉이 되었다. 그리고 이러한 양반 이미지는 당시 일본인이 한국을 볼 때의 전형적인 모습과 일치한다. 신문·학회 월보에 게재된 계몽 논설·기사는 하는 일 없이 놀면서 입고 먹는(遊衣遊食) 양반들의 〈구습〉을 통렬히 비판하는 〈자강〉의 외침이었다. 하지만 그것만으로는 통감 정치로 실시되는 〈자치 육성 정책〉에 대한 근본적인 비판이 될 수 없었고, 오히려 그것을 지지하는 것이 되고 말았다.

---

94 「皇城新聞」 1908년 10월 1일 잡보 「學徒祗送迎의 要項」.
95 「皇城新聞」 1908년 6월 23일 잡보 「反不如下隸」.

3. 남순행·서순행과 민중

3.1. 남순행·서순행의 거행

이토 히로부미는 1909년 1월 순종의 순행을 단행하기로 결정했다. 그래서 1월 7일부터 13일까지 부산·마산을 행선지로 하는 남순행, 이어서 1월 27일부터 2월 3일까지 의주·신의주를 행선지로 하는 서순행을 실시하였다. 조선 왕조 창건 이래 첫 순행인 남순행·서순행의 목적은 『伊藤博文傳』에 따르면 다음과 같다.

통감부 개설 이래 벌써 3년, 한국 정부도 점점 [이토] 공의 성의를 이해하기에 이르렀는데도, 완고하여 사리에 어두운 인민 중에는 아직 통감 제도의 본의를 깨닫지 못한 자가 많아 소요가 끊이지 않는다. 그래서 지방의 피폐, 인민의 곤궁은 더욱 심해지고 있어, 이에 공은 하나로 한국 황제로 하여금 지방 실정을 시찰하게 하고, 하나로 민심의 일신을 기하기 위해 한황의 타지방 순행을 필요로 하여 메이지 42년 1월 2일 총리대신 이완용을 불러 우리 천황께서 메이지 초년 각지를 순행하신 예를 들어 지방 순행을 종용하였다. 또 이때 한국 황제가 이를 받아들인다면 자신도 역시 거가(車駕)를 배종해서 보익(輔翼)의 소임을 맡을 것을 사양하지 않겠다는 뜻을 가지고 있다고 알렸다.[96]

이토의 순행 목적을 의병에 대한 회유책이라고 한 연구가 많은데, 의병의 지탄 대상이 되는 사람들에 대한 위무라고 하는 측면도 읽어 낼 수 있

---

96 春畝公追頌會, 『伊藤博文傳』下, 統正社, 1940년, 800~801쪽.

다. 순행의 목적에 대해 명확하게 서술한 사료는 없지만, 실제 순행의 과정에서 그 목적을 추측해 보려 한다.

표 4 남순행·서순행 일정

날짜	출발	소주지 (少駐地)	경숙지 (經宿地)	행재소 (行在所)	일정	비고
1.7	남대문 정거장	대전역	대구	관찰부		
1.8	대구역	청도역	부산	이사청	동래부청	
1.9			부산	이사청	기함 아즈마(旗艦吾妻), 상품 진열소	
1.10	부산역		마산	이사청	창원부청	
1.11			마산	이사청	기함 가토리 (旗艦香取)	
1.12	마산역		대구	관찰부	달성공원 각 학교 운동회	
1.13	대구역	대전역				남대문 정거장 도착
1.27	남대문 정거장	용산역, 개성역	평양	관찰부		
1.28	평양역	정주역	신의주	이사청		
1.29	신의주(마차)		의주	관찰부	통군정(統軍亭)	
1.30	의주(마차)		신의주	이사청		
1.31	신의주역	선천역, 정주역	평양	관찰부		
2.1			평양	관찰부	평원당(平遠堂), 만수대	
2.2	평양역	황주역	개성	일본 수비대		

| 2.3 | 개성역 | | | | 만월대, 승국구궁 (勝國舊宮) | 남대문 정거장 도착 |

자료: 「舊韓國官報」, 「皇城新聞」, 「統監府文書」卷9

〈표 4〉는 남순행·서순행의 일정을 정리한 것이다. 둘 다 철도를 이용한 순행이었는데, 그것은 순행이 일본인이 많이 사는 지방을 행선지로 했음을 의미한다. 또 메이지 천황 순행의 경우 행재소(行在所)로 민가를 많이 사용하였지만,[97] 순종의 순행에서는 주로 관찰부와 이사청을 사용하였다. 경비상의 문제가 첫 번째 이유였겠지만, 특히 남순행의 경우 이전부터의 한국인 거주지와 일본인 거주지가 있는 신시가지가 분리되어 있었고, 이사청을 행재소로 사용하면 황제는 한국인보다도 일본인에게 가까운 존재가 되어 버린다. 각지에서 황제를 만나 보는 사람들의 수나 하사금의 금액은 상대적으로 일본인 쪽이 많아서 천황의 순행 대신에 한국 황제의 순행을 통해 한국인으로부터 적대시되고 있는 거류민을 위무하려고 한 것은 아닌가라고 생각될 정도이다.

먼저 인용문에서 첫 번째로 거론되었던 지방 시찰에 관해서는 한국인의 생활 상황을 시찰하기보다도 일본인에 의한 한국 〈보호〉의 〈실제〉를 황제에게 재확인시키려 한 의미가 강했다. 남순행을 할 때 부산과 마산에서는 메이지 천황이 파견한 군함에 순종이 〈탑승〉하여 일본의 무위(武威)를 과시할 수 있었다. 두 번째로 들 수 있는 〈민심의 일신〉에 대해서는 지방 민중에 대한 새로운 황제상의 가시화와 거기에 대응한 규율화에 진의가 있었다고 본다. 남순행에서는 부산에서 상품 진열관을 관람하였고, 상업 시설에

97 佐々木克, 「明治天皇の巡幸と〈臣民〉の形成」, 『思想』845, 1994년 11월, 105~109쪽.

370

행차하는 황제를 연출하였다. 대구 달성공원에서는 순종 앞에서 학교 생도들의 연합 운동회가 열렸다.

황제가 기차에서 내려 행재소로 향할 때에는 역전에 녹문(綠門)을 세우고 집집마다 국기를 게양하였다. 서울의 경축일처럼 학교 생도를 동원하였고, 사람들이 정렬하여 제등 행렬을 하면서 일제히 만세를 불렀다. 서순행을 하던 평양에서는 상세한 〈봉영·봉송 절차(奉迎奉送節次)〉가 정해져 있던 내용을 확인할 수 있다.[98] 또 황제를 만나 보는 일을 허락받은 〈지방 신사〉 중, 단발에 옷을 바꿔 입지 않은 자에 대해 순종은 예컨대 다음과 같이 논의를 폈다.

(상략) 卿으로 論ᄒ면 年高爵高ᄒ야 一鄕庶民의 表準이될만ᄒ 處地에 如許히 舊規를 膠守ᄒ니 其他諸般事件이 進就치 못ᄒ을 可知ᄒ깃도다 人이 世에 處ᄒ야ᄂ 時勢의 變遷흠을 隨흠이 當然ᄒ거든 況改革의 時代를 當ᄒ야 舊習을 膠守ᄒᄂ 것이 何意思오 卿等은 顔를 擧ᄒ야 朕을 仰瞻ᄒ고 各其歸家ᄒ야 時勢를 隨ᄒ야 進就的思想을 硏究ᄒ야 人民의 智識을 開發케하라 (하략)[99]

아니면 단발한 황제를 보면서 〈臣子가되야 歡迎ᄒᄂ 地에 髮을 斷치아니흠은 道理에 違反이라〉고 말하면서 그 자리에서 스스로 단발하는 사람들도 있었다고 한다.[100] 신문 보도에 따르면 남순행을 할 때 황제를 지영하는 곳에서 바로 단발한 사람은 수천 명, 순행 연선(沿線)에서 〈漸次斷髮ᄒ

---

98 「皇城新聞」 1909년 1월 30일 잡보 「平壤奉迎奉送節次」.
99 「皇城新聞」 1909년 1월 15일 잡보 「宋氏慌悚」.
100 「皇城新聞」 1909년 1월 15일 잡보 「自願斷髮漸多」.

者가 不知其數더라〉고 하고,[101] 서순행을 할 때는 개성군에서 천 명, 평양에서 수천 명, 구(舊)의주에서 3백여 명, 황주군에서 376명이 단발한 황제를 보고 스스로 머리카락을 잘랐다고 한다.[102] 순행할 때 황제를 만나는 것을 허락받은 사람들은 〈표 5〉와 같다. 그 동원·국기 게양 등 지영·지송의 중심적 역할을 담당한 자는 관찰사와 그 지시를 받은 군수였다.

표 5 남순행·서순행에서 폐견(陛見)·소견(召見)한 사람 수(한국인)

	날짜	장소	사람 수
남 순 행	1.7	대전역	군수 1, 진신장보(縉紳章甫) 57
	1.7	대구 행재소	관찰사 1, 도사무관 1, 경시(警視) 1, 군수 4, 재판관 3, 재무관 1
	1.8	청도역	군수 1, 지방위원 이하 23
	1.8	부산 행재소	관찰사 1, 부윤 1
	1.8	동래 행재소	부로(父老) 7, 진신 4, 열녀 2
	1.10	부산 행재소	80세 이상 부로 10, 80세 이상 부인 8
	1.10	창원 행재소	관찰사 1, 부윤 1, 군수 14, 재무관 1, 부로 5, 특지자(特志者) 3, 효자 2
	1.11	마산 행재소	열녀 2, 진신 3
	1.12	대구 행재소	관찰사 6, 군수 17, 재판관 1, 진신 18, 남녀부로 826
	1.13	대전역	관찰사 2, 도사무관 2, 재판관 1, 부윤 1, 군수 13, 지방위원 2, 진신 18, 부로 1039, 열녀 3, 효자 8, 선행자 2

101 같은 곳. 또 앞의 『伊藤博文傳』下에는 〈한국인 중 단발한 용안을 보고 蓄髮은 황송하다고 하면서 그날 단발한 사람이 마산에 40여 명, 부산에서는 600여 명에 달했다〉(821쪽)고 한다.
102 「皇城新聞」 1909년 2월 5일 잡보 「斷髮人數」.

	1.27	개성역 옥거(玉車) 안	관찰사 2
서 순 행	1.28	평양 옥거 안	관찰사 1
	1.28	신의주 행재소	관찰사 1
	1.29	의주 행재소	관찰사 1, 도사무관 1, 재판관 1, 부윤 1, 군수 13, 재무관 1
	1.30	의주 행재소	도사무관 1, 재무관 1, 진신 78, 유생 18, 부로 1947
	1.30	의주 행재소 정문 외	진신 78, 유생 18, 부로 1947
	1.31	신의주 행재소	덕수궁 칙사 1
	1.31	선천역 옥거 외	군수 1, 진신 18
	1.31	정주역 휴게실	군수 1, 진신 32
	1.31	신안주역 옥거 외	진신 9
	2.1	평양 행재소	관찰사 4, 도사무관 1, 재판관 7, 경시 1, 부윤 1, 군수 16, 육군부위(陸軍副尉) 1, 재무서장 1, 전 육군부위 4, 전 시종 2, 전 참서관 2, 전 군수 1, 평양민대표자 1, 평양상업중의소회장 1, 유학 1
	2.2	황주역 휴게실	관찰사 1, 도사무관 1, 군수 12, 전 군수 1, 전오위장 1, 전 중추원의관 3
	2.2	개성 행재소	규장각관원 3
	2.3	개성 행재소	관찰사 2, 도사무관 1, 경시 1, 부윤 1, 군수 16, 재무관 1, 재판관 1, 종2품 6, 정3품 26, 애국부인회지방과장 1, 한성부민회장 1, 의친왕

자료:「舊韓國官報」

그런데 군함 탑승, 산업 시설 및 운동회 관람 등이 이루어졌던 남순행에 비해 서순행은 약간 분위기가 다른 측면이 존재한다. 고종이 1902년 이후 〈예의문명(禮義文明)〉의 발상지인 평양에 서경(西京)을 설치하고 그곳으로의 행행을 희망하고 있었다는 점은 다른 장에서 말한 바가 있는데,[103] 러일

103 본서 제2부 제4장, 215~216쪽 참조.

전쟁 이후 서경은 실질적으로 폐지되었다. 하지만 피상적으로라도 순종은 서순행을 통해 고종이 완수할 수 없었던 평양 행행을 실현하였다. 그리고 새로운 황제상을 널리 알리는 일과 함께 평양을 시작으로 하여 관서 지방과 대한제국의 〈전통〉성을 다시 확인하였다. 가는 길에 평양에서 숙박한 순종은 시중드는 신하에게 단군묘의 소재를 물었는데, 대답할 수 있는 자가 없어서 그 조사를 명령하였고,[104] 돌아오는 길에 평양에서 숙박할 때에는 단군릉·숭인전(崇仁殿, 기자의 제사를 지내는 곳)의 치제(致祭), 기자릉·동명왕릉의 봉심(奉審) 등을 명령하였다(〈표 6〉 참조). 또 개성에서는 고려 왕조의 옛터인 만월대나, 조선 태조에 관한 목청전(穆淸殿)·경덕궁(敬德宮)에 갔다. 서울 행행에서 〈근대〉와 〈전통〉을 구별해서 사용한 것이 서순행에서도 답습되었다. 「皇城新聞」은 서순행 당시 다음과 같은 논설을 게재하고 있다.

(상략) 今回西巡ㅎ시는 路次에 對ㅎ야 歷史를 據ㅎ건디 平壤은 始祖檀君이 東方의 首出ㅎ신 聖人으로 建邦設都ㅎ사 順時立敎ㅎ셧고 箕子東渡ㅎ사 九疇의 學과 八條의 敎로 文明을 始闡ㅎ사 仁賢의 化가 萬代에 浹洽ㅎ셧고 東明聖王이 北扶餘에 發跡ㅎ사 神武를 用張ㅎ야 支那의 官吏를 驅逐ㅎ고, 檀箕의 舊疆을 克復ㅎ야 七百餘年 獨立基礎을 建設ㅎ셧고 安州의 淸川江은 乙支文德이 隋의 百萬大兵을 渰殺ㅎ야 國威를 顯揚혼 地오 鴨綠江左岸은 廣開土王이 十萬步騎를 親率ㅎ시고 南征北伐ㅎ야 四夷를 攘斥ㅎ고 版圖를 恢拓ㅎ신 地오 寧邊과 龜城은 前朝名臣 姜邯贊이 契丹의 十萬衆을 擊破ㅎ야 疆宇를 安靖혼 地오 義州의 威化島는 我太祖高皇帝끠옵셔 征遼大兵을 駐箚ㅎ사

104 「皇城新聞」 1909년 1월 30일 잡보 「下詢墳墓」.

萬世洪業을 肇基ᄒ신 地라. 惟我大皇帝陛下ᄭᅴᆸ셔 維新의 命을 膺ᄒ사 庶政의 更新을 懋ᄒ시고 文化의 發展을 圖ᄒ시니 歷代羣聖의 休烈을 丕承ᄒ시와 金甌一統의 基業을 式廓ᄒ시며 春臺玉燭의 光明을 普遍케 ᄒ시기로 百拜顯祝ᄒᆞᆸ나니라[105]

고조선 → 고구려 → 고려 → 조선(대한제국)으로 전해져 온 〈전통〉을 순종의 서순행을 통해 재확인하고 있는데, 말하자면 〈정통론〉의 모습을 취하고 있기 때문에 한국 황제가 일본에 장악당한 상황에서 순행을 황실 이용에 의한 통제 정책이라고 간주할 수 없게 된다. 「皇城新聞」의 순행에 관한 기사는 이것 외에도 긍정적 자세로 일관하고 있다.

표 6 남순행·서순행의 봉심과 치제

		날짜	대상
남순행	봉심	1.9	隆陵·健陵
		1.12	孝昌園·懿寧園, 永懷園
	치제	1.7	朴泰輔祠板, 金昌集·李頤明·趙泰采·李健命祠板, 朴彭年·成三問·李塏·柳誠源·河緯地·兪應孚墓, 李舜臣墓, 宋時烈祠板, 趙憲墓, 宋浚吉祠板, 金集祠板
		1.8	金宏弼祠板, 鄭汝昌祠板, 李彦迪祠板, 李滉祠板, 慶州新羅王三廟, 首露王廟, 金庚信墓
		1.9	宋象賢·鄭撥祠板
		1.12	讓寧大君廟·孝寧大君墓

105 「皇城新聞」1909년 1월 27일 논설 「大駕西巡」(원저에서는 1월 30일이라고 했으나 확인해 본 결과 1월 27일의 기사이므로 날짜를 바로잡았다 — 옮긴이).

		1.27	敬陵·昌陵·明陵·翼陵·弘陵·禧陵·孝陵, 睿陵, 順昌園·昭慶園, 恭陵·順陵·永陵, 長陵, 興園, 齊陵·厚陵, 高麗 顯陵 以下 여러 능.
서 순 행	봉 심	1.29	威化島駐蹕 옛터, 龍灣聚勝堂
		1.31	箕子陵, 東明王陵
		2.3	穆淸殿
	치 제	1.27	尹瓘墓, 李珥祠板, 成渾祠板, 崇義殿, 姜邯贊·崔冲墓, 安裕墓, 崧陽書院, 朴世采墓
		1.28	忠愍祠, 表節祠
		1.29	林慶業祠板, 李芫·崔夢亮墓, 黃一皓·崔考一祠板
		1.31	崇靈殿, 崇仁殿, 乙支文德墓, 金景瑞·鄭鳳壽墓

자료:「舊韓國官報」

3.2. 소문의 유행과 의분

다만 순행 당시 모든 사람들이 환영 행사에 참가해 단발한 황제를 보며 스스로 단발한 것은 아니었다. 일단 순행의 철도 연선에서 벗어나 있는 지방에서는 대체적으로 순행에 무관심했다. 다음은 인천에서 보내온 보고이다.

통로에서 멀리 갈수록 민심에 영향이 없었다. 심지어는 부윤의 명령에 의해 국기를 게양하는 것도 무슨 까닭인지를 알지 못한 자가 많다.[106]

그런데 주로 한반도 남부에서 전개되었던 의병 투쟁에서 그 지탄 대상의 하나가 단발이었다.

금상 황제 폐하께서는 단발을 확실하게 하심으로써 신민도 역시 장차 여

---

106 俵孫一, 「巡幸卜地方教育」, 渡部學·阿部洋編, 『日本植民地教育政策史料集成(朝鮮編)』 66, 龍溪書舍, 1995년, 46쪽.

기에 따르려 한다. 이것은 어떠한 보고로 말하더라도 참을 수 있는 바가 아니다. 주군을 욕되게 하여 신하가 죽는 것은 애초부터 당연한 이치이다. 다만 국적(國賊)을 토벌하지 않고 국가의 멸망을 기다린다니 오호 통재라.[107]

군신의 의(義)에 기반한 의분(義憤)이라고 해야 할 것이다. 전라북도에서는 제2차 단발령 후 의병이 활발해졌기 때문에 단발령이 정지되었다고 하며,[108] 서울의 학교 생도는 여름 방학 등으로 고향에 돌아갈 때 단발은 위험하였으므로 방학이 다가오자 학교 측에 단발을 면제하도록 요청하기도 했다.[109] 단발하지 않았기 때문에 관찰사로부터 사직 권고를 받은 군수,[110] 군수로부터 단발 순찰을 명령받은 면장이 신변에 위험이 미치는 것을 두려워하여 그것을 거부한 것 등이 보고되었다.[111] 처음 제2차 단발령이 반포되었을 때에는 먼저 단발한 일진회원이 지방에서 의병에게 습격을 받았기 때문에, 농상공부대신으로 입각한 송병준이 차라리 모든 인민을 단발해 버리자고 제의했다는 풍설이 나돌았다.[112]

풍설이 위협을 발휘한 것은 남순행을 할 때였다. 다음은 경기도 안성에서 보내온 보고이다.

해당 지역은 완고당의 근거라고 칭해질 정도로 일본을 배척하는 열기 역시 왕성하다. 일단 행행 소식이 전해지자 말하기를, 〈이것은 일본이 황제를 꾀어

107　華山錦雲,「斷髮ニ干スル檄告(丁未七月)」, 琴秉洞 編,『秘 暴徒檄文集』, 綠陰書房, 1995년, 46쪽.
108　「皇城新聞」 1908년 10월 23일 잡보「斷髮로 暴徒益熾」.
109　「皇城新聞」 1908년 6월 19일 잡보「不得已許施」.
110　「皇城新聞」 1908년 9월 5일 잡보「惜髮辭職」. 충청북도 음성군의 사례.
111　「皇城新聞」 1908년 10월 2일 잡보「面長拒否斷髮」. 경기도 광주의 사례.
112　「大韓每日申報」 1907년 8월 17일 잡보「薙髮提議」.

내서 데려가 도쿄에 유폐시키거나 아니면 제주도에 귀양살이하게 하는 것과 같은 책동이다〉. 또는 말하기를 〈통감은 황제를 일본으로 유치하여 자리를 탈취하려고 부산항에 황제를 맞이하는 일본 군함 여러 척을 정박시켰다〉는 등의 유언비어가 전해졌다. 학부형들이 같이 동맹하여 보통학교에서 자제를 퇴학시키고자 하며, 그 구실로 삼는 것은 한국이 일본의 영토로 변할 것이라고 하여 이미 자제를 교육할 필요가 없고 오히려 실업에 종사 시키는 것만 같지 못하다. (하략)[113]

순행을 빙자하여 황제를 일본으로 데려가고, 그것을 계기로 한국은 일본에 장악된다고 하는 소문이 널리 퍼졌던 것이다. 황태자의 일본 유학에 대해 「大韓每日申報」가 긍정적으로 언급한 것은 앞서 살펴보았는데, 순행 당시에는 「皇城新聞」이 큰 활자를 섞어서 그 공식 일정의 양상을 전한 것과 대조적으로, 「大韓每日申報」는 순행의 일정 그 자체는 전부 언급하지 않았고 남순행의 목적이 태황제를 일본으로 〈꾀어내기(誘致)〉 위한 준비라고 전하고 있다.[114] 「大韓每日申報」는 1908년 1월 무렵부터 이러한 태황제 도일의 소문을 자주 지면상으로 전하고 있다(다만 실제로 일본이 순종·고종의 〈유치〉를 계획했는지는 별도의 문제이다).

113 앞의 책, 「巡幸卜地方敎育」, 718쪽.
114 「大韓每日申報」 1909년 1월 12일 잡보 「韓皇陛下의 地方 巡狩ᄒᆞ시ᄂᆞ 理由」. 이 신문은 이 기사에 의해 압수 처분을 받았다. 이 기사에는 순행의 이유에 대해 또 한 가지 점, 일본이 의병을 진압하고 한국 황실을 〈잘 보호〉하는 것을 〈여러 사람에게 표시〉해서 이 병합이 용이하게 되는 것을 들고 있다. 조경달은 이 점이 이토의 목적을 드러내고 있기 때문에 진상을 지적받은 일본이 압수했다고 서술하고 있다(다만 조경달은 병합에 대해서는 다루지 않았다). 조경달, 앞의 책, 429쪽. 순행의 시점에서 이토는 일본에 장악된 황제 아래에 한국민을 통합하고, 기회를 봐서 병합을 포함하는 한국 지배의 심화를 도모하려 했다고 생각되며, 그 점에서 이 기사는 진상을 지적하였다고 할 수 있다. 「大韓每日申報」의 순행 기사의 의의는 진상을 지적하고 있는지 어떤 신문보다도 민간에 유포되어 있는 풍설을 받아들였다는 점에 있다.

이러한 풍문에 기초한 저항 운동이 각지에서 일어났다. 다음은 남순행을 수행한 김윤식의 부산에서의 기록이다.

(상략) 밤에 한일 양국 관민이 일본 여관에서 만찬회를 열었다. 양국 민단장이 연설하고 통감이 꽤 오래 연설하였는데, 한국을 부식하여 동양의 뜻을 함께 보전하자는 것이었다. 기생이 추는 춤이 질탕하였고 밤이 깊어서야 파했다. 한일 양국민과 각 학교 아동들이 제등 행렬을 벌이며 경축하였고, 행궁을 빙 둘러싸 빛이 나서 마치 불타오르는 성과 같았다. 이날 밤 부민들은 황제의 수레가 군함에 올라탄 것을 의심하여 혹시 황제가 일본으로 건너갈 것 (東渡)이라는 와설이 있었다. 부민들은 결사대 450명을 모집하여 밤을 새워 행궁을 지켰다. 궁내대신이 갖가지로 잘 타일렀으나 끝내 해산하지 않아 순검이 지휘하여 마침내 그들을 해산시켰다. 백성의 뜻이 어리석으나 또한 귀하다고 할 수 있다.[115]

(상략) 황제의 수레가 아즈마함(吾妻艦)에 올랐고 여러 신하들도 따라 탔다. 이것은 9천 톤 군함이다. 황제께서 친히 군함 안의 각종 기계 사용 방법, 대포, 수뢰의 방사식 및 수군 각저희(角觗戲), 여러 군함이 조련하는 상황을 보셨다. 함장이 오찬을 열어 황제를 모시고 식사를 했다. 이토가 말하기를 〈처음에 항구 안에서 닻을 올려 움직이려고 하니 어리석은 백성들의 의심이 늘어나서, 결국 하려던 뜻을 버렸습니다〉. (하략)[116]

---

115 『續陰晴史』隆熙 3년 己酉 정월 8일. 〈……夜韓·日兩國官民, 設晩餐會于日本旅館, 兩國民團長演說, 統監良久演說, 扶植韓國, 共保東洋之意, 妓舞侁蕩, 夜深而罷, 韓日兩國民及各學校兒童, 提燈慶祝, 圍繞行宮, 燦如火城, 是夜府民等, 疑大駕乘艦, 或有東渡之訛言, 府民募結死隊四百五十名, 達夜衛宮, 宮內大臣萬端曉諭, 終不解散, 巡檢揮逐散之, 民情雖愚, 亦可貴也.〉
116 위의 책, 隆熙 3년 己酉 정월 9일. 〈…… 大駕乘吾妻艦, 諸臣從乘, 此是九千噸艦, 親覽艦

제등 행렬과 황제가 군함에 탑승하는 공식 일정이 실시되는 한편, 황제의 〈동도(東渡)〉를 저지하기 위해 450명의 결사대가 조직되었고, 이토는 순종을 태운 군함의 항내 운항을 단념하지 않을 수 없었다. 「皇城新聞」은 결사대를 일체 언급하지 않지만, 「大韓每日申報」는 부산에서 〈4,000여 명〉이 결사대를 조직한 것(다만 김윤식의 기록과는 크게 엇갈린다), 인민이 의복을 벗어 도로에 깔고 순종의 군함 탑승을 저지하려고 한 것, 결사대가 목선(木船) 50~60척으로 군함을 에워싸고 황제가 일본으로 건너간다면 바다에 뛰어들어 익사할 것이라고 일제히 부르짖었던 것 등을 보도하고 있다.[117] 마산에서는 〈인민들이 분흥을 이긔지못ᄒ야 불온ᄒᆫ ᄉ상이 잇슴으로〉 이토는 항민(港民)에 대한 연설을 도중에 일단 끝냈다고 한다.[118]

또 마산에서 보내온 보고는 다음과 같다.

해당 지역에서 일본인의 세력 발전에 수반하여 한국인의 일본인에 대한 감정이 점점 더 좋지 않아짐이 보였고 이번 순행에서 한국인이 가장 기뻐하지 않는 것은 행재소가 신마산, 즉 이사청 등이 정했던 곳이라는 점이다. 또한 환영의 위치와 제등 행렬의 순서에서 일본 관민과 학생이 한국의 관민과 학생에 우선함을 보게 되자, 한국인 측에서는 크게 부당함을 외쳤다. 혈기가 넘치는 청년 무리는 곳곳에 몰래 모여서 불온한 결의를 하는 자도 있었으므로 해당 보통학교의 학도에게는 간절하게 신중한 태도를 취해야 한다는 취지로 훈계를 해두었다. 그럼에도 불구하고, 오히려 행렬 순서의 변경을 볼 수 없음에 분개했고, 돌아오는 길에 일본 국기를 훼손한 학도가 있었다. 또한 통감의

內, 各種機器使用之法, 大砲水雷放射式及水軍角觝戲, 諸艦演操之狀, 艦長設午餐, 御陪食, 伊藤云, 初欲起碇運動於港內, 恐滋愚民之疑, 遂罷意……〉

117 「大韓每日申報」1909년 1월 17일 잡보 「釜山獻忠」.
118 「大韓每日申報」1909년 1월 17일 잡보 「馬港民氣」.

만세에 호응하지 않은 자도 있었다. 공립 학교에서도 역시 그랬다. 사립 학교와 일반 인민의 감정은 이를 미루어 보아 알 수 있다.[119]

행재소로 이사청이 사용된 것은 앞서 서술했지만, 이에 대한 불만이 한국인 측에 있었다. 동시에 봉영과 제등 행렬의 순서가 한국인의 불만을 불러일으켰는데, 이것은 일본인의 우월 의식에 대한 불만이라고 바꿔 말할 수 있을 것이다.

3.3. 일장기 거부

서순행에서의 저항은 남순행의 경우와는 취지가 다르다. 다음은 정주(定州)에서의 보고이다.

제국의 수도에서 멀어 황제의 덕을 접할 기회가 없을 뿐만 아니라 미국인의 감화를 받아 공화정체를 몽상하는 자가 많은 이 지역에서는 환영의 성의를 거의 인식하기 어렵고 냉담함이 극에 달한 상황으로, 일본인 측으로부터 교섭을 통해 점차 공동 준비에 종사하고 있는 겉모습만 유감이 없음을 알 수 있었다.[120]

즉위 기념일 등의 경축 행사가 각지에서 성대하게 치러졌음에도 불구하고 여기에서는 황제에 대해 냉담하였다는 것이다. 관서 지방은 기독교도가 많은 지방인데 미국인 선교사들 때문에 공화제를 지향하는 경향이었다고

---

119 앞의 책, 「巡幸卜地方敎育」, 12쪽.
120 같은 책, 28쪽.

서술한 대목도 흥미롭다. 다만 뒤에서 보듯이 서순행에서의 저항은 대체로 〈충군애국〉에 기반한 것이다.

또 개성 등지에서는 이토 히로부미를 살해하기 위해서 폭약을 장치하였다는 소문이 퍼졌고, 1월 26일 밤에는 개성역 부근의 봉영위원회 출장소에서 폭발음이 들렸다고 한다.[121] 선천(宣川)에서는 지난해인 1908년 즉위 예식일에 〈한국관민축하회(韓國官民祝賀會)〉가 개최되어 일본인 3명이 초대되었는데 〈한국 대황제 폐하 즉위 기념일에 일본인을 초대해 기생을 부른 것은 우리 국체와, 우리 학교의 체면을 손상하는 것이다〉고 하면서 수백 명의 학교 생도가 〈관민 3명〉을 구타했고 투석하는 자도 있었다.[122] 선천에서는 서순행을 할 때 차렷 자세로 만세를 부르자 일본인 순사로부터 주의가 있었는데, 〈만세를 부르며 손을 드는 것은 세계 통용의 예〉, 서울에서는 거수가 〈이미 전례〉라는 등 이야기를 하여 생도들은 거수를 하며 만세를 불렀다고 한다.[123]

서순행에서의 반응에서 특히 주목을 끄는 것이 일장기 게양 거부이다. 각지에서 지영할 때에 한일 양국의 국기를 게양하고 학교 생도는 양국 국기를 교차시켜서 손에 들고 있도록 각 지방관으로부터 훈령이 있었다(다만 학부대신의 훈령에는 그 지시가 없었던 것 같다). 하지만 평안남도 관찰사 이진호(李軫鎬)의 〈강제 지도〉가 있었던 평양에서는 한일 양국기를 교차한 학교는 공립 보통학교였을 뿐, 신민회의 대성학교를 비롯한 사립 학교(대부분은 기독교 계열이다)에서는 태극기만을 걸었다고 한다.[124] 이러한 일장기 게양

---

121 「大韓每日申報」1909년 2월 3일 잡보「爆裂有聲」.
122 「大韓每日申報」1908년 9월 3일 잡보「祝賀會大風波」. 또한 여기서 기생을 국체와 대비하여 천한 존재로 여기고 있었다는 점도 주목할 만하다.
123 「大韓每日申報」1909년 2월 12일 잡보「宣校抗論」.
124 「大韓每日申報」1909년 2월 3일 잡보「平壤消息」; 2월 4일「學校特色」.

거부는 다른 경유지에서도 발생하였다(게다가 평양에서는 천도교도도 일장기를 교차하는 것을 거부하였다고 한다).[125] 그러한 저항의 배경에는 먼저 정주에서의 보고가 다음과 같이 작성되어 있듯이, 한일 양 국기의 교차가 서순행 직전에 결정되었다는 사실이 존재한다.

> (상략) 당일 사립 학교 생도 등이 귀가하는 도중에 일장기를 도로에 버리고 한국 국기만을 가지고 돌아간 것은 일본인들을 모두 분개하게 만든 점이기는 하지만, 한국 국기는 미리 면포로 제작했고 일장기는 급히 종이로 만들어 사이에 끼운 것에 불과했으므로, 반드시 악의에서 나온 것이라고 인정하기는 어렵다.[126]

학부대신과 지방관의 훈령에 착오가 있었다고 하는 것도 이러한 사정 때문으로 보인다. 경찰에서 사정을 조사받은 대성학교장 안창호는 이 점을 지적하며 대답하고 있다.

> (상략) [경찰이 묻기를] 일본괴를 들나는훈령이 잇는듸 그령을 좃지아니ᄒ니 거역ᄒ는 백성이 아니뇨흔듸 안씨가 듸답ᄒ여왈 학부대신 훈령에는 이 말이 업고 군슈훈령에는 이런말이 잇스어 관령이 불일ᄒ는때에는 ᄌ의로홈이 가ᄒ고로 그리ᄒ엿노라흔듸 또 뭇기를 그러흔즉 비일ᄒ는 쥬의가 아니뇨 안씨왈 스리에 망연흔듸로 행홈이 엇지 비일이리오흔듸 두어번 질문흔후에 말ᄒ되 이후로는 범위밧긔 행동을 ᄒ지말나ᄒ거는 안씨왈 이번 어순행에 이등통감은 비죵신이니 황상폐하외에는 엇더흔 비죵신에게던지 듸ᄒ야 국

125 「大韓每日申報」 1909년 2월 9일 잡보 「不失本義」.
126 앞의 책, 「巡幸卜地方教育」, 29쪽.

긔를 드는것은 비리의일이라 빈죵신의게 되ᄒ야 국긔를 들면 황샹폐하를 위
ᄒ야 신민된 도리에 엇지 미안치 아니리오 ᄒ엿다더라[127]

여기에서의 〈자의〉, 〈사리〉는 한국인이 한국 황제만 섬긴다는 것이다. 평
양을 비롯한 관서 지방은 대한제국기부터 기독교 계열 학교와 교회에서
〈충군애국〉 정신을 함양해 왔던 지역이다. 평양의 기독교 교회에서는 이전
부터 〈나라를 위해 기도〉해 왔지만 서순행을 할 때에도 지영식(祗迎式) 후
에 교회에서 학교 생도와 〈교인 일동〉이 〈나라를 위해 기도(爲國祈禱)〉하고,
〈이번 엄동설한에 우리가 황상 폐하께서 추위를 무릅쓰고 어가를 움직이
게 된 것에 대해서도 자연스레 안타까움을 느끼고, 현재 국가의 형편에 대
해서도 자연스레 마음이 슬픕니다. 그래서 이 나라의 신민된 자가 양심적
으로 일어났으므로 자연스럽게 눈물을 흘립니다〉라고 했다.[128]

4. 〈항일 내셔널리즘〉의 형성

4.1. 순행과 〈자치 육성 정책〉의 파탄

순종 즉위식 이후 황제상의 변화, 행행·행계의 양상 등은 일본 천황의 경
우와 매우 비슷함을 알게 되었다. 특히 1889년 2월 11일의 헌법 발포 식전
(式典)과 그 후의 행렬은 순종 즉위식에서 창덕궁 이어에 이르는 황제상과

---

127 「대한매일신보」 1909년 2월 5일 잡보 「안씨정론」(국한문판, 같은 날짜 잡보 「安氏正
論」).
128 「大韓每日申報」 1909년 2월 11일 잡보 「爲國祈禱의 落淚」.

행행의 모델이 되었다고 생각한다. 이토 히로부미의 주도로 계획된 헌법 발포 식전에서 천황은 옛날 복식으로 엄숙한 의식을 행한 후 군복으로 헌법 발포 칙어를 낭독하고 총리대신에게 건네주었다. 그 후 궁성에서 아오야마(靑山) 연병장으로 행렬을 실행하였는데 천황·황후는 처음으로 영국제 마차에 함께 앉았다. 닫힌 궁성 안에서 옛 복장(古裝束)을 입은 신성한 의식과, 군복에 의한 의식, 부부 동반 행렬은 그 후에도 1894년 메이지 천황 은혼식 대축전, 1900년 황태자 결혼식으로 이어졌다.[129] 이토의 한국 보호 정책인 〈자치 육성 정책〉은 메이지 일본이 해왔던 〈문명화〉의 논리에 한국 민중을 포섭하여 일본의 한국 보호의 〈실질〉을 보여 줌으로써 보호 정책에 대한 한국 민중의 동의를 얻으려 한 낙관적인 것이었다고 할 수 있다. 그 일환으로 황실의 〈문명화〉와 그 이용책을 채택하였다. 이완용, 조중응 등 당시 각료가 여기에 호응한 것은 이토의 〈자치 육성 정책〉이 한국을 당장 병합하는 것은 아니라는 인식과 함께, 갑오개혁·독립협회 등에 참가해 온 개화파 계열 인사의 개혁 방향이 일치했기 때문일 것이다. 고종의 〈양위〉를 전후해 망명·유배 등 불우했던 개화파가 부활함으로써 그들의 영향력이 일정하게 확대되는 가운데 한국 측의 실력 양성 운동이 고양되었다고 할 수 있다.

하지만 이토의 보호 정책에 대한 반대 운동이 그치기는커녕 오히려 의병 투쟁이 격화되었다는 점은 잘 알려진 사실이다. 남순행에서 결사대 등의 저항은 의병 투쟁의 〈주군을 욕되게 하여 신하가 죽는 것은 애초부터 당연한 이치이다〉라고 하는 의분과 통하는 것이었다. 민중의 소박한 〈충군〉의

129 T·フジタニ(米山リサ 譯), 『天皇のページェント』, 日本放送協會出版會, 1994년, 51~106쪽. 또 이 장은 〈국가의 전통문화folklore〉에 대한 주목 등 이 책의 방법론으로부터 시사를 받았다.

식이 〈황제동도(皇帝東渡)〉라는 풍설에 의해 저항 운동이 된 사례라고 할 수 있다. 이에 대해 서순행에서 일장기 게양 거부·저항은 학교 생도, 기독교도들이 중심이 되어 국기를 둘러싸고 일어났다는 점에서 남순행의 의분형 저항과는 성격이 다르다. 이 운동은 갑오개혁의 〈국민〉 창출 정책, 독립협회의 〈국민〉 창출 운동, 그것을 계승한 보호국 아래의 실력 양성 운동에서 강조된 〈충군애국〉 정신을 전제로 하고 있다.

「대한매일신보」는 서순행에서의 일장기 게양 거부 운동을 보도하는 가운데, 다음과 같은 논설을 게재하였다.

이번 대황뎨폐하씌서 셔도에 슌행ᄒ시ᄂᆞᆫ디 연로의 디방 각관리가 일본국긔 만여개를 ᄆᆞᆫ드러 슌사를 주여 만히 파송ᄒ여 각 쟝시와 도부와 려항에 횡행ᄒ며 태극국긔 겻헤 일본국긔를 홈께들나ᄒ고 ᄒᆞᆫ번 말ᄒ고 두번 말ᄒ되 말홀때마다 크게 공갈ᄒ엿스되 뎌 일반 인민들은 다 그머리 우희ᄂᆞᆫ 슈쳔년의 창창ᄒ여 변치아니ᄒᄂᆞᆫ 대한뎨국의 하늘을 니며 그 발아릭서ᄂᆞᆫ 삼쳔리의 망망ᄒ여 문혀지지 아니ᄒᄂᆞᆫ 대한뎨국의 흙을 붉고 그 눈으로ᄂᆞᆫ 대한뎨국의 일월을 쳠앙ᄒ며 그 몸에ᄂᆞᆫ 대한뎨국의 우토에 젓겨 디디로 대한국민이라 ᄒᄂᆞᆫ 졍신을 가지고 오늘날 우리 대황뎨폐하씌셔 디방에 슌행ᄒ샤 우리민졍을 두루 솗히시ᄂᆞᆫ 이때에 우리여러백셩이당당ᄒᆞᆫ 우리대한국긔만 들지니 아모리 관찰ᄉ의 령갑이 엄ᄒ며 슌사의 공갈이 심홀지라도 우리 대한국긔겻해 또다른나라 국긔가 와셔 걸님을 허락지아니ᄒ리라ᄒ고 만인이 ᄒᆞᆫ모음 ᄒᆞᆫ뜻으로 필경 슌행하시ᄂᆞᆫ 연도에 몃만개의 일본 태양긔ᄂᆞᆫ 생색이 업시 물니치고 태극팔괘그린 대한국긔만 황황히 홍노 빗츨띄고 셧스며 대한뎨국 만셰라 부르ᄂᆞᆫ 소리가 대황뎨폐하 만셰라 부르ᄂᆞᆫ소리와 홈께 진동ᄒᆞ니 단군의 녯 도읍에 붉은날이 다시붉고 동명왕 녯ᄉ당에 초목이 두 번봄을 맛나노라 장

ᄒ다 동포의 국가정신이여 기셩에셔브터 의쥬에 니르도록 쳔여리간에 일반
인민이 셔로 의론치아니ᄒ고도 뜻이 ᄀ터셔 그 일단 ᄌ국정신이 뎐신과 ᄀ치
셔로 통ᄒ며 텰도와 ᄀ치 길게뻣치리 허다ᄒ 관리의ᄒ고져 ᄒ던거시일쳬로
시행치 못ᄒ엿스니 오호-라 그 누가한국사름의 익국심을 박ᄒ다 말ᄒ며 그
누가 한국사름의 자국정신을 약ᄒ다ᄒ리오. (하략)[130]

이 논설에서 말하고 있는 〈국가적 정신〉, 〈자국 정신〉이나 단군 조선이
나 고구려(동명왕)의 〈전통〉은 결코 이 논설에서 돌출한 것이 아니다. 이미
〈충군애국〉 정신은 갑오개혁기부터 강조되었고, 만세는 독립협회·「독립신
문」의 계몽 운동이 그것을 신체로 표출시키는 방법으로 보급하였다. 또
〈전통〉으로서도 역시 고종의 황제 즉위 조칙이나 평양 서궁 건설의 조칙
등에서, 심지어 서순행 과정에서도 앞의 「皇城新聞」 논설에서처럼 강조되
었으며, 당시 학부 검정 교과서에도 단군과 기자에 관한 서술은 있었다. 그
런데 「독립신문」 이래의 계몽 논설은 민중의 애국심 결여를 문제로 삼아
그러한 〈우민〉을 〈국민화〉하려고 해온 것인데, 이 논설에서는 서순행의 일
장기 게양 거부 운동을 근거로 한국인의 〈국가적 정신〉, 〈자국 정신〉이 확
고해졌다고 하고, 관서 지방의 〈전통〉은 황제가 아닌 한국인의 〈국가적 정
신〉, 〈자국 정신〉과 직결된다고 논의하고 있다. 본래 〈문명화〉하여 대한제
국 황제에 충성을 맹세하는 〈국민〉의 창출은 황제의 주권을 빼앗은 일본에
대한 투쟁에 목숨도 아까워하지 않는 〈국민〉의 창출이다. 〈문명〉에 대해
낙관적인 이토는 자력으로 〈문명화〉할 수 없었던 대한제국에 대하여, 황제
를 장악한 후에 일본이 〈문명화〉의 〈지도〉를 한다면 저절로 한국민은 일본

---

130 「대한매일신보」 1909년 2월 7일 논설 「ᄌ국정신」(국한문판, 같은 날짜 논설 「渾一團自
國精神」).

에 심복하리라는 전망을 하고 있었다. 게다가 한국 측에서도 아직 한국에서 〈문명화〉한 〈국민〉이 창출되지 않았다는 우민관을 가진 채로는 이토의 〈자치 육성 정책〉의 틀 안에서의 실력 양성 운동에 머물 수밖에 없다. 하지만 서순행 당시 학생들의 저항에서는 대한제국의 〈국민〉 창출 운동의 결과가 순화되어 한일의 친목을 전제로 한 이토의 〈자치 육성 정책〉을 파탄 나게 만들었다. 「大韓毎日申報」 논설은 이것을 계기로 한국인의 〈국가적 정신〉, 〈자국 정신〉을 분명하게 하였고, 내셔널리즘 언설에서의 일대 전환을 하였던 것이다.

4.2. 〈충군애국〉의 모순

「대한매일신보」는 서순행 이후에도 한일의 〈친목〉을 전제로 한 실력 양성 운동이나 일본을 중심으로 한 동양 연대론에 비판을 가하는 논설을 계속 게재했다. 다만 앞 절의 마지막에 인용한 서순행 당시의 논설은 〈충군애국〉을 전제로 하였다. 일본의 손에 의해 황제의 〈문명화〉가 실시되는 이상 〈충군애국〉으로는 지금까지의 이토의 〈자치 육성 정책〉을 부정할 수 없었다. 그래서 주목되는 내용이 「대한매일신보」의 다음 논설이다.

(상략) 대개 녯적에는 국가-라ᄒᆞ는 뜻이 붉지 못ᄒᆞ여 상고ㅅ적 마한과 진한의 시대에는 수십부락이 병립ᄒᆞ여 각기 츄장이 국가의 쥬장이 되엇고 그후 신라 고구려 백제ㅅ때에는 그나나정부가 쥬장이 되엇스며 고려 이후에는 귀족이나 혹 님금이 국가의 중심이 되엇슴으로 츄장의 충신이며 정부의 충신이며 님금과 귀족의 충신이 만헛스며 국가의 충신이 적엇거니와 오늘날에 니르러는 나라는 나라끼리 셔로 경쟁ᄒᆞ며 민족은 민족끼리 셔로 숨기ᄂᆞ니 국

민이 사름마다 나라국ᄌ의 뜻을 강론ᄒ며 충성충ᄌ의 뜻을 해석ᄒ여 진졍혼 큰 충신을 ᄇ라는 시대이로다 그런즉 님금에게는 충셩치아니ᄒ여도 가혼가 골ᄋ대 불가ᄒ다 님금은 일국의 쥬권을 잡은쟈-라 님금과 국가는 그 관계가 흥샹 셔로 ᄀᆺ혼고로 국가에 충셩ᄒ는 쟈는 ᄌ연 님금에게도 충셩을 ᄒ려니와 만일 님금과 나라의 리해를 홈께 보젼키 어려운 경우에는 ᄌ연 님금을 뒤에 ᄒ고 나라를 몬져 ᄒᄂ니라 맹자- 골ᄋ샤대 백셩이 즁ᄒ고 샤직이 그다음이오 님금이 경ᄒ다 ᄒ시니 샤직은 즉 황실이오 백셩은 즉 국가-니라.[131]

이미 〈국가적 정신〉, 〈자국 정신〉이 자명해진 이상, 일본에 장악된 황제·황실은 필요가 없었다. 여기서 〈충군〉과 〈애국〉이 분리되고, 유교적 민본주의의 말을 내셔널리즘의 언설로 바꾸어 읽게 되었다. 또 「대한매일신보」는 실력 양성 운동을 통해 초래된 물질적·제도적 진보를 더욱 부정하게 된다.

(상략) 그런고로 그나라에 호걸이 ᄂ것도 ᄇ라지 아니ᄒ며 영웅이 나ᄂ것도 ᄇ라지 아니하고 교육이 융셩홈도 ᄇ라지 아니ᄒ며 실업이 홍왕홈도 ᄇ라지 아니ᄒ고 다만 이나라 국민의혼이 민멸치 아니홈만 ᄇ라며 그런고로 그나라의 학문이 셩홈도 ᄉ랑홀 것 업고 그 나라의 기에가 진보됨도 ᄉ랑홀 것 업고 법률이 젹즁홀 것도 ᄉ랑할 것 업고 졍치가 아름다옴도 ᄉ랑홀 것 업고 다만 이국민의 혼이 건쟝홈만 ᄉ랑ᄒ며 그런고로 그 나라의 토디가 넓은 것도 자랑홀 것 업고 인민이 만혼것도 자랑홀 것 업스며 재정이 넉넉홈도 자랑홀 것 업고 군ᄉ가 용맹홈도 자랑홀 것 업스며 포대가 견고홈도 자랑홀 것 업고 병함이 강홈도 자랑홀 것 업셔서 오직 이나라ᄉ 국민의 혼의 강홈만

131 「대한매일신보」 1909년 8월 13일 논설 「엇던거시 충신이라 홈을 의론홈」(국한문판, 같은 날짜 논설 「論忠臣」).

자랑할지니라. (하략)[132]

이미 「대한매일신보」는 〈국가적 정신〉, 〈자국 정신〉과 〈국민의 혼〉에 유사한 것으로 〈나라 정신(國粹)〉을 들고 있는데, 1908년 8월의 논설에 의하면 다음과 같다.

(상략) 나라ㅅ 정신이라ᄒᆞᄂᆞᆫ쟈ᄂᆞᆫ 무엇이뇨 곳 그나라에 력ᄉ상으로 전래ᄒᆞᄂᆞᆫ 풍쇽과 습관과 법률과 제도들즁에 션량ᄒᆞ고 아름다온쟈가 이것이니라 (중략) 단군 이후로 삼국이 처음 니러날 때 까지ᄂᆞᆫ 귀신을 슝샹ᄒᆞᄂᆞᆫ 풍쇽이 졍히 셩ᄒᆞ야 뎨왕이 니러나메 반ᄃᆞ시 샹뎨라 닐ᄏᆞ르며 황후왕비ᄅᆞᆯ 마즈메 반ᄃᆞ시 하백의 ᄯᆞᆯ이라 닐ᄏᆞ러셔 미혹ᄒᆞᄂᆞᆫ 풍쇽이 젼국에 편만ᄒᆞ엿스나 즉금에ᄂᆞᆫ 일편의 완젼ᄒᆞᆫ 신을 슝샹ᄒᆞ던 ᄉᆞᄀᆡ가 젼치 아니ᄒᆞ엿스며 고구려ᄂᆞᆫ 셔북에 잇고 신라와 백졔ᄂᆞᆫ 동남에잇셔셔 혁혁ᄒᆞᆫ 싸홈의 ᄉᆞ젹이 니웃나라ㅅ ᄉᆞ긔에까지 잇스나 즉금에 흔권 쇼샹ᄒᆞᆫ 젼생의 ᄉᆞ긔를 볼수 업스며 고려 이젼에ᄂᆞᆫ 불교가 셩행ᄒᆞ야 심지어 유명ᄒᆞᆫ 사름까지라도 불경의 문ᄌᆞ를 쓰더니 불교가 그 권리를 ᄲᅢ앗긴 이후로ᄂᆞᆫ 즁의집 구젹이 다업셔져셔 비록 동방에셔 셩인으로 존슝ᄒᆞ던 원효와 의샹ᄀᆞᆺ혼 즁이 ᄭᅵ친 바름도 엇어드를수 업스니 오호-라 이것으로 미루워 볼진저 녯젹 사름에게 대ᄒᆞ야 긔념홈이 업스며 녯ᄉᆞ젹에 대하야 생각ᄒᆞ고 ᄉᆞ랑홈이 업슴은 한국 사름의 통동ᄒᆞᆫ 병통이로다.[133]

132 「대한매일신보」 1909년 11월 2일 논설 「국민의 혼」(국한문판, 같은 날짜 논설 「國民의 魂」).
133 「대한매일신보」 1908년 8월 12일 논설 「나라ㅅ 정신을 보젼ᄒᆞᄂᆞᆫ 말 벽파ᄒᆞ라」(국한문판, 같은 날짜 논설 「國粹保全說」).

여기에서 언급하고 있는 〈나라 정신〉은 자기의 역사와 풍속 등을 경시하는 풍조를 비판하는 것으로, 즉 직접적으로는 중국을 숭배하는 〈사대〉주의의 비판이다. 그런 의미에서 〈나라 정신〉은 〈대한제국적 내셔널리즘〉이라고 말할 수 있다. 또한 같은 논설에서는 한국 고대의 인물이나 정치, 풍속이 〈이십셰긔 새 셰계에셔 유신ᄒᆞᄂᆞᆫ 쥬의에 덕당ᄒᆞᆫ 인물이 되고 덕당ᄒᆞᆫ 졍치가 된다ᄒᆞᆷ은 불가ᄒᆞ나 그 짜른거슬 ᄇᆞ리고 그 긴거슬 취ᄒᆞ여 쳥년으로 ᄒᆞ여곰 져배ᄅᆞᆯ 슝배케 ᄒᆞ며 인민으로 ᄒᆞ여곰 나라ㅅ셩픔을 발달케 ᄒᆞᄂᆞᆫ〉이라고 서술하고 있는 것에서 알 수 있듯이 〈자치 육성 정책〉 아래에서의 실력 양성 운동 범주를 벗어나는 것은 아니다. 이 〈나라 정신〉에서 〈국민의 혼〉으로의 변화는 순행을 전후한 언설상 전환의 한 측면이다.

이러한 언설상의 전환과 함께 〈충군애국〉 의식의 함양을 위한 신체 동작으로서 창출된 만세가 이 무렵의 변용을 이루고 있었다. 김구는 『백범일지』에서 해서교육총회(海西敎育總會)의 학무감독으로서 황해도 도내를 순회했을 때 일어난 일(1909년경으로 추측된다)을 다음과 같이 회상하고 있다.

(상략) 배천 군수(白川郡守) 전봉훈(全鳳薰)의 청구에 의하여 배천읍에 당도한즉 전군수가 각 면에 훈령하여 면내 두민(頭民)과 신사를 오리정에 소집하고 등대(等待)하다가 군수가 수창(首唱)하여 김구 선생 만세를 부르자 군중이 제창한다. 나는 전군수의 구(口)를 막고 망발을 언(言)하였다. 나는 기시까지 만세 2자는 황제에게만 전용 축사(專用祝辭)요 황태자에게는 천세를 부르는 것만 알았다. 전군수는 내 손을 잡으며 김선생 안심하시오. 내가 선생을 환영하며 호(呼) 만세함이 통례(通例)요 망발이 아닙니다. 친구 호상간(互相間)에도 영송(迎送)에 호(呼)만세하는 터인즉 안심하고 영접하는 제위와 인사나 하

시오 한다. (하략)[134]

　대한제국기에 만세는 황제와 국가에 대해서만 부른다는 점은 다른 곳에
서도 살펴보았는데,[135] 여기서는 누구에 대해서도 부를 수 있는 〈축사(祝
辭)〉로 되어 있다. 게다가 여기에는 교육 보급 활동 등으로 신망이 있는 군
수의 선창으로 군민이 만세를 부르고 있다. 이전에 경축회 등에서 〈충군애
국〉의 뜻을 표명하기 위해 불렀던 만세는 이제 임의의 대상에 대해 일제히
행동할 때의 호령으로 바뀐 것이다.

결론을 대신하여

조선 내셔널리즘 형성에서 보호국의 위치

　고종의 〈양위〉 이후 이토 히로부미가 한국에 대해 구사한 황실 이용책은
순종의 즉위식에서부터 본격적으로 나타났다. 그 첫 번째가 단발 군복이라
고 하는 새로운 황제상의 창출이었다. 한국에서 배일 운동의 고양과 함께
국제 여론을 고려해야만 했던 이토에게는 일본에 의한 한국 〈보호〉의 실적
을 보여 주는 것이 필요했다. 그것이 이토의 〈자치 육성 정책〉이 가진 본질
인데, 유럽의 왕실 의례를 받아들여서 새로운 황실 의례를 형성한 일본의

134　白凡金九先生全集編纂委員會 編, 『白凡金九先生全集』1, 대한매일신보사, 1999년에 수
록된 「親筆本」(231쪽) 및 그 「直解」(434쪽). 또한 梶村秀樹 譯注, 『白凡逸志』, 平凡社東洋文庫,
1973년, 165쪽을 참조했다(옮긴이는 白凡金九先生全集編纂委員會 編, 『白凡金九全集』 제1권
친필 『白凡逸志』, 『屠倭實記』의 「부기: 직해 『백범일지』」, 434쪽을 인용했다 — 옮긴이).
135　본서 제2부 제5장, 248쪽의 주 23 참조.

경험을 한국에 들여옴으로써 한국 황실을 〈문명화〉시키려 한 황실 이용책은 확실히 〈자치 육성 정책〉의 일환을 이루는 것이었다. 이토가 한국에서 〈자치 육성 정책〉을 채택한 시기는 일본에서 황실제도조사국이 일단 임무를 마치고 폐지되었던(1907년 2월) 직후인데 그 총재를 맡았던 자가 이토였다. 단발 군복의 새로운 황제상과 함께 대한제국의 황제로서의 〈전통〉도 창출되어 가는데, 그것이 진행되었던 시기가 일본의 등극령(登極令) 공포(1909년) 직전이었던 것과 무관하지 않다.

새로운 황제상은 우선 행행을 통해 서울과 그 주변으로 확산되었고, 또 사진(어진)이라는 복제 기술로 전국으로의 확산이 시도된 후, 순행으로 실제 황제의 신체가 지방으로 확산되었다. 황제는 〈보이는〉 존재가 되었던 것이다. 그와 함께 행행·어진에 대한 〈보는〉 측의 규율이 요청되었다. 학교 교육이 아직 보급되지 않은 상황에서 행행은 규율화를 위한 학교가 될 수 있었던 것이다. 그것과 함께 단발 등 신체의 변용이 초래되었다. 제2차 단발령의 공포에는 이토보다도 송병준 등 한국 측의 의향이 강하게 작용하였던 것으로 생각되는데, 수도 서울을 중심으로 단발은 시대의 추세였다. 또 지방으로의 그 보급 정도에 대해서는 과대평가할 수 없는데, 의병 투쟁의 탄압과 함께 단발은 이제 돌이킬 수 없게 되었고, 신체의 변용(〈국민〉적 신체의 형성)이라고 하는 점에서 제2차 단발령은 중요한 의미를 갖고 있었다.

〈자치 육성 정책〉은 〈문명화〉의 지도라는 논리를 밀어붙였을 뿐으로, 실력 양성 운동에서 이를 극복하기는 어려웠다. 한일의 〈친목〉을 전제로 한 〈자치 육성 정책〉에 숨구멍을 틔웠던 것은 민중 사이에 유포되어 있던 소문이나 의분, 그것과 함께 독립협회 이래의 국기·만세의 정치 문화였다. 전자는 주로 남순행에서 보이고, 후자는 주로 서순행에서 보였다. 「大韓每日

申報」의 〈항일 내셔널리즘〉의 언설은 이것들을 받아들여서 한국인의 〈국가적 정신〉, 〈자국 정신〉을 자명하게 만드는 데에서 성립되었다. 원래 일본에 의한 한국 보호국화와 이토의 통감 정치는 부당하게 실시되었고 기간도 단기간에 끝났지만, 조선에서 내셔널리즘의 형성이라고 하는 점에서 중요한 위치를 차지한다.

제국의 〈기억〉

1910년 8월 일본은 한국을 병합했다. 이것에 의해 대한제국의 〈기억〉은 상실된 것처럼 생각되지만, 반드시 그러한 것만도 아니다. 우선 「한국병합에 관한 조약」의 체결에서 총리대신 이완용은 조약에 관해서는 거의 찬성하면서도 한국의 국호를 조선으로 개칭하는 것과, 한국 황제를 〈태공 전하〉라고 하는 것에 반대하였다. 이완용이 〈한(韓)〉과 군주 존칭을 고집했던 것은 이완용 자신이 갑오개혁·독립협회 이래 조선 왕조의 근대 국가화에 관여했던 인물이었기 때문이다. 이완용은 국호의 건에 대해서는 승복했지만 후자에 대해서는 집요하게 반대하고, 〈왕 전하〉라고 할 것을 주장했다. 하지만 일본 측 입장에서 보면 〈지금 단순히 왕 전하의 칭호를 허락한다면 저들은 이것을 기화(奇貨)로 삼아 조선 등의 문자를 여기에 덧붙이려 시도하게 되는 것이 필연임을 헤아려, 단순히 왕 전하의 칭호 사용을 거절하도록〉 하지 않을 수 없다. 고종이 〈대리〉를 고집하며 〈양위〉에 저항한 것을 염두에 두고 있었을지도 모른다. 하지만 조약 조인을 우선하고 〈단순히 왕 전하〉라고 하는 것을 인정하지 않은 대신 〈창덕궁 이왕 전하〉라고 하였다.[136]

---

136 『韓國ノ保護及倂合』, 朝鮮總督府, 1918년, 331쪽.

그리하여 8월 29일 메이지 천황의 조서에서 〈전 한국 황제를 책봉하여 왕으로 삼고 창덕궁 이왕이라고 칭하며 사후에 이러한 융성함을 세습함으로써 종사를 받들도록 하고〉〈대우함을 황족의 예로써〉 하도록 했다.

한국 황실은 〈왕족〉으로서 존속하게 되었고, 한국병합 후에도 창덕궁에는 순종이, 덕수궁에는 고종(〈덕수궁 이태왕〉이 되었다)이 계속 거주했다. 「한국병합에 관한 조약」의 공포 직후에 실시된 만수성절에는 예년처럼 순종의 덕수궁 〈행행〉(정확하게는 행계)이 있었다. 다만 노부의장은 일본 기병대가 담당하고 태극기 대신에 일본 기병대 깃발이 걸렸으며 도로변에서 지켜보는 것은 학교 생도가 아니라 경찰관뿐이었다.[137] 물론 전 한국 황실의 기념일에 제등 행렬을 실시하지는 않았고, 〈병합 기념일〉이나 천장절(天長節)에 실시하였다. 하지만 〈행행〉 자체는 계속하였다.

표 7 1910년대 순종의 행계

연도	덕수궁	총독 관저	종묘	홍릉	그 밖의 능원	역송영 (驛送迎)	기타	합계
1910	3	3	1	2	0	0	뚝섬 원예 모범장 1	10
1911	15	4	1	2	0	0	0	22
1912	12	3	1	2	0	0	0	18
1913	13	2	1	2	1	0	0	19
1914	13	3	1	1	1	0	0	19
1915	15	3	1	2	0	2	공진회 2, 월곡리 농장 1	26
1916	12	6	1	1	1	2	0	23
1917	10	0	1	2	0	0	함흥 1, 동경 1	14
1918	17	3	0	1	3	1	인천 1	26

자료: 「純宗實錄」

137 「漢城新聞」(「皇城新聞」 改題) 1910년 9월 9일 잡보 「鹵簿儀節」.

〈표 7〉은 1918년까지 순종의 〈행행〉을 보여 준다. 병합 이전보다도 오히려 횟수는 증가하였고 덕수궁으로의 〈근행(覲幸)〉도 한 달에 1회 이상의 페이스를 거의 유지하고 있다. 병합에 의해 제국·황제의 〈기억〉이 말소되기는커녕, 그 〈기억〉은 빈번하게 재생되고 있다고 말할 수 있다. 그 밖에 몇 차례 많지 않지만 뚝섬 원예 모범장·공진회(共進會)·월곡리 농장(月谷里農場) 등 산업 시설으로의 〈행행〉도 실시하였다. 또 1917년에는 도쿄(왕세자 이은의 결혼 준비를 위해)와 함께 남순행·서순행에 이어서 동순행이라고 할 수 있는 함경남도 함흥으로의 〈순행〉[정확하게는 순계(巡啓)]을 실시하였다. 이미 1909년의 서순행 후 새로 부임한 소네 아라스케(曾禰荒助) 통감이 배종한 동순행이 실시된다는 소문이 있었는데,[138] 순행이 철도로 실시되는 것이었다고 한다면 그것은 불가능했다. 그러나 때마침 1916년 함경선 원산-함흥 간 개통을 기다리고 있었던 것처럼 1917년 5월 9일부터 16일까지 철도를 이용한 함흥으로의 〈순행〉을 실시하였다. 주지하다시피 함흥은 조선 왕조의 발상지라고 할 수 있는 지역으로, 순종은 본궁[운전궁(雲田宮)][139]과 정화릉[定和陵, 태조의 부모인 환조(桓祖)와 의혜왕후(懿惠王后)의 능], 돌아가는 길에는 석왕사(釋王寺)에 들르고 있다. 사람들이 환영하는 모습은 다음과 같다.

원산역에서 출발하여 함흥에 이르러 함경남도 장관(長官)의 관사에 하룻밤을 묵었다. 연로의 각 정거장에서는 함흥 시내의 관민과 학생들이 지송하고 지영하였으며, 큰 비가 내린 뒤에 도로가 무너지려고 하자 부근의 백성들

138 「皇城新聞」 1909년 2월 11일 잡보 「三月東巡」.
139 함흥의 〈본궁〉은 太祖의 舊邸인 雲田社를 태조 원년(1392)에 중건한 것을 가리킨다. 그런데 『朝鮮王朝實錄』을 비롯한 옛 기록에는 〈本宮〉, 〈雲田社〉라고 되어 있을 뿐 〈雲田宮〉으로 쓰인 예는 없다 ― 옮긴이주.

이 스스로 와서 수리하고 보수하여 왕의 행렬이 여기까지 이를 수 있게 되었으며, 많은 백성들의 환영하는 소리가 마치 우레와 같았다.[140]

〈환성〉이 만세였다고는 생각하기 어렵지만 예전 순행과 같은 양상으로 학생을 비롯해 많은 사람들이 행렬을 이루어 〈우레와 같〉은 환성으로 환영하였다.

어째서 일본이 한국병합 이후에도 대한제국의 〈기억〉을 불러일으키는 〈행행〉이나 〈순행〉을 계속하였는가? 한국의 〈독립〉 보장, 한국 황실의 〈안녕〉을 주창하면서 한국을 침략한 일본으로서는 그 모순 때문에 〈병합〉도 양국 황제의 동의라고 하는 형식을 취해야만 했고,[141] 이완용의 〈저항〉에서 볼 수 있는 한국 측의 움직임에 대해 회유를 가할 필요가 있었다. 그 때문에 한국 황실에 대해서 〈각기 지위에 따라 상당한 존칭, 위엄과 명예를 향유하게 하고〉(「한국병합에 관한 조약」 제3조), 〈대우함에 황족의 예로써 한다〉(詔書)고 우대를 약속해야만 했다. 하지만 전 한국 황실의 우대와 일본의 조선 통치의 근본 방침인 동화주의는 모순 관계에 있었다.[142]

1919년 1월 21일, 고종이 사망하고 주지하는 바와 같이 그 독살설이 퍼졌다. 그러고서 3월 1일을 맞이했다. 김윤식은 『續陰晴史』 1919년 3월 1일에 다음과 같이 적고 있다.

140 『純宗實錄』 1917년 5월 11일(원저의 해당 인용 내용은 『純宗實錄』 1917년 9월 11일 기사가 아니라 5월 11일 기사이므로 이를 바로잡았다 — 옮긴이).

141 海野福壽, 앞의 논문, 378쪽.

142 그 모순이 황실 문제에서 노정한 것이 왕세자 이은과 나시모토노미야 마사코의 결혼 문제로 기인한 황실 전범 개정 문제였고, 이것을 둘러싸고 제실제도심의회와 추밀원에 내각을 말려들게 한 분쟁이 일어났다. 이 분쟁에 대해서는 高久嶺之介, 「大正期皇室法令をめぐる紛爭」 上·下, 『社會科學』 32·34, 同志社大學 人文科學研究所, 1983년 2월, 1984년 3월 참조.

오후 3시, 갑자기 부르짖으며 떠드는 소리가 있었고, 고함과 큰 울음소리에 땅이 흔들렸다. 사람을 시켜 그것을 알아보니, 각 학교 생도가 종로에 모여 대한제국 독립 만세를 외치고 또는 탑골공원에 모이거나 혹은 큰길 위에서 연설하였다. 모두 대한문에 이르러 틈입하며 만세를 불렀다. 한 갈래는 창덕궁 밖에 이르러서 만세를 부르며 미국, 프랑스 영사관을 지나서 남대문 역에 이르렀다.[143]

김윤식이 직접 목격한 것은 아니지만 종로에서 〈대한제국 독립 만세〉를 불렀던 군중은 덕수궁으로 향하거나 창덕궁으로 향하여 만세(〈呼嵩〉)를 불렀다. 이 길은 순종이 고종을 문안하기 위해 빈번하게 마차로 다녔던 길이며, 이전에 사람들이 제등 행렬로 〈대한제국 만세〉를 불렀던 장소였다.[144] 10년 전까지 아주 빈번하게 있었던 왕궁 앞에서의 태극기와 만세 창화에 대한 민중의 〈기억〉이 3·1 운동의 민중 행동으로 나타났다고 말할 수 있을 것이다. 지방의 3·1 운동에서도 독립의 결과는 대한제국으로의 복귀라고 생각하는 경우가 많았다.[145] 또 서울과 함께 만세 시위가 가장 일찍 전개되었던 곳은 경의선·경원선 연선, 특히 순종의 순행 당시 기독교도가 중심이 되어 일장기 게양 거부 운동을 벌였던 경의선 연선의 도시였다. 한편 3·1 운동의 발발이 소문을 하나의 계기로 하고 있는 것은 남순행 당시 황제 유치의 소문을 기반으로 한 의분형 저항과 통하는 점이 있다.

143 〈午後三時, 忽有呼噪之聲, 喊叫動地, 使人探之, 各學校生徒, 會于鍾路, 呼大韓帝國獨立萬歲, 或聚於塔洞公園, 或演說于大道上, 相率至大漢門, 闖入呼嵩, 一派至昌德宮外呼嵩, 歷美·佛領事館, 出至南大門驛.〉

144 1913년 3월에는 〈大昌神武元年李復皇帝位〉라고 하는 〈익명서〉가 종각에 붙었고, 〈인민 수천 명〉이 대한문 앞에서 만세를 불렀다. 『續陰晴史』 癸丑 3월 16일.

145 이윤상, 「평안도 지방의 3·1운동」; 이지원, 「경기도 지방의 3·1운동」. 둘 다 한국역사연구회·역사문제연구소 엮음, 『3·1 민족해방운동 연구』, 청년사, 1989년에 수록.

다만 3·1 운동에 참가했던 민중이 모두 대한제국 신민의 논리로 행동한 것은 아니다. 농촌에서는 운동에 참가하면 독립이 되었을 때에는 납세가 면제되거나 토지가 분배된다고 생각하여 면사무소를 습격하고 민적부 등을 소각하는 경우도 있었다.[146] 이것은 동학 농민 운동과 상통하는 반근대적인 유토피아 사상[147]이라고 말할 수 있다. 또 3·1 운동에서 시기는 벗어나지만, 서울에서 일본인 순사가 어느 조선인을 콜레라 환자라고 해서 병원으로 연행하던 차에, 모여 있던 사람들이 순사에게 큰 소리로 욕을 퍼부었고, 그것이 이윽고 〈독립 만세〉가 되었다고 하는 사례도 있다[148][병합 전부터 일본은 콜레라 환자를 경찰 권력을 통해 전염병 피병원(避病院)에 격리시켰고 가족의 죽음을 눈으로 볼 수 없게 한다는 불만이 민중 사이에서 퍼지고 있었다[149]]. 이렇게 다양한 심성을 독립 운동으로 수렴시킬 수 있었던 점에 만세의 위력이 있었다.

　　한편 병합 직전에 이루어졌던 〈충군〉과 〈애국〉의 분리는 3·1 운동과 그 후의 언설에도 계승되었다. 민족 대표의 선언서에서는 〈반만 년 역사의 권위〉와 〈이천만 민족의 충성〉이 자명하기 때문에 〈민족 독립〉을 주창하고 있다. 따라서 선언서 말미의 〈조선 건국 4252〉에서 〈조선〉은 〈대한〉에 대치되는 사대주의의 상징도, 일본이 정한 국호도 아닌, 단군 조선의 〈전통〉을 계승하게 된다. 선언서는 결국 〈대한제국적 내셔널리즘〉을 넘어서서 성

146　이지원, 앞의 논문, 344쪽.

147　조경달, 앞의 책 참조.

148　『續陰晴史』庚申(1920년) 8월 25일.

149　이에 대해서는 拙稿, 「朝鮮の開化と〈近代性〉」, 朴忠錫·渡邊浩 編, 『〈文明〉〈開化〉〈平和〉』, 慶應義塾大學出版會, 2006년, 136~138쪽 참조. 또 〈독립 만세〉에는 민중의 민족주의의 표출이라는 의미 부여가 통설이지만, 이러한 만세에 담긴 다양한 민중의 심성을 총체적으로 파악할 필요가 있다. 조선 식민지기 연구에서 민중론의 현황과 문제점에 대해서는 並木眞人, 「植民地期朝鮮政治·社會史硏究に關する試論」, 『朝鮮文化硏究』6, 1999년 3월로부터 시사를 받았다.

립한 것이었다. 다만 대한민국 임시 정부는 〈대한〉과 함께 태극기나 〈애국가〉라는 대한제국의 상징을 계승하였지만, 군주제의 부정으로 태극기나 〈애국가〉에서 대한제국적 요소는 어느샌가 〈망각〉되었다.[150] 그리고 무엇보다도 3·1 운동의 만세에 대한 〈기억〉이 민중의 〈네이션〉으로서의 자명성을 언설에서 더욱 심화시켰다. 예컨대 신채호가 1923년에 집필한 「조선혁명선언」[151]은 〈3·1 운동의 만세 소리에 민중적 일치의 의기가 별현(瞥現)하였〉다고 한 다음 〈민중은 우리 혁명의 대본영〉이며, 그 민중의 직접 혁명으로 〈강도 일본의 통치를 타도〉하라고 서술하였다. 3·1 운동이 조선 내셔널리즘의 형성에서 획기적인 의의를 갖는다는 점은 바로 이와 관련되어 있다.

---

150 예를 들어 현재 한국의 애국가 가사는 대한제국기에 연원을 갖고 있는데, 현행의 가사 4절의 〈이 기상과 이 마음으로 충성을 다하여〉는 1905년의 시점에 〈이 기상과 이 마음으로 군주를 섬겨〉였다. 또 후렴의 〈무궁화〉는 대한제국 초기에 제국과 황제의 〈무궁(無窮)〉을 상징했다. 상세한 것은 다른 원고에서 논해 보도록 한다.
151 丹齋申采浩先生記念事業會,『丹齋申采浩全集』下, 螢雪出版社, 1982년 개정 제3판에 수록.

제 9 장

「애국 계몽 운동의 문명관·일본관」재고: 근대 조선 내셔널리즘 연구의 시점

들어가며

〈애국 계몽 운동〉은 1905년 보호국화 이후 교육 진흥과 식산흥업 등을 통해 실력을 양성하여 일본에 빼앗긴 국권을 회복하고자 전개한 운동이다. 필자는 1989년 논문 「애국 계몽 운동의 문명관·일본관」을 발표했는데,[1] 이후 1980년대 말~1990년대 초에 걸쳐 〈애국 계몽 운동〉 연구에 패러다임 전환이라고 할 만한 진전이 있었다. 1989년 필자가 발표했던 예전 원고의 집필 이후 발간된 연구 성과를 포함하여 〈애국 계몽 운동〉 연구 동향에서 필자의 〈애국 계몽 운동〉 연구의 의의는 무엇이며, 새롭게 고려할 점은 무엇인지 재고할 필요가 있었다. 그래서 본 장에서는 기존에 이용한 사료는 거의 그대로 사용하되 1989년의 원고와 동시기에 발간된 논고에서 얻은 새로운 식견을 받아들여, 필자의 〈애국 계몽 운동〉에 관한 견해를 다시금

---

1 拙稿,「愛國啓蒙運動の文明觀·日本觀」,『朝鮮史研究會論文集』26, 1989년 3월.

제시해 보고자 한다. 개별 논점에 대해서는 논의를 전개하면서 그때마다
정리해 나가고자 한다.

1. 연구 동향의 개요

1.1. 〈애국 계몽 운동〉 연구의 시점

〈애국 계몽 운동〉에 관한 연구는, 이 운동을 1880년대 개화 운동 이래
〈부르주아 변혁 운동〉의 발전 안에서 파악하였던 강재언(姜在彥)의 연구[2]가
1980년대 후반까지 대표적이었다. 강재언의 연구는 〈타율성(他律性) 사관〉
을 비판하여 개화 운동의 발전 과정을 체계화한다는 의미가 있었지만, 〈부
르주아 변혁 운동〉의 발전을 강조한 나머지 〈애국 계몽 운동〉의 〈근대〉적
측면을 과대평가하는 경향이 있었다. 하지만 1980년대 후반 〈애국 계몽 운
동〉을 비판적으로 검토하는 흐름이 두 가지 문제의식에서 나타났다.

그 가운데 하나는 〈민중적 민족주의〉의 입장에서 〈농민층〉과 개화파 지
식인의 계급적 모순, 그리고 〈애국 계몽 운동〉 내부의 〈계급 이념〉의 다양
성(複數性)을 주목한 연구로 김도형(金度亨)의 논문이 대표적이다.[3] 김도형
은 종래 〈애국 계몽 운동〉 연구가 〈대체로 국권 회복·구국 운동이라는 측
면에서 저항적인 측면만을 강조〉했던 것에 비해 근대 학문 수용의 즈음에

---

2 姜在彥, 「李朝末期의 實力培養＝自强運動」, 『思想』585, 1973년 3월; 同, 『朝鮮近代の變革
思想』, 日本評論社, 1973년에 재수록; 이후 『新訂 朝鮮近代史硏究』, 日本評論社, 1982년에 수록.
3 金度亨, 「韓末 啓蒙運動의 政治論 硏究」, 『韓國史硏究』54, 1986년 9월; 이후 가필, 수정하
여 金度亨, 『大韓帝國期의 政治思想硏究』, 知識産業社, 1994년 중 제2장 「문명개화론자의 문화
계몽운동과 사상」. 본 논문에서는 후자를 참조하였다.

나타나는 유교 부정(儒敎否定), 제국주의의 현실에 대한 인식, 서양 정치 사상 수용에 즈음하는 입헌론 등이 철저하지 못했던 점과 지배층·지주층의 입장에 기인하는 우민관 등의 〈한계성〉 등을 근거로 지적했다. 그리하여 〈준비론〉, 〈실력 양성론〉, 〈외교론〉 등 운동의 방법론과 결합해 일본의 침략에 대한 태도는 타협적·패배주의적인 것이 될 수밖에 없다고 기술하였다. 김도형의 연구에서 특히 주목되는 점은 제국주의에 대한 인식과 당시 유행한 사회 진화론을 결부시켜 고찰했다는 점인데, 이것은 나중에 다시 다루기로 한다. 또한 비록 〈한계성〉이라는 평가를 내리면서도, 〈애국 계몽 운동〉 안에서 군주제를 부정하지 않고, 유교적인 사유를 발견하는 등 〈근대〉적이지 않은 측면에도 주목함으로써 처음으로 〈애국 계몽 운동〉 사상을 전체 구조적으로 파악하려고 시도했다는 데 의의가 있다.

또 하나의 문제의식은 조선에서 제국주의 비판의 논리를 한국사에서 내재적으로 찾아낸다고 하는 것으로, 이것은 조경달의 논의이다.[4] 그에 따르면 1880년대 〈개량적 개화〉가 유교적 〈신의〉를 내세움으로써 서구적 근대·제국주의를 비판할 수 있었던 반면, 〈애국 계몽 운동〉은 사회 진화론을 수용해 약육강식을 당위로 여겼기 때문에 일본 제국주의를 비판하는 논리를 가질 수 없었다. 〈애국 계몽 운동〉에서 〈신의〉를 내걸고 일본 제국주의를 비판할 수 있었던 자는 안중근뿐이었다고 한다. 조경달은 〈애국 계몽 운동〉의 대표적 인물 박은식과 신채호가 〈문명 타협적 애국 계몽 운동론〉에 기초한 〈대국 지향형 내셔널리즘〉의 소유자로, 제국주의 비판의 논리가 취약했으며, 때문에 이후 〈애국 계몽 운동론〉을 담당한 지식인이 사회 진화론을 부정하여 일본 제국주의를 비판하는 논리를 가지게 된 것은 3·1 운

---

4 趙景達, 「朝鮮における大國主義と小國主義の相克」, 『朝鮮史研究會論文集』22, 1985년 3월; 그리고 同, 「朝鮮における日本帝國主義批判の論理の形成」, 『史潮』新25, 1989년 6월.

동 시기라고 하였다. 조경달의 논의에서는 유교적 사유라는 측면을 적극적으로 주목하고, 그것이 근대 사상 형성의 방해 요소가 아닌 〈조선의 내재적인 사상적 영위의 적극적인 측면〉이라고 주장하였다. 이러한 논의는 종래 연구에 대한 안티테제가 되었다.

이상의 연구 동향에 입각하여 1989년의 예전 논문을 세 가지 점에서 살펴보았다. 첫 번째로 〈애국 계몽 운동〉의 유형화와 각 유형별 사상 구조의 해명이다. 자세한 내용은 나중에 논하겠지만 김도형의 연구에서는 〈애국 계몽 운동〉의 〈한계성〉을 지적하였을 뿐 그것들의 상호 관계, 예를 들어 제국주의에 대한 인식이 철저하지 않다는 것과 유교 비판이 철저하지 않다는 것 사이에 어떠한 관계가 있는지를 알 수가 없다. 하지만 〈애국 계몽 운동〉 내부에 다양성이 존재하기 때문에 유형화가 필요하다고 생각한다.

두 번째로 조경달의 연구를 모방하여 이상형으로서의 서구 〈근대〉를 기준으로 〈애국 계몽 운동〉을 평가하는 것이 아니라, 유교적인 측면을 적극적으로 주목한다. 구체적으로는 서양 사상(특히 사회 진화론) 수용 당시 발생한 사상적 모순과 갈등의 고찰이다. 김도형과 조경달의 연구에서 볼 수 있듯이 사회 진화론이 그때까지 〈부국강병을 정당화하여 민족주의를 지지하는 이론〉[5]으로서 높게 평가되어 온 것의 타당성을 의심해 볼 수 있다. 식민지화의 원인이 결정적으로 한국에 있다는, 약육강식을 공리로 하는 사회 진화론은 액면 그대로 받아들여졌는가? 〈애국 계몽 운동〉을 담당한 개화파 계열 지식인은 〈문명국〉으로서 일본을 모범으로 삼았는데, 그 〈문명국〉에 의한 식민지화라는 〈야만〉을 어떻게 파악하였는가? 또한 유교적 교양을 체화한 개화파 계열 지식인에게 〈인의도덕〉의 달성을 지상 과제로 하는

---

5 李光麟, 「舊韓末 進化論의 收容과 그 影響」, 『韓國開化思想研究』, 一潮閣, 1979년, 260쪽.

유교와 약육강식의 논리는 저촉되지 않았는가? 따라서 〈애국 계몽 운동〉의 문명관·일본관을 검토해야 한다고 생각한다.

세 번째로, 결론부터 먼저 말하자면 〈애국 계몽 운동〉에서 〈인의도덕〉을 부정한 자는 신채호 등 극히 소수였고, 〈인의도덕〉의 부정이란 측면도 3·1 운동기까지 시야에 넣으면 조경달이 말하는 사상적 한계로서는 정리할 수 없는 의의가 있다. 이전 논문에서는 〈애국 계몽 운동〉기부터 3·1 운동기를 연속적으로 검토하는 가운데, 신채호에게 나타나는 〈인의도덕〉 부정에 근거한 〈국가주의〉의 독자성을 검증했다. 덧붙여 예전 논문의 발간을 전후하여 조경달은 자신의 학설을 수정하였다. 즉, 〈급진 개화파〉와 그 유파로 이어진 운동 세력은 〈애국 계몽 운동〉기가 되면, 〈근대 문명 지상주의로 흘러간 결과〉로써 〈국가주의〉를 잃은 반면, 박은식과 신채호는 〈온건·급진 양쪽 개화파의 계보와 연결되면서도, 취약한 국가주의를 좀 더 강인하게 만들어 가려는 새로운 내셔널리즘〉을 지녔다고 하여, 양자의 〈국가주의(國家主義)〉와 〈국수주의(國粹主義)〉를 적극적으로 평가하였다. 그러나 조경달은 결론적으로 〈국가주의〉자였던 두 사람은 동시에 유교적 보편주의라는 〈조선적 사상 전통〉 안에 있었으며, 특히 신채호는 〈애국 계몽 운동〉기의 〈국수주의〉라고 하는 〈특수주의(特殊主義)〉로부터 3·1 운동 이후에는 유교적인 〈대동 사상(大同思想)〉과 무정부주의를 결합시킨 〈보편주의(普遍主義)〉로 전환함으로써, 피억압 민족이 제국주의에서 해방될 수 있는 이념을 찾아냈다고 말했다.[6] 신채호의 평가와 관련하여 이전 논문의 결론은 조경달의 논지에 일부 동의하는 형태였으나, 신채호에 대한 필자와 조경달의 평가에는 여전히 차이가 존재한다. 이에 대해서도 나중에 충분히 논의해 보

6 趙景達, 「朝鮮近代のナショナリズムと文明」, 『思想』808, 1991년 10월.

고자 한다.

1.2. 〈애국 계몽 운동〉이라는 용어

김도형의 연구는 〈애국 계몽 운동〉의 〈저항적인 면〉보다도 〈한계성〉의 측면에서 고찰한 것으로, 종래의 〈애국 계몽 운동〉 연구와 방향을 달리하였다. 김도형의 연구에 이어 한국에서는 박찬승의 논문이 나왔다.[7] 박찬승의 논문은 1910년대의 〈실력 양성 운동론〉과 1920년대부터 30년대 초반 〈부르주아 민족주의 우파〉의 〈실력 양성 운동론〉을 체계적으로 고찰한 그의 박사 학위 논문의 앞 단계에 위치한 것이었다. 〈실력 양성 운동론〉은 단적으로 말하면, 〈선 실력양성·후 독립론〉이라는 타협적 운동론인데, 〈애국 계몽 운동〉도 타협적인 운동으로 파악하였다. 따라서 박찬승도 〈애국 계몽 운동〉의 〈저항적인 면〉보다도 〈한계성〉의 측면을 강조한다는 점에서 김도형과 공통점이 존재한다.

그런데 이처럼 〈애국 계몽 운동〉의 〈타협적인 성격〉을 논하는 연구가 발간되는 가운데 한국에서는 〈애국 계몽 운동〉이라는 호칭에 변화가 생겼다. 〈애국 계몽 운동〉 용어를 처음 쓴 곳은 박찬승에 따르면 1949년 간행된 손진태(孫晋泰)의 『國史大要』이다.[8] 또한, 북한에서는 같은 해에 간행된 조선역사편찬위원회 편 『조선민족해방투쟁사』에서 〈애국문화계몽운동〉이라는 용어를 처음 사용하여, 현재에 이르고 있다. 한편, 일본에서는 전후(戰後) 최초의 본격적인 한국 통사인 하타다 다카시(旗田巍)의 『朝鮮史』(岩波書

---

7 朴贊勝, 「韓末自强運動論의 각 계열과 그 성격」, 『韓國史硏究』68, 1990년 3월; 이후 가필, 수정하여 박찬승, 『한국근대정치사상사연구』, 역사비평사, 1992년의 제1장 「한말자강운동론과 그 각 계열」. 여기서는 후자를 참조하였다.

8 박찬승, 위의 책, 17쪽.

店, 1951년)에서 〈독립협회의 유파를 이어받은 지식인들〉 등으로 특별한 명칭을 붙이지는 않았다. 그 후 북한과 같은 〈애국문화계몽운동〉이라는 용어를 일반적으로 사용하였고,[9] 나아가 앞서 언급한 강재언의 논문이 〈애국계몽 운동〉이라는 용어를 사용한 후 이것이 1970년대를 거쳐 일반화한 것으로 보인다.

그런데 김도형의 논문에서 등장하는 〈한말 계몽 운동〉은 나중에 그것을 가필·수정하여 수록한 단행본에서는 〈문명개화론자의 문화계몽운동〉으로, 또한 박찬승의 논문·단행본에는 〈한말 자강 운동〉으로 되어 있으며, 모두 〈애국〉이라는 용어를 사용하지 않았다. 국정 〈국사〉 교과서에서는 〈애국 계몽 운동〉을 사용하고 있지만, 한국의 통사나 개설서에서는 〈애국〉을 사용하지 않고, 설명하는 분량도 항일 의병 투쟁에 비하면 훨씬 적다. 이것은 의병과 비교할 때 〈애국〉적 성격이 약하다는 것이 그 이유일 것 같다. 예전 논문에서는 그대로 애국 계몽 운동이란 용어를 사용했지만, 이 장에서 〈애국 계몽 운동〉과 같이 강조 표시를 한 것은 한국에서 이 용어(〈애국〉)를 사용하지 않는 경향이 나타났기 때문이다. 어떤 용어를 사용해야 하는지는 이 운동의 전체적인 성격에 관한 중요한 문제이기 때문에 여기에서도 나중에 검토해 보려고 한다.

2. 〈애국 계몽 운동〉의 두 유형

1989년에 발표한 예전 논문의 첫 번째 과제는 〈애국 계몽 운동〉 내부의

---

9 예컨대 朝鮮史研究會·旗田巍 編, 『朝鮮史入門』, 太平出版社, 1966년, 328쪽 참조.

〈다양성〉을 감안하여 〈애국 계몽 운동〉을 유형화하는 데 있었는데, 직후에 발간된 박찬승의 논문도 〈한말 자강 운동〉을 유형화하였다. 따라서 이 장에서는 필자의 〈애국 계몽 운동〉 유형과 그 사상 구조에 대한 생각을 다시 제시하고 박찬승과의 공통점·차이점을 분명히 밝히고자 한다.

1989년 집필 이전 연구에서도 〈애국 계몽 운동〉에는 대일 비타협파·대일 타협파라는 구분 가능성을 시사하고 있었다. 반일 단체임이 분명한 대한자강회(大韓自强會)·대한협회(大韓協會)가 고문 오가키 다케오(大垣丈夫)라는 일본인과 일하고 있있던 것, 그리고 대한협회와 친일단체인 일진회(一進會)가 제휴 관계였던 사실에 대한 의문은 이현종(李鉉淙)이 제시, 지적하였다.[10] 강성은(康成銀)은 대한협회 내 〈대일 타협파〉의 친일적 활동을 천도교 상층부(대한협회 상층부는 천도교와 인적으로 중복됨)의 친일적 활동과의 관계로 실증하였다.[11] 사상사에서는 신일철(申一澈)이 친일화해 가는 〈탈아론적〉이고 〈탈전통적〉인 〈메이지 유신형 근대화론〉과 〈전통의 재긍정에 입각〉한 자강론의 두 가지 사상 흐름을 시사했다.[12] 김도형은 사회 진화론이 〈사회 진보〉의 측면을 중시하는 〈근대주의적 입장〉을 가졌기 때문에 〈제국주의의 침략을 받게 된 원인을 내부의 미개(未開)로 귀속시키는 패배주의적 인식〉이 생기게 되지만, 〈경쟁〉의 측면을 중시하는 〈민족 경쟁적인 입장〉에서는 〈제국주의 침략이 바로 생존 경쟁에서 일어난 사실을 지적〉하게

---

10 李鉉淙, 「大韓自强會에 對하여」, 『震檀學報』29·30, 1966년 12월; 同, 「大韓自强會에 關한 硏究」, 『亞細亞硏究』8-3, 1970년 9월.

11 康成銀, 「二〇世紀初頭における天道敎上層部の活動とその性格」, 『朝鮮史硏究會論文集』24, 1987년 3월.

12 申一澈, 『申采浩의 歷史思想硏究』, 高麗大學敎出版部, 1980년, 64쪽. 또한 이러한 신일철의 구분에 대해서 佐々充昭, 「韓末における〈强權〉的社會進化論の展開」, 『朝鮮史硏究會論文集』40, 2002년 10월이 비판을 했다.

되었음을 지적했다.[13] 이상을 근거로 〈애국 계몽 운동〉의 대일 타협파와 대일 비타협파를 국권 회복의 방법론에서는 각각 〈입헌 개혁파(立憲改革派)〉과 〈개신 유교파(改新儒敎派)〉로 파악하여 문명관·일본관을 고찰한다.

2.1. 입헌 개혁파(윤효정·오세창·권동진 등)

이 파(派)는 대한자강회·대한협회의 상층부가 중심을 차지한다. 여기서는 대한자강회·대한협회의 사실상 대표로 활동했던 윤효정의 문명관과 일본관을 검토하여 대일 타협적으로 이루어진 운동의 논리 구조를 밝히도록 한다.

윤효정(尹孝定)에 의하면, 〈盖憲政은 其根源을 自治精神에 取홈이니 憲政의 採用은 世界의 大勢며 文明의 精神이며 自然의 歸着이며 眞理의 趨向이라 眞理와 自然과 文明과 大勢의 順流ᄒᆞᄂᆞᆫ 者ᄂᆞᆫ 繁榮與隆ᄒᆞ고 逆行ᄒᆞᄂᆞᆫ 者ᄂᆞᆫ 衰退滅亡흘지라〉(「專制國民은 無愛國思想論」, 『大韓自强會月報』 제5호, 1906년 11월 25일[14])고 이야기한 것처럼 나라가 멸망하지 않고 번영하도록 하기 위해서는 입헌제를 채용해야만 했다. 필자가 이 파를 〈입헌 개혁파〉라고 부르는 것은 이 때문이다. 러일전쟁에서 일본의 승리는 입헌제의 전제(專制)에 대한 승리였다고 파악할 수 있는 것이었다.

盖日本은 擧國一致ᄒᆞ고 露國은 內亂紛起ᄒᆞ니 天時地利ᄂᆞᆫ 姑且勿問ᄒᆞ고 人和一點에 兩國의 懸隔이 霄壤과 如흠은 人皆熟知ᄒᆞᄂᆞᆫ비라 (중략) 此를 推

---

13 김도형, 앞의 책, 65~84쪽.
14 원저에서는 1907년 1월 21일이라고 하였지만, 1906년 11월 25일의 기사이므로 날짜를 바로잡았다 — 옮긴이주.

究意 則日本은 立憲政治를 施行학야 君民一體학고 上下一致로부터 生出혼
愛國心卽所謂國民的思想의 發揮된 一大精神의 奏功이오 露國은 是를 反학
야 少數혼 優等階級의 貴族將校는 假令國家와 休戚을 共학는 猛志가 有혼
쥴노 推想홀지라도 戰陳의 大部를 組織혼 雇傭兵卒은 一般國民中出身혼 者
인 즉 其決死鬪志가 無흠은 他國民과 異處가 無학니 何由를 問홀진딘 盖其
勝敗의 結果가 平素에 威武를 挾藉학야 一般國民을 壓抑窮迫학던 貴族社會
에는 關係至切홀지라도 國民一般에는 何等通瘁을 不感학는 觀念이 有혼 所
以오 不寧唯是라 (하략) (같은 자료, 19~20쪽)

입헌제의 국가에서는 국민 개개인이 〈국민적 사상〉, 말하자면 〈국민 의
식〉을 가지고 있기 때문에 〈인화(人和)〉를 통해 거국일치(擧國一致)의 체제
를 취한다는 것이다. 같은 논설에서,

專制政體라 학는 意義는 立憲政體에 對학야 區別을 表示학는 者니 立憲
政治의 精神은 君民同體며 上下一致로 萬機를 公議에 依학야 決行학는데 在
학니 其運用학는 基礎는 國民多數의 選良혼 公黨公會에 在학고 專制改治의
特色은 君權無限이며 民權不振이며 上下暌離며 專權壓抑으로 其 運用학는
機關은 貴族官僚가 君主를 圍繞혼 私党에 在학니 今此兩政體의 利害得失을
比較推論학건딘 國民의 愛國心이라 학는 者ㅣ 兩政體에 對학야 何如혼 關係
가 有흠을 觀察홀지니 (19쪽)

라고 하였듯이 입헌제는 정치에서 〈사(私)〉를 배척하고, 〈공(公)〉으로 만
기를 결정함에 따라 거국일치를 달성할 수 있다. 여기에서 말하는 〈공〉은
〈사〉와 대립하며 〈사〉를 부정하는 것으로, 기본적으로는 유교적인 발상에

근거하고 있지만, 정당이나 국회를 언급하고 있는 점에서 〈공〉에는 〈public〉이라는 서양적인 의미도 포함되어 있다고 할 수 있다. 그리하여 대한자강회·대한협회는 스스로를 〈국가 이익과 인민의 복을 옹호하는〉 〈정당〉, 즉 〈공당(公黨)〉으로 평가하고 있다(尹孝定, 「大韓協會의 本領」, 『大韓協會會報』 제1호, 1908년 4월, 46쪽).

이러한 입헌제론은 〈공〉, 〈사〉의 용어에서도 엿보이듯이 유교적 왕도론(王道論)이라는 전통적인 이상 정치에 부합하는 형태로 논의되었다고 볼 수 있다. 입헌제의 의의가 세계의 〈대세〉일 뿐만 아니라 〈문명〉, 〈자연〉, 〈진리〉라는 관념으로 뒷받침되고 있는 것도 이와 같은 이유 때문일 것이다. 여기서 문제가 되는 것은 구미·일본의 정체(政體)를 자신들의 이상 정치(理想政治)로 끌어들였기 때문에 현실에서 구미·일본, 그리고 그들이 중심이 된 국제 질서를 이상화한다는 점에 있다. 이것은 본서 제1부 제2장에서 살펴본 유길준의 〈문명론적 입헌군주제론〉과 같은 논리를 가지고 있다. 이러한 문명관에서는 이상적(으로 생각되는) 국제 질서에 참가하는 것이 지상 목표가 되고, 한국이 보호국이 된 이유도 일방적으로 한국의 〈문명〉도(度)가 부족하다는 것으로 귀속시킨다. 이것도 역시 본서 제1부 제3장에서 본 보호국화 이후 유길준의 활동 논리와 동일하다.

본래 윤효정은 〈二十世紀 文明光線을 耳目頭面에 塗末ᄒ고 强食弱肉으로 天然公理를 藉托ᄒ야 人의 國을 邱墟ᄒ며 人의 族을 殄滅ᄒᄂ 世界列强에 對ᄒ야도 德義的 正論을 可試홀지며〉라고 하고, 현실이 제국주의 시대임은 숙지하고 있는데, 그에 이어서 〈幾千年祖國을 一朝失守ᄒ고 奴隷의 恥辱과 犬羊의 宰割을 恬然甘受ᄒ야 版圖恢復에 希望이 絶乏ᄒ고 夢中生活ᄒᄂ 埃及 越南等 我前鑑國民에 對ᄒ야도 警告的 正論으로 可試홀지며〉라고 했다(「僭邪와 正論」, 『大韓協會會報』 제11호, 1909년 2월, 54쪽). 이처럼

침략당하는 측에도 잘못이 있다는 것도 〈정론(正論)〉이다. 확실히 〈약육강식〉은 〈덕의(德義)〉에는 반하지만, 이러한 현실 세계에 대해 윤효정은 앞서 인용한 「專制國民은 無愛國思想論」에서 다음과 같은 낙관적인 전망을 하고 있다.

> 立憲主義와 專制主義가 大懸隔이 有흔 實例를 日露開戰에 表示홈이오. 以夾世界列强의 方針을 一般思潮의 傾向과 갓치 其 正道의 返코져 흐는도다 由來로 國際間에는 無德義로써 原則이라흐야 偏狹흔 帝國主義에 準據흐야 國際問題에 應用解決흐던 列强의 態度가 遽然히 正義人道와 平和自由의 文明的精神에 色彩를 發揚흐는디 至흐야 如此흔 傾向이 表面事實에 顯出흔 最大實例는 英國에셔 自由党 內閣을 組織홈과 及其發表된 穩健흔 政綱이며 獨帝의 支那保全과 門戶開放의 宣言及北淸撤兵이며 歐洲各國社會党의 優勢며 美國大統領의 人道的大精神의 發揮와 及(데모구랏도)党의 領袖(부라이안)의 勢力回復이며 玖馬의 擾亂鎭定後美國이 合倂을 避흐고 獨立을 詐흔 事實이며 淸國의 權利回復運動이오 特히 本問題에 關係가 最深大흔 者는 露國의 議院開設과 波斯의 立憲制度採用과 及支那에셔 破天荒詔勅으로 立憲制度採用令이 是也니 (같은 자료, 20~21쪽)

러일전쟁 이후의 세계에서 제국주의는 이미 구시대의 유물이 되어 구미 열강은 〈정의 인도〉, 〈평화 자유〉로 향하고 있고, 1880년대 이래 〈호랑이와 이리(虎狼)〉, 〈탐욕과 포악(貪暴)〉 등으로 간주되어 온 러시아, 「독립신문」이 〈세계에서 가장 천하다〉라고 여긴 청(淸)도, 이제 입헌제를 채용해 〈문명〉으로 향하고 있었다. 이러한 세계의 〈대세〉에 편승하여 한국도 〈蓋國民全體가 擬以自國으로 爲世界列國之模範흐야 以之活動其世界列國之

元氣ᄒ며 以之維持其世界列國之平和ᄒ야 挫其强暴ᄒ며 扶其弱小ᄒ며 蒙 昧者焉指導之ᄒ며 未開者焉啓牖之호ᄃᆡ〉(「國家的 精神을 不可不 發揮」, 『大韓 自强會月報』 제8호, 1907년 2월, 7쪽)해야만 한다고 하여, 문명 세계의 일원이 되어 세계 평화에 기여해야 한다고 윤효정은 말하고 있다.

국제 질서가 문명의 방향으로 나아가고 있다면, 문제는 여전히 전제(專 制)에서 벗어나지 못하는 자국의 후진성에 있으며, 특히 〈日人은 以忠愛爲 特性ᄒ고 露人은 以貪鷲爲特性ᄒ고 獨立은 美國之特性이며 自由ᄂᆞᆫ 英國 之特性而因其特性之善否ᄒ야 係其國家之盛衰ᄒᄂ니 若論我韓之由來則 斷斷是依賴之特性而已라〉(「本會會報」, 『大韓自强會月報』 제1호, 1906년 7월, 21~22쪽)고 하였듯이, 〈의뢰(依賴)〉를 특성으로 하는 우민(愚民)의 교육이 필요하게 된다.

윤효정에게 러일전쟁은 야만적인 러시아에 대한 일본의 이른바 성전(聖 戰)이며, 그 결과로 초래된 한국의 보호국화는 문명화의 지도로 파악된다.

嗚呼라 我國은 亞細亞大陸東隅에 僻在하야 世界文明에 進步가 失時함으 로 今에난 先進文明國의 指導에 依하야 國事를 整理하고 人文을 奬勵하야 自今 以後로 國民이 協同一致하야 文明을 吸收ᄒ고 施政을 改善하야 能히 國富國强을 增進하며 列國에 並肩함을 期日可待할새 (「大韓協會의 本領」, 『大 韓協會會報』 제1호, 1908년 4월, 47쪽[15])

윤효정은 또한 〈目今의 我國政治ᄂᆞᆫ 日本의 代表者가 指揮監督을 行ᄒ ᄂᆞᆫ 者이니 其 眞意가 果然 我民國의 文明富强을 啓發ᄒ기에 在ᄒ다 謂홀

15 원저에서는 45쪽이라 표기하였는데, 확인 후 쪽수를 바로잡았다 — 옮긴이주.

지면 我國民 一般이 其 眞意를 雖一日이라도 急速히 徹底了解치 아니홈이 不可ᄒ고〉(「我會의 本領」, 『大韓協會會報』 제9호, 1908년 12월, 62쪽)라며 이토 히로부미(伊藤博文)의 통감 정치를 적극적으로 지지했다. 일찍이 윤효정은 독립협회에서 급진파로 활동하였고, 1898년 쿠데타 모의 혐의로 일본으로 망명하였다. 『統監府文書』의 문서 번호 14645번, 「韓官人ノ經歷一般」 (100번 윤효정)을 보면,

> (상략) 일본으로 망명하였다. 갑진년(甲辰年)에 귀국 후 공진회(共進會)를 설립하여 정부에 건의해 궁중 숙청을 권고하고 (중략) 헌정연구회(憲政研究會)를 창설하여 동지들을 규합하고 1905년에 신조약이 성립되자 동양의 평화와 일본의 현위(玄衛)에서 이 조약이 요청되는 것은 그다지 무리가 아니지만 국운으로 하여금 이 지경에 이르게 한 것은 원로들이 항상 국사에 열성을 결하였기 때문이라고 하여 원로들에게 자계판(自戒板)을 보냈다. 마침내 치안 방해 혐의로 경무청에 구류되었고, 5개월 만에 방환된 후 자강회를 설립하여 부회장 겸 총무원이 되었다. (하략)[16]

고 기록되어 있듯이 줄곧 개혁을 호소해 온 윤효정이 꾸짖어야 할 대상은 한국을 보호국으로 전락시킨 〈원로〉였고, 제2차 한일협약은 〈무리가 아닌〉 것이었다. 윤효정이 보호국화와 통감 정치를 비판하지 않은 이유는 근대화·문명화를 지향하는 성격이 강했기 때문이었다.

이러한 윤효정의 문명관과 일본관은 〈종래에 우리 한국은 전제 정치로 인민의 권리를 속박하여 자유롭지 못하였던 민족〉이었기 때문에 〈보호조

---

16 『統監府文書』 8, 국사편찬위원회, 1999년, 224쪽.

약을 체결함에 이른 것도 역시 우리 한국 사람들 스스로가 초래한 바〉인데, 〈단군으로부터 4천 년의 역사와 태조가 5백 년 왕업을 창시한 큰 터전인 종묘사직을 길이 편안하게 하고 신성한 민족을 편안케 하려는 일편의 공심〉에서 〈우리 2천만 국민은 노예의 모멸에서 벗어나고 희생의 고통을 면하여 동등한 대열에 서서 완전히 새롭게 소생하여 앞을 향하여 전진해 보고 실력을 배양〉하기 위해서 한국과 일본은 〈일대(一大) 정치 기관을 성립〉해야 한다[17]는 일진회의 「합방성명」과 동일한 것이다. 1909년 9월부터 시작된 대한협회와 일진회의 연합(당초에는 서북학회를 추가한 3파 연합) 배경에는 일본의 〈지도〉로 한국의 문명화를 도모한다는 점에서 양자의 정치 목표가 일치하고 있었다.

다만 대한협회는 어디까지나 보호국 상태인 채로 일본의 〈지도〉를 받아야 한다고 주장하였고, 〈합방〉에는 반대하였다. 따라서 일진회가 「합방성명」을 발표하기 전날인 12월 3일 밤 열린 〈대한협회·일진회 두 회의 정견위원〉의 회동에서 벌어진 〈분통항쟁(憤激抗爭)〉 이후, 다음 날인 4일에 대한협회는 일진회에 「두 회의 분열 성명」을 보내어 두 단체의 합동은 결렬되었다(「大韓每日申報」 1909년 12월 5일, 잡보 「兩會分裂」). 일진회와의 합동 시기에도 대한협회는 〈한국의 경영은 피아 공통으로 이익을 증진시키는 데 있고〉, 〈현재의 보호 관계는 한국 국정 스스로 초래한 결과이며, 그 협약도 한국의 문명이 부강으로 진행을 기할 것이지만, 이러한 대한 방침은 세계 열강들이 수긍하는 바이다〉라는 「성명서」(「皇城新聞」 1909년 11월 30일, 잡보 「한회의 공함과 성명서」)를 일진회에 송부하였고, 제2차 한일협약의 전문(前文)을 인용하면서 협약의 유효성을 주장하며 보호국 상태의 유지를 호소하

17 「韓國ノ保護及倂合」, 朝鮮總督府, 1918년, 308쪽.

고 있었다. 〈애국 계몽 운동〉의 〈타협파〉에도 나름대로의 논리가 있었던 것이다. 제2차 한일협약의 〈합법 정당성〉 주장이 친일 단체 일진회의 〈합방〉론에 반대한다고 하는 의미에서는 〈반일〉적일 수 있었던 것이다.

2.2. 개신 유교파(박은식·장지연 등)

앞에서 보았듯이 윤효정은 입헌제 안에서 전통적인 이상 정치를 읽어 내면서 서양 문명과 현실의 세계 질서에 대한 낙관론을 가지게 되었다. 이에 대해 박은식은

> 現今時代는 生存競爭을 天演이라 論ᄒ며 弱肉强食을 公例라 謂ᄒᄂ지라 彼最重文明이라ᄒᄂ 英國도 印度와 埃及에 對ᄒ야 何如ᄒ 政策을 施ᄒ얏스며 號尙德義라ᄒᄂ 美國도 非律賓에 向ᄒ야 何如ᄒ 手段을 取ᄒ얏ᄂ가 現今 列國의 鷹揚虎躍者ᄂ 其 口氣ᄂ 菩薩이오. 其 行動은 夜叉라 誰를 可言이며 誰를 可依리오. (「自强能否의 問答」, 『大韓自强會月報』 제4호, 1906년 10월, 1쪽)

라고 하여 구미 열강의 위선적 성격을 통렬하게 비판하고 있다. 이러한 약육강식의 세계에서는, 〈其人의 資格이 自强의 性質이 無하며 自立의 能力이 無하고 但히 他人의 鼻息을 仰하는 者는 決코 奴隷를 脫免할 日이 無〉(같은 자료)하다고 말하고 있다. 그럼에도 불구하고 〈천하 각국〉은 한국을 〈천하의 약국〉, 〈천하의 열종〉으로 보았다(『朴殷植全集』 가운데 「謙谷文稿」, 379쪽). 거기서 박은식은 〈자주지심(自主之心)〉, 〈자주지기(自主之氣)〉(같은 자료, 380쪽)의 함양 필요성을 주장하였는데, 이러한 기상은 〈2천만 동포의 뇌수(腦髓)에 관주(灌注)〉해야 할 〈대한 정신〉이라고 명명했다(「大韓精

神」, 『大韓自强會月報』 제1호, 1906년 7월, 56~58쪽). 박은식이 주창하는 교육의 내용은 하라다 다마키(原田環)의 지적처럼 유교와 서양의 과학 기술이다.[18] 그러나 한국에는 그것을 방해하는 장애가 존재하며 또 유교도 현재의 상태 그대로는 약육강식의 세계에 대응할 수 없기 때문에 〈구습 개량〉이나 〈유교 개신〉이 필요했다. 이것이 박은식을 〈개신 유교파〉라고 부르는 이유이다.

박은식은 「舊習改良論」(『西友』 제2권 1907년 1월, 6~10쪽)에서 〈現 二十世紀는 寰宇 各國의 聲明文物이 全 地球를 擧호야 新世界를 造成호는 時代〉인데, 그런 시대에 〈前日과 如히 安閑호 方便을 取호고 守舊호는 規模를 固執호다가는 畢竟 大韓國이라 大韓民이라 호는 名字를 扶持홀 道理가 無〉라고 말하며, 〈네 가지 폐습(四種弊習)〉으로 〈儒林家(유학자)〉, 〈行世家(관료·관리)〉, 〈雜術家(풍수사·기도사)〉, 〈學究家(글방의 교사)〉를 들어 이들을 〈痛革淨盡〉해야 한다고 말했다. 여기서 〈儒林家(유학자)〉가 비판의 대상으로 올라와 있는데, 박은식에 따르면 본래 〈儒林〉은 〈實로 國家의 元氣오 人民의 師表〉이며 유교는 결코 부정할 수 없지만 〈挽近 儒林의 衰削이 己甚호고 缺裂이 多端호야 曰湖曰洛曰理曰氣〉로 서로 싸우며 〈道德上 本旨를 大失홈이오. 또혼 人民의 普通之敎가 되지 못홀 것이 甚明〉하다고 말했다. 원래 〈孔子는 問禮於老聃호시며 問官於剡子호시고 論爲邦 호사되 斟酌四代호야 損之益之호셧스니 假使生於 今日이시면 泰西人의 利用厚生호는 製造品과 新法律의 通行과 新學問의 盛備홀 거슬 純然拒絶호시겟는가〉라고 하였듯이 유교는 적극적으로 개신을 해야만 했다. 하물며 〈現時代는 國家가 不存이면 民族이 必滅〉이기 때문에, 〈萬一不幸 호야 國家와 民族이 保

18 原田環, 「朝鮮近代ナショナリズムの形成」, 『朝鮮民族運動史研究』3, 1986년 7월, 63쪽.

存치 못ᄒᆞᄂᆞ 境遇에도 獨其儒家ᄂᆞ 歛膝端坐ᄒᆞ야 說心說性ᄒᆞ며 深衣大帶로 鄕飮鄕射ᄒᆞᆯ 處所가 有ᄒᆞ겟ᄂᆞ가〉라고 하며, 국가·민족의 시대에 적합한 유교와 유생이 요구된다고 하였다.

박은식의 유교 개신론을 대표하는 논설이 「儒敎求新論」(『西北學會月報』 제10호, 1909년 3월, 12~18쪽)이다. 여기서 박은식은 〈夫我 東洋數千年 敎化界에 中正純粹ᄒᆞ고 廣大精微ᄒᆞ야 列聖이 傳授ᄒᆞ고 群賢이 講明ᄒᆞᄂᆞ 儒敎가 終是 印度의 釋迦敎와 西洋의 基督敎와 如히 世界에 大發展을 不得홈은 何故이며 近世에 至ᄒᆞ야 寢微不振이 極度에 達ᄒᆞ야 殆히 來復의 望이 無ᄒᆞᆫ 것은 又 何故〉라고 묻는다. 이에 대한 대답은 세 가지로, 첫째 〈儒敎派의 精神이 專히 帝王側에 在ᄒᆞ고 人民社會에 普及홀 精神이 不足〉한 것이고, 둘째 〈列國ᄒᆞ야 思易天下의 主義를 不講ᄒᆞ고 匪我求童蒙이라. 童蒙이 求我라ᄂᆞ 主義를 是守〉한 것, 셋째 〈我韓儒家에서 簡易直切ᄒᆞᆫ 法門을 不要ᄒᆞ고 支離汗漫ᄒᆞᆫ 工夫를 專尙〉한 것이었다.

첫째에 대해서는 〈若 其 儒敎의 力이 人民社會에 普及ᄒᆞ야 民智를 開發ᄒᆞ고 民權을 伸張케 ᄒᆞᆫ 根基가 有ᄒᆞ얏스면 幾個奸臣輩가 엇지 君上을 慫恩ᄒᆞ야 一網打盡의 毒計를 行ᄒᆞ얏스리오〉라고 서술하며 유교를 〈민권〉의 신장에 이바지하는 가르침으로 해야만 한다고 하였다. 둘째는 여러 나라(列國)를 돌아다니며 가르침을 천하에 넓히는 일 없이, 스스로 가르침을 구하러 다니지 않고 유치몽매한 사람이 스스로에게 가르침을 구하는 것을 기다리고만 있었다고 하는 것인데, 이것에 대해서 〈現今은 世界의 門戶가 廣開ᄒᆞ고 人類가 競爭ᄒᆞᄂᆞ 時代〉이기 때문에, 유생도 바깥의 영역에 적극적으로 나가야 한다고 말했다. 셋째는 유교가 〈簡易直切〉이 아니라 〈支離汗漫〉하고 있었기 때문에 〈後進 靑年이 皆苦其難而厭其煩〉한 것은 주자학 이외의 학문을 〈異端邪說로 指斥〉했기 때문으로, 〈今之儒者가 各種 科學

外에 本領學問을 求〉하려고 하면 〈致良知〉, 〈知行合一〉을 말하는 〈陽明學
에 從事ᄒᄂ 것이 實노 簡單切要ᄒ 法門〉이라고 했다.[19]

인민의 교육을 강조함에 있어서는 입헌 개혁파와 개신 유교파가 동일하
지만, 입헌 개혁파가 교육 이상으로 입헌제라고 하는 제도를 중요시하며
자신들이 속한 단체를 〈정당〉이라고 하면서 위정자적 태도를 취했다. 반면
에 개신 유교파는 재야의 입장에서 〈孔孟之道〉를 널리 세계와 인민에게 보
급시켜 문명을 달성하려고 한 점에서 〈애국 계몽 운동〉에 있어 좀 더 〈계
몽〉적이었다. 더욱 흥미로운 것은 박은식이 「儒敎求新論」에서 〈現今二十
世紀ᄂ 西洋文明이 大發達ᄒ 時期오 將來二十一二世紀ᄂ 東洋文明이 大
發達홀 時期니 吾 孔子의 道가 豈終墜地哉리오. 將次 全世界에 其 光輝를
大顯홀 時斯가 有홀지니〉(앞의 자료, 18쪽)라고 말하고, 유교를 〈서양 문명〉
을 초극하는 사상이자 종교로 자리매김하고 있다는 점이다. 이러한 박은식
의 이념은 1909년 8월 30일 발족한 대동교(大同敎)를 통해 실천된다.[20]

박은식의 구습 개량·유교 개신론 가운데 특히 주목되는 내용이 〈상무 정
신(尙武精神)〉이다

西儒之言에 曰 生存競爭은 天演之理오 優勝劣敗ᄂ 公例之事라 ᄒ니 是 其
爲言 也丨 豈不違背於仁義道德之說乎아 雖然이나 仁義道德之爲物도 聰明
智慧와 剛毅勇邁者의 全而有之ᄒᄂ 바오. (「敎育이 不興이면 生存을 不得」,

19 덧붙여 「儒敎求新論」의 발표에 앞서 1907년 말 혹은 1908년 초에 박은식은 1905년 11월
이래로 주필을 맡아 온 대한매일신보사를 떠나 원래 소속되어 있던 황성신문사로 복귀하였다
(李光麟, 「「皇城新聞」 硏究」, 『開化派와 開化思想 硏究』, 一潮閣, 1989년). 이후 「皇城新聞」에서
는 유교 개혁론 관계 논설이 많아졌다. 기명 논설이 아니기 때문에 그것들을 모두 박은식이 썼다
고 단정할 수는 없지만, 박은식의 「儒敎求新論」을 보완하는 자료로 사용하기로 한다.
20 대동교(大同敎)의 창건 경위 그리고 임원에 대해서는 愼鏞廈, 「朴殷植의 儒敎求新論·陽
明學論·大同思想」, 『朴殷植의 社會思想 硏究』, 서울대학교출판부, 1982년 참조.

생존 경쟁, 우승열패는 유교의 〈인의도덕〉에 위배된다. 하지만 생존을 유지하기 위해서는 〈총명함과 지혜(聰明知慧)〉뿐만 아니라 〈굳세고 용감히 힘쓰는 것(剛毅勇邁)〉이 필요하고, 여기서 〈상무 정신〉을 고양하게 된다.

經綸天下之大業者ㅣ 豈有出於文武二道之外者哉아 然이나 尙武之國은 其弊也ㅣ 或惹殺伐之慘ᄒ며 或召擾亂之禍나 其國 全部는 不被他人之呑噬ᄒ야 一經勘定에 國勢之鞏固가 自在ᄒ고 尙文之國은 其弊也ㅣ 寢衰寢弱ᄒ야 如癰疾者之奄奄就盡ᄒ야 百脈이 俱萎ᄒ고 全體가 皆腐일식 國之全部가 遂被他人之呑噬ᄒ되 莫能拔出ᄒ니 其爲禍也 (「文弱之弊는 必喪其國」, 『西友』제10호, 1907년 9월, 2쪽)

〈상무의 나라〉에서는 〈殺伐之慘〉이나 〈擾亂之禍〉이 발생할 위험이 있다는 것은 알고 있지만, 그러한 폐해가 있다고 해도 〈상무의 나라〉는 타인에게 멸망당할 일은 없다. 오히려 한국에도 〈상무 정신〉이 존재했던 것은 역사를 돌아보면 안다고 했다.

(상략) 乙支文德이 以數千精卒로 摧隋兵百萬於咄嗟之頃ᄒ야 馳若風雨에 大功을 全成ᄒ얏스며 梁萬春이 以一片孤城으로 抗唐宗之六師ᄒ야 遼左가 賴以全安ᄒ얏스며 新羅之大角干金庾信이 奮起一隅ᄒ야 百戰百勝에 統三韓 爲一家ᄒ야 豐勳偉烈이 昭耀萬代ᄒ얏고 其在前朝ᄒ야는 契丹之暴와 蒙古之强과 紅頭之殘虐이 破城屠邑ᄒ야 魚肉生靈이 殆無虐歲나 智勇之將과 精銳之卒이 皆能奮武敵愾ᄒ고 摧堅挫强ᄒ야 彊宇遂靖에 金甌無缺터니 泊我 本朝

ᄒ야 太朝高皇帝씨옵셔 天縱神武로 誕撫金尺ᄒ샤 東征西伐에 罔有不服이라 拯生民於塗炭ᄒ시며 奠邦基於磐石ᄒ사 昌厥後於萬世ᄒ셧고 亦粤世廟朝文 治郅隆에 武烈이 載揚ᄒ야 南征馬島ᄒ며 北却蕃胡ᄒ야 疆土恢拓ᄒ고 風教 覃被ᄒ니 其宏猷遠謨가 豈不完備哉아 (하략) (위의 자료, 2쪽)

여기에 나오는 인물은 당시로 말하면 〈국민적 영웅〉으로 주목받게 된 사
람들로, 박은식도 그중 몇몇의 전기를 저술하였다. 그러나 세종(〈世廟〉)시
대 이후 〈崇文賤武之習이 日益增長〉하여 〈國勢之虛弱이 至于今日에 達於
極度ᄒ여〉 버렸다. 그 때문에 지금보다 이후에도 〈我同胞가 國家의 權力을
恢復ᄒ며 民族의 生命을 保全코져 ᄒ면 彼 希臘과 如히 尙武的 教育을 實
施〉해야 한다고 했다(위의 자료, 6쪽).

이와 같이 국가·민족의 생존을 위해서 무(武)를 숭상해야만 했으나, 〈인
의도덕〉을 중시하는 박은식은 한국도 서양 열강과 같이 강자(强者)가 되기
만 하면 좋다고는 생각하지 않았다. 「皇城新聞」 1909년 11월 16일 논설
「儒教發達이 爲平和之最大基礎」에서,

大抵 窮則變ᄒ고 變則通은 不易의 理라 故로 世界歷史에 一定不變의 局이
無ᄒ야 分裂이 極ᄒ면 聯合이 有ᄒ고 競爭이 甚ᄒ면 平和가 有ᄒᄂ니 現今
은 世界人類의 分裂 競爭이 非常히 劇烈ᄒ 時代라 聯合平和의 時期가 渺然
ᄒ 듯ᄒ나 窮則變ᄒ고 變則通의 理로 觀ᄒ면 畢竟 分裂이 聯合되고 競爭이
平和될 時代가 有ᄒᆯ 것이오 쏘 人類의 思想으로 言ᄒᆯ지라도 將次 分裂을 厭
ᄒ고 聯合을 希望ᄒ며 競爭을 避ᄒ고 平和를 要求ᄒᄂ 日이 有ᄒᆯ 것은 亦其
確的ᄒ 理想이 아닌가 所以로 目下 競爭時代에도 種種 有名大政治家ᄂ 恒常
平和를 主張ᄒᆷ은 쏘ᄒ 將來 世界에 嚆矢를 發現ᄒᆷ이라 謂ᄒᆯ지로다

라고 하듯이 당위의 세계는 〈분열 경쟁〉의 세계가 아니라 〈연합 평화〉의 세계이며, 게다가 그 있어야 할 세계는 발현하고 있었다. 박은식은 이것을 『예기(禮記)』「예운(禮運)」편에 나오는 〈대동(大同)〉을 원용해 설명하고 있으며, 장차 〈대동〉의 세상이 찾아오는 논거를 〈春秋에 據亂世와 小康世와 大同世가 亦 進化의 公例〉(「大同學說의 問答」, 『畿湖興學會月報』 제10호, 1909년 5월, 5쪽)라고 하며 『예기』의 「예운」편과 『춘추공양전(春秋公羊傳)』 「장삼세(張三世)」편을 맞춘 세 단계를 사회 진화론과 결부시켜 설명하고 있다. 이렇게 〈도덕적 유토피아〉인 〈대동 세상〉을 사회 진화의 정점에 둠으로써, 박은식은 약육강식의 현실 세계를 〈소강세(小康世)〉로 상대화할 수 있었다. 따라서 구미 열강을 모범으로 삼아 구습 개량·유교 개신을 실시해 부국강병을 달성하려고 해도, 그것은 오만방자한 강대국의 주장대로 해서는 안 되며, 유교국은 세계 평화를 위해서 〈대동〉이라고 하는 〈세상을 구하는 대의(救世의 義)〉(같은 자료)를 강구해야 한다는 것이었다.

「大同學說의 問答」[21]은 박은식이 〈강유위(康有爲=康南海)의 대동 학설〉을 읽고 있을 때 손님이 〈대동의 의미를 대략 설명〉하던 시간에 벌어진 문답이다. 〈客이 啞然而笑〉하고는 〈今 我韓에 社會人士들이 國家主義와 個人權等 主義를 提倡ᄒ야 演壇의 言論과 文字의 勸告가 激切痛快ᄒ고 張皇反覆〉하더라도, 〈人民思想〉에는 〈全然히 啓發皷勵ᄒᄂ 效力이 無〉한데도 〈대동학설〉이 무슨 도움이 되는가란 질문에 대해, 박은식은 〈我韓人士도 大同의 義를 觀念홈이 有ᄒ여야 國家主義와 個人權利等 主義에 啓發ᄒᄂ 思想과 進就ᄒᄂ 程度가 有홀 줄노 思量〉한다고 답했다. 또한 「皇城新聞」

---

21 이 논설은 「皇城新聞」 1909년 4월 16일자에 무기명으로 실려 있다.

1909년 3월 19일 논설 「酒後妄言」에서는 이 논설의 필자가 〈余의 精神所在는 吾人의 固有한 道德을 研磨호야 社會의 本原을 澄淸호며 世界의 人道를 維持홈으로써 畢生의 自任을 作호노라〉고 말한 것에 대해, 〈友人이 啞然而笑〉하며 〈現今 全世界가 富力과 武力으로 競爭호는 時代를 當호야 眇然一身으로 人道維持를 倡言호니 若是乎吾子의 妄想이여〉라고 말하고 있다. 논설에 서명은 없지만 박은식이 썼다고 단언해도 좋을 것이다.

이러한 유교적 도덕 지상주의를 가진 박은식은 새로운 동아시아 국제 질서의 정립을 지향했다. 박은식의 논의에 따르면 〈大同世〉는 어디까지나 〈小康世〉를 거쳐야 실현되기 때문에 한국도 국민 국가를 형성하여 부국강병을 하는 것이 불가피해진다. 그런 의미에서 서양 열강은 모범이 되며, 또 조속히 개혁을 실시해 부강을 실현한 일본, 개혁을 실시하고 있는 청은 배워야 할 선진국이 된다. 특히 부강을 완수하여 구미와 대치하게 된 일본은 칭찬의 대상이 된다.

　最近훈 日本의 歷史로써 觀호건딕 去今七百餘年前 鎌倉幕府時代로부터 日本武士道라 稱호는 尙武的 國風이 素有호야 國民의 勇敢훈 性質이 特有훈지라 是以로 挽近 三十年間에 敎育程度가 如彼發達호야 愛國精神과 團體力이 優勝於他國일식 其結果也ㅣ 敗淸逐露호고 大振國威호야 與歐米列强으로 倂駕齊馳호니 壯哉라 尙武之效力이여 (「文弱之弊는 必喪其國」, 4쪽)

같은 동아시아 유교 국가였던 일본이 구미 열강과 대치하게 된 것은 유교 개신을 통한 한국의 부국강병화라고 하는 박은식의 개혁론에 확신을 주었고, 일본이 청일·러일전쟁에서 〈국위를 떨친〉 것은 비판의 대상이 되지 않았다. 박은식에게 중요한 것은,

目下의 兆朕으로 觀홀지라도 支那와 日本學界에서 儒教를 發達케 ᄒ기로 目的ᄒ는 者ㅣ 多有ᄒ고 吾韓人士도 儒教扶植을 倡言ᄒ는 者ㅣ 稍稍 有之 ᄒ니 方屬萌芽時代라 果然 大學問 大力量으로 其責任을 擔負ᄒ고 其効力을 發展홀 者가 有홀 것은 姑未可見이ᄂ 儒教發達의 時期ᄂ 已到ᄒ얏스니 此 엇지 東洋平和의 最大基礎가 아니리오 然則 東洋平和가 此에 基礎ᄒ야 漸次 發展ᄒ는 日이면 全世界에 普及홀 影響이 有홈도 ᄯ호 理勢의 必然이라 ᄒ 노니 嗚呼라 我東洋儒教여 儒教의 形式을 勿泥ᄒ고 儒教의 精神을 發揮ᄒ야 世界同胞로 ᄒ야곰 大同平和의 幸福을 均一享有케 홀지어다. (「儒教發達이 爲平和之最大基礎」)

와 같이 〈동양 유교〉의 나라인 한국·청·일본이 함께 제휴하여 〈동양 평화〉, 나아가서는 세계의 〈대동 평화〉 실현에 공헌하는 것이다. 「皇城新聞」 1909년 3월 20일 논설 「皇太子殿下論語學」에서는 〈日本도 最初 西洋文明을 輸入홀 同時에 孔孟의 教를 廢置ᄒ지 幾十年이라 世道人心에 關ᄒ야 患害가 漸生홈을 覺知ᄒ고 比年에 至ᄒ야 孔孟의 教를 再興ᄒ기로 提倡ᄒ 는 者가 有ᄒ니〉라고 하여 일본의 유교 개혁 세력에게 기대하고 있다. 여기에서 유교 개혁 세력이란 구체적으로 1908년 동경치(東敬治, 1860~1935)를 중심으로 조직된 양명학회라는 점은 확실하며,[22] 『朴殷植全書』 하권에 수록되어 있는 두 통의 서한으로 「再與日本哲學士陽明學會主幹東敬治書」와 「日本陽明學主幹에게」가 이를 방증해 준다.

애초부터 1905년 제2차 한일협약을 통렬히 비판하였던 장지연의 유명

---

22 陽明學會에 대한 개요는 小島毅, 『近代日本の陽明學』, 講談社, 2006년, 112~121쪽 참조.

한 「皇城新聞」 1905년 11월 20일 논설 「是日也放聲大哭」의 일본 비판은

　　曩日 伊藤侯가 韓國에 來흠이 愚我人民이 逐逐相謂曰 侯는 平日 東洋三國
　　의 鼎足安寧을 自擔周旋ᄒ던 人이라 今日 來韓흠이 必也我國獨立을 鞏固히
　　扶植홀 方略을 勸告ᄒ리라 ᄒ야 自港至京에 官民上下가 歡迎흠을 不勝ᄒ얏
　　더니 天下事가 難測者ㅣ 多ᄒ도다 千萬夢外에 五條件이 何로 自ᄒ야 提出ᄒ
　　얏는고 此條件은 非但 我韓이라 東洋三國의 分裂ᄒ는 兆漸을 釀出흠인 즉
　　伊藤侯의 原初主意가 何에 在ᄒ고 (하략)

라고 하였듯이 일본은 한국의 독립을 부식(扶植)하고 〈동양 삼국〉의 안
녕을 약속했는데, 이토 히로부미가 그것을 파기했다고 하여 한일 연대 내
지 〈동양 삼국〉 연대에 대한 배신을 비판하는 것이었다. 또 당시 유행한 사
회 진화론에서 생존 경쟁은 인종 사이에서 이루어지기 때문에, 일본은 황색
인종으로서 〈동양 삼국〉의 연대라고 하는 기대에 따라야만 했다. 「是日也
放聲大哭」이 치안을 방해했다는 이유로 「皇城新聞」이 정간 처분을 받자
박은식은 황성신문사에서 대한매일신보사로 옮겼는데, 그 무렵의 「大韓每
日申報」에서도 같은 논조의 일본 비판이 보인다. 그 후 박은식이 황성신문
사로 복귀하자, 여기서 살펴본 것처럼 〈東洋儒教〉, 〈黃種〉을 거론한 논설이
「皇城新聞」에 자주 게재되었다. 예를 들어 「皇城新聞」 1909년 5월 27일의
논설 「宇內大勢觀」에서는

　　嗟乎라 我東洋人士여 東洋平和라 同種相愛라 ᄒ는 問題를 徒然히 口頭禪
　　으로 唱道치 勿ᄒ고 平和의 實事를 做去ᄒ고 相愛의 實情을 發表ᄒ야 目前
　　의 小利를 貪ᄒ야 百年의 大計를 誤케 흠이 無ᄒ면 吾亞洲黃種의 無量흔 幸
　　福이라 ᄒ노라

라고 하였다. 즉, 박은식과 「皇城新聞」의 일본 비판은 〈동양〉, 〈황인종〉의 동맹을 대의로 간주한 위에서 이루어진 도의적 비판이었다.

3. 〈항일 내셔널리즘〉의 형성

3.1. 〈애국 계몽 운동〉과 한일동맹론

앞 절에서 〈애국 계몽 운동〉을 입헌 개혁파와 개신 유교파 둘로 나누어 각각의 문명관과 일본관을 검토했다. 양자의 문명관과 일본관에 차이가 있는데, 특히 일본관에 대해서는 전자가 일본을 비판하는 논리를 가지고 있지 않았던 반면, 후자는 도의적으로 일본을 비판하는 논리를 가지고 있었다. 그러나 둘 사이에는 공통점도 있었다.

첫 번째 공통점은 민중 운동이나 의병 투쟁에 대한 비판적인 태도이다. 윤효정은 대한협회의 의병에 대한 태도를 다음과 같이 설명하고 있다.

> 現今 各地에 蜂起ᄒ난 義兵에 對ᄒ야난 其 精神인즉 或 愛國ᄒ난 衷情에 出ᄒ다 ᄒ난 者ㅣ 不無ᄒ나 其 行動을 論ᄒ면 所謂 祖國의 思想으로써 反히 祖國을 斲喪ᄒ난 者로 認ᄒ야 本協會난 其 行動에 對ᄒ야 非議를 執ᄒ노니 (중략) 本協會난 義兵의 精神에난 諒察이 有ᄒ나 義兵의 行動에난 絕對的 非議를 執ᄒ야 速히 鎭定ᄒ고 國民의 四業에 各歸함을 切望ᄒ난 同時에 政府 當局者가 或 注意에 欠缺ᄒ며 或 機宜를 失誤ᄒ야 國民의 誤解 反抗心을 引起함으로 原來良民으로 ᄒ야곰 遂히 無政府의 狀態를 演出케 ᄒ야 友邦의

賢勢費貨와 蒼生의 魚肉糜爛이 今日 現狀을 묻出ᄒ난 (하략) (「大韓協會의 本
領」, 47쪽)

의병의 심정은 이해하지만 그 행동은 절대 옳지 않다고 하면서 정부 당
국에 진압을 촉구하고 있다. 앞서 대한협회와 일진회의 제휴에 대해서 다
루었는데 의병에 대한 이러한 대한협회의 태도는 의병에게 지탄의 대상이
었던 일진회와 마찬가지였고, 의병의 기세를 억누를 수 없는 이완용 정부
를 비판한다고 하는 점에서도 공통적이었다.
한편, 황성신문사 사장을 지낸 장지연은

春秋傳에 曰 國之將亡에 必有妖孽이라 하니 如淸之拳匪我之東學은 皆禍
國之妖孽也라. (중략) 支那分裂之禍가 實基本於此而我韓興亡之機도 亦判於
此矣라. (「過去의 狀況」, 『大韓自強會月報』 제11호, 1907년 5월, 2쪽)

라고 하여 동학을 청나라 의화단과 함께 재앙의 징조(〈妖孽〉)로 간주하고
비난했다. 「皇城新聞」 1906년 5월 29일 논설 「警告義兵之愚昧」에서 〈近日
所謂義兵之徒는 皆禍國之妖孽이오 害民之毒瘤也라〉며 비판하고 있다.
이처럼 지방에서 의병에 참가하는 사람들을 자기 진영으로 끌어들일 수
없었던 입헌 개혁파와 개신 유교파는 일본과의 동맹을 모색할 필요에 내몰
리고 있었다. 이것이 양자의 두 번째 공통점이었다. 입헌 개혁파가 애초부
터 이토 히로부미의 통감 정치를 긍정하고, 일본에 의한 보호 상태의 유지
를 도모하였음은 앞 절에서 보았는데, 그것이 바로 한일 동맹론이었다. 오
세창(吳世昌)은 〈日本은 東洋의 文明先導者ㅣ라. 一手를 張ᄒ야 西潮大迫
의 勢를 障ᄒ며 一手를 張ᄒ야 東隣迷夢의 枕을 撬ᄒ니 雙手雙力이 其 勞

| 如何타 謂ᄒ리오〉(「對照的의 觀念」, 『大韓協會會報』 제5호, 1908년 7월, 1쪽)[23]라고 하면서 구미 제국은 〈정의 인도〉, 〈평화 자유〉로 향하고 있으나, 아직 제국주의의 시대가 완전히 끝나지 않은 현재 상황에서 일본은 〈동양〉, 〈황인종〉의 문명국으로서 기대된다고 하였다. 입헌 개혁파는 독립협회 운동에서 활동한 경험이 있는 인물들인데, 다루이 도키치(樽井藤吉)의 『大東合邦論』의 영향을 받은 〈동양주의〉 논조를 「독립신문」에서 볼 수 있다는 점은 이 책의 제2부 제6장에서 밝힌 바 있다. 〈합방〉을 주창한 일진회의 상층부에도 독립협회의 활동 경험자가 포함되어 있는데, 대한협회와 일진회는 사상적 연원에서도 공통적이다.

입헌 개혁파는 1880년대 서울에서 개화사상을 접하거나 혹은 유학·망명 등으로 일본에 건너가서, 입헌제의 우수성을 인식한 인물들이다. 한편, 박은식·장지연 등 개신 유교파는 세대로는 입헌 개혁파와 같은 1860년 전후 태생이지만 지방 출신이라는 점에서는 입헌 개혁파와 다르고(박은식은 황해도 황주, 장지연은 경상도 상주), 갑오개혁 직후 상경하여 「독립신문」이 〈동양주의〉를 주창하고 있던 시기에 개화사상을 접했다. 개신 유교파가 붓을 들었던 「皇城新聞」의 일본 비판이 〈동양〉, 〈황인종〉 동맹론에 기초한 도의적(道義的) 비판이었음은 앞서 서술하였다. 한일이 동맹을 하여 구미 열강에 대항하려고 한 점에서는 입헌 개혁파와 공통점이 있고, 〈일본을 맹주로 하는 동양 삼국의 제휴〉를 주창하며 한국에 건너온 오가키 다케오[24]

23 다만 이 논설은 검열 때문에 대부분이 검은색으로 칠해져 있었다. 한국은 일본의 보호가 필요하다고 하는 한일동맹론은 일본에게 편리하기는 했지만, 그것도 일본의 합병추진파에 대한 비판이 될 수 있었다. 이 논설에서 검은색으로 칠해져 있는 부분은 전혀 알 수 없지만, 대일 〈타협파〉의 주장도 경우에 따라서는 〈반일〉적이 될 수 있음을 재차 강조해 두고자 한다.

24 오가키 다케오에 대해서는 池川英勝, 「大垣丈夫の研究」, 『朝鮮學報』119·120, 1986년 7월 참조.

와도 공통된다.

「皇城新聞」1906년 2월 27일 논설 「感謝大垣君高義」는 〈今日本人士之來住我上者不爲不多언마는 皆蚤夜經營於自己上利益而已〉라고 한 데 반해, 〈大垣君은 乃日本之人으로도 能盡力於我韓之啓導〉하고 있기 때문에, 〈吾輩는 深感其義氣之高而志意之遠〉이라고 칭찬하고 있는데, 이 논설은 장지연의 글일 것이다. 또한 「大韓每日申報」1906년 2월 24일 잡보 「賀大垣氏來韓」은 〈其心事之正大와 識見之深遠이 可히 東洋에 幸福을 施홀만 흔지라 然이나 其政府上人物은 皆近利를 貪ㅎ고 正義를 無視ㅎ니 氏의 言論이 雖不得行이나 氏는 其主執ㅎ는 意見을 自信自負흔다〉고 하여, 오가키를 일본의 위정자와 구별하고 있다. 이 기사는 당시 대한매일신보사의 주필이었던 박은식이 썼을 가능성이 높다.

오가키 다케오는 한국의 〈독립 부식(扶植), 국익 증진의 후의(厚意)〉를 가지고 대한자강회의 고문이 되었는데, 그 〈후의〉란 동양의 맹주인 일본이 〈진정한 애국심 독립 사상〉이 없는 한국인을 이끈다는 것이었다. 이러한 오가키와 윤효정 등의 입헌 개혁파의 사이에는 갈등이 생길 여지가 없었고, 대한자강회가 결성된 1906년 3월 이전 단계에서는 개신 유교파도 오가키를 올바른 한일 동맹을 주장한 일본인으로 평가하고 있었다. 대한자강회가 입헌 개혁파 윤효정과 개신 유교파 장지연을 중심으로, 일본인 오카키를 고문으로 맞아 창립된 이유는 여기에 있었다. 그러나 오가키는 한국 도항에 즈음하여 이토 히로부미에게 지원을 받는 〈정치적 공작〉을 도모하고 있었고, 도한 이후에도 이토의 대한 정책을 지지했다.[25] 개신 유교파의 오가키에 대한 평가에는 오류가 있었던 것이다. 1908년 7월경 대한협회에

25 앞의 논문, 534쪽, 555쪽.

대한 일본의 간섭이 강해지자, 초대 회장 남궁억(南宮檍, 「皇城新聞」관계자)이 물러나고, 김가진(金嘉鎭)이 대신 회장으로 취임했을 무렵부터 입헌 개혁파와 개신 유교파가 분열하기 시작했다. 그리고 1909년 9월 대한협회가 일진회와 제휴를 가결했을 무렵에 이르러 장지연이 평의원을 사임하여 두 계파의 분열이 결정적으로 이루어졌을 것으로 본다.[26]

3.2. 신채호의 〈항일 내셔널리즘〉

박은식이 1907년 말 내지 1908년 초에 대한매일신보사를 떠나 황성신문사로 복귀할 무렵부터 「大韓每日申報」와 「皇城新聞」 사이에는 국권 회복 방법을 두고 견해차가 나타나기 시작했다. 결론부터 말하면 「皇城新聞」이 지금까지 살펴본 바와 같이 〈동양〉 동맹, 세계 평화를 논의하면서 한국의 부국강병을 주장한 데 반해, 「大韓每日申報」는 한국의 독립 이외에 관심을 갖는 것을 비판했다. 그러므로 반일의 논리에 대해서도 전자가 일본과의 제휴·동맹을 부정하지 않는 반면, 후자는 전적으로 일본과 대결하는 입장이었다. 당시 대한매일신보사 총무로는 양기탁(梁起鐸), 주필로는 신채호가 있었음은 분명하지만, 1910년 5월 단계에서는 옥관빈(玉觀彬) 같은 청년학우회 관계자를 포함한 몇몇 사원들도 분명히 있었다.[27] 또한 1909년 신채호와 일주일마다 교대로 논설을 썼다고 하는 장도빈(張道斌)의 회상도 존재한다.[28] 당시 「大韓每日申報」의 논설은 무기명인데 대부분은 신채호가 쓴 것으로 추측되기는 하지만 필자가 복수로 존재하고 있었다는

26 그 시기 대한협회의 동향에 대해서는 康成銀, 앞의 논문, 173쪽 참조.

27 李光麟, 「「大韓每日申報」 刊行에 대한 一考察」, 『韓國開化史의 諸問題』, 一潮閣, 1986년, 265~267쪽.

28 박찬승, 앞의 책, 85쪽.

점도 확실하다. 이것은 「大韓每日申報」의 논설 중 특히 반일적인 것을 모은 「丹齋申采浩全集」의 사료 비판에 관련되는 중요한 문제인데, 여기서는 일단 「大韓每日申報」의 논설을 신채호가 작성한 것으로 대표시켜 다루며, 자세한 내용은 다음 절에서 검토하고자 한다.

신채호는 1880년 충청도에서 태어나, 입헌 개혁파나 개신 유교파 구성원들과는 20세 정도의 나이차가 있다. 1898년에 상경하여 1905년 성균관 박사가 되었고 같은 해 「皇城新聞」의 주필이 되어 본격적인 계몽 활동을 시작했다. 이것은 입헌 개혁파·개신 유교파가 러일전쟁 이전에 정치 활동 내지 계몽 활동을 시작한 것과는 다르다.[29] 신채호의 자강론은 신일철이 지적하였듯이 장지연의 영향 아래에서 형성되었다고 생각하지만,[30] 그 문명관·일본관은 개신 유교파와는 결정적으로 다르다.

신채호는 한국병합 후에 쓴 「道德」이라는 문장에서 다음과 같이 말하고 있다.

만일 慈悲至仁한 눈으로 보면 天上의 一星이 떨어지며 天地의 一稊가 여의는 대도 모두 哀哭할 바이나, 그러나 이 世界는 弱肉强食하는 拳權利의 世界라. 입으로 仁義를 말하며 손으로 銃劍을 빼드는 고로, 萬國平和會議의 內面에 戰亂의 苦痛이 潛伏하였스며, 東洋平和 唱道者의 背後에 殺人의 利器를 가졌나니, 하물며 우리의 自國도 保全치 못한 놈으로 博愛를 말하며, 世界를 돌아봄이 어찌 痴人痴想이 아닌가. 이 境遇에 앉은 우리로서 사랑은 二天萬

---

29 신채호와 박은식이 독립협회 간부로 관여했다는 것은 통설인데, 그 근거는 모두 신용하, 『獨立協會硏究』, 一潮閣, 1976년의 제2장 「독립협회의 창립과 조직」이고, 여기서 신용하가 이용한 「獨立協會沿歷略」에서만 신채호·박은식의 이름이 나온다. 그러나 「獨立協會沿歷略」은 후대에 조작된 것으로서 사료로 볼 수 없다는 점은 본서 제2부 제5장에서 설명한 바 있다.

30 신일철, 앞의 책, 65쪽.

以內에 떨어지며, 생각은 大韓國 以外에 나지 말아 世界는 關係上으로는 硏究할지언정 主位를 삼아 討論할 바 아니며, 家族主義가 進步되어 國家主義로 나아갈지언정 國家主義를 넘어 世界主義에 미치지 말며, 크로포트킨의 互相扶助論보다 다윈의 生存競爭說을 더 輸入하며, 플라톤의 博愛說보다 베이컨의 利己說을 더 主張하여 道德을 定할지니라. (『全集』下, 141쪽)

제2회 헤이그 만국 평화 회의도, 이토 히로부미와 같이 동양 평화를 주창한 일본인도, 그 평화는 말뿐이었다. 국가 간 경쟁에서 한국은 열자(劣者)인 이상 한국의 독립을 넘어 동양 평화론·세계 평화론을 주창해서는 안되며 〈국가주의〉에 철저해야 한다는 것이다.

마찬가지로 〈동양〉, 〈황인종〉이 단결하여 서양 내지 백인에 맞서야 한다는 〈동양주의〉, 〈인종주의〉도 물리쳤다.

오늘날 한국사룸이 세계쥬의를 쥬쟝홈이 가호뇨 글으되 불가호다 동양쥬의를 쥬쟝홈이 가호뇨 글으되 불가호다 오호ㅣ라 (중략) 오늘날 렬국이 각각 즈긔나라를 위호여 경징호는 시듸에 이런 범위 넓은세계 쥬의를 말홈은 어리셕은 사룸의 숨속말이오 쏘 혹엇던 사룸의 말은 쟝릭에 황인종은 황인종과 단톄가 되고 븩인종은 븩인종과 단톄가 되어 흔번 큰 젼쟝을 일울지라 그런고로 오늘날은 황븩 량인죵이 각기 동죵을 위호여 힘을 쓰는거시 가호다 호나 오늘날 렬국사룸들이 각각 즈긔나라 민족을 위호여 분력호는 시듸에 이런 오활흔 인죵쥬의를 말호리오 (중략) 이제 텬하ㅅ사룸이 모다 세계쥬의를 주쟝홀지라도 한국인은 국가주의를 쥬쟝홈이 가호며 온 텬하ㅅ사룸이 모다 인죵쥬의를 쥬쟝홀지라도 한국인은 국가쥬의를 쥬쟝홈이 가호니 엇지 그러호뇨 호면 뎌의 나라이 이믜 강호고 인민이 이믜 부요흔 나라ㅅ사룸이

야 국가쥬의를 쥬쟝치 아니ᄒ여도 오히려 가ᄒ다 ᄒ려니와 이제 한국은 홍
슈가 국토를 슴키고 악ᄒ 마귀가 국민을 먹어서 일국 삼쳔리가 즁류에 쓴
씨여진 빅가 되엿ᄂᄃᆡ 이째를 당ᄒ여 국가쥬의를 니즈면 이ᄂᆫ 사ᄅᆷ사ᄅᆷ이
셔로 모라다가 죽ᄂ 싸으로 드러감이라 그럼으로 온뎐하ㅅ사ᄅᆷ이 국가쥬의
를 니져도 한국인은 가히 닛지 못ᄒ거시어늘 이제 그럿치 아니ᄒ야 온뎐
하ㅅ사ᄅᆷ이 모다 국가쥬의를 닷토와 쥬쟝ᄒᄂᄃᆡ 한국사ᄅᆷ이 홀노 국가쥬의
를 니즈니 이도 또ᄒ 혼가지 큰 괴이ᄒ 일이 아닌가. (「기기괴괴한 회의 이름」,
「대한매일신보」, 1908년 12월 17일 논설)

이러한 〈세계주의〉, 〈동양주의〉, 〈인종주의〉 비판은 일차적으로는 친일
단체, 입헌 개혁파 같은 대일 〈타협파〉를 비판하는 내용이었을 터인데, 동
시에 개신 유교파가 말하는 〈대동 평화〉, 〈동양〉, 〈황인종〉까지도 역시 비
판하고 있다. 여기에서 상기할 만한 것은 앞에서 살펴본 박은식의 논설
「大同學說의 問答」, 「酒後妄言」으로, 〈대동〉과 〈인도〉를 망상·망언이라
이야기한 손님(客)·친구(友人)이다. 이 손님·친구는 신채호일 것이다.

물론 개신유교파도 〈국가주의〉를 기초로 부국강병을 주창했고, 그것이
〈세계주의〉, 〈동양주의〉, 〈인종주의〉에 매몰되지는 않는다. 한편 신채호도
대동학회 같은 친일적 유교 단체가 결성되는 가운데 〈신소 박은식 씨가 유
교를 기량ᄒ 목덕으로 유교 구신론이라ᄂᆫ 칙을 져술〉한 일을 언급하는 등
(「유교에 대한 의론」, 「대한매일신보」 1909년 2월 28일 논설) 박은식의 〈유교 구신
론〉이나 대동교에 호의적이었으며, 개신 유교파를 전면적으로 비판하지는
않았다. 그러나 병합 이후 신채호는 〈애국 계몽 운동〉을 전면적으로 비판
하게 된다. 제1차 세계대전 시기에 썼다고 생각되는 「利害」라는 글에서는,

新聞記者 痛哭의 붓은 伊藤統監에게 哀願하며, 朝野志士 請願의 글을 日本 天皇에게 亂投하여, 오직 東洋平和의 盟主되는 日本의 失策을 諷諫하는 이는 있었으나 祖國數千年의 惡敵되는 日本의 凶悖를 挑戰하는 이는 없었도다. 무릇 國仇된 以上에는 비록 孔子·耶蘇라도 이를 聖人으로 보지않고 凶寇로 보며, 天神으로 알지 말고 惡魔로 알며 彼我가 幷立치 않으리라는 血憤을 가져야 갚을 날이 있을지어늘, 이제 亡國 末日에 대한 人士는 이런 言說이 없을 뿐 아니라 곧 이런 心理까지 없었도다. 만일 있다 하면 安應七(安重根) 하나 뿐이니라. (『全集』下, 149쪽)

라고 하여 국가의 이해에 반한다면 어떠한 도덕·종교라도 버려야만 하지만, 그러한 인물은 〈애국 계몽 운동〉에는 없었다고 했다. 또한 안중근이 옥중에서 「東洋平和論」을 저술한 것은 널리 알려져 있다시피 안중근 자신이 〈동양주의〉자였기 때문이었다. 그러나 신채호는 여기서 안중근이 테러리스트라는 점에 대해 일정한 평가를 내리고 있다. 도덕·종교의 부정, 테러리즘의 칭찬은 이후의 아나키스트 신채호를 방불케 한다. 실제로 신채호의 아나키즘은 이미 〈애국 계몽 운동〉기에 싹트고 있었다.

리화셔(華西 李恒老 — 옮긴이)는 한국 유교가의 거벽이오 산긔암졔(山崎 闇齊, 야마자키 안사이 — 옮긴이)라 ㅎ는 쟈는 일본 유교가의 거벽이라 이 두 사름의 학슐과 문쟝을 셔로 비교ㅎ진딕 산긔씨가 리씨의 문하에 일개 시동의 자리에 밧괴 못갈쟈이로딕 리씨는 말ㅎ기를 오늘날 우리의 칙임은 유교가 셩ㅎ고 쇠ㅎ는딕 잇고 국가의 흥ㅎ고 망ㅎ는거슨 오히려 둘직의 일이라 ㅎ엿고 산긔씨는 말ㅎ기를 만일 우리나라를 와셔 침로ㅎ는 쟈는 비록 공즈가 쟝슈되고 안즈 즁즈가 션봉이 되엿슬지라도 나는 맛당히 원슈로 덕국으

로 딩접흔다 ᄒᆞ엿스니 오호라 한국과 일본의 강ᄒᆞ고 약흔거슨 곳 두 나라 유
교도의 정신을 보와서 가히 판단ᄒᆞᆯ 바로다 오늘날에 니ᄅᆞ러ᄂᆞᆫ 한국의 종교
가 유교와 불교ᄲᆞᆫ아니라 예수교도 잇고 텬쥬교도 잇스며 텬도교도 잇스니
그즁에 국가쥬의를 가진 종교가 어듸 잇ᄂᆞᆫ가 그러나 우리의 눈으로 보고
귀로 듯ᄂᆞᆫ 바에ᄂᆞᆫ 흔번 종교가라ᄒᆞᄂᆞᆫ 일홈을 가진 쟈가 불교를 놉히ᄂᆞᆫ 쟈ᄂᆞᆫ
극락셰계의 인민이오 한국인민은 아니며 예수교를 밋ᄂᆞᆫ 쟈ᄂᆞᆫ 텬당의 인민이
오 한국 인민은 아니니 유교를 존슝ᄒᆞᄂᆞᆫ 쟈ᄂᆞᆫ 명흔쥬의가 무엇인지 슯흐다.
(「오늘날 종교가에게 구하는 바」, 「대한매일신보」, 1909년 11월 28일 논설)

한국에서 〈국가주의〉보다도 도덕·종교를 우선시하는 점을 비판하고 있
다. 「東亞日報」 1925년 1월 2일에 게재되었던 신채호의 유명한 논설 「浪客
의 新年漫筆」을 보면, 〈孔子가 들어오면 朝鮮의 孔子가 되지 않고 孔子의
朝鮮이 되며 무슨 主義가 들어와도 朝鮮의 主義가 되지않고 主義의 朝鮮이
되려 한다. 그리하여 道德과 主義를 爲하는 朝鮮은 있고 朝鮮을 爲하는 道
德과 主義는 없다〉(『全集』下, 26쪽)라고 하였는데 위의 내용과 완전히 같은
논조이다. 이러한 신채호에게는,

　　오호ㅣ라 강권의 세력이여 강권이 잇ᄂᆞᆫ 쟈ᄂᆞᆫ 셩현이며 군ᄌᆞ며 영웅이오
강권이 업ᄂᆞᆫ 쟈ᄂᆞᆫ 용렬흔 놈이며 쳔흔 놈이며 우마며 개와 도야지니 넘불ᄒᆞ
ᄂᆞᆫ 즁들이여 남무아미타불을 그만두고 강권을 축원ᄒᆞᆯ지어다 례절을 말ᄒᆞᄂᆞᆫ
학쟈들이여 례의 삼쳔을 내여ᄇᆞ리고 강권을 닉힐지어다 그런고로 쎄스막크
가 말ᄒᆞ기를 국가를 안녕ᄒᆞᄂᆞᆫ 쟈ᄂᆞᆫ 피를 흘니ᄂᆞᆫ듸셔 된다 ᄒᆞ엿고 북틱유길
이 말ᄒᆞ길 만국공법이 대포 일방만 못ᄒᆞ다 ᄒᆞ엿스니 이ᄂᆞᆫ 다 강권의 진샹을
잘 아ᄂᆞᆫ 말이라 강권이 가ᄂᆞᆫ 곳에야 인의ᄂᆞᆫ 무엇이며 도덕은 무엇이뇨. (「셰

계에는 강권이 첫째」, 「대한매일신보」, 1909년 7월 21일 논설)

라고 하였듯이 〈국가주의〉를 넘는 어떠한 〈인의 도덕〉도 비판했다. 신채호로 대표되는 「大韓每日申報」 논설의 특색은 유교를 포함한 도덕·종교의 〈인의 도덕〉 부정이다. 〈애국 계몽 운동〉은 입헌 개혁파와 개신 유교파 모두 이미 실현되었는지, 아니면 앞으로 실현할 것인지의 차이는 있지만, 현실의 국제 세계에서 〈인의 도덕〉을 읽어 내려 한 점에서 공통점이 존재한다. 그런데 신채호와 「大韓每日申報」의 논설은 이 점을 비판하고 있다.

현실의 국제 세계에 어떠한 기대를 걸 수 없다면, 국내의 역량에 기대를 걸 수밖에 없다. 입헌 개혁파와 개신 유교파 모두 의병을 비판하고 있었고, 의병에 대한 「皇城新聞」의 논조 역시 비판적이었지만, 1907년 8월의 한국군 해산 이후 의병에 대한 「大韓每日申報」의 논조는 호의적으로 변해 갔다.[31] 그 결과 본서 제3부 제8장에서 살펴보았듯이 1909년 2월 순종의 서순행 당시 일장기 게양 거부 사건이 일어나자 「大韓每日申報」 논설은 한국의 〈일반 인민〉이 이미 〈국가적 정신〉, 〈자국 정신〉을 가지고 있음을 자명하게 여겼고, 이것을 근거로 국가=민으로 파악하여 〈충군〉과 〈애국〉을 분리시키고 〈충군〉=군주제임을 부정하였다. 그것은 구미의 공화주의를 수입한 결과가 아니라, 어디까지나 〈국민〉적 역량의 〈발견〉에 근거하고 있었다. 게다가 〈국민〉에게는 단지 〈국가적 정신〉이나 〈자국 정신〉이 있으면 좋은 것이었고, 실력 양성 운동을 통한 〈문명화〉는 불필요하게 여기고 있는 점도, 본서 제3부 제8장에서 보았던 대로이다. 〈문명화〉를 준엄하게 거부한 신채호와 「大韓每日申報」의 논설은 한국에 〈문명〉이 부족하기 때문

---

31 李光麟, 「「大韓每日申報」 刊行에 대한 一考察」, 271~272쪽.

에 일본의 〈보호〉, 〈지도〉가 필요하다고 한 입헌 개혁파와는 문명관·일본관을 완전히 달리하고 있었으며, 또한 한국은 일본(더 나아가 청국)과 제휴하여 서양 문명을 극복해야만 한다고 했던 개신 유교파와도 달랐다.

4. 〈애국 계몽 운동〉의 역사적 성격

이 절에서는 이제까지 논한 내용을 연구사와 연관시켜 정리하면서 〈애국 계몽 운동〉 연구에 관한 필자의 논점을 제시해 보고자 한다. 우선 〈애국 계몽 운동〉의 유형에 관한 것이다. 필자는 〈애국 계몽 운동〉을 입헌 개혁파와 개신 유교파 둘로 나누었고, 또한 1908년 후반 이후 「大韓每日申報」의 논설은 두 파와 다른 논조를 가지고 있었음을 신채호를 대표로 하여 살펴보았다.

이에 대해 박찬승은 〈한말 자강 운동〉을 네 〈계열〉로 나누었다. 즉, (1) 〈대한자강회와 대한협회의 주도 세력으로서 보호 정치하에서의 실력 양성을 주장하면서, 궁극적으로는 정치 권력에 참여할 것을 목적〉으로 한 〈대한협회 계열〉, (2) 〈유교 개혁을 주장하면서, 점진적인 문명 개화를 통한 실력 양성을 주장〉한 〈황성신문 계열〉, (3) 〈실력 양성뿐만 아니라 민족 의식의 고취, 독립 전쟁의 모색 등을 주장〉한 〈대한매일신보 계열〉, (4) 〈실력 양성을 통한 국권 회복과 민족 각 개인의 인격 수양이나 단체 생활의 훈련을 주장〉한 〈청년학우회 계열〉이다.

이중 (1) 〈대한협회 계열〉은 필자의 입헌 개혁파와 같은 것, (2) 〈황성신문 계열〉은 필자의 개신 유교파와 동일하다고 보아도 좋을 것이다. 문제는 (3) 대한매일신보 계열〉과 (4) 〈청년학우회 계열〉이다. 편의상 〈청년학우회 계열〉부터 먼저 검토한다. 박찬승에 따르면 이 〈계열〉에 속하는 자는 윤치호·안창호·최광옥·최남선·옥관빈·이승훈 등이다. 예전 논문에서 필자는 독자적인 유형으로 설정하지는 않았지만, 〈일본 도항 경험이나 독립협회 간부의 경력 등 입헌 개혁파와 공통점이 많지만 어느 정도 일본에 대해 거리를 두고 있던 인물〉이자 〈서양 문명의 원리를 기독교의 에토스에서 발견하고자〉 했던 이들로 윤치호·이상재·안창호 등을 언급했다.[32] 필자가 이들을 독자적인 유형으로 삼지 않았던 이유 가운데 하나는, 그들을 하나의 그룹으로 묶을 수 있을 만한 동시대 사료가 없다는 점 때문이었다. 박찬승은 〈청년학우회 계열〉의 자강 운동론을 전적으로 전기(傳記)나 〈105인 사건〉의 심문 조서에 근거해 분석하고 있는데, 사료상으로 무리가 있다.

또 다른 한 가지는 신민회와의 관계로, 이것은 〈대한매일신보 계열〉에 대한 평가와도 관련된다. 신민회는 안창호의 주도로 서북 지방의 기독교도를 중심으로, 윤치호를 회장으로 삼아 1908년 비밀 결사로 발족했다. 신민회는 구성원에서 다양성을 보이고 있는데, 박찬승도 신민회를 〈대한매일신보 계열〉(양기탁·신채호·장도빈), 〈상동청년학원 계열〉(전덕기·이준·이동녕·이회영), 〈예전 무관〉(이동휘·이갑·유동설), 〈서북 지방의 실업가와 계몽 운동가〉(이승훈·최광옥·옥관빈)의 네 계열로 분류하고 있다. 박찬승에 따르면 앞의 삼자가 〈실력 양성보다는 국민에 대한 국가 의식·국혼의 고취가 중요하다〉고 주장한 데 반해, 〈서북 지방의 실업가와 계몽 운동가〉는 〈신교육의 보급과 산업의 진흥을 통한 실력 양성, 그리고 근대적 국민으로서의 자각을 갖게 하기 위한 민족성의 개조를 좀 더 중시했다〉고 설명했다. 그리하여 박찬승은 앞의 3자를 〈대한매일신보 계열〉이라고 구분하고, 같은 신민

---

32 拙稿,「愛國啓蒙運動の文明觀·日本觀」, 89쪽의 주 38.

회 구성원이라도 〈서북 출신의 실업가와 계몽 운동가〉는 제외했다. 여기서 제외된 〈서북 출신의 실업가와 계몽 운동가〉는 〈청년학우회 계열〉과 인적 구성에서 겹치는데, 양자 간의 관계는 알 수 없다.

또한 「大韓每日申報」의 논설은 앞에서 언급한 바와 같이 그 논조에서 다양성이 보이며, 더욱이 「大韓每日申報」 논설 가운데 특히 반일적인 내용을 수록한 『丹齋申采浩全集』에는 분명히 다른 사람이 작성한 것으로 보이는 논설이 혼재되어 있다. 예를 들어 신채호의 대표적인 논설로 많이 다루어지는 「大韓每日申報」 1910년 2월 22일~3월 3일 연재 논설 「二十世紀新國民」(『丹齋申采浩全集』 別集 수록)은 정치·경제·종교 등의 개량과 그것을 통한 〈국민〉의 계몽을 이야기하고 있다. 아나키즘적인 색채가 있는 전형적인 〈신채호적〉 사설과는 전혀 논조가 다르다. 이 논설은 오히려 〈서북 출신의 계몽 운동가〉 내지는 〈청년학우회 계열〉의 인물이 작성하였다고 보아야 한다. 사실 「大韓每日申報」의 필자로 옥관빈과 같은 청년학우회 관계자가 포함되어 있다는 사실은 앞 절의 서두에서 언급한 이광린의 연구에서 밝혀진 바 있다.

이상을 정리하면 「大韓每日申報」 논설과 『丹齋申采浩全集』에는 박찬승이 말하는 〈대한매일신보 계열〉과 〈서북 출신의 계몽 운동가〉 내지는 〈청년학우회 계열〉이 작성한 글이 혼재되어 있다. 그러므로 신중한 취급이 필요하다는 지극히 상식적인 사료 비판 문제를 재차 강조해 둘 필요가 있다. 이이다 신야(井田進也)가 「時事新報」에 대해 실시한 후쿠자와 유키치(福澤諭吉)의 논설 〈재인정(再認定)〉[33]과 같은 시도가 「大韓每日申報」에 대해서도 가능할지의 여부에 대한 검토는 향후의 과제이다. 더욱이 위에서 보았

33　井田進也, 『歷史とテクスト』, 光芒社, 2001년 참조.

듯이 「大韓每日申報」 논설에 실력 양성 운동을 통한 〈문명화〉가 필요하지 않다고 하는 논조가 있는데, 그것을 신채호가 작성한 글이라고 한다면 신채호는 〈애국 계몽 운동〉(박찬승의 용어로는 〈한말 자강 운동〉)의 범주로는 파악할 수 없게 된다.

다음으로 신채호의 〈국가주의〉에 대한 평가이다. 신채호는 박은식과 함께 〈애국 계몽 운동〉의 대표적 인물이며 〈민족사학〉의 제창자로서 높게 평가를 받아 왔다. 하지만 예전 논문에서 필자는 신채호와 박은식의 차이를 좀 더 강조했고, 이 점이 연구사에 있어 예전 논문 최대의 의의임을 자인했다. 특히 박은식이 약육강식의 현실을 인식하면서도, 한편으로 유교의 〈인의 도덕〉에 기초한 〈세계주의〉와 〈동양주의〉를 주장함으로써 일단 제국주의를 비판하는 논리를 가질 수 있었는데, 그 점이 반대로 일본의 조선 침략과 연결되어 있었던 〈동양 평화〉, 〈문명〉의 측면을 받아들여, 일본에 대한 비판을 약화할 수밖에 없었던 점을 강조했다. 한편 〈인의 도덕〉을 비판하고 〈강권〉에 기초한 〈국가주의〉에 철저했던 신채호는 제국주의를 비판하는 논리를 갖고 있지는 않았으나, 오히려 그 논리 모순이 일본에 대하여 철저한 저항을 계속하는 근거가 되었다고 설명했다. 이러한 필자의 견해는 〈애국 계몽 운동〉기 박은식과 신채호 사상의 변화 과정을 비교·검토하여, 〈우승주의(優勝主義, 약육강식)〉와 〈민족주의(국가주의)〉의 모순 관계를 해결할 수 없었던 신채호야말로 〈박은식까지 포함한〉 다른 이의 애국 계몽 사상에서는 볼 수 없었던 근대적인 〈민족 인식〉, 〈국가 인식〉, 〈국민 인식〉을 확립했다는 점에서 〈특이한 위치를 차지하고 있다〉고 언급한 정창렬의 견해와 상통한다.[34]

---

34 鄭昌烈, 「愛國啓蒙思想의 歷史認識」, 『國史館論叢』 15, 1990년 9월.

박은식의 〈동양주의〉에 대한 강한 지향성을 예전 논문에서 필자는 박은식의 오가키 다케오에 대한 높은 평가를 예로 들어 설명하였다. 이것에 대해서 조경달은 필자가 사료로 인용한 「靑年立志編序」의 해석에 문제가 있다고 지적하며, 박은식과 신채호 양자에게 차이는 있지만 〈국가주의〉의 강력함에서는 일치하고 있다고 비판했다.[35] 예전 논문에서 필자의 「靑年立志編序」 해석은 조경달이 지적한 대로 일면적이며, 박은식의 〈국가주의〉를 너무 낮게 평가한 것은 필자도 인정하는 부분이다. 따라서 본 논문의 앞에서는 「靑年立志編序」를 인용하지 않았다. 그러나 박은식이 〈동양〉, 〈황인종〉 동맹론에 기초한 〈동양주의〉, 〈인종주의〉를 주장했던 것은 사실로, 신채호의 〈동양주의〉, 〈인종주의〉 비판은 박은식과 대립했던 것임을 앞 장에서 좀 더 명확하게 기술했다. 또한 조경달은 필자와 정창렬이 신채호를 〈예외〉로 보았기 때문에 〈한국 근대 사상사에서 차지하는 그의 위상이 불안정해져 버리고 말았다〉고 비판했다.[36] 조경달에 따르면 〈유교적 문화주의〉가 관철되고 있던 조선에서는 〈도덕적 낙관론〉이 사상적 정통이며, 〈애국 계몽 운동〉기에 〈정치와 도덕의 철저한 분리를 주장〉해 〈국가주의〉라고 하는 〈특수주의〉=염세주의에 경도된 신채호도 3·1 운동 이후 《민중의 도덕》에서 보편주의적 가치를 발견〉함으로써 〈조선 사상의 적자(嫡子)〉가 될 수 있었다고 했다.

그러나 이러한 비판을 받아들이더라도 필자는 신채호가 한국 근대 사상사에서 특이하며, 그 특이함을 강조하는 것이 한국 근대 사상사를 고려하는 선상에서 유익하다고 생각한다. 입헌 개혁파와 개신 유교파 모두 현실

---

35 조경달, 앞의 「朝鮮近代のナショナリズムと文明」, 130쪽.

36 越景達, 「金玉均から申采浩へ」, 歷史學研究會 編, 『講座世界史7:「近代」を人はどう考えてきたか』, 東京大學出版會, 1996년, 359쪽의 주 2.

의 국제 세계에서 〈인의도덕〉=〈문명〉을 읽으려 했던 점에서 공통적인데, 이 점이야말로 〈도덕적 낙관론〉일 것이다. 이러한 발상이 초래하는 문제점을 3·1 운동기까지 시야를 넓혀 검토해 보고자 한다.

　여기서 다루고자 하는 자료는 유명한 민족 대표 33인의 「독립선언서」이다. 주지하듯이 선언서에 서명한 33인은 천도교 대표 15인·기독교 대표 16인·불교 대표 2인이다. 천도교 대표 손병희·오세창·권동진 등은 계보상으로 입헌 개혁파의 흐름을 이어받았고, 문장을 기초한 최남선은 박찬승의 분류상 〈청년학우회 계열〉에 속하는 인물이다. 「독립선언서」는 다음과 같이 시작된다.

　　吾等은 玆에 我朝鮮의 獨立國임과 朝鮮人의 自主民임을 宣言하노라. 此로써 世界萬邦에 告하여 人類平等의 大義를 克明하며 此로써 子孫萬代에 告하여 民族自存의 正權을 永有케 하노라 半萬年歷史의 權威를 杖하야 此를 宣言함이며 二千萬民衆의 誠忠을 合하여 此를 佈明함이며 民族의 恒久如一한 自由發展을 爲하야 此를 主張함이며 人類의 良心의 發露에 起因한 世界改造의 大機運에 順應並進하기爲하야 此를 제기함이니 是天의 明命이며 時代의 대세이며 全人類共存同生權의 正當한 發動이라 天下何物이든지 此를 沮止抑制하지 못할지니라.

〈반만 년 역사(半萬年歷史)〉, 〈이천만(二千萬)〉은 독립협회 시기부터 신문 등에서 사용되기 시작하여 〈애국 계몽 운동〉기에는 학회지·신문 등으로 널리 사용된 〈내셔널 아이덴티티〉로, 일진회의 「합방성명서」에서도 보인다. 「독립선언서」는 〈애국 계몽 운동〉 이전부터의 〈국민〉 창출 운동을 정통으로 계승했다는 점을 확인하고자 한다. 그리고 여기서 말하는 〈人類的

良心의 發露에 起因한 世界改造의 大機運〉이란 제1차 세계대전 종결과 전후의 러시아혁명, 윌슨의 민족자결주의, 국제연맹의 결성 등의 〈시대적 조류〉를 말한다.

위 인용문에서 〈舊時代의 遺物인 侵略主義 强權主義〉라는 문장이 이어지는데, 이것은 〈애국 계몽 운동〉 시기에 입헌 개혁파가 러일전쟁의 종결 후 제국주의는 이미 구시대의 유물이 되었고, 구미열강은 〈정의 인도〉, 〈평화 자유〉의 이상으로 향하고 있다고 말한 것을 상기시킨다. 「독립선언서」도 제1차 세계대전 후의 세계에서 진정 이상적인 세계가 도래하였다고 간주했던 것이다. 세계가 〈全人類 共存同生〉의 시대로 향하고 있다면, 일본에 의한 식민지 지배는 〈舊思想舊勢力에 羈縻된 日本爲政家의 功名的 犧牲〉이며, 〈不自然 不合理한 錯誤狀態〉이며, 〈自然又合理한 正經大原으로 歸還하도록〉 해야만 한다.

원래 병합이 〈當初에 民族的 要求로서 出한 것이 아니기〉 때문에,

二千萬含憤蓄怨의 民을 威力으로써 拘束함은 다만 東洋의 永久한 平和를 保障하는 所以가 아닐뿐 아니라 此로 因하여 東洋安危의 主軸인 四億支那人의 日本에 對한 危懼와 猜疑를 갈수록 濃厚하게하여 그 結果로 東洋全國이 共倒同亡의 悲運을 招致할 것이 明하니 今日 吾人의 朝鮮獨立은 朝鮮人으로 하여금 正當한 生榮을 遂케하는 同時에 日本으로 하여금 邪路로서 出하야 東洋支持者의 重責을 全케하는것이며 支那로 하여금 夢寐에도 免하지 못하는 不安恐怖로서 脫出하게하는 것이며 東洋平和로 重要한 一部를 삼는 世界平和人類幸福에 必要한 階段이되게하는 것이라. 이어찌 區區한 感情上 問題이리오.

라고 하였듯이, 일본의 조선 지배는 즉시 중지되어야만 하는 것은 물론이며, 조선의 독립은 〈동양 평화〉, 〈세계 평화〉의 문제와 직결된다. 여기서는 〈애국 계몽 운동〉에서 〈동양 평화〉, 〈세계 평화〉를 계승하고 있다. 또한 일본을 〈동양 지지자(東洋支持者)〉라고 하는 점에서, 개화기·독립협회기 이래의 일본 〈맹주〉론도 계승하고 있음은 분명할 것 같다. 「독립선언서」는 확실히 한국 근대 내셔널리즘의 적자이다.

「독립선언서」에서 가장 문제가 되는 내용은 전체의 중반 정도에 나오는 다음 문장이다.

丙子修好條規 以來 時時種種의 金石盟約을 食하였다 하혀 日本의 無信을 罪하려 아니 하노라. 學者는 講壇에서, 政治家는 實際에서, 我 世宗世業을 植民地視하고, 我 文化民族을 土昧人遇하야, 한갓 征服者의 快를 貪할 뿐이오, 我의 久遠한 社會基礎와 卓犖한 民族心理를 無視한다 하야 日本의 少義함을 責하려 아니 하노라.

「조일수호조규」 이래 일본이 때때로 조약을 속였다는 말은 일본이 조선을 〈자주〉, 〈독립〉이라고 하면서도 그에 반하여 병합을 했다는 의미이다. 본래 〈동양〉의 〈지지자〉여야 할 일본의 조선 병합을 도의적으로 비판한 것으로, 이것도 독립협회 시절부터 〈애국 계몽 운동〉의 개신 유교파에 이르기까지 폭넓게 보이던 주장이다. 주목해야 할 대목은 〈我文化民族을 土昧人遇〉라고 한 부분인데, 이러한 논리에서는 〈文化民族〉이 아닌 〈土昧人〉이라면 식민 지배를 받는 것이 당연해져 버린다.[37] 세계를 〈미개〉와 〈문명〉으로

37 여기서 말하는 〈土昧人〉이 대만을 가리킨다는 점은 다음에 보이는 박은식의 이야기에서 방증된다.

444

양분하는 시각을 가지고 있는 「독립선언서」는 식민지주의 그 자체의 비판이 아니라, 있어야 할 〈문명〉의 입장에서 일본의 식민지주의를 비판하는 과정에서 무의식적으로 식민지주의를 내면화하였다.

다음으로 박은식이 3·1 운동 이후 상하이에서 저술한 『韓國獨立運動之血史』(원문은 한문으로 되어 있음)[38]를 살펴보고자 한다. 하편 제2장 「改造世界之新文化, 促我獨立運動」에서 〈지난 시대의 문명은 인류 경쟁의 이용(利用)이지 인도주의 평화 사업이 아니었다〉고 했다. 〈이른바 문명인 족속(文明人族)〉이 그 〈생각과 지혜(心思智力)〉를 다해, 〈힘써서 신묘함을 다한다〉는 것은 〈살인의 이기〉, 〈도적국의 간사한 계략〉이며, 〈전 지구 인류〉가 〈살상〉을 반복하고 있다. 박은식에 따르면 〈천도(天道)는 돌아가는 것을 좋아하고, 사물이 극단에 이르면 반드시 돌아가는 것〉이 〈불변의 이치〉인데, 〈세계 대동 인류 공존의 의(義)〉는 〈학자의 이론으로 발현하였지만 아직 실행을 보지 못했다〉. 그러나 〈세계대전〉이 〈개벽 이래 없었던 참극을 연출〉하고, 러시아의 혁명당이 전제(專制)를 바꾸어 각 민족에게 〈자유 자치〉를 허락하고, 〈극단 침략주의자〉가 일변하여 〈극단 공화〉가 된 것을 기회로, 독일에서는 사회당이 일어나 〈황제를 축출하고 공화를 만들어 평화를 주장〉하자, 오스트리아가 이를 따라서 〈정의 인도를 표방〉하고 있던 자가 승리를 얻었으니 이것은 〈세계 개조의 서광〉이다. 그 후, 국제연맹이 조직되고 민족자결이 제출되어 유럽의 〈약국과민〉이 독립하였으니 〈극단 침략자〉 일본도 〈세계 인도의 적〉이 되었다는 것이다.

여기서 제1차 대전 이후에 〈신시대〉가 찾아오게 되었다고 본 근거는 〈불

---

38 『韓國獨立運動之血史』는 『朴殷植全書』上, 檀國大學校 東洋學研究所, 1975년에 수록되어 있는 것을 사용하였다. 또한 姜德相 譯, 『朝鮮獨立運動の血史』 全2卷, 平凡社 東洋文庫, 1972년을 참조하였다.

변의 이치〉에 기초한 〈세계 대동 인류 공존의 도리〉이다. 일찍이 〈대동〉의
세상은 장래의 이상이었지만, 러시아혁명 이후의 세계에서 〈대동〉의 실현
을 보았던 것이다. 그러나 『韓國獨立運動之血史』에서도 간과할 수 없는
내용이 상편 16장 「總督之貪暴行政」으로, 일본은 〈우리 5천 년 문화의 나
라를 토번미개(土蕃未開)의 지역〉으로 간주하고 〈통치 방략은 대만에 시행
했던 것〉과 같은 방법을 조선에서 시행했다고 서술한 부분이다. 즉, 조선에
대한 식민지 지배를 비판하면서도 〈토번미개〉인 대만에 대한 식민지 지배
는 비판하지 않았고, 「독립선언서」와 마찬가지로 자신의 이상이 현실 세계
에서 실현되었다고 하는 한편, 식민지주의를 부정하기는커녕 내면화하고
있다. 이처럼 있어야 할 〈문명〉이 현실 세계에서 실현될 수 있다는 발상은,
〈애국 계몽 운동〉의 입헌 개혁파와 개신 유교파가 보여 준 〈도덕적 낙관주
의〉와 동일하다. 있어야 할 〈문명〉이 존재하는 한, 있어서는 안 되는 〈미
개〉, 〈야만〉도 반드시 존재할 수밖에 없는 것이다.

  이에 대해 신채호는 제1차 대전 이후 구미 여러 나라의 동향에도 매우 냉
담하였다. 다음 문장은 제1차 대전 종전 후에 작성된 「人道主義 可哀」라는
글의 일부이다.

> 世界大戰이 마치자 人道主義가 大光明을 放하였다. 그러나 實際를 調査하
> 면 人道主義니, 社會主義니, 民主主義니 기타 무엇이니 무엇이니 하는 소리가
> 반드시 大砲 소리와 함께 떨어지는 소리라야 成功하며, 成功을 못할지라도
> 一部의 拍掌 소리가 높았다. 아으! 彼此 以後로는 등에 大砲를 졌거나 질 만
> 한 氣力이 있는 사람이라야 할지니, 이것이 人類의 哀歡할 바가 아니냐, 人道
> 主義의 哀歡할 바 아니냐. (「人道主義 可哀」, 『全集』下, 374~375쪽)

〈인도주의〉가 빛을 발했던 시대도 실제로는 대포의 시대였다는 말이다. 〈조선을 위한 도덕과 주의는 없다〉라고 하는, 앞에서 다룬 「浪客의 新年漫筆」은 〈인도주의〉, 〈민주주의〉 등 제1차 대전 이후의 새로운 〈주의〉가 조선을 위한 〈주의〉가 아니라는 점을 지적하였다.

(상략) 累百年 卑劣한 外交下에서 生長한 殖民들인 까닭에 무엇보다도 外交를 重視하여 매양 危急滅亡의 際를 當하면 第三者에 對한 外交는 勿論이거니와 곧 危急滅亡의 禍를 加하려는 相對者에 對한 外交까지도 汲汲하여 甲辰 乙巳의 間에 日本政府에 올린 長書가 날로 날듯하며, 日本人 統監 伊藤에게 바치는 公函이 빗발치듯 하며, 五條約締結할 때는 新聞紙에 五賊을 베이는 筆劍이 森嚴하지만, 日本大使 伊藤候에게는 哀乞의 뜻을 表하며, 獨立自强으로 主義 삼는다는 大韓自强會에 日本人 挾雜輩의 大垣丈夫를 어른으로 모시더니, 오늘에 와서 主義를 부르고 强權을 反對하지만, 其實은 政府가 民衆으로 變할 뿐이며, 執政大臣이 日本無産者로 變할 뿐이며, 統監 伊藤博文, 軍司令官 長谷川이 片山潛·堺利彦으로 變할 뿐이니, 變하는 자는 그 名詞 뿐이요 精神은 依舊하다. (「浪客의 新年漫筆」, 『全集』 下, 29쪽)

〈오적(五賊)〉을 베면서 이토에게 〈애걸〉했다는 것은 분명히 장지연의 「是日也放聲大哭」을 가리키며, 오가키 다케오를 고문으로 삼은 대한자강회 비판은 입헌 개혁파·개신 유교파에 대한 비판이다. 〈애국 계몽 운동〉이 한국병합을 저지할 수 없었던 것과 마찬가지로 새로운 〈주의〉에 의한 방법은 조선의 독립에 반한다는 것이다.

이러한 〈인도주의〉에 대한 평가와 마찬가지로, 신채호의 3·1 운동 평가도 〈민족 대표〉들이나 박은식과는 달랐다. 〈민족 대표〉가 폭동을 두려워해

자수한 것은 널리 알려진 사실이다. 박은식은 러시아혁명이나 독일혁명을 높게 평가하므로, 그에게 3·1 운동은 〈我二千萬韓族〉이 〈정의 인도의 기치〉를 내건 〈前古未有의 맨손 혁명〉이 된다(『韓國獨立運動之血史』 하편 제6장 「獨立本部之示威運動」)는 것이 비폭력 운동으로서의 3·1 운동에 대한 평가이다. 하지만 신채호는 박은식과 전혀 다르게,

〈父母의 怨讐를 報함도 罪라〉 함은 釋迦氏의 菩薩戒의 말이니, 釋迦나 〈간디〉나 無抵抗의 精神이 一致하지 안하냐? 그 主義가 前後 一時에 全印度로 風靡함으로 보면, 個人을 곧 全印度로 볼 수 있나니, 印度는 幽靈으로 비롯하여 幽靈으로 마칠 것이 아니냐? 내가 印度人이 되었으면 釋迦를 縛하여 火에 投하며, 〈간디〉를 報하여 海에 葬하리로다. (「人道主義 可哀」, 『全集』 下, 375쪽)

라고 하여 〈무저항주의〉를 부정하고 있다. 신채호에게 3·1 운동은 〈민중적 일치의 의기가 별현(瞥現, 잠깐 나타남 — 옮긴이)〉한 것이었지만, 〈폭력적 중심을 가질 수 없었던〉 점에 문제가 있어, 《《民衆·暴力》 兩者의 其一만 빠지면 비록 轟烈壯快한 擧動이라도 또한 電雷같이 收束》(「朝鮮革命宣言」, 『全集』 下, 42쪽)하는 것이었다. 신채호는 〈민중〉에게서 〈도덕〉을 찾아내지 않았다. 그리하여 신채호는 〈民衆은 우리 革命의 大本營이다. / 暴力은 우리 革命의 唯一武器이다. / 우리는 民衆 속에 가서 民衆과 携手하여 / 不絶하는 暴力 — 暗殺·破壞·暴動으로써 / 强盜 日本의 統治를 打倒하고 / 우리 生活에 不合理한 一切 制度를 改造하여 / 人類로써 人類를 壓迫치 못하며, 社會로써 社會를 剝削치 못하는 理想的 朝鮮을 建設할지니라〉고 선언하였다(위의 책, 45~46쪽). 〈이상(理想)〉은 조선의 바깥에서 실현되는 것이 아니라, 〈固有的 朝鮮을 發見〉(위의 책, 44쪽)함으로써 실현되는 것으로, 신

채호가 결코 보편적 가치를 발견한 것은 아니었다. 현실 세계에서 보편적 가치의 실현을 보는 것이 한편에서 식민지주의의 내면화로 이어진다면, 신채호는 보편적 가치를 거부함으로써 식민지주의의 내면화까지도 거부했다고 할 수 있다. 예전 논문에서는 신채호를 일본과 전면적으로 대결했다는 점에서 평가했지만, 〈식민지주의〉의 거부라는 측면에 관심을 가지면 한층 더 그 특이성을 강조할 수 있다고 생각한다.

결론을 대신하여

입헌 개혁파·개신 유교파라고 하는 〈애국 계몽 운동〉의 주류파는 한국 근대사 위에서 어떻게 평가할 수 있는가? 보호국 상태에 반대하지 않고, 오히려 일본의 보호국 지배를 문자 그대로 〈보호〉, 〈지도〉라고 파악한 입헌 개혁파는 〈애국〉이란 이름에 어울리지 않는가? 〈선 실력 양성·후 독립〉이라는 관점에서 보면 즉시 독립을 내세우지 않았던 입헌 개혁파는 친일적이라고 말할 수 있다. 그러나 입헌 개혁파도 〈자강〉, 〈국가적 정신〉의 함양을 주장하였고, 〈국민〉의 창출을 주창했다는 점에서는 확실히 내셔널리스트였다고 할 수 있다. 따라서 입헌 개혁파에 대해서도 〈애국〉 개념은 유효하다. 게다가 독립협회 운동 시기까지 조선 내셔널리즘이 중국으로부터의 〈독립〉을 배경으로 성립했음에 반해, 입헌 개혁파는 일본으로부터의 독립을 전제로 하고 있었다. 내셔널리즘의 형성에는 타자가 필요하고, 그것을 미타니 히로시(三谷博)의 용어를 빌려 〈잊을 수 없는 타자〉[39]라고 부른다면,

---

39 三谷博, 『明治維新とナショナリズム』, 山川出版社, 1997년, 24~25쪽.

입헌 개혁파의 주요 인물은 독립협회 운동 단계에서는 〈잊을 수 없는 타자〉가 청국이었지만, 〈애국 계몽 운동〉 단계에는 그 대상이 일본이 된다.

이러한 입헌 개혁파의 내셔널리즘은, 지금은 일본에 의해 굴욕을 당하고 있지만 일본으로부터도 배워야 할 것은 배워, 마침내 일본을 따라잡고 추월한다고 하는 〈극일(克日)〉형의 내셔널리즘이라고도 부를 수 있을 것이다. 한편 개신 유교파로서도 일본은 선진국이 되어 버렸지만, 〈동양〉, 〈황인종〉을 도덕적 규범으로 삼아 일본을 비판하는 〈도의(道義)〉형 내셔널리즘이라고 할 수 있다. 「3·1 독립선언서」라고 하는 근대 한국을 대표하는 내셔널리즘 선언은 이러한 〈극일〉형과 〈도의〉형 내셔널리즘으로 성립해 있었다고 해도 좋을 것이다. 반면 일본에 철저하게 항거한다는 「大韓每日申報」의 〈신채호적〉 논조는 〈항일(抗日)〉형의 내셔널리즘이라고 할 수 있다. 이러한 것들은 〈애국〉이라는 점에서 하나의 운동으로 묶을 수 있다. 필자의 예전 논문에서는 입헌 개혁파의 〈타협성〉과 개신 유교파의 일본 비판이 철저하지 않음을 지나치게 강조한 감이 있다.

한편 서양 문명을 받아들여 〈문명화〉, 〈근대화〉한다고 하는 〈실력 양성론〉의 입장에서 보자면 입헌 개혁파는 물론 일진회, 더 나아가 이완용 정부의 개화파 계열 관료까지도 여기에 포함된다. 무엇보다도 〈실력 양성론〉을 〈실력을 기른다〉는 일반적인 의미가 아니라 박찬승이 정의했던 것처럼 〈실력 양성〉의 결과로서 설령 장래의 목표이더라도 〈국권 회복〉, 〈독립〉이란 것이 전제가 되어야만 한다면, 일진회·이완용 내각은 여기에서 벗어난다. 그러나 그들도 일본에 의한 흡수 합병을 방지 내지는 그것을 지연시킨다는 의도는 가지고 있었을 터이며, 자국의 부강을 위한 개혁·계몽이라는 의미에서는 입헌 개혁파·개신 유교파와 크게 다르지 않다. 반면 1908년 후반 이후 「大韓每日申報」 논설의 특정한 논조는 〈실력 양성〉의 범위에서는 파악할 수 없게 된다.

이상에서 필자가 두 가지 점에서 유보한다면, 〈애국 계몽 운동〉이라는 용어는 종래대로 유효성을 갖는다고 생각한다. 하나는 이 운동을 실력 양성 운동=근대화·문명화 운동이라고 파악하는 경우, 통감 정치 아래에서 이완용 내각의 제반 정책이나 일진회의 계몽 활동과의 관계성을 시야에 넣을 필요가 있다는 점이다. 또 다른 하나는 1908년 후반 이후 「大韓每日申報」를 〈애국 계몽 운동〉으로 평가하지 말고 별개의 운동으로 다룰 필요가 있다는 점이다. 그 운동을 어떻게 명명해야 할지, 이 문제 또한 유보해 두고자 한다.

종 장

결론과 전망

1. 개화사상과 내셔널리즘

이 책에서는 1880년대 이후 형성·전개되었던 조선의 개화사상을 〈국민 국가〉의 창출, 특히 〈네이션(국민)〉 창출과의 관계에서 고찰하였다. 그것을 바탕으로 여기서는 근대 조선의 내셔널리즘 형성에 대해서 필자의 견해를 정리함과 동시에 이후의 연구 과제에 대해서 서술하려 한다.

조선의 내셔널리즘 형성이 두 단계를 거친다는 점은 본서 제1부 제2장에서 서술한 바와 같다. 제1단계가 중화 세계로부터의 이탈에 수반하는 〈국민 국가〉의 창출이다. 그 논리는 전형적으로는 유길준의 『西遊見聞』에서 형성되어 갑오개혁 실시로 이행한 후 독립협회로 이어졌다. 1897년의 대한 제국 성립은 제1단계 내셔널리즘을 배경으로 한 것이다. 이것을 제3부 제8장에서는 〈대한제국적 내셔널리즘〉이라고 명명했다. 내셔널리즘 형성에서 항상 의식하지 않을 수 없는 타자를 이 책에서는 미타니 히로시(三谷博)의 용어를 차용하여 〈잊을 수 없는 타자〉라고 했는데, 이러한 〈대한제국적 내셔널리즘〉은 청국을 〈잊을 수 없는 타자〉로 삼은 것이었다. 조선이 청국과 대등하게 독자적인 연호를 가진 황제를 추대하는 국가가 되는 것이 그것을 상징하고 있었다.

〈대한제국적 내셔널리즘〉의 형성에서 조선이 직면하였던 장애는 자력으로 중화 세계에서 이탈하기 어렵다는 물리적 문제이다. 원래 조선의 개화파는 서양 문명의 수용을 전적으로 일본을 경유하여 실시하였고, 청국으로부터의 〈독립〉도 결과적으로 청일전쟁에서 일본이 승리했기 때문에 얻을 수 있었다. 그러므로 조선 개화파의 자기 인식·일본관은 오늘의 시각에서 보면 굴절된 것이었다. 그들은 조선 왕조를 근대 세계에서 〈문명화〉한 〈독립국〉의 지위로 끌어올린다는 의미에서 분명히 내셔널리스트였다. 그러나 다른 한편으로 일본이 말하는 조선의 〈독립〉, 〈문명화〉는 일본이 조선에 대한 청국의 영향력을 배제하고 조선을 자기의 세력 범위에 집어넣으려 한 침략의 논리였다. 〈근대〉와 〈민족〉이라는 조선 개화파, 나아가서는 근대 조선의 지식인에게 일관되게 보이는 아포리아는 조선 내셔널리즘 형성의 단서에서 그 연원을 갖고 있다.

조선 내셔널리즘 형성의 제2단계는 제2차 한일협약 체결 이후의 보호국 시기이다. 제3부 제9장에서는 그 시기 내셔널리즘을 담당한 자들을 갑신정변·갑오개혁·독립협회 운동의 흐름을 직접 받은 〈입헌 개혁파〉, 독립협회 운동기에 본격적으로 운동을 개시한 〈개신 유교파〉의 두 가지로 크게 분류하였다. 그들은 〈대한제국적 내셔널리즘〉을 계승하면서도 〈잊을 수 없는 타자〉를 일본으로 전환시킴으로써 조선 내셔널리즘을 새로운 단계로 진전시켰다[1]. 〈입헌 개혁파〉는 일본의 보호국화를 사실로 받아들이면서 일본의

---

1 〈잊을 수 없는 타자〉를 조선에 적용해 보면 다음과 같은 문제가 부상한다. 일본이 내셔널리즘을 형성할 때 중국이 〈잊을 수 없는 타자〉였다는 사실은 미타니가 지적하였다. 하지만 중국

보호국 아래에서 〈문명화〉를 실시함으로써 일본을 극복한다고 하는 〈극일형(克日型) 내셔널리즘〉을 형성했다. 〈개신 유교파〉는 한편으로 일본을 〈동양〉, 〈황인종〉의 선진국으로 삼으면서, 다른 한편으로 〈동양〉, 〈황인종〉이라고 하는 도덕적 규범으로 일본을 비판하는 〈도의형(道義型) 내셔널리즘〉을 형성했다.

이러한 것들에 대하여 1908년 후반 이후로 일본에 대한 철저한 저항을 주장하는 「大韓每日申報」의 한 부류가 생겼다. 이 책에서는 이를 나중에 아나키스트가 되는 신채호로 대표하여 다루었는데, 이것을 〈항일 내셔널리즘〉이라 부르기로 한다. 이들 내셔널리즘의 여러 형태는 오늘날 한국·북한의 일본관으로 계승되고 있는데, 현대 한국·북한의 반일 내셔널리즘을 역사적으로 이해하기 위해서는 보호국기가 지극히 중요한 위치를 차지한다고 말할 수 있다.

한편 근대 조선에서 〈네이션〉의 창출은 유교적 인정(仁政)을 입헌군주제로 바꾸어 읽거나, 〈인의도덕(仁義道德)〉을 근대 서양 문명으로 바꾸어 읽는 형태로 이루어졌다. 그 때문에 이러한 〈도덕적 낙관주의〉에 기초한 조선의 〈문명화〉는 현실 세계에서 보편적 가치의 실현을 보게 되었고, 근대 서양

이 〈잊을 수 없는 타자〉가 되는 한편으로 조선은 잊혀 버린다는 사실이 존재한다. 예컨대 고야스 노부쿠니(子安宣邦)는 모토오리 노리나가(本居宣長)가 〈일본〉을 성립시킬 때 〈일본〉의 기원을 고대의 한반도와 비교해서 논한 토우 테이칸(藤貞幹)의 『衝口發』을 〈광인(狂人)〉의 말로 여기면서 공격한 사례를 들어 〈한(韓)〉을 삭제한 의미를 논하고 있다(子安宣邦, 「日本の固有性と他者の痕迹」, 『日本のナショナリズムの解讀』, 白澤社, 2007년). 〈일본〉을 거론할 때 조선이라는 〈잊힌 타자〉가 존재했던 것이다. 돌이켜서 조선의 내셔널리즘 형성을 보면, 〈대한제국적 내셔널리즘〉에서 〈잊을 수 없는 타자〉였던 중국은 〈잊을 수 없는 타자〉가 일본으로 전환됨과 동시에, 그 존재가 잊힌다. 일본에 대항하고, 일본으로부터 들어온 근대 한어(漢語)를 배척하고 한글의 우수성을 주창하며, 또 일본인 연구자의 〈타율성 사관〉을 비판하면서 〈내재적 발전론〉을 강조할 때 한자·사대라고 하는 중국이 소거된다. 오늘날 일본과 한국, 한국과 중국의 역사 인식 문제는 이렇게 〈잊힌 타자〉가 현대에 와서 소생한 현상이라고 생각할 수 없겠는가?

문명에 대한 비판적 시각을 갖기 어려워진다. 반대로 말하면 내셔널리즘을 고양시키면 시킬수록 필연적으로 식민지를 가져야 하는 근대 서양 문명을 내면화하게 된다. 동유럽사 연구자인 임지현(林志鉉)의 말을 빌리자면 〈잠재적 식민지주의〉의 함정이다.[2] 그리하여 이 함정을 피할 수 있었던 것이 〈문명화〉그 자체를 버린 신채호의 아나키즘이다. 〈국민 국가〉를 다룬 이 책의 종장에서 〈국민 국가〉를 한국 근대사의 전개 속에서 비판하는 사상의 실마리로서 신채호 사상의 의의를 강조해 두고자 한다.[3]

2. 〈국민 국가〉론과 〈식민지 근대성〉론

한국 근대사 연구에서 〈근대〉의 문제를 생각할 때 1990년대에 논란이 커진 〈식민지 근대화 논쟁〉을 언급할 필요가 있을 것이다. 민족에 의한 자생적 〈근대〉로의 발전을 강조하는 〈내재적 발전론〉의 입장에 서면 일본의 식민지 통치 시기는 침략·수탈에 의한 발전의 저지·왜곡과 그에 대한 한민족 저항의 역사가 된다. 그러나 〈식민지 근대화론〉에서는 일본이 조선에서 착취를 하기 위해서라도 조선의 개발을 필요로 하고 있었고, 그에 상응하여 한민족은 성장할 수 있었다고 하는 〈개발과 성장〉을 강조한다. 이러한 주장은 주로 한국의 경제사학계에서 주장하고 있는데, 기존의 틀로부터 맹

---

2 林志鉉,「〈世襲的犧牲者〉意識と脱植民地主義の歷史學」, 三谷博·金泰昌 編,『東アジア歷史對話』, 東京大學出版會, 2007년, 175쪽. 임지현의 〈국민 국가〉 비판은 동아시아의 역사학자 중에서 가장 급진적인 주장 가운데 하나인데, 여기서 시사를 받은 바가 많다.

3 趙寬子,「反帝國主義の暴力と同時代の暴力批判論」,『植民地朝鮮/帝國日本の文化連環』, 有志舍, 2007년, 제1장은 〈민중 직접 혁명〉을 주창하여 민중의 폭력을 옹호하는 신채호를 〈현재적인 폭력에 대한 비판의 가능성을 키우고 있다〉고 하면서 의욕적으로 평가를 시도하고 있다.

렬한 비판을 받았다. 그 기존의 틀을 〈수탈론〉이라고 부르는데, 양자는 식민지의 〈근대〉를 둘러싸고 정면으로 대립하였다. 그러나 전혀 서로를 용납할 수 없을 것처럼 보이는 〈수탈론〉과 〈식민지 근대화론〉은 오로지 〈근대〉의 긍정적 측면에 주목한다는 점에서 일치한다.[4] 또한 〈수탈론〉은 일본의 수탈에 대한 민족의 저항을 평가한다는 의미에서 물론 민족주의적이고, 〈식민지 근대화론〉도 식민지라고 하는 불리한 상황에도 불구하고 한민족은 성장할 수 있었다는 점에서 민족주의적이다. 둘 사이에 〈기묘한 담합〉이 보인다는 점은 나미키 마사히토(並木眞人)가 지적하였다.[5]

그러나 이 논쟁을 극복하는 모습으로 식민지의 〈근대〉그 자체의 비판을 시도하는 〈식민지 근대성〉론이 21세기로 전환하던 시기에 등장했다. 〈식민지 근대성〉론이란 일단 〈근대〉의 억압성이나 폭력성에 주목하고, 〈근대〉에 대한 비판적인 시각에서 〈식민지주의〉의 문제를 천착하려는 연구 동향으로 정리할 수 있을 것 같다[6]. 또한 〈식민지 근대화론〉은 해방 전후를 긍정적으로 연결시키는데, 〈식민지 근대성〉론은 그것을 부정적으로 연결시킨다.

〈식민지 근대성〉론을 통해 식민지기의 한국 근대사 연구에서도 〈근대〉그 자체를 비판적으로 고찰하는 시각을 얻을 수 있게 되었다. 그러나 〈식민지 근대화론〉이든 〈식민지 근대성〉론이든 1910년 이전의 〈근대〉에 대해서는 그다지 관심이 없다. 북미의 한국사학계에서 〈colonial modernity〉의

4 김진균·정근식 편저, 『근대주체와 식민지 규율권력』, 문화과학사, 1997년을 참조.
5 並木眞人, 「植民地期朝鮮政治·社會史研究に關する試論」, 『朝鮮文化研究』6, 東京大學大學院人文社會系研究科·文學部朝鮮文化研究室, 1999년 3월, 112쪽.
6 〈식민지 근대성〉론에 관한 연구 동향으로는 다음의 연구를 참조하기 바란다. 並木眞人, 「朝鮮における〈植民地近代性〉·〈植民地公共性〉·對日協力」, 『フェリス女學院大學國際交流學部紀要』5, 2003년 3월; 板垣龍太, 「〈植民地近代〉をめぐって」, 『歷史評論』654, 2004년 10월; 松本武祝, 『朝鮮農村の〈植民地近代〉經驗』, 社會評論社, 2005년의 서장.

논의를 시작할 때부터 〈식민지 근대성〉을 강조하면서 1910년 이전의 역사를 〈전통〉으로 파악하는 〈전통-근대〉의 이항 대립을 사용하고 있다는 비판이 있었다.[7] 이 문제는 또한 반대로 말하면 〈식민지 근대성〉을 바탕으로 1910년 이전의 〈근대〉에 대해서 새로운 시각을 얻을 수 없는가라고 하는 문제이기도 하다.

〈식민지 근대성〉이란 바꾸어 말하면 조선인을 일본 제국의 〈국민〉으로 삼으려 하는 새로운 〈국민화〉를 통해서 이루어진다고 할 수 있다. 그리고 여러 번 말하였듯이 〈국민화〉란 즉 〈문명화〉이다. 〈문명화〉란 구미 여러 나라의 압박을 받아 식민지로 전락할 위기를 면하기 위해서 자발적으로 구미를 모방하는 〈자기 식민지화〉[8]라고 할 수 있다. 그렇다고 한다면 조선의 〈식민지 근대〉는 김옥균이 1882년에 「漢城旬報」에 발표한 「治道略論」에서 서울의 위생 상태를 〈외국이 업신여기는 바〉라 한탄했을 때부터 시작되었다고 할 수 있다.[9] 기존 연구에서는 1910년을 전후하여 한국 근대사를 단절시키는 경향이 강했다. 또한 〈식민지 근대성〉론은 1930년대를 주된 고찰의 대상으로 삼아 왔다. 그러나 개화파의 등장과 함께 조선의 〈식민지 근대〉가 개시되었다고 한다면 1910년 전후를 연결시켜서 조선의 〈근대〉를 고찰하는 틀을 가질 수 있을 것이다.

한편 〈식민지 근대성〉론을 염두에 둔다면 앞서 강조한 신채호의 아나키즘도 그 의의가 더욱 분명해지리라고 생각한다. 본서 제3부 제7장에서 보았듯이 〈민중〉의 〈민속 문화〉는 조선 왕조 말·대한제국기에 이미 개편을

---

7 도면회, 「식민주의가 누락된 식민지 근대성」, 『역사문제연구』7, 역사문제연구소, 2001년 12월.

8 小森陽一, 『ポストコロニアル』, 岩波書店, 2001년, 14~16쪽.

9 拙稿, 「朝鮮の開化と〈近代性〉」, 朴忠錫·渡辺浩 編, 『日韓共同研究叢書11 〈文明〉〈開化〉〈平和〉』, 慶應義塾大學出版會, 2006년, 109쪽.

강요당하고 있었는데, 1910년 이후에는 식민지 권력이라는 외부의 힘 때문에 더욱 폭력적으로 억압을 받게 되었다. 그러나 〈국민 국가〉가 그러하듯 〈식민지 근대성〉도 쉽게 〈민중〉을 〈규율·훈련〉을 통해 규정하고, 그 안으로 포섭해 버리는 것은 아니다. 〈민속 문화〉의 세계에 사는 사람이 있는 한 〈비행성(非行性)〉은 끊임없이 생산되고, 〈형벌 장치〉[10]는 유지된다. 일본의 모든 제도·시설을 파괴하자는 신채호의 「조선혁명선언」은 이와 같은 시각을 가져야 〈식민지 근대〉 비판의 사상으로서 의의를 갖는다고 할 수 있다.

그러나 신채호의 사상은 망명지라고 하는 조선 〈민중〉과 격리·단절된 곳에서 형성되었다. 일상적으로 〈민중〉과 접해야 하는 조선에 살고 있던 지식인에게 그런 고고한 성격을 요구할 수 있을까? 그리고 무엇보다 〈민중〉이 〈근대〉로 쉽게 포섭되지 않는다고 하면 〈민중〉은 일본인에 의해 〈문명화〉(〈민도〉)를 척도로 한 차별에 끊임없이 노출된다. 그러한 상황에서 〈민중〉이 차별을 극복하기 위해 〈문명화〉를 선망하고, 그것을 내면화해 버리는 것을 현재의 한국 근대사 연구자들이 무시하거나 비판할 수 없을 것이다. 〈근대 문명〉의 〈혜택〉 아래에서 살고 있는 필자로서는 그러한 무시나 비판을 할 수 있을 정도로 식민지와 〈민중〉에 대해 오만할 수 없다. 애초부터 한국의 근대사 연구에서 근대주의적 경향이 농후했던 것도 그것이 〈근대〉를 갈망한 식민지 〈민중〉의 바람을 반영한 〈식민지 근대〉의 유산이라고 할 수 있을지도 모른다.

해방 후 한국 근대사 연구는 한국사 안에서 〈근대〉를 발견한다고 하는 과제로부터 출발했다. 그러나 현재의 한국 근대사 연구에서는 한결같이 〈근대〉를 비판적으로 보는 시각이 요구되고 있으며, 실제로 그러한 시각을

---

10 ミシェル·フーコー(田村俶 譯), 『監獄の誕生』, 新潮社, 1977년, 제4부 제2장 「違法行爲と非行性」 참조.

모색해 나가고 있다. 다만 그 과제에 대해 〈근대화〉의 과정에서 억압을 받은 〈민중〉을 절대시하거나, 근대 조선의 사상 속에서 〈반근대〉의 계기를 부각시킴으로써 달성할 수 없다는 본서의 제1부 제1장의 결론을 다시 상기해 두고자 한다.

후기

이 책은 필자가 지금까지 발표해 온 주요 논문을 모은 것이다. 각 장의 출처는 다음과 같다.

서장

새로 작성. 그러나 그 원형은 동아시아한국학회·인하대학교 대학원 한국학과 주최 국제학술회의 「근대 전환기의 동아시아와 한국」(2007년 6월 28~29일)에서의 발표 요지(이후 「한국사 연구에서의 〈근대〉에 대한 새로운 관점」, 인하BK한국학사업단 엮음, 『동아시아 한국학입문』, 도서출판 역락, 2008년)이다.

제1부

제1장: 「開化思想の形成と展開 —— 兪吉濬の對外觀を中心に」, 『朝鮮史研究會論文集』28, 1991년 3월을 그후에 발표한 「兪吉濬의 日本觀」, 『韓日

關係史研究』13, 2000년 10월,「近代朝鮮の改革と自己認識・他者認識」,
『歷史評論』614, 2001년 6월의 내용 일부를 추가하고 보완한 것.

　제2장:「朝鮮開化思想の構造 ── 兪吉濬『西遊見聞』の文明論的立憲君主
制論」,『朝鮮學報』159, 1996년 4월.

　제3장:「保護條約以後の『實力養成運動』の論理と活動 ── 兪吉濬と漢
城府民會を中心に」,『朝鮮學報』165, 1997년 10월.

제2부

　제4장:「大韓帝國成立前後の對外的態度」,『東洋文化研究』1, 學習院大
學 東洋文化研究所, 1999년 3월.

　제5장:「獨立協會の『國民』創出運動」,『朝鮮學報』172, 1999년 7월.

　제6장:「『獨立新聞』における『自主獨立』と『東洋』」, 朴忠錫・渡辺浩 編,
『韓國・日本・「西洋」』, 慶應義塾大學出版會, 2005년 3월.

제3부

　제7장:「近代朝鮮の開化運動における文明と民衆」,『アジア民衆史研
究』8, 2003년 5월.

　제8장:「『保護國期』における朝鮮ナショナリズムの展開」,『朝鮮文化
研究』7, 東京大學 大學院 人文社會系研究科・文學部朝鮮文化研究室,
2000년 3월.

　제9장:「愛國啓蒙運動の文明觀・日本觀」,『朝鮮史研究會論文集』26,
1989년 3월의 원고를 전면적으로 수정.

462

종장

새로 작성.

본론 가운데 제1장과 제9장 이외에는 오탈자를 고치고 단행본으로 수록하기 위해서 문장을 약간 바꾸었으나 출전의 내용을 고치지는 않았다.

이 책을 마무리하면서 본서의 바탕이 되었던 논문의 작성 과정에 대해서 설명해 두고자 한다. 내가 한국 근대사를 연구하게 된 것은 도쿄외국어대학 3학년 때 고(故) 이케가와 히데카쓰(池川英勝) 선생께서 담당하셨던『西遊見聞』강독 세미나에 참석한 것이 그 계기였다. 그때까지 막연하게 일본과 한국의 근대사를 비교해 보고 싶다고 생각하고 있었는데, 19세기 말의 국한문을 읽느라 고생하는 가운데 사료를 읽는 즐거움을 맛보았다. 무엇보다 내가 한국 근대사의 연구를 시작하면서 유길준을 만날 수 있었던 것은 행운이었다. 당시 개화파·개화사상 연구는 한국 근대사 연구에서 인기 있는 주제 가운데 하나였고, 유길준에 대해서는 한국의 역사학, 정치학, 법학, 경제학 등 여러 분야의 연구자가 연구 성과를 발표하고 있던 때였다. 나아가 졸업 논문에서『西遊見聞』과 후쿠자와 유키치가 쓴『西洋事情』의 비교 연구를 시도하게 되었는데, 후쿠자와에 대해서도 역시 일본의 여러 분야에서 쟁쟁한 연구자들이 방대한 연구 자료를 축적해 두었고, 그것을 접할 수 있었던 것도 나의 연구 생활의 출발에 있어서 행운이었다. 후쿠자와 연구에 밝은 분이라면 본서 제1부 제2장이 후쿠자와 유키치에 관한 여러 연구서의 영향 중 특히 히로타 마사키(ひろたまさき)의『福澤諭吉研究』로부터 많이 배웠음을 눈치챘을 것이다.

학부 4학년 때에는 요시다 미쓰오(吉田光男) 선생[현 호소대학(放送大學)]께서 한국에서 해외 연구를 진행한 후 귀국하셨고, 한국의 최신 연구 동향을 배움과 동시에 내가 더없이 서툴렀던 한문 읽기를 배울 수 있었다. 나아가 요시다 선생의 소개로 도쿄도립대학(현재의 수도대학도쿄)에서 열렸던 미야지마 히로시(宮嶋博史) 선생(현 성균관대학교)의 대학원 세미나에 참가할 수 있었다(그 당시 세미나의 모습은 미야지마 선생이 한국의『역사비평』60호에서 다루었다). 운 좋게도 그해는 본서 서장에서 다루었던 조선사연구회가 〈갑신정변 100년〉을 대회의 주제로 한 1984년으로, 미야지마 선생과 당시 도쿄도립대학 박사 과정의 대학원생이었던 조경달(趙景達) 선생(현 치바대학)이 대회 발표자였으므로 세미나에서 개화파·개화사상에 관한 연구 성과를 집중적으로 읽었다.

이처럼 축복받은 환경에 있었음에도 불구하고 졸업 논문의 완성은 1년 늦어져 1986년 1월에 겨우 제출했다. 그 졸업 논문이 본서 제1부 제2장의 원형인데, 결론은 미야지마, 조경달 두 선생의 문제 제기에 전적으로 의지하였고, 유길준의 사유 양식과 후쿠자와의 사유와의 차이점에서 일본의 근대를 비판하는 〈조선의 근대〉를 전망할 수 있다는 내용이었다. 여러 사람에게서 석사 논문을 쓰기 전에 졸업 논문을 학회지에 발표할 것을 권유받았으나 나로서는 졸업 논문의 결론에 납득할 수 없었고, 도쿄도립대학 대학원 진학 이후로는 조금 시기를 내려가 〈애국 계몽 운동〉의 사상을 조사하면서 졸업 논문의 결론을 검증해 보기로 했다.

도쿄도립대 대학원에서는 지도 교원을 맡아 주신 기무라 마코토(木村誠) 선생 아래에서 전근대의 토지제도사 논문이나『高麗史』를 읽는 한편, 내가 석사 과정에 들어가던 해에 사학과 조교로 부임한 조경달 선생과 논의를 많이 하였다. 그리하여 1988년 1월에 제출한 석사 논문이 본서 제3부 제9장의 원형이다. 박사 과정 진학을 결정한 직후 대학원 진학 당시 이래로 간사를 맡고 있던 조선사연구회에서 그 석사 논문을 바탕으로 대회에서 발표하게 되었다. 그러나 석사 논문의 결론도 박은식 등 〈개신 유교파〉의 유교적 사유에서 일본 제국주의 비판의 논리를 찾는다고 하는 조경달 선생의 견해에 상당 부분 의거한 것이었고, 10월의 대회까지 나름대로의 독창성을 명확하게 하는 것이 과제였다. 겨우 신채호의 평가로 독창성을 끌어내어 이듬해의 『朝鮮史研究會論文集』에 논문을 발표했는데, 이것이 내가 처음으로 공간한 논문이었다.

박사 과정 3년차이던 1990년 9월부터 2년간 〈헤이세이(平成) 2년도 문부성 아시아제국등 파견유학생〉으로 서울대학교에서 공부할 기회를 얻었다. 내가 석사 논문을 작성한 시기는 이 책의 서장에서 서술하였듯이 한국의 근대사 연구에서 민중 운동사 연구가 지극히 왕성하면서, 또한 한국의 대학교에 민주화 운동의 여운이 남아 있던 시기였다. 그러나 학생 운동과 전혀 인연이 없던 일본인 한국사 연구자가 한국의 〈운동권〉 출신의 연구자와 같은 문제의식을 가질 수 없었고, 그럴 필요도 없다고 생각했다. 또한 이전부터 한국사 연구의 〈근대주의〉적 경향에 의문을 품고 있었던 것도 있어서 유학을 기회로 민중 운동사를 비롯한 한국의 근대사 연구와 일부러 거리를 두고 바라보게 되었다. 유학에 앞서 졸업 논문에서 잘 다룰 수 없었던 유길준의 사상 형성 과정을 정리한 것이 본서의 제1부 제1장의 원형이 된 논문인데, 그 글의 맺음말에서 〈민중을 절대화〉해서는 안 된다고 강조한 것은 그 때문이다. 그러나 연구생으로서 경제학과로의 입학을 기꺼이 승낙해 주신 안병직(安秉直) 선생(현 서울대학교 명예교수)의 후원으로 한국 유학 생활을 시작해 보니 한국의 근대사 연구에서는 후일 〈식민지 근대화 논쟁〉이라 불리우는 논쟁이 시작되어 있었다. 안병직 선생의 세미나나 낙성대연구실(현 낙성대경제연구소)에서 〈식민지 근대화론〉에 대해서 배우면서, 다른 한편으로는 역사문제연구소와 한국역사연구회의 세미나에도 참가하는 〈박쥐〉 같은 유학 생활을 하게 되었다. 이러한 경험은 좋은 의미에서 이 책의 논지에도 반영되어 있다고 생각한다.

한국 유학의 첫 번째 과제는 한국 연구자로서 충분한 어학력을 습득하는 것이었는데, 유학 후 6개월 정도가 지나자 그 목표는 달성했다. 그 후부터 졸업 논문 이래의 연구 주제인 유길준에 대해서 일본 망명부터 귀국 이후의 행동을 조사해 보았다. 그 조사에 기초하여 귀국 후에 쓴 것이 본서 제1부 제3장에 수록된 논문이다. 논문의 준비 단계에서는 개화사상을 개화파를 통해서만 쓸 것이 아니라 그 행동과 당시의 정치·사회의 상황과의 관계에서 분석할 필요성을 느끼고 있었다. 그래서 개화사상 연구 사료의 하나로 신문 〈잡보〉 이용을 생각했다. 신문 논설을 사용한 개화사상 연구는 기존에도 있었지만 〈잡보〉를 활용한 연구는 그다지 없었으리라 생각한다. 그리하여 보호국기의 신문 영인본을 한 장씩 넘기면서 유길준의 이름이 나오는 〈잡보〉를 모두 카드에 베끼는 작업을 하였다. 그 결과 만년의 유길준의 사상과 행동에 대해서 이때까지 알려져 있지 않았던 사실을 상당히 밝힐 수 있었다. 하지만 방법론상으로는 막다른 길에 있음을 느끼고 있었다. 다만 조사 과정에서 유길준이 회장을 맡았던 한성부민회를 중심으로 당시 서울에서 만세나 제등 행렬이 성황리에 실시되고 있었다는 점, 갑오개혁 당시 유길준이 단행한 단발 등 기존 연구의 틀에서는 다루지도 않았던 〈사소한〉 일이 마음에 걸렸다.

이 책의 기조는 이른바 〈국민 국가론〉인데, 이것은 유학에서 귀국한 후 1990년대 전반부터 일본의 근대사 연구자들 사이에서 찬반 양쪽으로 화제가 된 주제였다. 1990년대에 있어서 개화파·개화사상은 이전의 전면 긍정의 평가로부터 일변하여 반민족적·반민중적이라는 비판을 받아 그 연구는 지극히 부진한 상태에 빠져들었다. 하지만 어디까지나 조선의 〈근대화〉를 담당했던 개화파와 마주하면서 조선의 〈근대〉를 생각하고 싶다는 나의 의지는 변하지 않았다. 그러나 나에게 〈국민 국가〉 그 자체가 〈모순적인 존재〉라고 하는 〈국민 국가론〉의 논의는 새로운 연구의 방향을 시사해 주었다. 또한 한국 유학 시절부터 마음에 걸리던 일상생활에서의 신체 행동과 같은 〈사소한〉 것이, 다루기에 따라서는 국가를 논하는 데 매우 좋은 소재가 된다는 점을 깨닫게 해준 것도 〈국민 국가론〉이었다. 나아가 개화파·개화사상을 한국 근대사라고 하는 한정된 범위에서 벗어나 일본을 포함한 아시아의 여러 지역, 여러 나라의 근대와의 관계 비교라고 하는 더욱 열린 장에서 논할 수 있지 않을까라는 전망을 하게 되었다. 다만 그 전망에 비추어 이 책은 비교사라는 형식을 취하지 않아서 빈약하다. 또한 한국사의 입장에서 국민 국가·내셔널리즘 연구에 대하여 이론적으로 공헌을 하고 있는 것도 전혀 아니다. 이것은 이후 나의 과제이다.

　〈국민 국가론〉에서 활로를 찾기 시작했던 1994년, 청일전쟁·동학 농민운동·갑오개혁의 100주년을 맞이하여 조선사연구회 학술대회 「조선사에서 본 1894년」에서 갑오개혁에 대해서 발표하게 되었다. 거기서 당시 이미 준비하고 있던 〈국민 국가론〉의 성과를 반영하여 보고를 시도했다. 그러한 의미에서 그 발표를 바탕으로 쓴 「갑오개혁의 근대국가 구상」은 이 책으로 결실을 맺는 내 연구의 방향성을 결정한 것이었다. 하지만 너무나 거친 논문으로 도저히 만족할 수 없었기 때문에 이 책에는 수록하지 않았다. 개화파의 자주적 개혁이라는 평가를 받는 한편으로, 일본의 조선 침략에 협력한 행위로 비판을 받는 갑오개혁은 한국 근대사 연구의 쟁점 가운데 하나이다. 이에 대해서는 다른 글에서 다루고자 한다. 다만 이 책의 유길준에 대한 평가 등에서 갑오개혁에 대한 나의 기본적인 생각만은 읽어 낼 수 있을 것이다.

1995년 모교인 도쿄외국어대학에 채용된 것도 또한 나의 연구에서 하나의 전환기가 되었다. 과연 외국어대학에서 한국어를 가르치는 교원으로서 마땅한 연구 주제는 무엇일까라고 생각한 끝에 독립협회 연구를 당면한 과제로 설정하였다. 독립협회에 관한 연구는 일본에서는 지극히 적은데, 가장 큰 이유는 기본 사료인 「독립신문」의 순한글을 읽어야 하는 어려움이 있었기 때문이다. 대학 재학 중에는 전무후무라 해도 좋을 정도로 엄격하고도 수준 높은 한국어 교육을 받을 수 있었다. 그러한 모교에 은혜를 갚기 위해서라도 독립협회 연구는 당시의 나에게는 매우 좋은 연구 대상이라고 생각했다. 그래서 「독립신문」을 읽는 도중에 눈에 띤 논설이나 잡보를 아래아한글로 입력하기 시작하였고, 나아가 대한제국으로 연구 대상을 넓혔다. 이렇게 취직 후의 연구 방향을 정한 1996년 봄에 도쿄역사과학연구회로부터 한국사에 대해 발표할 수 있는 신진 연구자로서 대회 발표의 초청을 받아 대한제국 시기 〈국민화〉에 대해서 대략적으로 발표하였다. 나처럼 비정치적인 사람에게는 어울리지는 않던 『人民の歴史學』에 연구 노트를 쓸 수 있게 해주었는데, 그 원고가 본서의 골격이 되었다.

이후 그 틀에 따라 개별 논문을 발표하고 이 책에 수록된 논문 가운데 가장 새로운 제2부 제6장이 일단 완성된 것이 2003년이었다. 그 무렵부터 이른바 개화기의 연구만으로는 앞으로 전망이 없겠다고 생각하기 시작하였고, 이 책의 〈종장〉에서 약간 다루었던 〈식민지 근대성〉론에서 새로운 착상을 얻으려고 하기 시작했다. 당시 근무하고 있던 도쿄외국어대학에는 협정 학교인 서울대학교, 연세대학교 등에서 근대 문학을 전공하는 우수한 대학원생이 여러 명 유학을 오고 있었고, 나의 수업에도 참가했다. 한국의 근대 문학 연구가 〈문화 연구〉로 방향을 바꾸기 시작한 이때에 〈근대〉나 〈식민지〉를 둘러싸고 역사학과 다른 분야의 젊은 연구자들과 논의할 수 있었던 것은 나에게 큰 자극이 되었다. 이러한 최근 수년의 독서와 논의의 결과, 제국주의화는 〈국민 국가〉화를 전제로 하고 있고, 식민지의 독립도 대략 새로운 〈국민 국가〉의 수립을 지향하는 이상, 이 책의 〈국민 국가론〉의 연장선상에서 식민지·탈식민지의 문제를 고찰할 수 있으리라는 전망을 하게 되었다. 그리하여 새로운 연구 주제를 본격적으로 다루기 전에 이때까지의 연구를 정리하고 싶다고 생각하던 2006년에 도쿄대학으로 옮기게 되었다. 그 직후에 도쿄대학출판회로부터 단행본 출판의 제의를 받았다.

그런데 지금까지 나는 연구 발표의 방침으로 논문의 주된 독자를 한국의 연구자로 상정하고 한국의 주요한 대학·연구 기관에 기증되는 학회지나 한국의 학회지에 발표해 왔다. 그 결과 이 책에서 각 장의 바탕이 된 논문은 한국의 적지 않은 연구자의 저서, 논문에서 이미 인용되고 비판도 받았다. 출판 제의를 받았던 당초에는 그러한 비판에 입각하여 모든 논문을 전면 개고하는 것도 생각했는데, 수습할 수 없게 될까 두려웠다. 그래서 현재 내가 가진 문제의식이 나타나기 이전, 즉 한국 유학 이전에 쓴 논문만 원고를 고치고, 기본적으로 지금까지 내가 해왔던 연구를 한 권의 책에 정리하기로 했다. 이 책의 각 장, 특히 〈머리말〉 부분에 적지 않은 중복이 보이는데, 그것은 전면 개고를 하지 않을 바에야 오히려 그대로 두고 본서의 간행을 기회로 삼아 좀 더 비판을 받아 또 다른 형태로 답할 것을 기약하는 편이 좋으리라는 판단 때문이다.

이 책의 바탕이 된 논문의 대부분에 대하여 조경달은 〈쓰키아시가 던진 문제 제기는 이후 깊이 고찰해야 한다〉고 평가하면서도,[1] 내 주장에 대해서

---

1 趙景達,「朝鮮の近代とその政治文化」, 歴史學研究會 編, 『現代歴史學の成果と課題 Ⅱ 國家像·社會像の變貌』, 青木書店, 2003년, 267쪽.

네 가지에 걸쳐 의문을 제기하였다. 이 책은 그 의문에 일일이 대답하는 형식을 취하지 않았지만, 여기서 새로 쓴 부분과 출전 논문에 크게 수정을 가한 장은 거기에 대답하고자 쓴 것이다.

이상이 이 책을 간행하게 되었던 이야기인데, 여기서 이름을 거론한 분 이외에도 도쿄외국어대학, 도쿄도립대학, 도쿄대학, 조선사연구회, 조선학회, 일한공동 연구포럼 등에 계신 많은 분들로부터 학은과 지원을 받았다. 모든 분의 이름을 열거할 수 없는데, 여기서 감사하는 뜻을 표시하고자 한다. 또한 한국 유학 중에, 그리고 귀국한 후에도 한국의 많은 분들로부터 도움을 받았지만 이 책의 내용이 한국의 역사학계에 반드시 호의적으로 받아들여지지는 않을 것이기 때문에 감히 이름을 거론하지는 않으려 한다.

많은 행운이 따랐던 한국 근대사 연구자이지만, 자기의 일에 자신감을 가질 수 없어 몇 년 전부터 정신적으로 계속 힘든 상태였던 것 또한 사실이다. 그러나 이 책의 준비를 진행하는 과정 속에서 새로운 마음으로 연구를 맞이하려는 의욕이 솟아났다. 기획 단계에서부터 여러 면에 걸쳐 조언을 해주신 도쿄대학출판부 편집부의 고구레 아키라(小暮明) 씨에게는 진심으로 감사를 드린다.

덧붙여 말하면 이 책을 간행하면서 〈헤이세이 20년도 도쿄대학 학술연구·성과 간행조성제도〉의 지원을 받았다. 관계자 여러분들께 감사드린다.

2009년 1월

쓰키아시 다쓰히코

470

역자 후기

　이 책은 2009년 3월 도쿄대학출판회에서 발행한 『朝鮮開化思想とナショナリズム』을 번역한 것이다. 저자는 도쿄대학 대학원 총합문화연구과에서 교수로 한국 근대사를 담당하고 있다. 한국어판 서문에서 필자는 언제, 어떻게 한국사를 공부하게 되었는지 밝히고 있다. 저자는 지금과 달리 일본 전국에서 한국어를 전공으로 하는 대학이 세 곳밖에 없고, 한국어를 전공하는 학생이 45명밖에 없던 시기에 공부를 시작하였으며, 1982년 처음으로 한국을 방문하였다고 적었다. 이렇게 볼 때 저자는 해방 이후 태어나서 한국을 연구한 일본인 연구자가 걸어왔던 길을 전형적으로 보여 주며, 현재 일본 역사학계에서 한국 근대사 연구를 주도적으로 이끌어 가는 연구자라는 것을 알 수 있다.

　그런데 필자가 한국 땅을 처음 밟았던 1982년 봄과 여름은 해방 이후 한국 언론과 대중매체에서 이른바 〈일본의 역사 교과서 왜곡 사건〉을 가장 크게 논의하던 시기였다. 2012년 한국 대통령의 독도 방문 이후 동아시아 국제 관계의 최대 현안이었던 영토 문제도 크게 보면 동아시아 근대 역사의 유산이라 할 것이다. 여전히 진행 중인 역사 교과서 왜곡 문제를 돌이켜 보면 〈지난 삼십여 년간 우리의 대응은 무엇이었는가?〉, 〈삼십 년 동안 한일 양국의 역사학자들의 연구는 과연 무엇을 위한 것이었는가?〉라고 묻지 않을 수 없다. 과거 한 시대가 남긴 어두운 유산의 청산이란 것이 얼마나 어려운 일인가를 확인하게 된다.

지난 삼십 년간의 역사 인식을 둘러싼 논쟁을 통해 우리가 얻은 소중한 교훈은 역사 인식 문제에 대한 해결은 결코 일시적인 정치 외교적 타협으로 가능한 것이 아니라는 사실이다. 역사 사실에 대한 문제는 역사 사실을 정확히 드러냄으로써 올바른 인식에 도달할 수 있다. 그래도 그간 한국과 일본의 양식 있는 연구자들의 노력이 축적됨으로써 이른바 고노(河野) 담화와 무라야마(村山) 담화도 가능하였다고 평가할 수 있을 것이다.

이 책이 일본에서 간행된 시기에 한일 양국 역사학계의 공통된 관심 주제는 〈한일병합 100주년〉을 둘러싼 논쟁이었다고 할 수 있다. 병합 100년이 되는 해의 봄 학기에 역자는 도쿄 와세다대학교에서 연구년을 가졌다. 그해 초 나를 포함한 한국의 근대사 연구자들이 100주년을 맞이하여 학술대회 등 바람직한 연구 방향 등에 대해 논의를 진행하고 있었다. 예를 들면 그 몇 해 전부터 논쟁이 계속되었던 1904년 〈보호조약〉 이래 〈병합조약〉에 이르는 일련의 조약이 불법적이었던 사실 등을 밝히는 공동 연구 등이 그것이었다.

그런데 일본학계에서는 이미 연초 1월부터 한국병합 100주년에 즈음한 연구 성과물이 활발하게 활자화되고 있었다. 역자로서는 그간 한국과 일본의 한국사 연구자 사이에 그 이전 시기와 비교하면 연구 성과의 공유가 크게 늘어났으나, 여전히 서로를 객관적으로 이해하기 위한 노력이 절실히 필요하다고 판단하였다. 연구년을 끝내고 돌아온 이후 역자는 병합 100년을 전후한 일본학계의 한국 관련 연구 성과 두 편을 번역하여 한국학계에 소개한 바 있다. 『일본, 한국 병합을 말하다』(미야지마 히로시·조경달 외 지음, 최덕수 외 옮김, 열린책들, 2011)와 『이토 히로부미의 한국 병합 구상과 조선 사회』(오가와라 히로유키 지음, 최덕수·박한민 옮김, 열린책들, 2012)가 바로 그것이다. 역자는 앞서 번역한 두 책을 포함하여 이번 책으로써 병합 100년을 전후한 일본학계의 연구 성과를 국내에 소개하려는 의도를 일정 정도 달성하였다고 판단한다.

『朝鮮開化思想とナショナリズム』은 저자가 1985년 학부 졸업 논문을 쓴 이래 현재까지 한국 근대사에 대하여 공부해 온 결실을 하나로 정리한 것이다. 무엇보다도 이 책의 연구사적 의미는 개화사상의 형성 단계에서부터 대한제국 시기의 독립협회, 애국 계몽 운동에 이르기까지 개화사상을 주축으로 하여 한국 근대사의 다양한 측면을 통시적 차원으로 확대하여 규명하려 하였던 점에 있다고 본다. 요시노 마코토(吉野誠)는 이 책에 대하여 〈개화사상과 개화파에 의한 독립협회 운동·애국 계몽 운동을 전면적인 분석의 대상으로 삼음과 동시에, 1880년대부터 청일·러일전쟁을 거쳐 1910년 한국병합에 이르는 시기의 한국사 이해에 대담한 문제제기를 시도한 의욕작〉이며 〈「독립신문」 등 기본적인 자료를 꼼꼼하게 읽어 낸 실증성이 높은 노작(勞作)이며, 개화운동 연구를 비약적으로 발전시킨 업적〉이라고 평가한 바 있다.[1]

저자는 특히 서문에서 한국의 내셔널리즘 형성 과정에 주목하는 가운데, 자신의 기본적인 문제의식이 내셔널리즘과 국민 국가의 비판, 큰 틀에서는 근대에 대한 비판을 염두에 두었다고 하였다. 다만 근대 조선의 내셔널리

---

1 吉野誠, 2010, 「書評 月脚達彦著『朝鮮開化思想とナショナリズム』」, 『歷史評論』725, 校倉書房.

즘 형성 과정을 고찰하면서 메이지 일본의 내셔널리즘 비판 못지않게 한국 측 연구를 비판한 점에 대해서는 한국 연구자들의 비판을 기대하고 있다고 밝히고 있다.

이 책의 내용은 필자가 한국어판 서문에서 조심스럽게 제기하고 있는 것처럼 한국인 연구자들의 입장에서 여러 가지로 논의할 대목들이 많이 있다. 간단한 것으로는 책의 전편에 걸쳐 서술되고 있는 〈독립〉의 의미를 비롯하여, 갑오개혁기 유길준에 대한 평가, 보호국기 이토의 보호 정책의 성격에 대한 기존 연구 성과의 평가 문제, 그리고 고종의 양위 과정에 대한 기술 등이 그러하다. 이 책을 통독하는 가운데 한국인 연구자들의 비판이 집중되는 곳이 오늘날 서로 상이한 한일 양국의 역사 인식을 해결하는 데 일차적 과제가 될 것이다.

역자로서는 앞에서 번역한 두 책과 달리 이 책의 내용에 대해서는 필자 자신도 우려와 기대를 동시에 하고 있다. 그런 논점 가운데 번역 후기에서는 서장의 연구사 정리, 그리고 병합 전후 시기에 대한 평가와 관련하여 다음의 두 가지 점에 대해 간단하게 언급하고자 한다. 서장의 연구사 서술과 〈일군만민〉이라는 개념의 사용에 대해서이다.

저자는 서장에서 내재적 발전론과 개화사상→〈근대주의〉 비판과 〈근대〉 비판→개화사상사 연구의 문제점→조선에서 〈국민 국가〉의 형성→〈국민 국가〉와 〈민중〉이라는 순서로 논의를 정리하였다. 지난 20년간은 한국 근대사 연구가 양적으로나 질적으로 모두 많이 성장한 시기였다. 당연히 현재로서는 저자가 지적한 문제의 경우 한국 내에서도 이미 넘어서는 노력이 꾸준히 이루어지고 있고, 성찰과 비판을 통해 상당한 수준의 성과가 나오게 된 것 또한 사실이다. 이 가운데 저자가 〈세계사적 보편성〉을 찾으려 했던 내재적 발전론의 한계를 지적한 내용은 여전히 타당성을 갖고 있는 대목이기는 하다. 다만 일본에서 심도 있게 논의되어 온 〈국민 국가론〉을 한국 근대사에 그대로 적용하기에는 많은 문제점이 있으므로 주의가 필요하다. 또한 엄밀히 말하여 김용섭과 강만길을 〈민중사학〉의 범주에 넣어 이해하기는 어렵다. 이들은 국왕 고종이 주도하였던 광무개혁의 성격에 주목한 연구자들이었다. 개화파의 변혁 운동을 두고 굳이 국왕의 개혁에 주목한 것은 양 논자가 이야기하였던 농업·상업상의 근대화 노력을 국왕 중심의 개혁 세력이 계승했다는 논리로 보는 것이 합리적이지, 민중사학=개화파의 친일 성향 비판으로 이해하는 것은 일면적인 것이 아닐까 한다.

저자는 책 전반에 걸쳐 개화사상과 내셔널리즘 형성과 관련하여 〈일군만민〉의 개념을 끌어와서 대한제국이 〈국민 국가〉를 창출해 가는 과정 속에서 그 효과를 다각도에 걸쳐 분석하였다. 일단 일본사의 맥락에서 본다면 천황제 중심의 중앙 집권적 근대 국가로 탈바꿈하는 과정에서 등장하는 것이 〈일군만민〉이라는 이데올로기라고 할 수 있다. 그러나 〈일군만민〉의 맥락을 과연 대한제국에 그대로 사용해도 되는지는 충분한 검토가 필요할 것으로 보인다. 일본사의 맥락에서의 〈일군만민〉과 한국사 쪽에서 받아들일수 있는 개념 사이에는 역사적 맥락이 현저하게 다른 지점이 존재하기 때문이다. 이러한 점은 비단 〈일군만민〉의 개념만이 아니라 책의 후반부에서 언급하고 있는 〈대한제국형 내셔널리즘〉, 〈항일 내셔널리즘〉 등의 개념 설정에 대해서도 마찬가지이기는 하다. 저서 내에서 여러 가지 개념이 다양하게 등장하고 있는데, 한국사와 일본사의 맥락 속에서 여러 개념들이 적실하게 사용되었는지의 여부는 한국 학계 차원에서 좀 더 면밀한 검토를 거치면서 받아들이면 좋을 것이라고 생각한다. 이 책과 함께 열린책들을 통해 번역한 두 저서를 통해 〈병합 100년〉 전후 한일 양국의 근대사 연구 성과에 대하여 이해의 폭을 넓히는 데 도움이 되기를 바란다.

이 책은 2012년 봄 학기 필자가 재직하고 있는 고려대학교에서 대학원 수업에 참여하였던 학생들과 함께 읽으면서 검토하였다. 함께하였던 여러 대학원생들의 심도 있는 논의와 지적은 번역 작업을 진행하는 데도 여러모로 유익하였다. 그리고 원고 교정과 「독립신문」 등 한국 자료의 검토 작업과 관련해서는 고려대 대학원에 재학 중인 김형근, 박한민, 김희연 등이 수고해 주었다. 열린책들의 안성렬 인문 주간께서도 책의 출판과 관련하여 긴 시간 기다려 주고 신경을 써주셔서 감사할 따름이다.

2013년 6월
최덕수

참고문헌

사료

『經議不奏存案』(奎20029)

『高宗純宗實錄』全4卷, 探求堂, 1986년

「舊韓國官報」全22卷, 亞細亞文化社, 1973년

『舊韓國外交關係附屬文書』全8卷, 高麗大學校附屬亞細亞問題研究所, 1972~1973년

『舊韓國外交文書』全22卷, 高麗大學校附屬亞細亞問題研究所, 1965~1973년

『金玉均全集』, 韓國文獻研究所 編, 亞細亞文化社, 1979년

『丹齋申采浩全集』全4卷, 丹齋申采浩先生記念事業會 編, 螢雪出版社, 1982년 개정 제3판

『大朝鮮獨立協會會報』, 亞細亞文化社(韓國開化期學術誌), 1978년

『大韓季年史』上-下, 國史編纂委員會(韓國史料叢書 第5), 1957년

「大韓每日申報」, 韓國新聞研究所, 1989년

「大韓民報」, 亞細亞文化社, 1985년

『大韓自强會月報』上-下, 亞細亞文化社(韓國開化期學術誌), 1976년

「獨立新聞」, LG상남언론재단, 1996년

『閔忠正公遺稿集』, 桂庭閔忠正公記念事業會, 1958년

『朴殷植全書』全3卷, 檀國大學校東洋學研究所, 1975년

『白凡金九先生全集』全12卷, 白凡金九先生全集編纂委員會 編, 대한매일신보사, 1999년

『福澤諭吉全集』全21卷, 慶應義塾 編, 岩波書店, 1958~1964년

『秘 暴徒檄文集』, 琴秉洞 編, 綠陰書房, 1995년

『西北學會月報』全3卷, 亞細亞文化社(韓國開化期學術誌), 1976년

『續陰晴史』上-下, 國史編纂委員會(韓國史料叢書 第11), 1960년

『修信使記錄』, 國史編纂委員會(韓國史料叢書 第9), 1971년

『兪吉濬全書』全5卷, 兪吉濬全書編纂委員會 編, 一潮閣, 1971년

『日本植民地教育政策史料集成(朝鮮編)』, 渡部學 阿部洋 編, 第66卷, 龍溪書舍, 1995년

『帝國實業會商務課規則』(奎古6100-2)

『從政年表/陰晴史』, 國史編纂委員會(韓國史料叢書 第6), 1958년

『駐韓日本公使館記錄』(활자판) 全28卷, 國史編纂委員會, 1986~2000년

『淸季中日韓關係史料』全11卷, 中央研究院近代史研究所 編, 台北, 1972년

『請願書』(奎17848)

『統監府文書』全11卷, 國史編纂委員會, 1998~2000년

『韓國近代法令資料集』全9卷, 宋炳基·朴容玉·朴漢卨 編著, 大韓民國國會圖書館, 1970~1972년

「皇城新聞」, 韓國文化刊行會, 1994년

『黃玹全集』, 韓國文獻研究所 編, 亞細亞文化社, 1978년

일본 문헌

靑木功一, 「朝鮮開化思想と福澤諭吉の著作」, 『朝鮮學報』52, 1967년 7월

靑木功一, 「朴泳孝の民本主義·新民論·民族革命論」1·2, 『朝鮮學報』80·82 連載, 1976년 7월, 1977년 1월

秋月望, 「魚允中における〈自主〉と〈獨立〉」, 『年報朝鮮學』창간호, 1990년 12월

秋月望, 「末松二郎筆談錄に見られる〈近代〉」(宮嶋博史·金容德 編, 『日韓共同研究叢書 2 近代交流史と相互認識』Ⅰ, 慶應義塾大學出版會, 2001(한국어판: 김용덕·미야지마 히로시 공편, 『근대 교류사와 상호인식』Ⅰ, 아연출판부, 2002년 수록)

飛鳥井雅道, 『明治天皇』, ちくま學芸文庫版, 1994년

荒野泰典, 『近世日本と東アジア』, 東京大學出版會, 1988년

安秉珆, 『朝鮮近代經濟史研究』, 日本評論社, 1975년

ベネディクト・アンダーソン(白石隆・白石さや 譯),『想像の共同體』, リブロポート, 1987년(한국어판: 윤형숙 옮김,『상상의 공동체』, 나남, 2002년)

池川英勝,「獨立協會の自由民權思想について」,『史淵』116, 1979년 3월

池川英勝,「大垣丈夫の研究」,『朝鮮學報』119・120, 1986년 7월

井田進也,『歷史とテクスト』, 光芒社, 2001년

板垣龍太,「〈植民地近代〉をめぐって」,『歷史評論』654, 2004년 10월

稻葉繼雄,『舊韓末〈日語學校〉の研究』, 九州大學出版會, 1997년

今村鞆,『歷史風俗朝鮮漫談』, 南山吟社, 1928년

海野福壽 編,『日韓協約と韓國併合』, 明石書店, 1995년

大澤博明,「朝鮮永世中立化構想と近代日本外交」,『青丘學術論叢』12, 1998년 3월

奧村周司,「李朝高宗の皇帝卽位について」,『朝鮮史研究會論文集』33, 1995년 10월

岡本隆司,『屬國と自主のあいだ』, 名古屋大學出版會, 2004년

岡本隆司,「〈朝鮮中立化構想〉の一考察」,『洛北史學』8, 2006년 6월

小野島幸子,「韓國併合に關する一考察」,『北大史學』28, 1988년 8월

梶村秀樹著作集刊行委員會・編集委員會,『梶村秀樹著作集2 朝鮮史の方法』, 明石書店, 1993년

糟谷憲一,「近代的外交体制の創出」, 荒野泰典・石井正敏・村井章介 編,『アジアのなかの日本史2 外交と戰爭』, 東京大學出版會, 1992년

菊池謙讓,『朝鮮近代史』上・下, 鷄鳴社, 1939년

木畑洋一,「世界史の構造と國民國家」, 歷史學研究會 編,『國民國家を問う』, 青木書店, 1994년

木村健二,『在朝日本人の社會史』, 未來社, 1989년

姜在彦,『近代朝鮮の變革思想』, 日本評論社, 1973년

姜在彦,『朝鮮の開化思想』, 岩波書店, 1980년(한국어판: 鄭昌烈 옮김,『韓國의 開化思想』, 比峰出版社, 1981년)

姜在彦,『朝鮮近代史研究』, 日本評論社, 1982년 新訂版(한국어판: 鄭昌烈 옮김,『韓國近代史研究』, 한울, 1982년)

姜在彦,「思想史からみた三・一運動」,『朝鮮史叢』5・6, 1982년 1월

金榮作,『韓末ナショナリズムの研究』, 東京大學出版會, 1975년

金仁順,「朝鮮における一八九四年の內政改革の研究」,『國際關係論研究』3, 1968년

金泰俊(崔吉城 譯),「『西遊見聞』と『西洋事情』」,『韓』64, 1977년 5월

金東明,「一進會と日本」,『朝鮮史研究會論文集』31, 1993년 10월

金鳳珍,『東アジア〈開明〉知識人の思惟空間』, 九州大學出版會, 2004년

アーソン・グレブスト(高演義·河在龍 譯),『悲劇の朝鮮』, 白帝社, 1989(한국어판: 김
　　상열 옮김,『스웨덴 기자 아손, 100년 전 한국을 걷다』, 책과함께, 2005년)

康成銀,「二〇世紀初頭における天道教上層部の活動とその性格」,『朝鮮史研究會論文
　　集』24, 1987년 3월

小坂貞雄,『外人の觀たる朝鮮外交秘話』, 外人の觀たる朝鮮外交秘話出版會, 1934년

小島毅,『近代日本の陽明學』, 講談社, 2006년

小林英夫 編,『植民地への企業進出』, 柏書房, 1994년

小森陽一,『ポストコロニアル』, 岩波書店, 2001년(한국어판: 송태욱 옮김,『포스트콜로
　　니얼』, 삼인, 2002년)

子安宣邦,『日本のナショナリズムの解讀』, 白澤社, 2007년(한국어판: 송석원 옮김,『일
　　본 내셔널리즘 해부』, 그린비, 2011년)

坂江涉,「古代東アジアの王權と農耕儀禮」, 鈴木正幸 編,『王と公』柏書房, 1998년

坂本多加雄,『市場·道德·秩序』, 創文社, 1991년

佐々充昭,「韓末における〈强權〉的社會進化論の展開」,『朝鮮史研究會論文集』40,
　　2002년 10월

佐々木克,「明治天皇の巡幸と〈臣民〉の形成」,『思想』845, 1994년 11월

佐藤愼一,「〈天演論〉以前の進化論」,『思想』792, 1990년 6월

春畝公追頌會,『伊藤博文傳』全3卷, 統正社, 1940년

須川英德,『李朝商業政策史研究』, 東京大學出版會, 1994년

杉村濬,『明治廿七八年在韓苦心錄』, 杉村陽太郎, 1932년(한국어판: 한상일 옮김,『서울에
　　남겨둔 꿈』, 건국대학교출판부, 1993년 수록)

高木博志,『近代天皇制の文化史的研究』, 校倉書房, 1997년

高久嶺之介,「大正期皇室法令をめぐる紛爭」上·下,『社會科學』32·34, 同志社大學人文
　　科學研究所, 1983년 2월, 1984년 3월

高橋秀直,『日淸戰爭への道』, 東京創元社, 1995년

田口容三,「國民敎育會および興士團について」,『朝鮮學報』145, 1992년 10월

田保橋潔,『近代日鮮關係の研究』上·下, 朝鮮總督府中樞院, 1940년(상권 한국어판: 김종
　　학 옮김,『근대 일선관계의 연구』上, 일조각, 2013년)

趙寬子,「反帝國主義の暴力と同時代の暴力批判論」,『植民地朝鮮/帝國日本の文化連環』,

有志舍, 2007년

趙景達,「朝鮮における大國主義と小國主義の相克」,『朝鮮史研究會論文集』22, 1985년 3월.

趙景達,「金允植に於ける民衆觀の相剋」,『アジア史研究』11, 中央大學, 1987년 1월

趙景達,「朝鮮近代のナショナリズムと東アジア」,『中國─社會と文化』4, 1989년 6월

趙景達,「朝鮮における日本帝國主義批判の論理の形成」,『史潮』新25, 1989년 6월

趙景達,「朝鮮近代のナショナリズムと文明」,『思想』808, 1991년 10월

趙景達,「東學における正統と異端」, 溝口雄三・浜下武志・平石直昭・宮嶋博史 編,『アジアから考える〔5〕近代化像』, 東京大學出版會, 1994년

趙景達,「金玉均から申采浩へ」, 歷史學研究會 編,『講座世界史7〈近代〉はどう考えてきたか』, 東京大學出版會, 1996년

趙景達,『異端の民衆反亂』, 岩波書店, 1998년(한국어판: 박맹수 옮김,『이단의 민중반란』, 역사비평사, 2008년)

趙景達,『朝鮮民衆運動の展開』, 岩波書店, 2002년(한국어판: 허영란 옮김,『민중과 유토피아』, 역사비평사, 2009년)

趙景達,「朝鮮の近代とその政治文化」, 歷史學研究會 編,『現代歷史學の成果と課題 II 國家像・社會像の變貌』, 青木書店, 2003년

張寅性,「近代朝鮮の日本觀の構造と性格」, 宮嶋博史・金容德 編,『日韓共同研究叢書2 近代交流史と相互認識』I, 慶應義塾大學校出版會, 2001년(한국어판: 김용덕・미야지마 히로시 공편,『근대 교류사와 상호인식』I, 아연출판부, 2002년 수록)

朝鮮民主主義人民共和國科學院 歷史研究所 編,『朝鮮近代革命運動史』, 1961년, 在日本朝鮮人科學者協議會 社會科學部門 歷史部會 譯, 新日本出版社, 1964년(원저는 1961년)

月脚達彥,「甲午改革の近代國家構想」,『朝鮮史研究會論文集』33, 1995년 10월

月脚達彥,「朝鮮の開化と〈近代性〉」, 朴忠錫・渡邊浩 編,『日韓共同研究叢書11 〈文明〉〈開化〉〈平和〉』, 慶應義塾大學校出版會, 2006년(한국어판: 와타나베 히로시・박충석 공편,『〈문명〉〈개화〉〈평화〉: 한국과 일본』, 아연출판부, 2008년 수록)

戶川芳郎・蜂屋邦夫・溝口雄三,『儒教史』, 山川出版社, 1987년(한국어판: 조성을・이동철 공역,『유교사』, 이론과 실천, 1990년)

並木眞人,「植民地期朝鮮政治・社會史研究に關する試論」,『朝鮮文化研究』6, 1999년 3월

並木眞人,「朝鮮における〈植民地近代性〉・〈植民地公共性〉・對日協力」,『フェリス女學院大學國際交流學部紀要』5, 2003년 3월

楢岐觀一,『韓國丁未政變史』, 日韓書房, 1907년

西川長夫,「日本型國民國家の形成」, 西川長夫·松宮秀治 編,『幕末·明治期の國民國家形成と文化変容』, 新曜社, 1995년

イザベラ·バード(時岡敬子 譯),『朝鮮紀行』, 講談社學術文庫版, 1998년(한국어판: 이인화 옮김,『한국과 그 이웃나라들』, 살림, 1994년)

萩原隆,『中村敬宇と明治啓蒙思想』, 早稻田大學出版部, 1984년

橋谷弘,「ソウルの建築」, 加藤祐三 編著,『近代日本と東アジア』, 築摩書房, 1995년

長谷川直子,「壬午軍亂後の日本の朝鮮中立化構想」,『朝鮮史研究會論文集』32, 1994년 10월

浜下武志,『近代中國の國際的契機』, 東京大學出版會, 1990년

林雄介,「愛國啓蒙運動の農業重視論について」,『朝鮮史研究會論文集』29, 1991년 10월

林雄介,「中國國境と日本帝國主義」, 季武嘉也 編,『日本の時代史 24 大正社會と改造の潮流』, 吉川弘文館, 2004년

原武史,「朝鮮型〈一君萬民〉思想の系譜」,『社會科學研究』47-1, 1995년 8월

原武史,『直訴と王權 ― 朝鮮·日本の〈一君萬民〉思想史』, 朝日新聞社, 1996년(한국어판: 김익한·김민철 옮김,『직소와 왕권』, 지식산업사, 2000년)

原田環,「朴珪壽と洋擾」, 旗田巍先生古稀記念會 編,『朝鮮歷史論集』下, 龍溪書舍, 1979년.

原田環,「朝鮮の近代化構想」,『史學研究』143, 廣島史學會, 1979년 6월

原田環,「朝鮮近代ナショナリズムの形成」,『朝鮮民族運動史研究』3, 1986년 7월

原田環,『朝鮮の開國と近代化』, 溪水社, 1997년

坂野潤治,「〈東洋盟主論〉と〈脱亞入歐論〉」, 佐藤誠三郎 / R·ディングマン 編,『近代日本の對外態度』, 東京大學出版會, 1972년

檜山幸夫,『日清戰爭』, 講談社, 1997년

ひろたまさき,『福澤諭吉研究』, 東京大學出版會, 1975년

ミシェル·フーコー(田村俶 譯),『監獄の誕生』, 新潮社, 1977년(한국어판: 오생근 옮김,『감시와 처벌 ― 감옥의 역사』, 나남출판, 1994년)

T·フジタニ(米山リサ 譯),『天皇ノページェント』, 日本放送出版協會, 1994년(한국어판: 한석정 옮김,『화려한 군주 ― 근대일본의 권력과 국가의례』, 이산, 2003년)

E·J·ホブズボーム(浜林正夫·鳩田耕也·庄司信 譯),『ナショナリズムの歷史と現在』, 大月書店, 2001년

牧原憲夫,『客分と國民のあいだ』, 吉川弘文館, 1998년

F·A·マッケンジー(渡部學 譯注),『朝鮮の悲劇』, 平凡社東洋文庫, 1972년(한국어판: 신복룡 역주,『한국의 독립운동』, 집문당, 1999년)

松本武祝,「朝鮮に於ける〈植民地的近代〉に關する近年の研究活動」,『アジア經濟』 43-9, 2002년 9월

松本武祝,『朝鮮農村の〈植民地近代〉經驗』, 社會評論社, 2005년(한국어판: 윤해동 옮김,『조선 농촌의 식민지 근대 경험』, 논형, 2011년)

丸山眞男,「近代日本思想史における國家理性の問題」,『丸山眞男集』4, 岩波書店, 1995년

丸山眞男,「福澤諭吉の儒敎批判」,『丸山眞男集』2, 岩波書店, 1996년

溝口雄三,『中國前近代思想の屈折と展開』, 東京大學出版會, 1980년(한국어판: 김용천 옮김,『중국 전근대 사상의 굴절과 전개』, 동과서, 2007년 개정판)

三谷博,『明治維新とナショナリズム』, 山川出版社, 1997년

三谷博,「〈我ら〉と〈他者〉」, 朴忠錫·渡邊浩 編,『日韓共同研究叢書3 國家理念と對外認識: 17-19世紀』, 慶應義塾大學校出版會, 2001년(한국어판: 박충석·와타나베 히로시 외 지음,『국가이념과 대외인식: 17~19세기』, 아연출판부, 2002년 수록)

宮嶋博史,「開化派研究の今日的意味」,『季刊三千里』40, 1984년 11월

宮嶋博史,「朝鮮社會と儒敎」,『思想』750, 1986년 12월

宮嶋博史,「朝鮮におけるアジア認識の不在」, 石井米雄 編,『アジアのアイデンティティー』, 山川出版社, 2000년

宮武外骨,『壬午鷄林事變』, 花房太郎, 1932년

茂木敏夫,「李鴻章の屬國支配觀」,『中國 — 社會と文化』2, 1987년 6월

茂木敏夫,『變容する近代東アジアの國際秩序』, 山川出版社, 1997년

森山茂德,『近代日韓關係史研究』, 東京大學出版會, 1987년(한국어판: 김세민 옮김,『近代 韓日關係史研究 — 조선식민지화와 국제관계』, 玄音社, 1994년)

安丸良夫,『文明化の經驗』, 岩波書店, 2007년

山內弘一,「朴趾源に於ける北學と小中華」,『上智史學』37, 1992년 11월

吉野誠,「『大東合邦論』の朝鮮觀」,『文明研究』4, 東海大學, 1986년

林志鉉,「〈世襲的犧牲者〉意識と脫植民地主義の歷史學」, 三谷博·金泰昌 編,『東アジア歷史對話』, 東京大學出版會, 2007년

渡邊浩,『東アジアの王權と思想』, 東京大學出版會, 1997년

『韓國ノ保護及倂合』, 朝鮮總督府, 1918년

「魚潭少將回顧錄」, 市川正明 編, 『日韓外交史料』10, 原書房, 1981년

한국 문헌

姜萬吉, 『分斷時代의 歷史認識』, 창작과비평사, 1978년

〈광무개혁〉 연구반, 「〈광무개혁〉 연구의 현황과 과제」, 『역사와 현실』8, 1992년 12월

具仙姬, 『韓國近代 對淸政策史 硏究』, 혜안, 1999년

權錫奉, 「淸日戰爭 이후의 韓淸關係硏究」, 歷史硏究室 編, 『淸日戰爭을 前後한 韓國과 列國』, 韓國精神文化硏究院, 1984년

金度亨, 「유성준·유만겸·유억겸 — 유길준의 양면성 극복한 유씨의 친일상」, 민족문제연구소 편, 『친일파99인』1, 돌베개, 1993년

金度亨, 『大韓帝國期의 政治思想硏究』, 知識産業社, 1994년

金文植, 「尙書 연구서를 중심으로 본 丁若鏞과 洪奭周의 政治思想 비교」, 『韓國史論』20, 서울대학교 국사학과, 1988년 11월

金文植, 『朝鮮後期經學思想硏究』, 一潮閣, 1996년

金珉煥, 『開化期民族紙의 社會思想』, 나남출판, 1988년

金鳳烈, 『兪吉濬 開化思想의 硏究』, 경남대학교출판부, 1998년

金信在, 「「獨立新聞」에 나타난 〈三國共榮論〉의 性格」, 『慶州史學』9, 1990년 12월

金榮作, 『한말 내셔널리즘 연구』, 청계연구소, 1989년

金容燮, 「書評·愼鏞廈著 『獨立協會硏究』」, 『韓國史硏究』12, 1976년 4월

金容燮, 『韓國近代農業史硏究』, 一潮閣, 1984년 增補版

金源模, 『近代韓國外交史年表』, 檀大出版部, 1984년

김진균·정근식 편저, 『근대주체와 식민지 규율권력』, 문화과학사, 1997년

金泰永, 「茶山의 國家改革論 序說」, 姜萬吉·鄭昌烈 外 9명, 『茶山의 政治經濟思想』, 創作과批評社, 1990년

카를로 로제티(서울학연구소 譯), 『꼬레아 꼬레아니』, 숲과 나무, 서울, 1996년

노동은, 『한국근대음악사』1, 한길사, 1995년

도면회, 「식민주의가 누락된 식민지 근대성」, 『역사문제연구』7, 역사문제연구소, 2001년 12월

朴贊勝, 『한국근대정치사상사연구』, 역사비평사, 1992년

백영서, 『동아시아의 귀환』, 창작과 비평사, 2000년

사회과학원 역사연구소 편, 『김옥균』, 사회과학원 출판사, 평양, 1964년

서영희, 「개화파의 근대국가 구상과 그 실천」, 한국사연구회 편, 『근대 국민 국가와 민족문제』, 지식산업사, 1995년

서울특별시사편찬위원회 편, 『서울六百年史』2, 서울특별시, 1978년

愼鏞廈, 『獨立協會硏究』, 一潮閣, 1976년

愼鏞廈, 『朴殷植의 社會思想硏究』, 서울대학교출판부, 1982년

愼鏞廈, 「19세기 한국의 近代國家形成 문제와 立憲共和國 수립 운동」, 韓國社會史硏究會 編, 『한국 사회사연구회 논문집 I 한국의 근대국가 형성과 민족문제』, 文學과 知性社, 1986년

申一澈, 『申采浩의 歷史思想硏究』, 高麗大學校出版部, 1980년

연갑수, 「개항기 권력집단의 정세인식과 정책」, 한국역사연구회 편, 『1894년 농민전쟁연구』3, 역사비평사, 1993년

吳瑛燮, 「韓國近代 封建的 社會身分制 및 風習의 改革實態」, 『史學志』31, 1998년 12월

柳永烈, 『開化期의 尹致昊 硏究』, 한길사, 1985년

柳永益, 『甲午更張硏究』, 一潮閣, 1990년

柳永益, 『韓國近現代史論』, 一潮閣, 1992년

尹炳喜, 『兪吉濬硏究』, 國學資料院, 1998년

李光麟, 『韓國開化思想硏究』, 一潮閣, 1979년

李光麟, 『韓國開化史硏究』, 一潮閣, 1981년 개정판

李光麟, 『開化派와 開化思想 硏究』, 一潮閣, 1989년

李求鎔, 「大韓帝國의 稱帝建元 論議에 대한 列國의 反應」, 『崔永禧先生華甲紀念韓國學論叢』, 探求堂, 1987년

이나미, 「19세기말 한국자유주의의 친제국주의적 성격」, 『亞細亞硏究』105, 고려대학교 아세아문제연구소, 2001년 6월

李基東, 『悲劇의 軍人들』, 一潮閣, 1982

李玟源, 「大韓帝國의 成立過程과 列强과의 關係」, 『韓國史硏究』64, 1987년 3월

李玟源, 「고종의 환궁에 관한 연구」, 『한국근현대사연구』1, 1994년 10월

李玟源, 「대한제국의 성립과 〈광무개혁〉, 독립협회에 대한 연구 성과와 과제」 『韓國史論』25, 國史編纂委員會, 1995년

李玟源, 「高宗의 還宮 이후 러시아의 對韓干涉 적극화 배경에 대하여」, 『淸溪史學』13, 1997년 2월

李相燦, 「1906~1910년의 地方自治制度 변화와 地方自治論議」, 『韓國學報』42, 1986년 3월

李泰鎭, 「朝鮮王朝의 儒敎政治와 王權」, 『韓國史論』23, 서울대학교 국사학과, 1990년 8월

李泰鎭, 「正祖의 『大學』탐구와 새로운 君主論」, 『李晦齋의 思想과 그 世界』, 成均館大學校 大東文化研究所, 1992년

李鉉淙, 「大韓自强會에 對하여」, 『震檀學報』29·30, 1966년

李鉉淙, 「大韓自强會에 관한 연구」, 『亞細亞研究』8-3, 1970년 9월

李勛相, 「舊韓末 勞動夜學의 성행과 兪吉濬의 『勞動夜學讀本』」, 『斗溪李丙燾博士九旬紀念韓國史學論叢』, 知識産業社, 1987년

장인성, 「〈인종〉과 〈민족〉의 사이」, 『國際政治論叢』40-4, 2000년 12월

田鳳德, 『韓國近代法思想史』, 博英社, 1981년

鄭英熹·金炯睦, 「韓末 漢城府民會의 活動과 地方自治」, 『民族文化研究論叢』1, 仁川大學校, 1994년 12월

정용화, 『문명의 정치사상 — 유길준과 근대 한국』, 문학과지성사, 2004년

鄭昌烈, 「韓末 變革運動의 政治·經濟的 性格」, 宋建鎬·姜萬吉 編, 『韓國民族主義論』Ⅰ, 創作과批評社, 1982년

鄭昌烈·朴玄埰, 『韓國民族主義論』Ⅲ, 창작과비평사, 1985년

鄭昌烈, 「愛國啓蒙思想의 歷史認識」, 『國史館論叢』15, 1990년 9월

趙璣濬, 『韓國資本主義成立史論』, 大旺社, 1985년 全訂版

朱鎭五, 「독립협회의 경제체제개혁 구상과 그 성격」, 鄭昌烈·朴玄埰 編, 『韓國民族主義論』Ⅲ, 創作과批評社, 1985년

朱鎭五, 「獨立協會의 對外認識의 構造와 展開」, 『學林』8, 1986년 3월

朱鎭五, 「독립협회의 사회사상과 사회진화론」, 『孫寶基博士停年紀念韓國史學論叢』, 知識産業社, 1988년

朱鎭五, 「獨立協會의 主導勢力과 參加階層」, 『東方學志』77·78·79 合輯, 1993년 6월

朱鎭五, 「개화파의 성립과정과 정치·사상적 동향」, 한국역사연구회 편, 『1894년 농민 운동연구』3, 역사비평사, 1993년

朱鎭五, 「독립협회와 대한제국의 경제정책 비교 연구」, 『國史館論叢』41, 1993년 6월

朱鎭五, 「19세기 후반 開化 改革論의 構造와 展開」, 연세대학교 박사학위논문, 1995년

朱鎭五, 「獨立協會의 政治體制論」, 『祥明史學』3·4 合輯, 1995년 12월

주진오·도면회·조재곤, 「총론 — 한국 근대 정치사와 왕권」, 『역사와 현실』50, 2003년

12월

최덕수, 『대한제국과 국제환경』, 선인, 2005년

崔埈, 『韓國新聞史論攷』, 一潮閣, 1976년

韓哲昊, 『親美開化派硏究』, 國學資料院, 1998년

한국근현대사회연구회, 『한국근대 개화사상과 개화운동』, 신서원, 1998년

한국역사연구회·역사문제연구소 엮음, 『3·1 민족해방운동 연구』, 청년사, 1989년

기타 문헌

林明德, 『袁世凱與朝鮮』, 中央硏究院近代史硏究所, 台北, 1970년

Vipan Chandra, *Imperialism, Resistance, and Reform in Late Nineteenth-Century Korea: Enlightenment and the Independence Club,* The Institute of East Asian Studies, University of California, 1988

찾아보기

492

조선의 개화사상과 내셔널리즘

발행일 2014년 2월 5일 초판 1쇄

지은이 쓰키아시 다쓰히코
옮긴이 최덕수
발행인 홍지웅
발행처 주식회사 열린책들

경기도 파주시 문발로 253 파주출판도시
전화 031-955-4000 팩스 031-955-4004
www.openbooks.co.kr

이 도서의 국립중앙도서관 출판시도서목록(CIP)은 e-CIP 홈페이지(http://www.nl.go.kr/ecip)와 국가자료
공동목록시스템 (http://www.nl.go.kr/kolisnet)에서 이용하실 수 있습니다.(CIP제어번호: CIP2013019666)